長谷川公一

浜 日出夫

藤村正之

町村敬志

New Liberal Arts Selection

新版
社会学

Sociology:
Modernity,
Self and
Reflexivity
2nd ed.

YUHIKAKU

有斐閣

新版はしがき

　本書は，2007年11月に初版を刊行した『社会学』を全面的に見直し，この12年間の社会の変化と社会学研究の進展をふまえて，注目すべき新しい動向に言及する，最新のデータに更新するなどして，新版としたものである。振り返ってみると，スマートフォンの急速な普及，東日本大震災・福島原発事故，未婚化・晩婚化の加速，少子高齢化の進行，グローバル化の進展，ローカリティの復権，天皇の代替わり，社会のさまざまな面での分断と亀裂の強まりなど，大きな変化があった。それにともなって，モビリティ，瞬間的時間，SNS，ヘイトスピーチ，ポピュリズム，コンビニ人間，惑星規模の都市化，シェアリング・エコノミー，#MeToo，クールジャパン，人新世，のような新しいキーワードや項目が追加された。

　改稿にあたっては，今後10年間程度は使い続けられるように，このような現代的な動向への目配りを心がけた。また2014年9月に日本学術会議が発表した「報告　大学教育の分野別質保証のための教育課程編成上の参照基準：社会学分野*」との照応も，極力意識するように努めた。全体として，理論に焦点をあてた章では改稿箇所は少ないが，現状分析的な章では，少なからずアップデートをはかった。しかしながら，本書の基本的な性格は変わってはいない。初版の折の「はしがき」を振り返ってみたい。

　　これまで「研究」を重視する一方で，ややもすると「教育」を軽視するきらいのあった社会学でも，学会大会や学会誌で，近年，専門科目としての社会学教育のあり方や教科書づくりのあり方が真剣に議論されるようになってきた。
　　どの分野のテキストでもある程度はそうだろうが，テキストには，相反するいくつかの課題が待ちうけている。とりわけ社会学のテキストづくりは難しい。社会学のテキストを，しかも専門性を十分に備えた，学部および大学院向けの本格的なテキストを，21世紀前半に編集するという課題には，おおげさでなく，大きく深いジレンマがある。
　　第1にテキストである以上，定説や既存の知識の一定程度体系的な紹介が

必要となる。だが，とりわけ1970年代後半以降，自己反省性という契機が重視されるなかで，社会学の学問としての体系性自体がつねに問い直されてきた。この体系性のゆらぎのもとで，社会学という知をいかに編み上げていくべきか。しかも新しいテキストには，当然，既存のテキストにはない独自性，オリジナリティが求められる。一定程度スタンダードであることと，オリジナリティに富んでいることとを両立させなければならない。加えて，体系的であることと革新的であることとの間にもしばしばジレンマがある。

　第2に，社会学のテキストは，読ませるものでなければならない。そのためにはストーリー性が不可欠である。自習できるものでなければならない。あとは読んでおきなさい，と教師に言われて，あるいは自主的に手にとって，読者が1人で読めるものでなければならない。他方で，社会学のテキストは，考えさせるものでなければならない。刺激的でなければならない。ただすんなり読めてしまっては，読者に残るものは少ないだろう。問いをいかに投げかけるか。読者をいかに立ち止まらせつつ，ページを繰って，なお歩み続ける気にさせるか。

　第3に，よいテキストであるためには，もっとも重要な潜在的読者としての専門家を納得させなければならない。多くの場合，テキストを勧め，またそれを使って講義や演習を行うのは，専門家としての教師だからである。専門家を刺激し，挑発し，しかも得心させるものでなければならない。初学者・学生・院生，一般読書人と専門家，これら異なる読み手をそれぞれに満足させるのは容易なことではない。

　そして第4に，この点はしばしば忘れられがちなのだが，教室で用いることを前提にすると，テキストには，教師の側が教室で独自の解説やコメントを加える余地がなければならない。テキストにはそれ自体としての完成度とともに，教室での教師の味付けや仕上げを許す，ある種の自由度も残っているべきである。しかし同時に，教室を離れて自習ができるものでなければならない。

　本書はほぼ同世代の4人の執筆者がそれぞれ専門分野に近い4章ずつを担当するという構成をとった。各章は30ページ前後（四百字詰換算，80枚前後）と，類書に比べて長い。これだけの長さを用意したのも，以上の課題を意識し，それぞれが独立した読み物として読めるように，ストーリー性を重視したことによる。各章の内容も，なるべく具体的で身近な話題から抽象的なも

のへと話題を進めるようにし，かつ章扉の冒頭で各章の具体的な問いを提示した。

学説史や理論の羅列的な紹介ではなく，社会学的なものの見方,「虫の目」と「鳥の目」と「心の目」を交差させながら，学生や読者のリアリティから出発して，社会の成り立ちを生き生きと伝えられるような社会学のテキストにしたい。あくまでも平易に，明晰に叙述しながらも，社会学的な知の越境性と再構築のスリリングなダイナミズムを伝えたい，というのが本書のコンセプトだった。

このように私たちなりに苦悶と工夫を重ねてきたつもりだが，本書が，上記のような4つの課題をどの程度達成しえたかについては，読者の批判を待ちたい。

本書をとおしてぜひ，社会学の魅力と出会ってほしい，社会学とのつきあいをより深めてほしい，こういう思いを込めながら，執筆者としては，何度も，何年にもわたって繰り返し熟読できるような文章・文体で執筆したつもりである。とくに若い読者の方々には，本書を道案内として，社会学という知の世界の魅力の扉を開いて，一歩一歩前に進んでほしい。章末のSEMINARは，課題レポートの問いとしても利用することができるだろう。TEXT IN TEXTの原著と対話したり，BOOK GUIDEで紹介されている本や映画と格闘したりすることで，本書とのつきあいをどんどん深めていくことができる。索引を活用して，中辞典的な利用も可能である。1人ひとりの読者の成長に従って，本書の味わいも変わってくることだろう。本書のページを何度も繰るなかで，しだいに社会学の全体像が伝わっていくことを，そして，とくに自分の関心を強く惹きつけるテーマやトピックと出会い，やがては，それらをもとに卒業論文や修士論文のテーマを考える手がかりとなることを，著者としては期待している。

本書が，社会学のテキストのあり方，社会学教育のあり方について，さらに論議を活性化させる契機となりうるならば，私たち著者にとって，これに過ぎる喜びはない。

本書初版の「はしがき」には以上のように記したが，幸い本書は好評を博し，2019年9月時点で計12刷，累計3万部以上を刊行することができた。本書を愛読・精読いただいた学生の方々，授業・演習などで熱心に活用くださった先生方

に深くお礼を申し上げたい。学会大会などの場で，留学生らから，「先生たちの社会学のテキストで勉強しました」と声をかけられることも少なくない。「大学院受験用の必須テキスト」という声を聞くこともある。

新版への改訂にあたっては，2018年度前期の慶応義塾大学文学部科目「社会学文献研究」（浜日出夫が担当）の3・4年生の受講生5名の方々が本書全体を精読し，現代の学生の視点から，記述が古びた箇所や誤り，彼らから見た違和感などを多数指摘してくださった。ユーザーである学生レビューアーの真摯なまなざしは，本書の改訂に大きく貢献している。特筆して感謝申し上げたい。

有斐閣書籍編集第2部の松井智恵子さんには新版の改訂にあたっても，たいへんお世話になった。新版への改訂が順調に進んだのは，松井さんの的確なリードの賜物である。初版当時は新人編集者だった堀奈美子さんは，今や中堅の編集部員として大活躍しておられる。記して感謝申し上げたい。

* 日本学術会議社会学委員会社会学分野の参照基準検討分科会，2014，「報告 大学教育の分野別質保証のための教育課程編成上の参照基準：社会学分野」（2019年10月11日取得，http://www.scj.go.jp/ja/info/kohyo/pdf/kohyo-22-h140930-5.pdf）。

2019年10月

著者一同

著者紹介

長谷川公一(はせがわ こういち) 〔序・第 3・4・8・16 章担当〕
　山形県に生まれる。1977 年,東京大学文学部卒業。1983 年,東京大学大学院社会学研究科博士課程単位取得退学。
　現　在,尚絅学院大学特任教授・東北大学名誉教授(社会変動論・環境社会学・社会運動論)。博士(社会学)。
　著作に,*Beyond Fukushima: Toward a Post-Nuclear Society*(Trans Pacific Press, 2015 年),『気候変動政策の社会学――日本は変われるのか』(共編,昭和堂,2016 年),『原発震災と避難――原子力政策の転換は可能か』(共編,有斐閣,2016 年),『環境社会学入門――持続可能な未来をつくる』(ちくま新書,2021 年)など。

浜　日出夫(はま　ひでお) 〔序・第 1・2・5・6 章担当〕
　福島県に生まれる。1976 年,大阪大学人間科学部卒業。1980 年,大阪大学大学院人間科学研究科博士課程中途退学。
　現　在,慶應義塾大学名誉教授・東京通信大学名誉教授(社会学説史・知識社会学)。
　著作に,『サバイバーの社会学――喪のある景色を読み解く』(編,ミネルヴァ書房,2021 年),『社会学の力(改訂版)――最重要概念・命題集』(共編,有斐閣,2023 年),『エスノメソドロジー・会話分析ハンドブック』(共編,新曜社,2023 年),『戦後日本社会論――「六子」たちの戦後』(有斐閣,2023 年)など。

藤村　正之(ふじむら　まさゆき) 〔序・第 9・11・12・15 章担当〕
　岩手県に生まれる。1980 年,一橋大学社会学部卒業。1986 年,筑波大学大学院社会科学研究科博士課程単位取得退学。
　現　在,上智大学総合人間科学部特別契約教授(福祉社会学・文化社会学・社会学方法論)。博士(社会学)。
　著作に,『福祉国家の再編成――「分権化」と「民営化」をめぐる日本的動態』(東京大学出版会,1999 年),『〈生〉の社会学』(東京大学出版会,2008 年),『いのちとライフコースの社会学』(編,弘文堂,2011 年),『考えるヒント――方法としての社会学』(弘文堂,2014 年)など。

町村　敬志(まちむら　たかし) 〔序・第 7・10・13・14 章担当〕
　北海道に生まれる。1979 年,東京大学文学部卒業。1984 年,東京大学大学院社会学研究科博士課程中途退学。
　現　在,東京経済大学コミュニケーション学部教授・一橋大学名誉教授(都市社会学)。博士(社会学)。
　著作に,『越境者たちのロスアンジェルス』(平凡社,1999 年),『市民参加型社会とは――愛知万博計画過程と公共圏の再創造』(共編,有斐閣,2005 年),『開発主義の構造と心性――戦後日本がダムでみた夢と現実』(御茶の水書房,2011 年),『都市に聴け――アーバン・スタディーズから読み解く東京』(有斐閣,2020 年)など。

目次　SOCIOLOGY

新版はしがき　i

序章　新しい社会学のために　1

1　知の翼としての社会学　2
違いからの出発(2)　「私」から始まる社会の形(3)

2　社会学の世界への誘い　●本書の構成　4
行為と共同性――「つながり」の仕掛けを知る(4)　時間・空間・近代――再帰的営みの軌跡をたどる(5)　差異と構造化――困難と創発の最前線(7)

3　テキストの冒険　●その先への進み方　9
基本に帰る(10)　領域を超えて(11)　社会学の翼に託して(16)

第1部　行為と共同性

第1章　親密性と公共性　17

1　社会を発見するためのレッスン　18
見えない社会を見る(18)　ジンメルの教え(18)　デュルケムの教え(19)　ウェーバーの教え(21)

2　電車のなかで社会学　22
公共空間としての電車(22)　電車のなかの「迷惑行為」(23)　プロクセミクス(25)　儀礼的無関心(26)　化粧(27)　集団的離脱(29)　親密空間(30)　下宿人実験(31)

3　ゲマインシャフトとゲゼルシャフト　34
「魂のお団子」(34)　通勤の誕生(35)　ゲマインシャフトとゲゼルシャフト(37)　大都市と精神生活(38)

4　スマートフォンの登場　39
電子的離脱(39)　「社会」から「モビリティ」へ(41)

第2章　相互行為と自己　47

1　自己・相互行為・社会　48
糸・織物・結び目(48)　社会化(社会形成)と個人化(個人形成)の衝

　　　　　突(49)　　秘密と信頼(51)
　2　アイとミー　53
　　　　　渦としての自己(53)　　アイとミー(55)　　自己・役割・制度(57)
　3　行為と演技　58
　　　　　パーソンズ——役割期待の相補性(58)　　ゴフマン——ドラマトゥルギー
　　　　　(62)　　役割距離(65)
　4　自己の現在　67
　　　　　物語としての自己(67)　　自己の再帰的プロジェクト(70)

第3章　社会秩序と権力　75

　1　秩序問題と社会理論　76
　　1.1　秩序問題とは何か　76
　　　　　「ふつう」と「新鮮」との間(76)　　秩序問題とは何か(78)
　　1.2　秩序維持の社会的メカニズム　79
　　　　　権力による秩序(79)　　利害の一致による秩序(80)　　共有価値による秩
　　　　　序(81)　　コミュニケーション行為による秩序(82)
　2　功利主義とその克服　84
　　2.1　ホッブズ的秩序問題　84
　　　　　自然状態から社会契約へ(84)　　パーソンズによる批判(85)　　「功利主
　　　　　義」の克服(87)
　　2.2　フリーライダー問題と自己決定　87
　　　　　オルソンの問題提起(87)　　自己決定性とパブリックへの回路(89)
　3　権力・紛争・ガヴァナンス　90
　　3.1　権力とは何か　90
　　　　　大文字の権力と小文字の権力(91)　　権力の基礎(91)
　　3.2　紛争と法　92
　　　　　権力と紛争処理モデル(92)　　複雑性の縮減と複合性の増大(95)　　裁判
　　　　　の特質と法(96)　　市民社会と権利の観念(97)
　　3.3　ガヴァメントからガヴァナンスへ　98

第4章　組織とネットワーク　103

　1　組織・人間・環境　104
　　1.1　マクドナルド化する社会　104
　　　　　街角の喫茶店 vs. チェーン店(104)　　フランチャイズ(105)　　「社会は存
　　　　　在するか」「組織は存在するか」(110)

1.2 組織と人間　111
誘因と貢献(112)　合意と統制(114)　組織と人間(114)
1.3 組織と環境　116
コンティンジェンシー理論(116)　寡占化のメカニズム――組織生態学モデル(117)

2 非営利組織の組織論　118
2.1 NPO と NGO　118
市民社会と社会関係資本(119)　NPO とは何か(122)
2.2 NPO の社会的役割　123
2.3 NPO の課題　125
ボランティアの失敗(125)　非営利組織の評価とインターメディアリ(127)

3 ネットワークと組織の動態化　128
3.1 インターネット　128
中心のない「つながり」――インターネットの歴史と仕組み(128)　ネットワークと対抗文化(131)　インターネットが民主主義を掘り崩す(132)
3.2 ネットワーク化する社会と企業　132
ネットワークとしての外国為替市場(132)　パーソナル・ネットワーク(133)　ネットワーク社会としての現代(133)　官僚制化と脱官僚制化のダイナミズム(134)

第5章　メディアとコミュニケーション　137

1 社会のなかのメディア　138
メディア空間としての電車の車内(138)　メディアとは何か(138)　社会のなかのメディア(139)　時間と空間の分離(140)　脱埋め込みメカニズムとしてのメディア(143)

2 メディアの歴史　145
メディアはメッセージ(145)　声の文化(146)　文字の文化(146)　個人主義(147)　ナショナリズム(148)　公共圏(149)　テレビの文化(152)

3 メディアの重層性　153
重層するメディア(153)　限定コードと精密コード(154)　ナショナリズムの変容(157)　メディア・イベント(158)　遠距離ナショナリズム(160)　公共圏の変容(161)　インターネットと公共圏(162)　瞬間的時間(164)

第2部　時間・空間・近代

第6章　歴史と記憶　　　　　　　　　　　　　　　　　　　　167

1　歴史と社会学　168
　　歴史の2つの顔(168)　　歴史教科書論争(170)　　原爆展論争(172)
　　歴史社会学(175)　　歴史の社会学(177)

2　集合的記憶　177
　　心理学の記憶概念(177)　　集合的記憶(179)　　現在主義(179)　　記憶の物質性・空間性(180)　　歴史への越境(182)　　生きている歴史(184)

3　記憶というフィールド　185
　　記憶の場(185)　　ワシントンDC(186)　　広島(189)　　記憶の公共圏(192)　　止まった時計(193)

第7章　空間と場所　　　　　　　　　　　　　　　　　　　　197

1　壁に突き当たる近代化空間　●「管理」と「再生」の現在　198

2　社会学の空間体験　●近代都市からの出発　200
　　「都市」の発見——社会調査から社会政策へ(200)　　ウェーバーと自治的都市の夢(201)　　「つながり／距離」を実現する空間とは——ジンメルからの展開(202)　　「野生の都市」に秩序を見つけ出す——シカゴ学派とそれ以後(204)

3　20世紀から21世紀へ　●空間はどうつくられてきたのか　206
　　郊外社会の変容——理想から迷宮へ(209)　　都心空間の再編——分断される社会と空間(213)　　岐路に立つ地方圏——縮小社会の逆フロンティア(216)

4　場所を取り戻す　218
　　空間から再び場所へ(218)　　場所性を消費する——商品としての場所(219)　　地域への回帰——社会関係資本としての場所(223)　　場所の両義性を知ること(227)

5　「空間と場所」の社会理論へ　228
　　「そこに在るもの」と「そこにないもの」がつくる社会(228)　　空間からの再出発(230)

第8章　環境と技術　　　　　　　　　　　　　　　　　　　　235

1　技術と環境問題　236
- **1.1** 「自動車の世紀」としての20世紀　236
  - もっとも20世紀的な技術は何か(236)　　自動車の光と影(237)
- **1.2** 自動車の文化的矛盾　239
  - フォーディズム(239)　　トヨタ——ポスト・フォーディズム(242)
- **1.3** クルマ社会をコントロールできるか　242
  - 自動車をめぐる社会的ジレンマ(242)　　自動車を規制する手法(242)　　ハード中心の交通政策の問題点(246)
- **1.4** 自動車の未来　248
  - ゼロエミッション車・自動運転車への期待(248)　　フロンと新幹線の教訓(249)

2　環境問題の諸相　250
- **2.1** 社会的に構成された自然　250
  - 自然とは何か(250)　　桜は自然か(251)
- **2.2** 環境社会学の誕生と展開　252
  - 日本の環境社会学(252)　　欧米の環境社会学(255)
- **2.3** 環境問題の諸相　256
  - 4つの環境問題(256)　　産業公害(257)　　高速交通公害(259)　　生活公害(260)　　地球環境問題と気候変動問題(261)　　地球環境再生(262)

3　リスク社会としての現代　263
- **3.1** リスクとリスク社会論　263
  - リスク社会論のインパクト(263)　　グローバル化するリスク(265)　　リスクと危険——ルーマンのリスク論(267)
- **3.2** 持続可能な未来をめざして——リスク社会と開かれた対話　269

第9章　医療・福祉と自己決定　　　　　　　　　　　　　　273

1　医療・福祉の進展と社会変動　274
- ぴんぴんころりと死ねない時代(274)　　生と死／生者と死者のあり方の問い直し(276)

2　医療・福祉から問われる現代社会　●産業化から福祉国家化へ　278
- 医療・福祉の対応が迫られる社会問題(278)　　福祉国家化とその社会学的理解(281)

3　医療・福祉を問い直す現代社会　●〈近代〉への自己反省　283
- 福祉国家の有効性批判——中流階層のための福祉国家？(283)　　福祉国家の潜在機能批判——隠れた人間像・社会像の露呈(285)　　福祉社会へ

の方向性とその位置づけ(288)
4 専門職の管理と献身　●パターナリズムと感情労働　293
　　　専門職による生活管理(293)　　献身の困難とバーンアウト(294)　　専門性革新の方法——ナラティブ・アプローチとセルフヘルプ・グループ(297)
5 自己決定という隘路　299
　　　自己決定への関心の高まり(299)　　自己決定がおかれる場の構造(302)　　自己決定する自己をめぐって(306)

第10章　国家とグローバリゼーション　309

1 グローバリゼーションとナショナリズム　●ぶつかり合う想像力　310
　　　グローバル資本主義とテロリスト(310)　　ネーションの起源はどこに(311)　　近代の産物か，それとも永続するものか(313)
2 「ネーション」日本の創出　314
　　　「日本」とは何か(314)　　「国民国家」成立の世界史的背景(315)　　「国民」を作り出す——包摂される多様な階層(317)　　想像力としてのネーションへ(320)　　境界の確定と「他者性」の生産(321)　　消費されるナショナリズム(321)
3 グローバル化する社会を理解する　322
　　　Think Globally(322)　　人びとはどこかでつながっている(324)　　「グローバリゼーションの社会学」のために(325)　　変化する国家像——セキュリティ，評価，メガ・プロジェクト(327)
4 グローバリゼーションの先へ　331
　　　ナショナリズム台頭のわな(331)　　グローバリゼーションを飼い慣らすために(333)　　新しい公共圏の形(336)

第3部　差異と構造化

第11章　家族とライフコース　339

1 家族とメディア　●個電化する家電　340
　　　テレビを見た時代，テレビを見ない時代(340)　　家族における（n+1）電話ネットワーク(342)
2 プライベート空間化する家族　344
　　　家族分析の基本的概念(344)　　生産共同体から消費共同体へ——衰退と強化の交錯(347)　　(n-1) LDK 住宅に潜む近代家族観(352)

3 〈家族のなかの人生〉という見方の変容　354
　400 m トラックの完走としてのライフサイクル(354)　時代の刻印を帯びたでこぼこなライフコース(355)　ライフコースごとのライフスタイルの多様化——結婚と葬儀(358)

4 家族と社会問題　362
　親密な存在ゆえの愛情と憎悪——性愛と暴力(362)　家族に介入する社会政策(364)　家族に介入する科学技術(367)

第12章　ジェンダーとセクシュアリティ　371

1 ジェンダーから切り開かれた問題領域　372
　ジェンダー理解の登場——その構築性へのまなざし(372)　性現象の認識の深まり——その3局面(373)　本質主義と構築主義のアリーナとしての性現象——ジェンダー議論の再設定(376)

2 性によって分割された社会　●ジェンダーの側面から　378
　性別役割分業——公的世界と私的世界(378)　職業労働と家事労働(381)　性別コースの再生産と変容——学校・兵士(386)

3 性愛の陰影　●セクシュアリティの側面から　389
　性行為の3要素(389)　多型的な性の欲望(391)　性に関わる社会問題(394)

4 性と生　395
　〈性同一性障害〉が提起するもの(395)　生殖を超えた性(397)　男女共同参画社会という方向性(402)

第13章　エスニシティと境界　407

1 境界形成と帰属　●移動する人間が出会う場所で　408
　開かれた扉(408)　焼肉は「エスニック料理」か(408)　境界という社会的世界——衝突と創造のダイナミクス(411)

2 構築されるエスニシティ　412
　多民族化した日本社会(412)　日本社会を開く(414)　エスニシティとは何か(416)

3 越境者として生きる　●「日本」社会の開き方／開かれ方　420
　移り住むという決断(420)　住民として居場所をつくる(421)　生きるすべをつかむ——外国人労働者から定住するマイノリティへ(424)　ジェンダーとエスニシティ(428)　観光という新しい境界の形成(430)

4 互いに異質でありうることの制度化をめざして　430
　世代を超えて——家族・教育・言語(430)　アイデンティティとシティ

ズンシップ(433)　「ヘイト（民族的憎悪）」を越えて(435)　「われわれ」の自明性を越えること(437)

第14章　格差と階層化　　　441

1　格差・階層化現象をどうとらえるか　442
溢れる「格差の語り」のなかで(442)　格差・階層化への社会学的視点(443)

2　近代化と階級・階層　444
所有から階級へ——マルクスの階級論(444)　地位達成による階層移動——機能主義的な成層論(445)　戦後日本における「平等化」——その現実と幻想(446)

3　格差・階層化の新段階　451
変容する労働の世界(451)　ポスト・フォーディズムとフレキシブル化する労働(451)　グローバリゼーションの影響(452)　教育という経路の二面性(456)　競争主義の台頭と「個人化」される階層問題(457)　格差・階層化の新しいリアリティ(458)

4　格差・階層化分析を社会学に取り戻す　461
格差を構造化するもの(461)　格差・階層化の非経済的背景(462)　格差・階層化から集合的主体の形成へ(463)　再生産される不平等——主体化のわな(465)　「失敗」へいかに適応するか——冷たいシステムを前にして(467)　階級・階層論の公共性(469)

第15章　文化と再生産　　　473

1　文化の社会学的位置　474
スポーツのグローバル化にみる文化(474)　文化はどこにあるのか(476)　文化の機能とアイデンティティ(477)

2　文化の享受と戦略　480
サブカルチュアの離陸(480)　高度消費社会と文化(482)　文化の経済学(484)

3　文化による再生産と排除　487
文化の差異性と再生産(487)　文化的再生産の日本的あり方(489)　「逸脱」「問題」と文化——ラベルとクレイム(493)　文化の政治学(496)

4　社会の存立基盤としての文化　498
〈世界〉を呈示し統合する宗教(498)　言語による〈世界〉の存立(499)　文化論的転回という関心とそのゆくえ(502)

第 16 章　社会運動と社会構想　　507

1　革命志向から「新しい社会運動」へ　508
　1.1　20 世紀を振り返る　508
　　　社会学的想像力(508)　漱石の煩悶(508)　20 世紀を振り返る(511)
　1.2　「ゆたかな社会」における社会運動の噴出　512
　　　公民権運動の高揚(513)　対抗文化と反乱の時代(515)
　1.3　テクノクラートと「新しい社会運動」　515
　　　若者反乱の時代——1968 年前後(515)　社会運動分析の三角形(517)

2　市民セクターと新しい公共圏　520
　2.1　社会運動の制度化と二極化　520
　2.2　市民セクターと新しい公共圏　521
　　　市民セクター(521)　公共圏(524)

3　社会変革と社会構想のために　526
　3.1　社会学と公共政策　526
　3.2　リスク社会と社会構想　527
　3.3　公共社会学の提唱とその意義　529
　3.4　社会構想と価値　531
　　　現代社会の基本的価値(531)　正義・平等・公正(532)　自由と自己決定性(533)　博愛と社会的連帯(535)　持続可能性(535)　言説の公共空間へ(536)

　　引用・参照文献　539

　　事項索引　563

　　人名索引　579

◆ COLUMN ─────
　1-1　「社会学って何？」　22
　1-2　公共性　32
　2-1　「これでもありあれでもある」　49
　2-2　パノプティコン（一望監視装置）　68
　3-1　社会理論と秩序像　82
　4-1　スローフード　111
　4-2　官僚制　112
　4-3　官僚制の逆機能　115
　5-1　メディアのバイアス　145

- 5-2　テレビ嫌いのマクルーハン　152
- 6-1　記憶術　181
- 6-2　記憶のかたち　183
- 7-1　シカゴ学派から新都市社会学へ，さらに惑星規模の都市化へ　205
- 7-2　グローバリゼーションと都市　214
- 7-3　コミュニティから「つながり」へ　224
- 8-1　社会的ジレンマと公共交通の衰退　241
- 8-2　私的所有とコモンズ　244
- 8-3　シェアリング・エコノミー　245
- 8-4　サステイナブル・シティ　247
- 8-5　巨大科学技術の政治性　250
- 8-6　生活環境主義　254
- 8-7　環境的公正（environmental justice）　255
- 8-8　エコロジー的近代化（ecological modernization）　256
- 8-9　京都議定書とパリ協定　263
- 8-10　福島原発事故　266
- 8-11　持続可能な発展（sustainable development）　268
- 9-1　弔辞の社会学　277
- 9-2　〈健康〉——生権力の現代的形態　280
- 9-3　20世紀の社会計画の双子——社会主義国家と福祉国家　282
- 9-4　社会環境との相互作用としての〈障害〉　286
- 9-5　感情労働をめぐる相互行為　295
- 9-6　「規範理論」（normative theory）の諸潮流　301
- 9-7　エイジングの社会学　305
- 10-1　国家は何を想起させ何を祝おうとするのか　318
- 10-2　世界社会論の系譜——人類をのせた惑星地球はどこに向かうのか　323
- 10-3　国家論の系譜　328
- 10-4　歴史的視点からみたポピュリズム　332
- 11-1　「家父長制」と「家」制度　345
- 11-2　シングルという生き方——「おひとりさま」の時代　348
- 11-3　私事化する家族と社会調査　350
- 11-4　結婚と離婚——その基本概念　360
- 11-5　家族戦略（family strategy）　365
- 12-1　フェミニズムの諸潮流　378
- 12-2　男性の介護とケア労働者　384
- 12-3　身体とジェンダー——体型と頭髪　388
- 12-4　カミング・アウト（coming out）　393
- 12-5　男性学　401
- 12-6　#MeToo　403
- 13-1　人種，ネーション，エスニシティ　418
- 14-1　SSM調査の先に　447

14-2 仕事とやりがいの行方——変化するサービス労働の現場から　453
14-3 グローバリゼーションと階層変動——中国のケース　458
15-1 〈侘び・寂び・萌え〉とクールジャパン　481
15-2 文化帝国主義——「麦当労」「星巴克」，そして「全家便利商店」？　486
15-3 世界遺産——滅びと継承のはざまで　490
15-4 「本質」と「関係」　495
15-5 言語検索が作り出す〈世界〉とその先——グーグルゾンからGAFAへ　501
16-1 資源動員論　514
16-2 新しい社会運動論　516
16-3 公共圏——公論形成の場　524

◆ TEXT IN TEXT で取り上げている作品 ───────

1-1 W. シヴェルブシュ『鉄道旅行の歴史』　43
2-1 夏目漱石『吾輩は猫である』　52
2-2 沢木耕太郎『人の砂漠』　66
3-1 N. マキアヴェリ『君主論』　93
4-1 村田沙耶香『コンビニ人間』　107
4-2 G. リッツァ『マクドナルド化する社会』　109
4-3 A. de トクヴィル『アメリカの民主政治』　120
4-4 R. D. パットナム『孤独なボウリング』　121
4-5 R. D. パットナム『孤独なボウリング』　121
6-1 M. プルースト『失われた時を求めて』　182
7-1 原発災害・避難年表編集委員会『原発災害・避難年表』　231
8-1 A. ゴア『不都合な真実』　253
9-1 J. S. ミル『自由論』　299
10-1 H. アレント『人間の条件』　335
11-1 N. エリアス『死にゆく者の孤独』　346
12-1 伊藤整『変容』　399
13-1 鄭暎惠『〈民が代〉斉唱』　434
14-1 M. ウェーバー『プロテスタンティズムの倫理と資本主義の精神』　470
15-1 M. de セルトー『日常的実践のポイエティーク』　478
16-1 夏目漱石「私の個人主義」　509
16-2 宮沢賢治「グスコーブドリの伝記」　534

◆ 各章で紹介している映画 ───────

第1章 小津安二郎監督『生まれてはみたけれど』，村上正典監督『電車男』　45
第2章 周防正行監督『Shall we ダンス？』，三浦大輔監督『何者』　72
第3章 ジョン・マッデン監督『恋におちたシェイクスピア』　100
第4章 庵野秀明監督『シン・ゴジラ』　136
第5章 小津安二郎監督『お早よう』，ウォシャウスキー兄弟監督『マトリックス』　166
第6章 原恵一監督『クレヨンしんちゃん 嵐を呼ぶモーレツ！オトナ帝国の逆襲』

　　　　　　194
第 7 章　李相日監督『フラガール』　233
第 8 章　バリー・レヴィンソン監督『レインマン』　271
第 9 章　マイケル・ムーア監督『SiCKO（シッコ）』　307
第 10 章　フーベルト・ザウパー監督『ダーウィンの悪夢』　337
第 11 章　イングマール・ベルイマン監督『野いちご』，是枝裕和監督『万引き家族』
　　　　　369
第 12 章　新海誠監督『君の名は。』　405
第 13 章　崔洋一監督『月はどっちに出ている』，井筒和幸監督『パッチギ！』，鄭義信
　　　　　監督『焼肉ドラゴン』　438
第 14 章　ケン・ローチ監督『ブレッド＆ローズ』　471
第 15 章　ジョージ・キューカー監督『マイ・フェア・レディ』　505
第 16 章　黒澤明監督『七人の侍』　537

本書について

- ●**本書の構成**　本書は，序章と，第1部～第3部の16の章（CHAPTER）で構成されている。
- ●**各章の構成**　序章を除き，各章は，導入文（INTRODUCTION）と複数の節（SECTION）で構成され，各章末に文献案内と演習問題を置いた。
- ●**INTRODUCTION**　その章の導入となる具体的な問いかけを，各章の扉の下部に置いた。
- ●**KEYWORD**　それぞれの章に登場するとくに重要な用語（キーワード）を，各章第1節の前に一覧にして掲げた。本文中ではキーワードおよび基本的な用語を，もっともよく説明している個所で青字（ゴシック体）にして示し，事項索引ではその用語と青字（ゴシック体）で示された頁を，同様に青字（ゴシック体）にして示した。
- ●**FIGURE**　本文内容の理解に役立つ図や写真などを，適宜挿入した。
- ●**TABLE**　本文内容の理解に役立つ表を，適宜挿入した。
- ●**COLUMN**　本文に関連する最新のテーマ，キーワードや理論動向，研究調査や事例などを，60のコラムで解説・紹介した。
- ●**TEXTinTEXT**　より深い理解のために，本文に関連する著作の一部分を原典から引用し，読み方のヒントを「視点と課題」で示した。
- ●**BOOK GUIDE**　さらに読み進みたい人のための参考文献・映画を，「原典にせまる」「理解を深める」「視野を広げる」の3つのテーマに分類し，各章末で紹介した。
- ●**SEMINAR**　各章の内容について，自分で具体的に考えるためのヒントとして，「考えてみよう」を章末においた。課題レポートのテーマにも活用できる。
- ●**引用・参照文献**　執筆に際し，直接引用・参照した文献を，巻末に一覧にして掲げた。日本語文献と外国語文献とをあわせて，著作者の姓名順（アルファベット順）に，単独著作～共同著作の順に示した。外国語文献については，邦訳書がある場合は，原著の後ろに邦訳書を（　）に入れて掲げた。

　本文中では，著作者姓と刊行年のみ（外国語文献で，邦訳書がある場合には原著刊行年と邦訳書刊行年を＝でつないで表示。[　]は初版刊行年）を，（　）に入れて記した。引用文には：のあとに引用頁を示した。

　　《例》
　　　　(Simmel 1908＝1994〔上〕: 15)
　　　　　　Simmel, G., 1908: *Soziologie: Untersuchungen über die Formen der Vergesellschaftung*, Duncker&Humbolt.（＝1994, 居安正訳『社会学』〔上・下〕白水社）

- ●**事項索引**　重要な用語が検索できるよう，巻末に事項索引を設けた。
- ●**人名索引**　歴史的人物や代表的研究者など登場人物を検索できるよう，巻末に人名索引を設けた。欧米人名については，原綴を（　）に入れて示した。

序章 新しい社会学のために

「鳥の目」と「虫の目」の交差のなかからこそ、社会のリアリティは浮かび上がってくる。福島原発事故は、グローバル都市の繁栄が何によって支えられてきたのか、都市と農村との関係、現代社会の光と影などを深く考えさせる出来事だった（上：上空から見た東京副都心、2014年。下：福島県飯舘村、フレコン袋に詰められた除染土、2018年）

知の翼としての社会学

違いからの出発

　私たちはみな，異なる道を歩んでいる。異なる夢を抱き，異なる明日に向かって今を生きている。この社会には，気の合う相手もいれば，顔を合わせるのも苦手な相手もいる。しかし私たちは，他の人間から切り離されては生きていけない。家族，学校，クラブ・サークル，会社，地域社会，国，そして世界。これらの場で，いやでも他の人間と関わりながら，生きていくことを迫られている。なぜ，価値観や生きがいの異なる人間同士が，ともに暮らしていけるのか。考えてみると，このことはとても不思議だ。

　人はみな，違っている。にもかかわらず，私たちはいやでも，どこかで他人とつながっていなければ生きていけない。そして，たとえば家族という空間，組織・集団という空間，地域社会という空間，ネットワークという空間，国という空間，そして地球という空間を，濃淡はあるにせよ，どこかで他人と共有していかなければならない。

　異なる人間たちが，限られた空間のなかでともに住み合っていくことを可能にする知恵あるいは仕掛けの総体，とりあえず，これを「社会」と呼んでおこう。

　私たちは今，どのような場所に立っているのだろうか。本書は，社会学という「知の翼」の力を借りることによって，大きく変化しつつある社会の姿を，あくまでもその動きのなかで観察し，理解していくための手引きの書である。

　社会は目に見えない。しかし社会はたしかにある。

　では，社会ははたしてどこにあるのか。この問いが本書の基本的な出発点だといってよい。以下に続く各章が明らかにしていくように，社会とは人びとのふるまいのなかにある。人と人の間にある。人びとの集まりのなかにある。人びとの心のなかにある。そして人びとの記憶のなかにある。したがって社会を知るためには，ときに鳥の目を用いて大きな視野から俯瞰をしながら，ときに虫の目を用いて対象に接近し，あるいはそのごく間近から眺めながら，またときに心の目を用いて共感と違和感の双方に引き裂かれつつ対象の微妙な襞を感じ取りながら，複眼的に対象と関わっていくことが求められる。私たちには，見えないものを見，聞こえないものを聞くための想像力の翼が必要だ。

今日，社会があたかもやせ細っていくかのような現実があることを，私たちはしばしば目にしている。格差や孤立，リスクや監視，不信や不安。さらに日本では 2010 年をピークに人口減少が始まった。しかし，これらの課題に対して提出される処方箋もまた，社会を微妙にすり抜けていってしまう。市場中心主義が台頭するなか，たとえば経済的思考が至るところで勢いを増している。「心」の問題が頻繁に指摘されカウンセリングが制度化されていくにつれ，社会的な問題を「心理」的な用語で説明する場面にしばしば出会う。

　だがしかし，私たちは他方で，新しい変化に気がついてもいる。まだら模様を示しながらも，社会はその厚みと深さと多様性を確実に増している。リアルとヴァーチャル，ナショナルとトランスナショナルといった異なる世界をまたぎながら，人びとは新しいつながりの形を体験しつつある。さらに，システムと環境，生命と非生命のように，かつては絶対的なものとして大きく立ちはだかっていたさまざまな境界をスリリングに越境しながら，社会的なものがあらたに創造されていく現場に，私たちは立ち会っている。人という生物の影響抜きに地球の運命をもはや語れない現在，人新世（Anthropocene）という新しい地質年代の到来すら指摘されることがある。

「私」から始まる社会の形

　この引き裂かれた状況においてなお，社会をめぐる想像力と構想力の旅を，あくまでも私という現場から始めること。あくまでも，私を社会のなかに投げ出しながら，そこで目に映るもの，耳に届くもの，全身をとおして感じ取れるものこそを，まず社会のはじまりと信じ続けること。そして，さまざまな「つながり」のなかに，たしかに位置を占めている私の姿を確認すること。社会学という知の営みに乗り出すにあたって，社会と対峙する最初の現場とは，まず私＝「自分」という場であるしかない。

　社会を読み解こうとするこの地道な作業の先に，しだいにくっきりとしていく陰影とともに，社会の形がおぼろげながら見えてくるだろう。そうした挑戦を続けるための「手がかり」として，本書は用意された。社会学は「自分」探しの手段ではけっしてない。しかし，私＝「自分」を通過しない社会はリアルなものとはなりえない。そこで獲得される淡い実感，しかし確かな感覚を経由することなしには，社会学は社会に着地することができない。社会は「自分」から始まり，そして社会はつねに「自分」に立ち戻ってきて終わる。社会は私と他者との間にある。社会は私が含まれる集まりのなかにある。社会は私の心のなかにある。そ

序章　新しい社会学のために

して社会は私の記憶のなかにある。

　私を起点とすることは，他の学問分野にないフットワークの軽さを社会学に可能にする。そこに，社会科学としての社会学がもつ大きな魅力の源の一部がある。だが，私を起点とする社会学には，狭い世界に閉じ込もってしまう危険性がつねにつきまとう。それをどのように回避していくか。社会学にはささやかな冒険心，それに「傷つきやすさ」をつねに受け入れていくちょっとした勇気が欠かせない。

社会学の世界への誘い

本書の構成

　時代は21世紀前半のゆくえを見通すべき時期にさしかかりつつある。大きな変化に直面しているこの時代において，社会学に何ができるか。また，社会学でなければできないことは何か。本書は，社会学が創り出す知の世界へと読者を誘う。以下，全体は大きく3つの部に分かれる。「第1部　行為と共同性」「第2部　時間・空間・近代」「第3部　差異と構造化」である。

行為と共同性──
「つながり」の仕掛けを知る

　第1部　行為と共同性では，社会学的思考の理論的な基礎を整理し，その多様なフロンティアを理解することをめざす。社会学の大きな特色は，私たちが暮らす日常生活の世界と何層にもそれを取り巻く構造の世界とを，つねに連関し合うものとして考える点にある。微視的視点（ミクロ）と巨視的視点（マクロ）のリンク，社会学ではそれをこう表現する。だが現実には，それらをつなぐ中間（メゾ）こそが大きなカギを握る。第1部の各章は，この中間の階段を順番に上がっていきながら，社会の成り立ちを明らかにする。

　まず第1章では，社会学という学問の成り立ちを考える。たとえば，電車の車内をフィールドとして考えてみよう。互いに見知らぬ人同士が出会う公共空間において，相互行為秩序はいかに作り出されるのか。この互いに見知らぬ人同士が出会う公共空間こそ，社会の原型である。近代において成立した公共空間，そしてそこからの親密空間の分節化を記述する営みとして成立した，社会学の原点を確認する。

　第2章では，相互行為について理解を深める。相互行為とは，そこにおいて社会がつくられると同時に，自己がつくられる緊張に満ちた場でもある。このダイナミックな過程を概念化する代表的な試みをたどりながら，社会学的思考の基礎

を学ぶ。

　第3章では，階段を1つ上がり，無数の相互行為の束としての社会において，秩序というものが維持されていくメカニズムを考える。秩序問題を考える場合，権力現象への視点は避けて通れない。楽しそうにデートする眼の前のカップルの間にも，また経営方針の転換を決断する企業の意思決定の現場にも，じつは権力現象は存在している。しかし同時に私たちは，利害調整と合意形成をはかりながら協働を営もうともしている。協働と合意形成はどのようにして可能か。社会を成り立たせている秘密がここに隠されている。

　ふだん何気なく入るコーヒーやハンバーガー，コンビニのチェーン店のなかにも，「社会のマクドナルド化」と呼ばれるような現代社会の秘密がある。さらに関係水準の階段を1つ上がった第4章では，現代社会の共同性の焦点である，組織とネットワークに注目する。企業，非営利組織（NPO），ネットワーク社会を例にとりながら，その特性と変容について具体的に考えていく。

　そして第5章では，メディアによって媒介される間接的な相互行為について学ぶ。社会は，話し言葉や文字，テレビやインターネットなど，さまざまなメディアによって媒介された相互行為が重層して成り立っている。ここではそうした相互行為がもたらす社会的事象のなかでも，近代に特有の編成様式としてナショナリズムと公共圏を取り上げる。それらはいかに作り出され，そして今，いかに変容しつつあるのか。

　第1部のキーワードはつながりである。多層的で多様な顔をもつ「つながり」の仕掛けを知ることを通じ，社会学という羅針盤の基本的な読み方を学ぶ。

時間・空間・近代——再帰的営みの軌跡をたどる

　第2部　時間・空間・近代では，私たちが生きる21世紀の社会の基本的成り立ちを知るため，社会がこれまでたどってきた経路を振り返る。

　何が今，終わりつつあるのか。何が今も，続きつつあるのか。何が今，始まろうとしているのか。問いはこう要約できる。だが，歴史をそのまま論じることが目的ではない。あくまでも，今私たちが暮らすこの社会のなかに埋め込まれている「時の経過」の跡こそが，ここでの主題となる。積み重なる社会の時間は，記憶，空間，身体，環境，技術，文化などの形をとりながら，現在の私たちの生活に枠をはめていく。また，それらを用いることなしには，私たちは未来の社会をつくることができない。

　学としての社会学は，近代（モダン）と呼ばれる時代とともに誕生し，近代の

展開とともに，いわばその自己認識として発展を遂げてきた。20世紀の終わり近くになって，近代という「大きな物語」の終焉が何度か宣告された。それは，「進歩」や「成長」といったわかりやすい物語のなかに自分を，そして社会を位置づけながら「理解」することが困難になったことを意味する。そして迎えた21世紀，私たちは今，迷いや苦悩のなかから第一歩を踏み出さなければならない状態にある。はたして現在は近代が終わったあとのポストモダンか，それとも近代化のプロセスの連続のなかにある後期近代か。

経路をたどる旅を，まず歴史と記憶というテーマからスタートしよう。第6章は，過去の痕跡が刻まれた空間や物質，それらをめぐって営まれる人びとの活動の編成を観察するための基礎を学ぶ。私たちが現在生きている空間は，過去の人びとの活動の痕跡が刻まれた空間でもある。それら痕跡をとおして私たちは過去を想起しつつ，現在を生きている。この現在のうちに生きられる歴史を考察対象とする「歴史の社会学」を，第6章では構想する。

第7章は，空間と場所をテーマとする。スピードが時代の象徴であった近代において，空間とは速さの増大によって乗り越えられるものと見なされてきた。だが，速さが極限にまで到達しようとしたとき，そこで起きたのは空間の消滅ではなく，新たな空間と場所を作り出そうとする多様な試みの噴出であった。排除と編入という権力作用にさらされながらも，公共空間の可能性はいかに試されてきたのか。はたして21世紀の新しい居場所はどのような形をとるのか。

近代における時間と空間の変容の背景には，飛躍的な発展を遂げた技術の存在がある。なかでも，20世紀の光と影をもっとも象徴する技術の代表は，自動車だろう。第8章では，自動車の歴史を手がかりに，近代性の特質を，環境と技術・人間・社会の関わりという観点から考察する。増大していくリスクに人びとはどう対応するのか。また，持続可能な社会への転換ははたして可能なのだろうか。

20世紀後半は世界の多くの国が福祉国家体制を整備し，医療・福祉の政策と実践が高度化し専門化してくる時期であった。しかし，同時にそれは医療・福祉の制度化が新たな現象や問題をもたらす過程ともなっていった。それは良きものとしての近代と，問題としての近代というコインの両面でもあった。第9章では，そのような医療・福祉の明と暗に着目するとともに，専門性を相対化し，当事者性を重視する自己決定という思想の必要性と危うさに視点を向けていく。

以上を受け，第10章では，国家とグローバリゼーションについて考える。近

代において，国家の提供するリアリティは拡大の一途をたどり，しばしば全体社会は国家と同一視されるに至る。社会学もまたその例外ではなかった。グローバリゼーションは，初めのうち，国家の影響力の低下を招くのではないかと考えられた。ところが現実はそれほど単純ではなかった。それは，新しい国家の時代の始まりなのか。それとも，国家を越える社会を想像することは可能か。

　第2部のキーワードは，再帰性である。近代とは，人間が自らの作り上げる社会に介入しそれを改変することを通じて，「進歩」を獲得しようとした多様な実践の軌跡でもあった。この過程で，複雑化する制度，巨大化する技術，そして無数の夢がそれぞれの時代に大きな刻印を残し，社会の地層の一部を形成していった。その先に何が待ちかまえているのか。

差異と構造化――困難と創発の最前線

　第3部 差異と構造化では，私たちを巻き込みながら，社会が〈いまここ〉で新しいステージへと作り変えられていく過程に迫る。無限に複雑でしかも相互に連関し合っている社会のダイナミクスをどう理解するのか。人間の知恵と思考には限りがある。それゆえ，社会学もまた社会を丸ごと語るわけにはいかない。対象を意味ある要素へと切り分けていくことは，社会学にとって避けて通ることのできない課題であった。そして実際には，その切り分け方そのものにこそ，各時代の社会学が直面してきた課題が反映されており，またそこに同時代のトップランナーをめざす社会学の知的アイデンティティがあった。

　たとえば，組織の大規模化や大衆化が進行した1950-60年代においては，巨大化し重層化していく社会のあり方こそが問題となった。このため，「社会の全体と部分」の連関が社会学の大きな課題となった。また，社会全体のシステムとしての統合力が増し，その作動のあり方が問われた1970-80年代には，「社会の機能的領域と制度化」を扱う社会学が，大きな位置を占めた。その後，社会学は百花斉放のとき，見方を変えると支配的なパラダイムを欠いたまま模索が重ねられる混沌の時期を迎える。それとともに，構造という視点そのものが大きく問い直されていく。各時代の「構造」観は，たとえば，それぞれの時代に編まれた社会学講座の構成にも反映されている（『講座社會學』東京大学出版会〔1957-58年刊〕，『現代社会学講座』有斐閣〔1963-64年刊〕，『社会学講座』東京大学出版会〔1972-76年刊〕，『岩波講座現代社会学』岩波書店〔1995-97年刊〕，『講座社会学』東京大学出版会〔1998-2010年刊〕を比較してみよう）。

　そして今，おぼろげながらいくつかの方向性が見え始めている。ただしそこに

序章　新しい社会学のために

あるのは，すでに固まってしまった構造ではない。そうではなく，異なる構造を模索する複数の力が既存の境界を乗り越えながら相互にぶつかり合う過程，そして，そこに生じる困難と思いがけない創発の力が交錯する様子こそが，私たちの目前にある。これらに取り組む知的営為としての社会学を，「社会の再構築と構造化」を扱う社会学と呼んでおこう。第3部は，現代社会に亀裂をもたらす多様な差異をキーワードとしながら，その再構築と構造化の過程を理解するためのカギを探す旅に出る。

　第11章では，まず，今私たちが営んでいる家族も時代と文化に規定された限定的存在であることを確認する。そして，現代の，消費共同体としてプライベート化する一方，性愛と暴力を潜ませている家族，社会政策と科学技術による介入に直面する家族を描き出す。また，各世代ごとのライフコース，いわば人生行路においても，時代の刻印を帯びた異なるライフスタイルを追求せざるをえなくなっていることを確認する。家族と人生という変わらないようにみえるもののなかにも，社会の変化の影響は浸透している。

　続いて第12章では，文化的性差として登場したジェンダー視点の普及，さらに，セクシュアリティや性同一性障害への関心が高まるなかで，性を多様性・多層性といった差異に満ちたものとしてとらえなければならなくなっていることを示す。性は人生を通じた生の彩りにつながるものであると同時に，そのような側面を維持するためには性の異なりを認識しつつ，そのもとでの公平・公正な社会制度を構築する社会的努力をしていく必要があることを考察する。

　社会学は長く「定住する人びと」を社会の担い手像として暗黙のうちに前提としてきた。エスニシティをテーマとする第13章は，近代社会とはじつは「移動の時代」でもあったことを確認しながら，異なる人間たちの出会いとそこでの関係創造の過程を，境界という視点から考える。長く閉鎖的といわれた日本も例外ではない。実はすでに多民族化した社会としての日本の姿，そして世界の姿をどのように理解するのか。越境という社会現象の意味を考察する。

　ただし，第3部でめざすのは，「ジェンダー・セクシュアリティの社会学」や「エスニシティの社会学」を独立した対象として括り出すことではない。研究対象の切断は，ときに対象の固定化，認識の硬直化をもたらしてしまう。しかもやっかいなことに，こうした閉域への囲い込みを通じて，支配的な全体構造はむしろ硬直性を保持したまま，延命させられてきたのである。

　この点をふまえ，第14章は，社会の生産／再生産，構造化／主体化といった，

社会学が大切にしてきた大局的視点をふまえながら，格差と階層化というテーマに取り組む。今日，この問題は，古くて新しい問題として再び世界的な注目を集めつつある。格差・階層化は，経済・社会・政治・文化に関わる多様な差異とそれをめぐる社会過程が織り成す複合的な現象である。具体的な問題を個別領域の壁のなかに分断してしまわない柔軟な枠組みと，多彩な現場に関わるための洗練された方法とを，つねに更新していくことにより，社会学の切れ味は磨かれてきた。

現代社会の多様化は同時に文化への人びとの関心を高めている。第15章では，文化の潜在的・基底的な側面を確認しつつ，文化が制度・言説・行為が交錯する亀裂に表れ，人びとをその差異性によって統合と排除の機能にまきこみ再生産していく様相に焦点をあてる。文化は今や政治・経済・社会の競争・闘争場面にも関連しており，社会の流動化と構造化を考察する時代診断の最前線と化してきているのである。

かつて「私には夢がある」という演説が人びとを魅了した時代があった。あなたの夢は，何だろうか。あなた方は，どんな社会を夢見ているだろうか。異議申し立て，既成秩序への反抗，社会運動，政策提言と協働的な実践，社会変革に向けたさまざまな努力と営みの歴史的な集積のもとに，私たちの生きる現代社会がある。第16章では，新しい公共圏，社会変革，社会構想の課題に社会学がどのように貢献しうるのかを論じ，本書全体を締めくくる。

テキストの冒険

その先への進み方

変化の時代にテキストを編むという作業は，つねに無謀な試みで終わるしかない。なぜなら，科学革命（T.クーン）の議論が明らかにしてきたように，教科書とは，「通常科学」（ノーマル・サイエンス）化をめざす知のパラダイムが自らの制度化のために作り出すものとして，しばしばあったからである。本書もまた，そうした役割とまったく無縁というわけではない。だが，本書がめざすのは，あるパラダイムを他のパラダイムによって取って代えることではない。そうではなく，対象としての社会のさまざまな変化と共振しながら，内と外に向かって越境的に自らを再編していく社会学の姿を，その変化とともに提示していくことが，本書の到達目標となる。

壊しつつつくり，つくりつつ壊す。そして，またつくる。今日，社会学という知がめざしているのは，このたえざる往復のなかから，変貌する社会を言葉にするための新しい語り方（語り口・文体）を生み出すことである。新しい社会学の文体を追求すること。この課題に取り組むため，本書はいくつかの特徴と工夫を備えている。

基本に帰る

　社会学は長く，「常識くずし」にその精力を注いできた。ナイフのような切れ味とそこで明らかにされる意外性は，今も社会学の身上，そして醍醐味だといってよい。だが，そうした持ち味は，強固な「常識」が存在しているときにこそ，有効なアイデンティティであった。では，社会の流動化状況に直面して社会学はどこに出発点を見いだしていくのか。必要なことは，大きく変化する状況に背を向けることなく，しかしそれにすべて流されてしまうのでもなく，もう一度確かな足場を見つけ出していくことである。

　社会学自体の力を見直すこと。変化の時代にあってこそ，模索と試行錯誤のなかでその現実把握の力，認識の力，そして体系化の力を鍛え上げてきた社会学の原点に戻ることが，今求められている。Back to Basic。ただし，守るためのBasic ではない。創り出すための Basic こそを本書はめざす。

　そのため，多少古めかしくとも，基本的な思想や用語をしっかりと書き込むことに書き手は注意を払った。だが，めざすのは単純な学史ではない。そうではなく，さまざまな思想や人物が，各章で自在に参照され，また論じられていく。したがって，読者がそのなかでつねに位置を確認していけるように，社会学とそれを取り巻く知的世界の歴史的展開について，おおまかな見取り図を用意しておこう（図 0-1 参照）。図には，本書に登場する主要な社会学者および思想家たちを，それぞれが活躍した時代ごとにまとめて示した。同時代認識としての特徴を強くもつ社会学の場合，どの時代を生きたかはそれぞれの理論にも大きな影響を及ぼしている。また同じ時代を生きた社会学者たちの意外な組み合わせにも注目してみよう。なお，この図には，日本の社会学者の名前はあえて書き込まなかった。しかし本書は，日本という現場で格闘してきた多くの社会学者の仕事を紹介することにも力を注いでいる。各自の関心に基づいてさらに名前や作品を書き込みながら，知の系譜の厚みと広がりを確認してほしい。

　初版から新版へ至る約 10 年間に，バーガー，ベック，バウマンらがこの世を去った。第二次世界大戦後の社会学の隆盛は，これらおもに 1920〜30 年代生ま

れの研究者によって支えられてきた部分が大きい。戦争，冷戦，復興と経済成長を体験した世代の現実認識が，社会学理論に厚みと構想力をもたらしてきた。では，社会学の新しい同時代認識はどのように姿を現しつつあるか。この点もぜひ考えてほしい。

領域を超えて

従来，社会学は，多様な機能的領域に応じて，いわば縦割りの分野へと分断されていた。しかし，現在，領域を超えた知が求められている。第1に，社会学の内部においては，家族，農村，都市，産業，労働，政治といった領域ごとに編成されていた知の様式が大きな壁にぶつかっている。

第2に，知の領域再編は，社会学自体の部分的溶解や解体をも引き起こしながら，さらに大きなスケールで進みつつある。たとえば，エリアスタディ，情報論，ジェンダー論，開発論，エスニシティ論，カルチュラル・スタディーズ，災害研究，モビリティ研究など，変化する時代に正面から取り組む領域横断的な知の現場においてこそ，社会学的思考はおおいに鍛えられ，またその可能性が試されつつある。

領域縦割りの弊害を越えて，社会学的アプローチのフロンティアをいかに豊かなものとしていくのか。また，多領域に広がる社会学的成果を取り入れながら，同時に，他の領域の学習者に対して，社会学の魅力と意義（「使える」感）をいかに伝えていくことができるのか。これらの課題をクリアするために著者は草稿をもとに議論を重ね，1冊のテキストとしてのブラッシュアップをはかってきた。

さまざまなニーズに応えられるように，本書は工夫されている。もちろん第2節で示したように全体は1つの流れをもって構成されている。しかし読者の関心に応じて各章がカタログ的に利用される場合も多いだろうことを前提に，独立して読める作品として各章を執筆することを著者たちは心がけた。また，各章の関連を示すため，本文中には参照のためのリンクを豊富に配置した。そのうえで，読み方の手引きとしてマトリクスを示しておきたい（表0-1参照）。

講義や演習などで取り上げられることの多いテーマごとに，関連する7つの章をそれぞれ抜き出し，その読み進め方について，想定される一応の順番を示しておいた。なお，第1章「親密性と公共性」は全体への導入という位置づけになっている。もちろん関連する章はこれだけではない。また，この順番にしばられる必要もない。読者の関心により，またインストラクターの方の創意工夫により，社会学の海へ乗り出すためのナヴィゲーションの一助としてこの表が活用される

FIGURE　0-1 ● 社会学的思考の流れをたどる

| 19世紀 | 世紀末 | 第一次世界大戦 | 戦間期 | 第二次世界 |

〈社会学の源流〉
　コント（仏・1798-1857）
　　「社会学」⑯

　トクヴィル（仏・1805-59）
　　自発的結社④

　マルクス（独・1818-83）
　　階級⑭

　　　　　　〈古典社会学の成立〉
　　　　　　テンニース（独・1855-1936）
　　　　　　　ゲマインシャフトとゲゼルシャフト①

　　　　　　ジンメル（独・1858-1918）
　　　　　　　相互作用①
　　　　　　　社会化と個人化②
　　　　　　　大都市⑦

　　　　　　ウェーバー（独・1864-1920）
　　　　　　　価値自由①
　　　　　　　官僚制④
　　　　　　　歴史社会学⑥
　　　　　　　自治的都市⑦
　　　　　　　社会的階級⑭

　　　　　　デュルケム（仏・1858-1917）
　　　　　　　「犯罪は正常」①

　　　　　　ミード（米・1863-1931）
　　　　　　　アイとミー②

〈批判理論〉
　ホルクハイマー（独・1895-
　アドルノ（独・1903-69）
　ベンヤミン（独・1892-1940）
　　歴史の天使⑥

　グラムシ（伊・1891-1937）
　　フォーディズム④⑩

　マンハイム（ハンガリー→
　　知識社会学⑮
　エリアス（ポーランド→独・
　　文明化

〈シカゴ学派〉⑦
　パーク（米・1864-1944）
　バージェス（米・1886-1966）

〈機能主義〉
　パーソンズ（米・1902-79）
　　制度的統合②，秩序問題③
　　AGIL⑮

　バーナード（米・1886-1961）
　　「経営者の役割」④

　シュッツ（オーストリア→
　　現象学的社会学
　アレント（独→米・1906-75）
　　共通世界⑩

　アルヴァックス（仏・1877-
　　集合的記憶⑥
　ルフェーブル（仏・1901-91）
　　空間の生産⑦

福沢諭吉（1835-1901）⑨　夏目漱石（1867-1916）②⑯　　柳田國男（1875-1962）⑤
　　　　　　　　　　　　　　　　　　　　　　　　　　　　今和次郎（1888-1973）①
　　　　　　　　　　　　　　　　　　　　　　　　　　　　宮沢賢治（1896-1933）⑯

（注）丸数字は本書でおもに解説している章の番号。

大戦　　冷戦期　　1968　　　　　冷戦終結へ　1989　　グローバル化　2019

　　　　　　　　　　　　　　　　　　〈第二のモダニティ〉
1973)　　　　　　　ハーバマス（独・1929-）　　ギデンズ（英・1938-）
　　　　　　　　　　コミュニケーション行為③　　　ハイ・モダニティ②
　　　　　　　　　　公共圏⑤⑯　　　　　　　　　　自己の再帰的プロジェクト②
　　　　　　　　　　　　　　　　　　　　　　　　脱埋め込み⑤
　　　　　　　　　　ルーマン（独・1927-98）　　ベック（独・1944-2015）
　　　　　　　　　　複雑性の縮減③　　　　　　　第二のモダニティ②
　　　　　　　　　　リスク⑧　　　　　　　　　　個人化②，リスク社会⑧
　　　　　　　　　　　　　　　　　　　　　　バウマン（ポーランド→英・1925-2017）
独→英・1893-1947)　　　　　　　　　　　　　　リキッド・モダニティ
　　　　　　　　　〈合理的選択理論〉　　　　　アーリ（英・1946-2016）
1897-1990)　　　　コールマン（米・1926-95）　　モビリティ①⑦，観光のまなざし⑦
　　　　　　　　　　社会関係資本⑦　　　　　リッツァ（米・1940-）
　　　　　　　　　　オルソン（米・1932-98）　　マクドナルド化④
　　　　　　　　　　フリーライダー問題③
　　　　　　　　　　　　　　　　　　　　〈再生産〉
　　　　　　　　　　フーコー（仏・1926-84）　　ブルデュー（仏・1930-2002）
　　　　　　　　　　パノプティコン②　　　　　ハビトゥス⑭⑮，文化資本⑮
　　　　　　　　　　言説分析⑮　　　　　　　　パットナム（米・1940-）
　　　　　　　　　　　　　　　　　　　　　　　社会関係資本④⑦
マートン（米・1910-2003）
　官僚制の逆機能④　　　　　　　　　　　　〈グローバリゼーション〉
マクルーハン（カナダ・1911-80）　　　　　　ウォーラーステイン（米・1930-2019）
　「メディアはメッセージ」⑤　　　　　　　　世界システム論⑩
　　　　　　　　　〈意味学派〉　　　　　　　サッセン（オランダ→米・1947-）
　　　　　　　　　　ガーフィンケル（米・1917-2011）　グローバリゼーション⑦
　　　　　　　　　　エスノメソドロジー①　　　アンダーソン（米・1936-2015）
米・1899-1959)　　　バーガー（米・1929-2017）　　想像された共同体⑤⑩
　　　　　　　　　　カオス・ノモス・コスモス⑮
　　　　　　　　　　ゴフマン（米・1922-82）
　　　　　　　　　　儀礼的無関心①　　　　　構築主義⑫⑮
　　　　　　　　　　ドラマトゥルギー②　　　バトラー（米・1956-）
1945)　　　　　　　ブルーマー（米・1900-87）　セクシュアリティ⑫
　　　　　　　　　　象徴的相互作用論　　　　ブラウォイ（英→米・1947-）
　　　　　　　　　　　　　　　　　　　　　　公共社会学⑯

　　　　　　　川島武宜（1909-92）③

序章　新しい社会学のために

TABLE 0-1 ● 読み方の手引き —— 社会学の海へ乗り出すために

部	行為と共同性					時間・	
章	1章	2章	3章	4章	5章	6章	7章
章タイトル / 具体的テーマ	親密性と公共性	相互行為と自己	社会秩序と権力	組織とネットワーク	メディアとコミュニケーション	歴史と記憶	空間と場所
理論で読む	↑	1	2	3	4	5	
自己という現象		1					
他者との対話			1			2	
身体・リスク・社会			5				6
日常生活の成り立ち		6			4		7
居場所の現在		2		7	5		1
中間集団の変容			2	1	3		4
公共空間の変容	共			6	1	3	2
文化の力を探る	通	7			5	6	
労働と社会				3			
格差社会の現在			6				
福祉・政策・社会				4	5		
環境と社会			4	2			5
国際社会学へ				6	1	2	
分断と排除を越えて						2	4
マクロ社会学の構想	↓					1	2

（注）番号は，自習や講義等で使用する際に読み進める順番の例。第1章を共通の導入とし，各

空間・近代			差異と構造化					
8章	9章	10章	11章	12章	13章	14章	15章	16章
環境と技術	医療・福祉と自己決定	国家とグローバリゼーション	家族とライフコース	ジェンダーとセクシュアリティ	エスニシティと境界	格差と階層化	文化と再生産	社会運動と社会構想
							6	7
	7		2	3	4	5	6	
		3		4	5		6	7
4	3		2	1				7
	5		1	2			3	
			3		4		6	
			5	6		7		
		5			4			7
			2	3	4		1	
1	6			4	5	2		7
	5			2	3	1	4	7
	1	6	2			3		7
1	3	6						7
4		3			5			
		1		5	3	6		7
		3			4	5	6	7

章2回,7章分で計14ないし15回の講義等を目安とした。

ことがあれば，幸いである。

社会学の翼に託して

本書は，多くの困難に取り組む冒険の書であり，答えがまだ用意はされていない挑戦の書でもある。そして同時に本書は，予想がつかない社会のリスクを飼い慣らしつつ，しかしあくまでも今ある社会とは別の社会の可能性をあきらめずに歩んでいく，長く険しい道のりを模索するための導きの書となることを，願っている。この点において社会学者はけっして希望を失わない。

本書を読み進めるにつれて，社会学の多彩さと広がり，そしてその内部に存在する対立や緊張に，読者は当惑を覚えるかもしれない。だが，複雑に入り組んだ話（構造）の筋を1つひとつ解きほぐしていくと，最後には本章のはじめに述べたような「社会」についての本質に立ち戻っていくだろう。

社会学は，どんな問題にも答えを用意できる思想的な「打ち出の小槌」ではない。だが，つねにあらゆる現実から目を背けないその開放的な姿勢を受け入れ続けるところに，社会学の「力」の源がある。その力を支えに，模索が続けられる新しい公共圏の世界へと一歩を踏み出してみよう。

第1部 行為と共同性

第1章 親密性と公共性

スマートフォンを操作している人,居眠りしている人,……ここに社会は存在するだろうか(2014年,Natsuki Sakai/アフロ)

CHAPTER 1

- KEYWORD
- FIGURE
- TABLE
- COLUMN
- TEXTinTEXT
- BOOK GUIDE
- SEMINAR

スマートフォンをいじっている人がいたり,ヘッドホンで音楽を聴いている人がいたり,本を読んでいる人がいたり,居眠りしている人がいたり,窓の外を眺めている人がいたり,めいめいがそれぞれ自分の好きなことをしているように見える電車の車内。はたしてそこに社会は存在するのだろうか。この章では,電車の車内をフィールドとして,自分の目で社会の存在を確認することを課題とする。社会は私たちの身近にあって,身を潜め,姿を隠している。社会の存在をとらえるためには,鋭い観察力と豊かな想像力が必要である。まずは私たちの観察力と想像力を目覚めさせるためのレッスンから始めることにしよう。

INTRODUCTION

KEYWORD
相互作用　犯罪は正常　価値自由　公共空間　プロクセミクス　儀礼
的無関心　親密空間　ゲマインシャフト　ゲゼルシャフト　モビリティ

SECTION 1　社会を発見するためのレッスン

見えない社会を見る

私たちは生物学の対象である生物を自分の目で見ることができるし，場合によってはふれてみることもできる。また天文学の対象である天体も夜空を見上げれば自分の目でそれを見ることができる。肉眼では見ることのできない生物や天体も，電子顕微鏡や電波望遠鏡を使うことによってその存在を確認することができる。これに対して，社会学の対象である社会は，これと同じような意味では，自分の目で見ることもふれることもできない。このことが社会学という学問のイメージがつかみにくいとしばしばいわれることの理由の1つであろう。

　私たちは，この本を，目に見えない社会を自分の目で見るためのレッスンから始めることにしよう。目をこらし，耳を澄まし，観察力を鍛えることによって，私たちの身のまわりにあるにもかかわらず，というよりあまりに身近にあるために，私たちがその存在に気づかない社会を，自分の目で観察できるようになることは，社会学への第一歩である。

　とはいっても，むやみやたらとあたりをにらみつけてみても，社会が見えるようになるわけではない。身を潜めている社会を見るためには，やはりコツがいる。どこに目を向ければ社会が見えてくるのか，その目のつけどころを，まず2人の社会学者，G.ジンメル（1858-1918）とÉ.デュルケム（1858-1917）に聞くことにしよう。

ジンメルの教え

ジンメルは「多くの諸個人が相互作用に入るとき，そこに社会は存在する」（Simmel 1908=1994〔上〕:15）という。ジンメルにとって，社会とは人間と人間の間の相互作用のことであった。私たちは毎日，挨拶を交わしたり，電話で話したり，メールのやりとりをしたり，名刺の交換をしたり，礼を述べたり，謝ったり，なにか頼んだり，尋ねたり，見つめ合ったり，手をつないだり，いっしょに食事をしたり，助け合った

り,けんかしたり,物を買ったり売ったり……など,無数の相互作用を営んでいる。ジンメルはそのような相互作用を糸にたとえている。ジンメルにとって,社会とは,現れては消えていくそのような無数の糸によって織られた,たえず形も模様も変えている織物のようなものであった。このようなジンメルの考え方は,もし私たちが社会を見ようとするなら,目を向けるべき場所は人間と人間の「間」であることを教えている。

ジンメル

だが,人間と人間の間の糸はふつうは目に見えない。人間と人間の間に目をこらしても,何もない空間があるだけである。しかし,この不可視の糸の存在に突然気づくときがある。それは何かいつもと違うことが起こったとき,たとえばこちらが「おはよう」と言ったのに,相手が返事をしなかったときである。そのようなときにはじめて,私たちはふだんこちらが「おはよう」と言うと,相手が「おはよう」と返事をしていることに気がつく。

どういうときに人間と人間の間の目に見えない糸が目に見えるようになるのかについて,さらにデュルケムに教えを乞うことにしよう。

> デュルケムの教え

デュルケムは「犯罪は正常的なものである」(Durkheim [1895] 1960=1978: 153) といった。一見すると不謹慎な発言のようにみえるが,デュルケムは何も「犯罪は正しい行為だ」といっているわけではない。デュルケムがいっているのは「犯罪行為が存在していることは正常な状態だ」ということである。なぜなら「およそ犯罪行為の存しないような社会はない」(Durkheim [1895] 1960=1978: 150) からである。どういう行為が犯罪とされるかは,時代によって,また社会によって異なっていても,いつの時代のどの社会にも,犯罪行為として指弾される行為は存在しているのである。

それでは,どうして犯罪のない社会はないのであろうか。それは人間の本質的な不完全さなどによるのではない。犯罪を作り出しているのがほかならぬ社会だからである。犯罪とは行為そのものに客観的に備わっている性質ではない。社会によって犯罪的だとして非難される行為がそのつど犯罪とされるのである。デュルケムによれば,「われわれは,それを犯罪だから非難するのではなくて,われわれがそれを非難するから犯罪なのである」(Durkheim [1893] 1960=1971: 82)。

第1章 親密性と公共性

デュルケム

社会にはつねに適切な行為と不適切な行為を区別する基準，つまり規則が存在しており，この規則に照らして不適切とされる行為（の一部）が犯罪とされる。犯罪のない社会がないのは規則のない社会がないからにほかならない。もし犯罪が行為に内在する性質であるなら，理想的にはそのような性質を備えた行為が根絶された社会，すなわち犯罪のない社会を想像してみることはできる。だが，社会がそのつど規則に従って適切な行為と不適切な行為を区別しているのであるとすれば，そのときどきに何が不適切な行為とされるかは変わるとしても，不適切であるとして非難される行為，そしてその一部である犯罪がなくなることはない。かりに非のうちどころのない模範的な聖人君子からなる社会であっても，そこではふつうなら見逃されるようなささいな過ちが，聖人君子たちのより厳しい基準に従って犯罪的であるとして非難されるであろう。道徳家はときおり犯罪のない社会をユートピアとして描くことがあるが，社会学的にいえば，犯罪のない社会とは，適切な行為と不適切な行為を区別する基準がもはや存在しない社会，すなわち何をやっても非難されない社会のことであり，それは言い換えれば完全に秩序が失われた状態のことなのである。

　社会は適切な行為だけから成り立っているわけではない。社会はつねに規則からみて適切な行為と不適切な行為の両方から成り立っている。むしろ，社会とは規則に従って適切な行為と不適切な行為が区別されている状態のことだというべきであろう。「反社会的」な行為も，それが社会によって「反社会的」とされているかぎり，社会の一部分なのである。デュルケムが「犯罪［は］公共的な健康の一要因であり，およそ健康な社会にとっての不可欠な一部分をなしている」（Durkheim［1895］1960=1978: 152，［　］は引用者）というのはこの意味である。

　そして，規則に従って適切な行為がなされているときには，私たちはそれにあらためて気づくことはない。だが，不適切な行為がなされると，私たちは非難の感情とともにすぐにそれに気がつく。したがって，私たちが社会の存在に気がつくのは，適切な行為がなされているときではなく，不適切な行為がなされたときなのである。これは，胃の調子がよいときには，私たちは胃の存在に気づかないのに，胃の調子が悪くなると，痛みとともに胃の存在に気づくのと同じである。

相手が挨拶に応えたときではなく，返事をしなかったとき，自分と相手の間にある目に見えない糸が見えてくるのはこのためである。したがって，デュルケムに従うなら，私たちが社会を観察しようと思えば，不適切な出来事が生じている場面にこそ目を向けるべきなのである。

ウェーバー

ウェーバーの教え　不適切な出来事が起こっている場面こそ社会が見えてくる場所だということと関連して，もう1人の偉大な社会学者 M. ウェーバー（1864-1920）の教えにふれておこう。ウェーバーは，対象が何であるのかを認識する事実認識と，何であるべきかという観点から対象を評価する価値判断を区別するように求めて，これを価値自由と呼んだ（Weber［1904］1922=1998）。ウェーバーは，社会学者が研究対象を選択する際に，その対象を好ましいと思ったり，好ましくないと思ったりする，社会学者の価値観が関与することを認めている。だからこそ，ウェーバーは，社会学者に対して，自分の価値観を自覚し，それにとらわれず，事実を認識することを求めたのである。不適切な出来事に目を向けるとき，しばしば私たち自身のうちに非難の感情がともなうことから，このウェーバーの教えは重要である。たとえ私たち自身が非難の感情を抱いていたとしても，社会学の仕事は，人びとといっしょになって対象を非難することではない。人びとがある対象を非難しているという事実を観察し，人びとがその対象を非難する背後にある規則を探り，そのような規則に従って成り立っている社会の仕組みを明らかにすることが社会学の課題である。

　もう一度，ジンメルとデュルケムの教えをまとめておこう。私たちが社会の存在を自分の目でとらえようとするなら，私たちが目を向けるべき場所は人間と人間の間であること，そしてとくに人間と人間の間で何か不適切とされる出来事が起こっている場面に注目することである。

　それでは実際に自分の目で社会を観察するために町へ出てみよう。フィールドとして選ぶのは電車の車内である。ウェーバーの教えも頭の片隅において電車に乗り込むことにしよう。

> **COLUMN** 1-1 「社会学って何？」
>
> 　素朴な質問ほど答えにくいものはない。社会学者を昔から悩ませてきた質問はこれである。社会学を専攻する学生にとっても他人事ではないはずである。家で「おまえは何を勉強しているんだ？」と聞かれたり，就職面接で自分の専攻を説明しなければならなくなったり，この質問に答えなければならなくなる場面があるはずである。よい答えを1つ紹介しておこう。
>
> 　「社会学そのものとは何か。これは特に目新しい見解でもありませんが，社会秩序というものの存在に驚くセンスといいますか，社会秩序というものがいろいろ破れ目はありながらも存在していることの不思議を問い続ける，という部分があれば社会学でありましょう。社会秩序と大げさに呼ばなくても，本来見知らぬもの同士であった人々が，直接間接にかかわりあいながらなんとか生きている状態，と平たく言い換えてもよかろうかと思います」（小川 2005: 25）。
>
> 　ここにはジンメルとデュルケムの教えが平易な日本語で要約して述べられている。社会学が対象とするのは「本来見知らぬもの同士であった人々が，直接間接にかかわりあいながら生きている状態」である。これはジンメルのいう「相互作用」である。しかも「なんとか」生きているのであり，そこにはかならず「破れ目」があるのである。これは，デュルケムがいうように，社会は適切な行為だけから成り立っているのではなく，社会にはかならず不適切な行為が含まれるということである。小川はさらに続けて「そのような状態の正邪を判断する前に，とにかくこれを可能にしているしくみや価値や関係のあり方を眺めてまずは驚く」（小川 2005: 25）ことだという。これはウェーバーの言う「価値自由」にほかならない。
>
> 　日本の社会学は良くも悪くも翻訳学問であった。だが，翻訳を積み重ねてきた結果，ついにジンメルもデュルケムもウェーバーも使わないで，「社会学とは何か」という問いにこのような平易な日本語で答えられるところまで日本の社会学が到達していることを，この答えは示している。

電車のなかで社会学

公共空間としての電車

　以下の議論はいちおう都市の近郊電車をフィールドとして話を進めるが，フィールドはローカル線

や長距離電車であってもかまわないし，鉄道を利用しない人であれば，バスでもかまわない。電車の車内空間の特徴は，運賃さえ支払えば，誰でも自由にそこに入ることができるということ，その結果として互いに見知らぬ人同士がいっしょに居合わせる空間であるというところにある。このような特徴を備えた空間は公共空間と呼ばれる。公共空間には，公共交通機関だけでなく，ほかにも道路，公園，図書館，ショッピング・モール，カフェ，ファストフード・レストランなどがある。電車の車内はいわば公共空間の観察用のサンプルであって，電車の車内での発見は，それぞれ必要な修正を加えれば，他の公共空間にもあてはまるはずである。

電車に乗り込み，車内を見回すと，スマートフォンをいじっている人，ゲームをしている人，音楽を聴いている人，本を読んでいる人，車内広告を読んでいる人，ぼんやり窓の外を眺めている人，眠っている人など，それぞれ自分のしたいことをしていて，家族や友人・知人といっしょに乗っている人たちをのぞけば，乗客たちの間に糸（相互作用）など存在していないように見える。そもそも駅に着くたびに，多くの人が乗り降りして，たえずメンバーが入れ替わっている電車の車内に社会などあるのだろうか。

デュルケムの教えは不適切な出来事が起こっている場面に目を向けよということであった。

電車のなかの「迷惑行為」

電車の車内を少し観察してみると，不適切とされているさまざまな行為を観察することができる。大きな声で話に夢中になっているグループがいたり，ヘッドホンステレオから音漏れしていたり，携帯電話の着信音が聞こえてきたりする。立っている人がいるにもかかわらず足を大きく広げて2人分の座席を占めている人や隣の座席に荷物を置いている人もいる。また化粧を始める女性がいたり，カップルがじっと見つめ合っていたりすることもある。個人差もあり，自分は不適切だとは感じないというものもあるだろうが，これらは一般に不適切であるとして取り上げられることの多い行為の例である（たとえば表1-1を参照，また学生による観察記録も自由に用いた）。

電車の車内で不適切とされる行為のなかには，痴漢やスリのように明確に法律にふれる犯罪もあるが，大半は法律にふれるから不適切とされているわけではない。それらの行為が不適切であるとされる際の基準（規則）のうち，法律として成文化されているものはごくわずかである。むしろそれらの規則の大半はマナー

TABLE 1-1 ● 駅と電車内の迷惑行為ランキング

順　位	迷 惑 行 為
第 1 位	荷物の持ち方・置き方
第 2 位	騒々しい会話・はしゃぎまわり
第 3 位	座席の座り方
第 4 位	乗降時のマナー
第 5 位	ヘッドホンからの音もれ
第 6 位	スマートフォン等の使い方
第 7 位	酔っ払った状態での乗車
第 8 位	車内での化粧
第 9 位	ゴミ・空き缶等の放置
第 10 位	混雑した車内での飲食

（注）　日本民営鉄道協会が 2018 年に「お客さまが迷惑だと思われる行為」についてアンケートで尋ねた結果をまとめたもの。
（出所）　日本民営鉄道協会ホームページ（https://www.mintetsu.or.jp/）。

とかエチケットとか常識とか呼ばれているような，違反したからといって犯罪になるわけではないが，周囲から非難のまなざしを向けられるような性質のものである。

　法律として成文化されていないそれらの規則の内容はしばしば「他人に迷惑をかけない」というように表現される。車内のアナウンスもしきりと「まわりのお客さまのご迷惑になりますので」と繰り返す。不適切とされる行為が「迷惑行為」と呼ばれるのはそのためである。たしかに電車で不適切とされている行為のなかには，グループが大声で話していてうるさいとか，ヘッドホンステレオの音漏れがうるさいとか，出入口をブロックしていて乗り降りのじゃまであるとか，「迷惑」という言葉があてはまるものも実際多い。だが「迷惑」という言葉ではうまく説明できないようなものがあることもまた事実である。たとえば車内で化粧をしている人やじっと見つめ合っているカップルは，「迷惑」という概念を拡張すれば「迷惑」といえなくはないとしても，どこが具体的に「迷惑」なのかを説明することは難しいように思える。車内での化粧やカップルの親密な関係が不適切だと感じられることの背景には，「迷惑」という言葉では表現しきれないもっと微細な規則が存在している。そして，この微細な規則を発見するためにはさらに注意深く車内を観察する必要がある。

プロクセミクス　電車の車内で不適切とされる行為のなかには、空間の利用の仕方に関わるものが多く含まれている。座席を詰めない、座席に荷物を置く、足を広げる・組む・投げ出す、などである。日本民営鉄道協会が 2018 年に行った迷惑行為についての調査で「座席の座り方」は第 3 位を占めている（2005 年調査では第 1 位、2010 年調査では第 3 位）。第 1 位の「荷物の持ち方・置き方」も空間の利用の仕方に関わるものであろう（表 1-1）。

　だが、どんな場合でも座席を詰めて座ればよいのかというと、そう単純でもない。車内が空いているにもかかわらず知らない人のすぐ隣に座ることもまた不適切な印象を与える。始発駅でどのように座席が埋まっていくかを観察すれば、長椅子式の座席の場合、たいてい まず両端が埋まり、続いて中間が埋まり、そのあと順次残されたところが埋まっていくことが多い。また、多くの乗客が降りて、長椅子式の座席の中間あたりに見知らぬ人と隣り合わせで残されてしまうようなとき、それまではまったく気にならなかった隣の人の存在に、突然、圧迫感を感じるようになることがある。そのようなとき私たちは、たとえ象徴的にすぎないにせよ、少し腰を浮かして横にずれたり、あるいは端の席に移動する人もいるだろう。

　アメリカの人類学者 E. ホールは「人間が空間をどのように利用しているか」についての研究を行い、これをプロクセミクスと名づけた（Hall 1966=1970）。ホールは、私たちが、相互作用している相手との関係に応じて、相手との物理的距離を使い分けていることに注目し、密接距離・個体距離・社会距離・公衆距離という 4 つの距離帯を区別した。密接距離は、約 45 cm までの距離であり、すぐに手が届く範囲の距離である。この範囲のなかに入ることが許されるのは、ふつう親子・夫婦・恋人などの親密な関係にある人だけであり、さもなければとっくみあいの喧嘩をしているかである。見知らぬ他人がこの距離のなかに入ってくると、私たちは不快感や不安を感じる。個体距離は、45 cm から 120 cm の間の距離であり、友人や仲間同士が個人的な話をするときに用いられる距離である。社会距離は、120 cm から 360 cm の間の距離であり、仕事上の交渉をしたり、社交的な会話をしたりするときに用いられる。公衆距離は 360 cm 以上の距離であり、講義や講演会ではこの距離が用いられる。

　私たちは、このように何層にも仕切られた目に見えない「泡」（Hall 1966=1970: 180）に包まれて生活しており、相手との関係の親密さ、相手の性別、年齢、目上であるか目下であるかなどによって、相手との間の距離をたえず調整してい

るのである。それは近すぎてもいけないし，遠すぎてもいけない。近すぎれば，私たちは「なれなれしい」と感じるし，遠すぎれば「よそよそしい」と感じる。カフェのカウンター席で友人との間に1つ席を空けて座ったある学生は，相手がすかさず「何？　この距離」とたずねたことを報告している。

　この「泡」は私たちの移動とともに移動し，電車に乗るときにも，私たちはこのような「泡」に包まれたまま電車に乗り込む。私たちは電車のなかでも可能であれば自分の「泡」を守ろうとするし，同時に相手の「泡」も尊重しようとする。長椅子式の座席であれば両端から，ボックス式であればまず各ボックスに1人ずつ席が埋まっていくことが多いのは，そのためである。だが，しだいに電車が混み合ってくると，箱に風船を詰め込んでいくときと同じように，私たちを包み込んでいる「泡」もだんだんサイズを縮めていく。そこには公平性の原理が働いているようである（江原1987）。少しずつ「泡」を小さくして，他の乗客が自分の個体距離や密接距離に入り込むことも，仕方なく認めているにもかかわらず，座席に荷物を置いたり，足を広げたりして，自分だけスペースを確保している乗客に対しては非難のまなざしが向けられるようになっていく。そして，車内が空いてくると，私たちは再びもとのスペースを回復しようとする。私たちは車内の状況をたえずモニターして，他の乗客との距離をつねに微調整しているのである。これは電車の車内に限らない。公共空間一般についていえることである（渋谷1990）。

儀礼的無関心

　電車のなかでは，ふつうであれば夫婦や親子など親密な関係にある人間しか入ることを許されない密接距離や，友人同士で用いられる個体距離のなかに見知らぬ他人が入り込んでくることから，別の規則が派生してくる。私たちはたまたま電車で隣り合って座った人と挨拶を交わしたりしないし，ふつうは話しかけることもない。私たちはあたかも自分の密接距離や個体距離のなかに人がいることに気がつかないかのように，それぞれスマートフォンをいじったり，本を読んだり，音楽を聴いたり，ゲームをしたり，あるいは目をつむって考えごとをしたりしている。それはあたかも，失われた物理的距離を心理的距離によって埋め合わせているかのようである。アメリカの社会学者 E. ゴフマン（1922-82）は，公共空間のなかで人びとが示すこのような態度を儀礼的無関心と呼んだ。

　「そこで行なわれることは，相手をちらっと見ることは見るが，その時の表情は相手の存在を認識したことを表わす程度にとどめるのが普通である。

そして，次の瞬間にすぐに視線をそらし，相手に対して特別の好奇心や特別の意図がないことを示す。」(Goffman 1963=1980: 94)

電車のなかで他の乗客にあからさまな好奇心を向けることが不適切とされるのはそのためである。たとえば，電車のなかで他の乗客をじろじろ眺めたり，隣の人のスマートフォンをのぞきこんだりすることは不適切と感じられる。例外は子どもである。子どもは他の乗客を指差して「あのおじさん，変なマスクしてる」と言っても大目にみられるし，逆に子どもに対してはじっと見つめることも，話しかけることも許される。大人は，スマートフォンをいじったり，本を読んだり，音楽を聴いたり，目を閉じたりすることによって，他の乗客に特別な関心を抱いていないことをお互いに対して示し合っているのである。

ゴフマンは続けて次のように書いている。「儀礼的無関心を装うこととそのルールに違反することの一番わかりやすい例は，相手が自分を見ていないのをよいことに相手を観察していると，とつぜん相手の視線が自分に向けられ，自分が無礼にも相手を見ていたことがわかってしまう時であろう。その場合，見ていた人は気まり悪がったり，恥じ入ったりして視線をそらすか，あるいは相手を見ていたには違いないが，それは礼儀上ゆるされる範囲内で見ていたにすぎないといったふりを慎重につくろう」(Goffman 1963=1980: 97)。私たちにも心当たりがあるだろう（たとえば，地下鉄または夜の車内で窓に映っている車内の様子を観察していて，突然，窓のなかで他の乗客と目が合ってしまったときなど）。

このように公共空間で見知らぬ他人にあからさまに関心を向けることは不適切とされるが，他方で，他人に対してまったく無関心であることもまた不適切とされる。儀礼的無関心はあくまで無関心であることを装う一種の演技であり，本当に無関心であることとは異なるのである。たとえば，電車のなかでの化粧を取り上げて考えてみよう。

化粧

電車内での化粧はしばしば不適切な行為としてやり玉に上げられる。日本民営鉄道協会の調査でも，「車内での化粧」は2005年7位，2010年8位，2018年8位と，10位以内の常連である。だが，先ほども述べたように，車内での化粧のどこが「迷惑」かを説明することはそれほど簡単ではない。具体的にあげられるのは化粧品の匂いであるが，アルコールや食べ物の匂いなどもっと臭いものはいくらでもある，という反論は可能であるように思われる。だが，どこが迷惑かを具体的に説明することは難しいとしても，電車のなかでの化粧が何か不適切な感じを与えていることはま

FIGURE 1-1 ● トシ ヒコ「ソレ的なナニ」

（出所）『サンデー毎日』1999年5月2日号。

ちがいない。その不適切さの印象は何に由来しているのであろうか。それはしばしば「みっともない」「恥じらいがない」「奥ゆかしさに欠ける」などと表現されているが，ある学生はそれを「何か無視されているような感じ」と表現した。「リベンジ」と題された図1-1のマンガはこの感覚をうまく表現している。

「リベンジ」であるためには2つの行為は等価でなければならない（「目には目を，歯には歯を」）。それでは化粧と鼻毛を抜くことはどういう意味で等価なのだろうか。1つには，どちらも自分の身体への接触を含んでいることである。ゴフ

マンは公共の場での「自己の身体への関与」(Goffman 1963=1980: 70-76) が不適切とされていることを指摘して，歯の掃除をする，鼻くそをほじるなどとともに，化粧もまた「自己の身体への関与」の1つとしてあげている。

　もう1つはどちらも高度の集中力を要求することである。化粧は——少なくとも鼻毛を抜くのと同じくらい——集中力を必要とするであろう。そして，あまりにも集中して化粧をしている女性を見るとき，私たちは「何か無視されているような感じ」をもつのである。ゴフマンは，上の引用のなかで，「相手をちらっと見ることは見るが，その時の表情は相手の存在を認識したことを表す程度にとどめるのが普通である」と述べていた。儀礼的無関心は「相手の存在を認識したことを表わす」ことを前提としており，これが欠けていると，私たちは「無視されている」と感じるのである。電車のなかでの化粧が不適切とされることの理由の少なくとも一部はこの「無視されているような感じ」にある。私たちは電車のなかであからさまに関心を向けられることも好まないが，かといって無視されることも好まないようなのである。そして，これは化粧だけに限らない。ヘッドホンステレオの音漏れも，漏れている音が迷惑であるだけではなく，音が漏れていることに気がつかないほど音楽に没入していることが，私たちに「無視されている感じ」を与えている側面があるだろう。「ヘッドホンステレオを聴きながら身体でリズムをとる」「爪を嚙みながらマンガを読む」「窓に映っている自分の姿に見入る」(いずれも学生の観察記録から) なども，特別，迷惑とはいえないにもかかわらず，どこか不適切な印象を与えるとすれば，それはやはりこの「無視されている感じ」に関わっているように思われる。

　ゴフマンは，公共空間のなかで自分だけの世界に入り込んでしまうことを「離脱」(Goffman 1963=1980: 77) と呼んでいる。電車のなかで自分の世界に「離脱」してしまうことに非難のまなざしが向けられるとすれば，それは電車のなかに，ぶしつけに関心を向けたりはしないが，かといって無視しているわけでもない，潜在的な関心のネットワークが存在していることを示しているだろう。

　離脱は自分の世界に入ってしまうものばかりではない。「集団的離脱」といってよいようなタイプも観察することができる。

集団的離脱　電車のなかでカップルが見つめ合っていようと，キスをしていようと，別に迷惑がかかるというわけではないが，それでも何か不適切な印象を与えるとすれば，それはカップルが2人だけの世界に入り込んでしまっていることと関わりがあるだろう。恋人同士

が見つめ合っているとき，2人の関心はもっぱらお互いに向けられ，そのなかで閉じられてしまっている。そのとき私たちは——かすかな嫉妬とともに——「何か無視されているような感じ」を抱くのである。

　グループの乗客が車内で騒ぐことも，つねに迷惑行為としてあげられる。日本民営鉄道協会の調査でも，「騒々しい会話・はしゃぎまわり」は2005年6位，2010年1位，2018年2位と，つねに上位に入っている。たしかに騒がしくて迷惑であることは事実であるが，それとともに，関心が仲間内で完結してしまい，電車内の潜在的な関心のネットワークから離脱してしまいがちであることも関わりがあるだろう。もう少し観察を続けてみよう。騒いでいたグループも，駅に着くたびに1人降り，2人降り，そして最後の1人になるときがやってくる。その瞬間の表情の変化をよく観察しよう。仲間に対して見せていた表情が，あたかも仮面をつけかえるように，一瞬で無表情に変わる。電車のなかの儀礼的無関心の世界に復帰する瞬間である。そして他の乗客たちもこの瞬間を見逃さない。最後に残された1人にちらっとまなざしを投げかけるのである。密かな「リベンジ」の瞬間である。ある学生は，最後の1人になった高校生がいたたまれなくなって，隣の車両に移動していったことを報告している（これはしばしばいわれるように若者に公衆道徳が欠けているわけではないことを示している。彼らはただ自分たちの集団の規範を優先しているだけである）。

　もう一度電車のなかを見渡してみよう。最初に乗り込んだときと同じように，スマートフォンをいじっている人がいたり，音楽を聴いている人がいたり，外を眺めている人がいたり，目をつむって考えごとをしている人がいたり，めいめいがそれぞれ好きなことをしている光景にかわりはない。だが，今や私たちは，あからさまに関心を向けたりはしないが，だからといって無視するのでもない，儀礼的無関心という目に見えない糸によって精巧に織られた社会をそこに見ることができるはずである。

親密空間　これまで電車の車内をフィールドとして，公共空間における相互作用を観察してきた（電車のなかでの迷惑行為ランキングでつねに上位を占めている「携帯電話の使用」についてはここではふれなかった。第4節であらためて取り上げることにする）。

　だが，社会は公共空間だけで成り立っているわけではない。公共空間は，一定の条件さえ満たせば誰でも自由にそこに入ることができ，その結果として互いに見知らぬ人たちがいっしょに居合わせるような空間であった。これに対して，そ

こに入るための資格が厳しく制限されていて，結果としてお互いによく知っている人たちしかそこに入れないような空間が存在している。そのような空間を親密空間と呼ぶことにしよう。親密空間の代表的な例はいうまでもなく家族の空間である。

第11章のコラム11-3で述べられるとおり，「家族は……その他の集団から切り離された私事的な空間において営まれるプライベートで親密な関係として理解されている」。またそれゆえに，家族は社会学者による観察を拒んでいる空間でもある。「家族のなかに見知らぬ他者が社会調査と称して入ってきて，私たちと生活の起居をともにしながら観察していく。そんな光景を想像することはできないし，そのような行動に今の家族は耐えられそうにない」。家族は私たちにとってもっとも身近な集団でありながら，家族を観察することは意外にも難しいのである。

アメリカの社会学者 H. ガーフィンケル（1917-2011）が行った次の実験は，家族という親密空間における相互作用のあり方を理解するてがかりを与えてくれる点で貴重なものである。

下宿人実験 エスノメソドロジーの創始者ガーフィンケルは「違背実験」と呼ばれるさまざまな奇妙な実験を行ったことで知られている。それは，文字どおり，わざと規則を破ったり，相手の期待に背いたりする実験で，たとえば，三目並べゲームをしている最中に突然相手のコマを勝手に動かしたり，会話の最中に相手が言ったごく当たり前の言葉の意味を聞き返したりして，相手の反応を観察するというものであった。それらは，わざと不適切な行為を行うことによって，「見られてはいるが気づかれていない（seen but unnoticed）」（Garfinkel [1964] 1967=1989: 35）相互作用の糸を可視化するために行われたものである。

下宿人実験もそのような違背実験の1つである。

ガーフィンケルは学生たちに，15分から1時間，自宅で下宿人であるかのようにふるまって家族の反応を観察するという課題を与えた。すなわち，「学生たちは家族の者となれなれしくすることを避け，かたくるしい口調で受け答えをし，語りかけられた時にだけ話をしなければならなかった」（Garfinkel [1964] 1967=1989: 49）。その結果は破壊的であった。家族は，驚き・困惑・ショック・不安・苛立ち・怒りなどを示し，「どうしたんだ」「何があったんだ」「具合でも悪いのか」「何を怒っているんだ」「気は確かか」と学生を問い質した。「ある学生は，

> **COLUMN** *1-2* 公 共 性

「公共性」という言葉は多義的に用いられる。その多義性を整理する仕方もまた多様である（齋藤 2000）。ここでは代表的な3つの意味をあげておこう。第1には，本章で用いたような，見知らぬ人同士が居合わせる公共空間という意味である。その対語は「親密空間」である。第2には，異なる意見が出会い，討論を通じて世論形成が行われる言説の空間という意味である。それは18世紀のフランスのサロンやイギリスのコーヒー・ハウスのような具体的な場所である場合もあるし，新聞やインターネットなどのようなメディアのなかの空間である場合もある。この意味で使われる場合は「公共圏」といわれることもある。この意味での「公共性」の対語は，異なる意見を排除し同質的な意見だけを許す「共同体」である。第3には，国家・公権力に関係する公的なものという意味である。その対語は家族のような「私的領域」であったり，「市場」であったり，第2の意味の「公共性」であったりする（第5章，第16章も参照）。

このような「公共性」という言葉の多義的な使い方の例をみてみよう。

> **FIGURE** *1-2* ●「公共性」の使い方

（出所）　小林（1998: 101）。

自分の友人を前にして，母親に，冷蔵庫のお菓子を食べても構わないかどうかとお伺いを立てたりしたものだから，その母親はまったく当惑してしまった。母いわく，『ちょっとお菓子を食べてもいいかですって。あなた，何年ものあいだ別に私にいちいち断ることもなく，ここでいつもお菓子を食べてたじゃないの。一体どうしたっていうの』」（Garfinkel [1964] 1967=1989: 49-50）。また，「家族成員は学生の『馬鹿丁寧さ』を，たとえば『左様ですか，ヘルツバーグさん！』など

この図では，賄賂や援助交際やストーカーとともに，電車のなかで携帯電話で話している女性の姿が描かれ，これらの不適切とされている行為が「大人から子供までの徹底した『公共性』の喪失」として一般化されている。そして，この「『公共性』の喪失」の原因が「戦後日本が『国家』を否定し『公』の基準を見つけられぬままにあらゆる共同体を否定して個人主義に向かっていった」ことに求められている。

　ここには，社会学からみて，いくつかの問題点を指摘することができる。

　まず第1に，これらの不適切とされている行為が公共空間で観察されることは事実である。だが，それはそのまま「『公共性』の喪失」を意味するわけではない。デュルケムがいうように，犯罪のない社会はないのである。社会のなかに不適切な行為が存在していることは社会にとって正常な状態である。なぜなら，それは規則が正常に機能していることを示しているからである。したがって，社会学的にみるなら，これらの行為が不適切であるとして非難されているということは，「公共性」が失われていることを示しているのではなく，正反対に「公共性」が健全に維持されていることを表しているのである。もう一度デュルケムの言葉を引用しておこう。「犯罪［は］公共的な健康の一要因であり，およそ健康な社会にとっての不可欠な一部分をなしている」（Durkheim［1895］1960=1978: 152）。

　第2に，「『公共性』の喪失」が「『国家』の否定」の帰結として説明されているが，ここでは「公共性」の異なる意味が混同されている。すなわち，第1の意味での「公共性」＝「公共空間」で観察できる不適切な行為の存在から誤って導き出された「公共性」の喪失が，第3の意味での「公共性」＝「国家」の否定にすりかえられ，そこから「公」＝「国家」の再建の必要性が唱えられる。ここには，公共空間で不適切な行為を目にしたときに私たちが感じる非難の感情を利用して，それを国家に向けて動員しようとする意図がみられる。

と揶揄したり，あるいは，そんなことをするのは生意気だととがめ，たいていの場合，その『馬鹿丁寧さ』を嫌味をこめて非難したのである」（Garfinkel［1964］1967=1989: 50）。

　この実験は，家族という親密空間で営まれている相互作用が，公共空間における相互作用といかに異質なものであるかを生き生きと例証している。公共空間では，互いに対して無関心であることを装うことが求められ，あからさまに関心を

向けることは不適切とされていた。これに対して，家族のなかでは逆に礼儀正しくふるまうことが不適切とされている。家族は互いに密接距離（親密な距離〔intimate distance〕）に入ることが許されるだけではなく，互いに対してたえず親密さを示し合うことが——たとえそれが演技であっても——求められているのである。さもなければ，「よそよそしい」「みずくさい」といって非難されることになる。

　以上，電車の車内と，家族を取り上げて，そこにおける相互作用のあり方を観察してきた。その結果，私たちは，まったく性格の異なる2種類の相互作用が営まれている「公共空間」と「親密空間」という2種類の空間を発見することができた。社会はこのような「公共空間」と「親密空間」という2種類の空間から成り立っているのである。あるいは，このような2種類の空間によって組み立てられている空間の編成を私たちは「社会」と呼んでいるのである。

　ここでいったん私たちが生活しているこの「社会」を離れて，想像力の翼を広げて時間をさかのぼってみよう。「公共空間」と「親密空間」という2種類の空間から成り立つような「社会」はいつでもどこでも存在していたわけではない。それは歴史的に形成されたものであり，そのような空間編成をもつ「社会」とはあきらかに「近代社会」なのである。そして「社会学」もまた，そのような近代になって新しく出現した空間編成を記述する試みとして登場したのである。

3　ゲマインシャフトとゲゼルシャフト

「魂のお団子」　公共空間は儀礼的無関心という態度によって特徴づけられる空間であった。人はいつからこのような態度を身につけるようになったのであろうか。

　図1-3は，1926（大正15）年3月30日（火）午前7時35分の，吉祥寺発東京行の中央線の電車の車内を，今和次郎（1888-1973）がスケッチしたものである。乗客たちは互いに距離を保ちながら座っているし，姿がスケッチされている10人の乗客のうち6人が新聞を手にしている。新聞をスマートフォンに置き換えれば，現在の電車の車内の様子とほぼかわらないだろう。

　このスケッチからは，100年近く前の電車の車内にも，おそらく現在と同じように儀礼的無関心という態度を身につけた乗客たちがいたことを推測することができる。さらに今はこのスケッチに次のような文章をつけている。

FIGURE 1-3 省線内の風俗

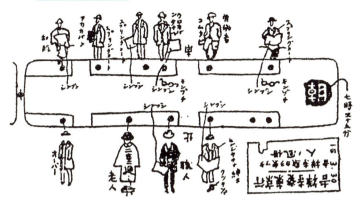

(注)「省線」は鉄道省路線のこと。現在のJR。見やすいように原著の図の天地を逆にしている。
(出所) 今([1926] 1987: 203)。

「このような郊外家庭，それを主体として考えれば，都市の中心に勤めにでねばならぬそれらの家の主人公たちは犠牲者です。電車のなかにすし詰めにされて，キチンと決まった時間に運ばれてゆき，夕方また運返されてくるのです。電車のなかではしかたがないから新聞をよむ。隅から隅まで，頭をからっぽにするために食うように眼を疲らしてよむのです。勤め人はみじめです（おそらく大多数は）。自分自身の興味は何にあるのかの意識が，みつからない，しかたがない，あるものは気どってみ，あるものは安泰第一へと，各自魂のお団子を仕上げてしまっているらしいのです。」(今 [1926] 1987: 202)

この文章のなかで今が「魂のお団子」によって意味しようとしていたことを正確に理解することは難しいが，「しかたがないから新聞をよ」みながら，互いに対して無関心を示し合っている乗客たちの儀礼的無関心を表現したものとして読むこともできる。そして，今はこのような車内の情景を当時の「最新の情景」として紹介しているのである。

通勤の誕生

1926年に発表されたこの文章は「郊外風俗雑景」と題されており，次のように書き始められている。

「朝と夕方，新宿，渋谷，池袋などのプラットホームに集まる群衆のもの

第1章 親密性と公共性　35

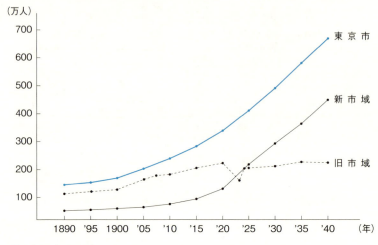

FIGURE 1-4 ● 東京市人口の推移

(出所) 中川 (1985: 83)。

　すごさったら,……学生,会社員,職人,労働者その他その他……は,車中の温気に蒸されて,肩と肩とをなぐり合わせて活動地と休養地との間に投げられたまないたのようなコンクリートの一直線の関所に錯綜してへし合うのです。大震災以後郊外居住者の数はめっきりふえる,不景気だといえば郊外へだし,健康上合理的だと宣伝され奨励されては郊外へだし,また住宅地切売りの広告につられては郊外へとなだれ込むのです。市内の様子それ自身もこの放射的な現象のために変わりました。××町は衰えて,カフェー,喫茶店のピンク色やチョレート色の看板がふえてきました。ありし東京はもはや昔の東京です。郊外発展とそれの完成化とはなんといっても市民の生活を合理化させ,よき休息とよき活動との帳面づらを整えて,その余波をあらゆる方面へと及ぼしているとみられるのです。そこでこの最新の郊外圏にみられる情景を空間と時間との関係で接触することのできない人びとのために,ほんの一端でも紹介し記しておくためにこんどの仕事がなされたのです。」(今 [1926] 1987: 181-82)

　図 1-4 のグラフは,1890 年から 1940 年にかけての東京市 (現在の東京 23 区)

の人口の推移を,中心5区・山手6区・下町4区からなる旧市域と,のちに東京市に編入される荏原・豊多摩・北豊島・南足立・南葛飾の5郡からなる新市域に分けて示したものである。これを見てわかるのは,1920年までは旧市域人口が東京市の人口の中心を占めていたのに対して,23（大正12）年の関東大震災を挟んで,25年には旧市域人口と新市域人口が逆転し,その後は新市域の人口が中心になっていくことである。1920年から25年にかけて,旧市域の人口が8.1％減少したのに対して,新市域の人口は78.8％も増加している（中川 1985: 82）。これは関東大震災を契機として,旧市域の人口が,新市域にあらたに形成された郊外に移動し,そこで世帯形成を始めたことを示している。

そして,このような郊外への大規模な人口移動は必然的に「通勤」という新しい現象を生み出した。「ありし東京」の中心をなしていたのは,下町の商人や職人という都市自営業層と彼らによって雇用されていた徒弟・手代(てだい)などであった。「彼らの生活を特徴づけていたのは,労働,消費,そして娯楽というあらゆる生活行動が,『町内(まちうち)』という言葉で表現される狭い範囲の地域社会の内部でほぼ自己完結的に行われていたことであった。家の"表"が労働の場所,"奥"が消費生活の場所という形で,両者が一つの住居の内部に統合され,労働と消費,経営と家計とが未分離の状態におかれていた」（寺出 1994: 150）。そこでは親密空間と公共空間は明確には分離していなかったのである。これに対して,「ありし東京」を「昔の東京」に変えてしまった関東大震災以降の東京の主役となったのは,郊外へと移動した工場労働者やサラリーマンという近代的な雇用労働者層であった。この雇用労働者層においてはじめて親密空間（「休養地」）と公共空間（「活動地」）とが空間的に分離される。「こうして家庭と職場とをつなぐ通勤現象が大量に発生し,その中継点としてのターミナルが新しい盛り場として発展をはじめることになるのである」（寺出 1994: 154）。

今和次郎は,郊外への人口移動によって作り出された,公共空間と親密空間の空間的分節化という,今日まで続くマクロな変動を,この分節化が生み出した「通勤」という当時の「最新の情景」を描くことによって,その端緒においてみごとに記録しているのである。

ゲマインシャフトとゲゼルシャフト

公共空間と親密空間の空間的分節化は,もちろん日本においてのみ出現した現象ではない。それは,産業化が進行し,雇用労働者層が大量に生み出された近代社会に共通にみられる世界史的な現象である。そして,この現象を概念

第1章 親密性と公共性　37

化する最初の試みの1つが，ドイツの社会学者 F. テンニース（1855-1936）の古典的な著書『ゲマインシャフトとゲゼルシャフト』（Tönnies［1887］1935=1957）であった。

　ドイツでは，1871年のビスマルクによるドイツ統一以降，急速に産業化が進展し，それにともなって都市人口も急速に増大した。1830年に20%であった全人口に占める都市人口の割合は，60年には40%，82年には60%，95年には80%と急増し，そのなかで「大都市」という言葉も生まれた（居安 2000: 10）。テンニースは，この新しく出現した大都市に，家族や村落や小都市に見られるような「信頼に満ちた親密な水いらずの共同生活」（Tönnies［1887］1935=1957〔上〕: 35）とは異なる新しいタイプの共同生活が生まれつつあることにいちはやく注目し，これを，前者のゲマインシャフトに対して，ゲゼルシャフトと呼んだ。それは，親密空間において伝統的に見いだされる相互作用とは質的に異なる，公共空間に特有の相互作用を概念化したものであった。「人々は，ゲマインシャフトではあらゆる分離にもかかわらず結合しつづけているが，ゲゼルシャフトではあらゆる結合にもかかわらず依然として分離しつづける」（Tönnies［1887］1935=1957〔上〕: 91）。

　だが，テンニースは，自らが発見したゲゼルシャフトに対してそれほど好意的であったわけではない。テンニースは次のようにゲマインシャフトとゲゼルシャフトを対比する。ゲマインシャフトでは，人びとは「互いに愛しあい，互いに慣れ親しみやすく，しばしば喜んでお互いについて相互に共に語り共に考えあう」（Tönnies［1887］1935=1957〔上〕: 61）。これに対して，ゲゼルシャフトでは，「人々はそれぞれ一人ぽっちであって，自分以外のすべての人々に対しては緊張状態にある。かれらの活動範囲や勢力範囲は相互に厳格に区切られており，その結果，各人は他人が自己の領分に触れたり立ち入ったりするのを拒絶する。すなわち，これらの行為は敵対行為と同様なものと考えられるのである」（Tönnies［1887］1935=1957〔上〕: 91）。テンニースはあきらかにゲマインシャフトを本来的な共同生活のあり方と見なし，それが失われつつあることを嘆いている。テンニースにとって，「ゲマインシャフトは持続的な真実の共同生活であり，ゲゼルシャフトは一時的な外見上の共同生活にすぎない」（Tönnies［1887］1935=1957〔上〕: 37）のである。

大都市と精神生活

　これに対して，大都市に出現した新しいタイプの相互作用を最初に積極的に評価したのは，はじめ

に取り上げたジンメルであった。ジンメルは当時人口が急速に膨張し，大都市に変貌しつつあったベルリンの中心に生まれ育った生粋の都会人であった。

ジンメルは大都市の人びとにみられるお互いに対するよそよそしさ，無関心さをもはや嘆いたりはしない。むしろそれは「他人が自己の領分に触れたり立ち入っ」てくる大都市においては必要不可欠な精神的態度なのである。「空間的に近くにいる人びとにたいする無関心は，端的に保護装置であり，これなくしては人びとは大都市において心的にすりつぶされ，こなごなにされ」(Simmel 1908=1994〔下〕: 246) てしまう。この無関心さはより積極的に自由のための条件でもある。「親密な水いらずの共同生活」であるゲマインシャフトにおいては，全人格がゲマインシャフトに包みこまれてしまうために，人間は不自由である。これに対して，大都市においては互いに無関心であるがゆえに，人間は自由である。私たちは大都市の雑踏においてもっとも自由であると感じるのである。こうして，テンニースがゲマインシャフトの解体ととらえたところに，ジンメルは新しい相互作用の可能性を見いだすのである。「大都市の生活形態において直接には解体と見えるものが，こうして現実においてはその根本的な社会化形式のひとつにほかならない」(Simmel〔1903〕1957=1998: 194)。ゴフマンの儀礼的無関心論はジンメルのこの発見の直接の延長上に位置しているのである。

SECTION 4 スマートフォンの登場

電子的離脱　さてもう一度電車の車内に戻ってみよう。電車の車内で不適切とされている行為でこれまであえて取り上げなかったものがある。「携帯電話の使用」である。

「携帯電話の使用」は，1999年の日本民営鉄道協会の第1回調査で1位で登場して以来，2003年の第4回調査まで連続して1位（2000年は実施されず），2004年調査から2007年調査までは2位，2008年調査から2015年調査までは，2010年の2位，12年の5位をのぞいて4位である。この間，質問項目が2009年に「携帯電話の着信音や通話」，2013年に「携帯電話・スマートフォンの着信音や通話」に変更されている。また2016年と17年は「携帯電話・スマートフォンの着信音や通話」とは別に「歩きながらの携帯電話・スマートフォンの操作」が質問項目に加わり，それぞれ2016年は7位と2位，17年は7位と4位であった。

第1章　親密性と公共性　39

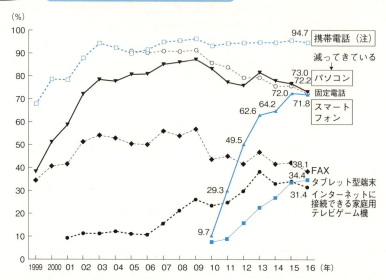

FIGURE 1-5 情報通信機器の世帯保有率の推移

（注） 携帯電話にはPHSを含み，2009年から12年まではPDAも含めて調査し，10年以降はスマートフォンを内数として含めている。
（出所） 総務省『平成30年版 情報通信白書』。

2018年には「スマートフォン等の使い方」に統一されて6位となっている。

このように「携帯電話の使用」に関連する項目はこの20年間一貫して迷惑行為ランキングの上位を占めている。だが，この間に電車のなかの携帯電話をめぐる光景は大きく変化した。もっとも大きな変化は，質問項目の変更に表れているように，携帯電話からスマートフォンへの変化である。以下では，「携帯電話」はスマートフォンから区別して，従来型携帯電話（フィーチャーフォン，いわゆる「ガラケー」）を指すことにする。

日本では2008年にiPhoneが発売されたことによってスマートフォンの急速な普及が始まった（図1-5）。個人保有率でみても，2013年に携帯電話38.9％，スマートフォン39.1％とスマートフォンが携帯電話を上回り（総務省 2017: 282），2017年にはさらにそれぞれ29.3％，60.9％となり，携帯電話からスマートフォンへの移行が進んでいる（総務省 2018: 236）。とくに20代・30代の若い世代のスマートフォン保有率（2016年）は90％を超えている（総務省 2017: 3）。

携帯電話とスマートフォンで共通して「迷惑」とされてきたのは「着信音が耳障り」「大きな声で話している」ということであった。だが，携帯電話やスマートフォンによる通話が「迷惑」とされる理由は「話し声や着信音がうるさい」というだけではない（もっと大きな声で話している2人づれもいるし，最近では多くの人がマナーモードに設定している）。ここでも「離脱」の一形式が，すなわち「電子的離脱」と呼んでよいようなものが関わっているように思われる。

　携帯電話やスマートフォンで話している人は，身体的には電車の車内に属したまま，同時に電車の外の目に見えない誰かと電子的につながっている。そして，話が長くなり，声が大きくなるにつれて，身体的に共在しているまわりの乗客はやはり「何か無視されているような感じ」を抱くのである。電車の車内には限られないが，2016年と17年に質問項目に加えられた「歩きながらの携帯電話・スマートフォンの操作」（歩きスマホ）が「迷惑」とされるのも，たんに「ぶつかりそうで危ない」「歩くスピードが遅い」というだけではなく，スマートフォンの操作に熱中しているとき，見つめ合っているカップルと同様，関心が液晶画面との間で閉じられてしまっていることが周りの人たちに「無視されている感じ」を与えていることも関係しているだろう。

「社会」から「モビリティ」へ　だが，携帯電話からスマートフォンへの変化には着信音や通話に注目するだけでは見逃されてしまう大きな変化の予兆が隠されている。

　まず携帯電話とスマートフォンの違いを確認しておこう。従来型の携帯電話もインターネット接続が可能であったため，すでに通話に限らず，メールのやりとりをしたり，ニュースサイトを閲覧したり，テレビを見たりすることが可能であった。この点では，スマートフォンとの違いはないように見える。だが，携帯電話を用いたインターネット利用の実態を見てみると，「メールを読む・書く」の行為者率が25.7％であることをのぞけば，「ソーシャルメディア（SNS）」0.8％，「ソーシャルメディア以外（ニュースサイト等）」3.0％，「ネット動画を見る」0.7％，「ネットで音声通話（LINEやスカイプなど）」0.0％，「ゲーム（ネット経由）」0.3％，「電子書籍」0.6％と，いずれもきわめて低い（橋元編 2016: 99）。携帯電話を用いたインターネット利用はほぼメールのやりとりに限定されている。これに対して，スマートフォンではそれぞれ40.9％，41.8％，22.1％，10.5％，9.1％，21.2％，2.4％であり，いずれの項目でも携帯電話を大きく上回っている（橋元編 2016: 99）。利用実態から見ると，従来型の携帯電話は「メールのやりとりもできる携帯電

話」であり，スマートフォンは「通話機能もついている携帯パソコン」である。従来型の携帯電話利用者のうち，通話とメールに限定して利用している利用者が携帯電話の利用を継続し，インターネット利用が中心の利用者はスマートフォンに移行しつつあると考えられる。なかでも「ソーシャルメディア（SNS）」の利用がスマートフォンを用いたインターネット利用のもっとも大きな特徴となっている。代表的な SNS（ソーシャル・ネットワーキング・サービス）である Facebook, Twitter, LINE, Instagram の日本におけるサービス開始はそれぞれ 2008 年，2008 年，2011 年，2014 年であり，SNS がスマートフォンへの移行を後押しし，またスマートフォンの普及がさらに SNS の利用を拡大させるという形で，スマートフォンと SNS は手を携えて普及してきたといえる。

　本書の旧版（2007 年発行）では，携帯電話による通話について次のように書いた。「電車の車内で携帯電話による通話が始まるとき，先ほど近代社会の特徴としてあげた公共空間と親密空間の分節化という事態に関して，微妙な，しかし重要な変化が生じる。すなわち，携帯電話で話している人は電車という公共空間に身体的に属しつつ，同時に携帯電話を通して親密空間にも属していることによって，公共空間と親密空間の区分をたやすく越境してしまうのである。携帯電話は公共空間のなかに，突然，親密空間の開口部を作り出すのである。」

　この記述はスマートフォンで通話したり，家族や友人とメールや SNS のやりとりをしている乗客にはあてはまるとしても，ニュースサイトやネット動画を閲覧したり，ゲームをしている乗客にはもはやあてはまらないだろう。スマートフォンをポケットやかばんに忍ばせている乗客は，親密空間との通路をポケットに忍ばせているだけではない。新聞社・ラジオ局・テレビ局・図書館・CD/DVD レンタル店・ゲームセンター・ショッピングモール・フリーマーケット・銀行などをまるごとポケットに入れているのである。

　これは人類が鉄道で移動するようになってはじめて生じた事態である。人は鉄道で移動するようになるとすぐに本や新聞を手にするようになった（TEXT IN TEXT 1-1）。これは鉄道の車内が親密空間から切り離された人びとによって作られる儀礼的無関心の空間であったことと関係している。本や新聞は儀礼的無関心という潜在的な関心のネットワークを維持するうえで不可欠な小道具であったからである。1990 年代後半に電車の車内に携帯電話が登場すると，電車の車内は電子的に親密空間と接続されるようになった。そしていまや電車の車内は全面的にインターネット空間に接続されている。携帯電話によって開かれた親密空間へ

> **TEXTinTEXT 1-1 ● 1866年にフランスで開催された医学学会での報告**
>
> 「現代の旅行は実に速い。そしてかなり長い旅をしている間、次々に代わる新顔と出会い、目的地に着くまで、一言も言葉を交さずに旅行を終えることがしばしばだ。特に話し合う気がなければ、話し合えるのはせいぜい知り合いぐらいで、また話し合う気があっても、乗りあわせた客が無愛想なために、その気をそがれることが多い。だからこの点で、鉄道は習慣や道徳をすっかりと変えてしまったと確言できる。数時間、時にはまた数日間、一緒に過すことがよくわかっていた昔は、乗合客とは親密にして、その付き合いは旅のあとも続けられることすらあった。今日では旅人は目的地に早く着くことばかり考えて、いらいらして過すだけだ。一緒に車室に乗りこんだひとは、次の駅で降りてしまい、その代りに別のひとが入ってくるかもしれないのだ。こういう理由で、読書が必要になってくる。」W. シヴェルブシュ『鉄道旅行の歴史』(Schivelbusch 1977=1982: 86)
>
> ● 視点と課題 ●
>
> 鉄道は公共空間を作り出すメディアであった。鉄道はかつての親密空間における「習慣や道徳をすっかりと変えてしまった」のである。鉄道はこの新しく生まれた公共空間における新しい習慣として車内読書を作り出した。W. H. スミスが1848年にロンドンのユーストン駅で新聞や書籍を販売したのが、駅構内で新聞や書籍が売られるようになったはじまりである(Schivelbusch 1977=1982: 82)。日本でも1872(明治5)年の鉄道開業とほぼ同時期に駅構内での新聞の販売が始まった(永嶺 1997: 44)。

の開口部は、スマートフォンによってインターネット空間全体へと開かれてしまった。スマートフォンやタブレット端末が登場する以前からすでに、自宅と職場は机の上に置かれたパソコンによってインターネット空間に接続されていた。だが、ノートパソコンを持ち歩く人をのぞけば、電車の車内におけるインターネット接続は携帯電話によるメールのやりとりにほぼ限られていた。移動中の電車の車内はインターネット空間からの最後の避難場所であったといえる。だが、私たちがスマートフォンやタブレット端末を持って電車に乗り込むようになると、自宅と職場の間の移動時間も含めて、私たちは潜在的には切れ目なく常時インターネット空間に接続されるようになったのである。

「ヒト、モノ、イメージ、情報、廃棄物の多種多様な移動(mobilities)について検討」(Urry 2000=2006: 1)する「移動の社会学」を提唱したJ. アーリ(1946-2016)は「社会的なもの」のとらえ方の根本的な変更を提案している。従来の社

会学が「社会的なもの」を，いわば静止画像のなかで動かないヒト，モノ，イメージ，情報からなる「社会」としてとらえてきたのに対して，「移動の社会学」はそれを，止まることなく動き続けるヒト，モノ，イメージ，情報からなるモビリティとしてとらえる。この「社会」から「モビリティ」へのパラダイム転換を，アーリは「移動論的転回（mobilities turn）」と呼ぶ（Urry 2007=2015）。

電車は走り続ける。150年前に本を読む乗客を乗せて走った鉄道は，現在ではスマートフォンの画面を見つめる乗客を乗せて走る。電車で現実の空間のなかを移動しつつ，同時にスマートフォンを通してインターネット空間のなかを移動している乗客は「モビリティ」を生きる人間の姿を象徴している。このような人間の登場が公共空間と親密空間の空間的分節化という近代的な社会の編成をどのように変容させていくのかは21世紀の社会学にとって大きな研究課題だろう。

BOOK GUIDE　●文献案内

● 原典にせまる

① E. ゴフマン『集まりの構造——新しい日常行動論を求めて』丸木恵祐・本名信行訳，誠信書房，1980（原著1963）。

② J. ハーバーマス『公共性の構造転換——市民社会の一カテゴリーについての探究（第2版）』細谷貞雄・山田正行訳，未來社，1994（原著［1962］1990）。

③ J. アーリ『社会を越える社会学——移動・環境・シチズンシップ』吉原直樹監訳，法政大学出版局，2006（原著2000）。

①社会学で観察の達人といえばこの人をおいてほかにない（①）。「公共性」の成立と変容に関する本格的な思想史としては②。③は「社会」から「モビリティ」への「社会的なもの」のとらえ方の根底的な変更を提案している。

● 理解を深める

④ 齋藤純一『公共性』岩波書店，2000。

⑤ 藤田弘夫『路上の国柄——ゆらぐ「官尊民卑」』文藝春秋，2006。

④は「公共性」という多義的な言葉にすっきりとした見透しを与えてくれる。⑤は路上に立つ看板から「公共性」概念を問い直すもの。"PUBLIC PARKING ONLY: NO OFFICIAL VEHICLES OR GOVERNMENT PERMITS IN THIS LOT"（公共の駐車場につき，公用車および政府許可証をもつ車両の駐車を禁ず）という看板は私たちの「公共」概念を揺るがすのに十分である。

● 視野を広げる

⑥ 江原由美子「座席取りの社会学」山岸健編『日常生活と社会理論』慶應通信，1987。

⑦ 今和次郎『考現学入門』ちくま文庫，1987。

⑧ 柳田國男『明治大正史世相篇』（新装版）講談社学術文庫，1993。

⑨ 小津安二郎監督・映画『生まれてはみたけれど』1932。
⑩ 村上正典監督・映画『電車男』2005。
　⑥は「電車のなかで社会学」の古典。⑦⑧は歴史的想像力の翼を与えてくれる。⑨では目蒲電鉄（1923年開業，のちの東急目蒲線）が当時新しく開発されつつあった郊外住宅地のなかを走る姿を見ることができる。⑩まだスマートフォンは登場しないが電車とインターネットと言えばこれ。

Chapter 1 ● 考えてみよう
❶ 公共空間（電車の車内・公園・図書館・エレベーターのなかなど）で人びとが空間内でどのように位置を占めているか，観察してみよう。
❷ 自宅で自分が下宿人であると仮定して家族の相互作用を観察してみよう。
❸ あなたがもしスマートフォンをなくしたら，あなたは何を失うことになるのだろうか。想像してみよう。

第 2 章 相互行為と自己

息を合わせて踊る社交ダンス。それは
あたかも私たちの相互行為のようである。

- KEYWORD
- FIGURE
- TABLE
- COLUMN
- TEXTinTEXT
- BOOK GUIDE
- SEMINAR

CHAPTER 2

第1章では，電車の車内をフィールドとして，目に見えない相互行為を自分の目で観察するためのレッスンを行った。社会はそのような目に見えない無数の微細な相互行為によって形作られているのである。社会学はこれまでそのような相互行為をさまざまな視点から概念化してきた。概念もまた見えない社会を目に見えるようにするための道具の1つである。この章では，相互行為を概念化する，社会学における代表的な試みを紹介することにしよう。

INTRODUCTION

> **KEYWORD**
>
> 相互行為　社会化（社会形成）　個人化（個人形成）　信頼　役割取得　重要な他者　一般化された他者　アイとミー　ダブル・コンティンジェンシー　役割期待の相補性　制度化　内面化　制度的統合　社会化（学習）　社会統制　ドラマトゥルギー　印象操作　自己呈示　役割距離　自己物語　自己の再帰的プロジェクト　ハイ・モダニティ　個人化（集団からの解放）　第二のモダニティ

自己・相互行為・社会

糸・織物・結び目

　もう一度 G. ジンメルから話を始めよう。「多くの諸個人が相互作用に入るとき，そこに社会は存在する」(Simmel 1908=1994〔上〕: 15) と述べたジンメルこそ，最初に相互行為を主題化した社会学者の 1 人であった。ジンメルに従って，相互行為が社会学において主題となる際の基本的な構図を確認しておこう（ジンメルの"Wechselwirkung"は通常「相互作用」と訳されているが，この章では以下，統一のため「相互行為」と訳す。この章ではおもに，互いに身体的に現前している行為者の間の相互行為，すなわち「対面的相互行為」について論じる。メディアによって媒介された間接的な相互行為については第 5 章で論じる）。

　すでに第 1 章で述べたように，ジンメルは相互行為を「糸」にたとえていた。社会はその糸によって織られる「織物」である。ただし，この糸は結ばれては消え，消えてはまたあらたに結ばれるという流動的な性質をもっている。したがって，そのような糸で織られる社会という織物もまた，たえまない変化のうちにあり，たえず形を変え，大きさを変え，色や模様を変えている。ジンメルにとって，社会とは，確固とした実体ではなく，たえず形成されるプロセスのうちにあるものであり，そのようなプロセスとしての性格を強調するために，ジンメルは社会化（社会形成）という，過程を表す言葉を用いた（菅野 2003）。

　他方，個人は相互行為という糸が交差するところにできる「結び目」である。「個人とは社会的な糸がたがいに結びあう場所にすぎず，人格とはこの結合の生じる特別な様式にほかならない」(Simmel 1908=1994〔上〕: 12)。ジンメルにおい

> **COLUMN** 2-1 「これでもありあれでもある」

　ジンメルにおいて，人格は実体ではない。かといって単なる諸要素の寄せ集めというわけでもなかった。ジンメルは次のように述べる。「それら［人格を構成する諸要素］の多くがいわばある焦点においてたがいに出会い相互に結びつくことによって，はじめてそれらがある人格を形成し，この人格がこんどは逆にそれぞれの特徴に反作用して，それらをある人格的・主観的なものとして特徴づける。かれがこれかあれかであるということではなく，かれがこれでもありあれでもあるということが，人間を代替不可能な人格にする」(Simmel 1900=1999: 316, ［　］は引用者)。たしかに諸要素が結びつくことによって人格が形成されるのであるが，そのようにして形成された人格が今度は逆に諸要素に反作用して，それらに人格的な特徴を与えるのである。たとえば，車を運転する，麻雀をするということも人格を構成する要素である。これらの要素もまた人格を構成する他の諸要素と出会うことによって，人格的な色彩を与えられる。麻雀の打ち方，車の運転の仕方，それらはやはりどことなく「その人らしい」ものとなるのである。

ては，個人もまた相互行為に先立って，相互行為と独立に存在する実体ではない。結び目が糸より先にあるということはない。まず糸があり，それから複数の糸が交差するところに結び目ができるのである。そして，この結び目もまた，糸が現れては消えていくのに応じて，結ばれてはほどけ，ほどけてはまた結ばれるという，たえまない変化のなかにある。ジンメルによれば，個人もまた，確固とした実体というより，たえず個人になる（「社会化」と対照させていえば）**個人化**（**個人形成**）のプロセスのうちにあるのである。

社会化（社会形成）と個人化（個人形成）の衝突　このようにジンメルは，相互行為を，社会化（社会形成）と個人化（個人形成）という2つの過程が同時に進行する場としてとらえた。相互行為をとおして，社会が形成されると同時に，個人も形成されるのである。だが，この2つの過程は相互行為のなかでつねに調和しているとは限らない。

　個人が小さな集団に全面的に包摂されているところでは，両者の間に対立や緊張はあまりみられない。たとえば，第1章でみた，「ありし東京」における「町内」，すなわちあらゆる生活行動が自己完結的に営まれている狭い地域社会で暮らしていた商人や職人にとっては，個人であることと「町内」のメンバーである

第2章　相互行為と自己　49

こととはほぼ一致していた。だが，郊外から通勤するようになったサラリーマンや労働者にとっては，事態は異なっている。彼らは郊外では家族の一員であり，また地域社会の一員であり，それから電車のなかの社会の一員となって通勤し，職場では官僚制組織の一員として働き，職場からの帰りには友人と盛り場に立ち寄るかもしれない。このように社会が分化するにつれて，個人は（「町内」のような）単一の集団ではなく，多くの集団に同時に所属するようになり，それにともなってますます多くの糸が彼らのなかで交差するようになる。その結果，個人はますます個性的になっていく，とジンメルは考えた。だがそうなると，彼らが家族の一員であること，地域社会の一員であること，電車のなかの社会の一員であること，組織の一員であること，友人仲間の一員であることと，彼らが1人の個人であることとは完全には一致しなくなる。なぜなら，個人はどの集団にも全面的には包摂されておらず，自己の一部分で関わっているにすぎないからである。ジンメルによれば「人はけっして完全に結婚しているのではなく，たかだかたんに人格の一部で結婚しているにすぎない」（Simmel 1908=1994〔上〕: 168）。同じように人はたかだか人格の一部で仕事をしているにすぎないし，たかだか人格の一部で友人とつきあっているにすぎない。

このような分化した社会，すなわち近代社会における相互行為では，社会化（社会形成）と個人化（個人形成）の間に対立が生じる。ジンメルは次のように述べている。

>「社会は一つの全体，一つの有機的統一体であろうとし，各個人を単なる手足たらしめようとする。出来れば，個人は，手足として果すべき特殊な役割に全力を傾注し，この役割を立派に果す人間になるように自己を改造せねばならない。ところが，この役割に向って，個人自身の持つ統一体への衝動及び全体性への衝動が反抗する。個人は社会全体の完成を助けるだけでなく，自己自身の完成を欲し，自己の全能力を発揮することを欲し，社会の利益が諸能力間の関係に如何なる変更を要求しようと意に介さない。メンバーに向って部分的機能という一面性を要求する全体と，自ら一個の全体たらんと欲する部分との間の抗争は，原理的に解決し難いものである。」（Simmel 1917=1979: 94）

「ワーク・ライフ・バランス」をめぐる議論を思い浮かべてみれば，現代でも完全にあてはまる記述である。企業は自らの目的の達成のために各成員に特定の役割を割り当て，その役割に全面的に献身するように求める。しかし，個人はた

んに組織の一員であるだけでは満足できない。仕事も大事だけれども，家族との時間も大切にしたいし，友人とのつきあいも大事にしたい，と願うだろう。分化した近代的な社会では，相互行為は，社会化（社会形成）と個人化（個人形成）という2つの過程が互いに衝突しながら同時に進行する緊張に満ちた場となる。これが，社会学において相互行為が主題となる際の共通の構図である。

　それではジンメルは分化した近代社会で相互行為はいかにして営まれると考えたのであろうか。

秘密と信頼

　ジンメルは分化した社会における相互行為の特徴として「秘密」をあげている。秘密は分化した社会ととくに親和的である。なぜなら，先ほど述べたように，分化した社会では個人は複数の集団に同時に所属するようになり，その結果，どの相互行為にも自己の一部分で関わるだけだからである。それ以外の部分は，その相互行為の外部におかれ，（積極的に隠されるのであれ，消極的に，わざわざ明かさないだけであれ）秘密とされる。私たちは，家庭で，地域社会で，電車のなかで，職場で，飲み屋で，自己のそれぞれ異なる一面のみをみせており，それ以外の面は相手には隠されている。私たちは近所でよく顔を合わせ挨拶を交わす人がどういう仕事をしているのか正確には知らないのである。これと対応して，相手が秘密にしていることに対しては踏み込まないという「配慮」もまた，分化した社会における相互行為の特徴である。私たちは隣の机で仕事をしている同僚がどういう性的志向をもっているのか知らないが，知らなくても，というより知らないからこそ机を並べて仕事をすることができる。性的志向と仕事がそれぞれの相互行為の外部におかれることによって，個人が個人であることと，組織が組織であることとが両立可能となる。一般的に秘密は相互行為の妨げとなるものと考えられているが，ジンメルによれば，秘密と秘密に対する配慮こそ，相互行為における社会化（社会形成）と個人化（個人形成）の間の緊張を緩和しているのである。

　そしてジンメルは，私たちが相互行為において互いに秘密をもった人間として出会うことから，相互行為が可能となるためには信頼が必要であるという。

　ジンメルは，相互行為の可能性の条件としてまず「知識」と「無知」をあげる。「人間相互のすべての関係は，彼らがおたがいについて何ごとかを知りあっているということにもとづいている」（Simmel 1908＝1994〔上〕: 350）。私たちは関係を取り結ぼうとすれば相手についてなんらかの知識を持っていなければならない。だが他方，「いやしくも関係が存在するばあい，関係はまた同じように一定の無

TEXT in TEXT 2-1 ● 迷亭君の未来記

「つらつら目下文明の傾向を達観して，遠く将来の趨勢を卜すると結婚が不可能の事になる。……今の人の考では一所にいるから夫婦だと思ってる。それが大きな了見違いさ。一所にいるためには一所にいるに充分なるだけ個性が合わなければならないだろう。昔しなら文句はないさ，異体同心とか云って，目には夫婦二人に見えるが，内実は一人前なんだからね。それだから偕老同穴とか号して，死んでも一つ穴の狸に化ける。野蛮なものさ。今はそうは行かないやね。夫はあくまでも夫で妻はどうしたって妻だからね。その妻が女学校で行燈袴を穿いて牢乎たる個性を鍛え上げて，束髪姿で乗り込んでくるんだから，とても夫の思う通りになる訳がない。また夫の思い通りになるような妻なら妻じゃない人形だからね。賢夫人になればなるほど個性は凄いほど発達する。発達すればするほど夫と合わなくなる。合わなければ自然の勢夫と衝突する。だから賢妻と名がつく以上は朝から晩まで夫と衝突している。まことに結構な事だが，賢妻を迎えれば迎えるほど双方とも苦しみの程度が増してくる。……是において夫婦雑居は御互の損だという事が次第に人間に分かってくる。」夏目漱石『吾輩は猫である』（夏目 1990: 495-97）

●視点と課題●

　　夏目漱石（1867-1916）はこの未来記のなかで，女性の高学歴化，晩婚化，未婚化，離婚の増加といった，今日私たちが目撃している現象を驚くほど正確に予言している。『吾輩は猫である』は 1905 年から 06 年にかけて発表された。ジンメルの『社会学』は 1908 年の出版である。ジンメルもまた「人はけっして完全に結婚しているのではなく，たかだかたんに人格の一部——たとえそれがいかに大きいとしても——で結婚しているにすぎない」（Simmel 1908=1994〔上〕: 168）と述べていた。ほぼ同時代に，2 人は社会の分化と並行して個性が発達すること，そして個性の発達とともに相互行為が困難になるという共通の認識をもっていたことがわかる。

知をも前提とし……ある程度の相互の隠蔽をも前提とする」（Simmel 1908=1994〔上〕: 358）。相手についてなにごとかは知っていなければならないけれども，完全に知っていてはいけない，知らない部分もなければならない。相手についてなにも知らなければ，関係を結ぶことはできないけれども，なにも知らないことがなければ，そもそも相互行為する必要がないのである。

　そして，相互行為が知識と無知をともに前提としていることから，ジンメルは第 3 の条件として，「知識と無知とのあいだの中間状態」（Simmel 1908=1994〔上〕: 359）としての「信頼」が必要であるという。相手についてある部分は知っているけれども，完全には知らないとき，その相手と関係を結ぼうとすれば，私

たちは相手を信じるしかない。「完全に知っている者は信頼する必要はないであろうし，完全に知らない者は合理的にはけっして信頼することができない」(Simmel 1908=1994〔上〕: 359)。私たちは知らない部分があるからこそ信じるのであって，完全に知り尽くしている者については，そもそも信じる必要もない。逆にまったくなにも知らない者については，なにを信じてよいのかわからない。

　私たちの日常生活では完全には知らない人との相互行為が大きな部分を占めている。私たちはスーパーマーケットで買う食品や蛇口から流れ出る水を安全だと信じて口にしているし，材料が何であるのか，誰がどのように調理したのか知らないまま，レストランで出された料理を食べている。病院で処方された薬を病気に効くと信じて飲んでいるし，新聞やテレビで報道されるニュースを，いちいち自分で確かめることなく，事実であると信じている。このような信頼なしには相互行為はたちまちとどこおり，社会は立ち行かなくなってしまうのである。

SECTION 2　アイとミー

渦としての自己

　ジンメルと並んで，相互行為論のもう1つの源流となっているのがジンメルと同時代のアメリカの社会心理学者 G. H. ミード（1863-1931）である。

　ミードは「自己」という現象の特徴を，自己意識，すなわち自己が自己自身にとっての対象であることに求める（ミードの"self"は通常，「自我」と訳されるが，ここでは以下，統一のため「自己」と訳す）。自己とは自己が自己に対してもつ再帰的関係のことである。しかし，この自己の自己に対する関係は自己の内部で自己完結しているのではない。それは自己と他者の相互行為のなかで生じる社会的な現象である。

　ミードによれば，人間の相互行為の特徴は，相互行為に参加している人間が自分の言っていることを自分でわかっているというところにある。1匹の犬が別の犬に向かって吠える。すると吠えられた犬も吠えかかってきた犬に向かって吠える。ここでは最初の犬の鳴き声が刺激となってもう1匹の犬の反応が呼び起こされている。しかしどちらの犬も自分がしていることを自分では知らないのである。これに対して人間が別の人間に「こらっ」と言うとき，その人は自分が言っていることを自分で知っている。すなわち，「こらっ」という言葉が刺激となって相

ミード

手のなかに呼び起こすであろう反応（叱られていることを理解し謝る，あるいは逃げる）と同じ反応を自分自身のうちにも呼び起こしている。このように自分が相手のなかに呼び起こすのと同じ反応を自分のなかにも呼び起こすことを，ミードは「他人の役割のとりいれ」(Mead 1934=1973: 80)（役割取得）と呼ぶ。そして，他者の反応を自分のうちに取り入れ，自分の刺激に対して自分で反応することができることが，自分を自分の対象とする自己意識を生み出すのである。

このように相手の反応を取り入れて，同じ反応を自分のなかに呼び起こすことができることによって，人間は自分の行動をコントロールできるようになる。たとえば将棋やチェスをするとき，私たちは自分の指し手が相手に引き起こすであろう反応をあらかじめ自分自身のなかに呼び起こし，その反応に基づいて指し手を修正することができる。プロであれば，何手も先まで相手の反応を自分のなかに呼び起こすことができ，それに従って指し手を決めている。ふつうの会話でも，私たちは自分が話していることをたえず自分でモニターしており，話しながら，話す内容を修正していく。相手が理解できないと思えば，私たちは易しい言葉を選ぶし，「こらっ」という言葉に相手が予想以上に萎縮していると思えば，言葉を和らげる。このようにお互いが自分の言っていることと相手の反応をモニターしながら会話は進行していく。

この自己意識は生まれつき人間に備わっているものではない。それは，子どもが他者とのコミュニケーションのなかで他人の役割を取り入れることによってしだいに形成されていくものである。ミードは，その端緒を，子どもが誰かのふりをして遊ぶ「ごっこ遊び」のうちに見いだす。子どもはごっこ遊びのなかで母親になり，父親になり，先生になり，またヒーローになって遊ぶ。ままごと遊びで母親役の子どもが自分の母親とそっくりの口調で小言を言っているのを聞いて驚くことがある。このとき子どもは重要な他者である母親の自分に対する反応，たとえば自分が弱いものいじめをしたときの母親の反応を取り入れているのである。この段階ではまだ「私が弱いものいじめをするとお母さんは怒る」である。しかし，しだいに母親ばかりでなく，父親も先生も弱いものいじめをすると叱ることがわかってくる。そうすると，弱いものいじめをすることに対する母親の反応だ

けではなく，父親の反応，先生の反応も取り入れられ，それらはやがて一般化されて「大人は弱いものいじめをすると叱る」に変わっていく。アンパンマンだってウルトラマンだって弱いものいじめをすれば怒るだろう。こうして弱いものいじめをすることに対する社会全体（「一般化された他者」）の反応が取り入れられ，「人間は弱いものいじめをしてはいけない」という規則として内面化される。そして，弱いものいじめをすることが引き起こすであろう一般化された他者の反応を自分のなかに呼び起こすことができるようになれば，子どもは弱いものいじめをしなくなるだろう，あるいは弱いものいじめをするときにはそれを隠してするようになるだろう（ウェーバーも述べているように，泥棒や人殺しもそれを隠してするかぎりやはり規則に準拠して行動しているのである。Weber［1913］1922=1968: 40）。

　このように自己は，その発生においても，その作動においても，他者とのコミュニケーションを前提としている。ミードはこのような自己のあり方を「社会的潮流のなかの渦」にたとえている。「自己とは，まず存在していて，そのつぎに他者と関係をむすんでいくようなものではなく，それは社会的潮流のなかの，いわば小さな渦で，したがって社会的潮流の一部でもある」（Mead 1934=1973: 195）。自己とは，社会的潮流に浮かんでいる舟ではない。舟は潮流からすくい上げても，舟のままである。しかし，渦はすくいとることはできない。渦を潮流からすくい上げれば，それはたちまち消えてしまう。自己とは自己のうちで進行している社会的過程にほかならないのであり，この社会的過程から切り離されれば自己は存在しえないのである。

　ミードはこの渦の内部で起こっていることをさらに微細に記述していく。

アイとミー　ミードは，自己のうちに取り入れられた「一般化された他者」の態度が自己のうちで組織化されたものをミー（"me"）と呼ぶ。「『me』とは他者の態度の組織化されたセットである」（Mead 1934=1973: 187）。弱いものいじめをしてはいけないだけではなく，他人のものを盗んではいけないし，挨拶をしなければいけないし，約束は守らなければいけない。これらが組織化されて「ミー」を形作る。それは，自己のうちの他者であり，自己のうちにある「共同体の表象」（Mead 1934=1973: 190）である。それは自己のうちにあって，自己に対してある反応を要求する。アイ（"I"）とはこの要求に対する自己の反応である。「『I』とは，かれ自身の経験のなかにあらわれる共同体の態度にたいするその個人の反応である」（Mead 1934=1973: 209）。自己とは，自己のうちで進行するミーとアイの間の内的な相互作用であり，この

FIGURE 2-1 ● アイとミー

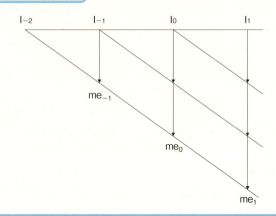

相互作用が自己という渦を形作っているのである。

　アイとミーは，一見したところ，S.フロイトのエスと超自我の関係に似ているようにみえる。フロイトは，ひたすら快楽を求める，人間のなかの生物学的，本能的，欲動的な部分をエスと呼ぶ。これに対して，超自我は，同性の親によって代表される社会的な価値規範を内面化した部分であり，道徳的な良心として働く。そして，自我はエスと超自我の葛藤を調停する役割を果たす。ミードにおいても，ミーは，内面化された共同体の態度であり，アイは「他者の態度にたいする生物体の反応」（Mead 1934=1973: 187）である。だが，フロイトのエス・自我・超自我が人間の心を構成する3つの部分として実体化されているのに対して，アイとミーは自己を二分割する2つの実体ではない。

　ミードにおいて，アイとミーは自己を構成する2つの部分ではなく，時間的な過程としてとらえられている（図2-1）。ミーは過去の経験が沈殿して形成される経験の蓄積である。アイはこの経験の蓄積に基づいて生起する現在の反応である。そして，このアイの反応もまた沈殿してミーの一部となっていく。「この瞬間の『I』は，つぎの瞬間の『me』のなかに現存している」（Mead 1934=1973: 186）。ある時点（t_0）でI_0がme_0の要求と相対するとき，I_0はme_0のなかに，以前の時点（t_{-1}）におけるme_{-1}の要求と，この要求に対するI_{-1}の反応を発見する。しかし，I_0はI_0の反応を目にすることはけっしてできない。「わたしは，自分自身をつかまえるほどすばやくは走り回れない」（Mead 1934=1973: 186）のである。I_0の反応

は沈殿して me_1 の一部になったときにはじめて，I_1 によってとらえられる。「だから，自分自身の経験のどの点で直接に『I』が登場するのかという問への回答は，『歴史的人物の形でだ』ということになる」(Mead 1934=1973: 187)。

この意味で，アイは自分がしていることを本当には知らないのである。アイは自己のうちに取り入れられた他者の態度に対して自分がどのように反応しようとしているのかはたしかに知っている。さもなければアイはまったくでたらめに反応していることになる。しかし，自分がしようと思っていることと，実際にしていることとの間には，かならずズレが生じる。自分が実際に何をしたのかはあとになってはじめてわかるのである。したがって，正確に言えば，アイは自分が言おうとしていることはわかっているが，自分が何を言っているのかは知らないのである。私たちはしばしば言ってしまったあとで，相手の反応を見て，はじめて自分が何を言ったのかを知るのである。

自己・役割・制度

ミードはこのようにアイの反応が計算したとおりにはいかないことのうちに，何か新しい出来事が出現すること，それを通して自己が変わっていくこと，さらには社会が変わっていくことの根拠を見いだす。

ミードは，「ある特定の情況にたいする共同社会の全成員の側の共通した反応」を「制度」と呼ぶ (Mead 1934=1973: 275)。この共通の反応（役割）を自己のうちに取り入れたものがミーである。ミーはつねに制度の要求を代弁しており，この意味で「因習的」(Mead 1934=1973: 223) である。

アイはこの内面化された共通の反応を計算に入れて，それに対する自分の反応を決める。アイは自覚的に制度の要求に応え，それに献身しようとするかもしれないし，惰性的にそれに従うかもしれない。だが，アイは制度の要求を拒んで，自分の主張を押し通そうとする場合もある。あるいは，制度の要求に惰性的にまたは自覚的に従っているときでさえ，アイは自分が思ってもみなかったことをしてしまう場合がある。いずれにせよ，アイは制度の要求に対する自分の反応をとおして，制度に逆に影響を与え，不断に制度を変化させていく。1人の少年がフットボールのゲームで思わずボールを拾い上げて走りだしたことが新しい規則を生み，ラグビーという新しいゲームが作り出されたことは1つの例である。このようにアイの反応をとおして制度が更新されると，次にはそれが新たなミーとして取り入れられ，それにともなって自己もまた更新されていく。ミードは，社会を前提としてはじめて存在しうるにもかかわらず，社会に対する反応をとおして，

社会を変えていく。このような自己のあり方を「創発的自己」(Mead 1934=1973: 227) と呼んでいる。

「社会の再建と自己や人格の再建との関係は相互的だし，内在的，有機的である。ある組織化された人間社会の個人メンバーたちによる社会的再建は，それら個人たちによる自己なり人格なりの再建を，程度の差はともかく必然的にともなっている。その逆も真である。なぜなら，かれらの自己なり人格なりはかれら相互の組織化された社会関係で構成されているから，もちろんこれまた同様にかれら相互の組織化された社会関係で構成されている所与の社会秩序を多少とも再建することなしには，かれらの自己なり人格なりを再建できないからである。」(Mead 1934=1973: 323)

ここでも社会化（社会形成）と個人化（個人形成）は相伴って進行するのである。自己は社会的潮流のなかの小さな渦であった。だが，この渦は他の渦と相互に作用し合って，大きな渦となり，ときには潮流そのものを変化させることがある。そして，潮流が変化するとき，渦もまた前と同じではありえない。なぜなら，渦もまた潮流そのものにほかならないからである。ミードにおいては，自己も社会も滔々と流れる巨大な潮流の一部分なのである。

以上，整理してきたジンメルとミードの相互行為論はその後の相互行為論の原型となり，さまざまなヴァリエーションを生み出してきた。ここでは，それらのうち T. パーソンズ（1902-1979）と E. ゴフマンの相互行為論を取り上げることにしよう。

SECTION 3 行為と演技

パーソンズ——
役割期待の相補性

相互行為において，自己と他者はどちらも自分の欲求充足をめざして行為の選択を行うが，このとき自己の選択は他者の選択に依存しており，同時に他者の選択もまた自己の選択に依存している。平たくいえば，こちらの出方は相手の出方しだいであるが，相手の出方もこちらの出方しだいなのである。このように自己と他者の選択がどちらも相手の選択に依存している状態を，パーソンズは**ダブル・コンティンジェンシー**（二重の条件依存性）と呼ぶ (Parsons 1951=1974: 16)。

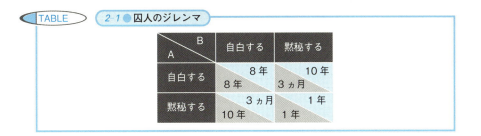

TABLE 2-1 ● 囚人のジレンマ

　ダブル・コンティンジェンシーという状況をわかりやすく示しているのが「囚人のジレンマ」である（表2-1）。

　AとBが共犯の容疑で逮捕されて，それぞれ取調官から取り調べを受ける。取調官はAとBそれぞれに次のようにもちかける。「もし相棒が黙秘していておまえが自白したら，相棒は10年の刑期だが，おまえは3カ月で出してやる。もし逆なら，おまえが10年，相棒が3カ月だ。どちらも黙秘したら，どちらも1年で出られるが，どちらも自白したとすれば，どちらも8年だ」。どちらも当然早く出たい。AとBはどちらも黙秘するか自白するかという選択肢をもっている。だがどちらを選ぶと早く出られるかは相手の出方しだいである。もし相手が黙秘するのなら，こちらが自白してしまえば3カ月で出られる。これは魅力的である。だが，相手も自白してしまえば8年くらう。それならどちらも黙秘して1年で出られるほうがいいけれども，こちらが黙秘しているのに相手が自白してしまえば，こちらが10年だ。これは割に合わない。……

　この話の落ちは，AとBが合理的に判断するかぎり，AもBもどちらも自白してしまうというところにある。Aからみた場合，もしBが黙秘するなら，自分も黙秘すれば1年，自白すれば3カ月，それなら自白したほうが早く出られる。Bが自白したとしても，自分が黙秘すれば10年，自白すれば8年，やはり自白したほうが早く出られる。そして，これはBのほうでも同じである。どちらも黙秘すれば1年で出られたはずなのに，どちらも合理的に計算をしたばかりに結局取調官の思うつぼとなったのである。A.センは，合理的であるがゆえにどちらにとっても望ましくない選択をしてしまうこのような行為者を「合理的な愚か者」と呼んでいる（Sen 1982=1989, 第3章を参照）。これが社会的な規模で生じると「社会的ジレンマ」となる（第8章コラム8-1を参照）。

　自己と他者の欲求充足が互いに相手の出方に依存するダブル・コンティンジェ

第 **2** 章　相互行為と自己

ンシーはあらゆる相互行為に内在している根本的な条件である。狭い道を自転車で走っていると，向こうから自転車がこちらに向かってくる。どちらかによけないとぶつかってしまう。こちらが左にハンドルを切ると相手は右に切る。あわてて右に切ると相手も左に切る，という経験は誰にでもあるだろう。ダブル・コンティンジェンシーがもたらす可能性のある，どちらにとっても望ましくない帰結（衝突）を避けて，双方の欲求充足をもたらす安定した相互行為はどのようにして達成されるのか，これがパーソンズが取り組んだ問題であった。

パーソンズが見いだした解決の鍵は「期待」にある。自己も他者も相手の出方についての期待をもっている（たとえば「相手はハンドルを左に切るだろう」）。さらに相手がこちらに対してもっている期待についての期待ももっている（「相手はこちらがハンドルを左に切るだろうと思っているだろう」）。そして，相手がもっている期待についての期待がこちらの選択に影響を与える（「こちらがハンドルを左に切るだろうと相手が思っているのなら，相手はハンドルを左に切るはずだから，こちらも左に切ればうまくすれ違えるだろう」）。このように自己と他者がどちらも「相手がハンドルを左に切るだろう」と期待し，この期待に従ってハンドルを左に切るという選択をしているとき，役割期待の相補性が成り立っているという。役割期待の相補性が成り立っていれば，2台の自転車はうまくすれ違える。このようにパーソンズによれば，役割期待の相補性が，相互行為が安定するための第1の条件である。

だが，役割期待が事実的に一致しているだけでは，相互行為の安定にとってまだ十分とはいえない。自己と他者がたんにいつも「相手はハンドルを左に切るだろう」と期待し，自分でもハンドルを左に切っているというだけでなく，自己と他者が「車は左，人は右」という交通規則を共有しており，この交通規則に従って，「相手はハンドルを左に切るだろう」と期待しているのだとすれば，役割期待の相補性はより確実なものとなり，相互行為はさらに安定したものとなるだろう。パーソンズは，このように自己と他者の間で価値基準が共有され，それに基づいて期待がなされることを制度化と呼ぶ。同じ価値基準が共有されていれば，役割期待は規範的なものとなり，こちらが相手の役割期待に沿うような選択をすれば（同調），相手もこちらの欲求充足にとって有利な反応をするだろうし，こちらが相手の役割期待に背く選択をすれば（逸脱），相手もこちらの欲求充足にとって不利な反応をするだろう（この相手の反応を「サンクション」という）。役割期待への同調と逸脱に対応した正負のサンクションをとおして，役割期待の相補

性は強化され，相互行為はいっそう安定したものになっていく。さらにこの価値基準が自己にとっても他者にとってもパーソナリティの一部として内面化されていれば，相互行為はさらに安定するだろう。パーソンズは，価値基準が制度化されていると同時に，パーソナリティに内面化されている状態を制度的統合と呼ぶ。「共通の価値パターンの内面化によるこうした制度的統合こそ，相互行為過程の安定条件をなしているのである」(Parsons 1951=1974: 58)。ここでは社会化（社会形成）と個人化（個人形成）は完全に調和している（第3章を参照）。

だが，これでもまだ安心はできない。制度的統合は完全に実現されることはなく，相互行為の安定を脅かす逸脱への傾向はつねに存在しているからである。パーソンズは逸脱への傾向に対処する予防的なメカニズムと事後的な対応のメカニズムをさらにあげている。逸脱への傾向を未然に摘みとる予防的なメカニズムが「社会化」のメカニズムである（この場合の「社会化」とは，ジンメルがいう，社会が形成される過程のことではなく，学習をとおして役割期待の体系を身につけていく過程のことである。「社会化〔社会形成〕」と区別して「社会化〔学習〕」と表すことにしよう)。親も教師も子どもに口をすっぱくして「車は左，人は右」と教えるのである。

社会化（学習）もまた完全ではない。不幸にして社会化（学習）が不完全であったために，逸脱が生じてしまったとき，それを事後的に処理するメカニズムが社会統制のメカニズムである。それは逸脱行動によって攪乱された相互行為の安定を事後的に回復させるメカニズムである。代表的な社会統制のメカニズムは，逸脱行動を行った人間を強制的に隔離する警察や司法，病院のようなメカニズムである。車を右側の車線を走らせたことによって交通事故を引き起こせば，行政処分や刑事・民事両方の処罰を受けることになるのである。

このようにパーソンズにおいては，ダブル・コンティンジェンシーがもたらす恐れのある望ましくない結果を封じ込めるために，相互行為は，役割期待の相補性，制度的統合，社会化（学習）と社会統制のメカニズムによって何重にも保護されている。これで相互行為の安定化の説明は理論的には完璧である。だが，パーソンズの相互行為論の問題点は理論的にあまりに完璧であったために，現実の相互行為の記述としてはありそうもなくなってしまったことであった。このためパーソンズの相互行為論のなかで描かれている行為者像に対しては，「過剰に社会化された人間像」(Wrong 1961)，「判断力喪失者」(Garfinkel [1964] 1967=1989)などの批判が浴びせられることになった。

ゴフマン

> ゴフマン──
> ドラマトゥルギー

　私たちは，相互行為において，期待されている役割を遂行することによって欲求充足をめざしているだけではない。私たちは，相互行為において，役割を遂行すると同時に，役割を遂行する演技もしているのである。

　たとえば，「上司はこれくらいの成績を期待しているだろう」と考えている部下は，「それならその程度はやっておこう」と考えたり，「それ以上の成績を挙げれば昇給や昇進を考えてくれるだろう」と考えたりして，「その程度」にやったり，「それ以上」にやったりするだろう。だが，それだけでは十分ではない。それと同時に，上司の期待どおりにやったり，期待以上にやっているということを，上司にアピールもしなければならない。この2つ，すなわち役割を遂行することと，役割を遂行する演技をすることとは別々のことがらであるため，しばしば両者は一致しない。このため，実直に役割を遂行している人がアピールが下手なために十分に評価されなかったり，逆にアピールがうまい人が実際の仕事以上に評価されたり，という悲喜劇が生じたりする。

　相互行為に含まれているこの演技という側面に注目したのが，ゴフマンである。第1章で紹介した「儀礼的無関心」もまた，実際に無関心であることではなく，「相手に対して特別の好奇心や特別の意図がないことを示す」(Goffman 1963=1980: 94) 一種の演技であった。

　ゴフマンは，相互行為がもっている二面性を「表現 - 対 - 行為」(Goffman 1959=1974: 37) のジレンマと呼び，J.-P. サルトル (Sartre 1943=1956) から次のような例を引いている。「注意深くあろうとしている注意深い生徒は，目を教師に据え，耳は大きく開かれていて，注意深くするという役割を演じて疲れ果ててしまう。その結果，彼は何も聞かないのである」。相互行為にはつねに，役割を遂行するという側面（行為）と，役割を遂行する演技をするという側面（表現）の両方が含まれているが，この生徒の場合，注意深く教師の話を聞くという役割を遂行している演技をすること（表現）に熱中しすぎて，実際に教師の話を聞くという役割の遂行（行為）のほうがおろそかになってしまったのである。

　パーソンズの相互行為論が，この2つの側面のうち，「行為」という側面から

相互行為を記述したものであるのに対して，ゴフマンはもう1つの「表現」という側面に注目して相互行為を記述しようとする。そのためにゴフマンが採用するのがドラマトゥルギーというアプローチである。それは相互行為をあたかも舞台の上で繰り広げられるドラマであるかのように記述する方法である。このような視点からみると，行為者はもはやたんに役割の遂行をしているのではない。役割を遂行するという「パフォーマンス」をしているのである。そして，相互行為に参加している自己と他者は，一方が演技をする「パフォーマー」であり，他方はその演技をみる「オーディエンス」である。したがって，ゴフマンからみると，相互行為とは，パフォーマーとオーディエンスが交互に入れ替わりながらパフォーマンスをすることにほかならない。ゴフマンは男子学生の前で，わざと卓球で負けたり，綴りを間違えたりして「かわいい女子」を演じている女子学生の例をあげている (Goffman 1959=1974: 44)。このようにパフォーマーが自分のパフォーマンスをコントロールすることによって，オーディエンスに与える印象を操作することを，ゴフマンは印象操作と呼ぶ。

　印象操作は自分の欲求充足を目的としているだけではない。もちろん，上司の期待以上に働いていることをアピールしている部下は，昇給や昇進という実利的な報酬のために，そのような印象操作を行っているであろう。だが，そればかりでなく，たとえば「仕事のできるやつ」という自分にとって望ましいアイデンティティを維持するためにそうしているのかもしれない。相互行為において，行為者は欲求充足のために役割を遂行しているときでも，自分はこういう人物であるということをオーディエンスに伝える自己呈示を同時に行っている。そして，相手に呈示している自己のイメージ（「かわいい女子」）を維持するために，それと矛盾するような都合の悪い情報（卓球の能力）は隠し，都合のよい情報（綴りの間違い）を積極的に与える，印象操作を行うのである。

　「就活」もまたそのような印象操作の舞台であろう。ある就活マニュアルは次のように述べる。

　　「面接に向かうということは，あなたが主役の舞台に立つということだと認識しよう。もしも，主役が，よく練習もせずに，セリフも覚えずに，本番でアドリブだけで成功させようとして，うまくいくと思うだろうか？ どんなに才能あふれる俳優であっても，準備が整っていなければ，単なるしろうとであり，観客にまったく満足を提供することはできないだろう。とくに面接という舞台は，観客の目はとても厳しいものだ。ぬかりのないようにしっ

かりと練習しておかなければならない。」（手塚・手塚 2011: 130）

　ここでは面接が舞台における演技になぞらえられている。そして，さまざまな就活マニュアルでは，自己 PR・志望動機の中身のアドバイスだけでなく，服装，髪型，（女性であれば）メイク，声の大きさ・高さ，話すスピード，視線，表情，姿勢，歩き方・座り方・おじぎの仕方など，面接という舞台でのパフォーマンスについても細かくアドバイスしている。

　面接がそのような印象操作の舞台であることがあらわになるのは，グループディスカッションでたまたま友人と同じグループになってしまうときだろう。

　「俺絶対ヤダ，知ってる人と一緒にグルディスなんて！」
　「何で？」
　「だって，恥ずかしいじゃん。当然面接中は自分を作ってるわけだからさ，それを普段会ってるヤツらに見られるってのはなー，どうしてもなー。」（朝井 2015: 240）

　相手に呈示した自己の維持はパフォーマーが単独で行っているわけではない。それはパフォーマーとオーディエンスの共同作業である。もちろんパフォーマーは自分が呈示しているアイデンティティにほころびが生じないように細心の「防衛的措置」を講じる。だが，パフォーマンスに失敗はつきものである。そのときには，オーディエンスが，ほころびたパフォーマーのアイデンティティを救出するために「保護的措置」を講じる。ゴフマンはそのような保護的措置の例として，とっさに気がつかなかったふりをする「察しのよい無関心」（Goffman 1959=1974: 270）をあげている。パフォーマーのほうでも，オーディエンスの察しに対して察しを働かせて，パフォーマンスを続けるのである。同じことがオーディエンスについてもいえる。相互行為において，パフォーマーとオーディエンスはそれぞれが呈示したアイデンティティを，互いに保護しながら共同で維持しているのである。部下が「仕事のできるやつ」という自己を呈示しているだけではなく，上司も「話のわかる上司」という自己を呈示しており，上司と部下は共同でそれぞれが呈示している自己を維持している。それはあたかも一種の社交ダンスであるかのようである。さらに取引先では上司と部下が「パフォーマンス・チーム」を組んで，「御社」をオーディエンスとするパフォーマンスを演じることもあるだろう。

　相互行為において，行為者は，期待されている役割を遂行することによって欲求充足をめざしているだけではなく，互いに相手に対してアイデンティティを呈

示し合い，呈示されたアイデンティティを共同で維持している。どの相互行為にも，欲求充足（行為）という側面と，アイデンティティ呈示（表現）という側面の両方が含まれており，行為者は，相互行為において，つねに両方の課題に同時に取り組んでいるのである。TEXT IN TEXT 2-2 は，欲求充足が主たる目的であり，アイデンティティの呈示はそのための手段にすぎないことが明白であるように思われる詐欺師の場合でさえ，ときには，欲求充足を犠牲にしてまで，呈示したアイデンティティを守ろうとする転倒が起こりうることを示している。

役割距離

ゴフマンのドラマトゥルギーは，自分にとって好ましい自己を相手に呈示し，それを維持するための印象操作に腐心している人間を描き出している。そこでは，人間は，相手に呈示されている演じられた自分と，それを演じている自分とに分離しているようにみえ，さらに，演じられている自分は「にせの自分」であり，それを演じている自分が「本当の自分」であるようにみえる。それが典型的にあてはまるのが詐欺師のケースである。TEXT IN TEXT 2-2 の片桐つるえの場合，演じられている「銀座の億万長者滝本キヨ」は「にせの自己」であり，それを演じている片桐つるえが「本当の自己」であり，両者の距離は無限に大きい。

その逆のケースが，パーソンズのいう「制度的統合」が理想的に実現している状態での行為者である。制度化された役割期待を自分でも内面化している行為者において，行為者は演じている役割と一体化しており，演じている自分と演じられている自分の距離は無限に小さい。

だが，実際の相互行為においては，演じている自分と演じられている自分の関係は，この行為の極と演技の極の中間に位置しているだろう。ゴフマンは，この中間に位置する，演じている自分と演じられている自分の関係を役割距離という言葉で表している。

　　「個人とその個人が担っていると想定される役割との間のこの『効果的に』
　　表現されている鋭い乖離を役割距離と呼ぶことにする。」(Goffman 1961=
　　1985: 115)

この概念は，個人と，その個人が演じている役割の間に距離があること，そしてその距離もまた他者に対して効果的に表現されていることを意味している。すなわち，詐欺師の場合のように，演じている自分と演じられている自分の間の距離が隠されているのではなく，この距離自体がオーディエンスに呈示されているのである。私たちは期待されている役割と自分で自分にふさわしいと考えている

TEXTinTEXT 2-2 ● ある詐欺師の行為と表現のジレンマ

「それにしても，片桐つるえはなぜもっと以前に逃げ出さなかったのか。六百万の全額は不可能にしても，ほどほどのものを貯めて，危険がくる前に逃げてしまえばよかったのではないか。……

その疑問を解くには，彼女が騙し取った金でどのような生活をしていたか，どのような物を買っていたかを見ることが必要かもしれない。……

洋服地，白桃，煙草，ライター，商品券，お布施といったものはもとより，魚代，肉代，天麩羅代，ビール，ウイスキーといったものまで，そのすべては他人にあげるためのものばかりなのである。毎日のようにいくつもの包みにわけてソーザイを配って歩いた。実に彼女は『奪う者』ではなく，『与える者』なのだ。……

それらのすべてが詐欺するための布石だったとは考えにくい。ではなぜなのか。おそらく，この膨大な贈物は『金持ちの素晴らしいおばあさん』という役割りを演じつづけるために，どうしても必要だったのだ。……

騙し取った六百万円余のうち，自分のために使ったのは，たった八万八千円だけだったという。『久留米絣　八万円　西条屋　ショール止　八千円　梅木時計店』……

詐欺の報酬がたった『久留米絣』と十八金の『ショール止』一個だったということは，極めて印象的なことである。詐欺をすることで贅沢をするつもりは初めからなかった。彼女は自分が演じている役柄が，とても気に入っていた。後に《おれは悪いよ，でもみんなだって欲の皮かぶりだよ》と述べているように，もちろん自分の役柄への冷ややかな視線は持っているにしても，である。

逃げるチャンスはいくつもあった。金がまとまって入っていた時期もあった。それなのになぜ逃げなかったのか。理由はひとつ，彼女はできるだけ長くこの奉還町に居つづけたかったのだ。《その頃，わたくしは，銀座の億万長者ということで，この一帯でたいそうな評判でございました》

彼女を中心にして町が動き，背中に熱い視線を感じる。その中で，全く新しい自分の役を生き生きと演じつづけることが最上の張り合いとなっていた。金が，少なくともこの時点では目的でなくなっていた。」沢木耕太郎『人の砂漠』（沢木 [1977] 1980: 500-02）

● 視点と課題

83歳の詐欺師片桐つるえは，「94歳」の「銀座の億万長者滝本キヨ」を騙って，3年近くにわたって，岡山市奉還町で寸借詐欺を重ねた。沢木耕太郎のルポルタージュ「鏡の調書」は，この年老いた天才詐欺師において，本来，金を手に入れるための手段にすぎなかったはずの「銀座の億万長者」というにせの自己を維持することが自己目的化していく転倒を見事に描いている。

自己イメージが一致しないとき，期待されている役割を演じつつ，それに対する抵抗を同時に表現する。ゴフマンはつまらなさそうにメリーゴーランドに乗っている7歳の男の子の例をあげている（Goffman 1961=1985: 116）。この男の子は，メリーゴーランドに実際に乗っていることによって「メリーゴーランドに乗る子ども」の役割を演じていると同時に，つまらなさそうに乗ることによって，自分がもはやメリーゴーランドに乗ることがうれしくてたまらない3歳や4歳の子どもとは違うことをアピールしているのである。これに，不機嫌な顔をして家族の集合写真におさまっている思春期の少年や，Tシャツ・ジーンズ・ビーチサンダルのようなカジュアルな服装で教壇に現れる大学の教員（社会学の教員にしばしばみられる）を加えることができるだろう。このように期待された役割を演じつつ，同時に，つまらなさそうに，不機嫌そうに，あるいは仕方なさそうに役割を演じる自分も示すことによって，そのつど示されているのは，「自己の同時的な多元性」（Goffman 1961=1985: 146）である。私たちは役割を演じつつ，たんに演じられている自分だけを呈示しているのではなく，それを演じている自分も含めて，そのつど「自己の同時的な多元性」を呈示している。そして，このようにして私たちはそのつど「表現と行為のジレンマ」を調停しているのである。

SECTION 4　自己の現在

物語としての自己

これまで紹介してきた相互行為論において「自己」がどのようなものとしてとらえられていたのかを，もう一度振り返ってみよう。

ジンメルにおいて，自己（ジンメルの言葉では「人格」）は，さまざまな他者との相互行為が交差する，その交点に形成されるものであった。そして，相互行為が現れては消えていく流動的な性格をもっていることから，その交点に形成される自己もまたたえず形成されるプロセスのうちにあるものとして考えられていた。

ミードにおいては，自己は，アイとミーの間のたえまない内的なコミュニケーションのことであった。だが，ミーは他者との相互行為をとおして形成されるものであることから，アイとミーの間のコミュニケーションもまた，自己の内部で完結しているのではなく，自己と他者の間の相互行為のなかで生じるものとして考えられていた。

第2章　相互行為と自己

> COLUMN *2-2 パノプティコン（一望監視装置）*

　自己は社会的に形成されるという社会学の命題に，M. フーコー（1926-84）は歴史的な例証を与えてくれる（Foucault 1975=1977）。フーコーが注目するのは，イギリスの思想家 J. ベンサムが 18 世紀に考案した監獄，パノプティコン（一望監視装置）である。それは中央の監視塔をぐるりと取り巻くように建てられた円形の建物である（図 2-2 参照）。円形の建物は独房に仕切られ，中央の塔からすべての独房を一望のもとに監視することができるようになっている。この監獄のポイントは，塔から囚人は丸見えであるのに対して，囚人からは塔の内部を見ることができないことで，囚人は実際に自分にまなざしが向けられているかどうかはわからないけれども，つねにまなざしを向けられる可能性があることを知っている。このように見ることはできないけれどもつねに見られている状態におかれた囚人はしだいに監視塔からのまなざしを内面化して，自分で自分を監視するようになっていく。中央の塔には実際に監視人がいなくてもかまわないのである。フランス語の sujet（英語の subject）には，「主体」という意味と「臣民」という意味がある。「主体」である個人になるということは権力から自由になるということではなく，じつは権力に自発的に「服従」することをとおして「主体」になっていくのだという，主体化＝服従化のメカニズムを，フーコーはあざやかに示して見せた。そして，これは塀のなかだけの話ではない。パノプティコンというモデルは塀を乗り越え，学校や病院や工場へと広がり，社会の全域をおおうようになっていった。

> FIGURE *2-2* ● パノプティコン（一望監視装置）

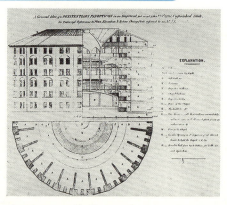

（出所）　Foucault（1975=1977: 口絵 17）。

パーソンズにおいて，自己（パーソンズの言葉では「パーソナリティ」）は，社会化（学習）の過程を通して，社会的に共有されている価値を内面化することによって形成されるものであった。

最後に，ゴフマンにとって，自己とは，演じられている自己とそれを演じている自己の関係としてそのつど他者に呈示され，他者と共同で維持されているものであった。

用語も強調点も異なるが，これらに共通しているのは，自己とは，相互行為と独立に，相互行為に先立って存在しているものではなく，相互行為のなかで，相互行為をとおして形成され，維持され，変化していくものであるというとらえ方である。

フーコー

このような自己のとらえ方の最新のバージョンが，自己を自己物語としてとらえる見方である（片桐 2000；浅野 2001；野口 2002）。それは，自己は，自己が自分自身について語る物語をとおして産み出される，とする考え方である。

浅野智彦に従って，自己物語の特徴を整理しておこう（浅野 2001: 7-13）。

第1に，自己物語は，自己が自己について物語る物語であることから，物語る自己と物語られる自己という二重の視点を含んでいる。

第2に，自己物語は，今物語を語っている自己を結末として，最終的にそこに到達するように，物語られている自己が過去に体験した出来事を時間軸に沿って配列したものである。その際，自己が体験した無数の出来事のなかから，現在の自分の視点からみて意味のあるものだけが選択される。P.L. バーガー（1929-2017）がいうように，「われわれが過去を想い出す時，何が重要で何が重要でないかという現在の考えによって，過去を再構築する」（Berger 1963=1989: 84）のである。したがって，同じ自己が物語る物語でも，結末が異なれば，異なった出来事の選択がなされる。「今日まで数カ月間も断酒している」アルコール依存症者が物語る自己物語と，その数日後また飲んでしまったあと，同じアルコール依存症者が「また飲んでしまった自分」を結末として物語る自己物語では，選択される出来事が大きく異なるのである（野口 2002: 45）。「自己はそれが物語られる限りにおいて，必ず結末から逆算された（振り返った）形で選択・配列されるのであり，事実ありのままの記述ではあり得ない」（浅野 2001: 10）。このことは歴史を物語る際にも同じようにあてはまる（第6章を参照）。

ギデンズ

　3番目には，自己物語もまた他者に向けて語られるということである。「地球防衛軍のメンバー」としての物語でも，「最終戦争を戦う戦士」の物語でも，自己は自由に物語を紡ぐことができるが，最終的にはそれは他者に向かって語られ，他者によって承認されなければならない。他者の承認を得られない自己物語を自分ひとりで維持し続けることは困難である。そのために，通常，自己は「物語の社会的なストック」（片桐 2006: 260）を参照しながら自己物語を物語る。自己物語もまた相互行為のなかで他者に向かって呈示され，他者と共同で維持されなければならないのである。

　たしかに今日，自己物語が溢れている。多くの自分史が出版され，また SNS 上でさまざまな自己が表現されている。自己物語論はこのような時代にフィットしているのであろう。だが，そもそも今日，自己はなぜこれほどまで自己について物語りたがるのだろうか。その背景は何なのだろうか。

自己の再帰的プロジェクト

　現代を代表する社会学者の1人 A. ギデンズ（1938-）は，現代社会（高度化した近代社会という意味でギデンズは**ハイ・モダニティ**あるいは「後期モダニティ」と呼んでいる）において，自己は**再帰的プロジェクト**となったという。

　「私が『高度』あるいは『後期』モダニティと呼ぶ環境——すなわち私たちの今日の世界——においては，自己は，自己が存在する広範な制度的文脈と同様に，再帰的に形成されなくてはならない。」（Giddens 1991=2005: 3）

　現代社会において，私たちはたえず「何者なのか」と問われ，それに答えるために，私たちはつねに自分の生活史を反省的に振り返り，たえずそれを再構成している。「私たちは私たちが現にそれであるものではなく，私たちが私たち自身から作りあげているものである」（Giddens 1991=2005: 82）。そして，再構成される生活史に一貫性を与えるために用いられるのが「自己の物語」（Giddens 1991=2005: 84）である。

　伝統的社会においては，「自分が何者なのか」ということは，あらためて問うまでもない自明のことがらであった。それは性別や出生順位，自分の出自である家系や身分などによってあらかじめ決まっており，自分にとっても他者にとっても明白であった。伝統的社会では，「自分は何者なのか」という問いは，性別や

家系，身分といった外的な基準に準拠してただちに答えられたのである。

　これに対して，近代社会では，このような外的基準が効力をもたなくなる。このために私たちはたえず「何者なのか」と問われるようになり，かつこの問いに答えるために，自己の外部にではなく，自己の内部にその答えを求めなければならなくなった。このために，私たちは，たえず自分の生活史を振り返り，それを再構成し，たえまなく自己物語を物語り続けなければならないのである。

　このように，「自分は何者なのか」という問いに対する答えを自己の内部に求めなければならなくなっていく過程は，個人化というマクロな歴史過程の一部である。

　こちらも現代を代表する社会学者の1人であるU. ベック（1944-2015）は，個人が階級・職場・家族などの集団から切り離され解放されていく過程を「個人化」と呼んでいる（Beck 1986=1998，ベックのいう「個人化」を，ジンメルの「個人化〔個人形成〕」から区別して，「個人化〔集団からの解放〕」と表すことにしよう）。

　近代社会へと移行する過程で，家共同体・村落共同体・同業組合・身分・教会などの伝統的な共同体から個人が解放されていく。このように伝統的共同体から解放された個人は，近代社会では，近代家族・コミュニティ・企業・階級などのあらたに形成された集団に再編成された。そこでは，家系や身分といった外的基準が失効しても，まだ「家族の物語」「会社の物語」「階級の物語」といった「物語の社会的ストック」は有効に機能しており，自己はこれらの物語に準拠して自己の物語を物語ることができた。

　しかし，ベックによれば，現代社会――ベックはこれを第二のモダニティと呼ぶ――では，個人はこれらの近代的な集団からも解放＝追放されつつある。戦後の日本社会を振り返ってみても，高度経済成長期には，終身雇用制度と年功序列制度を軸とする企業と，それとセットになった安定した近代家族とに守られて，個人は安定した人生を送ることができた，少なくともそのような期待をもつことができた。そこでは，自己の物語は「家族の物語」「会社の物語」「高度経済成長の物語」に準拠して物語ることができた。

　だが，1990年代以降，企業が終身雇用・年功序列を見直すようになると，雇用は流動化し，学校を卒業して企業に就職するときに，自分がその企業で「大過なく定年まで勤め上げる」ことを期待できるのはもはや一部の幸運な人たちだけになってしまった（第14章を参照）。雇用が流動化するのと並行して，家族も流動化し始め，もはや誰もが「偕老同穴」（TEXT IN TEXT 2-1を参照）を期待でき

るわけではなくなった（第11章を参照）。このようにして「家族の物語」「会社の物語」もまた失効していく。今日，氾濫している「性的虐待の物語」「ドメスティック・バイオレンスの物語」「引きこもりの物語」「フリーターの物語」「パラサイト・シングルの物語」「おひとりさまの物語」「LGBTの物語」などは，それぞれの自己の物語を物語っているだけではなく，個人化（集団からの解放）が進行するなかで，「家族の物語」や「会社の物語」に準拠しないで，何とか自己の物語を物語らなければならない私たちの時代の運命を同時に物語っている。

BOOK GUIDE　●文献案内

●原典にせまる
① G. ジンメル『社会学』（上・下）居安正訳，白水社，1994（原著 1908）。
② T. パーソンズ『社会体系論』佐藤勉訳，青木書店，1974（原著 1951）。
③ E. ゴフマン『行為と演技——日常生活における自己呈示』石黒毅訳，誠信書房，1974（原著 1959）。
　①大都市ベルリンで1世紀前に書かれた書物が，1世紀を経てようやく日本でリアルなものとして読めるようになった。②「不治の理論病患者」を自任する著者の代表作。おもしろいとはいえないが，強靱な理論的思考の凄味はやはりふれておくべき。③「粗野な経験主義」を名乗る著者の面目躍如。ぜひその観察力の凄味にじかに触れてほしい。

●理解を深める
④ A. ギデンズ『モダニティと自己アイデンティティ——後期近代における自己と社会』秋吉美都・安藤太郎・筒井淳也訳，ハーベスト社，2005（原著 1991）。
⑤ 浅野智彦『自己への物語論的接近——家族療法から社会学へ』勁草書房，2001。
⑥ 片桐雅隆『自己の発見——社会学史のフロンティア』世界思想社，2011。
　④と⑤は自己物語論の古典。⑥社会学が「自己」をどのようにとらえてきたのか，古典から現代まで俯瞰できる。

●視野を広げる
⑦ 見田宗介『まなざしの地獄』『まなざしの地獄——尽きなく生きることの社会学』河出書房新社，2008（原著 1973）。
⑧ 周防正行監督・映画『Shall we ダンス？』1996。
⑨ 三浦大輔監督・映画『何者』2016。
　⑦青森から集団就職で上京した少年の演技は都市のまなざしの前で空転する。連続射殺犯・永山則夫の生活史を分析した名作。⑧家庭と職場を結ぶ通勤電車の窓からふとダンス教室が目に入る。家族・職場・ダンス教室が交差する交点に立つ個人を生き生きと描く。⑨朝井リョウの就活小説『何者』の映画化作品。面接会場のなかだけが舞台であるのではなく，日常生活そのものが舞台であることを巧みに描きだす。

Chapter 2 ● 考えてみよう

❶ あなたのなかで交差している相互行為の糸にはどのようなものがあるのか，振り返ってみよう。

❷ それぞれの相互行為においてあなたが遂行している役割はなんだろうか（親に対する子ども，教師に対する学生，先輩に対する後輩など）。またそれぞれの役割にともなっている役割期待はなんだろう。さらにそれぞれの役割期待に対してあなたが行っているパフォーマンスを振り返ってみよう。

❸ SNS 上でどのような自己物語が語られているか調査してみよう。

第 3 章 社会秩序と権力

民主主義の原像アテネの象徴パルテノン神殿（2007 年 5 月）

- KEYWORD
- FIGURE
- TABLE
- COLUMN
- TEXTinTEXT
- BOOK GUIDE
- SEMINAR

CHAPTER 3

INTRODUCTION

　社会現象には一定の秩序が観察される。秩序は紛争や利害対立，価値をめぐる対立などを含んだ重層的で弾力的なものである。秩序を維持しているメカニズムの1つに権力がある。秩序を維持しているメカニズムのもう1つの基本的な要素として合意がある。ホッブズ，パーソンズ以来の秩序問題の理解を整理し，ルーマンなどもふまえながら，権力と紛争の抑止，紛争と法について考察する。さらに近年のガヴァナンスと呼ばれるような，主要な利害関係者との協働を重視して利害調整と合意形成をはかるような枠組みや管理のあり方に注目する。

KEYWORD

構造　秩序　秩序問題　コンフリクト理論　権力と合意　利害の一致
功利主義　共有の価値　コミュニケーション行為　自然権　社会契約説
ホッブズ的秩序問題　フリーライダー問題　近代市民社会　紛争と法
複雑性の縮減　複雑性　複合性　制度化　ガヴァナンス

SECTION 1　秩序問題と社会理論

1.1 秩序問題とは何か

「ふつう」と「新鮮」との間

朝起きて学校に行くというような，ふだんの生活にあなたはすっかり退屈しているかもしれない。しかし「ふつうの1日」といえども，じつは，けっして単純なものではない。「7時05分起床，身支度をして，朝ご飯を軽く食べて8時ちょうどには家を出る」というようなあなた自身の1日の行動，さらには1週間の行動をできるだけ詳細に書き出してみよう。あなたは本当に，毎日ほぼ決まった時間に，ほぼ決まったパターンの行動をとっているのかもしれない。あるいは実際に書き出してみると，思いのほか，変化に富んでいるかもしれない。もしも前者なら，なぜあなたは毎日決まったパターンの行動を繰り返しているのだろうか。同じ通学路を通って大学に行くのだろうか。なぜいつもと違う交通手段を使ったり，いつもと違うルートで学校に行ったりしないのだろうか。誰かに強制されているわけではないにもかかわらず，パターン化された行動をとるのはなぜなのだろうか。もしも後者なら，それなりに変化に富んでいるにもかかわらず，あなた自身が，変化よりも，むしろ同じことの繰り返しだと，単調に感じているのはなぜなのだろうか。こんなふうに，「ふつうの1日」というのもじつはけっして「ふつう」ではないし，「ふつうの1日」のように感じられることも，けっして自明なことではない。

あなたには，朝ご飯を食べないという選択肢もあったし，学校をさぼるという選択肢もありえたし，講義のあとで，街に遊びに行くという選択肢もありえたし，ガールフレンドの家を突然訪問することだってできないわけではない。あなたが

実際に行ったのは，ありえた選択肢の論理的な組み合わせのうちの，ほんの1つにすぎない。かりにあなたが今日実際に行ったおもな行動を順に8個選び（朝散歩をする，午前中講義を受ける，昼友だちとご飯を食べる，午後講義を受ける，夕方バイトに行く，夜家族と夕飯を食べる，明日の予習をする，部屋で音楽を聴くのように），それぞれに4つずつの選択肢（する，半分ほどする，ほんの少しだけする，まったくしない）をあてるとしよう。$1/4 \times 1/4 \times 1/4 \times 1/4 \times 1/4 \times 1/4 \times 1/4 \times 1/4 = 1/65536$ だから，あなたのある日の行動は，おもなものだけ数えても，ありうる65536パターンのうちの1つということになる。

　日本の将棋は，9マス四方の盤面で，計20個ずつの駒で争う。世界中に愛好者のいるチェスは8マス四方で，駒の数は16個ずつである。いずれも道具立ては単純だが，無数の指し手がある奥の深いゲームである。しかも近年は，ともにコンピュータが名人をしのぐほどの実力をつけている。コンピュータ・シミュレーションができるほどの論理性も兼ね備えている。囲碁にしろ，トランプにしろ，単純な要素とルールから成り立っていてしかも無限の可能性があるところに，おもしろさがある。サッカーや野球のようなスポーツの魅力も同様である。42.195kmをひたすら走るだけのマラソン・レースにも，2時間以上のテレビ中継に人びとを釘づけにするようなドラマがある。

　言葉の世界も同様である。基本的な語彙を共有しながら，その組み合わせによって，私たちは豊かな内容をコミュニケーションすることができる。

　　バスを待ち大路の春をうたがはず　　　　石田波郷
　　日輪をむすんでひらいて春の雲　　　　　山田みづえ

　いずれも平明で素直な俳句だが，新鮮な感覚がある。波郷の句は，春の到来感，春への期待感を巧みに詠んでいる。「うたがはず」という決然とした断定が，新しい季節への作者自身の決意を示しているようだ。みづえの句は，雲が太陽を隠したり，また雲間から太陽が出てきたりという時間の移り行きを，有名な童謡の一節でもある「むすんでひらいて」という字余りの形容を用いて，あどけなさやユーモアもまじえて表現している。太陽をわざわざ「日輪」と硬い言葉で呼んだことが，「むすんでひらいて」のやわらかさを引き立たせている。この2つの句の「春」を，夏や秋や冬に置き換えることはできまい。これらの場合には，春だからこそ，春の季節感だからこそ，このような詩が成立する。

　俳句は，五・七・五の17音からなる世界最短の詩形だが，俳句をつくる愛好

者は，少なく見積もっても百万人を超え，毎月刊行される俳句雑誌だけでも，800誌を超えるといわれている。「月並み俳句」などとも揶揄されるが，わずか17音にも無限の表現力の可能性があることの証であるといってよい。

そもそも，会話にしろ，文章にしろ，私たちの言語行為は，通常は，ありふれた語彙を組み合わせて複雑なメッセージを伝え，無限の状況に対応しているといってもいい。

人びとの行為・行動も，これらの例のように，単純な構成要素からなる，いくつもの選択の連鎖である。

秩序問題とは何か

社会現象はまったくランダムに，でたらめに起こることはない。そこには何らかの程度パターン化されたまとまりが観察される。何でも起こりうるように思われるし，衝撃的な犯罪や事件が起こることもあるが，通常は，教室では淡々と授業がなされ，職場でも整然と業務がこなされていく。ルーティン化された家族の日常や職場での日常がある。朝，誰が一番早く起きるのか，朝ご飯をつくるのは誰か，新聞を取りに行くのは誰か。お父さんは朝寝坊で，朝はいつも機嫌が悪い等々，大なり小なり規則化された生活習慣や家族員の役割がある。まったく同じ日は1日とてないが，「ふつうの日」の過ごし方は，短期的にみるとよく似ているものである。そして一見「ふつう」ななかに，微妙な変化がある。短期的には，平凡で単調な日々の繰り返しのようだが，数年というような尺度でみると，たとえば子どもの成長に従って，家族内での行動のパターンは少しずつ変化していく。新学期になって学校や職場が変わったりすることなどにともなって，あるいは家族の誰かが病気になったりするなどして，家族の役割や行動が劇的に変化することもある。

一般には家族全員が揃って朝ご飯を食べるべきだとされてきたが，現代では，バラバラの時間に朝ご飯を食べる家族も多い。小学生頃までは夏休みの家族旅行が楽しみだったが，中学生ぐらいになると，クラブ活動や友達との行動などを優先させて，家族旅行に行かなくなったという経験もあるだろう。どのような行為をどの程度まで許容するかについても，個々の家庭で，通常は暗黙の合意が成立している。そして，どのような行為を許容するかの許容度も，子どもの成長などに応じてしだいに変化していく。

母親が「この頃，どう？」と聞いてきたとき，もし，あなたが，H. ガーフィンケルの有名な実験に倣って「僕の何がどうだというの？　僕の体調かい，懐具合かい，勉強かい，機嫌かい」などと，執拗な「探索行為」に出たとしたら，母

親も，居合わせた家族も，あなたがどうかしてしまったに違いないと狼狽して怒り出すに違いない（Garfinkel 1967=1987）。困惑して，不安に陥るかもしれない。日常生活は，執拗に尋ねたりはしない，過度な探索行為には出ないという，暗黙の約束事に従って，お互いが適切な範囲内での応答を繰り返すことで，秩序化されている。私たちは，社会化（学習）のプロセスを通じて，子どもの頃から，しだいに，状況に応じた，適切な話題や適切な行為・行動の仕方を認知し，修得していく（第2章を参照）。

このような構造化されたあり方は，A. ギデンズが「構造の二重性」や「規則に支配された創造性」として概念化しているように（Giddens 1979=1989），またP. ブルデューが，「ハビトゥス」と「慣習的行動」（プラティーク）に関して述べているように（Bourdieu 1987=1988），日々の私たちの実践によって繰り返され，安定化していき，逆にふだんとは異なった行動がなされることで流動化する。人びとの行為の実践なしには，家族や学校，職場内での行為のパターンも，社会の構造も再生産されえない。社会現象においては，完全に固定的で静態的な構造はどこにもない。安定的ではあるが，まったく不変というわけではない。社会の構造は人びとの行為を一定程度規定するとともに，人びとの行為の実践によって維持され，その存立が支えられている。

このような大なり小なりパターン化されたあり方が安定的に存在するとき，**構造**が観察されるという。言い換えれば，一定の〈秩序〉が存在するということになる。しかも構造は何らかの変動を前提としたものであり，秩序も変動の可能性を内包したものである。

ではなぜ秩序が存在するのだろうか。人びとの行為を，一定の範囲内に抑制している社会的メカニズムは何だろうか。それが**秩序問題**である。

1.2　秩序維持の社会的メカニズム

権力による秩序

第1の答えは，〈権力〉である。〈権力〉は，後述するように，M. ウェーバー以来，他者の行為を，その抵抗を排しても自己の意図する方向に制御しうる能力であると定義されてきた。言い換えれば権力的な状況においては，上位者の側は，下位者の行為の自由度を一方的に制限している。強制力には①制度的な強制力と，②物理的強制力（暴力や武力）がある。親と子の関係は，たとえば教師と学生の関係や，雇用者と

第3章　社会秩序と権力

被雇用者の関係と同様に，一方がもつ制度的な強制力によって担保されており，けっして「自由」で対等な関係ではない。親には，子どものしつけをする責任がある。

近代国家では，物理的強制力の行使は，制度的には国家権力（軍隊と警察と法務当局）によって独占されている。

マルクス主義や R. ダーレンドルフや批判理論が強調してきたのは，社会秩序成立の，このような権力的な契機である。彼らはコンフリクト理論と呼ばれる社会理論の系譜に属している（Dahrendorf 1968=1976）。上位者と下位者の間の保有する資源の格差，権力の格差を前提として，両者の間に利害対立や価値の対立がみられるのが社会の常態であり，上位者による下位者の支配を基本的な秩序像ととらえる見方である。

コンフリクト理論の先駆けであり，権力の強制による社会秩序の成立を最初に発生論的に説明したのが，T. ホッブズである。ホッブズについては後述する。

利害の一致による秩序　秩序問題に対する第 2 の答えは，〈合意〉である。究極的には制度的な強制力によって担保されているのであれ，通常は親と子の間で，教師と学生の間で，雇用者と被雇用者の間で，仕事の進め方や行為の仕方などに関して一定の合意や相互了解が存在しているものである。自発的に従う場合である。

権力，とりわけ強制力の発動は，下位者からの不信や抵抗を招きがちである。権力の行使を停止したり弛緩したとたん，違背が続出するかもしれない。一定の行為を阻止したり抑制することはできても，能動的で積極的な貢献を引き出すことは，権力のみに依拠しては困難である。権力以外の手段によって，自発的貢献を引き出すほうが安定的であり，コストは長期的に安くてすむ。N. マキアヴェリや A. de トクヴィルはじめ，政治思想家や社会理論家が繰り返し指摘してきたように，「力による」恐怖政治は不安定で，しかも高くつく。

最終的には権力によって裏打ちされているのであれ，合意による秩序がめざされ，行為者間での自発的な同調が期待される。ではどのようにして合意による秩序は成立し，自発的な貢献が確保されるのだろうか。

代表的な答えは，①〈利害の一致〉である。状況が行為者相互にとって機能的な適合性をもつことである。つまり当該の状況が行為者間の機能的必要性や各行為者の欲求を充足しているかぎりにおいて，当該行為者が貢献を行う場合である。親子の例では，親への信頼感と子ども自身の精神的安定のゆえに（表出的充足），

あるいは子どもは親から養われているがゆえに（手段的充足），子どもたちは親の教えを守るのであり，しかも親にとっても，子どもからの信頼がさらなる愛情の誘因になる。

J. ロック以来，社会理論の功利主義的な系譜が想定してきたのは，行為者間の利害の一致を前提とする，このような秩序像である。何らの社会的抑制も仮定せず，自由で対等な個人を出発点におく個人主義的な社会理論の系譜は，このような功利主義的な秩序像を共有している。近代経済学のミクロ理論は，その代表である。ただし今日では，行為者間に利害の一致があったとしても，フリーライダーの発生を抑制する効果的なメカニズムがないかぎり，かならずしも同調行為を帰結しないことが，M. L. オルソンによって明らかにされている（Olson 1965=1983）。交換理論やゲーム理論などの合理的選択理論は，方法論的個人主義の立場から，利害の一致による社会秩序の成立の可能性とその困難性を探求している。

共有価値による秩序

これに対して T. パーソンズが強調したのは，②〈共有の価値〉が制度化され，それが行為者によって内面化されていることによって合意が成立し，秩序が形成され，維持されることである（Parsons 1951=1974）。強制力による秩序も，利害の一致による秩序も，それだけでは安定的ではありえない。一定程度の価値の共有によってこそ，社会秩序は長期的に安定的なものたりうる，というのがパーソンズの考え方である。家族の場合であれば，しつけの方針や団らんのあり方をめぐって，親と子の間で一定程度の価値や規範の共有があり，共有された価値・規範に基づいてしつけがなされ，コミュニケーションが交わされる場合に，親子間の秩序はもっとも安定的である。

後述するように，パーソンズは，É. デュルケムやウェーバーなどを継承しながら，経済学や心理学などとは異なる社会学独自のディシプリンを，価値や規範の果たす役割に注目して確立しようとした。しかし 1960 年代以降のアメリカ社会で，ヴェトナム戦争や黒人・女性の社会的地位，環境問題や性，宗教などをめぐって，世代や人種・エスニシティ・男女・階層間での価値の多様性や亀裂，利害対立が強く意識されてくるにつれて，共有価値による秩序の成立というパーソンズのアイデアは，オプティミスティック（楽観的）で一面的なものとして批判され，当時の若い世代の社会学者の支持を急速に失った。けれども，価値や規範の働きを軽視することもまた，一面的な誇張である。

第 **3** 章　社会秩序と権力　　81

> **COLUMN** 3-1 社会理論と秩序像

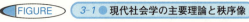

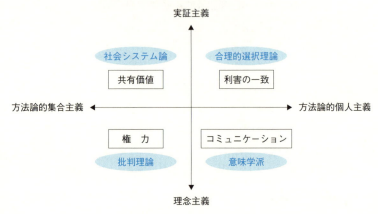

　本文で指摘したような，秩序の形成原理たる権力・利害の一致・共有価値・コミュニケーションの４つは，現代社会学の４つの主要な理論的な立場にほぼ対応している。①権力による秩序形成を強調するのは，先にも述べたように，マルクス主義やコンフリクト理論の系譜を含む広義の「批判理論」であり，②利害の一致による秩序形成を説明課題とするのは，交換理論やゲーム理論を核とする「合理的選択理論」である。③共有価値による秩序形成を説明原理とするのは，パーソンズ的な構造‐機能分析であり，広い意味での「社会システム論」である。④コミュニケーションや意味の構成作用による秩序形成は，「意味学派」と，その批判的再構成をはかるJ.ハーバマスの中心的なアイデアである。
　そもそもこれら４つの理論的立場は，図3-1のように，実証主義と理念主義，方法論的個人主義と方法論的集合主義の２組の軸を交差させてできる４つの象限

コミュニケーション行為による秩序

　パーソンズを批判的に継承しながら，価値や規範に基づく合意を基礎とした「社会統合」と，権力や利害の一致を基礎とする「システム統合」という２つの秩序像を対比したのはハーバマスである。パーソンズが価値や規範を所与のものとして扱ったのに対して，ハーバマスは，言語的コミュニケーションを

に対応している。図3-1は、4つの理論的立場相互の関係と、それぞれが重視する秩序の形成原理とを対応させたものである。

実証主義は、社会科学も自然科学と基本的には同様の方法で研究をなしうるとする科学一元論的な学問観であり、理念主義は、社会科学の方法は、基本的には自然科学と異なるとする二元論的な学問観に立っている。前者は、価値判断と事実判断の峻別を説き、普遍化的な法則の命題定立と因果的な説明を志向する。後者は、価値判断と事実判断の峻別の原理的な不可能を説き、個性記述と対象の意味的世界の理解を重視する（富永［1986］1993）。

方法論的個人主義は、端的には全体を部分の総和として、つまり社会現象を個人の行為に還元して説明しようとする立場であり、発生論的な説明への志向性が高い。これに対して方法論的集合主義は、社会現象は個人の行為には還元しつくすことのできない創発的特性をもっているとして、行為の社会的規定性を前提とする立場である。

批判理論は理念主義的で方法論的集合主義の立場をとっているのに対し、合理的選択理論はその対極に位置し、実証主義的で方法論的個人主義の立場をとっている。両者は、前者は権力を強調し、後者は利害の一致に依拠して説明するという、対極的な秩序像をもっている。それは、両者のそもそもの方法論や学問観の対極性に対応している。

社会システム論は実証主義的で、方法論的集合主義の立場に立ち、意味学派は理念主義的で、方法論的個人主義の立場をとっている。両者のアプローチも対極的だが、共有価値による説明とコミュニケーションによる説明とは、外在的に扱うか、発生論的に取り扱うかという差異はあるものの、それぞれ価値・規範と意味というシンボル的な要素に着目して秩序を説明しようとする点では共通した志向性をもっている。

このように、社会秩序の形成の契機や、社会構造の作動の主たる契機を、何に求めるのかは、社会理論の各パラダイムの核心をなす問題である。

通じた相互了解のメカニズムに依拠して価値や規範の生成を説明しようとする。その原像は、市民がサロンやカフェや新聞・雑誌などを通じて公開の場で批判的な論争をしながら（「公共圏」と呼ばれる。第5章、第16章参照）社会的合意を形成していった、初期市民社会の市民的公共性を創出するあり方である。そして現代社会において、目的合理性の支配する世界（システム世界）が優位化し、言語的

なコミュニケーションを通じた相互了解の世界（生活世界）が忘れられ，抑圧される病理的な事態を，「システムによる生活世界の植民地化」と批判した。ハーバマスは，**コミュニケーション行為**，合理的討議（rational discourse）によって合意と秩序形成を説明するのである。それは，社会秩序の共同主観性を強調し，社会秩序を行為者の意味づけの行為が結晶化した意味の網の目とみる，現象学などの「意味学派」的な秩序像を，批判的に再構成したものとみることができる。

功利主義とその克服

2.1　ホッブズ的秩序問題

自然状態から社会契約へ

ホッブズ的な秩序観をもう少し詳しくみてみよう。
キリスト教の世界では，長い間秩序は，神の意思によって説明されてきた。国王の権力は神から授かったものであるから神聖不可侵であり，臣下や人民は国王の命令に絶対に服従しなければならない，という王権神授説の考え方はその代表である。非キリスト教的な世界では典型的には「伝統的支配」とウェーバーが呼んだように，昔から存在すると考えられてきた伝統それ自体が神聖なものと受け止められ，正統性と権威を帯びてきた。

このような社会秩序の神聖性や不可侵性を根底から疑い，社会契約による秩序の形成を説いた革新的な思想家がホッブズ（1588-1679）である。社会秩序の成立について体系的に考察した最初の思想家がホッブズといえる。ホッブズは発生論的な思考法をとり，政府も法もない，何らの社会的な抑制のない，いわば権力の真空状態から議論を出発させる。これが彼のいう自然状態である。

ホッブズの出発点は，人間は平等に，情念と欲望をもち，生存のために自分の能力を無制限に行使しうる自由，**自然権**をもつという点である。

「人間は本来平等である。『自然』は人間を身心の諸能力において平等につくった。……個人差はわずかであり，ある人が要求できない利益を他の人が要求できるほど大きなものではない」。これがホッブズの前提である。しかし，その帰結は「自分たちすべてを畏怖させるような共通の権力がないあいだは，人間は戦争と呼ばれる状態，各人の各人にたいする戦争状態にある」。したがって「……絶えざる恐怖と，暴力による死の危険がある。そこでは人間の生活は孤独で貧しく，

きたならしく，残忍で，しかも短い」(Hobbes [1651] 1991=2009: 170-73)。これが『リヴァイアサン』第13章「人間の自然状態，その至福と悲惨について」の有名な立論である。

ホッブズはR. デカルト（1596-1650）とほぼ同時代人だが，スペインの無敵艦隊襲来の噂に衝撃を受けた母によって早産され，「母は大きな恐怖をはらんで私と恐怖との双生児を産んだ」と象徴的に自らの出生を語り，脚色している。彼の生きた時代もまた，宗教上の争いが絶えず，清教徒革命が勃発した，イギリスとヨーロッパの動乱の時代であった。

ホッブズ

自然状態が帰結する戦争状態から脱却するためにホッブズが理論的に仮定したのが，各人が他の人びともそうすることを条件に，特定の個人もしくは合議体に権利を譲渡し合うという「社会契約」による「公共的な権力」の形成であった。「私はみずからを統治する権利を，この人間または人間の合議体に完全に譲渡することを，つぎの条件のもとに認める。その条件とは，きみもきみの権利を譲渡し，彼のすべての活動を承認することだ」(Hobbes [1651] 1991=2009: 237)。ホッブズは，抵抗権を留保したうえで，相互契約によって自然権を国家権力（リヴァイアサン）に譲渡し，国家権力の正統性を全成員が相互承認することに秩序問題の答えを求めたのである。

ホッブズのこのような論理構成は，自由と正義，民主主義，権力の正統性，社会的合意形成と社会的厚生など，多くの社会科学のテーマを内包したきわめてスリリングな立論である。社会契約による国民の同意を国家権力の基礎におく考え方は，ロック，ルソーらにも影響を与え，社会契約説として，現代の民主主義的国家論の原型となっている。

> パーソンズによる批判

人びとは個々ばらばらにならずに，なぜ一定のまとまりを確保しているのか，なぜ秩序が成立しているのか，ホッブズの提起した秩序問題をホッブズ的秩序問題として定式化したうえで，これを批判したのは，パーソンズである（Parsons 1937=1976-89）。

(1) 人間は「情念」というばらばらでランダムに変化する目的をもつ。
(2) 人間は情念（＝目的）を合理的に追求しようとする。

このような功利主義的な公準を前提として，かつ，欲求に対する資源の稀少性

パーソンズ

を前提とするかぎり,ホッブズのいう「戦争状態」に帰着するしかない。このようなホッブズ的思考は,19世紀までの西欧の社会思想に支配的な枠組みだった「社会理論の功利主義的体系」のほとんど純粋なタイプである。①原子論的個人主義,②目的に対する手段の合理性,③目的相互のランダム性が,この立論の前提になっていると,パーソンズは述べる。

パーソンズはホッブズ問題の隘路を,目的のランダム性の公準にあるとみた。社会現象は,けっして完全にランダムであったり,偶然的であったりするわけではない。そこには経験科学によって理解可能な程度の行為の規則性,安定性が存在する。社会現象にはこのような意味での事実的秩序が観察される。本章の冒頭に述べた日常生活の規則性に代表されるような安定的な秩序である。解かれるべき問題は,ホッブズがいうような戦争状態の帰結ではなく,むしろ資源の相対的稀少性にもかかわらず社会状態の一定程度の安定性が出現していることを説明することにある。このようにパーソンズは問いを立て直した。

目的のランダム性を前提とした功利主義では,事実的秩序を説明することはできない。答えは,行為過程が何らかの規範によって一定程度制御されている,規範的秩序によって支えられていることに求められるべきである。『社会的行為の構造』(Parsons 1937=1976-89)におけるパーソンズの立場は,その後『社会システム』(Parsons 1951=1974)において体系化される。「共通の価値パターンと,構成員のパーソナリティの内面化された欲求性向の構造との統合は,社会体系の動学の中核となる現象である。ほんのつかのまの一時的な相互行為過程を除いて,どんな社会体系の安定性も,ある程度こうした統合に依存しているということは,社会学の根本的な動態原理であるといってよいだろう」(Parsons 1951=1974: 48)。共有の価値パターンの制度化と行為者による内面化というのが,秩序問題へのパーソンズ的な解法だった。

ホッブズ的秩序問題へのパーソンズの解法には,保守主義や同調主義,規範主義的偏向,片寄った秩序モデル等々の多くの批判がなされてきた。A. W. グールドナーは,その代表である(Gouldner 1970=1974-75)。ただし,それらは,パーソンズのイデオロギー性を外在的に批判するものが多かった。パーソンズ自身の本来的な政治的立場はむしろリベラル左派に位置づけられるものであったというこ

とについては，遺族によってハーヴァード大学図書館に寄贈された膨大な未公刊文書に基づく高城和義らによる詳細な研究がある（高城 1986; 1992; Gerhardt 2002）。

> 「功利主義」の克服

目的のランダム性を制限するような論理的工夫によって安定的な秩序の成立を説明したい，というパーソンズのアイデアは，合理的選択理論との関わりでも興味深い。とくに注目されるのは，経済学者 A. センが合理的な選択理論の内部から，個人の選好の独立性の公準を，「合理的な愚か者」の「非共感的な孤立」の伝統として自己批判し，「共感」と「コミットメント」という他者関連的な倫理的な概念を提起することによって，功利主義の隘路を克服しようとしている点である（Sen 1982=1989）。長い間合理的選択理論は，「囚人のジレンマ」モデルに依拠して，基本的には行為者間にはコミュニケーションはないものとして議論を進めてきた。協調的行為の動機づけや社会的共感の意識化を，どのように個人行為レベルでの「合理性」の前提に接続しながらモデル内在的に説明するのか，合理的選択理論の大きな課題がここにある。

そもそもパーソンズがホッブズ的秩序問題にみた「功利主義」の克服という課題は，経済学とは異なる理論的ディシプリンをもつ社会学を確立したいという問題認識と密接に結びついていた。規範や社会的連帯，社会的凝集性といった，デュルケム以来のすぐれて社会学的な変数を理論的なモデルのなかにどのように位置づけ，ミクロレベルでの合理性とマクロレベルでの社会的望ましさの両立を解明するのか，これは今日なお大きな社会学の理論的課題である。

2.2 フリーライダー問題と自己決定

> オルソンの問題提起

合理的選択理論の立場からの問題提起のなかで，もっとも示唆的で，社会学の理論に大きな影響を与えたのがオルソンのフリーライダー問題である（Olson 1965=1983）。市民社会における基本的な価値は，成員の自己決定性と合意の尊重にある。自由な個人が自発的に結ぶ契約に基づく社会が，理念的な意味での近代市民社会である。では，自由と自発性のみを前提に，市民社会の秩序は可能なのだろうか。ホッブズの答えは，前述のように，社会契約によるリヴァイアサンへの自由の委託（＝制限）であった。オルソン風にこの問題を考えてみよう。

たとえば，環境ボランティアに参加する，投票に行く，これらはいずれも，パブリックな場での「協力行動」であり，逆に参加しない，投票に行かない，が「非協力行動」である。個々人にとって協力行動はコストがともなうが，非協力行動には，コスト負担は不要であるとしよう。なぜ協力行動が得がたいのか，という問いへのオルソン的な答えは，人びととはエゴイストであり，協力行動にともなうコスト負担を避け，恩恵にのみ浴しようとフリーライダーになりたがるからである。

協力行動を求めようとするとき，しばしば情報提供や広報，教育，意識改革など啓蒙的活動の重要性や意義が指摘されることが多い。しかし，それだけでは予定調和的な議論である。オルソンによれば，「共通の利益」や「大義」，つまり共同性を人びとが認識していたとしても，そのことが人びとをただちに協力行動に動機づけるわけではない。快適な環境も，政治システムの安定も，社会秩序も，その恩恵は成員の誰に対しても開かれている。その意味で「非排除的な」集合財，公共財である。かりに人びとが，自己の利益を最大化しようとして行為すると仮定すれば，そのような利己的な人びとは，自分では時間や労力などのコストを負担せず，「快適な環境」や「安定した政治システム」「社会秩序」などの公共財の分け前にはあずかろうとするだろう。お人好し以外は特別な条件がなければ誰も貢献しないというのが，オルソンの問題提起である。

利己的な人びとの間でも協力行動が成立するのは，次のような特別な条件のもとであるとオルソンはいう。①フリーライダーが監視できるくらい集団が小規模の場合か，②共通利益以外に，貢献度に応じて「選択的誘因」が提供されるか，③強制されるか，いずれかの場合である。選挙において，農山村部などで投票率が90％近くに達することがあるのは，事実上強制的な規制が働くからである。しかし強制は市民社会的な原理とは矛盾するから，第3の条件は外さなければならない。第1の小規模性も，コミュニティ・レベルを超えて協力行動を考えるときには有効ではない。人びとを協力行動に動機づけるための方策としてオルソンが教えるのは，適切に選択的誘因を提供することである。

選択的誘因は，貢献度に応じて提供される「報酬」的な価値だが，職場という閉ざされた空間と異なって，市民社会という公共空間においては，経済的な誘因は提供しがたい。経済的コストによって動機づけることは，市場を経由しない公共空間においては困難でもある。社会運動の資源動員論（第16章コラム16-1を参照）が教えるように，自発的な協力行動を得るためには，使命感や達成感のよう

な目的それ自体と密接に連関して報酬的な意味をもつ表出的な精神的価値（「目的的誘因」と呼ばれる）と，連帯感や帰属感，結びつきのような他者との協働的な関わりのなかで享受できる精神的価値（「連帯的誘因」と呼ばれる）を提供するしか途はない。目的的誘因と連帯的誘因の考察こそが，社会学的な課題である。

自己決定性とパブリックへの回路

功利主義と並ぶ，秩序問題のもう1つの焦点は「自己決定性」である。新しい社会運動論（第16章コラム16-2を参照）が述べてきたように，国際的にみても，「自己決定性」は，フェミニズム運動や少数民族の分離・独立を求める運動などの要求の焦点である。他方，一切の制約を受けない「表現の自由」や，身体的影響の少ないマリファナなどの解禁を求める動きもある。「売買春」「性の商品化」などをめぐって，「選択の自由」や「当事者間の合意」「直接的な被害者が存在しないこと」などを主張する立場もある。当人の自由意思に基づく安楽死は許されるのか，等々医療や生命倫理に関する議論も多い（第9章参照）。

自己決定性をキーワードとして理解可能な社会現象は，近年このように広範囲に広がっている。しかし「他者の権利を侵害しないかぎりにおいては，自己の自由を認めうる」などと，自己決定性に一定の制限を与えなければ，社会的混乱が生じ「社会秩序」は維持しがたいだろう。では，他者の権利を侵害する場合以外に，自己決定性に一定の制限を加えることは，どのような場合にどのような根拠で社会的に正当化されうるのだろうか。

「社会的利益」という成員に共通の利益を持ち出す立場がある。ホッブズ的秩序問題に対するパーソンズ的な解法も，共通利益，共有価値の内面化に解を求める立場だった。

しかしサブカルチュア化など社会の細分化・断片化が進み，社会的利益そのものが脱神話化され，共通の利益の存在は幻想であり，さまざまな少数者を事実上排除しているという見方が広まっていくにつれて，全体的な社会的利益や公益は，その存在・観念自体が疑われだし，市民自身にとってますます不可視なものになりつつある。「社会的利益」が説得力を失いつつあるのが現代社会であるとみることができる。

利己的で，自己決定性を志向する市民に，共同性とパブリックな問題への志向性をどのように呼びかけることができるのか。目的的誘因と連帯的誘因をどのように作り出し，安定的に供給し続けることができるのか。これらの問題は秩序問題の基本的な課題である。

「お互いどうしから人を切り離そうとするラディカルな個人主義は，実は強い個人主義ではなく弱い個人主義を作り出す。……個人と共同体はどちらかが強くなれば，他方が弱くなるようなゼロサム状況にあるものではない。むしろ，ある種の強い個人主義を支えるには，ある種の強い共同体が必要である」。R. N. ベラーらはこのように述べ，過度の個人主義が，個人主義や自由の基盤を掘り崩しかねないことを警告し，「個人と共同体が相互に支え合い強化しあうような」「社会に根を下ろした倫理的個人主義」の意義を主張している（Bellah et al. 1985=1991: vi-vii）。

実際，R. パットナム（Putnam 2000=2006）のように，さまざまなデータから1990年代のアメリカの社会的ネットワークの脆弱化と人びとの孤立化を検証した研究もある（第4章参照）。

ベラーや A. エチオーニらのコミュニタリアニズム（communitarianism）やパットナムの社会関係資本論（social capital）に代表されるように，欧米でも，個人主義的な功利主義の限界を超えようとする立論が注目を集めている。日本でも，公共哲学が提唱され，市民社会的な新しい連帯と社会参加の基礎となる哲学が模索されている。

権力・紛争・ガヴァナンス

3.1 権力とは何か

ここまでは権力を詳細に定義せずに使ってきた。では権力とはどのような概念だろうか。権力は，多義的でもっとも論争的な概念の1つだが，ウェーバーの「他者の抵抗を排してまで，自己の意思を貫徹するすべての可能性」という定義がもっとも代表的である。

権力観は大きく3つの立場に整理できる。①ウェーバーや政治学者のR. A. ダールらに代表される，二者関係を前提に，権力が他者の行為を変容させる可能性に焦点をあてた個人レベルでの定義がもっとも主流に位置する。このような権力の究極的な源泉は，大別すると，前述のような物理的強制力ないし制度的な強制力である。これに対し②パーソンズは，集合的な目標を達成するための協働的な行為を確保する集合体レベルの能力を権力と定義し，貨幣と同様に，権力も政治

システムと他のシステムとの相互交換を媒介するメディアであるととらえた。さらに③M. フーコーに代表される，構造主義的な権力概念がある。すべての独房の内部を見通すことができるが，独房からは監視塔の内部が見えない，理想の刑務所として考案された一望監視装置（パノプティコン）に象徴される，規律・訓練をとおした規格化という不可視的な強制的メカニズムに焦点をあてている（第2章コラム 2-2 を参照）。

大文字の権力と小文字の権力

この3つの用法のなかでもっとも一般的な「他者の抵抗を排してまで，自己の意思を貫徹するすべての可能性」という意味での権力現象は，社会全体に広範に観察できる。政治，政策決定レベルの政治権力や，企業などの組織においてリーダーがもちうる権力だけでなく，家族や恋人間・友人関係における権力もある。セクシュアル・ハラスメントやアカデミック・ハラスメント，アルコール・ハラスメント，学校でのいじめのような「ハラスメント（嫌がらせ）行為」は，近年「人権侵害的な行為」として問題視されるようになってきたが，問題の基本的な焦点は，職場や大学，サークルなどで，相対的に弱い立場にある者が，強者の側からの押しつけを断ることができない，心理的にできにくい，という点にある。疑問の点を問い質したり，ノーが言いにくいような関係は，典型的な権力的関係である。政治におけるような大文字の権力（政治権力と呼ばれる）だけではなく，小さなプライベートの世界にも権力現象が存在する。いわば小文字の権力である。

一見対等にみえる，仲のいい恋人同士や夫婦の間の，ベッドのなかにも権力的な関係がある，ということを 1970 年前後に告発したのは，アメリカのウィメンズ・リブ運動である。「個人的なことは政治的である」(Personal is political) というのは，当時のリブ運動の有名なスローガンである。一見きわめて個人的な，女性と男性の対関係のなかにも，男性優位の社会構造を前提とした，実質的に女性の側が拒否しにくいような，男性の側が主導権を握っているような権力的な性格があることを告発した。

権力の基礎

社会的な差別や著しい社会的格差，貧困，上下関係などは，一般に，権力的な現象の前提条件や背景をなしている。P. M. ブラウが指摘したように，交換可能性，交渉力の多寡が権力関係の基礎にある。財力や情報，人的ネットワークなど多くの社会的資源をもつ者ほど，他者の利害状況を左右することができ，自己の意思を貫徹させうる

可能性が高い（Blau 1964=1974）。

　権力はこのように，対関係や家族，組織，地域社会，国家，国家間関係など，さまざまのレベルで観察できる。けれども権力が万能だというわけではない。第1節でも述べたように，力で抑え込むことには，コストと不確実性・不安定性がつきまとう。いつ違背が顕在化するかもしれない。

　ではどのようにして，同意や合意は調達されるのだろうか。マキアヴェリは法と力であると教えている（TEXT IN TEXT 3-1 参照）。第1節では，抽象的な社会理論のレベルで考察したが，ここでは，もう少し具体的な文脈で考察していこう。

3.2　紛　争　と　法

権力と紛争処理モデル　　第1は紛争および紛争処理の文脈である。権力現象を理解するためには，紛争処理と紛争の抑止という問題を考えてみるのがわかりやすい。近代的な法や裁判制度が紛争処理に果たしている役割，さらにはその社会的機能を，法学者の川島武宜やN. ルーマンの議論をもとに考察してみよう。

　行為者間の目標は相互に両立可能であったり，両立不可能であったりする。複数の行為者や集合体間の目標が相互に両立不可能な社会関係が〈対立関係〉である。〈紛争〉は対立関係がさらに進んだ段階であり，複数の当事者が目標の両立不可能性を意識し，しかもなお相互に両立不可能な目標の達成を動機化し続けているような社会関係ないし社会過程である。では紛争はどのようにして解決されうるのだろうか。

　まず次のような3段階の紛争処理モデルを考えてみよう。

　第1段階は，争いの当事者間の自力救済，実力で決着をつけることである。しかしそれでは血が血を呼び，際限のない報復が繰り返されることになる。前述のように，ホッブズが「戦争状態」と規定した，たえざる恐怖と死の危険に怯える猜疑心に満ちた世界が現出する。パレスチナとイスラエルの間の紛争のように，現代世界でも泥沼化した争いは，第1段階の自力救済モデルのような側面を色濃くもっている。テロもまた，一種の自力救済であり，実力行使である。

　第2段階は，権力者ないし権威者という第三者の介入による自力救済の抑制である。権力者ないし権威者による支配の基本的な機能は，争いの調停にあるともいえる。そこでは自力救済をどの程度是認するか，どのような紛争解決を望まし

3-1 君主の2つの顔

「君主にとって，信義を守り奸策(かんさく)を弄(ろう)せず，公明正大に生きるのがどれほど称賛されるものかは，だれもが知っている。だが，現代の経験の教えるところでは，信義などほとんど気にかけず，奸策をめぐらして，人々の頭を混乱させた君主のほうが，むしろ大きな事業（戦争）をやりとげている。しかも，けっきょくは彼らのほうが，信義に基づく君主を圧倒していることが分かる。

ところで戦いに勝つには，二種の方策があることを心得なくてはならない。その一つは法律により，他は力による。前者は，人間ほんらいのものであり，後者は獣(けもの)のものである。だが多くのばあい，前者だけでは不十分であって，後者の助けを借りなくてはならない。したがって，君主は，野獣と人間をたくみに使いわけることが肝心である。……

そこで君主は，野獣の気性を，適切に学ぶ必要があるのだが，このばあい，野獣のなかでも，狐(きつね)とライオンに学ぶようにしなければならない。理由は，ライオンは策略の罠(わな)から身を守れないからである。罠を見抜くという意味では，狐でなくてはならないし，狼どものどぎもを抜くという面では，ライオンでなければならない。といっても，ただライオンにあぐらをかくような連中は，この道理がよくわかっていない。……

要するに，君主は前述のよい気質を，何から何まで現実にそなえている必要はない。しかし，そなえているように見せることが大切である。いや大胆にこう言ってしまおう。こうしたりっぱな気質をそなえていて，後生大事に守っていくというのは有害だ。そなえているように思わせること，それが有益なのだと。たとえば慈悲ぶかいとか，信義に厚いとか，人情味があるとか，裏表がないとか，敬虔(けいけん)だとか，そう思わせなければならない。また現実にそうする必要はあるとしても，もしもこうした態度が要らなくなったときには，まったく逆の気質に変わりうる，ないしは変わる術を心得ている，その心がまえがなくてはいけない。

君主ことに新君主のばあいは，世間がよい人だと思うような事がらだけを，後生大事に守っているわけにはいかない。国を維持するためには，信義に反したり，慈悲にそむいたり，人間味を失ったり，宗教にそむく行為をも，たびたびやらねばならないことを，あなたは知っておいてほしい。したがって，運命の風向きと，事態の変化の命じるがままに，変幻自在の心がまえをもつ必要がある。そして，前述のとおり，なるべくならばよいことから離れずに，必要にせまられれば，悪に踏みこんでいくことも心得ておかなかればいけない。

そこで，いま述べた五つの気質に欠けることばを君主が口にするのは，大いに慎(つつし)まなくてはいけない。君主に謁見し，そのことばに聞きいる人々のまえでは，君主はどこまでも慈悲ぶかく，信義に厚く，裏表なく，人情味にあふれ，宗教心のあつい人物と思われるように心を配らなくてはいけない。なかでも，最後の気質を身にそなえていると思わせるのが，何よりも肝心である。

総じて人間は，手にとって触れるよりも，目で見たことだけで判断してしまう。なぜなら，見るのは誰にでもできるが，じかに触れるのは，少数の人にしか許されない

第3章 社会秩序と権力

からだ。そこで，人はみな外見だけであなたを知り，ごくわずかな人しかじっさいにあなたと接触できない。しかも，この少数の者は，国の尊厳に守られている大多数の人々の意見に，あえて異を唱えようとはしない。そのうえ，すべての人々の行動について，まして君主の行動について，召喚できる裁判所はないわけで，人はただ結果だけで見てしまうことになる。

　それゆえ君主は戦いに勝ち，そしてひたすら国を維持してほしい。そうすれば，彼のとった手段は，必ずりっぱと評価され，誰からもほめそやされる。大衆はつねに，外見だけを見て，また出来事の結果で判断してしまうものだ。しかも，世の中にいるのは大衆ばかりだ。大多数の人が拠りどころをもってしまえば，少数の者がそこに割りこむ余地はない。」N. マキアヴェリ『君主論』(Machiavelli 1532=2018: 147-51)

●視点と課題●

　『君主論』のもっとも有名な1節であり，『君主論』全体の精神を集約しているともいえる。辛辣な表現ではあるが，伝統的なキリスト教のモラルから，人間の精神を解放したルネサンス期らしい文書として読むこともできる。現代の政治家もひそかに愛読しているのではないか。マキアヴェリの生涯については，佐々木毅『マキアヴェッリと『君主論』』(講談社学術文庫)，塩野七生『わが友マキアヴェッリ』(中公文庫)などがある。

いものと考えるか，紛争解決のモデルの提示が求められる。

　川島がよく引用した河竹黙阿弥原作の『三人吉三 郭 初買（さんにんきちさ くるわのはつがい）』という歌舞伎劇は，この段階のモデルである（川島 1982）。強奪した百両をめぐって，お嬢吉三とお坊吉三が刀を抜いて争っている（自力救済）。ここへ，たまたま和尚吉三という大悪党が通りがかり，この争いをおれに「預け」ろといって仲裁に入り，争っている百両を五十両ずつに分けたうえで，双方から五十両ずつを自分が受け取り（結局和尚吉三が全部とった），そのかわりに自分の腕に刀傷をつくらせるのである（第三者の介入と解決案の提示，争いの抑制）。お嬢吉三とお坊吉三はこの裁きに感心し，自分たちもそれぞれの腕に刀傷をつけ，3人で義兄弟の誓いをするというストーリーである。

　しかしこの紛争解決は規範性はあまり高くない。和尚吉三の「悪名」の高さという闇世界での権威と，自分の腕を切らせ仲裁するという彼の大胆な知恵と勇気が紛争当事者の2人を感心させたのである。

　第三者がどのように介入すべきか，どのような解決案を提示すべきかという規範が安定性を獲得するのが次の段階である。

　第3段階は，第三者の介入による紛争解決のモデルが神聖性と歴史性を帯び，

規範性を高めることである。ルーマンが述べるように、神聖性と歴史性はそれ以外の可能性を排除する。自由には動かせないということを象徴する。さまざまの場合に適用できるように人びとが維持しようとしている一般性をもった行動準則が法である。このような意味での法、原始法は、知られるかぎりすべての原始社会に存在してきたとルーマンはいう（Luhmann 1972=1977）。社会のあるところつねに紛争の可能性が存在し、それらに対処する紛争処理規範が存在してきたとみることができる。

ルーマン（朝日新聞社提供）

複雑性の縮減と複合性の増大

ルーマンの法社会学の基本的な仮説は、法の構造化による複雑性の縮減と、そのことによって、より選択的で機能分化した、より複合的な社会が実現できるという進化的なモデルである。

「複雑性の縮減による複合性の増大」というルーマンの独特の考え方をもう少し検討してみよう。

最初の出発点は自由である。自己も他者も自由であるということを前提にすると、あらゆる可能性が存在する（ルーマンはこのことを複雑性と呼んでいる）。たとえば約束の時間に友人は遅れるかもしれないし、来ないかもしれない。つねにこのような違背の可能性が相互に存在し、私たちはそれをあらかじめ考慮に入れたうえで社会生活を営んでいる（違背の予期）。しばらくつきあっているうちに、私たちは相互に、相手方の人間性や行為の仕方に慣れてくる。直前に念を押す、予定を再確認するなどして、複雑性を縮減するのである。規範の基本的な機能も、この複雑性の縮減にあると、ルーマンはいう。「時間を守る」という規範の存在を前提すれば、相手方が誰であっても、はじめての相手であっても、それほど待ち合わせ時間には遅れないだろうという予期をもつことができる。規範の存在を前提にすれば、誰とでも待ち合わせができる。これが複合性の増大の一例である。

前近代社会は共同体的な世界である。共同体内部の人びと同士は、相互に顔見知りであるがゆえに安定した予期をもつことができる。長期的な信頼関係の維持を前提に、違背は一定の範囲内に抑制される。

近代社会のモデルは自由競争の市場である。原理的には誰もが売買に参加できる。見知らぬ生産者がつくったものでも、誰がつくったものでも、安心して購入

することができる。顔が見えなくても安心できる，見知らぬ他者でも安心して取り引きできるというのが，近代の原理である。このような複合性の増大を支えているのが，法の存在とその履行である。

物々交換から現金払いへ，手形による信用創造，カード決済，さらにはインターネット上での取り引きへ，これらの方向に，私たちの社会は複合性を急速に増大させてきた。決済の手段も，時間も，その範囲も，大幅に選択肢を拡大させてきたのである。法と法のもとでの契約という社会構造の存在が，つまり人格への信頼に代わるシステムへの信頼が，現代社会を支えている。違背に対する確実な制裁の可能性が，複雑性を一定の範囲に抑制しているのである。

裁判の特質と法

紛争処理制度としての裁判の特質と，そこで法の果たす役割について考察してみよう。

紛争をいかに終結させるかは，紛争当事者にとってばかりでなく，社会システムにとっても重要な課題である。紛争がいたずらに拡大し，長期化することは秩序維持にとって重大なマイナス要因となりうる。擬人化して表現すれば，社会システムは，かならずしも紛争をミニマム化しようとしているわけではない。むしろ，紛争が拡大しないように，いたずらに長期化しないように，飛び火しないように，一定の範囲内にとどめおくことに大きな関心をもっている。

しかも個々の紛争は，完全にアトランダムに生じるのではない。行為が一定の社会システムのもとで一定の社会構造を前提になされるということは，そのもとでは類似のタイプの利害対立が存在し，類似のタイプの紛争が生じる蓋然性が高いということでもある。

類似の紛争に対しては類似の紛争処理が行われることが期待される。ルーマン的に表現すれば，そうでないと複雑性は縮減されない。あるタイプの紛争が多く発生すれば，そのタイプの紛争を抑止したり，円滑に調停するための紛争処理制度を発達させる必要性が高まる。紛争処理のパターンが安定化するほど，紛争当事者や介入者，関与者にとって，相手方の対応の予測可能性が高まり，紛争にともなう過剰なコスト負担が抑制され，紛争終結の実効性と確実性が高まることになる（これも複雑性の縮減である）。とりわけある紛争終結の仕方が，当事者はじめ関係者の支持を受け，繰り返し「先例」として依拠されるようになるに従って，その紛争終結パターンは，紛争処理のモデルとして規範性を獲得し，さらに安定的なものになっていく。一般に紛争終結にとって機能的である程度に従って，特定のタイプの紛争処理過程の制度化が進行する。

ここでの制度化とは，あるパターン化された行為様式が，社会的に正当なものと認知され，違背した場合には制裁が加えられるような拘束力をもち，あたかも「もの」のような外在的な性格をもつようになることをいう。

　紛争処理規範には，さまざまのレベルのものがある。法のほかにも，伝統や慣習，集団や共同体の掟，宗教的な教義や権威者の命令などがある。

　法とは，全体社会（通常は国家）レベルにおける以上のような意味での制度化された紛争処理規範であり，裁判規範として高度に組織化・形式化され，体系化されたものである。つまり第一義的には，裁判において裁判官が依拠すべき紛争処理の基準となる体系化されたルールが法である。

市民社会と権利の観念

　近代西欧型の裁判が基本的な前提にしているのは，対等な私人間の権利をめぐる争いである。刑事裁判も原告の検察側と，被告の容疑者側とは対等であることを前提に進められる。このような対等な私人がつくる横の関係が市民社会の基本的な原像である。

　川島が強調してきたように，日本社会で長い間，理解されがたかったのは「権利」という概念である（川島 1967）。西欧語ではしばしば法と権利は同一の言葉である（例：droit〔仏〕，Recht〔独〕）。権利は，ある「客観的な」判断基準（法）に従って正当化しうるような行為者の利益であり，他者に対してその履行を請求できるものである。権利の内容（請求を受ける当該の他者からみれば「義務」の内容）は明確に限定されている。これらの点で，権利は「義理」や「温情」「情け」などと大きく異なっている。義理や温情は相手方との人間関係や相手の地位など，状況依存的・人格依存的で相対的なものであり，客観性をもたず，履行のされ方も恣意的である。

　近代的な裁判は権利の確定をめぐる争いである。法に依拠して正当化しうる権利であること，適法性・合法性の主張が争いのポイントになる。とりわけ社会的影響力の大きな優位者に対して，相対的に劣位な立場にある者が異議申し立てを行う場合には，自己の利益を権利として主張することが不可欠である。正当性の動員は，劣位者が資源動員能力の格差を克服し，公衆の支持を拡大し，裁判官に社会的支持をアピールするための基本的な戦略である。権利という概念は，しばしば優位者や多数者の恣意的な支配を抑止し，社会的影響力や勢力，実力では劣る少数者の利益を保護する役割を果たすのである。

3.3 ガヴァメントからガヴァナンスへ

　政治権力と合意の問題を考えるうえで，第2の，しかももっとも今日的な焦点は，ガヴァナンスにある。

　近年さまざまの文脈で，ガヴァメント（政府・支配）にかわって，ガヴァナンス（共治，参加型統治などの訳語があてられることがある）という言葉が使われるようになっている。立法・行政・司法の三権に代表されるようにガヴァメントは機能的・制度的な概念であり，制度（端的には法）によって裏づけられた権限の階層性と合法的な強制力の存在を前提としてきた。前述の秩序形成の第1の契機である〈権力〉＝強制力による秩序維持という社会観に対応したものである。

　それに対して，ガヴァナンスは，第2の契機である合意による秩序維持という社会観に対応したものであり，制度に裏打ちされたというよりも，合意形成の実質的なプロセスそのものを重視した概念である。端的には，多様で多元的な主要な利害関係者（マルチ・ステイクホルダー）との協働・コラボレーションを重視して，利害調整と合意形成をはかるような枠組みや管理のあり方をいう。国際問題でのグローバル・ガヴァナンス，企業経営におけるコーポレート・ガヴァナンス，自治体経営におけるローカル・ガヴァナンス，環境ガヴァナンスなど，多様な使い方がある。

　近年，企業など，団体の不祥事の発覚・処理や未然防止に関して，コーポレート・ガヴァナンスのあり方が問題視されることが多い。ガヴァナンスの強化は上からの管理強化と同一視されがちだが，そこにはガヴァナンス＝統治・統制と日本語化して解釈されることにともなうバイアスがある。

　ガヴァメントという文脈では，一般市民は被統治者という性格が強く，政治参加の機会は，おもに有権者としての投票に限られてきた。トップダウン的，上意下達的な進め方はガヴァメント的な既成の政治手法である。

　それに対して，ガヴァナンスという文脈では，一般市民も市民社会の構成員として，具体的には地域住民や商店街・業界団体などの一員として，あるいは各種の非政府組織（NGO）のメンバーなどとして，多様な利害関係者の一翼を担い，合意形成過程に能動的に関わりうる。地方自治体の政策決定過程や合意形成過程を考えてみればいいだろう。日本でもしだいに増えてきたが，都市計画のあり方，図書館や公園整備のあり方，ごみ収集のあり方，あるいは男女共同参画の進め方などをめぐって，利害関係者の間で制度的・非制度的な意見聴取や意見調整が行

われて少しずつ政策が形作られ，政策が実施されていくならば，それはガヴァナンス的なあり方である。制度的な機会としては，審議会，公聴会やパブリック・コメントなどがあり，非制度的な機会としては，非公式の懇談会や行政側も参加するワークショップなどがある。日本的な根回しなども，非制度的な合意形成の一手法である。過去の実績などをもとに，市民団体が「拒否権」を行使しうるほどの大きな発言力を事実上もちうる場合もある。

　環境問題を例にとって考えてみると，産業公害の場合には，排出基準を超える汚染企業に対して罰金や課徴金を科すことや許認可などのガヴァメント的な規制的手法が有効だった（第8章参照）。しかし気候変動問題の改善やごみ問題の解決は，政府が上から一方的に命令する規制的な手法だけでは困難だろう。補助金や免税などの経済的な誘因を与えて誘導することにも限界があろう。企業や市民などの自発的な意志・意欲（＝やる気）に規定された「協力行動」が欠かせないからである。政策決定過程・合意形成過程に，初期段階から関与する機会を提供することが重要である。

　ただし草の根レベルの自発性に完全に委ねたのでは，混乱が生じ，一進一退でなかなか事態は進捗しないだろう。協働と合意に支えられた一定のマネジメントが不可欠である。

　またガヴァナンスに対しては責任の所在があいまい化しかねない，ガヴァナンス自体がガヴァメントの一手法ではないか，などの批判もある（吉原2002）。

　中央集権的なガヴァメントが存在せず，相互依存性を背景に，利害調整と合意によって支えられたガヴァナンスが展開し機能する社会システムの典型例は国際社会であり，国際連合やEU，サミット（主要国首脳会議）などに代表されるグローバル・ガヴァナンスである。近年は，NGOもグローバル・ガヴァナンスに深く関わる場合が増えている。松本泰子は，国際会議における環境NGOのグローバル・ガヴァナンスへの関わり方を事例分析している（松本2001）。

　多様な主体による多元的で重層的な関与，合意形成のあり方にこそ，現代のガヴァナンスの特質がある。「参加と合意を重視する課題解決の政治」（坪郷實）がガヴァナンスである。市民の側からみれば，ガヴァナンスはパブリックへの具体的な回路である。行政の側からみれば，多様なステイクホルダーの関与のもとで，透明で開かれたガヴァナンスの場を作り上げることが大きな課題となっている。

BOOK GUIDE ●文献案内

●原典にせまる

① M. ウェーバー『支配の諸類型』世良晃志郎訳，創文社，1970（原著1922）。
② C. W. ミルズ『パワー・エリート』（上・下）鵜飼信成・綿貫譲治訳，東京大学出版会，1969（原著1956）。
③ R. ダール『統治するのはだれか――アメリカの一都市における民主主義と権力』河村望・高橋和宏監訳，行人社，1988（原著1961）。
④ M. フーコー『監獄の誕生――監視と処罰』田村俶訳，新潮社，1977（原著1975）。

①は，支配の3類型を述べたもの。カリスマの日常化など，興味深い論点を多数含んでいる。権力を保持しているのはどのような人びとだろうか。この問いに対して，②は少数のエリートへの権力の集中を説くエリート論を，③は権力の分散を説く多元論を代表する，相互に論争的な文献。④は，近代社会を「規律・訓練」中心の社会とみて，規律・訓練をとおした規格化にこそ近現代社会の抑圧の本質があるとする。

●理解を深める

⑤ 御厨貴・渡邉昭夫インタヴュー・構成『首相官邸の決断――内閣官房副長官石原信雄の2600日』中公文庫，2002（中央公論社，1997）。

1987年から95年まで約7年の間に，7人の首相を補佐した元内閣官房副長官のオーラル・ヒストリー。日本の政策決定がどんなふうに行われているのか，どこに弱点があるのか，政権党と官僚の力関係などを考えるうえで参考になる。

⑥ 鎌田慧『六ヶ所村の記録』（上・下）岩波書店，1991。

青森県下北半島の六ヶ所村は，むつ小川原開発，核燃料サイクル基地建設など，「中央」の開発政策・産業政策に翻弄され，世界最大の規模で放射性廃棄物が集中している。底辺では，「開発幻想」をともなって，札束と権力がいかに機能するのか。政・財・官が一体となって，地域をどのように収奪するのか，同時代のルポルタージュによって活写している。

●視野を広げる

⑦ 丸山眞男『丸山眞男講義録〔第三冊〕政治学1960』東京大学出版会，1998。

結語の「制度のなかに運動を見，運動のなかに制度的なものを見る」という言葉に代表されるように，複眼的・動態的な思考の重要性を語り，政治的な成熟を説く，丸山「政治学」の講義録。

⑧ 盛山和夫・海野道郎編『秩序問題と社会的ジレンマ』ハーベスト社，1991。

1980年代後半以降，日本では，合理的選択理論やゲーム理論的な発想による秩序問題の理論的研究が盛んになった。その先駆けとなった論文集。

⑨ 盛山和夫『権力』東京大学出版会，2000。

従来の代表的な権力論を俯瞰し精緻に読み解き，それらの問題点と課題を指摘する。

⑩ ジョン・マッデン監督・映画『恋におちたシェイクスピア』1998。

権力と性愛は，文芸作品の永遠のテーマである。『ウエストサイド物語』をはじめ，『ロミオとジュリエット』にヒントを得た名作は数多いが，『恋におちたシェイクスピア』は，ロミオはシェイクスピア自身だったという卓抜なアイデアで，劇作家シェイクスピアの誕生の秘密を巧みに映像化している（多くの伏線や引用でシェイクスピア・ファン

を魅了する)。時の権力者エリザベス女王もウィットに富んだ大活躍で,英国版時代劇の趣がある。為政者側からのさまざまな掟と資金などの壁のなかで,1つの作品を,監督やプロデューサー,脚本家,役者などが協働していかに作り上げていくのか,という映画論として楽しむこともできる。

Chapter 3 ● 考えてみよう

❶ 平日の生活を書き出して,ふだんの日の自分自身の行動がいかに安定的であり,あるいは,いかに不安定的であるかを振り返ってみよう。そして,安定性(ないしは不安定性)の理由を考えてみよう。

❷ もっとも最近,あなたと親(あるいは重要な他者)の意見が鋭く対立した問題は何だっただろうか。対立の要因はどこにあったのだろうか。そのとき,あなたはどのような行動をとっただろうか。あなたがなぜそのような行動をとったのか,その理由を考えてみよう。

❸ 国内外の政治指導者の自伝や評伝,歴史小説などを読んで,卓越したリーダーシップとはどのようなものか。歴史的な制約も含めて,どのような状況認識のもとで,重大な決断がなされたのか。その決断の意義は何だったのか,などを考察してみよう。

❹ 社会問題をめぐる紛争を取り上げ,そのおもな経過を年表形式で整理し,主要な当事者や関係者の利害動機,主張の対立点,合意形成に至った(至らなかった)要因と背景について考察してみよう。

❺ インターネットなどを用いて,ガヴァナンス(ガバナンス)という言葉がどのような文脈で,どのような意味で用いられているのか,調べてみよう。また governance で英文での用法も調べてみよう。

第 4 章 組織とネットワーク

アート作品としてのネットワーク（オランダ・クレラー・ミュラー美術館，2004 年 7 月）

- KEYWORD
- FIGURE
- TABLE
- COLUMN
- TEXTinTEXT
- BOOK GUIDE
- SEMINAR

CHAPTER 4

INTRODUCTION

家族経営の店がチェーン店に置き換わっていくことに代表されるような「大規模組織の時代」に私たちは生きている。官僚制は不可避であるとウェーバーはペシミスティックに予言したが，一方，近年急速に進行するネットワーク化は，組織に，より柔軟性を与えようとする脱官僚制化の動きととらえることができる。現代社会では，企業や行政組織とともに，非営利組織も大きなウェートを占めつつある。この章では，官僚制化と脱官僚制化をめぐる議論を軸に，第 1 に，「社会のマクドナルド化」と呼ばれる合理化について理解し，第 2 に，組織と人間，組織と環境を焦点に組織論の変遷を追い，第 3 に，非営利性に注目して NPO を考察し，第 4 に，情報ネットワークの発達とネットワーク社会化について論じていこう。

> **KEYWORD**
> 社会のマクドナルド化　官僚制　公式組織　組織と人間　官僚制の逆機能　組織と環境　組織生態学　NPO　特定非営利活動促進法　社会関係資本　NGO　ボランティアの失敗　寡頭制の鉄則　CSR　中間支援組織　ネットワーク　対抗文化

組織・人間・環境

1.1 マクドナルド化する社会

　「そこから少し先の横丁にもエスプレッソ・バーがある。こちらは前の店よりも客が混んでいた。白髪まじりの男がカウンターの後ろで，一人ひとりのお客の名前を呼んで挨拶している。店の経営者がバリスター［コーヒーを抽出する技術者］を兼ねているのだ。お客との会話が弾んでいる。みな常連客で顔なじみの憩いの場になっているのだ。……

　店内は活気づいている。イタリア・オペラの調べに交じって，初対面の人たちや店で毎日顔を合わせる友人同士の挨拶が聞こえてくる。こうしたコーヒー・スタンドは，人々に，家庭の延長とも言えるくつろぎと交流の場を提供しているのだ。」（Schultz & Young 1997=1998: 65-66，［　］は引用者）

街角の喫茶店 vs. チェーン店

　あなたは，街角で見かける小さな喫茶店と，スターバックスのようなチェーン店とどちらが好きだろうか。家族経営の雑貨屋とチェーンのコンビニエンス・ストアではどちらが好きだろうか。もちろんそれぞれに長所・短所がある。引用した一節は，じつは，後述のようにその後スターバックス社の経営者となる同社の一員が1983年にミラノを訪れ，イタリアのコーヒー・スタンドのあり方をまのあたりにし，それに感銘を受け，このようなスタイルのコーヒー・スタンドのアメリカ版を思いつくシーンである。スターバックスの原点はここにあるともいえる。

　チェーン店では，サービスや商品はマニュアルに基づいて細部まで標準化されている。全国どこでも，国際的なチェーンなら，世界中どこの国でも，同じ看板

のもとでは，ほぼ同じようなサービスを期待することができる。マクドナルドに代表されるハンバーガー・チェーンのようなファストフードの店が，1950年代・60年代にアメリカでまず発達したのは，自動車や航空機などでの移動が全国化するにともなって，どこに行っても，はじめての土地でも，同じようなサービスを同じような価格で受けられることへの期待が高まったからである。コンビニエンス・ストアの品揃えも，どこの街でもよく似ている。

　しかしこのようなサービスは安心で効率的だが，他方では画一化され，厳格に規格化され，店舗ごとの特性や地域に根ざした個性がないゆえに，ひどく味気ないともいえる。全国どこのチェーン店でも，マニュアルに基づいたひどく人工的な挨拶と作為的な笑みのもとで，注文が裁かれていく。店員の側も，顧客の側も非人格化され，双方に独特の儀礼的無関心（第1章参照）が期待されている。どちらの側もなれなれしい態度をとってはならない。お互いがあたかも機械じかけのように，注文をする側と注文を受け取る側との最小限のコミュニケーションだけが期待されている。

　一方，街角の喫茶店は，冒頭の引用文のように，常連客の好みをよく知っており，なじみの客になるほど，マスターやウェーターとの話もはずみ，相互に独特の親しみがある。悩みやぐちを聞いてもらったり，特別のおまけやサービスが得られる場合もある。都市という無機的な空間での，一種のオアシス的な場として，人間的なコミュニケーションが期待できる。しかしそれは，顧客全員が一様に受けられるようなサービスではない。どの程度のなじみ客であるか，店主と顧客との人間的な関係，相互の期待や相性に依存する。その意味で人格依存的である。また品揃えやメニューにも，店主の独自の考え方を反映して，個性（＝偏り）があるだろう。しかも他の店では，行きつけの店のようなサービスは期待できない。

フランチャイズ

　チェーン店（chain store）とは，同一の経営体の主導で設置された複数店舗の集合体である。そこでは，ブランド，経営方針，サービスの内容，外観などの統一性が重視される。企業が自ら設置する直営店方式もあるが，主流は「フランチャイズ方式」と呼ばれる，外部の資本を利用して設置する形態である。外部資本を利用するために，相対的に低コストで，短期間のうちに多くの出店が可能で，ブランドの確立も容易になる。親企業側（フランチャイザー）は，ロイヤルティと呼ばれる特約金と引き替えに，商号・商標などを使用する権利，開発した商品やサービスを提供する権利，営業上のノウハウなどをパッケージ（システム）として提供し，これによ

って親企業と同一のイメージ（ブランド）で営業を行わせる。出店する側（フランチャイジー）は，パッケージによって，ビジネスのノウハウを比較的容易に身につけることができ，また，親企業側のブランド力によって，安定した経営が期待できる。

　1955年にフランチャイズ方式による第1号店を出店し，急速に成功したチェーン店が，ハンバーガーショップのマクドナルドである。同社は2018年現在，世界100カ国以上に約3.7万軒の店をもち，毎日約6900万人にハンバーガーなどを食べさせている。

　フランチャイズ方式そのものは，南北戦争後のミシン会社の例などがあり，食品販売でも，1935年にアイスクリーム販売のフランチャイズが始まっていたが，大成功を収めた代名詞的存在がマクドナルドである。社会学者のG. リッツァは，そこに着目して，M. ウェーバーが合理化の不可逆性を論じたことをふまえて，その延長上に社会のマクドナルド化という概念をつくった。社会のマクドナルド化とは，「『ファストフード・レストランの諸原理がアメリカ社会のみならず世界の国々の，ますます多くの部門で優勢を占めるようになる過程』を意味している」（Ritzer 1993=1999: 17-18）。同様の事態を現代日本に置き換えれば，「社会のコンビニ化」と言えるだろう。「コンビニ（コンビニエンス・ストア）の諸原理が日本社会のみならず世界の国々の，ますます多くの部門で優勢を占めるようになる過程」である。以下のマクドナルドの記述を一読後，コンビニに置き換えて読み直し考えてみよう（TEXT IN TEXT 4-1）。

　マクドナルドは，あらゆる業界において，きわめて強力なビジネスモデルとなった。アメリカでは，*USA Today* という全国紙は，「マック新聞」と揶揄されている。小さめの紙面，短めの記事，長たらしい論説抜きの軽い話題，カラー写真の多用などが特長である。*USA Today* の成功は，イギリスの新聞業界にも，紙面のタブロイド化など，大きな影響を与えている。リッツァは，新聞業界のマクドナルド化をはじめ，大学のマクドナルド化，セックス産業のマクドナルド化，パック旅行のようなレジャーのマクドナルド化など，興味深い例を多数提示している。

　マクドナルド化の本質は，消費者，従業員，店長に，高度なレベルでの①効率性，②計算可能性，③予測可能性，人間の技能を人間によらない技術体系に置き換えることによる，④あたかも人間がロボット化したような技術的制御可能性を提供している点にある。極限まで無駄を省いて時間を節約し，どこでもいつでも，

TEXT in TEXT 4-1 ● コンビニ人間

　①「コンビニエンスストアは，音で満ちている。客が入ってくるチャイムの音に，店内を流れる有線放送で新商品を宣伝するアイドルの声。店員の掛け声に，バーコードをスキャンする音。かごに物を入れる音，パンの袋が握られる音に，店内を歩き回るヒールの音。全てが混ざり合い，「コンビニの音」になって，私の鼓膜にずっと触れている。」（村田［2016］2018: 7）

　②「やがてトレーナーの社員が現れ，全員に制服が配られた。制服に袖を通し，服装チェックのポスターに従って身なりを整えた。髪が長い女性は縛り，時計やアクセサリーを外して列になると，さっきまでバラバラだった私たちが，急に「店員」らしくなった。(略)

　大学生，バンドをやっている男の子，フリーター，主婦，夜学の高校生，いろいろな人が，同じ制服を着て，均一な「店員」という生き物に作り直されていくのが面白かった。その日の研修が終わると，皆，制服を脱いで元の状態に戻った。他の生き物に着替えているようにも感じられた。(略)

「いらっしゃいませ！」(略)

　そのとき，私は，初めて，世界の部品になることができたのだった。私は，今，自分が生まれたと思った。世界の正常な部品としての私が，この日，確かに誕生したのだった。」（村田［2016］2018: 20-25）

　③ なぜコンビニエンスストアでないといけないのか，普通の就職先ではだめなのか，私にもわからなかった。ただ，完璧なマニュアルがあって，「店員」になることはできても，マニュアルの外ではどうすれば普通の人間になれるのか，やっぱりさっぱりわからないままなのだった。(略)

　毎日働いているせいか，夢の中でもコンビニのレジを打っていることがよくある。ああ，ポテトチップスの新商品の値札がついていないとか，ホットのお茶が沢山売れたので補充しなくては，などと思いながらはっと目が覚める。「いらっしゃいませ！」という自分の声で夜中に起きたこともある。(略)

　朝になれば，また私は店員になり，世界の歯車になれる。そのことだけが，私を正常な人間にしているのだった。村田沙耶香『コンビニ人間』文春文庫（村田［2016］2018: 26-27）

● 視点と課題 ●

　村田沙耶香の 2016 年第 155 回芥川賞受賞作『コンビニ人間』（文春文庫）から。同書は累計 100 万部を売上げ，26 カ国語への翻訳が決定している（2018 年 10 月現在）。完璧なマニュアルの存在によって，コンビニの店員としてはじめて社会化を遂げることができ，「普通の人間」を演じることができ，コンビニ店員に自己のアイデンティティを見いだす主人公を描く。ゴフマン流に言えば，これは「役割遂行の演技」であり，演じられている自分が「にせの自分」で，演じている自分が「本当の自分」である（第 2 章参照）。しかしゴフマンの場合には，「本当の自分」に確からしさがあるのに対し，『コンビニ人間』の主人公の場合には，演じられている「にせの自分」の側にこそ，自己のアイデンティティがある。

第 **4** 章　組織とネットワーク　　107

マニュアルと厳格な作業ラインに基づいた，ばらつきの少ない同一の商品とサービスを手に入れることができる。これらはいずれも，ウェーバーが「未来の隷従の檻」と呼んだ，官僚制的な組織構造に見いだした特質でもある。しかしリッツァも指摘しているように，合理化は同時に非合理性を随伴している。アメリカの巨大ショッピング・モールのように「整っているが，しかしどこか歪んでいる」(Ritzer 1993=1999: 64)。チャップリンが 1936 年制作の映画『モダン・タイムス』で鋭く風刺したように，顧客や従業員は，あたかも作業ラインの一部と化したように非人間化されている。『モダン・タイムス』の冒頭には，チャップリン扮する労働者が巨大な歯車の間にはさまれながらも，あくまでもナットを締め続けるという秀逸なシーンとともに，巨大な鉄鋼工場の社長がいっそうの効率化を求めて，自動食事機械の導入を試み，チャップリンがその実験台になるという象徴的なシーンがある。

　TEXT IN TEXT 4-2 に登場する起業家 R. クロックの創業者との関係や拡大志向の発想は，世界的なコーヒーチェーン店として成功したスターバックス社の社長 H. シュルツとよく似ている。クロックは，そもそも，セールスマンとしてミルクシェイク用のミキサーを売りにマクドナルド兄弟の店に入って，彼らのシステムに興味をもった。シュルツも，調理用具のセールスマンとして，シアトルの小規模なコーヒー焙煎の店だったスターバックス社からコーヒーメーカーの注文を受けて同社を訪れ，そのコーヒーに魅せられ，経営に参加し，やがて冒頭に引用したイタリアのコーヒー・スタンドをモデルに，チェーン店としての展開をはかり，同社を買い取るまでになった (Schultz & Young 1997=1998)。ともに，ほどほどの成功で満足した創業者に対して，彼らは全国展開，さらに世界的な展開へと店舗の拡大を続けた。2 人とも，ハンバーガーやコーヒーのビジネス，ファストフード・ビジネスには門外漢の「しろうと」だった。しろうとだからこそ，業界の既存の常識にとらわれずに，それを根底から覆すような革新が可能だったのだろう。シュルツは，創業時の理念とコーヒーの質，彼のアイデアの源となったイタリアのコーヒー・スタンドのモデルを維持しながら，いかに急速な拡大を可能にしていくのか，それにともなう組織的なジレンマを，いかに克服しようとしてきたのか，を興味深く述べている (Schultz & Young 1997=1998)。

　マクドナルドは 1971 年に日本での第 1 号店を出店して以来，日本でも，ファストフード業界の中心的なビジネスモデルとなってきた。アメリカと基本的に同一スタイルのマクドナルドに対して，テリヤキバーガーやライスバーガーのよう

TEXTinTEXT 4-2 ● 合理化過程の頂点としてのマクドナルド化

「マクドナルド帝国の創始者レイ・クロックはつねに，マクドナルドの合理的原理を発展させた功労者と目されている。しかしながら，マクドナルドの基本的戦略は，マックとディックの2人のマクドナルド兄弟によって創られたものだ。マクドナルド兄弟社は最初のレストランを1937年にカリフォルニア州パサディナで開店した。彼らは迅速，ボリューム，低価格をレストランの基本姿勢とした。彼らは，混雑をさけるために客にかなり限定したメニューを出した。個人的なサービスや伝統的な料理法にかわって，マクドナルド兄弟社は調理と食べ物のサービスに作業ライン方式をもちいた。兄弟は，熟練した料理人に代えて，「業務用のキッチンにはじめて足を踏み入れたような者でも，食べ物の準備を手っ取り早く習得できるように単純な反復作業に分解できる種類にメニューを制限した」。兄弟社は「焼く人」「混ぜる人」「揚げる人」「仕上げる人（バーガーに「特別のもの」をのせて包む人）」といった分化された従業員を使う方法を開発した。彼らは従業員がしなければならないことや言うべきことまで指示する規定をつくった。このようなやり方で，マクドナルド兄弟は合理化された「ファストフード工場」の発展の先頭に立ったのだ。……

1954年にレイ・クロックがはじめてマクドナルドを訪れたとき，……基本メニュー，ノウハウ，そしてこんにちのマクドナルド社を有名にしたテクニックのいくつかはすでにマクドナルド兄弟によって創りだされていた。1954年にはすでにマクドナルド兄弟社は地方では一大センセーションを巻き起こしており，マクドナルド兄弟はその方法で継続することに満足していた。彼らはかなりうまくやっていたし，フランチャイズ化にむけて試験的な一歩を踏みだしていたが，大きな野心はほとんど抱いていなかった。クロックは，ありあまる野心で，彼らのフランチャイズの代理店となり，フランチャイズのマクドナルド帝国を建設しつづけ，それによってマクドナルド化を促進した。最初，クロックは，マクドナルド兄弟のパートナーとして働いていたが，1961年にはマクドナルド兄弟社を270万ドルで買い取り，その後，自分の思い通りに事業を運営していった。

ここでも，クロックは，新しいことを少しも発明していない。基本的に彼はマクドナルド兄弟社の特製品と技術を受け継ぎ，そしてそれを（食品サービスなどの）他のフランチャイズや官僚制や科学的管理法や作業ラインの原理と結びつけたのだった。クロックの異才は，これらすべての周知のアイデアや技術をファストフード産業の創生のために持ち込んだことと，フランチャイズによってファストフード産業を全国的，さらには国際的事業に展開していこうとする野心にあった。したがって，マクドナルドとマクドナルド化とは，新しいものというより，むしろ20世紀を通して生起してきた一連の合理化過程の頂点を代表している。」G.リッツァ『マクドナルド化する社会』（Ritzer 1993=1999: 64-66, 傍点原著）

● 視点と課題 ●

G.リッツァは合理化過程の頂点として「社会のマクドナルド化」を提起した。世界ではじめて強力なビジネスモデルを作り上げ，大成功を収めたハンバーグのマクドナルド・チェーンにちなむ概念である。同チェーンの歴史を記述したこの引用文には，アダム・スミス以来の「分業」の徹底化，熟練労働の解体，マニュアル化など，「社会のマクドナルド化」の本質が端的に示されている。

第4章　組織とネットワーク

に，味噌や醤油，米などの日本の食材や調味料を取り入れるなどの「差別化戦略」によって，ライバルとして急成長してきたのが，日本のモスバーガーである（大滝 1998）。

> 「社会は存在するか」
> 「組織は存在するか」

組織は社会とは何かを考えるうえで，ちょうどよい位置にある。社会とは何か。イギリスの社会学者 J. アーリがおもしろい問題を提起している。

イギリスの M. サッチャー元首相の「社会などというものは存在しない」「個々の男性と女性，そしてその家族」以外のものは存在しない，という発言が，社会学者の反発を浴びたという（Urry 2000=2006: 9-10）。この発言は素朴ではあるが，きわめて興味深い問題提起を含んでいる。市場の役割を重視して政府の介入は極力抑制されるべきだと考える「経済自由主義」の経済学者は，サッチャーに基本的に同意するかもしれない。社会学者でも，方法論的個人主義の立場に立つ人は，実在するのは個人のみで，社会は存在しないという意見に賛同するかもしれない。一方，社会は実在するという立場の代表は，「社会的事実」という概念をつくり，一見純粋に個人的な動機に左右されているようにみえる自殺についても，自殺率は社会ごとに安定していることを発見した É. デュルケムである。社会は実在するか，という問いはきわめて論争的なテーマである。

たしかに社会は目に見えない。目に見えるものは，具体的な個々人や家族ぐらいかもしれない。駅前の雑踏や群衆は，ふつうは社会とは呼ばれない。単なる個々人の寄せ集めでしかないようにみえる。しかしそこにも，青信号でいっせいに横断する，赤信号になればいっせいに止まる，駅からメインストリートに向かう巨大な人の流れというような一定の秩序が存在する。けっして，でたらめな動きだけがあるわけではない。

社会はつかみにくいが，組織のレベルで考えることは，社会を理解するのにおおいに役立つだろう。たとえば学校のなかで，教員は教員という役割行動を，学生は学生という役割行動を行っている。学校という組織を離れては，教員という役割行動も学生という役割行動もありえない。それぞれの役割行動は，学校という場や制度があってはじめて成り立っている。学校は，たしかに単なる建物ではない。たとえば1年2組というクラスは，1年限りのものだが，教員と生徒たちからなる人間関係の網の目である。けっして，1人ひとりの生徒やその生徒の記憶に還元できるものではない。

通常，私たちはいくつもの組織の一員であり，所属する組織の目標や規則など

> **COLUMN 4-1 スローフード**
>
> 　食を大切にするイタリアで，1986年にマクドナルドがローマ店の出店を発表した際，食文化の破壊だとして国中が大騒ぎになった。このとき生まれたコンセプトが，ファストフードに対抗する「スローフード」である。
>
> 　この事件を契機にスローフード運動が始まったのは，北イタリアのトリノ近くのブラという人口約3万人弱の小さな町においてである。今もここに国際本部がある。規格化され・均質化されたファストフード的な価値観に対抗するこの運動のシンボルマークは，かたつむりである。今や160カ国に，約10万人の会員がいる（2019年8月現在）。「絶滅」が危惧される食品を守るための「味の方舟」運動や，環境教育ならぬ「味覚教育」など，各地域に根づいた食材や食文化を重視する卓抜な取り組みが行われている。
>
> 　スローフード運動の創設者の1人，現会長のカルロ・ペトリーニは，1949年ブラの生まれで，大学時代は社会学を専攻した。「大学紛争の世代」による「知識と快楽をペアにする」を合い言葉にした，食事とワインにはじまる地元でのさまざまな文化活動がスローフード運動の原点である（島村 2000）。

に大なり小なり拘束されている。組織は社会としてのリアリティをもっている。人間関係の安定的なネットワークが存在することは，組織をとおして理解することができる。組織を考察することは，リアリティをもって社会を可視化するうえで手頃な準拠点を与えてくれるのである。

1.2　組織と人間

　チェーン店のほかに，組織として思いつくものを列挙してみよう。官庁，企業，政党，政治家の後援会，学校，病院，マス・メディア，労働組合，農協，医師会などの同業者団体，生協，消費者団体，婦人団体，学生団体，環境団体などの大規模な市民運動組織，NPO（非営利組織），宗教法人，研究所，お茶や生け花などの流派，全国的な俳句や短歌の結社に至るまで，枚挙にいとまがない。家族や友人などの個人的な交友関係をのぞくと，私たちの社会との関わりの多くが組織との関係であるといってよい。

　1930年代以降の現代社会は，「組織された資本主義」とも呼ばれる。組織研究の出発点はウェーバーの官僚制論にあるが，組織研究がさかんになっ

> **COLUMN** 4-2 官僚制
>
> 「未来は官僚制化のもとにある」。組織の大規模化にともなって官僚制化が宿命的に不可避であることをペシミスティックに説いたのは，組織と官僚制化（bureaucratization）についての最初の体系的な考察者，ウェーバーであった（Weber［1918］1971=1982；［1922］1956=1960）。彼は，人類の歴史を「合理化」の過程として，「呪術からの解放」の過程として把握していたが，官僚制化は，彼の合理化論，近代社会論のもっとも中心的な鍵概念だった。合理化の経済的側面が資本主義化であり，その行政的および組織的側面が官僚制化だった。
>
> 官僚制化は不可避であり，生命ある機械たる<u>官僚制</u>組織は，工場のなかの生命のない機械と手を結んで，「未来の隷従の檻」を作り出す。ウェーバーは機械化つまり産業化と，全般的な官僚制化との結びつきのなかに，管理社会化の到来と，そこでの人間の隷従，自由の抑圧とを予見していた。そのような未来像は，『プロテスタンティズムの倫理と資本主義の精神』の末尾近くでの「精神なき専門家，心情なき享楽人」のニヒリスティックな予言的言葉にも対応している。
>
> 官僚制の語幹はフランス語の bureau だが，それはもともと粗末な褐色の毛織物のテーブルクロスを意味していた。そこから，事務机を意味するようになり，やがてオフィス全体をさし，事務局をも意味するようになった。bureau による支配（cratie〔仏〕，cracy〔英〕），bureaucratie（仏），bureaucracy（英）は，フランス革命前に生まれ，19世紀にヨーロッパ諸国に広まったが，絶対主義下の専制政治の役人たちの狭量や高圧的態度，煩雑な事務処理を自由主義者の観点から非難するさげすみの言葉だった。このような否定的な含意は現在もなお日常語としての「官僚」や「官僚主義」に残っている。
>
> 官僚制を分析的な術語として蘇生させたのが，ウェーバーである。「支配」つまり「一定の命令に対して服従を見いだすチャンス」はいかにして確保されるのか。官僚についてのウェーバーの考察の出発点はここにあった。服従は，服従者による利害得失の考慮によって目的合理的に，あるいは慣習によって，あるいは情緒的な理由からも調達されうる。しかし支配が安定的であるためには，それは正当性の根拠をもって内面から支えられねばならない。

たのは，1930年代以降のアメリカ社会においてである。今日まで，組織研究の主要な基軸は，ウェーバーの官僚制論の提起をどのように受け止めるかにあったといえる。

誘因と貢献　組織と人間に焦点をあてた組織理論の確立者となったC. I. バーナード以後，システムとしての組

「合法的支配」「伝統的支配」「カリスマ的支配」は，正当性の根拠の3つの理念型であり，合法的支配においては，合法性，つまり規則の手続き的な妥当性が正当性の根拠となる。合法性は次々と任意の法を創造し変更しうる根拠であり，そこでは伝統的支配やカリスマ的支配とは異なって，没主観的・非人格的に，抽象的な規則そのものに対して限定的に服従がなされ，支配者の恣意性は排除される。

合法的支配のもっとも純粋なタイプが「官僚制的支配」である。近代国家に至って，また資本主義の進展によってはじめて発達した近代官僚制は，理念型として次のような特質をもつものである。①明確に限定された権限の原則，②職務上のヒエラルキーの原則，③職務活動と私生活との分離の原則（会計と家計の分離，職場と家庭との空間的分離の原則），④文書による事務処理の原則，⑤専門的訓練の原則，⑥フルタイムでの職務活動の原則，⑦職務遂行のための，技術学としての規則の習得の原則である。近代官僚制は，資本主義と，名望家的特権を廃した大衆民主主義の進展の随伴現象であり，それらが要求する迅速で精確で持続的で一義的な職務処理，「計算可能性」の要請に応えうる技術的卓越性をもっている。職務の細分化と専門化によって，いっそう高度な技術的対応をなしうる潜在能力をもっている。

官僚制の「形式合理的」性格は，裏返せばネガティブな帰結をももたらしうる。「形式合理性」と「実質合理性」との二律背反が容易に生じうる。第1に，いったん成立した官僚制は自己維持的であり，不可逆的である。それは「最もうちこわしがたい社会組織の一つ」である。第2に，その技術性と非人格性とによって，官僚制的組織は，支配権を手に入れた誰のためにもどのような目的のためにも「精密機械」のごとく働く，もっとも高度に発達した権力手段となる。第3に，専門知識に基づく官僚の優越性は，その勢力拡張のために「職務上の機密」を拡大し，秘密主義化を進める。民主化は官僚制化を促進するが，官僚制化はかならずしも民主化を促すわけではない。それはしばしば権力の集中化と，官僚制のもとへの人間の隷属をもたらしかねない。

織というモデル構成が明示化され，組織とその成員である人間とのダイナミクスが中心主題となった。このような組織理論のパラダイム・シフトが，「精密機械」としてのウェーバーの官僚制組織像に対して疑問を提示し，その一次元的な立論への批判に向かわせた。

組織とその成員との内部的な調整という課題をはじめて明示的に展開したのが

バーナードである。バーナードによれば，「組織は，(1)相互に意思を伝達できる人々がおり，(2)それらの人々が行為を貢献しようとする意欲をもって，(3)共通目的の達成をめざすときに，成立する」(Barnard 1938=1968: 85)。彼はこのような組織を公式組織と定義した。すなわち公式組織は，複数の成員からなる特定の目的達成のための自覚的に調整された協動のシステムである。ウェーバーの定義した官僚制組織は，公式組織における管理のあり方に関する理念型とみることができる。

　バーナードが強調したのは，個々の組織は，組織目標の達成と成員の動機の充足という2つの課題を同時に最大限可能にするという課題を負っているという点である。組織は各成員に対して誘因を提供し，各成員はこれに応えて貢献を行う。各成員は自己に要求されている貢献に対して，自己の価値意識に照らして，また自己に開かれた代替的な選択肢に照らして，これに見合うだけの誘因が提供されているかぎりで組織への貢献を行う。これが貢献の動機づけに関する，バーナードの考え方のエッセンスである。

合意と統制　人びとの要求，貢献意欲や活動をいかに組織目標の達成のために調整するのか。バーナードの問題意識を受け止めた塩原勉によれば，その調整のあり方は，合意と統制という2つの契機をもっている。「組織はかならず協力体系の側面と支配体系の側面からなっていて，いずれか一方のみという組織は架空のものである」(塩原 1976: 12)。組織は舩橋晴俊も強調するように，経営システムとしての側面と支配システムとしての側面の両義性をもっている（舩橋 2006）。

　バーナード以前のアメリカの組織研究を支配していたのは，F. W. テーラーに代表される，動作研究と時間研究に基づいてタスク（仕事）を分割し，出来高賃金によって生産性を刺激するという「科学的管理法」と呼ばれる機械的モデルの経営理論だった。

組織と人間　このような受動的な成員像に対して，独自の欲求をもち，独自の価値や目標を組織のなかに持ち込み，能動的に組織に働きかける人間というバーナードの問題意識は，彼の主著『経営者の役割』の翌年に刊行された，ホーソン工場の実験に基づくF. レスリスバーガーとW. J. ディクソンのインフォーマル・グループの発見 (Roethlisberger & Dikson 1939) や，R. K. マートンらの「官僚制の逆機能」論とも通底し（コラム4-3），やがてJ. G. マーチとH. A. サイモンによって体系化されることになった

> **COLUMN** 4-3 官僚制の逆機能

　官僚制の逆機能論と呼ばれる一連の論考がある。ウェーバーは，官僚制的な事務処理の技術的卓越性と高い能率，精確さとを強調したが（Weber [1922] 1956=1960），R.K.マートンは官僚制のメカニズムそのもののなかに，日常的に観察される「官僚主義」の弊害を生み出す原理を見いだした（Merton 1940=1961）。官僚制は，その「意図せざる結果」として，次のような負の効果も同時にもちうるのである。

　規則による職務遂行は，第 1 に「手段の自己目的化」「目標の転倒」によって，規則の遵守の絶対化をもたらし，「形式主義」や「儀礼主義」的な態度を生み出し，組織の目標達成をかえって阻害しがちである。とりわけ規則の制定者が予期していなかった特殊な事態のもとで，臨機応変の措置がとれないという弊害は著しい。第 2 に規則の遵守の絶対化を加速するのは，規則の神聖視による官僚制組織への情緒的なコミットメントに基づく過剰同調である。第 3 に顧客側の期待する人格的で個別的な対応と，官僚制組織が要請する非人格的で画一的な対応との緊張関係は，顧客と官僚制組織それぞれの側に調停しがたい不満を生み出しがちである。

　マートン的に見れば，たとえば黒沢明の映画『生きる』（1952 年）が巧みに描き出したような，問題の放置をもたらす官僚たちの不決断と無責任，「たらい回し」，革新への抵抗，組織の硬直性，「事なかれ主義」「繁文 縟 礼」，さらには「権限をめぐるなわばり争い」「縦割り行政」といった，日常語の「官僚主義」の言葉が含意する諸現象は，けっして特定のパーソナリティの産物ではない。官僚制組織自体の構造的産物である。

　その後 P.M.ブラウや A.グールドナーらは，マートンの影響のもとに，それぞれ官僚制の両義性に焦点をあてたケース・スタディを行い，逆機能がもたらされる諸条件を考察した。ブラウは，インフォーマルな社会関係の凝集性の欠如が，個々人に地位の不安をもたらし，過剰同調や目標の転倒を生み出すとした（Blau 1955）。グールドナーは，権威主義的な規律によって管理する懲罰中心型の官僚制である場合に，儀礼主義や組織内の緊張が生じやすいとする結論を導いた（Gouldner 1954=1963）。彼らは非権威主義的な平等主義と成員間の社会的合意に，官僚制の逆機能を抑制する条件を見いだしたといえる。

（March & Simon 1958=1977）。〈組織と人間〉という問題設定は，1930 年代から 60 年代までの組織研究を規定していた。

1.3　組織と環境

コンティンジェンシー理論　システムとしての組織という把握はバーナードにはじまるが，〈組織と人間〉という問題設定においては，組織は基本的には閉鎖系としてとらえられていた。

これに対して〈組織と環境〉という問題設定のもとで，組織は開放系としてとらえられ，環境に対する適応が主要な論点となった。体系化したのは，P. R. ローレンスとL. J. ロルシュらであり，「コンティンジェンシー理論」と呼ばれる（Lawrence & Lorsch 1967=1977）。

どのような構造の組織が外部的な環境に適合的かという問題は，環境，つまり業種や市場の状況によって適合的な組織が異なるという命題を彼らは提示した。

先がけとなったT. バーンズとG. M. ストーカーは，イギリスの20の企業の経時的な比較分析と幹部への面接調査に基づいて，環境の変化に適合した企業と，適合できなかった企業とを比較し，機械的管理システムと有機的管理システムの2つの理念型を作り上げた（Burns & Stoker 1961）。機械的管理システムは，レーヨン工場がおかれているような，市場環境の変化が少なく技術進歩も緩慢な相対的に安定した環境条件には適合的だったが，市場や技術の変化には適合しがたかった。これに対して有機的管理システムへと組織のあり方を変えることに成功した企業は，エレクトロニクス産業がおかれているような変化の多い流動的な環境条件に適合的だった。これが彼らの結論である。彼らが描き出した機械的管理システムは，①専門分化，②職務・権限・規則の厳密な規定，③集権的コミュニケーション，④垂直的な相互作用，⑤組織に対する忠誠，によって特徴づけられる組織構造である。ウェーバーの近代官僚制の理念型は，このパターンに対応する管理のあり方であるといえる。他方，有機的管理システムは，①低い専門分化，②弾力的で問題解決志向的な職務，③分権的コミュニケーション，④水平的な相互作用の重視，⑤コンセンサスによる共同意思決定，によって特徴づけられる。

D. S. ピューらアストン・グループは（Pugh et al. 1968），ウェーバーの官僚制の規定を組織の類型として理解するのではなく，組織構造の特性ととらえ直し，専門化・標準化・公式化・集権化を中心とする尺度変数として概念化した。

専門化とは，職務の専門分化の程度を示す変数である。どれだけの部門や個人が特定の役割に専門特化しているかによって示される。標準化は，諸職務や作業がパターン化されている程度を示す変数であり，公式化は，規則や手続きがどの

程度文書化されているかを示す変数である。集権化とは，意思決定が，組織内のヒエラルキー上のどれだけ高いレベルで行われているかを示す変数である。

アストン・グループは，これらの構造変数と彼らがコンテクスト変数と呼ぶ従業員数などによって示される組織の規模，自動化の程度などの技術との相関関係を製造業の事業所において調査した。組織の規模の拡大は一般に専門化と標準化・公式化を促進するが，集権化に対しては負の相関効果をもつことが明らかになり，ウェーバーが仮定したように組織の大規模化が一元的に官僚制化を進めるのではないことが示された。

寡占化のメカニズム──組織生態学モデル

組織と環境については，組織生態学モデル（organizational ecology model もしくは個体群生態学モデル population ecology model）がある（Hannan & Freeman 1977）。それまでの議論は，個々の組織に焦点をあてて環境に適応できるかを論じてきた。それに対して組織社会学者の M. T. ハナンらは，個々の組織ではなく，類似の構造をもち類似の目標をもつ同種の組織，つまり組織群（population）の適応にこそ照準をあてるべきだと説き，新しいモデルを提唱した。A 社や B 社の個々の組織体レベルでの栄枯盛衰よりも，日本で「業界」と呼ばれるような出版社群や自動車会社群，コンピュータ会社群の勃興・衰退のように，同種の組織群全体のダイナミックな適応こそが問題だというのである。

彼らは生物学や生態学，進化論にヒントを得て，多くのさまざまの組織群が，図 4-1 のように，S 字型の成長と衰退のパターンをたどると結論づけた。組織群に属する個体組織の数は，ある一定のレベルまでは正統性の増大（legitimation）とともに新規参入が増えるが，一定のレベルに達して以降は競争が激化し，時間とともに個体組織の数は下降し，最終的には寡占的な状態になり安定するというのが彼らのモデルである。たとえば地ビール・ブームを想起してみよう。地ビールの新鮮さが受け入れられ，社会的に注目されるようになると（正統性の増大），どんどん新規参入者が増えたが，やがて飽和状態を迎え，地ビールの消費は頭打ち化した。淘汰され，競争に勝って生き残りうるのは限られた数になる。

現代社会ではたいていの業種が寡占化している。寡占化のメカニズムは，組織生態学的にはこのように説明されるのである。

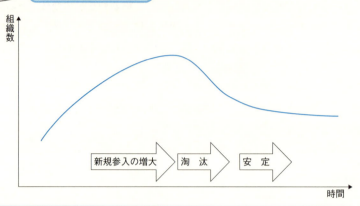

FIGURE 4-1 ● 組織生態学モデル

非営利組織の組織論

2.1 NPO と NGO

　日本でも，有志が集まって何かを始めようとするときに，NPO でやろうか，という声が聞かれるようになってきた。

　民間の非営利組織（NPO）を支援するための特定非営利活動促進法（通称 NPO 法）が 1998 年 12 月から施行され，特定非営利活動法人として認証を受けた団体は 2019 年 6 月末現在 5 万 2000 を超えている（認定特定非営利活動法人を含む。図 4-2 参照）。NPO 活動は，法律の施行から数年で日本社会にすっかり定着し，すでに 20 年を迎えている。法制化を機に，日本でも，市民活動団体やボランティア団体などがようやく法人格をもち，団体名義で登記や契約ができるようになった。それまでは，市民団体が専用のオフィスをもとうとしても，代表などの個人名義にせざるをえなかった。日本の市民活動に対する助成や制度化の立ち遅れは，国際的にみても際立っていた。この 20 年間に政府・自治体や企業側からの NPO の意義に関する認識も高まった。先ほどの組織生態学モデルでいうと，まさに，図 4-1 の増大・淘汰を経た安定局面にあるといえる（団体創設にあたって，より自

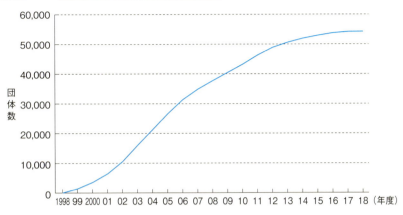

FIGURE 4-2 ● 特定非営利活動法人数の推移

（出所）内閣府のデータをもとに作成。

由度の高い一般社団法人を選ぶケースが増えており、また解散するNPOも増加傾向にあり、図4-2のように、5万件を超えた2014年度以降NPOの認証数は頭打ち化している）。

市民社会と社会関係資本　中央集権的な日本では問題が起きると、政府や地方自治体が批判のターゲットになりやすいが、それは市民の側の政府や自治体に対する依存度の高さを反映したものでもある。他方、アメリカは市民活動の国であり、NPO大国でもある。アメリカではローカル・ルールやタウン・ルールといって、地方独自の多様なルールを尊重する。下から国家をつくってきた伝統がそこには反映している。アメリカにおける多様な自発的な結社の役割については、1830年にアメリカを訪れ、『アメリカの民主政治』を書いたA. de トクヴィルも注目していた（TEXT IN TEXT 4-3）。アメリカでは、「市民社会」（civil society）の核心は、多様な自発的結社とそれらの横のつながりにあると考えられている。

　トクヴィルは、TEXT IN TEXT 4-3のように1830年代のニューイングランド（アメリカ合衆国北東部地方）での観察をもとに、集まりたがり屋（joiners）、多様で多彩な結社（associations）の国として、アメリカ社会を描いてみせた。アメリカではクラブと呼ばれる会員制の社交・親睦団体の活動がさかんである。1960年代もまた、市民活動のさかんな時期だった。けれども1980年代半ば以降、アメリカでは、R. D. パットナムが『孤独なボウリング』（*Bowling Alone*）という象

> **TEXT in TEXT 4-3 ● 団結の国——トクヴィルのみた初期のアメリカ合衆国**
>
> 「すべての年齢，すべての地位，すべての精神のアメリカ人たちは，絶えず団結している。彼等はすべての成員たちが参加する商工業的団体をもっているばかりではない。なお，彼等は，他の無数の種類の団体をもっている。すなわち，宗教的，道徳的，重大な，無用な，ひどく一般的な，極めて特殊的な，巨大な，ひどく小さな，諸団体など。アメリカ人は祭を祝うために，神学校創設のために，宿屋を建造するために，教会を建てるために，書物を普及させるために，遠隔地に宣教師たちを派遣するために，団結する。彼等はこのようにして，病院をも刑務所をも学校をもつくる。そして最後に，真理を明らかにし，または偉大な実例にたよって，ある感情を発展させようとするときにも，彼等は団結する。新しい企画事業の首位には，フランスでは政府が，イギリスでは大領主が見出されるようなあらゆる場合に，アメリカ連邦では団体が見出されるとみてよい。……
>
> 　貴族的社会では，人々は全体として強力に留置され固められているために，活動するために団結する必要を感じていない。……
> 　これに反して，民主的民族では，すべての市民はひとりびとり独立しており，そしてひとりでは弱いのである。彼等はひとりびとりとしては，殆ど無力なのである。そしてそれらの市民たちのうちの誰一人として，自分の同類者たちを，自分自身に協力させるように強いることはできないであろう。それ故にそこでは，すべての市民は自由に助けあうことを学ばなければ，すべて無力に陥ってしまうのである。」A. de トクヴィル『アメリカの民主政治』（下）（Tocqueville 1840=1987: 201-03）
>
> ●視点と課題●
> 　『アメリカの民主政治』は，21世紀の今もなお，アメリカ社会論の古典である。この1節は，アメリカ市民社会の原像といえる。

徴的なタイトルの本で述べたように，団体への新規加入者が急減し，メンバーは高齢化し，社会的な活動への参加の低下が著しい。コミュニティの結束も弱まりつつある。**社会関係資本**（social capital）とは，「個人間のつながり」「社会的ネットワーク」「そこから生じる互酬性と信頼性の規範」である。パットナムは，「誰かの葬式に行かないなら，自分の葬式に誰も来てくれないだろう」という印象的な言葉を引用している（Putnam 2000=2006: 14-17）。私たちはこのようなお返し的な互酬性や信頼のなかで暮らしてきた。TEXT IN TEXT 4-4 の社会関係資本は，パットナムが社会関係資本の古典的な規定として引いているものである。TEXT IN TEXT 4-5 は，現代アメリカにおけるその衰弱の例証である。地域社会にお

> **TEXTinTEXT** 4-4 ● 社会関係資本──その古典的な規定

「人々の日々の生活において最も重要な実体物とは、すなわち善意、友情、共感、そして社会的単位を構成する人間間、家族間の社会的交流といったものである……個人がひとり取り残されていれば、社会的には弱く頼りないものである。……しかし彼が近隣との交流を行い、そしてその近隣が他の近隣と交流することにより、そこには社会関係資本の蓄積が生まれ、それは直ちに彼の社会的必要を満たし、またコミュニティ全体の生活条件を改善するために充分な社会的力を有するものになるだろう。コミュニティは全体として、その部分全ての協力によって恩恵を受け、また同時に個々人も、その属する組織の中に、隣人たちの援助や共感、そして友情という利益を見いだすこととなる。」農村学校の指導主事ハニファンによる社会関係資本の規定（1916年）R.D.パットナム『孤独なボウリング』（Putnam 2000: 19＝2006: 14-15）

● 視点と課題 ●

R.D.パットナムの引用する社会関係資本の古典的な規定。コミュニティ・レベルで社会関係資本がはたす役割を過不足なく明快に説明している。

> **TEXTinTEXT** 4-5 ● 衰退する社会関係資本

「ダラス慈善連盟は57年もの間、毎週金曜日の朝にボランティアの繕い物や編み物、訪問のために集まっていた。しかし1999年4月30日、彼らのミーティングは最後を迎えたのだった。グループの平均年齢は80歳に上り、最後に迎えた新入会員は2年前、会長のパット・ディルペックは『まるで沈みゆく船のようです』と沈痛な声で語る。……ボストンの北、テュークスベリー記念高校は1999年秋の新年度を迎えたが、マーチングバンドのために新しく購入した40人分のロイヤルブルーのユニフォームは倉庫にしまわれたままであった。たった4人しか入部希望がなかったのである。20年前のバンドは80人以上を数えたが、それ以来やせ細っていったのだと、高校のバンドを指導するロジャー・ホイットルゼーは振り返る。20世紀最後の数十年の間、このようなコミュニティグループや、何万もの似た組織が、アメリカ中で衰え始めたのである。」R.D.パットナム『孤独なボウリング』（Putnam 2000: 15-16＝2006: 10）

● 視点と課題 ●

『孤独なボウリング』を象徴する1節。日本ではどうだろうか。

第4章 組織とネットワーク

ける社会関係資本は，防災や減災に際しても，震災や災害からの復興過程においても，大きな意義を果たしうるものとして注目を集めている（Aldrich 2012=2015）。

NPOとは何か

NPOとは何か。L. M. サラモンによる代表的な定義は以下のとおりである（Salamon 1992=1994）。①公式に設立されたものであり，一般には法人格をもち，法人として契約当事者になることができる（公式組織性）。②政府から独立した民間組織である（非政府性）。③収益を目的とせず，利益が出た場合には組織本来の公益のために再投資しなければならない（非営利性）。④自主管理される（自主性）。⑤自発的な参加に基づく（自発性）。⑥公共のために奉仕し，寄与することを目的とする（公益性）。

NGO（非政府組織）という言い方もよく耳にするが，こちらは対外関係や国連活動の文脈で，政府との対比で用いられることが多く，NPOのほうは企業との対比を念頭においた言葉である。NGOもNPOも実体はよく似ている。

アメリカ的な文脈での広義のNPOは，文字どおり「営利を目的としない」ことでくくられるきわめて包括的な，残余的カテゴリーであり，商工会議所のような事業組合や同業者組合，労働組合などのような，公共の目的ももつが，本来会員サービスを主目的とする団体も，財団や教会なども含まれる。これらは内国歳入法による連邦所得税の免税という特典をもっている（アメリカではNPOは，法律的には，税法上の免税団体のカテゴリーとして定義されている）。ヨーロッパでは国立や州立の機関が多いが，アメリカの場合には，交響楽団や美術館，動物園なども多くがNPOであり，テレビやラジオの公共放送局（PBS）もNPOである。このような広義のNPOはNGOとほぼ同義といえる。

日本のNPOにほぼ対応するのは，直接的にパブリック・サービスを提供することを目的とする，公益性の高い狭義のNPO（Public-Serving Nonprofit Sector）である。サラモンの定義の6つの特徴をもっとも積極的に体現しているのも，狭義のNPOである。それは，全米で約25万団体存在し（有給の職員が1人以上いる団体に限る），その収入額は約1兆3230億ドル（2007年），アメリカのGNPの約10％に相当する（Salamon 2012: 35-36。Salamon〔1992＝94〕では，同様の団体が全米で約16万団体存在し，その収入額は約2950億ドル〔1989年〕，アメリカのGNPの約6％に相当するとされていた。収入額が18年間で約4.5倍に増えていることが注目される）。とくに重要なことは内国歳入法501条（C）（3）項により，このようなNPOが上記の連邦所得税の免税に加えて，寄付者が寄付した分を課税所得から控除されるという税制上の特典をもっていることである。市民は自分の趣味や関心に合わせて，

狭義のNPOを財政的に支援し，育てることができる。

狭義のNPOも経済行為を行い，事業活動を行う経営組織であり，事業体の一種である。株主や組合員への配当は許されないが（そのためアメリカでは生活協同組合はNPOには含まれない），事業収入を得，専従スタッフに給与を払うこともできる。P.F.ドラッカーほか何人もの経営学者が，実践的なNPOの経営論を発表している。

狭義のNPOに焦点をあてれば，NGOのほうがより広い概念である。労働組合や生活協同組合は基本的には組合員の権利や利益の擁護をめざした互助的な組織である。このように，公益性を第一義にめざしたものではない団体はNGOには含みうるが，狭義のNPOとはいえない。

2.2　NPOの社会的役割

では狭義のNPOがもちうる社会的意義・役割は何だろうか。日本やアメリカ社会を念頭に整理してみよう。

第1に，NPOは市場と政府の役割を補完する。「市場の失敗」と「政府の失敗」によって，民間セクターも政府セクターも充足しえないような公共財や集合的消費財を，自助，参加，ボランタリズム，必要原理をキーワードとして，先例などにこだわることなく，自分たちにできる範囲で柔軟に供給できるのがNPOである。とくに福祉，医療，環境，教育などの分野でその役割は著しい（第16章第2節参照）。

第2に，NPOは社会運動や市民運動との関わりでは，それらの制度化した，事業体化した姿である。すべてのNPOが社会運動的な存在であるというわけではないが，アメリカでは，組織的で持続的な活動を行う社会運動体の多くは，NPOの形態をとっている。選挙運動やロビー活動は禁じられているので，ロビー活動に重点をおく運動体以外は，ほとんどNPOであるといってよい（そのためロビー活動部隊は別団体とする場合が多い）。公民権運動に関わる団体，女性差別と取り組む団体，環境保護団体などが典型だが，サラモンはこれらを「公益政策アドヴォカシー団体」（アドヴォカシー〔advocacy〕は政治過程のなかで特定の利益や関心を主張し擁護することを意味する）と規定している。

社会運動は影響力を拡大するためには，常設のオフィスをもち専任のスタッフを抱え，弁護士や経済アナリストを雇い，会員数を増大させ，寄付金を募らなけ

ればならない。しかも社会的な影響力を発揮することで，とくに政策決定過程への影響力を発揮することで社会運動はその存在を顕示し，マス・メディアや市民の支持を得ることでさらなるディベロップメント（発展）が可能になる。たとえばグリーンピースにとって，捕鯨反対はマス・メディアに報じられやすく，日本などの捕鯨国をのぞけば国際世論の支持を得やすい，それだけ寄付金を獲得しやすい運動目標であるともいえよう。

　経営組織の発展と運動組織の発展との間に基本的な差異はない，ヒト・モノ・カネ・シンボルの有効な動員と的確な戦略・戦術の採用が運動発展の成否を握るカギであるという見方は「資源動員論」と呼ばれる（第16章コラム16-1参照）。1960年代の公民権運動や学生運動などの経験をもとに，70年代半ばにアメリカで登場し，その後国際的に主流となった社会運動論である。資源動員論にリアリティを与えているのは，アメリカにおけるNPOの現実である。

　第3に，NPOは市民活動やボランティア活動の受け皿であり，人材や情報や資金をストックするネットワークの核である。日本でも1960年代半ばから多くの住民運動団体が各地でつくられたが，それらはシングル・イッシュー型で，地域である問題が顕在化するとほぼ同時につくられ，問題が解決し，運動エネルギーが低下するとともに，開店休業状態になるか解散するというパターンをたどるのが常だった。運動の継承はどこの住民運動でも課題とされてきたが，有効な手だてがないために，経験とノウハウは蓄積されがたく，継承されがたかった。

　NPOとして法人格をもち，財産をもち，事業活動を行うことになれば，活動や運動を継承する制度的な枠組みがつくられることになる。

　アメリカの主要な都市には，インターネットが普及する以前から，NPOのディレクトリー（住所録）があった。問題に直面したときに市民がどこに問い合わせ，誰に相談すれば有益な情報が得られるのか，企業や政府から独立した市民サイドのネットワークである。

　第4に，NPOはますます肥大化する企業や政府の活動を監視し，これらに対抗する社会的監視機構たりうる。J. K. ガルブレイスは，私企業の市場支配力を抑制する力をカウンター・パワー（countervailing power）と呼んだが（Galbraith 1952=1980），消費者団体や環境団体のNPOは，現代アメリカにおけるカウンター・パワーの存在であるということができる。

　日本のNPOも，組織基盤の確立によって，人材・資金・情報収集力・政策の分析能力および立案分析能力を集積していくことによって，衰退しつつある労働

組合などにかわって，カウンター・パワーとして社会的監視機構の中心的な担い手となりうる可能性がある。さらには，カウンター・パワーにとどまらず，政策立案能力によって，企業や政府に政策転換を迫りうる実力をつけていくことも可能だろう。NPOやNGOの代表が，政府や地方自治体の審議会などのメンバーに選ばれるケースも急増している。

　第5に，NPOは社会の多様性と多元性の重要な担い手である。日本では人事の流動性が低く，企業や官庁が人材を丸抱えする傾向が強く，労働組合もまた企業別組合である。「食えない」ために，市民運動は優秀な専従者を確保することが難しかった。これに対してアメリカやイギリスなどでは，著名な環境団体の専任スタッフになることは，それ自体キャリア形成の1ステップであり，有力なNPOがスタッフを補充しようとすると応募者が殺到する。NPOには意欲のある有能な人材が集まるのである。

　NPO，政府機関，企業，大学，これら相互の間で頻繁に人事交流があり，それらの間のネットワークがアメリカ社会の創造性やダイナミズム，活力の源泉となっている。たとえばある企業の環境問題担当のスタッフが，一定期間後独立して，環境問題のコンサルタントとして独立のビジネスを始めたり，NPOを設立したりというようなことはけっして珍しくはない。アメリカの企業社会や官僚機構のなかに，NPOは風通しのよさを作り出してきた。

　第6に，小規模な「草の根」的なNPOは多くの場合ローカル・コミュニティに足場をおいているがゆえに，地域の活力と自治，地域的多様性の担い手でありうる。日本では，これまでNPOは全県的なレベルやいくつかの市町村にまたがる広域的なレベル，あるいは全市的なレベルで活動してきた。しかし今後は，高齢化・リーダーの固定化が著しい町内会などの地域住民組織にかわって，小学校区などのコミュニティ・レベルでも，その活力がNPOによって支えられる時代を迎えるだろう。

2.3　NPOの課題

ボランティアの失敗　むろんNPOも組織論的な大きな課題を負っている。

　サラモンは，「政府の失敗」や「市場の失敗」を意識してボランティアの失敗という概念を提起している（Salamon 1995: 44-48）。必要な資源の全般的な不足，真

に必要とされるところに資源がいかないという資源の需給のギャップ，慈恵主義的なパターナリズム（温情主義），専門的なアドバイスが必要な場合にもアマチュアの見解が優先されがちなアマチュア主義である。自発性・自主性，公益的な使命感に支えられた組織であるがゆえに，また後述のように，達成度の評価が困難であるがゆえに，非効率なままにとどまりがちである。

　NPOの専門化・制度化も両義的な帰結をもたらしうる。専門性の高まりは，リーダー層と一般のメンバーとの間の精神的距離を拡大し，多くのメンバーを，会費を払いニューズレターなどを受け取るだけの受動的な参加者にしかねない。NPOに関する立法の整備のような制度化も，安定的な組織的基盤づくりには不可欠だが，自主的で自発的な運動エネルギーの醸成を損ないがちでもある（寺田1998）。

　R. ミヘルスの**寡頭制の鉄則**（Michels 1911=1973-74）は，NPOにも妥当しうる。政党の事例研究をもとに，さらに組織一般に拡大して，大規模化は集権化などの官僚制化，少数者支配をもたらさずにはおかないというのがそもそもの含意である。NPOでは理事メンバーは無償で非専従の場合が多く，有償で専従の事務局主導，事務局依存に陥りがちである。理事会が名目化し，事務局主導に陥ることは，公益法人などでもしばしばみられる。

　海外では，グリーンピースのような，有名でマス・メディアの注目を集める巨大なNGOが，長年地道に活動してきたローカルな草の根NGOを結果的に引き回すということもしばしばみられる。巨大NGOのキャンペーンによって一気に社会的な争点となるが，そのNGOが他の問題に関心を移すやメディアの報道も社会的関心も下火になり，継続的な草の根的な活動がかえって損なわれるという問題もある。

　NPOには，そもそもメンバーシップの確定自体が難しいという問題もある。会費制組織の場合には，基本的には会員登録をし会費を払っている人が会員だが，福祉系のNPOでは，サービスを受ける受益者を会員扱いしている場合が少なくない。実質的にNPOの運営に大きな影響力をもつ事務局員がかならずしも会員とは限らないという場合もある。NPOの場合には会員の定義はかならずしも一義的ではないし，会員の形式的な規定が組織運営の実態を反映していない場合もある。メンバーシップの確定が困難だという問題は，NPOの多様性，柔軟さの現れでもある。

**非営利組織の評価と
インターメディアリ**

非営利組織の場合には，外部的な評価が難しいという問題もある。

営利組織の場合には市場，つまり顧客や消費者，取引先，株式市場などが，その達成度を評価しているといえる。売り上げや財務などのような経営指標の形で数値化され，会計監査が義務づけられている。資金を調達できなければ，原材料を購入することができず，新たな財やサービスの提供ができなくなる。

しかし非営利組織の場合には，ミッションがどの程度達成されたか，という質的な評価が重要である（田中 2005）。予算・決算，会員数の増減や会費納入率などのような数値的な指標だけでは質的な評価はできない。会員の満足度を調査したり，測定することも容易ではない。

むろん，CSR（企業の社会的責任）などの質的評価は，営利組織の場合にも困難である。

日本の NPO で危惧されるのは，行政の安上がりの下請け機関に堕する危険である。とくに地方の場合には，行政がお膳立てをして，実質的に行政がバックアップしてできたような NPO も少なくない。とりわけ高齢者福祉，地域清掃，まちづくり，施設運営などの分野において，行政の協力機関的な存在になっている場合がある。NPO とは，New Partnership Organization の訳語ではないか，という冗談もある。正規の行政職員を平均年間 800 万円程度の賃金を払い，大卒者を定年まで 38 年間雇用したとすれば，生涯賃金ベースで 3 億円程度の人件費を支払うことになる。NPO に年単位で委託するとすれば，NPO への業務委託の名のもとに，意欲と問題関心のある市民を時給 800 円程度で雇って，月 25 日間 8 時間勤務として，年間の人件費は 1 人あたり約 200 万円程度に圧縮できるかもしれない。

このような弊害を抑制しながら NPO を育てていくためにも，中間支援組織と訳されるインターメディアリの役割が重要である。NPO に人材と情報・資源を適切に配分し，NPO の活動と社会のニーズを仲介する，研修機会を設けたり相談や助言の窓口となって NPO を支援・サポートする，NPO の支援施策などに関連して政策提言を行う，NPO 同士のネットワーク化をはかる，NPO について地域や国内外での実態や意識調査をする，などの機能がある。

SECTION 3　ネットワークと組織の動態化

3.1　インターネット

「ネットで探す」といえば，この場合のネットはインターネットをさしている。インターネットは，今やネットワークの代名詞になった。そもそもネットワークとは，網状（ネット）の形をいう。もっとも一般的で広い意味では「点と，点と点を結ぶ線からなる集合」である。点は結節点（ノード）であり，線は点と点を結ぶ経路（エッジやパス，リンクなどと呼ばれる）である。この間を流れるものは，何でもいい。交通のネットワーク，通信のネットワーク，放送のネットワーク，人間や集団からなる社会的ネットワークなど，さまざまなネットワークがある。ネットワークは必ずしも実在するとは限らない。図4-3の星座のように，古代人が目に見える星の配置をさまざまな造形に見立てたネットワークもある。

　実際，ネットワークがどんなものか一番わかりやすいのは，コンピュータの世界的なネットワーク「インターネット」である（インターネットの歴史については古瀬・廣瀬〔1996〕，野口〔2005〕，Castells〔2001〕，などを参照。以下の記述はおもに古瀬・廣瀬〔1996〕を参考にした）。

中心のない「つながり」──インターネットの歴史と仕組み

　1990年代半ばから世界的にインターネットが急速に普及しだした。インターネットの第1の特長は，世界中のコンピュータがインターネットを通じてつながるようになったことである。インターネットの普及以前は，多くのコンピュータは1台1台切り離されていた。せいぜいLAN（local area network）といって，同じ大学の学部内や企業内でつながっているだけだった。インターネットを介して，遠く離れた友人や知人とたちどころに電子メールを交換したり，世界中のウェブ・サイトを瞬時にのぞくことができるのは，私たちのコンピュータやスマートフォンなどの電子機器が世界中のコンピュータや電子機器とつながっているからである。

　電話によるコミュニケーション網も，ネットワークではあるが制約が大きい。回線交換方式と呼ばれるが，発信元と受信先の間を交換機を通じて電気的に接続し（交換機がつなぎかえる），通話中は電話回線を占有する。仙台‐東京間で同時

| FIGURE | 4-3 ● ネットワークとしての星座（オリオン座） |

に10万人が通話しようとすれば，5万本の回線の確保が必要である。電話の場合につなぎっぱなしができないのはそのためである。電話は1対1のコミュニケーションである。他の人が回線に割り込むことは基本的にできないし，回線のどこかで故障があると接続は切断される。電話網は電話局によって中央集権的にコントロールされている。

これに対して，インターネットを支えている通信技術であるパケット交換方式では，情報は，パケット（英語の「荷物」から転用された）と呼ばれる単位ごとに細切れにされ，1本の回線の上を，いろいろな人宛の情報の小包みが発信元・送信先などの荷札（IPアドレスという。210.136.96.38などのように表記される）付きで同時に走っている。しかも発信元が1パケットの情報を送出すると，その回線はただちに開放される。10万台のコンピュータが同時に通信しても，それほど多くの回線を確保しなくてもすむという画期的な技術である。通信回線を徹底的に有効利用しているのである。

パケット交換の技術の源泉は，1950年代に，空軍の委託を受けて，アメリカのランド研究所のP.バランが考案した「分布通信網」というアイデアにある。冷戦下，アメリカはソ連との核戦争を想定して，核戦争になっても生き残れるような通信システムの開発を急いでいた。1969年，アメリカ国防総省は，パケッ

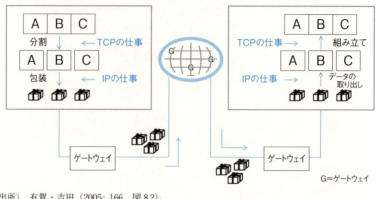

FIGURE 4-4 ● TCP/IP による分散処理の仕組み

（出所）有賀・吉田（2005: 166, 図 8.2）。

ト交換を用いたネットワークの構築を始めることにした。ここからインターネットの歴史が始まる。従来の電話交換機のようにいちいちつなぎかえるシステムでは，交換機が壊れるととたんに通信できなくなる。大規模化するほど，拠点となる交換機に機能が集中し，危険度が増すからである。地震など災害時や年末年始などの電話回線の混乱を思い浮かべてみればいい。パケット通信網は，攻撃されても生き残れるシステムとしても注目を集めたのである。

　インターネットは，国防総省のプロジェクトとして，1969年5月，UCLA（カリフォルニア大学ロサンゼルス校）を中心に，スタンフォード大学，カリフォルニア大学サンタバーバラ校，ユタ大学の4カ所を結ぶネットワークとして始まった。このネットにつながる機関は，大学や研究所を中心にしだいに増大し，TCP/IP という新しい通信プロトコル（約束事）が導入され，いっそう，分散処理が進められるようになった（図4-4参照）。1983年には軍事目的の研究と完全に分離され，学術目的のネットになり，やがて一般ビジネス用にも開放されることになった。インターネットの特長は，「中心」がないことである。「どこかに『中心』となるコンピュータがあり，そこがすべての情報をまとめて処理し，『端末』に返すのではなく，対等な立場でつきあえるコンピュータ同士が，互いに必要な情報を必要に応じてやりとりするのである。……一つ一つの LAN が何か中心となる処理システムにぶらさがるのではなく，相互に連結し，情報を交換し，全体が

一つのネットワークであるかのようにふるまう」（古瀬・廣瀬 1996: 24-25）のである。

こうして当初は4カ所からスタートしたインターネットはどんどんつながりを拡大し，世界のインターネット人口は総人口77億人の57.3%，約44.2億人，世界中で約2人に1人以上がインターネットを利用していることになる（2019年6月末の推計。http://www.internetworldstats.com/index.html August 29, 2019）。日本のインターネット利用人口は1998年2月には約1000万人だったが，2006年には8754万人，2013年以降は1億人を越えている。2016年の普及率は84%である（総務省調べ）。絶対数では，中国，アメリカについで3位である。

ネットワークと対抗文化　M. カステルによれば，インターネットを可能にしたのは，巨大科学，軍事研究，自由の文化の交差だった（Castells 2001）。インターネットはそもそも前述のように冷戦を背景に，軍事目的のための政府の研究開発プログラムとしてスタートしたのだが，それは初期条件的なものである。インターネットの発展にとって本質的に重要なことは，カステルが「インターネット文化」と呼ぶ，シリコン・バレーを中心とした人びとの間に共有された，ジーンズやラフな服装，起業の出発点としてのガレージ（車庫）などに象徴される，既成の権威に挑戦的な「自由の文化」，創意工夫の精神である。インターネットの成功は，19世紀半ばのゴールドラッシュと同様に，「自由の天地に有能で意欲に満ちた者が集まり，互いに刺激を与えること」（野口 2005: 305）によって可能となったのである。

インターネットは中央集権的な，官僚制的なピラミッド型の構造と対照的な構造をもっているが，それを生み出し発展させたものも，水平的な横のつながりを重視するネットワーク型の文化だった。

そもそも官僚制的な集権的構造と比べると，多頭的で網状型のネットワークのような非官僚制的で遠心的な構造のほうが，流動的な状況に対して適合的である。このことは，社会運動研究の文脈においても，1960年代末のブラックパワー運動や参加志向的なエコロジー運動などを調査した人類学者のL. P. ジャーラックによって主張されてきた（Gerlach 1971）。

彼の主張をインターネットに対応づければ，①大きさと範域を異にする多くの集団や細胞から構成されるという「環節性」（segmentary）はローカルエリアネットワーク（LAN）に，②核となる意思決定者が存在せず多くのリーダーが競合・共存し合っているという「多頭性」は，インターネットの中心のない水平的

第4章　組織とネットワーク　131

な構造に，③横断的な結びつきを仲立ちとして，全体としてある大規模な運動と認めうるのに十分なだけの凝集性とイデオロギー的統一性をもっているという「網状性」は，インターネットのネットワークとしての全体的な構造に対応しよう。ジャーラックは，このような構造は，公安当局や反対派による効果的な抑圧が困難であり（核戦争に生き残れる通信網という国防省の発想との相同性！），社会経済的背景やサブカルチュアを異にする集団への多元的な浸透が容易であり，環節的なユニットの多様性のゆえに環境の変化への適応が有利であり，代替・補充が容易であり，社会変革のためのイノベーションに適していると述べていた。

世界中に急速に拡大したインターネットの柔軟性の意味を，1970年代初頭にまさに言い当てていたとみることができる。それは単なる偶然ではない。このような社会運動のあり方も，インターネットも，とくにカリフォルニア州のサンフランシスコを中心とするベイ・エリアで花開いた1960年代の対抗文化（counter culture）と親和的だったからである。

> **インターネットが民主主義を掘り崩す**

2000年代初頭頃までは，情報発信コストやアクセスのコストが低廉であり，一方向的な既成メディアに対して，双方向的であることなどから，新たな公共圏の場として，インターネットへの期待は大きかった。しかし憲法学者のサンスティーン（Sunstein 2017=2018）がいち早く警告したように，人びとの間で「見たいものしか見ない」傾向が強まり，保守派は保守派のメディアを，進歩派は進歩派のメディアをもっぱら参照し，それをもとに仲間内で議論しあい，異なる立場の意見に耳を傾けようとしなくなる傾向が強まりつつある。インターネットやSNSは，結果的に社会の亀裂と分断を強め，民主主義の基盤を掘り崩しつつあるとも言える。それとともに，新聞やテレビなどの既成メディア離れや書籍離れが強まり，ドナルド・トランプのように，これを利用して人びとを扇動する大統領が出現する時代を迎えている（林 2017: 5章参照）。

3.2 ネットワーク化する社会と企業

> **ネットワークとしての外国為替市場**

ネットワークも，システムや組織と同様に，機能的・分析的な概念である。ネットワークと見なしうるような網状の特質をもつものがネットワークである。現代的なネットワークのもう1つの象徴は，外国為替市場である。そこ

で円，ドルやユーロ，イギリスのポンドなどとの間の交換レートが決まる。外国為替市場とは，外国為替取引が行われる場であり，コンピュータ回線を通じて行われる外国為替銀行間の為替取引を総合した抽象的な場である。ニューヨークや東京，ロンドンなどの外国為替市場は，証券市場のように，どこかに実在する取引所があるわけではない。東京外国為替市場は，銀行や貿易会社などの東京事務所が活発に外国為替取引を行う時間帯あるいは東京事務所での外国為替の取引の集合体をさす概念的な仮想空間である。

パーソナル・ネットワーク

親族や近隣，学校や職場の同僚，友人，人脈や閥などもネットワークであり，これらは社会的ネットワークと呼ばれる。前述のパットナムのいう社会関係資本に対応する。森岡清志らは，年賀状に焦点をあてたパーソナル・ネットワークの調査を行っている（森岡編 2000）。都市社会学者はおもにパーソナル・ネットワークを調査してきたが，組織社会学の関心は，企業やNPOなどの組織間ネットワークにある。

ネットワーク社会としての現代

現代社会は，企業，NPO，政府，自治体など，さまざまの組織が多様なネットワークを作り上げ，協働しているネットワーク社会である（若林2006）。

インターネットなどの電子メディアの発達にともなって，経営環境はますます流動化し，より短期的なサイクルでイノベーションが求められるようになってきた。官僚制的な大規模組織では小回りが利かず，硬直化しがちであり，激変する経営環境への適応が難しい。企業内および企業間のさまざまなネットワークを効率的に活用しようとする動態的な経営には，経営資源の効率化や再配分をはかり，官僚制の弊害をミニマム化し，流動化する環境により柔軟にダイナミックに適応しようとするねらいがある。現代の多品種少量生産や新規事業展開，新商品の開発などにふさわしいあり方である。

分権化のための事業部制の導入，セクショナリズムの克服をめざす課制廃止やチーム制の採用，問題解決のためのプロジェクト・チームやマトリックス組織の編成など，組織の動態化をめざすさまざまの試みがなされてきた。これら企業内のネットワーク化に加えて，近年は，人材や経営資源・在庫などを自社内に抱え込むのではなく，アウトソーシングや外部委託のように，必要なときに，必要なだけ外部から調達すればいい，外部の組織と協働すればいいという考え方も強まっている。コンピュータや半導体製造業などでは，アップル社のように，製品の

企画設計や開発は行うが,製品製造のための自社工場をもたないファブレス・メーカーが増えてきた。この章の冒頭で述べたようなフランチャイズも,ネットワーク的な経営の一種である。「系列」のような親会社と子会社との固定的で垂直的関係やグループ企業を超えて,新商品の開発のようなプロジェクトごとに,短期的・戦略的な提携や協働の取り組みがなされることも増大している。「対等で,領域横断的で,プロジェクト限定的で,透明で開かれた協働作業・協働関係」と定義されるコラボレーションである(長谷川 2003: ii)。

しかしネットワーク化にはデメリットやリスクもある(寺本 1991)。第1に協働関係の不安定性,不確実性である。コラボレーションの相手方の意思や都合によって,契約期間が過ぎれば,関係は解消される危険がある。第2に短期的な成果が重視され,長期的な発展が困難になる危険性がある。第3に,組織内部にストックとして蓄積されにくく,知識やノウハウが長期的には散逸してしまう危険性がある。第4に,他の組織への依存度が高まると,従属化したり,吸収されてしまう危険性もある。これらは,従業員や取引先との長期的で安定的な関係を重視してきた「日本的経営」のメリットとちょうど裏腹の関係にあるといえる。

官僚制化と脱官僚制化のダイナミズム

社会は全般的に官僚制化する,管理社会化する,というウェーバーの予言はかならずしも全面的に的中したわけではない。この章でみてきたように,組織社会学の歴史は,さまざまの視点からウェーバーの官僚制論の一面性を批判してきた歴史であるともいえる。他方で,共産党の官僚主導だったソ連型の「社会主義」の崩壊は,官僚制批判の視点から社会主義を批判したウェーバーの予言どおりだったともいえる。その意味では資本主義陣営は,動態化しネットワーク化することによって,官僚制の弊害を抑制することによって,脱官僚制化(de-bureaucratization)によって,生き残りに成功したとみることもできる。

しかしむろん官僚制組織が全面的になくなったわけではない。政府や地方自治体などの行政組織では,官僚制が強固である。安定的な業種や産業においてほど,官僚制は根強い傾向がある。

ウェーバー自身が形式合理性と実質合理性の乖離を指摘していたように,官僚制化がかならずしも実質合理化をもたらすわけでもない。

官僚制化の帰結も,ネットワーク化のメリットとデメリットで指摘したように,脱官僚制化の帰結も,それぞれに両義的でありうる。「押す力と引く力のせめぎあい」とA.ギデンズが形容したように(Giddens 2001: 370=2004: 457),現代社会

は官僚制化と脱官僚制化の2つのモメントのダイナミズムのなかに存在し続けているといえる。

BOOK GUIDE　●文献案内

● 原典にせまる

① C. I. バーナード『新訳 経営者の役割』山本安次郎ほか訳, ダイヤモンド社, 1968（原著 1938）。
② J. G. マーチ＝H. A. サイモン『オーガニゼーションズ』土屋守章訳, ダイヤモンド社, 1977（原著 1958）。
③ G. リッツァ『マクドナルド化する社会』正岡寛司監訳, 早稲田大学出版部, 1999（原著 1993）。
④ R. パットナム『孤独なボウリング――米国コミュニティの崩壊と再生』柴内康文訳, 柏書房, 2006（原著 2000）。

①は, ウェーバーの官僚制論とともに, 現代組織論の出発点。そもそも組織とは何か, を考えるのによい。②は, それまでの組織論を体系化したもの。組織論が前提としてきた人間像の整理と「満足原理」に基づく「制約された合理性」モデルの提起が興味深い。③は, マクドナルド・チェーンの考察をとおした現代社会論。マクドナルドの影響は広く, 深い。④は, 現代版「孤独な群衆」。社会関係資本として, NPOや市民団体, 地域社会, 人びとの絆をとらえることができる。

● 理解を深める

⑤ 東北大学経営学グループ『ケースに学ぶ経営学 新版』有斐閣, 2008。
経営戦略の役割など, 企業の組織変革の実態がケースごとによくわかる。アサヒビールはなぜ甦ったのか, フォードとGM, マクドナルドとモスバーガーのライバル物語などもおもしろい。

⑥ 佐藤郁哉・山田真茂留『制度と文化――組織を動かす見えない力』日本経済新聞社, 2004。
本文ではふれることのできなかった組織文化・企業文化, 組織アイデンティティについて学ぶのによい。これらの「両刃の剣」としての側面をバランスよく記述している。

● 視野を広げる

⑦ 戸部良一ほか『失敗の本質――日本軍の組織論的研究』中公文庫, 1991（ダイヤモンド社, 1984）。
第二次世界大戦において, 日本軍はなぜ敗北したのか, を具体的な戦闘に即して, アメリカ軍と対比して組織論的に分析する。著者たちは, 官僚制組織の日本的な特質のなかに, 失敗の本質をみている。戦後74年を経た現在なお, 私たちは, 福島原発事故に代表されるように, それを他人事として見過ごすことはできない。

⑧ S. サンドバーグ『リーンイン――女性・仕事・リーダーへの意欲』村井章子訳, 日本経済新聞出版社, 2013（原著 2013）。
良き仕事人と良き家庭人であること, 企業組織のなかでのキャリア形成と子育てをはじめとする私生活をいかに両立させるのか。女性にとっても, 男性にとっても永遠の課題だ。フェイスブック社の女性COO（最高執行責任者）による, TEDの講演から生まれ

た，リーンイン（lean in）「一歩踏み出せ」というパワフルな体験的メッセージ。

⑨ 庵野秀明総監督・映画『シン・ゴジラ』2016。
怪獣ゴジラを題材にした映画は 1954 年に第 1 作が製作され，大ヒットして以来，国内外で 30 作以上がつくられた。『シン・ゴジラ』は，日本政府が予期せざる巨大不明生物の出現と上陸に直面し，当惑し，混乱し，右往左往する様を，政治劇的に，ドラマチックに描き出し，シリーズ中，もっとも評価が高い。シン・ゴジラは，過酷事故を引き起こした福島第 1 原発のメタファーであり，福島原発事故（コラム 8-10 参照）勃発直後のリアリティを巧みに映像化したものと言える。不慮の事態に遭遇したときの，根拠なく楽観的思考に陥り，都合の悪い情報を無視しようとする「正常性バイアス」をはじめ，政府首脳やトップ官僚の「官僚制の逆機能」的な行動様式もパロディー的に浮かび上がらせている。

Chapter 4 ● 考えてみよう

❶ あなたは現在どれぐらいの組織に参加しているだろうか。自分の所属している組織をできるだけたくさん列挙してみよう。かつて所属したことのある組織も，できるだけたくさん列挙してみよう。

❷ 大学の研究室や所属しているゼミ，サークルなどを，組織という視点から考察してみよう。成員資格，リーダーと成員の基本的な役割，意思決定の仕方，情報の伝達の仕方，さまざまな資源の出入りのルートなどについて考えてみよう。

❸ 家族（第 11 章参照）は，通常は組織とは見なされない。その理由を考えてみよう。しかし家族が 1 つの組織のように行動することもある。それはどのような場合だろうか。

❹ 営利組織と非営利組織の共通点と相違点は何だろうか。組織の規模，組織目標，仕事の仕方，意思決定のあり方，働く誘因などについて考えてみよう。

❺ 卒業後，あなたはどんな業種や職種の仕事に就くことを希望しているだろうか。自分の希望の業種や職種の経営環境の特徴を，新聞や雑誌，インターネットを通じて調べてみよう。

第5章 メディアとコミュニケーション

インターネットは私たちを結びつけるのか，それとも切り離すのか（2016年，時事通信フォト）

- KEYWORD
- FIGURE
- TABLE
- COLUMN
- TEXTinTEXT
- BOOK GUIDE
- SEMINAR

CHAPTER 5

自分の部屋を見回してみよう。そこにはたくさんのメディアが溢れているはずである。新聞が広げっぱなしになっていたり，読みかけの雑誌が転がっていたり，ラジオやテレビもあるだろう。これらのいわゆるマス・メディアだけではない。たくさんの本やマンガがあるだろうし，DVDやBD，それらの再生装置もあるかもしれない。もちろんスマートフォン，おそらくパソコンもあるだろう。スマートフォンやパソコンを使ってインターネットに接続している人も多いだろう。これらもまたメディアである。そして，これらのメディアに囲まれているということは，これらのメディアを介して間接的に部屋の外の世界につながっているということである。この章では，メディアを媒介とするコミュニケーションが重層して形作っている社会を記述することを試みる。

INTRODUCTION

KEYWORD

時間と空間の分離　脱埋め込み　脱埋め込みメカニズム　個人主義　ナショナリズム　公共圏　グローバル・ヴィレッジ　メディア・イベント　遠距離ナショナリズム　瞬間的時間

社会のなかのメディア

メディア空間としての電車の車内

第1章では電車の車内で営まれている相互行為を観察した。もう一度電車の車内を見渡してみよう。そこではまた多くのメディアを観察することができる。スマートフォンやタブレット端末を操作している人。新聞や雑誌，マンガや本を読んでいる人。携帯電話で話している人もいるかもしれない。車内の吊り広告を眺める人。車内の液晶画面ではニュースや天気予報，クイズ，CMが流れ続けている。外をぼんやり眺めていてもいやおうなくたくさんの看板が目に入ってくる。

電車の車内はまたメディア空間でもある。そこではたまたま乗り合わせた人たちの間で相互行為が営まれているだけではなく，さまざまなメディアを介して無数の目に見えない間接的な相互行為が営まれている。この章ではメディアによって媒介された間接的な相互行為について考えていくことにしよう。

メディアとは何か

まずメディアとは何かについてあらかじめ述べておこう。

メディア（media）とは「中間」「媒体」を意味するメディウム（medium）の複数形であり，人間と対象の「中間」に立ち，対象についての経験を媒介（mediate）するもののことである。「メディア」という言葉は大きく分けて3つの意味で使われている。

1つには，「メディア」は「マス・メディア」の意味で用いられている。「メディア」という言葉は，もともと1920年代にアメリカで新聞，雑誌，ラジオなどの広告媒体をさす言葉として使われるようになったものであり（佐藤 1998: 3)，現在でも，主要な広告媒体である新聞，雑誌，ラジオ，テレビなどのマス・メディアをさしてメディアという場合が多い。

2つめには、「メディア」はより広義に、人間と人間の間に立ち、人間と人間の相互行為を媒介する「コミュニケーション・メディア」を意味する。この用い方では、マス・メディアに限らず、話し言葉や文字、書物、手紙、電話、メール、SNS、インターネット、さらに広げれば貨幣や鉄道などもメディアに含まれることになる。

3番めに、「メディア」はさらに広義に、人間と、物理的対象を含む対象一般の間に立ち、それらの対象についての経験を媒介する「テクノロジー」をさして用いられる場合がある。このような用い方をした代表的な人物はカナダのメディア研究者 M.マクルーハン（1911-80）である。マクルーハンはテクノロジーを「人間の拡張」（McLuhan 1964=1987），すなわち人間の感覚器官や運動器官を外化したものとしてとらえ、テクノロジー一般をメディアと呼ぶ。したがって、マクルーハンによれば、目の拡張である望遠鏡や顕微鏡、皮膚の拡張である衣服や住宅、足の拡張である車輪や、爪と歯の拡張である兵器もまたメディアである。近年登場した目覚ましい「人間の拡張」としてはドローンをあげることができる。

以下では、マス・メディアだけではなく、マス・メディアも含めて、人間と人間の間の相互行為を媒介するコミュニケーション・メディアについて論じていくことにする。

社会のなかのメディア

メディアと社会の関係について語る際の2つの語り方をあらかじめ区別しておこう。

1つは、あるメディアによって媒介される相互行為によって形成される社会について語る語り方である。「多くの諸個人が相互作用に入るとき、そこに社会は存在する」（Simmel 1908=1994〔上〕: 15）のであるとすれば、メディアによって媒介される相互行為があるところにも社会は存在する。たとえば、インターネットによって媒介される相互行為からなる「インターネットのなかの社会」について論じることができる。このような論じ方をメディアのなかの社会と呼ぶことにしよう。

たしかにインターネットのある社会はインターネットのない社会とは異なる。だが、インターネットのなかの社会が社会全体と等しいわけではない。私たちはインターネットを利用するようになっても、家族と会話も交わすし、電車で職場に通うし、その途中で新聞や本も読む。職場では電話をかけたり、多くの書類を読んだり書いたりしなければならないし、家に戻ればテレビも見る。インターネットによって媒介される相互行為は、それらの相互行為によって形成される社会

の一部分にすぎない。「インターネットのなかの社会」はその外側に広がる社会のなかに位置づけて論じられなければならない。そのような論じ方は社会のなかのメディアと呼ぶことができる。この2つの語り方が混同されると，「インターネットのなかの社会」が社会そのものと取り違えられることになる。

ここでは「メディアのなかの社会」をその外側に広がる社会のなかに位置づける「社会のなかのメディア」という視点で論じていくことにする。だが，「メディアのなかの社会」の外側に広がる社会もまたほかのメディアによって媒介された相互行為によって形成されているものにほかならない。したがって，「社会のなかのメディア」という視点をとるということは，社会をさまざまなメディアによって媒介された相互行為の重層としてとらえるということを意味している。

時間と空間の分離

社会をメディアによって媒介された相互行為の重層として記述していくための枠組みとして，A. ギデンズによる相互行為の「脱埋め込み」および「脱埋め込みメカニズム」としてのメディアという議論を取り上げることにしよう。

ギデンズは伝統的世界から近代的世界への移行の指標を時間と空間の分離に求めている。伝統的世界では時間と空間は場所において結びついていた。すなわち「いつ」はつねに「どこ」と結びついていたのである（Giddens 1990=1993: 31）。

たとえば，日本で江戸時代に使われていた不定時法を例として考えてみるとわかりやすい（図5-1）。不定時法とは，夜明けを「明六ツ」，日暮れを「暮六ツ」とし，昼夜をそれぞれ六等分して，「九ツ」「八ツ」「七ツ」「六ツ」「五ツ」「四ツ」と時刻を告げる鐘の数で呼んだものである。

この不定時法の時間は2つの特徴をもっている。1つは，太陽の動きを基準として計られる「自然の時間」であることである。このため同じ1日のうちでも，昼を六等分した一時と夜を六等分した一時は，（春分と秋分の時期を除けば）長さが違うし，同じ昼の一時でも季節によって長さが変化する。

不定時法の時間はまた「ローカルな時間」である。夜明けの時間や日暮れの時間は土地土地で異なるため，「明六ツ」の鐘はおおまかに日本列島を東から西へ進みつつまちまちに鳴っていたのである。したがって，不定時法では，「明六ツ」といっても，どこの明六ツかがわからなければ，意味をなさない。「いつ」は「どこ」と結びついていたのである。

このように時間と空間が結びついていた世界はまた相互行為がローカルな場所に埋め込まれていた世界である。相互行為はかならず行為者の間での時間的な調

FIGURE 5-1 ● 不定時法

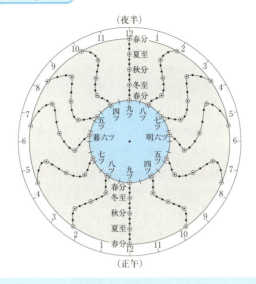

不定時法の時間を定時法の時間に対応させたもの。たとえば不定時法の明六ツを定時法に直すと，春分には5時半頃，夏至には4時すぎ，冬至には7時前に，それぞれ対応していることがわかる。

(出所)『岩波日本史辞典』(1999: 1340)。

整を必要とする。場所と結びついた，不定時法によって計られるローカルな時間に従って営まれる相互行為はまた，その時間が結びついているローカルな場所に繋留されていたのである。江戸時代の日本では，それぞれの藩が藩ごとにそれぞれ不定時法に基づいて時間を計測しており，藩のなかでの相互行為はこの時間に従って営まれていた。城内に勤める役人＝武士たちは城内で打たれる時太鼓の音に従って勤務し，城下の町人や村々の農民たちは寺の時鐘に従って生活していた（森下 2001）。そして，相互行為が太鼓や鐘の音の聞こえる範囲で営まれているかぎり，それで支障はなかったのである。

だが，このような状態は明治時代に入って大きく変化する。明治新政府は1872（明治5）年11月9日の改暦詔書によって太陽暦の採用を決め，1872年12月3日を新暦1873年1月1日に改めるとともに，この日からあらたに正式の時刻表示方法として定時法を採用した。定時法とは1日を24等分して時刻を表示

第5章 メディアとコミュニケーション

する，今日私たちがよく知っている時刻表示法である。

定時法の時間は時計によって計られる「機械の時間」（クロックタイム）である。それまでは「明六ツ」「暮六ツ」のように太陽の動きによって時間が計られていたのに対して，時間が太陽の動きから切り離され，逆に「日の出4時25分」「日の入り19時00分」（いずれも2019年6月21日・東京）というように，時計によって太陽の動きが計られるようになる。太陽の動きとは無関係に時計によって計られる昼の1時間と夜の1時間は同じ長さであるし，1年中その長さは変わらない。

また太陽の動きから切り離されたことによって，定時法の時間は空間から分離する。不定時法の時間は「どこ」と切り離せないのに対して，定時法の時間は場所に関係なく「どこでも」同じである。「明六ツ」の鐘は全国まちまちに鳴っていたのに対して，定時法では全国の時計はどこでも同じ時間をさしている。そのかわり，同じ2019年6月21日でも根室では3時37分，与那国島では6時00分と，全国まちまちの時間に太陽が昇る。同じ4時でも，根室ではすでに日が昇り，東京では空が明るくなりかけ，与那国島ではまだ暗いのである。

この意味で，不定時法の時間が「ローカルな時間」であるのに対して，定時法の時間は「ナショナルな時間」である。定時法の採用にともなって生じた問題は「標準時」をどのように設定するかという問題，すなわちどこの時間を基準として全国の時間を決めるかという問題であった。当初，慣例的に旧江戸城本丸の午砲（ドン）が標準時として用いられたが，1879（明治12）年に正式に東京地方平均太陽時が標準時と定められた（中村2001）。標準時は実際にはあまり地方には普及しなかったようであるが，このときから時間は全国で共通の「ナショナルな時間」となったのである。

さらに日本は1884（明治17）年10月に開かれた国際子午線会議に参加し，イギリスのグリニッジを通る経度0度の子午線を基準とする世界標準時を採用することを決めた。これにより，1888（明治21）年1月1日以降，東経135度の子午線が通る兵庫県明石市における地方平均太陽時を全国標準時とすることが決められた（中村2001）。この日本標準時はグリニッジ標準時からつねに9時間の時差がある。このときから日本の時間は「ナショナルな」時間であるだけではなく，「グローバルな」時間の体系の一部となったのである。日本の時計は日本全国で同じ時刻をさしているだけではない。地球上のあらゆる時計がさしている時刻を日本の時計がさしている時刻に翻訳できるようになったのである。

そして，時間が空間から分離したことによって，相互行為もまたローカルな場

所から切り離される。ギデンズはこれを脱埋め込みと呼ぶ。脱埋め込みとは，ギデンズによれば，「社会関係を相互行為の局所的(ローカル)な脈絡から『引き離し』，時空間の無限の拡がりのなかに再構築すること」(Giddens 1990=1993: 35-36) を意味している。相互行為は行為者の間での時間的な調整を必要とするため，不定時法の世界では，相互行為は時を告げる太鼓や鐘の音が聞こえる範囲に埋め込まれている。これに対して，場所とは無関係に機械によって時間を計る定時法の世界では，相互行為はローカルな場所から引き剝がされ，空間を越えて，同じ場所に居合わせない行為者の間でも可能となる。大学入試センター試験は同じ時刻を指す時計にしたがって北海道から沖縄まで全国一斉に実施されるし，大みそかには全国の寺院で同時に鳴らされる除夜の鐘を次々にリレー中継するテレビの前で全国同時に新年を迎える。すでに100年以上前に，G. ジンメルは「ベルリンのすべての時計が突然狂って異なった方向へ進めば，たとえそれがたんに一時間だけであっても，すべての経済的その他の取引生活は，長きにわたって混乱するであろう」(Simmel [1903] 1957=1998: 190-91) と述べていたが，今日ベルリンのすべての時計が突然狂って異なった方向へ進めば，混乱はベルリンにとどまらず，全世界に及ぶのである。

脱埋め込みメカニズムとしてのメディア

ローカルな場所から引き剝がされた相互行為を空間を越えて再編成するために必要となるのが脱埋め込みメカニズムである。ギデンズは脱埋め込みメカニズムとして，貨幣などの「象徴的通標」と科学技術などの「専門家システム」をあげている (Giddens 1990=1993: 36)。このうち「象徴的通標」とは「相互交換の媒体」(Giddens 1990=1993: 36)，すなわちメディアである。空間的に隔たった行為者を結ぶ相互行為は，当然相互行為を媒介する何らかのメディアを必要とするのである。

　脱埋め込みメカニズムとしてのメディアは時間と空間の分離を前提としているが，同時にメディアも時間と空間の分離を促進していく (Giddens 1990=1993: 43-44)。たとえば，グリニッジ標準時はもともと鉄道標準時として用いられていたものであったが，鉄道路線が延びるにつれて1880年に正式にイギリス標準時として採用されたものであるし (角山 1984)，日本においても新橋・横浜間の鉄道の開通が定時法の採用に先立っているのである。鉄道は定時運行を求められるため，空間的に離れた各駅・各部門の間の相互行為を厳格に時間的に調整することが求められる。これを不定時法で行うことは不可能に近い。「明六ツ」発の汽車

TABLE 5-1 ● 時間・空間の分離とメディア

年月日	事項
1869（明治2）年	東京・横浜間電信開通
1871（明治4）年	東京・大阪間郵便事業開始
1872（明治5）年9月	新橋・横浜間鉄道開通
1872（明治5）年11月9日	改暦詔書
1873（明治6）年1月1日	定時法採用
1876（明治9）年	全国電信網完成
1879（明治12）年	標準時制定（東京時）
1884（明治17）年10月	国際子午線会議
1888（明治21）年1月1日	日本標準時制定（東経135度）
1889（明治22）年7月1日	東海道線開通
1890（明治23）年	東京・横浜で電話事業開始
1925（大正14）年	ラジオ放送開始

は出発時間が毎日ずれていくし、「明六ツ」に新橋を出発した汽車は「何時（なんとき）」かかって横浜に着くのか、季節によって長さが変わる「一時」を単位としていては所要時間を計算することすら困難である。このため日本でも、1879年に正式に標準時が定められる前から、実質的に旧江戸城本丸の午砲（ドン）が鉄道標準時として用いられていたのである（中村2001）。このように鉄道というメディアは時間と空間の分離を前提とするとともに、時間と空間の分離をさらに推し進めていくのである。表5-1からは、電信・郵便・鉄道・電話・ラジオなどのメディアと時間・空間の分離が相互に関連しつつ進行していったことを読み取ることができる。

　このような観点からみると、人類の歴史は、時間と空間がしだいに分離し、相互行為が脱埋め込み化されるのにともなって、空間を越えた相互行為を媒介するメディアが現れ、そのメディアによってさらに時間と空間の分離が推し進められると、また新たなメディアが登場するということが繰り返されながら、メディアとそれによって媒介される相互行為がしだいに重層していくプロセスとして考えることができる。このように相互行為の編成と関連づけながら壮大なメディアの歴史を描いたのがマクルーハンであった。次節では、マクルーハンに従って、メディアの歴史とそれにともなう相互行為の再編成の歴史をみることにしよう。

> COLUMN　5-1　メディアのバイアス

　カナダの経済史・メディア史研究者である H. A. イニスは，コミュニケーション・メディアがもつバイアスに注目する独自のメディア論を展開した（Innis 1951=1987）。イニスは，持ち運びにくいかわりに，長持ちする，粘土板や羊皮紙のような，時間的バイアスをもつメディアと，長持ちはしないが，運びやすい，パピルスや紙のような，空間的バイアスをもつメディアを区別する。メディアのバイアスは支配的な知識の性格を決定し，さらに社会組織の形態を規定する。時間的バイアスをもつメディアは，時間的に持続する宗教的知識と親和性をもち，神官や教会などの宗教的権力を助長する。これに対して，空間的バイアスをもつメディアは，世俗的な知識の伝播に適し，広大な空間を支配する政治的権力を発展させる。イニスは，この2種類のメディアの交替によって文明の興亡を説明するメディア史を構想し，トロント大学の同僚であったマクルーハンに大きな影響を与えた。イニス，マクルーハンに，同じくトロント大学の同僚であった E. ハヴロックを加えて「トロント・コミュニケーション学派」と呼ぶこともある。

SECTION 2　メディアの歴史

メディアはメッセージ

　はじめに述べたように，マクルーハンは人間の感覚器官や運動器官を外化したテクノロジー一般を「メディア」と呼んでいる。外化したテクノロジーは今度は人間の感覚に反作用して感覚と感覚の間の比率を変化させて，新しい経験の形式を作り出す。それにとどまらず，テクノロジーは人間と人間の間の新しい相互行為の形式もまた作り出す。このときにはテクノロジーは第1節冒頭にあげた2番めの意味での「メディア」，すなわち人間と人間の間の相互行為を媒介するコミュニケーション・メディアでもある。

　通常，メディアはメッセージを乗せて運ぶ透明な乗り物であり，それ自体はメッセージをもたないものと考えられている。これに対して，マクルーハンは，メディアそのものが，それが運ぶメッセージとは独立に，人間の経験や相互行為を構造化する力をもっていると考え，メディアそのものがもつこの力を「メディア

第5章　メディアとコミュニケーション　145

はメッセージ」（McLuhan 1964=1987: 7）という言葉で言い表した。そして，マクルーハンによれば，人類の歴史は，メディアによる感覚の外化と，それにともなう経験と相互行為の変容の歴史としてとらえられる。

マクルーハンによれば，メディアの歴史は大きく分けて，話し言葉の時代，文字の時代，電気の時代に分けられる。

声の文化　人間の最初のメディアである話し言葉は，人間の五感すべてを外化したものであり，感覚と感覚の間の相互作用を生み出し，五感すべてを同時に働かせた全体的な経験を作り出す。また声はそれが発せられるとすぐに消えていってしまうという性質をもつため，話し言葉を聞くためには，人びとは同じ空間に居合わせなければならない。それは時間と空間が共有される対面状況における相互行為を媒介するメディアである。たとえば，講義を聞くためには学生は教室のなかにいなければならない。そして，発せられた声は，それを発した人も含めて，その空間にいる人びとによって同時に聞かれるため，それを聞く人びととの間に親密な相互依存関係を作り出す。

文字の文化　文字の出現は，声の文化における経験の形式と相互行為の形式を大きく変化させる。

まず，文字は人間の感覚の編成を大きく変化させる。話し言葉が五感をすべて動員するものであったのに対して，文字は言葉を目に見えるものにすることによって，五感のうちでも視覚を強調する。とくに表音文字であるアルファベットは，文字を意味や音から切り離すことによって，視覚を他の感覚から切り離す。

マクルーハンは文字の文化を大きく活版印刷技術の登場以前の写本文化の時代と，印刷文化の時代に分ける。写本文化はまだ声の文化と地続きであり，口語的な性格を強く帯びていた。写本はそれを書き写した者の身体性を強く帯びているし，読むときも声に出して音読されたため，写本文化では視覚が他の感覚から完全に切り離されることはなかった。

16世紀のグーテンベルクによる活版印刷技術の発明によって，アルファベットのもつ潜勢力は全面的に開花する。印刷された本は黙読されるようになり，視覚が他の感覚から完全に切り離される。これによって視覚を中心とする新しい感覚の編成が作り出され，新しい視覚的な経験の形式が作り出される。

同じ規格の活字が整然と並ぶ印刷された書物を読むという経験は，均質性・画一性・線形性・連続性・反復可能性などを特徴とする視覚的な経験の形式を作り出す。まず，印刷された書物は，固定した視点から眺められた事物が遠近関係に

従って連続的に配列される遠近法的な空間経験を作り出す。また印刷された書物は，出来事が時間的な前後関係に従って線形的に並べられるクロノロジカルな時間経験も作り出す。因果関係という観念はこの時間経験とともに生じたものである。透視画法という絵画形式や小説という文学形式，科学的な世界像もまたこのような視覚的な経験の形式によって生み出されたものである。

このような視覚的な経験の形式を備えた人間が「活字人間」である。「活字人間」は新しい相互行為の形式を作り出し，社会の全体を再編成していく。

個人主義

声が発せられるやいなや消えていってしまうのに対して，文字は空間のなかに痕跡を残す。このことは文字を書く人とそれを読む人は，かならずしも同時に同じ場にいなければならないわけではないということを意味している。教師が黒板に書き残していった文字は，それが消されないかぎり，講義が終わったあとでその教室に入ってきた学生によっても読むことができる。文字は時間を越えることができるだけではない。その文字が粘土板や紙に書かれていれば，それらを運ぶことによって空間を越えることもできる。黒板の文字を書き写した友人のノートを借りることができれば，あるいは黒板をスマートフォンで撮影した友人から写真を送ってもらえば，教室に足を運ばなくても，教師が黒板に書いた文字の複製を読むことができる。話し言葉が時間と空間を共有する人びととの間の関係を媒介するメディアであるのに対して，文字は時間と空間を越えて，時間的・空間的に離れた人びととの間の関係を媒介することができるメディアである。さらにもしその教師が本を出版すれば，その書物は，（今これを書いている私と今この本を読んでいるあなたのように）まったく会ったこともなく，空間的にも遠く隔たった，また（もしあなたが何十年か後に図書館でこの本をみつけて読んでくれているのであれば）時間的にも遠く隔たっている，はるかに多くの人びととの関係を媒介するようになる。

以下では，印刷技術が相互行為の編成をどのように変容させていったのかということをみていくことにしよう。

マクルーハンは印刷技術を「個人主義の技術」（McLuhan 1962=1986: 242）と呼んでいる。話し言葉が，それを同時に聞く人びとを親密な関係に結びつけるのに対して，印刷された書物は，持ち運び可能であることから，各人が好きな時に好きな場所で読むことを可能にし，人間をそのような親密な関係から解き放ち，個人主義を生み出すのである。

日本でマクルーハンよりはるかに早く同じような観察を記していたのが柳田國

男（1875-1962）であった。柳田は『明治大正史 世相篇』（1931年）において，日本の家屋に障子が取り入れられ，さらにガラスが使われるようになって，家のなかが明るくなったことと関連させて，次のように書いている。「家の若人らが用のない時刻に，退いて本を読んでいたのもまたその同じ片隅［窓際］であった。彼らは追い追いに家長も知らぬことを，知りまたは考えるようになってきて，心の小座敷もまた小さく別れたのである」（柳田［1931］1993: 113，［ ］は引用者）。洋の東西を問わず，印刷された書物は，視覚を他の感覚から切り離しただけではなく，個人を親密な共同体から切り離したのである。

だが，印刷技術は人間を近くの人びとから切り離すだけではない。同じ言葉を読み書きする遠くの人と結びつけるのである。共同体から切り離された人たちの間の，印刷された文字を媒介とする相互行為は2通りの仕方で編成される。マクルーハンはそれを「ネーション」と「パブリック」と呼んでいる（McLuhan 1962 =1986: ii）。まず「ネーション」のほうからみていこう。

ナショナリズム　言葉が印刷されるようになると，正確な綴りや正確な文法が求められるようになり，方言のなかから「国語」が形作られる。そして，マクルーハンによれば，国語を目で見るという経験を通して国民という社会的な結合が作り出される。印刷された文字を読むことによって，人間は個人になると同時に国民になるのである。

印刷技術とナショナリズムの関係を，B. アンダーソンにしたがってさらにみてみよう（第10章を参照）。

アンダーソンは国民を「想像された共同体」と呼ぶ。なぜなら，国民を構成している人びとは，他のほとんどの国民に会ったこともなければ，その人たちについてほとんど何も知らないからである。広い空間に分散している，見たこともなく，聞いたこともない多くの人びとと同じ共同体に属していると人びとが考えるとすれば，そのような関係は想像されたものにほかならない。そして，人びとがそのように想像しうるとすれば，そのような想像力を支える何らかのメディアが必要である。アンダーソンによれば，それが印刷された書物や新聞である。

印刷技術は最初の大量生産方式であり，印刷された書物や新聞は最初の規格化された商品であった。これはまったく同じ書物や新聞を，大量の人びとが読むようになったことを意味する。たとえば，新聞は，同じ新聞の同じ版であれば，まったく同じ紙面をもっている。人びとは国語で印刷された新聞を読んでいるとき，まったく同じ紙面の新聞を，見たことも聞いたこともない無数の人びとがほぼ同

じ時間に読んでいることも同時に知っている。電車のなかで読んでいるのであれば，同じ新聞を読んでいる人を実際に目にすることもある。そのときには同じ新聞を同じ時間に読んでいる無数の人びとについての想像が根拠のないものではないことを自分の目で確認することもできる。国語で印刷された同じ新聞を同じ時間に読んでいる無数の人びとを，「国民」以外に何と呼べばよいのか。記事の内容とは無関係に，毎日あるいは半日ごとに繰り返されるこの「儀式」が国民という想像の共同体を生み出し，かつ維持しているのである（Anderson［1983］1991=1997）。

　出版資本主義によって形成された国民を統治する国家もまた文字によって運営される。広大な国土に分散している多くの国民を支配するためには，大量の事務を継続的に処理することのできる巨大な組織が必要である。M. ウェーバーによれば，そのような組織は官僚制的に運営されるほかはない。そして，官僚制的行政とはまた文書による行政である。ウェーバーは官僚制的行政の特徴の1つとして「文書主義」をあげる（第4章コラム4-2を参照）。「［官僚制的行政では］行政の文書主義の原則が……おこなわれている。少なくとも，予備的な討論や最終的な決定，あらゆる種類の処分や指令は，文書の形で固定される。文書と官吏による継続的な経営とは，あい合して役所を形成するが，この役所こそあらゆる近代的な団体行為の核心そのものをなしている」（Weber 1922=1970: 16, ［　］は引用者）。メディアという視点からみれば，印刷された書物や新聞を読むという経験によって作り出された，国民という想像の共同体を，ピラミッド型に組織された役割の体系に配置された官吏たちの間を，文書が行ったり来たりすることによって運営されている国家が，支配することで成り立っているのが「国民国家」である。

公共圏

印刷された書物や新聞によって作り出される関係は「国民」として編成されるだけではない。マクルーハンが「ネーション」と並んであげている「パブリック」とは何だろうか。それは本や新聞・雑誌を読み，それに基づいて討論する人びと，すなわち公衆である。

　厚東洋輔によれば，公衆は次の3つの特徴を備えている（厚東 2006: 83-85）。

　1つは「開放性」である。公衆になるために特別な資格は必要ない。公衆に求められるのは，本や新聞・雑誌を読み，議論することだけである。現実には，本を読み，議論をすることができるためには，読み書き能力，さらに私有財産や教養が必要であり，結果として公衆の中心はブルジョアジーたちであったが，原理

ハーバマス

上は誰にでも開かれているものであった。

2番めは「討論への愛好性」である。公衆は1人本や新聞・雑誌を読んで満足したのではない。読んだことについて互いに意見を述べ，議論を戦わせたのである。

3番めは「自己教育性」である。公衆は議論についていくために競って本や新聞や雑誌を読み，それによって自らを啓蒙していった。

まとめると，「公衆とは，討論することを好む・啓蒙された・開かれた読書人階級」（厚東 2006: 85）であった。

そして，公衆が集まって議論を戦わせた場所として，J.ハーバマスがあげているのが，17世紀後半のイギリスに現れたコーヒー・ハウスである（Habermas [1962] 1990=1994）。17世紀中頃にコーヒーを飲む習慣がトルコからヨーロッパに伝わり，コーヒーを飲むための場所としてコーヒー・ハウスが次々に開かれた。18世紀初頭のロンドンには，すでに3000軒を越えるコーヒー・ハウスがあったという（小林 2000: 44）。

コーヒー・ハウスは開かれた場所であった。すなわち，身分・職業，上下貴賤の区別なく，誰でも店に入ることができ，その結果，異なる階層の人びとが出会う公共空間であった。ただしコーヒー・ハウスに入れたのは男性だけであった。1674年にはコーヒー・ハウスに入り浸りの男たちに腹を立てた女性たちが，「コーヒー反対の請願」を出したという（小林 2000: 55-56）。公衆は開かれていたが，それは男性に対してのみであり，女性に対しては閉ざされていたことは銘記しておく必要がある。

コーヒー・ハウスはただコーヒーを飲むための場所ではなかった。それはまた異なった階層の人びとが出会い情報を交換し議論する場所であった。話題に制限はない。巷の流行・噂話から，文学や芸術，政治や経済に及んだ。コーヒー・ハウスのテーブルの上には新聞や雑誌が置かれていた。人びとはそれを手にして読んだり，字を読めない人のために声に出して読んでやったりした。そして，そこに書かれている記事をもとにまた議論が始まる。新聞や雑誌はコーヒー・ハウスで議論の対象となっただけではない。コーヒー・ハウスでの議論がまた新聞や雑誌の記事となった。人びとは新聞や雑誌に競って投書し，新聞や雑誌も読者の投

FIGURE 5-2 ● コーヒー・ハウスの情景

（出所）　小林（1998: 50）。

書を掲載した。コーヒー・ハウスには投書箱が置かれ，そこに投書を入れると，それがまた記事となったのである（小林 2000: 182）。そして，それを読んでまた議論が行われる。この過程が繰り返されるなかで，公衆がしだいに啓蒙されていくと同時に，公共的な意見（public opinion）も形成されていったのである。

このようにして公衆が討論をとおして社会的・政治的意思決定を行うための回路が形成された。この回路が公共圏である（第 16 章コラム 16-3 を参照）。注意しなければならないことは，公共圏は，新聞・雑誌という活字メディアと，話し言葉を用いたコーヒー・ハウスでの討論とのインターフェイスにおいて成立していたことである。「同一の討論が新しいメディア［新聞・雑誌］へ移されて続行され，読書を経てまたもとの会話のメディアへ立ち帰っていくわけである」（Habermas [1962] 1990=1994: 63，［　］は引用者）。これはのちに公共圏の変容を考える際に重要となる視点である。

印刷された書物や新聞を読むという経験は，国民という想像の共同体を作り出しただけではない。それはコーヒー・ハウスという公共空間での討論を経由することによって，同時に公共圏をも生み出した。人びとは印刷された書物や新聞を読むことによって，たんに公権力による統治の対象である国民となるだけではな

第 5 章　メディアとコミュニケーション　151

> COLUMN 5-2 テレビ嫌いのマクルーハン

　テレビが作り出す感覚の再統合，人類の再統合を称揚し続けたマクルーハンであるが，マクルーハンの伝記はそれとは異なるマクルーハンの姿を伝えている。1950年代にテレビが登場したとき，マクルーハンは彼の住んでいたブロックで一番最後にテレビを買い，買ったあともテレビが居間を支配することを恐れて地下室にそれを置いた。しかも子どもたちには1週間に1時間しか見せなかったという。マクルーハンはテレビの暴力シーンが子どもに悪影響を与えることを心配する意見を，メディアとメッセージを混同したものとして嘲笑し続けたが，晩年マクルーハンは，孫娘がテレビを長時間見ることを心配して，「[テレビは] とくに若者たちの神経組織をむしばむ邪悪な麻薬」であると書いて長男に送ったという (Marchand 1989: 61, [　] は引用者)。マクルーハンは理念としてのテレビほどには，現実のテレビに対して好意的ではなかったのである。

く，同時に公権力に対抗しつつ公共的な意見形成を行う公衆となったのである（第1章コラム1-2も参照）。

　印刷された書物や新聞を読むことによって親密な共同体から切り離された「活字人間」が，一方で国民として編成されるとともに，他方で公共圏として編成されるような社会とは近代社会にほかならない。

　そして，マクルーハンによれば，電気メディアの時代の到来とともに，このような社会の編成は再び大きく変化する。

テレビの文化

　マクルーハンのテレビ論は，テレビ放送の初期の段階に展開されていることもあり，経験的というより多分にユートピア的であるが，ともかく紹介しておこう。

　マクルーハンによれば，電気メディア，とくにテレビは人間の感覚の編成を変えて，新しい経験の形式を作り出すとともに，新しい相互行為の編成を生み出す。
　文字が視覚を他の感覚から切り離したのに対して，テレビは諸感覚を再び統合する。テレビの画面は光の点のモザイクである。このモザイクを何かの像として完成させるのは，テレビを見ている視聴者である。そのために視聴者は視覚だけではなく，聴覚や触覚や運動感覚などすべての感覚を投入する。視聴者がすべての感覚を動員してテレビのモザイク画面に見入るとき，感覚と感覚の間に相互作用が生じ，諸感覚の統合が作り出される。テレビは文字が生まれる以前の声の文

化における全体的な経験の形式を復活させるのである。

　テレビはさらに人間と人間の間の関係も変容させる。文字，とくに印刷された文字は感覚と感覚を切り離しただけでなく，個人を共同体から切り離した。そして，ここでもテレビは声の文化を復活させる。テレビは同じ番組をいっしょに見ている人びとを引き込み，ともに参加させることによって，再び親密な相互依存関係を作り出す。しかもたんに1台のテレビで同じ番組をいっしょに見ている人びとを結びつけるだけでなく，広大な空間に散らばっている無数のテレビを見ている無数の人びとを結びつけるのである。「電気によって，われわれはいたる所で，ごく小さな村にでもいるような，人と人との一対一の関係を取り戻す」（McLuhan 1964=1987: 262）。マクルーハンはこれを グローバル・ヴィレッジ と呼んだ。

　マクルーハンによれば，テレビとは，文字によって作り出された感覚と感覚の分離，人間と人間の分離を乗り越えて，再び感覚と感覚の統合，人間と人間の統合，しかも今度は地球大での統合を回復させるメディアであった。

　1980年に亡くなったマクルーハンは残念ながらインターネットの登場を目にすることはなかった。「2015年日本人の情報行動調査」によれば，2015年におけるインターネット利用率は87.3％に達し，テレビの利用率とほぼ同率である（橋元編 2016: 84）。とくに10代・20代ではインターネット利用時間がテレビ視聴時間を上回っている（橋元編 2016: 188）。「この十数年は日本人だけではなく，人類にとってメディア環境の大変革期であったと言って過言ではない。特にインターネットが我々の社会や生活に及ぼすインパクトは，テレビと同等，あるいはそれ以上である」（橋元編 2016: i）。インターネットの登場にともなって今日生じつつある変化についてはあとでもう一度論じることにしよう。

SECTION 3　メディアの重層性

重層するメディア

　以上，マクルーハンに従ってメディアの歴史を振り返ってみた。マクルーハンはこの歴史をメディアの交替の歴史として考えていたが，はじめに述べたように私たちはむしろこれを古いメディアの上に新しいメディアが積み重なっていく過程，古いメディアによって媒介されていた相互行為のうえに新しいメディアによって媒介される相互

第5章　メディアとコミュニケーション

行為が積み重なって相互行為の全体が再編成されていく過程として考える必要がある。文字が現れたあとも，人間はしゃべることをやめてはいないし，テレビが現れたあとも，新聞や本を読むことをやめていない。またインターネットが現れたあとも，あいかわらずテレビを見続けている。だが，文字を読んだり書いたりするようになったことによって，人間のしゃべり方は影響を受けるし，インターネットの登場によって，新聞の読み方やテレビの見方も変わっていく。次々と新しいメディアが登場し積み重なっている現在において，メディアとメディアによって媒介される相互行為の重層性を記述することが，「社会のなかのメディア」という視点をとる社会学の課題である。この節では，今日，メディアとメディアのインターフェイスにおいて生じている現象をいくつか取り上げることによって，メディアの重層性を例示することにしよう。

限定コードと精密コード

まず，古いメディアである声と文字のインターフェイスで観察することのできる現象をみてみよう。

今も述べたように，人間は文字を読んだり書いたりするようになっても，しゃべることをやめたわけではない。だが，文字を読んだり書いたりするようになったあとは，文字を読んだり書いたりするようになる前とまったく同じようにしゃべっているわけではない。文字を読んだり書いたりするようになると，それが人間の話し方にも影響を与えるのである。

マクルーハンの学生であり，マクルーハンにも大きな影響を与えた W. J. オングは，文字を書くことをまったく知らない文化を「一次的な声の文化」（Ong 1982=1991: 21）と呼ぶ。オングによれば，一次的な声の文化における人間は次のような話し方をする。すなわち，「強いリズムがあって均衡がとれている型にしたがったり，反復とか対句を用いたり，頭韻や母音韻をふんだり，形容句を冠したり，その他のきまり文句的な表現を用いたり，紋切り型のテーマごとにきまっている話しかたにしたがったり，だれもがたえず耳にしているために難なく思い出せ，それ自体も，記憶しやすく，思い出しやすいように型にはまっていることわざを援用したり，あるいは，その他の記憶をたすける形式にしたがったりすることである」（Ong 1982=1991: 78）。映画「男はつらいよ」シリーズで渥美清が演じた寅さんの話し方を聞けばおおよそのイメージがつかめるだろう。

一次的な声の文化でこのような話し方がなされるのは，おもに記憶の必要によるものである。私たちは何かを思いつき，それを覚えておく必要があれば，それをメモしておくことができる。文字をもたなかった一次的な声の文化の人びとは

どのようにして考えたことを覚えておいたのだろうか。「答えはただ一つ。記憶できるような思考を思考することである。一次的な声の文化では，……思考を記憶にとどめ，それを再現するという問題を効果的に解くためには，すぐに口に出るようにつくられた記憶しやすい型にもとづいた思考をしなければならない」(Ong 1982=1991: 78)。記憶したことを再現するための方法が話し言葉しかないという条件のもとで，記憶したことを話し言葉で再現できるようにするためには，人びとは紋切り型の言い回しを使い，言い慣らわされた決まり文句やことわざ，地口や語呂合わせを利用して，リズムをとりながら話すほかなかったのである。そして，それはもちろんつねにローカルな場面で目の前にいる聞き手に向かって，身振り手振りを交じえながらなされたのである。

　文字を書いたり，書かれた文字を目で見るようになると，人は異なった仕方で考え，異なった仕方で話すようになる。「書くことは意識の構造を変える」(Ong 1982=1991: 165) のである。話し言葉は目の前にいる聞き手に向かって話されることから，言葉以外に，イントネーション・口調・表情・身振り・コンテクストなどが，聞き手の理解を助けるのに対して，文字は目の前にいない，場合によってはまったく会ったこともない読み手に向けて書かれる。したがって，文字は，それを理解するためにそれが書かれたコンテクストを利用することができない不特定の読み手が，文字だけを見て理解できるように書くことを求められる。その結果，文字を書くときには話し言葉の場合には求められないような正確さが求められるようになる。さらに話し言葉はそれをもう一度聞き直すことができないのに対して，書かれた文字は自分で見て推敲することができることから，さらに正確さへの志向が強められる。さらに文字が印刷されるようになると，正しい綴りや正しい文法が確定され，また記憶容量をはるかに超える語彙を収めた辞書が編纂され，それらに従って文章が書かれるようになる。また記憶する必要から解放された文字は，いくらでも長く綴ることができる。文字を書いたり読んだりするようになることによって，人びとの話し方もしだいに変わっていく。「書くことを内面化した人は，書くときだけでなく話すときも，文字に書くように話す」(Ong 1982=1991: 123)。すなわち，正しい言葉を選び，それらを文法的に正しい順序に並べて文をつくり，それらをつなげて理路整然と話すようになるのである。

　このような2つの話し方の間の移行は，社会のなかでいっせいに生じるわけではない。そのような移行は学校教育とそれをとおした読み書き能力の普及にともなって不均等に進行していく。その結果，1つの社会のなかに，文字の影響を比

較的強く受けた話し方と，一次的な声の文化における話し方の特徴を比較的強く残している話し方，という2通りの話し方が同時に並存することになる。そして，そのような2通りの話し方が階層に従って不均等に分布していることに注目したのは，イギリスの教育社会学者のB.バーンスティンであった。

バーンスティンは話し言葉の組織化を規制する2種類のコードを区別して，それらを「限定コード」と「精密コード」と名づけた (Bernstein 1971=1981)。

限定コードによって規制されている話し方とは，文法的な構成や語彙の選択の幅が狭く限定されているため，結果として文の構造が比較的単純であり，話し手にとっても聞き手にとっても容易に予測可能であるような話し方である。またそれは，自分の意思を言葉で分節化して明確に表現しようとする志向が弱く，このため意味の理解をコンテクストに依存しているような話し方である。

これに対して，精密コードによって規制されている話し方は，文法的な構成や語彙の選択の幅が広く，文の構造が複雑であるため，聞き手にとって話の展開を予測することが難しい話し方である。またそれは，自分の意思を言葉で分節化して明晰に表現しようとする志向が強く，したがって意味の理解をコンテクストにあまり依存していない話し方である。

これら2つのコードはそれぞれ一次的な声の文化における話し方の特徴と，文字の影響を受けた話し方の特徴に対応している (Ong 1982=1991: 220)。一次的な声の文化においては，人びとは決まり文句や紋切り型の表現を使いながら話したのであり，したがって同じ文化の人たちにとっては容易に予測のつくような話し方をしたのである。これに対して，「文字を書くように話す」人たちは多くの語彙を用いて複雑な構造の文をつくりながら話すため，何が言われるか予測がつきにくい代わりに，いったん言われれば，誰でも正確に理解できるのである。

バーンスティンは学校の子どもたちの話し方を調査して，これら2つのコードが階層によって強く規定されていることを発見した。限定コードはどの階層の子どもたちの話し方にも共通にみられるコードである。これに対して，精密コードは中産階級の子どもたちに典型的にみられるコードである。すなわち労働者階級の子どもたちは1通りの話し方しかしないのに対して，中産階級の子どもたちは両方の話し方ができるということである。これは家庭での社会化（学習）の産物である。バーンスティンは，騒いでいる子どもに "I'd rather you made less noise, darling." と言う中産階級の母親の例と，"Shut up!" とどなる労働者階級の親の例をあげている (Bernstein 1971=1981: 47-48)。このことはどういう帰結をも

たらすのだろうか。

　教室は，精密コードを用いてなされる相互行為が支配する世界である。印刷された教科書が使われ，教師は精密コードを使って話し，子どもたちもたえず自分の考えを言葉に出してはっきりと話すことを求められる。労働者階級の子どもたちにとっては，教室は，限定コードが支配する自分たちの家庭とは異質な世界である。他方，休み時間には限定コードを使っていっしょに遊んでいた中産階級の子どもたちは，授業時間になると精密コードに切り替えることができる。教室における相互行為と家庭における相互行為は連続している。どちらが競争において有利であるかは明らかだろう。しかも教師たち自身も多くが中産階級から供給されているのである。そして，学校での成績が卒業後の進路に影響を与えていることを考えると，2種類のコードはたんに階層によって規定されているばかりでなく，学校というフィルターをとおして階層を再生産していくのである（第14章参照。P. ブルデューと J. -C. パスロンも「言語資本」という概念を用いて同様の視角から文化的再生産について論じている。Bourdieu et Passeron 1970=1991 を参照）。

　このように話し言葉と文字という2つのメディアは相互に関連しつつ，そのインターフェイス上で階層というマクロな現象を再生産しているのである。

ナショナリズムの変容

　次に，印刷された書物や新聞を読むという経験によって作り出されたナショナリズムが，テレビやさらにインターネットなどが重層することによってどのように変容しているのかについてみてみよう。

　マクルーハンは，テレビの文化がナショナリズムに対して与える影響については両義的であった。一方で，マクルーハンは「地球上のすべての成員を巻き込んで呉越同舟の状態にしてしまう力をもつ電気回路技術が到来した今日以後，そうした旧来の『国民』は生きのびることはできないであろう」（McLuhan 1962=1986: ii）と述べて，グローバル・ヴィレッジの到来によってナショナリズムは力を失っていくだろうという見通しを語っている。他方では，1963年のケネディ大統領の葬儀のテレビ中継について次のように述べて，テレビがナショナリズムを強化する力をもつという観察も残している。

　「テレビが何かの出来事に共同参加的な性格を与える力をもつことを視聴者にもっとも強烈に印象づけたのは，ケネディの葬儀のときであったろう。スポーツ以外のどんな国家的行事も，これほど広い範囲でこれほど多くの観衆を獲得したことはなかった。この事件は，テレビが視聴者を複合した過程

に関与させる比類のない力をもつことをあらわにした。共同体的な過程としての葬儀は，スポーツさえも蒼ざめた矮小なメディアに変えてしまった。要するに，ケネディの葬儀は，全国民を祭式の過程に関与させるテレビの力を顕示したのである。」(McLuhan 1964=1987: 352-53)

　はたしてテレビは，ナショナリズムを弱体化させているのだろうか，それとも強化しているのだろうか。テレビはナショナリズムを一方的に弱体化させたり，強化したりしているというより，弱体化させる効果と強化する効果をともにもち，ナショナリズムという現象を複雑化させているように思われる。以下では，テレビがナショナリズムに対してもたらす相反する効果を示す事例を紹介しながら，変容するナショナリズムの一端をみることにしよう。

メディア・イベント

　マクルーハンがケネディの葬儀のテレビ中継について行った観察は**メディア・イベント**に関する非常に早い時期に属する観察の1つである。D. ダヤーンとE. カッツによれば，メディア・イベントは次のような特徴をもっている (Dayan & Katz 1992=1996: 18-20)。まずそれは通常放送を中断して放送されることによって特徴づけられる。通常の番組スケジュールはとりやめとなり，場合によってはほとんどのチャンネルで同じ行事が独占的に放送される。第2にその行事はライブで中継される。第3にその行事はテレビ局以外の組織によって主催され，かつスタジオの外で催されるという二重の意味で，テレビの外部にあるものである。そして第4にそれはあらかじめ計画され予告されている。典型的な例としては，オリンピック，ワールドカップなどのスポーツ・イベントや，皇太子成婚パレードや大喪の礼などの国家的な行事をあげることができる（ダヤーンとカッツはテレビによる中継に限定しているが，広義には，テレビだけではなく新聞などのほかのマス・メディアによる報道も含めて，またテレビ局や新聞社が自ら主催するものも含めて，また浅間山荘事件の中継にみられるように，あらかじめ計画されたものではない事件がテレビによる集中的な中継によってイベント化するものも含めて，「メディア・イベント」という概念が使われている）。

　ダヤーンとカッツは，これらのメディア・イベントが社会を統合する機能をもつことを強調する。すなわち，メディア・イベントはそれを見る人びとに社会の基本的価値を再確認させ，人びとの連帯を強化する働きをもつのである。「こうした放送は，集団の鼓動のなかで社会を統合し，社会とその正統的権威に対する忠誠を更新するよううながすのである」(Dayan&Katz 1992=1996: 23)。そして，メディア・イベントの多くが国家的行事であることを考えれば，メディア・イベ

TABLE 5-2 戦後日本のメディア・イベント化したおもな出来事

年	事項
1959（昭和34）年	皇太子（現天皇）成婚パレード
1964（昭和39）年	東京オリンピック
1969（昭和44）年	東大安田講堂封鎖解除
	アポロ11号月面着陸
1972（昭和47）年	札幌冬季オリンピック
	浅間山荘事件
1985（昭和60）年	日航ジャンボ機墜落事故
1989（平成元）年	昭和天皇大喪の礼
	ベルリンの壁崩壊
1991（平成3）年	湾岸戦争
1992（平成4）年	現天皇即位の礼
1993（平成5）年	皇太子成婚パレード
1995（平成7）年	阪神・淡路大震災
	地下鉄サリン事件
1997（平成9）年	ダイアナ妃葬儀
2001（平成13）年	同時多発テロ
2002（平成14）年	日韓共催ワールドカップ
2011（平成23）年	東日本大震災

ントによって作り出される統合とは国民的な統合であるといえる。

　アンダーソンによれば，国民とは，私たちが，毎朝毎夕，新聞を開くとき，同じ時間に同じ新聞を広げているであろう無数の人びとを想像することのうちに立ち上がる「想像の共同体」であった。テレビの複数台所有が進み，個人視聴という視聴スタイルが中心となりつつある現在でも（第11章第1節参照），メディア・イベントの放送が始まると，ふだんは別々に自分の好きな番組を見ている家族も1台のテレビの前に集まってきて，それをいっしょに見る。そして，私たちはメディア・イベントを見ているときには，自分の家族だけがそれを見ているのではなく，まったく知らない無数の人たちが無数のテレビの前で同じメディア・イベントを見ていることもまた同時に知っている。ワールドカップで日本チームが得点を入れた瞬間，近所の家々で同時に歓声が上がるのを聞くことができるのである。さらに翌日の新聞でそのメディア・イベントについての記事を読むこともできる。この意味で，メディア・イベントは，新聞が生み出したナショナリズムに重なるような形でそれを覆い，それを強化する働きをしているといえる。

　だが他方で，テレビは国民的な想像力を拡散させる効果もまた作り出している。

それは2つの方向で生じている。

1つはテレビ視聴がますます分化し個人化していく方向である。これはテレビのパーソナル・メディア化，多チャンネル化，リアルタイム視聴からタイムシフト視聴への視聴形態の変化などによって生じつつあるものである。各人が自分のテレビをもち，しかもそれぞれのテレビがケーブルに接続されたり，あるいは衛星放送を受信するようになって，数十チャンネルから百数十チャンネルをもつようになり，さらにそれをザッピングしながら見たり，あるいは録画しておいて自分の都合のいい時間に見たりするようになると，テレビを見ていても，自分を同じ番組を同時に見ている多くの国民の1人であると考えるような想像力はほとんど働かないであろう。

もう1つの方向として，テレビが作り出す想像力はますます国民国家の枠を越え出ていきつつある。テレビの分化は同時にテレビの脱国民化を推し進めていく。地上波テレビがいずれも国民的なテレビであるのに対して，国民的なサイズの視聴者を考えなくてもよいケーブルテレビや衛星放送は少数の視聴者向けに国際番組を放送するようになっている。そのような番組を見ているとき，私たちの想像力は国民国家という網の目をすり抜けて越境していくだろう。

たとえば，1997年のダイアナ妃の国民葬はBBCによって187の国と地域に向けて生中継され，イギリス国内の2500万人のみならず，全世界の25億人がこれを見たという（『朝日新聞』1997年9月7日付朝刊）。約60億人の世界人口（当時）のうちの4割以上がこれを見たことになる。日本でも地上波3局とNHK衛星第一が生中継を行い，ケーブルテレビでBBCとCNNによる中継を直接見ることもできた。その中継を見ているときには，私たちの想像力は容易に国民国家の外へと越境していく。ケネディの葬儀の中継は国民的な統合を作り出したが，ダイアナの葬儀はマクルーハンが夢見た「グローバル・ヴィレッジ」をつかのま現出させたのである。

遠距離ナショナリズム

テレビが国民国家の枠を越え出ていくことはまた，国民国家の枠を越えてナショナリズムが再編成される可能性も同時に作り出している。インターネットの普及もこれを後押ししている。アンダーソンは，メディアに媒介されてナショナリズムが距離を越えて再編成される現象を遠距離ナショナリズムと呼んで，次のように述べている。

「アムステルダムにいるモロッコ出身の建設工事労働者は，ラバトのラジオ放送を毎晩聴くことができるし，自分の好きなモロッコの歌手の海賊版テ

ープを簡単に買うことができる。ヤクザが後ろ盾となって東京郊外に不法滞在するタイ出身のバーテンダーは，バンコクで作られたばかりのカラオケ用ビデオをタイ人仲間に披露する。香港で働くフィリピン人メイドは，マニラにいる妹に電話をし，セブ島にいる母親に，オンライン・バンキングによって瞬く間に送金する。バンクーバーで学生となってうまくやっているインド出身の学生は，デリーにいる昔のクラスメートに，毎日電子メールで連絡をとることができる。」(Anderson 1998=2005: 115)

現在であれば，インターネットで情報を集め，またSNSに写真を投稿しながら旅行する観光客や，SNSやスカイプで毎日母国の家族や友人と連絡を取りあっている留学生や，インターネットで配信される日本のテレビ番組をリアルタイムで見ている日本人駐在員の例をあげることができるだろう。

そして，このようなインターネットを介したコミュニケーションが国境を超えたナショナリズムを生み出すことがある。2005年2月28日にアメリカにある「世界抗日戦争史実維持連合会」が呼びかけた「日本の国連安保理常任理事国入り反対署名運動」は，中国国内外の中国語サイト，英語サイトをとおして拡大し，7月1日までに世界41カ国から4100万人の反対署名を集めた。そして，これに呼応する形で4月には中国各都市で「反日」デモが発生したのである（大石・山本編 2006: 223）。

このようにテレビやインターネットなどのメディアは，印刷文化が作り出したナショナリズムのうえに積み重なり，一方でそれを拡散させつつ，他方ではそれを再編成し，複雑化させている。

公共圏の変容

それでは印刷された書物や新聞によって生み出された相互行為のもう1つの編成である公共圏は，テレビやインターネットの登場によってどのように変容しつつあるのだろうか。

ハーバマスによれば，18世紀に成立した公共圏は19世紀後半になると大きく変容し始める。ハーバマスはその変化を「文化を論議する公衆から文化を消費する公衆へ」(Habermas [1962] 1990=1994: 215) と要約している。

18世紀の公衆と現在の公衆を比べてみよう。18世紀の議論する公衆の中心は教養と私有財産をもつブルジョアジーであった。知的にも経済的にも自立していたブルジョアジーは，議論を通して公共的な意見を形成し，公権力に対抗していた。開放性を特徴とする公衆にあとから参入してきたサラリーマンや工場労働者はブルジョアジーのような知的・経済的な独立性をもたない。彼らの教養は公的

な教育制度に依存して形成されたものであるし，彼らの生活の社会的再生産も，企業や消費財ばかりでなく，医療保険制度・失業保険制度・年金制度・福祉制度などの公的な諸制度に依存しており，したがって結局のところ政府による所得再分配に依存している。彼らはもはや「公衆」というより「大衆」と呼ぶほうがふさわしい存在である。そして，彼らが形成する公共圏もまた，彼らが公権力に対抗して形成するものというより，彼らを誘導・操作するために公権力によって形成されるものとなる。

　そして，公共圏の性格が変化するなかで，公共圏におけるメディアの役割も大きく変化する。18世紀の公共圏における主要なメディアである新聞と，今日の公共圏における主要なメディアであるテレビを比較してみよう。18世紀の公共圏では，新聞の記事をもとに公衆が議論し，議論をとおして形成された公共的な意見が再び新聞の記事となって公衆にフィードバックされるというように，新聞は公共圏における意思形成の中心に位置していた。これに対して，今日の公共圏において，テレビは，意見形成の場というよりも，企業による広告（狭義の広告ばかりでなく，ドラマなどを通じたライフスタイルの宣伝などの広義の広告も含めて）や，政府やその他の団体・組織による広報（政府広報といった狭義の広報ばかりでなく，プレスリリースなどをとおしたニュースの操作などの広義の広報も含めて）が大衆に向けて一方的に流される通路となっている。そして，大衆はテレビをとおして流される広告や広報を受動的に消費し，「拍手喝采」(Habermas [1962] 1990=1994: 270)を送るだけの存在となる。今日しばしば行われている「世論」(public opinion) 調査とは，その名前とは異なり，私的な意見の交換をとおして形成された公共的な意見 (public opinion) を表すものというより，討論を経ない私的な意見 (private opinions) の統計的な分布を示しているにすぎない。

　だが，テレビというメディアによってこのような変容が引き起こされたと考えるとすれば，それは誤りである。もともと，公共圏とは，新聞と話し言葉という2つのメディアのインターフェイスに成立していたものであった。もしテレビが広告や広報の一方向的な通路になっているとすれば，それはテレビというメディアの特性によってもたらされたものというより，テレビの視聴者が，かつて新聞の読者が新聞の記事について意見を戦わせたコーヒー・ハウスのような場を，今日もっていないことによってもたらされたものと考えるべきであろう。

インターネットと公共圏

それではインターネットは公共圏に対してどのような効果をもたらしうるのであろうか。

電車の車内が，運賃さえ払えば誰でも乗ることができ，その結果として互いに見知らぬ人同士が出会う公共空間であったように，インターネット空間もまたパソコンかスマートフォンさえ持っていれば誰でもアクセスすることができ，結果として見知らぬ人同士が出会う一種の公共空間である（Sunstein 2017=2018）。

インターネットでニュースサイトを見ていると，同じニュースを読んだ人たちのコメントを同時に読むことができるし，SNSにはテレビ番組と同時進行でコメントが次々に書き込まれていく。そして，テレビがそのコメントを番組のなかでリアルタイムで紹介していくこともある。公共圏は，コーヒー・ハウスに置かれた新聞や雑誌を読みながら人びとが議論し，その議論がまた新聞や雑誌に掲載され，それがまたコーヒー・ハウスで人びとによって読まれるという回路のなかで成立したものであった。テレビはそのような回路から切り離されたために一方通行のメディアとなったが，インターネットは，テレビを見ながら人びとがSNSにコメントを書き込み，テレビがそのコメントをリアルタイムで伝え，人びとがまたそれを見るという回路のなかで，かつて新聞と話し言葉という2つのメディアのインターフェイスに成立していた公共圏を，テレビとインターネットのインターフェイスで再建する可能性をもっているといえる。

インターネットは，現実の空間のなかでは出会うことのない人びとが出会い，多様な意見に触れることができる公共空間であると同時に，見知らぬ人同士が憎悪の言葉をぶつけあう分断と対立の空間でもある。じっさいインターネット上には，人種・民族・国籍・宗教・性別・性的指向などの属性にもとづいて，マイノリティを攻撃し，侮辱し，差別を煽る「ヘイト・スピーチ」（師岡 2013）が溢れている。

なぜインターネットは見知らぬ人びとを出会わせる可能性を持つにもかかわらず，人びとの間に分断をもたらすのだろうか。私たちはインターネットを利用するとき，自分の関心のおもむくままに見たいと思うサイトだけを見て，見たくないサイトは見ないだろう。見たいと思うサイトにはリンクが張られていて，それをたどればそこにもまた関心のあるサイトが現れる。このようにインターネットでは私たちは自分が接したいと思う情報だけを選んで接することができる。さらにフィルタリング技術によって，自分で選択しなくても，見たいと思う情報が自動的に画面に表示される，あるいは見たくない情報が自動的に遮断されるということが起こりうる。私たちがアマゾンで本やDVDを注文するとおすすめの関連商品が表示されるし，ニュースを閲覧すると関連するニュースが自動的に表示さ

れる。その結果，私たちは見たいものだけを見て，見たくないものは見ないですむ「フィルターバブル」(Pariser 2011=2016),「インフォメーションコクーン」(Sunstein 2017=2018) に閉じ込められることになる。そして，人びとが自分の読みたい記事だけを読み，自分と同じ意見の人としか出会わなくなるとき，社会がさまざまな閉鎖的な集団へと断片化される危険は高まるだろう。排外意識とインターネット利用の関係を調査した辻大介によれば，「排外的な先有傾向をもつユーザは，ネットをよく利用するほど，自らの排外的態度をさらに強めるような言説や他者に接することが増え，一方，反排外的なユーザも同様にして自らの先有傾向を強めていく——ネットが一様にではなく，先有傾向に応じて二様的（二方向的）に作用する——可能性が想定しうる」(辻 2018: 7)。そのとき社会は互いにののしりあういくつもの情報の「ゲイテッドコミュニティ」に分断されることになる。

　インターネットは，一方で公共圏を再建しうるメディアであると同時に，人びとを分断するメディアともなりうるのである。

　まだ変容の方向を見定めることは困難であるが，ナショナリズムと公共圏からなる近代的な相互行為の編成を，インターネットが今後どのように再編していくかということもまた 21 世紀の社会学にとって大きな研究課題となるであろう。

瞬間的時間

　インターネットはまたクロックタイムが生み出した近代的な時間と空間も変容させる。最後にこのことに触れておこう。

　アーリは，インターネット空間のなかで私たちが経験しているような時間を瞬間的時間と呼んでいる。アーリによれば，「瞬間的時間」とは，「第一に，完全に人間の意識を超えてしまう，想像も及ばない短い瞬間を基底とした，情報や通信の新たなテクノロジー。第二に，別々の瞬間に起こる原因と結果の時間的分離を特徴とするクロックタイムの線形的論理に代わって生まれている，社会的，技術的関係の同時的性格」(Urry 2000=2006: 223) を特徴とする時間である。

　私たちが SNS に投稿した記事は，空間的に散らばっている，もしかしたら海外にいるかもしれない多くの「友だち」にじっさいの空間的距離とは無関係に瞬間的・同時的に届く。そして，最初に「いいね」を押してくれる「友だち」はもしかしたら近くにいる「友だち」ではなく，海外にいる「友だち」かもしれない。瞬間的時間を特徴とするインターネット空間ではじっさいの空間のなかで「どこ」にいるかはもはや意味をもたないのである。

インターネットは私たちの生活にますます深く入り込み，私たちの生活はインターネットなしではますます成り立たなくなっている。私たちは職場や自宅のパソコンの前に座っているときだけではなく，移動しているときもスマートフォンやタブレット端末を持ち歩き，常時インターネット空間に接続されている（第1章）。しかし，私たちがクロックタイムを特徴とする近代的社会から瞬間的時間によって特徴づけられるポスト近代的社会に移行しつつあるのだと考えるとすれば，それは早計だろう。私たちが生身の身体を失い，情報の世界だけに生きるようになるとすれば，映画『マトリックス』のようなSF的世界が到来するかもしれない。しかし目下のところいくらインターネット空間で瞬間的な移動を楽しんでいても，生身の身体は空腹を訴えるし，空腹を満たすためにはなにか食料を調達しなければならない。そして，それは結局クロックタイムによって調整された相互行為のネットワークを通してしか調達できない。私たちはパソコンを開き，アマゾンに接続して，缶詰でもビールでも瞬間的に注文することができる。しかし注文した缶詰やビールが瞬間的に目の前に現れるわけではなく，それらがクロックタイムによって調整された配送ネットワークを通して配達されてくるのを待たなければならない。私たちが電車で身体的に移動しつつスマートフォンでSNSの「友だち」の記事を読んで「いいね」を押すとき，私たちはクロックタイムと瞬間的時間という2つの時間を同時に生きているのである。そして『マトリックス』も結局のところ2つの時間を同時に生きる私たちの姿を描いていたのである。

BOOK GUIDE ● 文献案内

● 原典にせまる

① 真木悠介『時間の比較社会学』岩波現代文庫，2003（原著 1981）。
② J. ハーバーマス『公共性の構造転換——市民社会の一カテゴリーについての探究』（第2版）細谷貞雄・山田正行訳，未來社，1994（原著 [1962] 1990）。
③ M. マクルーハン『グーテンベルクの銀河系——活字人間の形成』森常治訳，みすず書房，1986（原著 1962）。
　①はギデンズの『近代とはいかなる時代か？』に9年先駆けて，時間と空間の分離，それにともなう相互行為の脱埋め込み化について論じた，まさしく原典と呼ぶにふさわしい名著。同じ1962年に原著が出版された②と③は，ともに印刷文化が生み出した近代的な社会編成とその変容について論じた古典。読み比べてみよう。

●理解を深める

④ 佐藤卓己『輿論（よろん）と世論（せろん）——日本的民意の系譜学』新潮選書，2008。
⑤ C. サンスティーン『＃リパブリック——インターネットは民主主義になにをもたらすのか』勁草書房，2018。

④は日本における輿論（公的意見）から世論（私的心情）への変容をたどった日本版『公共性の構造転換』。⑤はインターネットがフィルタリングによって人びとを情報の「ゲイテッドコミュニティ」に閉じ込め，その結果社会が分断されることに警告を発している。

●視野を広げる

⑥ 柳田國男『明治大正史 世相篇』（新装版）講談社学術文庫，1993。
⑦ 小津安二郎監督・映画『お早よう』1959。
⑧ ウォシャウスキー兄弟監督・映画『マトリックス』1999。

⑥は「明治大正史メディア篇」と呼んでもよいもの。文字・新聞・本・自転車・自動車・鉄道・電信などのメディアが伝統的な生活と感覚にもたらした変容を細大漏らさず記録している。1959年4月10日の皇太子成婚パレードは，日本ではじめてのテレビによるメディア・イベントであった。58年5月に100万台であったNHKのテレビ受信契約は，結婚式直前の59年4月3日には200万台を越えた。この年に製作された⑦は当時どこの家庭でも起こった騒動を描いたもの。⑧はカプセルに閉じ込められた生身の身体とサイバースペースを自在に駆け巡るアバターの身体を二重に生きる人間の姿を描いている。（ウォシャウスキー兄弟は現在はウォシャウスキー姉妹である。）

Chapter 5 ● 考えてみよう　　SEMINAR

❶ 自分の部屋・家にあるメディアを列挙してみよう。話し言葉も含めて，それらのメディアを用いて自分が営んでいる相互行為を列挙してみよう。自分の生活がどのような直接・間接の相互行為から成り立っているのか，そこにはどのような特徴があるのか，考えてみよう。

❷ 第2節で論じた17世紀イギリスのコーヒー・ハウスと現代日本のカフェは，コーヒーを飲むための空間である点は同じであるが，現代のカフェのなかの情景は，図5-2で見るコーヒー・ハウスのなかの情景と大きく異なっている。両者を比較して，その違いについて考えてみよう。

❸ インターネットのある社会とインターネットのない社会の違いについて考えてみよう。

第2部　時間・空間・近代

第6章　歴史と記憶

もはや動くことのない時計。役に立たないはずの時計がなぜ保存されているのだろう（名取市閖上中学校旧校舎）

CHAPTER 6

- KEYWORD
- FIGURE
- TABLE
- COLUMN
- TEXTinTEXT
- BOOK GUIDE
- SEMINAR

「歴史」と聞いて何が思い浮かぶだろうか。歴史の授業，歴史の教科書，歴史年表，歴史博物館といったものだろうか。だが，歴史にはもう1つの顔がある。それは記憶のなかに現れる歴史の姿である。たとえば，昭和レトロをテーマとする商業施設で再現されている昭和30年代の町並みがある。それらは昭和30年代の町並みをそのまま再現したものではない。あくまで現在の視点から再構成された記憶のなかの昭和30年代の町並みである。人びとが現在において歴史を紡ぎ出すそのような営みを対象とするのが「歴史の社会学」である。それは，過去が刻印された物質や空間，またそれらをめぐって営まれる人びとの活動の編成を観察することをとおして，記憶のなかの歴史を研究するのである。それでは記憶というフィールドへと出かけることにしよう。

INTRODUCTION

KEYWORD

歴史社会学　歴史の社会学　集合的記憶　記憶の場　ナショナリズム　記憶の公共圏

歴史と社会学

歴史の2つの顔

「歴史」と聞いて何を思い浮かべるだろうか。多くの人にとって，「歴史」とは中学校から高校まで学んだ歴史の授業や教科書，あるいは小学生や中学生のときに見学した博物館の歴史展示といったものであろう。あるいは，「鳴くよ（794）うぐいす平安京」「いいハコ（1185）つくろう鎌倉幕府」「以後よく（1549）広まるキリスト教」と語呂合わせで覚えた年号やそれらを結んだ年表だろうか。これらに共通しているのは，原始から始まり，古代・中世・近世を経て，近現代へと，出来事を古いものから新しいものへとクロノロジカルに並べた，出来事の連鎖としての歴史というイメージである。

私たちは，小学校の頃から，時間を水平に引かれた線分で表すことが習慣となっており，さらにこの線分の右端に矢印をつけて時間が過去から現在に向かって流れていることを示すことも習慣となっている。この線分に「700」「1100」「1500」といった目盛りを入れ，線分の下に「平安京遷都」「鎌倉幕府成立」「キリスト教伝来」と出来事を書き入れていけば，簡単な年表ができあがる。博物館の通史展示も，曲がりくねった順路をまっすぐに伸ばせばやはり同じような線分上に実物資料をクロノロジカルに配列したものになっている。野家啓一は，このような線分で表される出来事の連鎖としての歴史を「歴史の側面図」（野家 2005: 127）と呼んでいる。これは，黒板に書かれた線分を眺める視線と同様，歴史の流れの外に立って，それを外側から眺める視線に対して現れてくる歴史の姿である。そこでは，時間は過去から現在に向かって直線的に流れていること，過去は文字どおり過ぎ去ったもの，流れ去ったものであり，もはや変えることのできない完結したものであることが前提とされている。

だが，歴史にはもう1つの顔がある。それはドイツの思想家 W. ベンヤミン（1892-1940）が描いた「歴史の天使」の目に映っているような歴史の姿である。

ベンヤミンは「歴史の概念について」のなかで「歴史の天使」の姿を次のように描いている（図6-1参照）。

　「『新しい天使』と題されたクレーの絵がある。それにはひとりの天使が描かれていて，この天使はじっと見詰めている何かから，いままさに遠ざかろうとしているかに見える。その眼は大きく見開かれ，口はあき，そして翼は拡げられている。歴史の天使はこのような姿をしているにちがいない。彼は顔を過去の方に向けている。私たちの眼には出来事の連鎖が立ち現われてくるところに，彼はただひとつ，破局だけを見るのだ。その破局はひっきりなしに瓦礫のうえに瓦礫を積み重ねて，それを彼の足元に投げつけている。きっと彼は，なろうことならそこにとどまり，死者たちを目覚めさせ，破壊されたものを寄せ集めて繋ぎ合わせたいのだろう。ところが楽園から嵐が吹きつけていて，それが彼の翼にはらまれ，あまりの激しさに天使はもはや翼を閉じることができない。この嵐が彼を，背を向けている未来の方へ引き留めがたく押し流してゆき，その間にも彼の眼前では，瓦礫の山が積み上がって天にも届かんばかりである。私たちが進歩と呼んでいるもの，それがこの嵐なのだ。」（Benjamin 1974=1995: 653）

歴史の天使は，歴史の流れの外に立って歴史を俯瞰している歴史の神ではない。歴史の内に立ち，歴史の嵐を翼に受け止めながら，過去に目を向けている。野家は，このように歴史の内に立って，歴史を振り返ったときに現れてくる歴史の姿を，「歴史の側面図」と対比して，「歴史の正面図」（野家 2005: 128）と呼んでいる。それは線分上に一列に配列された出来事の連鎖としての歴史ではない。それは「私に記憶され，伝聞され，想像された限りでの過去像」（野家 2005: 133）である。過去を振り返るとき，懐かしい死者の顔，名前しか知らない，あるいは名前も知らない死者たちの顔が，あるものは近く，あるものは遠く，あるものはくっきりと，あるものはぼんやりと浮かび上がってくる。そのうちのあるものと突然目が合ってしまったりする。歴史の天使が見ているのはそのような歴史の光景である。そのような歴史の光景を描いたものとして，たとえば画家の香月泰男が戦後，自らのシベリア抑留体験を振り返って描いたシベリア・シリーズをあげることができる。そこには日本の土を踏むことなくシベリアの土となった無数の死者たちの顔が描かれている（図6-2参照）。

　歴史の天使の目に映っている過去は流れ去り過ぎ去ってしまったものではない。それは，過去を振り返る現在のまなざしに映っている過去であり，したがってそ

| FIGURE | 6-1 ● クレー「新しい天使」(1920年) |

(出所) イスラエル美術館所蔵。

れは過去にあるのではなく，現在にあるのである。またそれは完結し，もはや変化しないものではない。それは現在における想起作用と相関して現れるものであるかぎり，つねに生成しつつあり，未完結である。ある日本史シリーズの宣伝コピーがいうように「歴史はいつも新しい」（週刊朝日百科『日本の歴史』）のである（「いいハコ〔1185〕つくろう鎌倉幕府」は旧版発行時点では「いい国〔1192〕つくろう鎌倉幕府」だった）。

　このように歴史が現在における想起によってたえずあらたにつくられていることをよく示しているのは，逆説的であるが，歴史教科書や博物館の歴史展示をめぐって争われる論争である。

| 歴史教科書論争 | 1人の韓国人元「従軍慰安婦」が実名で名乗り出て，日本政府の謝罪と補償を求めたことから歴史教科書論争は始まった。

　1991年，金学順（キムハクスン）は「従軍慰安婦」であったことをはじめて実名で公表し，「日本軍に踏みつけられ，一生を惨めに過ごしたことを訴えたかったのです。日本や韓国の若者たちに，日本が過去にやったことを知ってほしい」と述べて，他の2

FIGURE *6-2* ● 香月泰男「渚〈ナホトカ〉」(1974年)

(出所) 山口県立美術館所蔵。

人の元「従軍慰安婦」とともに，日本政府の謝罪と補償を求めて東京地裁に提訴した。金学順は1997年に判決を待たずに亡くなり，2004年11月，最高裁は彼女らの請求を棄却する判決を下した。しかし，彼女の証言がもたらした帰結は一片の判決をはるかに越えて巨大なものであった。

　金学順の発言に心を動かされ，従軍慰安婦問題の研究を始めた歴史学者吉見義明が，1992年，日本軍が「慰安所」の設置に関与していたことを示す公文書を発見し，日本政府もこれを認め，公式に謝罪した（吉見1995）。その後日本政府は自ら調査を行い，93年に，「慰安所」の設置・管理に日本軍が関与していたこと，「慰安婦」の徴集・使役に強制があったことを認める調査結果を公表し，元「慰安婦」に「心からお詫びと反省の気持ちを申し上げる」とする官房長官談話を発表した。この官房長官談話を受けて，97年度版のすべての中学校歴史教科書に「従軍慰安婦」に関する記述が載せられた。

　一方，「従軍慰安婦」に関する記述の削除を求める研究者を中心として，1997年「新しい歴史教科書をつくる会」が結成され，2001年には同会によって編集された中学校歴史教科書『新しい歴史教科書』が検定に合格する。その後，2012年度版のすべての中学校歴史教科書でいったん「従軍慰安婦」に関する記述がな

くなるが，2010年に「子どもと学ぶ歴史教科書の会」が結成され，同会によって編集された，「従軍慰安婦」に関する記述を含む中学校歴史教科書が2015年新たに検定に合格する。この間，『新しい歴史教科書』の採択ならびに「従軍慰安婦」に関する記述を含む教科書の採択をめぐって，それを推進しようとする運動と阻止しようとする運動が激しく衝突してきた。

また「従軍慰安婦」をめぐる論争は歴史教科書の問題にとどまらず，戦争責任をめぐる論争（加藤 1997; 髙橋 1999; 小森・髙橋編 1998; 安彦ほか編 1999）や，さらには歴史とは何か，歴史を認識するとはどういうことか，それはどういう方法論によってなされるべきなのか，という歴史認識そのものの根本的な問い直し（上野 1998; 日本の戦争責任資料センター編 1998; 髙橋 2001）へと広がっていった。

さらに「従軍慰安婦」をめぐる問題は日本国内にとどまらず，近隣諸国との外交関係にも大きな影響を及ぼしている。2011年にソウルの日本大使館前に設置された「慰安婦像」は日韓の大きな外交問題に発展した。

1人の元「従軍慰安婦」の証言が投じた波紋はまことに巨大であったといわなければならない。ここでは歴史は過ぎ去った過去の出来事ではなく，現在進行中の出来事なのである。

原爆展論争

アメリカの国立航空宇宙博物館が計画した原爆展が引き起こした論争もまた，歴史が現在における闘争の場であることを示している。

ワシントンにあるスミソニアン協会の国立航空宇宙博物館は，戦後50周年の1995年に原爆投下機エノラ・ゲイ号の展示を行うことを計画した。博物館が当初計画した展示の方針はエノラ・ゲイを「歴史的文脈の中で展示する」（Harwit 1996=1997: xi）ことであった。この方針に沿って，当初の計画では，修復されたエノラ・ゲイの胴体前部を展示する第3部「原爆の運搬」を中心として，その前に，太平洋戦争の最終局面を描く第1部「終戦への戦い」と，トルーマン大統領による原爆投下決定の経緯を検証する第2部「原爆投下の決定」がおかれ，第3部をはさんで，第4部では，原爆投下がもたらした被害が，広島平和記念資料館と長崎国際文化会館（当時）から貸し出される被爆資料や写真によって具体的に示され，最後に原爆投下によって開始された戦後の冷戦と核開発競争を描く第5部「ヒロシマ・ナガサキの遺産」が続くことになっていた。

この展示案が明らかになると，退役軍人団体・マスコミ・議会から激しい反対が巻き起こった（Harwit 1996=1997; Linenthal & Engelhardt eds. 1996=1998）。

FIGURE 6-3 1993年7月の展示案

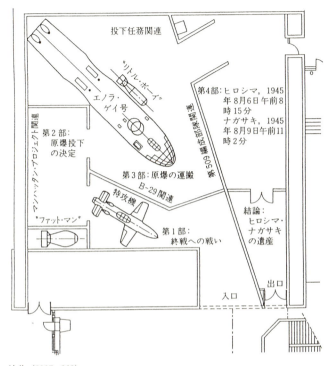

(出所) 油井 (2007: 262)。

　戦後のアメリカでは，原爆投下は太平洋戦争を早期に終結させるために不可欠であったものであり，原爆投下が日本を速やかに降伏に導いたことによって，もし戦争が長引き，日本本土への上陸作戦が行われていたら犠牲になっていたはずの100万人のアメリカ軍兵士の命ばかりか，多数の日本軍兵士と市民たちの命も「救った」のだと信じられてきた (Lifton & Mitchell 1995=1995)。この見方によれば，エノラ・ゲイは約35万人の人びとが暮らす都市の上に原爆を投下し，約14万人の命を奪った爆撃機ではなく，自由と民主主義を守るための正義の戦いに勝利をもたらし，数百万人の命を「救った」記念すべき飛行機なのである。

　この見方からすれば，原爆投下がもたらした被害を，焼け焦げた少女の弁当箱や学生服，溶けたロザリオやマリア像などで具体的に示し，「原爆投下がなかっ

FIGURE 6-4 ●エノラ・ゲイ号

1945年8月6日，広島に原爆を投下したB29爆撃機エノラ・ゲイ号。現在，完全に修復されて，ワシントンDC近郊にある国立航空宇宙博物館別館に展示されている。銀色に輝く機体は何を物語るのだろう（2007年）

た場合，本土侵攻は不可避であったか」「原爆投下決定は正しかったか」と問うこの原爆展は「歴史を書き直す」ものと映った。1994年9月には上院は満場一致でスミソニアン糾弾決議案を可決した。その決議案には次のような言葉が並んでいる。

「第二次世界大戦においてエノラ・ゲイ号は，戦争を慈悲深く終わらせる力となり，それによってアメリカ人ならびに日本人の命を救うという記念すべき役割を果たした。国立航空宇宙博物館エノラ・ゲイ展の現在の展示台本は修正主義的であり，第二次世界大戦の多くの退役軍人に対して無礼である。……米国の軍事紛争における役割を記念するにあたって，国立航空宇宙博物館は連邦法の下に，歴史をその時代の正しい文脈の中で描く義務を負っている。以上の事実にかんがみ，ここに上院はその総意により，エノラ・ゲイ号に関する国立航空宇宙博物館のいかなる展示においても，第二次世界大戦時に合衆国のために誠実かつ献身的に尽くした兵士男女に対して適切な配慮を示すべきこと，また，自由のために命を捧げた兵士の記憶を非難することは

避けるべきことを決議する。」(Harwit 1996=1997: 301-02)

　これらの反対を受けて博物館は展示台本の修正を重ねたが，退役軍人団体の反対は収まらず，1995年1月原爆展は中止が決定された。戦争の歴史を展示する計画は皮肉にも「歴史をめぐる戦争」(Linenthal & Engelhardt eds. 1996=1998: 10) の戦場となったのである。当初計画された原爆展にかわって，95年6月から開催されたエノラ・ゲイ展は，当初の展示案の第3部にほぼ相当し，そこではエノラ・ゲイの銀色に輝く機体が「歴史的文脈」から切り離されて展示された。そこにはもちろん被爆資料も，「原爆投下決定は正しかったか」という問いもなかった。この論争もまた，過去が現在の一部分であり，現在のうちに生きていることを物語っている。

歴史社会学

　歴史が「側面図」と「正面図」という2つの顔をもつことに対応して，歴史と社会学の関係もまた2通りある。

　まず「側面図」としての歴史，すなわち過去の出来事の連鎖としての歴史に対応しているのが歴史社会学である。歴史社会学は出来事のクロノロジカルな連鎖としての歴史を前提として，そのなかからある出来事を選び出し，連鎖をさかのぼって，その出来事の原因となった出来事を見つけ出したり，あるいは連鎖を下ってその出来事が生み出した結果を明らかにしようとする (Skocpol ed. 1984=1995)。

　M.ウェーバーの『プロテスタンティズムの倫理と資本主義の精神』を例にとって具体的にみてみよう。「いったい，どのような諸事情の連鎖が存在したために，他ならぬ西洋という地盤において，またそこにおいてのみ，普遍的な意義と妥当性をもつような発展傾向をとる……文化的諸現象が姿を現わすことになったのか」(Weber 1920a=1972: 5)というウェーバーの問いは，歴史社会学の問いのもっとも古典的な定式化である。

　ウェーバーがここで西洋においてのみ出現した「普遍的な意義と妥当性をもつような発展傾向をとる……文化的諸現象」といっているのは合理主義のことである。なかでも「近代西洋においてわれわれの生活を支配しつつあるもっとも運命的な力」(Weber 1920a=1972: 9)である近代資本主義である。ウェーバーは，近代西洋という特定の時代と特定の地域に出現した近代資本主義を，世界中のあらゆる地域のあらゆる時代に存在した，たんなる利潤追求という意味での資本主義一般から区別し，その示差的特徴を，そこで働く人間たちのエートス（精神構造）

に求め,それを「資本主義の精神」と名づけた。それは,貨幣の獲得を,何かの手段としてではなく,それ自体自己目的として追求することを,義務と見なすような精神的態度のことである。ウェーバーが出来事の連鎖のなかから選び出しその由来を訪ねようとしている現象とはこの「資本主義の精神」である。

ウェーバーは「資本主義の精神」を生み出す原因となった出来事を訪ねて出来事の連鎖をさかのぼっていく。もちろんある現象を生み出した原因は無数であるし,原因をどんどんさかのぼっていけば,どんな現象の原因も「ビッグバン」に行き着いてしまう。したがって,どの方向にどこまで原因をたどるかは研究者の問題関心によって決まる。ウェーバーは「資本主義の精神」の形成に宗教的信仰が与えた影響を重視して,因果連鎖の網の目を宗教的要因の方向に向かってたどっていく。そしてウェーバーがたどり着いたのは,論文のタイトルが示しているとおり,「プロテスタンティズムの倫理」であった。地上に神の栄光を増すために,あらゆる「世の楽しみ」を断念して,神から授けられた使命としての職業労働に献身するプロテスタントの「世俗内的禁欲」という生活態度こそが,「資本主義の精神」を生み出すもととなったものである。

ウェーバーはたしかに「資本主義の精神」の成立をプロテスタントたちの「世俗内的禁欲」にさかのぼって説明しているが,これは,プロテスタントたちが近代資本主義を生み出すことを意図していたとウェーバーが考えていたことを意味するわけではない。「宗教改革の文化的影響の多くが……改革者たちの事業から生じた,予期されない,いやぜんぜん意図されなかった結果であり,しばしば,彼ら自身の念頭にあったものとは遥かにかけはなれた,あるいはむしろ正反対のものだった。このことはあらかじめ確認しておかねばならない」(Weber 1920b=1989: 134)とウェーバーはいうのである。『プロテスタンティズムの倫理と資本主義の精神』は,あらゆる欲望を肯定する近代資本主義が,宗教的理想の実現のためにあらゆる欲望を犠牲にしたプロテスタントたちの禁欲から生まれたという壮大な歴史のパラドクスを描いているのである(山之内1997)。

このように出来事の連鎖をさかのぼって「資本主義の精神」の由来を明らかにしたウェーバーは,こんどは出来事の連鎖を下って,「資本主義の精神」が何を生み出したのかを問う。そして,ウェーバーがそこに見いだしたのは「鉄の檻」(Weber 1920b=1989: 366)であった。たしかに近代資本主義が成立するためには「資本主義の精神」に支えられた禁欲的な職業労働が不可欠であった。しかし,いったん近代資本主義が成立してしまえば,近代資本主義はもはやその支えを必

要としない。いまや「鉄の檻」と化した近代資本主義は，そのなかで暮らす囚人たちを，好むと好まざるとにかかわりなく，職業労働へと駆り立てる。ウェーバーによれば，「ピュウリタンは天職人たらんと欲した――われわれは天職人たらざるをえない」（Weber 1920b=1989: 364）のである。

歴史の社会学

　『プロテスタンティズムの倫理と資本主義の精神』が古典的な事例を提供している歴史社会学が歴史の「側面図」に対応しているのに対して，歴史の「正面図」，すなわち現在から過去を振り返ったときに立ち現れてくる過去像としての歴史に対応しているのが歴史の社会学である。歴史社会学が過去に起こった出来事を明らかにしようとするのに対して，それは，人びとが過去に起こった出来事を現在どのようにとらえているのか，またそれに基づいて現在どのように行動しているのかを明らかにしようとするものである。それが対象としているのはあくまで現在の出来事である。

　過去が現在のうちに立ち現れてくる場はすでに例にあげた歴史教科書や博物館の歴史展示だけではない。NHKの朝の連続テレビ小説や大河ドラマを見たり，司馬遼太郎の歴史小説を読んだり，記念碑や慰霊碑を建てたり（あるいは倒したり），歴史的建造物の保存運動をしたり，昭和30年代を再現した商業施設を訪れたり，靖国神社に参拝したり，広島を訪れて，平和記念式典に参加したり，被爆者の証言を聞いたり，あるいは戦友会や同窓会に出席したり，家族でアルバムを眺めたり，祖父母の昔話を聞いたり，自分史を書いたりするとき，これらの無数の行為と相関して歴史が今ここにおいて作り出されるのである。この意味では，ある歴史学者が述べているように，「人は誰もみな歴史家」（Morris-Suzuki 2005=2004: 300）なのである。そして，これらの歴史が再び現在における人びとの行動に影響を与え，現在を作り変えていく。歴史の社会学はこの現在のうちに生きている歴史を明らかにしようとするのである。

2 集合的記憶

　歴史の社会学が現在のうちに生きている過去を明らかにしようとするとき，それは心理学という隣人に出会うことになる。なぜなら現在のうちに過去を保持する働きは記憶と呼ばれ，記憶は一般的に心理学の研究分野と見なされているからである。第2節では，

社会学において先駆的に記憶について論じたM. アルヴァックス（1877-1945）の集合的記憶論を取り上げて，心理学における記憶研究と比較しながら，社会学的な記憶研究の特徴を整理しておこう。

まず1つの記憶実験を取り上げてみよう（筆者が学生の頃に被験者となったことのある実験である）。実験室に入り，机の前の椅子に座る。机の上にはダンボール箱大の箱が置かれ，のぞきからくりのようにのぞき穴が2つ開けられている。それをのぞくと，「キニ」「ネヒ」のような意味のないカタカナ2文字の組み合わせが一定の間隔で次々に現れる。見終わると，覚えている言葉を実験者に告げるように言われる。今から振り返ると，自由再生法を用いた短期記憶についての実験であったことがわかる。この実験によって，呈示された言葉の系列のなかで言葉が占めている位置（系列位置）によって再生率がどのように異なるかを示す系列位置曲線が得られる。リストのはじめのほうに出てきた言葉と終わりのほうに出てきた言葉の再生率が高いことが知られている（無藤ほか 2018: 88）。

初歩的で単純な実験であるが，そのためにかえってそこで前提とされている記憶概念が容易に見て取れるという利点がある。

まずここでは，記憶は個人的な現象と見なされている。

心理学では，一般に，記憶は記銘・保持・想起の3段階からなるものとして考えられている（無藤ほか 2018: 84-86）。すなわち，私たちがパソコンにデータを入力し，USBメモリなどの記憶媒体に保存し，それを再び取り出すのと同様，記憶は，情報を覚え（記銘），脳に貯え（保持），それを思い出す（想起），一連の情報処理過程としてとらえている。そして，この実験では，これら3つの段階はすべて他者から切り離された孤独な個人の営みとしてなされる。まず記銘は被験者が1人のぞき窓をのぞきこむことによってなされ，したがって保持がなされるのも被験者の脳のなかであり，それを被験者は1人頭をふりしぼって想起しなければならない。この実験で測定されているのは，被験者が1人で記銘し，保持し，想起した個人的な記憶である。

しかし，このような記憶のあり方は，実験室のなかで人工的に作り出されたものであり，実験室を一歩出れば，むしろ例外的である。もちろん，試験のときのように，1人で暗記した答えを，1人頭をふりしぼって思い出さなければならないような状況は，実験室の外でもあるだろう。だが，日常生活においては，私たちは誰かとともに出来事を経験することがふつうであるし，また何かを思い出す際にも，私たちは素手で1人頭をふりしぼって思い出すのではなく，写真やメモ

のような手がかりに頼り，あるいはもっとてっとり早く誰かに「あれ，どうだったっけ」と尋ねるだろう。すなわち，日常生活のなかでは，私たちは他者とともに出来事を記銘し，他者とともにアクセスできる公共的な手がかりのなかにそれを保持し，そしてそれらの手がかりを用いながら他者とともに再びそれを想起するのである。このような日常生活における記憶のあり方を，フランスの社会学者アルヴァックスは集合的記憶と呼んだ。家族で行った旅行を，そのときに撮った写真を見ながら，また家族で思い出すというような場面が典型的だろう。社会学が関心をもつのは，実験室のなかでの孤独な個人の営みとしての記憶ではなく，このような日常生活における集合的な営みとしての記憶である。

集合的記憶 以下では，アルヴァックスの集合的記憶論の要点を整理しておこう。

第1に，アルヴァックスの集合的記憶論は，すでに述べたとおり，記憶という現象を，個人的現象としてではなく，他者とともに記銘し，他者とともに想起するという，集合的な現象としてとらえるものである。アルヴァックスによれば，「人が思い出すのは，自分を一つないし多くの集団の観点に身を置き，そして一つないし多くの集合的思考の流れの中に自分を置き直してみるという条件においてである」(Halbwachs 1950=1989: 19)。アルヴァックスにおいても，思い出すのは個人である。しかし，個人は集団の一員として，集団の「記憶の枠組み」を用いて過去を想起するのである。

現在主義 心理学の記憶概念にしたがえば，私たちが経験した過去の出来事の記憶は，脳のなかのどこかに保存されており，私たちはそれを，ときに正しく，ときに間違って再生しているということになる。

アルヴァックスは，記憶が「心」のなかのどこかに保存され，それが再生されるというこの考え方を批判する。「脳の中のどこかか，心の片隅のどこかに，私だけが近づくことのできる記憶の保存場所を探そうとしても無駄である」(Halbwachs 1925=1992: 38)。アルヴァックスによれば，記憶とは「心」のなかのどこかに保存されている過去を正しく，または間違って再生する営みではない。過去を振り返るそのたびに，現在の視点で過去を再構成する営みなのである。L. A. コーザーはアルヴァックスのこのような考え方を「現在主義」(Coser 1992: 25)と呼んでいる。

「過去は実際にはそれ自体として再生するのではない。あらゆることがら

が示唆しているように思えるのは，過去は保存されるのではなく，現在の基盤のうえで再構成される，ということである。」(Halbwachs 1925=1992: 39-40)

心理学の記憶研究では，記銘・保持・想起の全過程が対象とされるのに対して，アルヴァックスの集合的記憶の概念は，この3つの段階のうち，もっぱら想起に焦点を当てたものである。この意味では，アルヴァックスの集合的記憶の概念は「集合的想起」と呼ぶほうがより正確である。

このことは，心理学が実験室のなかで記憶を研究し，社会学が日常生活のなかでの記憶を研究するという，両者が記憶を研究する際の条件の違いとも関わっている。心理学の記憶研究では，何が記銘されるかが実験室のなかで厳格にコントロールされている。先ほどの実験では，実験者は，当然，被験者に呈示する言葉のリストをもっている。すなわち，心理学者は何が記銘されたかについて「正解」をあらかじめもっており，被験者が想起した言葉はこの「正解」と照合されて，「再生率」が計算される。だが，日常生活では，このように記銘の条件を厳格にコントロールすることは不可能であり，想起の内容を照合できる「正解」をもっている人間はいない。むしろ私たちは想起内容を互いに突き合わせながら，他者とともにそのつど手探りで「正解」を作り出しているのである。そして，心理学者といえども，実験室を一歩出れば，「正解のない世界」(高木 2006: 85) で想起の研究に取り組まなければならない点では変わりはない (佐々木編 1996)。

記憶の物質性・空間性

過去が「心」のなかに保存されているのではないとすれば，私たちはどのようにして過去を想起することができるのだろうか。アルヴァックスによれば，過去は物質や空間のなかに保存されているのである。

「もし過去が実際にわれわれを取り囲む物的環境によって保持されていなければ，過去を取り戻せるということは理解されないだろう。……しかじかの部類の想い出が再生されるために，われわれの思考が凝視しなければならないのは，この空間なのである。」(Halbwachs 1950=1989: 182)

すでに述べたように，日常生活で何かを思い出そうとするとき，私たちはメモや手帳，日記や写真などの外部記憶装置に頼る。だが，それだけではない。たとえば，何かを探している最中に，何を探していたのか忘れてしまうことがあるが，そういうとき私たちは探し物を始めた場所に戻ってみる。そうするとたいてい何を探していたのかを思い出すのである。また子どもの頃過ごした場所を訪れると，

> COLUMN　**6-1 記 憶 術**

　記憶術とは古代ギリシャにおいて演説家が長い演説を暗記するために発達した雄弁術の一部であった。それは場所とイメージを結びつけることからなっていた（Yates 1966=1993）。
　記憶術の第1段階は場所のシステムを記憶することであった。演説者は，現実の建築物でも，架空の建築物でもよいが，ある建築物の前庭・玄関・客間・居間・寝室等々を，彫像や装飾品も含めて，まず頭にたたきこむのである。これがイメージを書き込むための「蠟引書板」となる。続いて，演説者は，蠟引書板に文字を書き込んでいくように，この建築物のなかのそれぞれの場所に，演説で取り上げる事柄のイメージを順番に配置していく。そして，演説するときには，頭のなかでこの建築物のなかを順に移動し，それぞれの場所に預けておいたイメージを次々に請け出すことによって，順番をまちがえることなく正確に長い演説を行うことができたのである。そして，蠟引書板に書かれている文字を消せば，そこにまた新しい文字を書くことができるように，それぞれの場所に配置されていたイメージを消せば，そこにまた新しいイメージを配置することができた。
　記憶術は，印刷術もコンピュータもなかった古代において，想起と空間の密接な結びつきを利用して，記憶力を強化しようとしたものであった。

その頃のことが一度によみがえってくるということもよく体験することである。これらの経験は想起が空間と密接に結びついていることをよく示している。古代の記憶術はこの想起と空間の密接な結びつきを利用したものであった（コラム6-1参照）。

　また昔聴いた音楽をたまたま耳にしたり，何かを食べたり，何かのにおいをかいだときに，突然昔のことを思い出すことがある。これらは想起と物質の密接な関わりを示す例である。有名なのは，M．プルーストの『失われた時を求めて』のなかで，主人公が紅茶にひたしたマドレーヌのかけらを口に含んだとたんに，子どもの頃，叔母がマドレーヌをひたした茶をすすめてくれたことを突然思い出し，それとともに子ども時代の記憶の大伽藍が出現する場面である（TEXT IN TEXT6-1）。

　このように過去が物質や空間のなかに保持されているということが，社会学が記憶を研究する際の方法論とも関連してくる。社会学は，記憶を研究するとき，心理学のように被験者の頭のなかをのぞきこもうとするのではない。社会学は，

> **TEXTinTEXT 6-1 ● 無意志的記憶**
>
> 「私が,ぼだい樹花を煎じたものにひたして叔母が出してくれたマドレーヌのかけらの味覚だと気がついたとたんに,……たちまち,表通に面していてそこに叔母の部屋があった灰色の古い家が,芝居の舞台装置のようにあらわれて,それの背後に,庭に面して,私の両親のために建てられていた,小さな別棟につながった,……そしてこの母屋とともに,朝から晩にいたるあらゆる天候のもとにおける町が,昼食までに私がよく送りだされた広場が,私がお使に行った通が,天気がいいときにみんなで足をのばした道筋が,あらわれた。そしてあたかも,水を満たした陶器の鉢に小さな紙きれをひたして日本人がたのしむあそびで,それまで何かはっきりわからなかったその紙きれが,水につけられたとたんに,のび,まるくなり,色づき,わかれ,しっかりした,まぎれもない,花となり,家となり,人となるように,おなじくいま,私たちの庭のすべての花,そしてスワン氏の庭園のすべての花,そして教会,そしてヴィヴォーヌ川の睡蓮,そして村の善良な人たちと彼らのささやかな住まい,そして教会,そして全コンブレーとその近郷,形態をそなえ堅牢性をもつそうしたすべてが,町も庭もともに,私の一杯の紅茶から出てきたのである。」M. プルースト『失われた時を求めて』(Proust[1913]1954=1992: 79)
>
> ● 視点と課題 ●
>
> プルーストはこのような記憶を「無意志的記憶」と呼び,「理知の記憶」「意志的記憶」から区別する。プルーストによれば,「過去を喚起しようとつとめるのは空しい労力であり,われわれの理知のあらゆる努力はむだである。過去は理知の領域のそと,その力のおよばないところで,何か思いがけない物質のなかに(そんな物質があたえてくれるであろう感覚のなかに)かくされている」(Proust[1913]1954=1992: 74)のである。

過去が刻まれた空間や物質の配置,またそれらをめぐって営まれる人びとの活動の編成を観察することを通して,記憶を研究するのである。

歴史への越境 この記憶の物質性・空間性と先ほどの現在主義から導き出される1つの重要な帰結について述べておこう。それは,空間や物質のなかに残された痕跡を手がかりとして,現在の視点から,過去が再構成されるのであるとすれば,過去の出来事を想起する主体はその出来事を経験した当事者には限られないということである。記銘・保持・想起というモデルで記憶を考えるかぎり,ある出来事について想起することができるのは,その出来事を記銘した人,すなわち直接であれ間接であれその出来事を経験した当事者だけであるということになる。心理学の記憶概念にしたがうかぎ

> **COLUMN** *6-2* 記憶のかたち
>
> 　歴史の側から記憶へと越境する試みもある。歴史学では，記憶は，これまで一般的に，他の史料とともに歴史の素材の1つ（しかもあまりあてにならないもの）ととらえられるか，主観的で不正確な前科学的な歴史認識と見なされるかのいずれかであり，いずれにせよ記憶と歴史は明確に区別されてきた。最近になって，歴史そのものを記憶の一形態としてとらえる見方が歴史学のなかから現れてきている。歴史学者によって編集された『記憶のかたち』（阿部ほか編 1999）は，「過去を認識しようとするあらゆる営み，そしてこの営みの結果得られた過去の認識のあり方」（阿部ほか編 1999: 7）を「記憶」と呼び，学術的な歴史もまた記念行事や銅像などと並ぶ「記憶のかたち」の1つとしてとらえている。そして，「これらの『かたち』にはいかなる過去の認識のあり方が表現されていたのか，これらの『かたち』はいかなるプロセスを経て成立したのか，これらの『かたち』を人々はいかに受容し，いかなる意味を見出したのか」（阿部ほか編 1999: 5）が問われる。これらの問いは「記憶の歴史学」と呼べる研究領域を切り開くものである。

り，自分が経験していないことを想起するということはありえない。もしそのようなことがあるとすれば，それは幻想にほかならない。だが，記憶が誰でもアクセス可能な物質や空間を手がかりとして，集団の「記憶の枠組み」を用いて現在の基盤の上で過去を再構成することであるとするなら，想起の主体は必ずしもその出来事を経験した当事者でなくてもよいことになる。この点は，心理学の記憶概念と比べたときの，集合的記憶概念の最大の特徴である。

　「パール・ハーバー」を思い出すのは，1941年12月7日（現地時間）に実際に真珠湾攻撃に遭遇した人たちや，当時ラジオや新聞でそれを間接的に知った人たちだけではない。毎年12月7日（ナショナル・パール・ハーバー記念日）にアメリカ各地で開かれる記念式典に参加したり，それを報道するテレビ番組を見たり，アリゾナ号記念館を訪れたり，映画『パール・ハーバー』を見たりする戦後生まれのアメリカ人たちもまたやはり「パール・ハーバー」を思い出すのである（細谷ほか編 2004）。また「ヒロシマ」を思い出すのも，1945年8月6日に実際に広島で被爆した人たちや，ラジオや新聞で当時間接的に「新型爆弾」について知った人たちだけではない。毎年8月6日に開催される平和記念式典に参加したり，

それに関連する新聞報道やテレビ番組を見たり，広島を訪れて原爆ドームを見上げる戦後生まれの日本人たち，日本人ばかりではなく，無限に複製されるきのこ雲の写真を見る世界中の人たちが，「ヒロシマ」を想起するのである。このとき集合的記憶の概念は，個人的記憶の射程を越えて，歴史の領域へと越境していく。

生きている歴史

だが，このとき姿を現す歴史とは歴史の「側面図」ではない。それは，私たちが現在において過去を振り返るときに現れてくる歴史の情景，歴史の「正面図」である。

アルヴァックスは，歴史家によって書かれ，学校や書物で学ばれる「書かれた歴史」と区別して，集合的記憶を「生きている歴史」（Halbwachs 1950=1989: 66）と呼んでいる。それは，自分自身の子どもの頃の経験として，また両親や祖父母から伝えられた経験として，あるいは物質や空間のなかに残されたさまざまな痕跡をとおして，すなわち雑誌や書物，絵画や彫刻，家具や部屋の配置，建物や街路などをとおして，想起される歴史，言い換えれば，正面図としての歴史である。このとき，集合的記憶の社会学は，第1節で述べた歴史の社会学と実質的に重なることになる。

生きている歴史の特徴を2つあげておこう。

まず，生きている歴史は複数ある。なぜなら「すべての集合的記憶は空間においても時間においても有限な集団に支えられて」（Halbwachs 1950=1989: 94）おり，したがってそのような集団がたくさんあるのに応じて，「集合的記憶［も］たくさんある」（Halbwachs 1950=1989: 93）からである。

また，生きている歴史は，集団の「記憶の枠組み」を用いてそのつど再構成される歴史であることから，記憶の枠組みが時間とともに変化していくのにつれて，たえず書き換えられていくという性質をもつ。古い枠組みを用いて再構成された歴史のなかで前景にあった要素が，枠組みの変化にともなって，後景にしりぞき，そのかわりに新しい要素が前景に登場してくる。あるいは，忘れられていた要素が，突然，前景に現れてくることもある。また古い要素のうえに新しい要素が重ね書きされる場合もある。生きている歴史は，文字どおり，生きているのである。

アルヴァックスは，生きている歴史が書き換えられる際に，しばしば歪曲や忘却がともなうことを指摘している。アルヴァックスによれば，「社会を構成するさまざまな集団はつねに自分たちの過去を再構成することができるが，再構成を行なうとき，それらの集団はひじょうにしばしば過去を歪曲する」（Halbwachs 1925=1992: 182）。たとえば，「社会は，諸個人を分裂させ，諸集団をたがいに引

TABLE 6-1 ● 心理学と社会学の記憶研究の特徴		
心 理 学	社 会 学
実験室のなかの記憶	日常生活のなかの記憶
個人的記憶	集合的記憶
個人で記銘	集団で記銘
脳のなかに保持	物質・空間のなかに保持
個人で想起	集団で想起
当事者の記憶	当事者・非当事者の記憶
正解あり	正解なし

き離すおそれのあるものはすべて記憶から消し去る傾向をもち，……またたえず変化する均衡のための条件に適合するようなしかたでつねに想起を再編成している」(Halbwachs 1925=1992: 182-83)。

最後にもう一度，これまでみてきた心理学と社会学の記憶研究の特徴を整理しておこう（表6-1）。

それでは，実際に，記憶というフィールドに出かけることにしよう。

SECTION 3 記憶というフィールド

記憶の場

もう一度，社会学の記憶研究の方法論を確認しておこう。社会学は，心理学のように被験者の頭のなかをのぞきこむことによってではなく，過去の痕跡が刻まれた空間や物質の配置，またそれらをめぐって営まれる人びとの活動の編成を観察することを通して，記憶を研究するのであった。

フランスの歴史家P.ノラは，「集合的記憶が根付いている重要な『場』」(Nora 1996=2002: 15) を記憶の場と呼んでいる。「記憶の場」には，物質的な場（史跡や歴史的建造物，博物館や記念碑，銅像や絵画など），機能的な場（戦友会や同窓会など），象徴的な場（葬儀や記念行事，黙禱など）がある (Nora 1984=2002: 48)。これらの場は重複していることも多い（同窓会は組織としては機能的な場であるが，同窓会館という物質的な場で1年に1度開かれる総会は象徴的な場である）。また，これにマンガや写真，テレビや映画などのメディアも重要な記憶の場として付け加えておかなけ

第6章 歴史と記憶

ればならない（Morris-Suzuki 2005=2004；伊藤 2005；大石 2005）。この言葉を用いていえば，社会学はこれらの「記憶の場」とそれに関わる人びととの活動を観察することによって，記憶を研究するのである。

　アルヴァックスもまた，エルサレムやパレスチナに残されているキリスト教の聖地とキリスト教徒の集合的記憶の関係を具体的に考察している。キリスト教は，キリスト教がローマ帝国の国教となって以来，福音書に書かれているさまざまな超自然的な出来事を空間のなかに書きこんでいった。そして，今日でも，キリスト教徒は，ナザレの受胎告知教会，ベツレヘムの聖誕教会，最後の晩餐の部屋，イエスが逮捕されたゲッセマネの園，イエスが十字架を担いで歩いたヴィア・ドロローサ（悲しみの道），イエスが十字架に架けられたゴルゴダの丘に建つ聖墳墓教会，オリーブ山の昇天教会などの聖地をめぐることによって，イエスの生涯をたどることができる。アルヴァックスによれば，「福音書の全歴史は地面の上に書かれているのである」（Halbwachs 1950=1989: 205）。

　ここでは，そのような記憶の場の例として，原爆展論争の舞台となったワシントンDCと，広島を取り上げることにしよう。ヒロシマの記憶もまた地面の上に書き込まれているのである。

ワシントンDC

原爆展論争はおもに新聞・雑誌・ラジオ・テレビなどのメディアを舞台として争われた論争であった。だが，それは同時に現実の空間のなかで争われた論争でもあった。そして，じつは空間そのものもこの論争において大きな役割を演じていたのである。たとえば，原爆展を企画した国立航空宇宙博物館の建物とスミソニアン糾弾決議案を可決した上院が入っている連邦議会議事堂とは1kmと離れていない。実際，国立航空宇宙博物館の窓から見ると目の前に連邦議会議事堂の建物がのしかかるようにそびえたって見える。

　ワシントンDCの地図を見てみよう（図6-5）。

　連邦議会議事堂から西へ伸びる「モール」と呼ばれる緑地帯の両側に，ナショナルギャラリー，国立航空宇宙博物館，国立アメリカ歴史博物館など，スミソニアン協会傘下の美術館や博物館が並び，その先に約170mの高さのワシントン・モニュメントがそびえたっている。さらにまっすぐ西へ行くと，正面にリンカーン・メモリアルがあり，巨大なリンカーンの座像が，ワシントン・モニュメントをはさんで，連邦議会議事堂と向かい合っている。ワシントン・モニュメントから南へ行くと，ジェファーソン・メモリアルがあり，ジェファーソンの立像が，

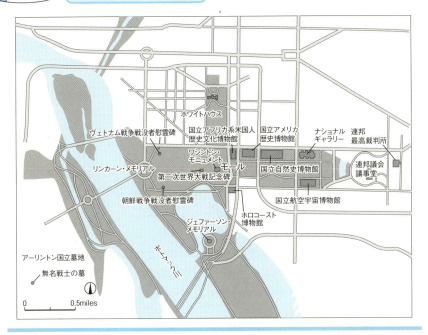

FIGURE 6-5 ● ワシントン DC 中心部

ワシントン・モニュメントの北にあるホワイトハウスと対峙している。

　リンカーン・メモリアルを越えてポトマック川を渡った向う岸がアーリントン国立墓地である。アーリントン墓地には，南北戦争，第一次世界大戦，第二次世界大戦，朝鮮戦争，ヴェトナム戦争，湾岸戦争，イラク戦争などで戦死した兵士たち，ケネディなどの国民的英雄，24万人以上が埋葬されている。無数の白い小さな墓石が整然と並ぶ墓地のほぼ中央に位置しているのが，B. アンダーソンが「鬼気せまる国民的想像力が満ちている」(Anderson [1983] 1991=1997: 32) と形容した無名戦士の墓である。

　モールにも戦争に関わる記念碑が点在している。リンカーン・メモリアルとワシントン・モニュメントの間には，朝鮮戦争戦没者慰霊碑，ヴェトナム戦争戦没者慰霊碑，第二次世界大戦記念碑があり，ワシントン・モニュメントの近くには，ホロコースト博物館もある。

　この空間はホワイトハウスや連邦議会議事堂や連邦最高裁判所などの国家機構

の中枢が集まる空間であるだけではない。ワシントン，ジェファーソン，リンカーン，ケネディなどの国民的英雄や，建国以来アメリカが戦ってきた数々の戦争で戦死した兵士たちを想起するための多くの記憶の場からなる空間でもある。これらの記憶の場はそれぞれ無関係に存在しているのではなく，相互に結びつき重なり合い「鬼気せまる」ナショナリズムの磁場を作り出している。

エノラ・ゲイの機体は，この磁場に置かれることによって，それ自体も強いナショナリズムの磁力を帯びた記憶の場となる。それは強い力で想起を一定の方向に導こうとする。すなわち，そこで想起されるべきは「自由のために命を捧げた兵士」（上院決議）であった。戦後50周年の記念の年にはことにそうであっただろうことは想像に難くない。当初の展示案では，エノラ・ゲイの機体に続いて展示される予定であった被爆資料は，エノラ・ゲイから投下された原爆の下にいた35万人の人びとと14万人の死者を想起させずにおかないものであり，それは，第二次世界大戦に勝利をもたらし，多くの人の命を「救った」記念すべき飛行機という，エノラ・ゲイの意味づけを根底から揺るがしかねないものであった。

ある退役軍人が語ったという次の言葉が原爆展論争の根底にあった論点をよく表している。「ある退役軍人は，自分がもっとも恐れることは，子どもたちや他の見学者が『アメリカの従軍兵士たちは……戦争挑発屋であったか，血に飢えていたか，あるいは復讐心から行動したのだと感じて展示場を去っていく』ことだ，とわれわれに話してくれた」(Lifton & Mitchell 1995=1995〔下〕: 120, 中略は原著者による)。このような反応は，かりに靖国神社の境内にある遊就館で「従軍慰安婦展」が企画された場合に引き起こされるであろう反応を想像してみれば，私たちにも容易に理解できるであろう。この論争は「歴史をめぐる戦争」(Linenthal & Engelhardt eds. 1996=1998: 10) であっただけではなく，誰が想起されるべきかをめぐって争われた「記憶をめぐる戦争」でもあったのである。

中止された原爆展にかわって開催されたエノラ・ゲイ展の会場には，もはやエノラ・ゲイの意味を揺さぶるような被爆資料は存在しなかった。だが，エノラ・ゲイ展が開催されていた1995年7月，ワシントン市内にあるアメリカン大学では原爆展が開催され，その会場に国立航空宇宙博物館の原爆展で展示される予定であった被爆資料が展示されていたことを付け加えておかなければならない（直野1997）。さらに，その原爆展の期間中，アメリカン大学のキャンパスでは中国人留学生たちによって「日本の侵略展」が開催されていたことも（直野1997）。ここにみられるように，記憶の場は個々ばらばらに存在しているのではなく，相

互に引き付け合ったり，反発し合ったりしながら，全体として複雑な記憶の磁場を形作っているのである。

次に，約1万kmの距離を隔ててワシントンDCのエノラ・ゲイと向き合っている広島に目を転じることにしよう。

広島

1945年8月6日午前8時15分，エノラ・ゲイから投下された原爆は地上580mで爆発し，摂氏百万度を超える火球となり，そこから放出された熱線と爆風，放射線によって，広島はほとんど完全に破壊された。それから70年あまりを経た現在の広島には，原爆ドームと平和記念公園周辺をのぞけば，そのとき現出した「パット剥ギトッテシマッタアトノセカイ」（原民喜）の痕跡はほとんど残っていない。広島は，戦後，原爆の記憶を平和記念公園にいわば空間的に隔離することによって，中・四国地方の中心都市としての復興と，平和記念都市としての建設とを同時に追求してきたといえる。「平和についてはむしろ平和記念公園で考えてほしい」というある広島市職員の言葉はこのことを直截に物語っている（Yoneyama 1999=2005: 79）。

平和記念公園とその周辺には，平和記念資料館から原爆死没者慰霊碑を経て，原爆ドームへと伸びる直線を中心軸として，約7万柱の遺骨が納められている原爆供養塔，原爆の子の像をはじめとする数十もの慰霊碑，国立広島原爆死没者追悼平和祈念館などが点在しており，これらが集積して原爆による被害を想起するための記憶の場を形成している。平和記念公園を訪れた1人の戦後生まれのオランダ人ジャーナリストの経験は，この記憶の場が帯びている強い磁力をよく示している。

「この地を訪れる者，特に白人にとっては——それは必ず外国人であり，たいていはアメリカ人だと日本人は決めてかかっているが——原爆の残したものを忘れることはできない。数多くのモニュメントや史跡の銘板や慰霊碑のせいばかりではなく，平和記念公園を歩くと白色人種は自意識過剰にさせられるからである。つかつかと近寄ってきて，『これはあんたたちのやったことだ。あんたたちは人殺しだ』などと言う無礼な日本人はいない。しかし，引率の先生に促されて近づいてきた生徒たちから，平和についてどう思うかなどと聞かれると，罪ほろぼしの意思表示をするか，少なくとも後悔の言葉を口にしようかという気になる。あなたは，多くの日本人が原爆を落とした張本人だと思っている白人という人種を代表して，平和を宣言するよう求め

られているのだ。」(Buruma 1994=1994: 118)

　なぜこの生徒はまったく見知らぬ白人に「平和についてどう思いますか」などと聞いてみようとしたのであろうか。あるいはこの引率の先生はなぜ生徒たちにそう聞くように促したのであろうか。それは原爆を投下された「日本人」の1人としてであろう。広島平和記念公園の空間は，年齢も性別も国籍も異なるさまざまな人びとを，原爆を投下したのと同じ「白人」にしてしまう力をもっているだけではなく，戦後何十年も経て生まれた生徒たちを「日本人」にしてしまう働きをもっているのである（この同じ生徒が渋谷でこの同じ外国人に出会ったとき突然「平和についてどう思いますか」と話しかけることを想像できるだろうか）。

　原爆の記憶は平和記念公園のなかに空間的に隔離されているだけではなく，時間的にも隔離されている。原爆の被害が集中的に想起されるのは，平和記念公園で平和記念式典が開催される毎年8月6日の原爆忌前後である。原爆忌は中・四国地方の中心都市広島が平和記念都市ヒロシマに姿を変えるときである。その平和記念式典では，毎年，首相が「人類史上唯一の被爆国」である日本の責務を強調する挨拶を読み上げる。また，原爆忌の前後にはテレビの関連番組や新聞の特集記事も集中し，これらのメディアをとおして，広島に限らず，国民的な規模で原爆の被害が想起される。

　原爆忌の広島では，一方で，原爆の記憶を「人類史上唯一の被爆国」日本の記憶として回収しようとする強い力が働くと同時に，それに抵抗しそれを相対化しようとする力も働いている。広島市とその周辺には，学校単位・職域単位・地区単位などで建立された原爆犠牲者の慰霊碑や平和祈念碑が400近くある。原爆忌前後には，それらの慰霊碑の前で慰霊祭や追悼式典が開かれ，また多くの人びとが手を合わせる。それらの1つひとつが原爆を想起するための集合的な「記憶の枠組み」を表しており，それらを「記憶の枠組み」とする原爆の記憶が，互いに支え合ったり，競合したり，反発し合ったりしながら，幾重にも重なり合い，重層的なヒロシマの記憶を形作っている（松尾・根本・小倉編 2018）。

　ここではそのうちの2つだけ取り上げてみよう（浜 2005）。

　平和記念公園のなかに韓国人原爆犠牲者慰霊碑が建っている。亀の形をした台座の上に碑柱が立ち，その上に竜の姿を刻んだ冠が載っている，あきらかに周囲の多くの慰霊碑とは異なる様式をもつ慰霊碑である。それは1970年に在日本大韓民国居留民団広島県本部（当時）によって建てられたものであり，はじめ平和記念公園から本川を隔てた対岸に建てられたが，これを民族差別の象徴としてと

らえ，平和記念公園内への移設を求めてきた在日韓国・朝鮮人による長年の運動の結果，99年に公園内に移設されたものである（Yoneyama 1999=2005: 第5章）。

　原爆による被害を受けたのは日本人だけではなかった。原爆被害者のなかには，被爆当時は「日本国民」であった多くの朝鮮人が含まれていた。広島市・長崎市原爆災害誌編集委員会編『広島・長崎の原爆災害』によれば，日本の植民地政策によって生活基盤を破壊されたために日本に移住したり，1939年以降国民動員計画によって強制的に動員されたりした朝鮮人が，44年末時点で日本全体で約193万人いた（広島市・長崎市原爆災害誌編集委員会編 1979: 350）。このうち約8万人が広島県に居住していた。広島市内の居住者数は不明であり，したがって朝鮮人被爆者数・死亡者数も不明である。韓国人原爆犠牲者慰霊碑は「貳萬餘靈（にまんよれい）」を祀っている。『広島・長崎の原爆災害』は，被爆者数2万5000〜2万8000人，被爆直後の死亡者数5000〜8000人と推定している（広島市・長崎市原爆災害誌編集委員会編 1979: 357）。いずれにせよ約14万人とされる45年末までの死亡者のうち約5％から約15％を朝鮮人が占めていたと考えられるのである。

　毎年8月5日，この韓国人原爆犠牲者慰霊碑の前で韓国人原爆犠牲者慰霊祭が催される。慰霊祭は，韓国国旗に対する敬礼と韓国国歌の斉唱からなる「国民儀礼」で始まり，あらたに死亡した被爆者の名前を加えた死没者名簿の奉納のあと，参加者によって黙禱が捧げられる。続いて在日本大韓民国民団の代表らによって追悼の辞が読み上げられ，そのあとチマ・チョゴリを着た女性合唱団によって「原爆犠牲者慰霊歌」が歌われ，最後に参加者による献花が行われ，閉会となる。かたわらに韓国の国花であるムクゲの花が咲く韓国人原爆犠牲者慰霊碑の前で，国旗・国歌・民族衣装など，韓国の国民的・民族的アイデンティティを象徴するさまざまな要素を配して行われるこの慰霊祭は，原爆の犠牲となって死ななければならなかったばかりではなく，「日本国民」として死ななければならなかった朝鮮人の犠牲者たちの国籍を死後に回復しようとするものであり，原爆の記憶を「唯一の被爆国日本」の記憶として回収しようとする力に抵抗する対抗的なナショナリズムを表現している。

　平和記念公園から約2 km離れた被差別部落A地区には「A地区原爆犠牲者慰霊之碑」が建っている。これは1976年にA地区被爆者の会によって建てられたものである。毎年8月6日午前8時からこの碑の前で「8・6朝の集い」が催される。8時15分，平和記念式典で黙禱が行われる時間に，この碑の前でも参加者によって黙禱が行われる。平和記念公園から約2 kmの距離を隔てて同じ時

刻に行われる黙禱は，原爆の後遺症に苦しまなければならなかっただけではなく，差別とそれがもたらす貧困のなかで生活再建に取り組まなければならなかったこの地区の被爆者たちの経験を表している。ここには「唯一の被爆国日本」の内部にあって，それに抵抗する原爆の記憶がみられる。

記憶の公共圏

集合的記憶は，人びとが共通の「記憶の枠組み」を用いて過去を想起することをとおして，共通の歴史を作り出し，「記憶の共同体」(Bellah et al. 1985=1991: 186) を創出する働きをもつ。記憶の共同体は，一方で，歴史の共有を通して人びとを強く結びつける。だが，それは他方で同じ歴史を共有しない者を排除する働きももっている。また，それは自分たちに都合の悪い過去は忘却する傾向ももっている。アルヴァックスによれば，「社会は，諸個人を分裂させ，諸集団をたがいに引き離すおそれのあるものはすべて記憶から消し去る傾向」(Halbwachs 1925=1992: 182-83) をもつのである。エノラ・ゲイ展は，被爆資料を排除し，原爆が投下された地上で起こった出来事を忘却することによって，原爆の記憶をアメリカの勝利の記憶に変えることができた。だが，エノラ・ゲイ展が開催されていたワシントン市内の大学で原爆展が開催され，また原爆展が開催されていた大学のキャンパスで「日本の侵略展」が開催されていたことを忘れてはならない。原爆忌の広島においても，一方では，原爆の記憶を「唯一の被爆国日本」の国民的な記憶へと回収しようとする求心的な力が働いていると同時に，他方ではそれに抵抗する遠心的な力も働いている。「集合的記憶はたくさんある」(Halbwachs 1950=1989: 93) のである。しかも，それらはたんに空間的に並列してたくさんあるだけではない。第2章で述べたように，私たちがつねに複数の集団の交点に立っているのだとすれば，私たち自身の内にも複数の集合的記憶が同時に存在している。ヒロシマは，私たちの外においてと同時に，私たちの内においても，一方では，私たちを「記憶の共同体」へと動員していく力であると同時に，他方では，異なる複数の記憶からなる記憶の公共圏へと開いていく可能性もまたもっているのである。

2016年5月27日，バラク・オバマ・アメリカ大統領（当時）が現職のアメリカ大統領としてはじめて広島を訪問した。直接的な謝罪の言葉はなかったものの，「安らかに眠ってください　過ちは繰返しませぬから」と刻まれた原爆死没者慰霊碑に献花した。閉じられた「記憶の共同体」から一歩踏み出し，「記憶の共同体」と「記憶の共同体」を架橋する献花であった。

止まった時計

日本の各地で止まった時計が保存されているのを見ることができる。たとえば，広島平和記念資料館には8時15分で止まった時計が保存されているし，神戸市三宮の東遊園地には5時46分で止まった時計を抱いているマリーナ像が立っている。章扉の写真は宮城県名取市の閖上(ゆりあげ)中学校（現在は取り壊されている）の校舎にかけられていた2時46分で止まった時計である。これらはそれぞれ広島への原爆投下時刻（1945年8月6日午前8時15分），兵庫県南部地震（阪神淡路大震災）発生時刻（1995年1月17日午前5時46分），東北地方太平洋沖地震（東日本大震災）発生時刻（2011年3月11日午後2時46分）を指して止まっている。

時計の機能は時を刻み，時刻を表示することによって，人びとの相互行為を時間的に調整することである（第5章第1節参照）。止まった時計はもはや時を刻まない。もはや相互行為を調整するうえで役に立たない時計が保存されているのはなぜだろうか。

5時46分で止まった時計を抱いたマリーナ像が立つ東遊園地では毎年1月17日早朝から阪神淡路大震災の犠牲者を追悼するための記念行事「阪神淡路大震災1.17のつどい」が開催される。5時46分が近づくと，スピーカーからラジオの時報が流され，地震発生時刻の5時46分になると参加者による黙禱が行われる。ノラによれば，黙禱もまた象徴的な記憶の場の1つである。

止まった時計が指したまま動かない時刻と1年間動きつづけた時計が指す時刻が1年に1度重なり，そのとき黙禱が行われる。その黙禱のなかで止まった時計の針が1目盛進み，「あれからまた1年経った」ことを告げる。止まった時計は1年に1度「あれから5年経った」「あれから10年経った」「あれから20年経った」「あれから70年経った」というように，多くの人が亡くなった戦争や災害から積み重なった時間の厚みを告げるのである。それは犠牲者たちがもはや生きることのできなかった時間の厚みであり，生存者たちがそれらの戦争や災害のあと生きてきた時間の厚みである。

動いている時計は生きている人間の間の相互行為を調整するうえで不可欠である。しかし，動いている時計は生き残った人間が死んだ人間と出会うための役には立たない。止まった時計は生き残った人間と死んだ人間が1年に1度出会うための約束の時刻を指している。そして，1年に1度動いている時計が指す時刻と止まった時計が指す時刻が重なるとき，黙禱が行われ，その黙禱のなかで生き残った人間と死んだ人間の間の沈黙の相互行為が生じる。止まった時計は，社会が

生きている人間の間の相互行為だけから成り立っているのではなく，生きている人間と死者の間の相互行為もまた社会を形作っていることを知らせているのである（浜 2017）。

BOOK GUIDE ● 文献案内

● 原典にせまる

① M. アルヴァックス『集合的記憶』小関藤一郎訳，行路社，1989（原著 1950）。
② W. ベンヤミン『パサージュ論』（全5巻），今村仁司・三島憲一ほか訳，岩波書店，1993/94/95（原著 1982）。
③ T. モーリス-スズキ『過去は死なない——メディア・記憶・歴史』田代泰子訳，岩波書店，2004（英語版 2005）。

①は集合的記憶論の古典。②は厖大な引用のモザイクによって19世紀のパリの歴史を描いた書物。フラヌール論，蒐集論など「歴史の社会学」のヒントが詰まっている。③は歴史小説・写真・映画・マンガなどのメディアと集合的記憶の関わりを論じている。

● 理解を深める

④ 片桐雅隆『過去と記憶の社会学——自己論からの展開』世界思想社，2003。
⑤ 金菱清編『悲愛——あの日のあなたへ手紙をつづる』（東北学院大学震災の記録プロジェクト）新曜社，2017。

④は過去の構築という視点から幅広く先行研究が俯瞰されていて役立つ。⑤は東日本大震災の被災者が犠牲者に宛てて書いた手紙を集めたもの。生き残った者と死者の交流の記録。

● 視野を広げる

⑥ 岡真理『記憶／物語』岩波書店，2000。
⑦ 松尾浩一郎・根本雅也・小倉康嗣編『原爆をまなざす人びと——広島平和記念公園八月六日のビジュアル・エスノグラフィ』新曜社，2018。
⑧ 原恵一監督・映画『クレヨンしんちゃん 嵐を呼ぶモーレツ！オトナ帝国の逆襲』2001。
⑨ 青年劇場（福山啓子作・演出）『あの夏の絵』2015（初演）。

⑥は出来事の表象不可能性を超えていかにして出来事の記憶を分有することが可能かを問うもの。⑦は8月6日の広島平和記念公園に集い原爆をまなざす人びとの姿を，それを調査する調査者の姿とともに描き出したエスノグラフィー。⑧「20世紀博」のなかで子どもに戻ってしまったひろしが臭い靴のにおいを嗅いだとたんに記憶がよみがえるシーンは『失われた時を求めて』で一杯の紅茶から記憶の大伽藍が出現する場面のすぐれた映像化である。⑨は，被爆者の証言を聞きながら被爆者とともに原爆の絵を描く高校生たちを描いた舞台。1人の社会学者と劇作家の出会いから生まれた作品（小倉 2018）。被爆体験の継承の1つの可能性を示している。

Chapter 6 ● 考えてみよう

❶ 記憶と物質や空間との結びつきを経験したことがあるだろう。自分の経験を振り返ってみよう。

❷ 過去を振り返り歴史を作り出す営みについて，具体的な事例をあげて，「歴史の社会学」の視点から考察してみよう。

❸ 8月6日の広島原爆忌，8月9日の長崎原爆忌，8月15日の終戦記念日前後の新聞報道・テレビ番組を見て，「記憶の場」としてのメディアについて考察してみよう。

第 7 章 空間と場所

居場所はどこに？（東京の場合）　左：押し寄せる再開発の波（港区・2016年），右：パブリックスペースの形（上：代々木公園・2010年，下：臨海副都心・2018年冬コミックマーケット）

- KEYWORD
- FIGURE
- TABLE
- COLUMN
- TEXTinTEXT
- BOOK GUIDE
- SEMINAR

CHAPTER 7

INTRODUCTION

スピードが時代の象徴であった近代において，空間とは速さの増大によって乗り越えられるものと見なされてきた。だが，テクノロジーの進歩によって速さが極限にまで到達しようとしたとき，そこで起きたのは空間の消滅ではなく，多様な空間と場所を作り出そうとする試みの噴出であった。新しい空間と場所はどのような形をとっているのか。それらは，これまでの地域社会とどのような関係にあるのだろうか。

> **KEYWORD**
>
> 空間　郊外　コミュニティ　都市　場所　移動　人口減少　限界集落　開発主義　ジェントリフィケーション　社会関係資本

壁に突き当たる近代化空間

「管理」と「再生」の現在

　1995年東京・地下鉄サリン事件，2001年ニューヨーク・同時多発テロ事件，2015年パリ・同時多発テロ事件。大規模なテロ事件が世界の大都市で続発してきた。もともと terror（恐怖）という言葉に由来するように，テロリズムは恐怖の操作によって政治的目的を達成しようとする。とりわけ不特定多数の一般の人びとを巻き込む無差別テロは，日常的な空間自体を恐怖の対象へと変えてしまう点できわめて卑劣な手段であった。

　だが，テロがもたらす不幸はこれだけにとどまらない。一度生まれた恐怖はどこかでその回路を断ち切らないと，とめどなく増殖してしまう。U.ベックが指摘するように，安全やリスクへの配慮はいったん昂進が始まると完璧を求めてどこまでも拡大していきやすい。誰もが命は1つしかない。それゆえ確率はいくら低くともあらゆる危険性を除去したくなる衝動に駆られる。こうして「安全」や「安心」の名のもとに厳しい管理技法が持ち込まれていく。

　第1に，敵対すると見なされる集団がまず厳しく管理され，やがてその管理手法は，文化・宗教・言語・生活様式のうえで異質性をもつ「他者」全体へと及んでいく（アメリカに続き日本でも2007年から，入国外国人の指紋・顔写真の提供が義務づけられた）。

　第2に，リスクをもつと考えられる空間がまるごと監視や管理の対象とされる。たとえば膨大な数の監視カメラが，集合住宅のような私的空間ばかりでなく，公道や駅前広場などにも設置される風景はすっかり当たり前になってしまった。

　第3に，管理の手法は，リスクをもつと考えられる集団や空間ばかりでなく，社会全体に向けられ一般化していく。個人の存在全体が情報として登録されるとともに，管理強化を「必要悪」として認める心性が，増幅された恐怖のもとで広がりをみせていく。

　政治的背景や歴史的事情は場所ごとに違う。だが，結果的に姿を現す風景には

TABLE 7-1 ● 都市のオープンスペースは本当にオープンか

オープンスペース類型		◎誰がいるか ●誰がいないか	管理の技法	東京の事例
街路・駅前広場		◎歩行者 ◎（夜間）ライブバンド，野宿者	交番，暗黙の規範，監視カメラ	主要な盛り場
商店街		◎歩行者，買物客	暗黙の規範，視線，監視カメラ	公道沿いの買い回り店舗
小路・路地・裏通り		◎歩行者，外国人観光客	暗黙の規範	雰囲気をもった細街路
公園	街中に埋もれた小公園	◎近隣住民，通り抜けの通行人 ◎（昼間）野宿者	警告看板，住民のまなざしと自主管理	都心の児童公園，近隣公園など
	再開発が作り出した小公園	ひと気がない ◎近隣住民	警告看板	ウォーターフロントなどの再開発地
	「すきま」の多い大公園	◎さまざまな来訪者，野宿者	暗黙の規範，警告看板	上野公園，代々木公園
	守りの固い大公園	◎来訪者 ●野宿者	警告看板，公園事務所	日比谷公園，皇居前広場
再開発が作り出す人工空間（公開空地，「プレイス」，POPS）		◎就労者と来訪者，観光客 ●野宿者	警備員，警告看板，監視カメラ，空間デザイン	六本木ヒルズ，汐留などの再開発プロジェクト，都庁
街にできた「すきま」のいろいろ		◎多様，野宿者	暗黙の規範	寺社，霊園，土手，空き地

> この表は東京都心の主要なオープンスペースの観察結果（2015〜16年）に基づいて作成された。POPS（privately-owned public space）とは，企業などの所有地につくられた公園や広場をさす。街を歩くと，人びとの行動を誘導・規制するさまざまな看板が至る所にあるのに気がつく。オープンスペースはどの程度オープンか。そこで何ができ，何ができないのか。また誰がいて，誰がいないのか。身近な場所で観察してみよう。

（出典）町村編（2016: 8-15）。

ますます共通点が増えている。他者の進入を拒絶するゲイテッドコミュニティ（gated community）や要塞化したビルなどが，空間管理の技法として一般化していく。異なる人びとが同じ空間で共存していくことはいかに可能か。このもっとも素朴な問いから出発しなければならないところに，今日の重たい現実がある。

第7章 空間と場所

移動が作り出すネットワークの結節点であった都市はこれまで，異質な他者との共存を空間的に実現する実験場でもあった。しかし今日私たちが目撃しているのは，こうした歴史的成果を逆転していく動きといえる。この後ろ向きの時代にあって開放性を維持していくことはいかに可能か。社会的秩序と寛容性は共存可能なのか。ジレンマを抱えた公共空間を守り，再創造していくことはいかに可能か。

空間論的転回（spatial turn）という表現がある。移動が限られていた時代，人はある狭い領域で生まれ育ち，そして人生を終えることが多かった。自分にとって自明でかつ親密な領域は，自身にとって固有性をもつ「場所」であった。これに対して，人・モノ・情報の流れが拡大していく近代とは，そうした場所が，どこまでも続く得体のしれない広がりのなかに組み込まれていく時代として姿を現す。固有性をもった私だけの「場所」は，均質性を備えた広がりとしての「空間」に飲み込まれてしまうのではないか。そして移動が加速化するにつれ，やがて「空間」自体も速さによって乗り越えられてしまうのではないか。そんな感覚が広がってきた。

だが，速さが極限にまで到達しようとしたとき，そこで起きたのは空間の消滅ではなく，むしろ多様な空間イメージ，そして差異をもった場所を作り出そうとする試みの噴出であった。社会学において空間概念が今日ほど頻繁に登場する時代はあまり例をみない。なぜ今，空間そして場所なのか。まず社会学の歴史から振り返ってみよう。

SECTION 2 社会学の空間体験

近代都市からの出発

「都市」の発見——
社会調査から社会政策へ

19世紀に社会学が学問的に誕生したとき，社会の空間的構成はかならずしもその主要な関心対象ではなかった。重要なのはまず進歩や近代化のような時間的変化のほうであった。では，いつ頃から社会学の対象として空間が浮上してきたのか。1つの，そしておそらく最大のきっかけとは，巨大な社会的世界が人びとの目前に姿を現したという事実にある。18世紀末まで長く人口100万人程度であった都市規模の限界は，爆発的成長を遂げたロンドンによって軽々と越えられ，その後をパリ，ニューヨーク，ベルリン，東京といった都市が追いかけていく。産業革命とそれに続く工業化，植民地帝国の誕生と「帝都」形成，

そして巨大な集住を支える建築・衛生・交通などの技術発達が、その背景にあった。

　だが、発見されたのは繁栄を謳歌する都市の姿だけではない。膨大な貧困者、劣悪な居住条件、厳しい労働条件、社会解体。人びとの関心を引いたのはむしろ「都市のもう1つの半分」(the other half) のほうであった。1845年、F. エンゲルスは、ロンドンやマンチェスターでの見聞を踏まえて『イギリスにおける労働者階級の状態』を著す。経営者であったC. ブースは、私財を投じてロンドンの全域をくまなく踏査し、貧困状態で暮らす人口が全体の30%を越えることを明らかにした (Booth 1889-1903)。ジャーナリストたち (イギリスのH. メイヒュー、アメリカのJ. リースら) も記事や写真、マンガのなかに民衆生活をいち早く描き出した。日本でも、明治の半ばには早くも松原岩五郎『最暗黒の東京』(1893年) や横山源之介『日本の下層社会』(1899年) などのルポルタージュが現れた。目前で展開する新しい出来事をいかに体系的に収集・分析・記述していくか。試行錯誤のなかから社会調査という新しい認識スタイルが姿を現してくる。

　問題は、発見された課題に対してどう対処するか、であった。初期の都市実践者たちはここから別の道を歩んでいく。一方には、生産力主義から一定の距離をおき、人間的・田園的な世界へと回帰する立場があった (W. モリス)。**反都市主義** (アンチ・アーバニズム) に基盤をもつ理想主義の系譜は、E. ハワードによる田園都市 (garden city) の実験などを生み出しながら、今日に至るまで「もう1つの都市」の思想的源泉であり続けている。だが、時代の主流は生産力主義を受け入れたうえで、それをいかに飼い慣らすかという方向へと向かう。革命による社会主義的ユートピアをめざすか、企業家の恩恵に基づく資本主義的ユートピア (たとえば企業城下町) を選ぶか。それとも社会政策の拡充による改良主義的空間をめざすか。20世紀の空間はこれらの試みがせめぎあうなかで具体的な形をとっていく (月尾・北原 1980)。

ウェーバーと自治的都市の夢

　だがユートピアとは、その語源どおり、しょせん「どこにもない場所」でしかない。そうである以上、現実には、人びとが自由な個人として自らの現在と将来のあり方を民主的に決定し実現していくための基盤を、地道に構築していくしかない。ちょうど同じ時期、社会学の巨人、M. ウェーバーは、別の角度から都市についての思索を深めていた。資本主義や市民社会がなぜ近世以降の西欧においてのみ誕生しえたのか。なぜそれはほかの場所・時代ではなかったの

か。この問いに対して彼が，プロテスタンティズムの用意する禁欲的生活倫理の存在を指摘したことはよく知られている（第6章参照）。だが，歴史比較という視点からこの問いを検討する壮大な試みのなかで，ウェーバーは，プロテスタンティズムに先駆けた別の要因に言及する。それが都市という存在であった。

ウェーバーによれば，都市とは，世界中どこでも，その土地と関係をもたなかった人びと，相互に関係をもたなかった人びとがつくる集落である。それゆえ都市は，よそ者同士の，またよそ者と先住者の社会的・法制的関係が展開する最古の舞台となる。たとえば，古代メソポタミア，中国，ギリシャにおいて，人びとは同じ共通の都市民である前にまずは異なる部族や氏族のメンバーとして暮らしていた。言い換えると，そこにおける都市とは異なる権利や身分をもつ人びとがいわば偶然共存する空間にすぎなかったと，ウェーバーは指摘する。これに対して中世の西ヨーロッパ都市では，人びとは共同体のメンバーとして対等の関係を結ぶことができた（Bendix 1959=1966: 76-77）。ウェーバーによれば，こうした都市共同体は，①独自の防御施設，②局地的市場，③自身の裁判所と自身の法，④契約によって結ばれた団体としての性格，そして⑤自律性と首長の自己決定権をもつ，とされた（Weber［1922］1956=1964: 42）。

自治的都市の歴史とは，近代資本主義や近代国家の成立にとって本当に「最も決定的な一因子」（Weber［1922］1956=1964: 258）であったのか。もしそうだとするなら，同じ伝統を共有しない日本で自治的都市を実現するにはどのような条件が必要なのか。また，シェイクスピアの戯曲『ヴェニスの商人』をみてもわかるように，中世ヨーロッパ都市にもユダヤ人のような差別され隔離された存在がいたことは見逃せない。

とはいえ，ウェーバーの思考を経由することにより，空間研究には次の課題が加わった。人間を自由にする自治的空間はいかに可能か。また自治的空間はどのような正統性の根拠のもとに統治されるのか。空間と自治・権力というテーマは今日とりわけ重要性を増している。

「つながり／距離」を実現する空間とは──ジンメルからの展開

ウェーバーとほぼ同時期，世紀転換の時代をやはりドイツで生きた社会学者にG.ジンメルがいる。ユダヤ系知識人のジンメルは，差別のせいもあり大学でのポストをなかなか得られないでいた。だが，その「よそ者」感覚，自由な観察眼と発想ゆえに彼は，姿を現しつつある近代都市に固有の風景と感覚を印象深く描き出すことに成功する。

ジンメルは，近代都市をスピードと量がもたらす刺激の面からとらえる。空間に対するジンメルの視点は，数や量，速さといった即物的で形式的な次元への着目によってまず特徴づけられる（第1章第3節も参照）。鉄道や地下鉄，百貨店，そして何よりも大衆や群衆の出現によって近代空間が過去から区別される以上，こうした着眼は当然ともいえる。だがジンメルの分析はそれにとどまらない。彼は個人間の相互作用に鋭い分析を加えるなかで，社会的つながりと社会的距離とが共存していく都市空間の多義性を巧みに明らかにしていく。地縁や血縁で結ばれる第一次的関係が弱体化するかわりに，移動が一般化し目的や機能で結ばれた第二次的関係が台頭する近代都市では，人間の関係は匿名性を帯び，つながりではなく互いの距離感が支配的になる。だがこのことは同時に，客観性や自由，普遍性を都市にもたらす源となる。とりわけこうした特性を特徴づけるのがよそ者の存在であった。

　「よそ者」とは，「今日来て明日去っていく人という意味ではない。むしろ今日来て明日とどまる人――いわば潜在的放浪者」だとジンメルは指摘する。「彼〔よそ者〕は一定の空間領域……の内部につなぎとめられている。しかし，彼ははじめからそこに所属していたわけではない。そしてこの地で育ったものではない。また育つことのありえないさまざまな特質をこの地にもちこんでいる。そのことが，この領域での彼の地位を本質的に規定している」（「よそ者についての補論」Simmel 1908=1999: 248，〔　〕は引用者）。

　共同体的な伝統秩序をいったん離れた個人が作り出す空間であるかぎり，都市に暮らす人びとは程度の差はあれ互いに「よそ者」であるしかない。日本でも，都市の秘密を発見しそれを印象的な言葉で表現してきたのは，都会に流入してきた地方出身の若者たちであった。よそ者たちは，新しい世界を切り開くなかで，新しい共同性の構築をめざして手持ちの関係資源を手当たりしだい活用する。そのなかには，同じ故郷（同郷）や同じ出身学校（同窓），共通の人種・民族集団に由来する関係などが含まれていた。

　だが，いくら共同体をめざしてもそれはしょせん擬制でしかない。課題はまず寛容性にあった。都市はつねに「よそ者」に対しても開かれていなければならない。つながりと距離を2つながらに実現する空間の創出は都市空間論のもっとも中心的な課題であり，それは今日の「創造都市」論（R. フロリダ）などにまで受け継がれていく。

> 「野生の都市」に秩序を
> 見つけ出す──シカゴ学派
> とそれ以後

1904年，ウェーバーはセントルイス万博に合わせて開催された学会に出席するためアメリカ合衆国を訪問する。それは『プロテスタンティズムの倫理と資本主義の精神』の発表と同時期であった。彼がそこで目にしたのは，機械文明と大衆社会がヨーロッパに先駆けて人間生活の環境を形作るアメリカ都市の過酷な様子であった。中西部の新興都市シカゴを訪れたウェーバーは，この都市について「まるで皮膚をはがれて，その内臓の動きが外から見える一人の人間のよう」（安藤 2003: 119）という印象をもらす。だが，この後発の周辺都市にすぎないシカゴにおいて，都市の社会学は最初にその花を開かせた。

大陸横断鉄道の延伸，産業化，移民流入によって急成長を遂げたシカゴは，1910年には人口220万人に達していた。この混乱の都市にどのような秩序が生まれるか。都市をつくる諸力が歴史や伝統の強い拘束を受けず自在に展開したシカゴとは，いわば「野生の都市」であった。1910年代からの両大戦間期にシカゴ大学に集った社会学者たちは，目前のシカゴをいわば「社会的実験室」として，変容する空間に対する独自の分析手法を編み出していく。その1つが，都市の多様な生活世界に奥深く分け入りそのフィールドワークの結果を詳細なモノグラフにまとめる手法（エスノグラフィー）であり，もう1つが社会諸事象を空間的に表現することによって都市全体の秩序を発見しようとするマッピング的手法であった。動物や植物の個体群を対象とする生物学の新しい分野であったエコロジーの発想を援用しながら，中心人物のR. パークは自らの方法を人間生態学（human ecology）と名づけた。またE. バージェスは同心円状の棲み分けという都市構造モデルを導き出す（図7-1）。

一見きわめてアメリカ的なシカゴ学派もルーツは世紀末ヨーロッパにあった。「ズボンの尻を汚す」という実践的な調査姿勢の根幹には，ロンドンでの貧困対策事業をもとにJ. アダムズがシカゴで始めたセツルメントハウス「ハルハウス」の活動があったし，街を踏査する方法の出発点にはブースの仕事があった。創始者パークが，唯一フォーマルな社会学の手ほどきを受けたのは，ベルリン留学中に聴いたジンメルの講義であった（Park［1950原文初出］1986: 5）。

「メトロポリスの魅力は，ある点では，すべての人びとが，都市生活の多種多様な場面のどこかで，手足を伸ばし，くつろげるようなある種の環境を，いつかは見いだすことができるという事実にある」（Park & Burgess 1925=1972: 42）。異

> **COLUMN** **7-1 シカゴ学派から新都市社会学へ，さらに惑星規模の都市化へ**

　戦後のフォーディズム的都市化とそれが引き起こした都市問題が深刻化する1960年代から70年代にかけて，都市研究には世界的に新しい潮流が誕生した。政府が提供する集合的消費手段の拡大によって都市性を定義しようとしたM.カステル（Castells 1972=1984），建造空間の商品化がもたらす不平等に切り込んだD.ハーヴェイ（Harvey 1973=1980），都市問題に取り組む住民運動の構想力を明らかにしようとした似田貝香門（松原・似田貝編 1976）などが開いた道筋は，アメリカでは人種問題，ヨーロッパでは住宅問題，日本では公害・開発問題といった力点の違いをみせながらのちの研究を方向づけていく。政治経済的なマクロ構造にも目を向けるこれら研究群は，コミュニティ内部の社会的統合に力点をおくシカゴ学派から区別する意味で「新都市社会学」（new urban sociology）と呼ばれた。多くの矛盾をはらむ世界都市やメガ・シティの動態に焦点をあてる研究（E.ソジャ，M.デイビスら「ロサンゼルス学派」やJ.フリードマン，S.サッセンら），都市の創造性へ関心を寄せる研究（R.フロリダ）などが現れた。

　だがグローバリゼーションや新自由主義の台頭を経た21世紀，都市化は，中国や中東（例 ドバイ），さらにアフリカなど地球全体を覆いつくす惑星規模の現象として，後戻りできない状況へと人類を押しやりつつある。はたして持続可能な環境と都市は共存できるのか。気候変動と都市，インフラと都市など新しい課題が重要性を増している。*International Journal of Urban and Regional Research* や *Urban Studies*,『地域社会学会年報』や『日本都市社会学会年報』といった雑誌を通じて，先端の息吹を感じてほしい。

なる文化・言語をもつ膨大な移民が乱雑に共存する都市で，いかに秩序が生まれるのか。パークが重視したのは，ジンメル同様，空間に埋め込まれた「つながり／距離」の二面性であった。「隔離のプロセスは道徳的距離をつくりあげる。この道徳的距離は，都市を接触するが相互に浸透していないモザイク的小世界にさせたのである。このことは，個人をすばやくまた容易に1つの道徳的環境から他の道徳的環境へ移ることを可能にしたが，また同時に，近接はしているが，他の点で極めてかけ離れているいくつかの異なった世界に住んでいるという，魅惑的ではあるが，また危険な経験をも助長させている」（Park & Burgess 1925=1972: 41-42）。

　モザイク的な小世界をパークは自然発生的地域（natural area）と呼ぶ。シカゴ

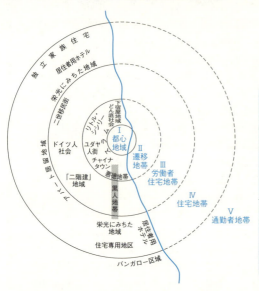

FIGURE 7-1 ● バージェスの同心円モデル

> 都心を中心に同心円上に土地利用と居住階層が分化する「同心円モデル」は，近代都市の都市構造を理解するうえで，1つの出発点となった。移民の多いシカゴでは，もっとも新しい移民集団が都心を囲む遷移地帯にまず居住し，しだいに郊外へ移住する傾向があった。ただし都市構造モデルは，同心円型だけではない。図 7-4 を検討してみよう。

（出典）Park & Burgess（1925=1972: 53）の表現を一部変えた。

において自然発生的地域は，移民のエスニック・コミュニティや階層別棲み分けとして姿を現した。異質な人びととの出会いと共存を実現させ，新しい価値や文化を創造していく場として空間をいかに設計するか。空間構想の課題は再びここへと立ち戻る。

20 世紀から 21 世紀へ

空間はどうつくられてきたのか●

　私たちの目前で，空間と社会は再び大きな変容を遂げつつある。興味深いのは，本章がここまでみてきた約1世紀前と現在の間には，空間論の課題において多くの類似点がみられることである。第1に，貧困研究として出発した都市研究は今日再び，格差や階層化を主題とするようになっている。第2に，20世紀初頭，移民がアメリカ都市の性格を大きく変えたように，移民や移動は空間研究の最重要テーマの1つとなっている。第3に，帝国主義と植民地によって特徴づけられ

る世界システムがローカルな空間のあり方を強く規定していた20世紀前半に対し，今日では金融と多国籍企業とインターネットが作り出すグローバルな空間編成がローカルな空間に強い影響力を及ぼしている。

なぜ類似してみえるのか。19世紀後半，急速な産業化と市場経済の世界的拡大にともない，経済的な自由主義（リベラリズム）が社会と空間のあり方に大きな刻印を残した。それに続く20世紀，社会主義やファシズム，福祉国家，開発主義など形は異なるものの，国家による介入政策が空間形成の基調を形作っていく。だが1980年代以降，介入主義は後退を始め，かわって市場中心の論理が地球全体を覆っていく。新しい段階の経済体制はしばしば新自由主義（ネオリベラリズム）と呼ばれる。拡大する市場経済の強い影響下にある2つの時代の類似は，かならずしも偶然とはいえない（国家論については，第10章を参照）。

だが，新自由主義の空間（Brenner & Theodore eds. 2002）が1世紀前の「自由主義の空間」と同じわけではもちろんない。空間の変化は歴史とともに累積していく。とりわけ建造環境（built environment）や人口の量や密度，その空間的配置——E. デュルケムが社会形態学（social morphology）の対象と位置づけたもの——は，のちの社会のあり方にも基本的な制約を加えていく。建造物として，またそれに関わる集合的記憶や集合的表象として，空間は人びとの意識と行為に枠をはめるとともに，それらを具体化するための重要な素材となっていく。はたして20世紀のたどった歴史的経路は，今日の私たちにどのような社会空間を残してきたのか。

図7-2は，第1回国勢調査が実施された1920（大正9）年以来の日本の人口推移を，大都市圏・地方圏に分けて示したものである（このほか，戦前のピーク時に植民地や「満州」などには250万人を超える日本人がいた。第13章も参照）。ここから，人口分布と移動からみた日本列島の1世紀が浮かび上がってくる。

第1に，1920年から2015年までの間に人口は7210万人増加したが，その68.3％（4930万人）が大都市圏（隣接地域を含む）に集中していた。その背景には，出生にともなう人口の自然増のほか，地方圏から大都市圏に向かう膨大な人口移動があった。これに加え地方圏でも市部人口が増加することによって，日本全体が都市化社会から都市型社会へと大きく転換した。2015年には総人口の91.4％が市部に居住する。

第2に，増加した大都市圏のなかでも変化が生まれた。第二次世界大戦前，人口増加は東京特別区（当時は東京市）・大阪市などの中心市に集中していたが，戦

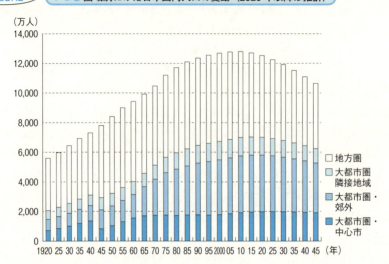

FIGURE 7-2 圏域別にみた日本国内人口の変動（2020年以降は推計）

(注) 1.「大都市圏・中心市」は東京特別区（23区）・横浜市・名古屋市・大阪市・神戸市（2005年時の境域に基づく）の合計，「大都市圏・郊外」は，以上を除く東京都・埼玉県・千葉県・神奈川県・愛知県・大阪府・兵庫県の合計，「大都市圏隣接地域」は茨城県・栃木県・群馬県・滋賀県・京都府・奈良県の合計，「地方圏」はその他の合計。
2. 2015年まで『国勢調査』，2020年以降は国立社会保障・人口問題研究所の推計（2018年）による。

(出所) 統計情報研究開発センター・日本統計協会編（2005）；国立社会保障・人口問題研究所『日本の地域別将来推計人口』（平成30年推計）に基づき，筆者が作成。

災・疎開によって激減する。かわって郊外での本格的な人口増加が始まり，それは1960年代以降ピークに達した。この結果，国内総人口の3割以上が暮らす巨大な住空間としての郊外社会が姿を現した。

第3に，地方圏人口は1975年には総人口の過半数を割り込んだものの，実数でみるとその後ほぼ横ばいが続いていた。しかし2010年をピークに総人口は減少へと転じた。2018年推計（中位推計）によると，2015年から2045年までに全国で2067万人が減少し，少子高齢化が進んだ地方圏ではとりわけ急激な人口減少が進むと予測されている。

以下，郊外社会，大都市都心，地方圏の順に，20世紀から21世紀にかけての空間変容とその帰結をみていこう。

郊外社会の変容——理想から迷宮へ

「洋式便器は，便器に背を向けてお坐り下さい。便座（蓋のようなかんじの額縁式のもの）は大変壊れやすく，勢いよく降ろしますと，ヒビが入り，約3000円の損失となりますので，取り扱いには充分御配慮下さい」（「常盤平団地入居の栞」，青木〔2001: 19〕）。

今ではすっかり当たり前となった水洗トイレ，ガス風呂，シリンダー錠，ステンレス・キッチンなどが常備された住まいが，大都市の郊外で大量に建設され出したのは1950年代後半のことだった。敗戦から約10年，復興期を抜け出したばかりの日本に誕生した「団地」は，庶民にはまだ高嶺の花であった洋風生活を実現する手頃な空間としてあこがれの的となる。当時まだ農村であった大都市郊外に団地やニュータウンという形で膨大な住宅群が建設され，そこは20世紀後半を象徴する空間となっていく。

20世紀，日本を含む先進資本主義工業国では，フォーディズムと呼ばれる経済社会体制が構築され，空間を大きく変容させていく（第8章第1節を参照）。大量生産システムに基礎をおくフォーディズムの安定は，膨大な製品が持続的に売れるかどうかにかかっていた。そのためには新製品を買い続ける消費者の存在が欠かせない。また買った商品をおくための住宅も必要となる。大量生産と見合う大量消費型のライフスタイルの創出がめざされ，郊外はそれを実現する舞台となっていく。電化製品によって象徴されるアメリカナイズされた家庭空間の理想が，それと二重写しになっていく（吉見 1997）。こうして郊外社会は，世界各地で新興中産階級のライフスタイルを実現する空間（「ブルジョワ・ユートピア」，Fishman〔1987=1990〕）として描き出されていく。

しかし現実はそれだけにとどまらない。急激な都市化は多くの都市問題を引き起こした。とりわけ，スプロール化（市街地の無秩序な拡大）によって生まれた郊外住宅地には問題が集中的に発生する。工業化を急ぐあまり，生産基盤への投資が優先される一方，学校，生活道路，公園といった生活基盤の整備は立ち遅れていた。公共財としての性格をもつこれらの施設は，非排他性（代価を支払わない利用者の使用を妨げないという性質）をもつため，市場だけでは十分に供給されない。だが，住民であれば誰もがこれら施設を利用しないわけにはいかない。この矛盾を解決するため，公共財供給に政府・自治体が広く関わるようになり，集合的消費は都市生活の中心に位置づけられていく（Castells 1972=1984）。また，生活基盤の拡充を求める住民運動や都市社会運動も大きな展開をみせた。

FIGURE 7-3 ● 郊外住宅地

まわりを農地に囲まれた建売り住宅開発（大阪府南部，1963 年）

（出所）西山夘三写真アーカイブズより。西山夘三記念すまい・まちづくり文庫編（2007: 150）。

　日本の場合，郊外社会は，一部の大規模団地やニュータウンを除けば，個人主義的傾向の強い新住民と伝統的共同体に基礎をおく旧住民の混在する社会として形成されていく。この新しい空間にどのような社会的秩序を作り上げていくか。高度経済成長期の 1960 年代末，日本でもコミュニティという外来概念が社会統合に向けた新しい目標として政府によって採用され，コミュニティ政策が具体化されていく。これを支えたのは，地域社会を主体的に形成する市民像を豊富なフィールド調査を通じて模索しつつあった社会学者が当時提示した，さまざまなコミュニティ・モデルであった（たとえば奥田〔1983〕）。

　ただし，郊外社会の特徴として忘れてならないのは，そこが経済的な階層とジェンダー関係によって構造化された空間として形成されているという点にある。商品としての住宅建設をめざす不動産開発は，居住者の収入や資産の格差と連動した階層ごとの地理的棲み分けをもたらす。また男性が企業社会に組み込まれていく一方で，専業主婦層を中心とする大量の女性が郊外社会へと囲い込まれていった。その結果，女性は，生活協同組合や各種の住民運動・市民活動などへの参加を通じて，地域社会を形成する重要な担い手となるチャンスを獲得していく（たとえば生活クラブを調べた佐藤編〔1988〕）。

　だが，すでに半世紀以上の歳月を経た郊外社会は，人口縮小に直面するなか，再び大きな変化に直面しつつある。第 1 に，郊外社会の主役は，地方圏出身の一

FIGURE 7-4 ● 混在の郊外――東京圏の事例

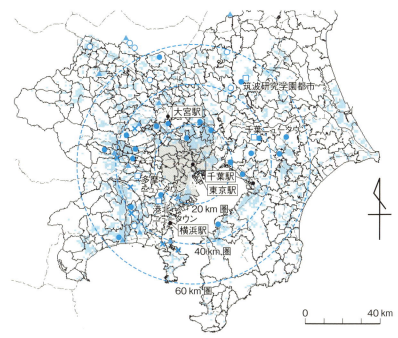

- ホワイトカラー・ブルーカラー混住地区（2000）
- ▲ 自動車組立工場（2018）
- ✕ 主要な米軍基地施設
- ○ 日系ブラジル人学校の所在自治体（2006）
- □ 主要ニュータウン
- ● ショッピングモール（5万m²以上）（2018）

　空間的都市構造論には，同心円モデル（図7-1参照）と並び，扇形モデル（都心を中心に扇形状に広がる分布が優越するモデル）がある。郊外に広がる東京圏は，はたしてどのようなモデルに近いだろうか。JR東京駅を中心とする20キロ圏，40キロ圏，60キロ圏ごとの分布の特徴を考えてみよう。また，他の施設（たとえば，大学）の分布を調べて記入してみよう。なお「ホワイトカラー・ブルーカラー混住地区」とは，人口等に関する複数の変数（2000年）からクラスター分析（類似した特徴をもつ対象をまとめ上げる手法）によって導き出された6つの地区類型の1つで，住民に占める事務職・販売職・労務作業者比率の高さに特徴がある（浅川 2006: 64-65）。近年，大量の地理情報を統計的に処理しながらそれを地図化するGIS（Geographic Information System）と呼ばれる手法が急速な進展を遂げた。無料のソフトやデータがインターネット上で公開されているので，東京圏以外についても検討してみよう。

（出所）　日刊自動車新聞社・日本自動車会議所編（2018）；月刊『イオ』編集部編（2006）；東洋経済新報社編（2018）ほか。
　　　　「ホワイトカラー・ブルーカラー混住地区」の原図は，浅川達人氏の提供による。なお，市区町村境界は原則として2000年時点による。

世から郊外生まれ郊外育ちの二世へと移行した（若林 2007）。住民の年齢的同質性が高い郊外（とくに団地やニュータウン）では高齢化問題が一挙に発生し，地域活力の低下も深刻になる。高齢者の孤立や地域社会の分断が具体的な課題となるなか，新たなつながりの形が模索されている（石田 2018）。

　第2に，都心に通う専門・管理・事務職層が住む「ホワイトカラーの郊外」は，広域化する「混住の郊外」へと飲み込まれていった（倉沢・浅川編 2004）。もともと日本の郊外化は，都心から放射状に伸びる私鉄開発とセットとなった戦前の中産階級向け住宅建設（たとえば田園調布や阪神地域），そして戦時体制下における軍事基地・軍需工場建設を主要な契機として展開した。東京圏の場合，戦後も引き続き米軍や自衛隊の基地が存続するとともに，自動車・電機などの内陸工業地帯へと発展した。2000年代以降は，宅配やネット販売を支える大規模な物流センターが大都市郊外に多数建設され，混在の度合いがさらに増している。

　第3に，1990年代になると，日系ブラジル人など外国人があらたに加わり，郊外社会は階層的にも文化的にも混住化の度合いをいっそう増してきた（群馬・神奈川・静岡・愛知・岐阜・三重県など）。人工的に建設された郊外社会は住民の均質性が強く，一元的な価値に沿った競争主義が台頭しやすい。しかしそれだけに微細な差異がかえって象徴的な意味をもってしまう（西澤 2000: 224-27）。このため，混住化により統合の危機に直面した郊外社会では，新たな差異をもちこむ異質な他者が「危機」の原因と見なされ，攻撃される事態も起きてきた。

　転機を迎えているのは，日本の郊外社会だけではない。旧植民地系の移民労働者が郊外の集合住宅に集住するフランスでは，2005年秋，警官による暴行事件をきっかけに大規模な争乱が発生し，その後も緊張と模索が続く（森 2016）。逆に，都心部に人種的マイノリティが隔離されてきたアメリカでは，中産層化するマイノリティの郊外移転が進む一方，さらにその外（超郊外〔exurb〕）にエッジ都市と呼ばれる白人中心の職住近接コミュニティが建設されてきた。他方，都心に取り残されたマイノリティ貧困層（アンダークラス）の問題は深刻さを増している。

　第4に，人口急減が予想される日本では，都市基盤維持にかかる費用の増大を防ぐため，コンパクトシティをめざす政策が各地で試されている。また大都市郊外では急激な高齢化の下で医療・介護施設の深刻な不足が懸念されている。成熟期を迎えた郊外社会を，持続可能で寛容性ある社会として次世代へいかに引き継いでいくことができるか。都市化にともなうさまざまな課題を引き受けてきた郊外社会の単なる切り捨ては，それへの答えではありない。近代に続く位置にある

私たちが取り組まなければならない重要課題の1つがここにある。

都心空間の再編——分断される社会と空間

都心や湾岸地域を埋め尽くす超高層のオフィスビルやマンション群。まばゆいばかりの風景は，欧米や日本ばかりでなく中国，東南アジア，中東など世界中に広がり，21世紀のメガ・シティの典型的イメージとなりつつある。だが忘れてならないのは，こうした光景とは，ニューヨークなど一部を除き，1980年代はじめまで一般的ではなかったという事実である。東京や大阪もその例外ではない。世界各地で都心空間はなぜこれほど急激に変貌したのか。背景には社会を空間的に再編していく新しい力の浮上という事実がある。グローバリゼーションがそれである（グローバリゼーションの多面性については，第10章参照）。

「ひとつの都市が世界経済に統合されている形態や程度，新しい空間的分業の中で都市に割り当てられている機能は，都市内で発生するあらゆる構造的変動にとって，決定的になるであろう」（Friedmann 1986: 70）。この命題で始まる「世界都市」仮説を，J. フリードマンが公刊したのは1986年のことだった。それから数年後，ベルリンの壁は崩れインターネットの普及により，グローバリゼーションは加速度的にその勢いを増していく。

グローバリゼーションの波が到来する前，脱工業化によって先進工業国の大都市はすでに大きな変化を経験しつつあった。消費都市としての性格を強くもった伝統都市と異なり，近代都市は工業生産に大きな基礎をおいてきた。このため，工場や港湾・鉄道・倉庫などの物流施設，それらで働く労働者向け住宅群は都市内で広大な空間を占めてきた。しかし，工場移転，新しい交通体系の台頭によって，工業的空間はその役割をしだいに終えていく。衰退の危機に瀕した大都市をいかに再活性化するか。経済的衰退や物理的荒廃，社会環境悪化によって特徴づけられる都心問題（インナーシティ問題）は，1960年代頃から欧米で，80年代からは日本でも大きな課題となってきた。

ここに押し寄せてきたのが，グローバリゼーションと呼ばれる世界的変動の波である。遠く隔たった先進国と途上国の間に資本と労働のトランスナショナルな移動ネットワークが形成され，その結節点には，膨大な資本や情報，多様な文化や人間が集まる都市が姿を現すようになる。1つの国家の枠には収まらない独特の役割を果たすという意味を込めて，こうした都市は，世界都市（world city, global city）と名づけられた（全体像について，Brenner & Keil eds.〔2006〕）。

東京の場合，きっかけは1980年代，日本企業の高い競争力が引き起こした日

> **COLUMN** *7-2* グローバリゼーションと都市

　グローバリゼーションは都市にどのような影響をもたらすのか。たとえばフリードマンやサッセンは次のような分極化のメカニズムを指摘した。先進国企業による海外直接投資の拡大が，投資先である途上国において移民送り出しを促進する一方，先進国大都市において中枢管理機能を支える生産者サービス部門の集積を促す。ただしそこでは，弁護士，会計士，コンサルタントといった高賃金の専門技術職ばかりでなく，ビル清掃や警備，食品加工など大量の低賃金職種も生み出される。増加する移民労働者はこの労働市場の底辺部へと組み入れられる。加えて工場の海外移転により熟練労働者など中間層が減少する結果，グルーバル化する都市では階層分極化が進む（Sassen 1988=1992；2001=2008）。
　階層分極化仮説は世界各地で検証が試みられてきた。各都市の歴史的特性や構造によって違いはあるものの，この仮説のリアリティはいまも失われていない。ただしグローバル化の一層の進展とともに事態はさらに複雑化している。日本でも外国人労働者は，IT系技術者や各種専門職，福祉や介護のケアワーカーなど多様化している（第13章図13-3参照）。また分極化の原因はグローバル化だけでなく，たとえば非正規労働の増加など多岐にわたる。右図を1つの理念型としたうえで，現実の都市はこれとどこが違っているか，具体的に考えてみよう。

米間の貿易不均衡問題にあった。アメリカ側による日本の内需拡大の要求に応える形で，日本政府は都市開発に着目する。東京の金融市場は，一時ニューヨークやロンドンに匹敵する規模をもつまでになっていた。このためオフィス需要を見込んだ不動産ブームが起き，都心住宅地には買収の嵐が吹き荒れる。その結果，都心人口は急減しコミュニティは徹底的に解体されてしまう。同じ時期，国内の労働力不足を埋めるように来住外国人の数が増加を始める。新宿・池袋といった都心周辺部には小さな外国人コミュニティが姿を現し，エスニック・ビジネスが東京の都市文化の厚みを増していった（田嶋1998；町村1994；1999b）。

　欧米中心の資本主義世界経済からみれば周辺に位置する東京が，新旧覇権国家の中心都市に匹敵する影響力をもつ都市として浮上し，その過程で都心社会の構造が国境を越えて互いに類似してくること，こうしたダイナミックな転換の意味を，世界都市論はとらえようとした（Sassen［1991］2001=2008）。

　しかし，東京とニューヨーク，ロンドンはもちろん同じではない。バブル経済が崩壊した1990年代，東京の地位はたちまち低下していく。だが，グローバリ

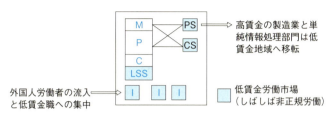

FIGURE 7-5 ● グローバルシティにおける再編のメカニズム

M　管理エリート
P　専門ビジネスサービス職（会計，広告，金融，情報サービス，法務など。男性中心がなお続く）
C　事務職（おもに女性。ただしコンピュータなどによる効率化で大幅削減）
LSS　低熟練のブルーカラー・サービス職（おもに男性 and/or 外国人）
PS　生産者サービス職（低賃金）　おもに管理エリートや専門ビジネスサービス職
CS　消費者サービス職（低賃金）　上層の需要に対応（非正規 and/or 外国人）
I　製造業における低賃金職（外国人 and/or 非正規）

（出典）　Friedmann（1986: 78）をもとに一部簡略化。日本に即して筆者加筆。

ゼーションの本格的スタートはむしろ 90 年代以降であった。世界市場の一体化とともに都市間競争は厳しさを増し，グローバルシティの地位をめぐる争いは激化する。超高層のオフィスや集合住宅，24 時間稼働する国際ハブ空港，高度の情報インフラ，集客のための都市型リゾート施設など，新しい都市インフラ建設をめざすメガ・プロジェクトがどこでも用意され，世界中で都心社会の様子が一変していった。バブル崩壊で遅れをとった日本都市もまた 21 世紀に入る頃から同じ道を歩むようになっていく。全国的には人口が減少へと転じるなか，人口の都心回帰が東京圏をはじめ主要な大都市で目立つようになった。

ローカル，ナショナル，グローバルという異なる水準の力が，互いに交錯し合いながら，1 つの空間を再編しつつある。東京でも，都心地域でのジェントリフィケーション（居住階層の上昇）によって，周辺部との経済的格差が拡大し始める（園部 2001; 橋本 2011）。金融化の進む不動産市場では，実需とはかけ離れたオフィスや住宅建設が進んでしまう。超高層のタワー型マンションに住むグローバル・エリート，ビルの谷間の老朽化した住宅に暮らす住民，多様化する外国人住

民，そして路上やネットカフェなどに居場所を求める不安定層が共存するこの新しい都心社会において，その空間を民主的に統治するためにはどのような制度が必要なのか。将来的には確実に減少していく人口のもとで膨大な数の都心高層マンションを「スラム化」させることなく，維持していくことははたして可能か。新しい課題が待ちかまえている。

岐路に立つ地方圏――縮小社会の逆フロンティア

次に地方圏へと目を向けてみよう。日本の場合，江戸時代まで国内各地域は藩という相対的に自立した圏域に分割され，藩の中心としての城下町が全国に散在していた。「三都」と呼ばれる江戸，大坂，京（京都）の規模は際立っていたが，しかしそれに続く雄藩の城下町群も一定の規模を有していた。こうした分権的システムと五街道や海運などの全国的交通体系の共存が，近代以前の日本の分散的地域構造を特徴づけていた。

これに対して明治維新以降の歴史とは，中央集権的国家によって地方圏が画一的な統治システムに組み入れられるとともに，教育・軍事・産業・メディアなどの制度を通じて文化的にも均質化させられていく過程であった（第10章第2節参照）。そして19世紀末以降，地域システムのなかには，植民地化された台湾，朝鮮半島，南洋諸島，そして「満州」が組み込まれる。だが，第二次世界大戦での敗北により植民地を失った戦後日本はもう一度，列島へと回帰していく。そして今度は，限られた国土空間を徹底的に開発することを通じて，経済的復興をめざす道を選択する。

1950年代以降，大都市や太平洋ベルト地帯の工業都市をめがけて地方圏から膨大な人口が流出していった。工業開発の進度に応じた経済的な格差が，異なる地域間・産業間・階層間に生まれていく（これを**不均等発展**と呼ぶ）。成長から取り残されていく地域・産業・階層の不満をしずめ政治的な安定を確保するため，格差是正が戦後政治の主要な目標となる。多様な地域開発や公共事業が次々用意され，その予算配分をめぐって政府・各省庁，保守政党，財界・企業の間には構造化された癒着関係が形成されてきた。だが，**開発主義**の体制は90年代には大きな壁に突き当たる。

第1に，右肩上がりの経済成長が困難になるにつれて，格差是正のため地方圏に移転されてきた財源が削減された。基幹産業を失った地域は，存続の危機に直面した（たとえば，2006年の夕張市の財政破綻）。

第2に，地方都市では，中心市街地の多くが店舗廃業，シャッター通り化によ

る衰退問題に直面しているのに対し，郊外の幹線道路沿いにはチェーン店や大型ショッピングセンターが連なる風景が一般化している。たしかに生活の利便性は増した。だが，これまでまちづくりの中心的担い手であった自営業者層の衰退は，地域社会の持続に対して困難な課題を突きつけている。

第3に，山村や離島，開拓地といったさらに条件の不利な土地では，過疎化どころか無人化・原野化すら起こり始めている。高齢者人口が集落の半数を超え，冠婚葬祭や生活道路の補修などの社会的共同生活の維持が困難な状態におかれている集落を，限界集落と呼ぶ（大野 2005）。限界集落はいくつもの課題を重層的に抱えている。①集落機能の低下による住民生活維持の困難化，②高齢者の独居生活・福祉問題，③生産活動の弱化・解体（耕作放棄地・放置林の増加），そして④地域振興の担い手となる人材の欠如などである（大野 1998: 19-20）。

人間の生活空間は，周辺部において一足先に縮小段階に入りつつある。フロンティアとはこれまで開拓の最前線をさす用語であった。しかし現在では，人口減少とともに縮小していく社会の逆フロンティアとしての経験を，地方圏はいち早く提供し始めている。財政支援が減らされるなか，少子高齢化や環境保全など深刻化する政策課題に応えるためにはどのような解決策が必要か。1つの方策として，地方自治体の規模拡大により財政力や事務能力を強化する政策が採用された。「平成の大合併」によって，市町村数は1999年の約3230から2019年には約1720まで減った。だが，合併では問題は解決しない。

第1に，合併が財政的・行政的な面での強化に結びつくかどうかは，地域ごとの努力に大きく依存している。合併によって「地元」自治体を失った地域社会がしばしば活力を低下させる一方で，小規模自治体による生き残りをかけた努力も各地で続いている（青木・田村 2010）。

第2に，限界集落論が指摘する苦境はたしかに存在するものの，それを集落消滅論に直結させることは地域性に根ざした集落の存続可能性を軽視することにつながる（山下 2012; 山本 2017）。他出した子どもや孫とのつながりなど関係人口を含め，集落の限界ではなく変容する集落の底力に着目することが重要である（徳野・柏尾 2014）。UターンやJターンに加え，都市部からの新規移住者の果たす役割も増している。そのなかには，起業に取り組む若者，とくに福島原発事故以降増えた家族による移住，地域おこし協力隊（総務省が2009年から制度化）など，多様な層が含まれる。

そして第3に，近代化の過程で隔離されていった農山村と都市の間の関係を，

持続性や公平性の観点からあらたに構想し直していく必要がある。たとえば，林業の衰退は放置林の増大を招き，河川下流域に新たな洪水問題を引き起こしつつある。このため，上流域の山林を流域圏全体の共有財産（コモンズ）と位置づけたうえで，その維持のためのコストを都市と山村とが共同で負担するという工夫が求められている（たとえば，森林環境税の創設。コモンズについて，第8章コラム8-2を参照）。

場所を取り戻す

空間から再び場所へ 私たちは今，大きく変化する空間の時代に向き合っている。先行きのみえない不透明な状況のもとでは，誰もが，自分を守ってくれる居場所やアイデンティティの拠り所をみつけたいという願いをもちたくなる。場所（place）への関心が世界中で高まりをみせている背景には，こうした時代状況の変化がある（Castells 1997）。だがそこには落とし穴も少なくない。この節では，場所の現代的特性を学んでいこう。

まずはじめに，場所とは何か。空間と場所はどう違うのか。一言でいうと，場所は，1人ひとりの人間の身体がおかれた位置との関係で中心づけられていることに大きな特徴がある。空間が抽象的な広がりに力点をおくのに対し，場所は同じ広がりを身体という中心からとらえ返そうとする。地理学者の Y. トゥアンが指摘したように，「ある空間が，われわれにとって熟知したものに感じられるときには，その空間は場所になっている」（Tuan 1977=1988: 117）。

人はどのようにして，ある空間を自分の場所へと変えていくのか。たとえばK. リンチは，『都市のイメージ』のなかで，空間認知における5つの基本的要素を指摘した（Lynch 1960=1968）。すなわち，結節点 node（さまざまな流れが交錯し集まる点），ランドマーク landmark（人目を引く目印），道筋 path（日頃よく通る通過路），境界 edge（2つの異なる領域の境），地区 district（共通点をもちまわりから区別される広がり）である。はじめて出会った空間は，当初，茫漠とした広がりにすぎない。しかしそこでの経験を積み重ねるうちに，人はこれらの基本要素を体感し，単なる空間は個性をもった場所へと変わっていく。1950年代のロサンゼルスなどを対象に都市のメンタル・マップを描き出したリンチの仕事は，空間-場所論の古典となった。

だがここで，1つの疑問が湧いてくる。リンチが前提とした空間イメージとは，いったい誰のものであったのか。図7-6 にあげた3枚の地図を見てみよう。これらは，ロサンゼルス市内の良好な住宅地で暮らす白人，都心インナーエリアで暮らすアフリカ系アメリカ人住民とヒスパニック系住民のそれぞれがイメージするロサンゼルスを，リンチの基本要素を用いて示したメンタル・マップである。一目瞭然，地理的広がりやランドマークの豊富さには階級・階層，人種・エスニシティによって大きな差があることがわかる。これらが描かれた1960年代半ば，図7-6 (2) にもあるワッツ地区では，アフリカ系アメリカ人による大規模な「暴動」が発生した。白人たちの広大な空間に取り囲まれながら都心スラムで暮らす黒人たちの「場所」の限定性・閉鎖性，それゆえ内部に蓄積された不満の濃密さ。場所はけっして万能ではないこと，そしてときに残酷なまでの不平等性をもつことを，この不揃いな地図は映し出している。

では，グローバル化とインターネットの時代を生きる私たちにとって，場所とはいったい何を意味するのであろうか。M. ハイデガー，G. バシュラール，O. F. ボルノーといった空間の思想家たちが問いかけてきたように，場所の在処はその人間の実存や個性と密接に結びついている。それゆえ場所をめぐる議論はしばしば，本質主義的でノスタルジックな思考へと私たちを回帰させていってしまう。だが，今日忘れてならないのは，どのような場所もまた純粋無垢ではありえないという冷徹な現実である。なぜなら，私たちが自らの居場所を獲得していく過程そのものが，実際には，場所性を意図的に生産しようとする現代社会のメカニズムのなかへとあらかじめ組み込まれてしまっているからである。以下，場所性の創出に関わる2つの過程についてみていこう。

場所性を消費する――商品としての場所

第1に，今日，場所は消費の対象として生産されている。たとえば，もっとも象徴的な事例として観光地を考えてみよう。歴史の遺産を求めて，手つかずの自然を求めて，あるいは日常を離れ本来の自分を取り戻させてくれる場所を求めて，私たちは旅に出る。「本物」の場所との出会いは旅行の魅力であり，大切な目的でもある。だが，はたして本物とは何か。イギリスの社会学者 J. アーリは，ツーリズムに関する先駆的な研究のなかで，観光のまなざしという考え方を提示した（Urry 1990=1995）。たとえば，パリを訪れる旅行者を考えてみよう。その街中でキスをする男女を見たとき，旅行者がまなざしを向けている対象とは単なるキスシーンではない。本物の「永遠にロマンチックなパリ」を見ていると，

FIGURE 7-6 ● ロサンゼルスのメンタル・マップ

(1) ウェストウッドの上位中産階級白人の目から見たロサンゼルス市

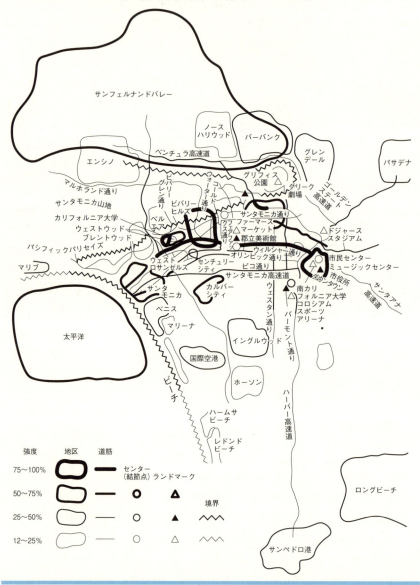

(2) アバロンの黒人住民の目から見たロサンゼルス市

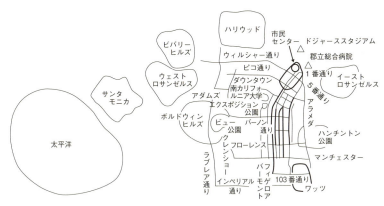

(3) ボイルハイツのヒスパニック系住民の目から見たロサンゼルス市

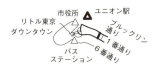

> 強度の大きい地点ほど，多くの人びとの意識のなかで大きな位置を占めていることを意味する。

（出典）Gould & White（1974: 35・36＝1981: 22-23）をもとに作成（P. Orleans 作成の図）。

旅行者は考える（Urry 1995＝2003: 217）。観光のまなざしは，インターネット，映画，テレビ，ガイドブックなど，非場所的な実践を通じてあらかじめ作り上げられる。旅行者はメディアが事前に提供する記号のコレクターとして，しばしば旅を続けているにすぎない。それゆえ，旅行者を呼び込もうとする側は，「本物」を求める記号コレクターの期待に添えるように，観光のまなざしの対象をたえず再生産しようと試み続ける。その結果，もともとなかったはずの白い砂浜が火山島のハワイに造成され，歴史上はありえなかったデザインの建造物が古都で「再建」され，実態からはかけ離れたエキゾチックな田園風景が高級リゾートのなかで捏造される。

第**7**章　空間と場所

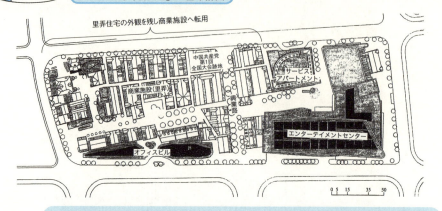

FIGURE 7-7 ● 上海「新天地」の基本計画

　急激な発展を遂げる上海の中心に,「新天地」と呼ばれる再開発商業地区が建設されたのは 2001 年であった。旧フランス租界に位置するこの地区は,「石庫門里弄」住宅と呼ばれる上海特有の伝統的な低層賃貸住宅が建ち並ぶと同時に, 1921 年, 中国共産党第 1 回全国代表大会が開催された革命史跡でもあった。この場所が, 香港系のディベロッパーによって, 歴史的景観を残した商業地区へと姿を変える。ただし, この「租界」=「ハイカラ」イメージを強調した基本設計を導入したのは, 上海＝「租界」という印象を強くもっていた日本系設計会社であった (神山 2006)。

（出所）　神山 (2006: 130) の図 1 (原図は,『新建築』76-14: 164, 2001 年 12 月) をもとに, 一部簡略化し, 説明を加筆。

　もう 1 つ別の例をあげてみよう。場所性はまた, 大きな空間変動に遭遇したローカルな個別地点が, 自らの姿を再構築しようとする過程でも強調される。再開発プロジェクトはその典型である。2000 年代に入り, 再開発が作り出す超高層空間が世界的に激増した。東京であろうと, 上海であろうと, ドバイであろうと, その内容にはほとんど違いがない。グローバル市場で競争するため, エアコンで温度調節され, インターネットに常時接続され, 何階であろうと即座にエレベータで運ばれる均質空間が, まず求められる。だがグローバルな均質化が進むゆえに, 逆説として, ローカルな差異化がむしろ大きな意味をもつようになる。

　商品価値を増すために, 再開発空間をいかに魅力的なものへと仕立て上げるか。他の商品と同様, 都市空間もまた絶え間ない差異化の戦略へと巻き込まれていく。差異化のために場所性を活用することは, 今や空間デザインの常套手段となって

いる。たとえば上海の中心部に「新天地」と名づけられた街区がある。この街区を再開発するうえで活用されたのが、旧租界としての地域の歴史であった。ポストコロニアルなデザインで統一された人工的な街並みは、あたかもテーマパークのようなたたずまいをもつ。そして、資本主義化されたテーマ空間のなかには、中国共産党ゆかりの歴史的建造物——「革命の聖地」——までが組み込まれている。植民地支配・革命・市場経済など一見相反する要素を飲み込み、そこから独自の意味を醸成させてしまうところに今日の「場所」がもつ奥行きの深さ——そして無節操さ——がある。

　場所の力はまた、再開発の正当化をめざすイメージ戦略においても動員されていく。街の破壊によりなじみの風景が失われていく過程に対しては、どこでも住民による反発がつきまとう。そのため、未来の明るさを強調することによって破壊を正当化するとともに、消えていく光景をカタログ化し記憶にとどめようとする実践が、再開発のサイドストーリーとして展開する。再び東京の例をあげてみよう。都心社会の解体が進んだバブル経済期には、街の歴史を再考しようとする江戸東京学がブームとなり、雑誌『東京人』や江戸東京博物館が東京都やその外郭団体によってつくられた。再び大きな変動が訪れた2000年以降の東京には、「土地の記憶」論（中沢新一『アースダイバー』ほか）や「昭和レトロ」のブームが訪れた。隠された場所性を掘り起こしそれを再呈示する試みは、無謀な変化へ抵抗するための大事な根拠となりうる。しかしノスタルジーの世界に閉じ込められた場所のカタログは、とげを抜かれ無害化された記号の群れとして、結果的に変化を正当化するだけに終わることが多い。

地域への回帰——社会関係資本としての場所

　場所性を創出しようとする多様なねらいのなかで、もう1つ忘れてならないのは、コミュニティの再生という試みである。近代化や都市化とともに地縁や血縁で結ばれた共同体が解体するという見方は、長い間、社会学のもっとも基本的な命題の1つであった。伝統的な定住コミュニティの基盤が掘り崩される一方、人びとの移動先には、大量の人口、高密度、社会的異質性によって特徴づけられる都市的世界が形成されていく。シカゴ学派都市社会学の理論的支柱となったL. ワースは、生活様式としてのアーバニズムという視点に立ちながら、近代都市の特性を空間的分化や第一次的関係の弱体化として指摘した（Wirth 1938=1978）。

　コミュニティ喪失か、コミュニティ存続か。議論は両者の間を振り子のように

第7章　空間と場所

> **COLUMN** *7-3* コミュニティから「つながり」へ

　伝統的コミュニティの存在を自明視できなくなった社会学は，個人を単位とする人びとのつながりに一度立ち戻ったうえで，パーソナル・ネットワークがどのように構成されているかへと，目を向けるようになっていく。そこでは多くの興味深い発見がなされてきた（野沢編・監訳〔2006〕を参照）。たとえば，アメリカの社会学者 M. S. グラノヴェッターは，**弱い紐帯** weak ties の「強さ」を次のような事例から見いだす（Granovetter 1973=2006）。ボストン・インナーシティのイタリア系移民地区はコミュニティの強い結束を誇っていたのに，再開発事業による全面改造に直面したとき，十分な抵抗もできないまま解体を迎えてしまう。これに対して，反対運動を組織できた他地区では，内部結束こそ弱いものの，外部の人びとへの橋渡し機能を果たすことのできる弱い紐帯が数多くみられたとされる（前者地区の都市モノグラフとして Gans〔1962=2006〕を参照）。

　部族共同体を離れた移住者の適応過程をアフリカ都市で研究した社会人類学の成果を1つのルーツとすることからもわかるように（Mitchell 1969＝1983），**ネットワーク論**はポスト・コミュニティ論としての一面をもつ。インターネットが普及した現在，ネットワークは人びとにとってむしろなじみの環境となった。しかも，1つのネットワークとしてみると，世界は思ったよりもずっと「小さい」。著名な実験によれば，知人の知人を6人たどれば，アメリカ中の大方の人びととはどこかで「つながる」という。ここから導かれた**スモールワールド理論**もまた，弱い紐帯で結ばれた広域的ネットワークが示す構造的創発性をつよくアピールする（Watts 2003=2016）。

　ただし日本では弱い紐帯もまた，同窓や同郷，同期の知人という形をとりながら，地域コミュニティや組織に由来することが少なくない。地域社会へと埋め戻されたパーソナル・ネットワークが，都市においてどのような構造的創発性を発揮するのか（松本編 1995; Fischer 1984＝1996）。また実際の地域コミュニティでは，町内会・自治会などの住民組織とパーソナル・ネットワークが共存する（たとえば玉野〔2006〕）。SNS を通じて容易につながれるようになった今日，過剰なつながりはときに人を息苦しくする（菅野 2008）。つながりというテーマは社会学研究の新しい最前線となっている。

揺れ動きながら，全体としてコミュニティ概念自体の見直しへと展開していく。それとともに地理的近接性や局地性，心理的一体感によって特徴づけられる共同体ではなく，各個人が空間の縛りを離れ選択的に作り上げていく絆のあり方へと，関心の中心は移動していった。B. ウェルマンはそれを**コミュニティ解放論**と要約

した(Wellman 1979=2006)。空間的・社会的移動を経験した人びとによる関係的絆の再構築や戦略的活用過程に着目する一連の理論は，現代社会学の理論的エッジを形成するようになっている(コラム7-3を参照)。

しかし，コミュニティの解体が進むにつれて，揺り戻しの現象が世界的にみられるようになっている。リスク社会やグローバル社会において地域コミュニティの意義をいかに再評価するか。日本でも，度重なる震災後の復興過程における地域住民組織の活躍などを経て，地域社会への関心が再び高まっている。

この文脈でしばしば言及される概念に，社会関係資本(social capital)がある。社会関係のなかに埋め込まれた構造的特性は，一定の条件のもとで，人びとへ何らかの効用をもたらす資源へと転化する。この転化や転用の過程に光をあてるのが，社会関係資本という概念である(第4章第2節も参照)。たとえば，犯罪増加や安全低下の理由として地域社会の解体が指摘され，対策として近隣における社会関係資本の強化が主張されることがある。社会関係資本を地域社会における信頼やネットワークと置き換えることは一見すると何ら問題がないようにみえる。実際，こうした発想に基づいて，住民による自警組織がつくられるケースも近年増えている。

だが，ここで忘れてならない問いがある。どのような構造的文脈に社会関係資本は依存しているのか。また誰に対して社会関係資本は効用をもたらすのか。合理的選択論の立場に立つJ.コールマンは，社会関係資本を次の2つの側面をもつ社会現象として理解した。第1に，社会関係資本とは，「人びとの関係構造」に内在するものであって，個人にも，あるいは生産の物理的手段にも宿るものではない(Coleman 1990=2004: 475)。第2に，社会関係資本は，関係構造に埋め込まれた人間の何らかの行為が促進されたとき，その存在がはじめて確認される(Coleman 1990=2004: 477)。言い換えると社会関係資本とは，「自己利益の達成」をめざす主体との関係において顕在化する，社会構造の資源的側面である(Coleman 1990=2004: 479)。

社会関係資本がどのような人びとの関係構造に内在しているのか，また，それはどのような人びとの行為を促進するのか。ポイントは，議論の前提にどのような社会像を想定するかにある。話をもう少し現実に近づけるため，多数者と少数者という勢力格差を含む社会モデルを考えてみよう。図7-8には2つの軸，すなわち〈社会関係資本が内在する関係構造〉軸，そして〈社会関係資本の効用が及ぶ向き〉軸を設けた。前者は，社会関係資本が「多数派／少数派」どちらの関係

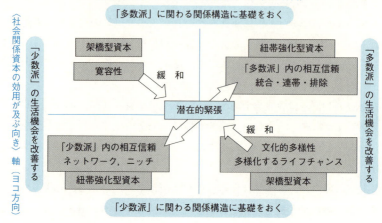

FIGURE 7-8 社会関係資本の類型――〈「多数派」・「少数派」〉図式のなかで

構造に由来するかを区別する。他方，後者は，社会関係資本が「多数派／少数派」どちらの生活機会を改善するかを区別する。勢力格差を前提としたとき，社会関係資本の考え方からは次のようないくつかの可能性を引き出せる。

少数派となっている集団は，多くの場合，十分な経済的資本をもつことができないでいる。このため少数派は，自らの集団内部にある社会関係をほかの用途に転用することによってその不足を補い，生活機会をより豊かにしようと試みる。たとえば，同郷ネットワークやエスニックな紐帯，独特なサブカルチュアを相互扶助や起業へと結びつけるケースはその典型といえる。だがやっかいなことに，少数派による自立の試みはしばしば，地域全体の社会的統合を弱体化させるものと多数派によって見なされる。その結果，統合強化によって安定を求めようとする多数派の視点からは，少数派の排除こそが社会関係資本を増大させることにつながるという短絡的な結論が引き出されかねない。

しかし現実には，対立の緩和に貢献する別のベクトルをもった社会関係資本も存在する。たとえば少数派の生活条件改善に寄与する「寛容性」という特性を多数派側が用意することは，社会全体の創造性の涵養に貢献し，ひいては多数派自身の利益にもなる（Florida 2002）。反対に，多数派の生活条件改善にも寄与するような少数派側による貢献の回路（たとえば，文化や消費における多様な「選択肢の

提供」）も存在する。これらの回路を質量とも豊かにしておくことが，緊張緩和や衝突回避のためには欠かせない。

　社会関係資本論の代表的論者である R. パットナムも，同一集団内の効用のみを高める社会関係資本を<u>紐帯強化型</u>（bonding），異なる集団間で効用を高め合うような社会関係資本を<u>架橋型</u>（bridging）と呼んで区別をしている（Putnam 2000=2006）。閉鎖性が強い社会で多数派のネットワークをさらに強化することは，結果的に社会の寛容性を減退させる結果をもたらす。異なる回路に道を開いておくことの重要性もまた，社会関係資本論の教えの1つである。

場所の両義性を知ること

　場所に根ざすことによって私たちは力を得ることができる。しかし，創出や捏造の試みの影響を受けていない場所もまたありえない。場所を取り戻す試みには多くのわなが潜んでいる。場所の両義性とは何か。2つの点を再確認しておこう。

　第1に，1つの空間にはつねに複数の場所や場所性が併存または重層している。異なる場所や場所性は共通の空間をめぐってしばしば厳しい対立を繰り返しており，しかもその対立の構図はたえず変化にさらされている。たとえば，先にみたロサンゼルスでは，1992年，再び40人以上の死者を出す「暴動」が発生する。60年代と同様，インナーエリアに囲い込まれたマイノリティへの差別問題に端を発したこの出来事は，今度は，白人，アフリカ系，ヒスパニック系，アジア系を巻き込む多人種紛争へと展開する。それぞれに差別を受けるマイノリティ集団は，尊厳と自信を取り戻すため，自らの場所に蓄えられた記憶を頼りに自己イメージの肯定的な再定義をめざそうとする。パブリック・ヒストリーを介した<u>場所の力</u>の再興は，たしかに自己実現の大事な手段となる（Hayden 1995=2002）。だが，場所に根ざした運動はすぐに新しい紛争へ巻き込まれていく。なぜなら，居住者が激しく入れ替わるこの都市では，たとえばかつてアフリカ系住民の文化拠点であった場所が現在はヒスパニック系住民のセンターである，ということが頻繁に起きる（町村 1999a）。これほど極端ではなくとも，特定集団にとっての場所の本源性を強調することが，ほかの集団が保有する場所の記憶に抵触してしまうことは珍しくない。場所の力を，特定集団の記憶や歴史に閉じていくのではなく，複数性・多層性に向かって開いていくためにはいったい何が必要であろうか。

　第2に，場所のシンボリズムの活用は，地域の社会的統合力を高める有力な手段となる。しかし，場所性を演出する試みは，歴史や文化に根ざした個性を再確認する機会となる一方で，地名を付け替えただけのステレオタイプを生み出すこ

とも少なくない。成長が地域の素朴な目標となりえた高度経済成長期が終わりを迎える頃から，日本でも地域社会内部の価値観が多元化していく。こうしたなか，新たな統合を模索するため，1980年代頃から地域アイデンティティ（「地域らしさ」）が強調されるようになる。さらにそれは，2000年代以降の新自由主義的流れのもとで，都市・地域間競争で有利な地位を占めるための場所のマーケティング（place marketing）へと展開していく。ゆるキャラやB級グルメからアニメ聖地巡礼や「世界遺産」指定に至るまで，マーケティングの内容は多岐にわたる。だが，場所性を演出する物語がつねに影響力や浸透力をもつとは限らない。①地域社会が存続の危機に直面しているとき（例：東日本大震災後の東北復興キャンペーン），②他の地域社会と何らかの形で競争しているとき（例：オリンピックや万博，ワールドカップなどの招致活動），③地域社会内部にある亀裂や対立を修復／隠蔽しようとするときなど，力をもつのはいくつかのケースに限られる。ただし，大都市の広告代理店などによって主導された個性化キャンペーンは，しばしば逆に無個性さを露呈させる結果に終わる。

SECTION 5　「空間と場所」の社会理論へ

「そこに在るもの」と「そこにないもの」がつくる社会

19世紀に誕生した社会学はこれまで，変動する社会を記述し説明するために，さまざまな〈空間-場所〉観を用意してきた。表7-2は，本文中で紹介してきた諸理論を中心に，〈空間-場所〉という視点の変遷を整理したものである。ここからもわかるように，近代的な主体とはそのはじめから一貫して，移動する主体であった（Urry 2007=2015）。だが，グローバリゼーションとポストモダンの時期以降，社会の空間的構成はさらに大きな変化を遂げる。

第1に，移動現象はさらに一般化し，今や物理的に移動しない人間までが，情報や資本・物財のフローの空間を介して遠隔地と連接されるようになった。第2に，空間ばかりでなく場所の形も多様化している。ネット空間のなかのヴァーチャルな場所は急速にその存在感を増し，移動の日常化は特定の物理的空間に縛られないトランス・ローカルな場所を生み出している。第3に，それゆえ，社会の見方／見え方も変化を遂げる。社会が国民社会と同一視されていたとき，境界

TABLE 7-2 ● 空間と場所の論理

	空間のイメージ	代表的な分析者・論者	空間をつくる力	発生する主要な問題	場所の力の基盤
近代化／自由主義	階級の空間	マルクス	資本と生産力，交通	社会問題の発生	階級と階級闘争
	つながり／距離の空間	ジンメル	移動，量，速さ，刺激	第二次的関係の優越，孤独	感性，社交
	ヒューマン・エコロジーの空間	シカゴ学派	移動がもたらす人口の量・密度・異質性	空間的隔離，社会解体と逸脱	自然発生的地域，サブカルチュア
	機関と個人がつくる重層的空間	鈴木榮太郎	結節的機関の集積	機関集積度がもたらす生活機会の格差	民衆の日常生活（正常人口の正常生活）
介入主義	開発の空間	福武直　島崎稔　布施鉄治	開発政策・国土政策	地域格差と公害・環境問題	豊かさの追求／対抗的住民運動
	集合的消費の空間	宮本憲一　カステル（1970年代）	労働力再生産過程（都市）への国家介入	生活基盤整備の遅れと不平等	都市社会運動　住民運動
	公共圏の空間	ハーバマス	市民社会への国家介入	生活世界の植民地化	公論，新しい社会運動
空間論的転回へ	「空間の生産」の3項モデル（空間的実践／空間の表象／表象の空間）	ルフェーブル　ソジャ	空間的実践　空間の表象（思考される空間）に準拠した空間の計画・建築	使用価値に対する交換価値の優位　都市の衰退	空間的実践　表象の空間（生きられる空間）を通じた想像力
グローバル化とポストモダン	ポストモダンの空間	ハーヴェイ	建造環境をとおした資本蓄積	都市空間の商品化	時空を超える想像力
	グローバル空間	サッセン	資本と労働力の国際移動	階層分極化	世界都市
	フローの空間／空間のフロー	カステル（1990年代）	情報と資本のグローバル・フロー	デジタル・ディバイド	コミュニティの再生
新自由主義	ネオリベラリズムの空間	ブレナー	市場と競争，リスケーリング	格差　社会的排除	イノベーション　創造的破壊
	創造性の空間	フロリダ	創造階級	階層分化	寛容性
	空間から移動（モビリティ）へ	アーリ	ネットワーク化される人間と物資	可動性による格差	情動の場

第7章　空間と場所　229

よって仕切られ安定的な構造をもったシステムとして社会を描くことはたしかに自然であった。ところが、増大していく移動者の視点からみれば、社会はいわば流れ（フロー）のなかにある「スケイプ」（風景）として体験されるようになっていく（Appadurai 1996=2004）。異なる空間スケールが同時に私たちの日常生活へ影響を及ぼすとともに、スケール自体が変化をしていくリスケーリング状況のもとで、社会と空間の関係もまたたえず再構築を迫られている。

　社会はもともと、「見えるもの」と「見えないもの」、あるいは「その場に在るもの」と「その場にないもの」の対比から成り立っている。いったい何を人びとから見えるようにするのか。逆に何を人びとの視界から消し去ってしまうのか。空間の経験とは、排除と編入という権力作用につねにさらされている。しかも、情報ネットワークやヴァーチャルな世界が社会の物質的な構造のなかに埋め込まれている現代においては、そもそも「見えるもの」と「見えないもの」の中身すら個人によって大きく異なっている。空間概念が復権を遂げてきたのは、こうしたリアリティ変容の渦のなかにおいてであった。

　社会は多様な空間を生産する。しかし同時に、生産された多様な空間をとおしてしか社会は作り上げられない。この複合的で重層的な過程を透徹した思考で探究したのが、フランスの思想家・理論家である H. ルフェーブルである。1974年に刊行された都市・空間論分野の主著『空間の生産』のなかでルフェーブルは、<u>空間の生産</u>の3つの契機として、「空間的実践」「空間の表象」「表象の空間」を指摘した。「空間的実践」とは、それぞれの社会における生産・再生産の諸関係を人びとが無自覚のうちに空間や場所へと反映させていく過程であって、空間に関わる多くの営みがこれに含まれる。「空間の表象」とは、計画や工学などのように空間に関する思考や言説が空間にもたらす秩序化の過程をさす。これに対し、「表象の空間」とは、映像や象徴をとおして住民や「ユーザー」によって直接に生きられる空間である。それは空間的実践と異なり、受動的に経験された空間ではあるが、想像力を支えに象徴を駆使することによって物理的空間を覆い尽くすことができる（Lefebvre 1974=2000）。現実の空間はつねにこれら3つの契機の対抗や競合のなかで生産されていると、ルフェーブルは指摘する（ソジャの「第三の空間」論も参照、Soja〔1996=2005〕）。

空間からの再出発

　異なる人びとが共存することはいかにして可能か。監視カメラが当たり前のように公共空間に据えつけられ、自警団によるパトロールが地域を見守る時代にあって、この問いはとき

> **TEXTinTEXT** *7-1* ●「ぎりぎりの場所」の意味を問う
>
> 「(家族が) 全部バラバラです。(子どもたちにとっては) 帰る実家がなくなっていることがまずは一番と，彼らにとって。私と父と夫に関して言えば，住む所ないという感じです，もう。今アパートありますけど，住む所ないと。やっぱりどこか誰かの家ですもん，どこにいても。夫にしても，(今住んでいるところは) やっぱり出張先という感じですよね。」
>
> 「帰還？ 帰還はあり得ないですね。いいんですよ，戻るのは。どうせ老人3人なので。……被ばくの影響で死ぬのと，天寿を全うして死ぬのと，どっちが先だかわかんないような老人3人がもどるので。それはいいんですけど，でも，私たちが戻るということは，もしものときに子どもたちが来なきゃいけないでしょ？ そしたら彼らは確実に被ばくの影響を受けるんだなと思ったら，それが嫌なので。私とか夫とか父とかに関して言えば，あんな復興庁が言う望郷の念と言われるようなイメージないですよ，もう富岡町 (には)。だって知り合いが全員戻って来るわけでもなければ，町の雰囲気だって一変しているし，ここから先は作業員の町になるだろうと思っているので。ただ，私たちが戻るということは，若い世代が何らかの形で近寄って来ることになるので (戻りたくない)。
>
> 子どもたち3人は，あれから一度も富岡に帰っていないので。行かせないというふうに私がきめたので。必要ない。行くことない。」(富岡町出身の女性の語り (聞き取り 2016年2月26日，会津若松市内にて，聞き取り実施者，森久聡，八巻俊憲，平林祐子) 原発災害・避難年表編集委員会『原発災害・避難年表——図表と年表で知る福島原発災害からの道』2018年，すいれん舎，137頁。括弧も原著のまま)
>
> ●視点と課題●
>
> 　　2011年3月11日，東日本大震災をきっかけに起きた福島第一原子力発電所事故は，避難指示が出されたもっとも直接の被災者だけで10万人を超える未曾有の原発災害を引き起こした。語るのは，富岡町の居住制限区域 (聞き取り時点) 内に持ち家がある女性で，聞き取り時には避難先の会津若松市に居住していた。事態は時間の経過とともに変わっていく。また考え方は人によって違う。だが，家族や人生を思う人びとの思いは複雑である。故郷を離れざるをえなかった人びとにとって地域社会とは何なのだろうか。

に空しく響く。空間分析の1つの課題とは，いわばこの後ろ向きの空間的実践の形態，そしてその背景をあきらかにすることにある。そこには，リスクや「安全」への配慮を第一義に組み込んだ空間設計の計画やテクノロジー(「空間の表象」) が，用意されるようになっている。だが，管理や監視の空間を実際に生きる人びとの経験という視点から眺めれば，事態はもう少し流動的でかつ重層的に

みえてくる。犯罪や暴力の被害を一番深刻に受けているのは実際には社会の多数派ではなく，少数派に属する人びとであることが多い。したがって，管理や監視の強化が単純に多数派と少数派の分断を招くとは限らない。また管理や監視のレベルを上げても，日常生活のなかで人びとはその圧力を処理し，またその抜け穴をすぐに見つけ出していく（たとえば，路上のパフォーマンスやグラフィティは，厳しい管理や監視をかいくぐる手段として，とりわけ独裁的な政治体制のもとで大きな役割をはたしてきた）。

だから監視や管理はよい，というわけではもちろんない。たとえば監視カメラの設置は，そもそも犯罪の抑止という点ではかならずしも万能ではないことがあきらかになってきている。公共空間においては管理や監視はできるだけ少ないほうがよい。だが，かりに管理や監視の空間をつくる「空間的実践」が大きな流れとなったとしても，同じ空間のなかには，そうした実践を相対化し空間を別物に変えていく想像力を備えたユーザーがつねに存在している（「表象の空間」）。ルフェーブルが教えているのは，空間の生産過程におけるこの矛盾に満ちた隙間の存在であり，またその隙間を埋めていこうとするさまざまな実践の力と想像力の豊かな可能性であった。

したがって，どんな空間を前にしても私たちは悲観をする必要はない。しかしながら，どんな空間を前にしても私たちは楽観をすることができない。社会の変容が再び空間のあり方をも大きく変化させつつある。しかし社会は，変化しつつある空間のなかにおいてしか，またその空間を用いてしか，自らを再生産していくことができない。その意味で，私たちの身のまわりにある微細な空間と場所のダイナミズムのなかには，未来の社会が直面するであろう問題とそれを乗り越えるための知恵がともに含まれている。徹底的に対象を見つめ，いち早くそれらを明らかにしていくこと，現代社会学の新しい課題がここにある。

BOOK GUIDE ● 文献案内

● 原典にせまる

① F. エンゲルス『イギリスにおける労働者階級の状態——19世紀のロンドンとマンチェスター』（上・下），一條和生・杉山忠平訳，岩波文庫，1990（原著1845）。

② H. ルフェーブル『空間の生産』（社会学の思想5）齋藤日出治訳，青木書店，2000（原著1974）。

③ D. ハーヴェイ『ポストモダニティの条件』（社会学の思想3）吉原直樹監訳，

青木書店，1999（原著 1989）。

都市研究の古典でもある①は，近代都市の来歴を考えるうえでおおいに参考になる。空間論を考えようとするとき，②と③はもはや避けて通れない古典となりつつある。ともにけっして簡単な作品ではないが，ぜひ挑戦してほしい。

● 理解を深める

④ J. アーリ『モビリティーズ――移動の社会学』吉原直樹・伊藤嘉高訳，作品社 2015（原著 2007）。

⑤ D. ハイデン『場所の力――パブリック・ヒストリーとしての都市景観』後藤春彦ほか訳，学芸出版社，2002（原著 1995）。

⑥ G. デランティ『コミュニティ――グローバル化と社会理論の変容』山之内靖・伊藤茂訳，NTT 出版，2006（原著 2003）。

場所の議論は簡単なようにみえて，じつは奥が深い。④は，空間や場所の問題を長く理論的に検討してきた社会学者の仕事であり，⑤は，都市史の視点から場所にまつわる多様な権力関係を明らかにしてきた著者の主著の1つである。この2冊で場所論の理解が深められる。⑥は，グローバリゼーションの時代における場所の意味について，さらに理論的な基礎を与えてくれる。

● 視野を広げる

⑦ 青木秀男編『場所をあけろ！ 寄せ場／ホームレスの社会学』松籟社，1999，狩谷あゆみ編『不埒な希望 ホームレス／寄せ場をめぐる社会学』松籟社，2006。

⑧ 田中大介編『ネットワークシティ――現代インフラの社会学』北樹出版，2017。

⑨ 南後由和『ひとり空間の都市論』ちくま新書，2018。

⑩ 李相日監督・映画『フラガール』2006。

日本の現在から空間と場所の意味を考えるうえで参考になる書物をあげている。⑦の2冊は，文字どおり，場所がもつぎりぎりの意味を具体的なフィールドから考察する刺激的な作品である。⑧は，私たちが暮らす空間がモノを介してどのように再編されているかを検討した仕事であり，⑨は，建築と都市の交差領域から「個人化」社会を描き出す作品である。これら2冊は，社会学におけるインフラ論的転回との関連で読み進めることも可能である。⑩は，1960年代，閉山の危機に直面した福島の炭鉱会社が，生き残り策として「ハワイアン・センター」を開設するまでを描き出す。なぜ「ハワイ」だったのか。また，なぜこの映画が2000年代につくられたのか。東日本大震災後に被災した地元のその後も含め，考えてみてほしい。

第 7 章　空間と場所

Chapter 7 ● 考えてみよう

❶ 身近な場所を1つ選び，リンチの用意した5つの要素を用いてそのメンタル・マップを何人かの人に描いてもらおう（図7-6を参照）。どのような違いがあったか。その違いはどのような理由によって生まれたのか。議論しながら検討してみよう。ヴァーチャルな場所やネット上の場所についてのメンタル・マップはどのように描くことができるか。合わせて考えてみよう。

❷ ある場所（リアルな場所だけでなくヴァーチャルな場所でもよい）を選び，その場所の使い方についての規則を集めてみよう。何をしてよいか。何をしてはいけないか。その規則はなぜ生まれたのか。なぜそれは守られるのか（または，守られていないのか）。規則は書かれているものだけではない。明文化されていない規則や慣例も知るためには，その場所でどのようなふるまいが期待されているかを，実際の現場で観察してみる必要がある（この課題は，Farbstein & Kantrowitz〔1978=1991: 86〕を参考にした）。

❸ あなたが暮らす地域や都市は，現在どのような問題・課題を抱えているか。そのうちの1つを取り上げ，新聞記事やウェブ上の情報，地域史資料，公共図書館や郷土資料館の地元資料コーナーなどを利用して，問題・課題に関わる利害関係者を調べ上げ，関係の見取り図をつくってみよう。またその関係は時代とともにどのように変化してきたか。関係者には，地方自治体や政治家，住民一般だけでなく，企業，各種組織・団体，NPO/NGO，メディア，大学，さまざまな「よそ者」から中央省庁，海外の主体まで，多様なものが含まれる。誰が原因を作ったのか。誰が利益を得て，誰が被害を被っているのか。解決に向けて活動しているのは誰か。

第 8 章 環境と技術

脱炭素社会をめざす「パリ協定」採択を祝う国連事務総長ら
（2015年12月，AA/時事通信フォト）

CHAPTER 8

- KEYWORD
- FIGURE
- TABLE
- COLUMN
- TEXTinTEXT
- BOOK GUIDE
- SEMINAR

INTRODUCTION

　21世紀の今後を考えるうえでも，20世紀をふりかえることは不可欠である。「戦争と経済成長の世紀」だった20世紀の技術革新と経済成長と環境破壊のダイナミズムをもっとも象徴する技術の代表はおそらく自動車だろう。この章では，第1に，自動車の歴史を手がかりに，社会と新技術とのかかわりを社会学的に把握してみよう。第2に，続いて環境問題の諸相とその変化を考察していこう。第3に，環境・技術に関する現代的なリスクの特質は何か，私たちは，どのようにして，リスクに対処する能力を高めることができるのか，さらには持続可能な社会への転換を可能にすることができるのか，考えてみよう。

> **KEYWORD**
>
> フォーディズム　　ポスト・フォーディズム　　社会的ジレンマ　　受益者負担
> 応能者負担　　シェアリング・エコノミー　　環境社会学　　生活環境主義
> 環境的公正　　産業公害　　高速交通公害　　地球環境問題　　気候変動問題
> フリーライダー　　脱炭素社会　　リスク社会　　持続可能な発展

SECTION 1　技術と環境問題

1.1　「自動車の世紀」としての20世紀

もっとも20世紀的な技術は何か

2019年の現在までのところ，もっとも21世紀的な技術といえば，多くの人がスマートフォン（スマホ）をあげるだろう。アメリカでiPhoneが発売されたのは2007年だが，たちまち旧来型の携帯電話を駆逐し，世界中を席巻した。現代の日本では，20歳台の97％，30歳台の96％，40歳台の93％がスマートフォンを利用している（2017年総務省データ，1章参照）。

では，もっとも20世紀的な技術は何だろうか。AIをはじめとする21世紀的な技術の特質を考えるうえでも，20世紀的な技術は何かという問いは示唆的でありうる。電気，電話，テレビ，原子力，コンピュータ等々。さまざまな候補がある。そもそも「もっとも20世紀的な技術」という概念を規定すること自体が難しい。もっとも20世紀的な技術と呼ぶにふさわしいのは，20世紀初頭にすでに存在したか，初頭に発明され，現在では地球上のすみずみにまで浸透し，現代社会のあり方にもっとも深く広く影響を与えている技術ということになろう。時間軸と水平軸の双方で，20世紀ともっとも深く関わっている技術は何だろうか。

社会的な影響の大きさではまずテレビが思い浮かぶ。世界初のテレビの実験放送はアメリカで1928年に，本放送は35年にドイツで開始された。日本では実験放送は1939年に，本放送は53年に始まっている。国際的にみても，テレビが本格的に普及するのは1950年代以降であり，その意味で，テレビは20世紀後半を代表する技術というべきである。視聴率がもっとも高かったワールドカップ2014年大会のサッカーの決勝戦は世界中で10億人以上が同時に観戦したといわ

れる。しかし世界の約74億人の人口（2015年）の13%にあたる約9.3億人は現在でも電気のない生活を強いられている（2016年現在，世界銀行による）。

20世紀は，おもな出来事が，映像，つまり写真と映画とテレビに記録されてきたという意味でも，それらの影響力の大きさからも「映像の世紀」と呼んでもいい。郵便・電話・ラジオ・テレビ，携帯電話やインターネット技術の隆盛に至るまで，「通信の世紀」でもある（吉見 1995）。しかし，もっとも20世紀的な技術を1つだけあげるとすれば，その代表は，全地球的な普及の広がりからも，20世紀全体に及ぶ100年以上の歴史をもっているという点からも自動車ではないだろうか。

自動車の光と影

世界の人口約74億人に対して，全世界の四輪車保有台数は13億2421万台（2016年末，日本自動車工業会調べ）。約5.6人に1台の割合で，地球上にくまなく自動車は普及している。一定以上の幅員さえあれば，基本的には世界中どこの道も自動車で走ることができる。2016年の日本の自動車の保有台数は7775万台であり，世界全体の5.9%を占め，20.4%を占めるアメリカ，14.6%の中国についで世界第3位の「自動車王国」である。

表8-1は，自動車の歴史を簡単にまとめたものである。19世紀末，一握りのごく限られた貴族にとっての楽しみだった自動車を大衆化したのは，「自動車王」フォードによるT型フォードの発売（1908年）と流れ作業方式による大量生産の始まりが契機である（1913年）。自動車の開発と普及に大きく貢献したのは二度の世界大戦であり，戦車として，兵員や物資の輸送手段として，自動車はたちまち注目されることになった。自動車は「戦争の世紀」（第16章第1節参照）とも密接に関わっている。

自動車製造業は主要国でもっとも中心的な基幹産業の1つであり，国内の自動車メーカーを育てるために各国は，輸入関税を高くしたり，輸入台数に制限を加えたりしてきた。

自動車は便利な乗り物である。道路があって交通法規さえ順守すれば，線路やダイヤに制約されずドライバーの思いのままにどこでも走ることができる。運転免許を取得して，はじめて自動車を乗り回したとき，運転する自由や解放感に興奮した人も多いだろう。スピード感。操縦する快感。誰にも干渉されない密室性。24時間，ドアからドアへの利便性。ドライブ・デート。さまざまの欲望を個人的に満たす手段としても，欲望をかきたてる道具としても自動車はきわめて20

第8章 環境と技術

TABLE 8-1 ● 自動車略年表

年	事項
1885年	ダイムラー，ガソリンエンジンの特許を取得。二輪車にガソリン・エンジンを取り付ける（世界最初の「自動二輪車」とされる）
1886年	ベンツ，ガソリンエンジン搭載の三輪車の特許を取得，世界最初の自動車とされる
1908年	フォード社（1903年設立），大衆車T型フォードを発売
1913年	フォード社，流れ作業方式による大量生産を開始
1921年	アメリカで連邦道路法が制定され，連邦政府からの半額補助で，州と州を結ぶ幹線道路が整備されるようになる
1921年	GM社（1908年設立），事業部制を導入。車種の多様化，モデルチェンジ，マーケティングを重視し，大衆車シボレーなどで，T型フォードに対抗。1930年以降，GM社が総販売台数でフォード社をしのぐ
1925年	クライスラー社設立。29年からの大恐慌を経て，アメリカでは三大自動車メーカーの寡占体制となる
1936年	チャップリン「モダンタイムズ」で流れ作業などを風刺
1936年	日本政府，準戦時体制のもとで，外資の閉め出しと自動車の国産化政策を採用。豊田自動車設立（日産自動車は1934年に設立）
1945年	第二次世界大戦終了後，小型車フォルクスワーゲン製造開始。2003年の生産終了まで，全世界で，2152万台を販売
1965年	弁護士のネーダー，GM車などの欠陥車問題を告発。大きな社会問題となる
1972年	本田技研工業，達成が不可能視されていた1970年発効の大気汚染防止法（マスキー法）を，新型エンジンによって世界ではじめてクリアーし，アメリカでの日本車の評価を高める
1978年	アメリカで自動車の燃費規制始まる。79年の第二次石油危機とあいまって，小型で燃費にすぐれた日本車がアメリカで大きなブームとなる。クライスラー社の経営危機が表面化するなど，大型車中心の三大自動車メーカーは販売不振に。自動車が日米貿易摩擦の中心焦点となる
1981年	日本製自動車の対米輸出自主規制始まる
1997年	トヨタ，世界初の量産ハイブリッドカー（ガソリンエンジンと電気モーターで稼働），プリウスを販売。低燃費で，有害物質の排出量が少なく，環境にやさしい「エコ・カー」ブーム到来
1998年	ダイムラー社とクライスラー社が合併。自動車業界の世界的再編成が進む
1999年	経営危機に陥った日産自動車は，フランスのルノーの傘下に入り，再建をめざすことになった
2002年	トヨタとホンダ，それぞれ，燃料電池自動車の市販車を販売開始
2010年	人間が操作をしなくとも自動で走行できる自動運転車の開発競争が激化する

世紀的な技術である。

　不動産をのぞくと，自動車は普通の市民がもつ耐久消費財のなかでももっとも高額の商品である。自動車はステイタス・シンボルでもあり，どのような自動車に乗っているか（買い換えの頻度や自動車に乗らないという選択肢も含めて）は，その人の価値観やライフスタイルを端的に示している。「どんなものを食べているか言ってみたまえ。君がどんな人か言いあててみせよう」。『美味礼賛』の著者ブリヤ・サバランの有名な言葉にならって，このように言うことができるかもしれない。「持たないという選択肢を含めて，どんな車に乗っているか言ってみたまえ。君がどんな人か言いあててみせよう」。

　他方で自動車に交通事故はつきものである。一歩誤れば殺傷する凶器になりかねない。交通渋滞や公共交通の衰退を招き，環境汚染や環境破壊の元凶でもある。排気ガスによる大気汚染。騒音。道路建設にともなう自然破壊。都市を蚕食する駐車場。都市景観を切り裂く高架橋。路上から，石蹴りや隠れんぼといった子どもの遊び場を奪い，のんびり散歩したり，縁台将棋を楽しんだりという喜びを奪ってしまった。このような意味で自動車の社会的費用――ドライバーが負担せずにすんでおり社会全体や第三者に転嫁されている負の外部効果――は膨大である（宇沢 1974）。さらに近年では，二酸化炭素排出量などの増大にともなう気候変動問題という観点からも，自動車の抑制が喫緊の課題となっている。

　ヨーロッパのおもな都市では，都心部への自動車の乗り入れを制限し，歩く空間として都心のにぎわいを取り戻そうという試みがさかんである。自動車の乗り入れ制限と公共交通のサービス確保，大気汚染の防止・気候変動の抑制は，世界中のどの国どの都市にとっても大きな課題である。

　自動車の歴史は，欲望の解放と自動車そのものに対する規制を試みてきた歴史でもある。自動車は，20世紀およびそれ以降の経済成長の時代の「光と影」を象徴する技術である。

1.2　自動車の文化的矛盾

フォーディズム

　動産としてはもっとも高額の耐久消費財であるがゆえに，いつどんな自動車がよく売れたか。社会的に受け入れられたか。新車販売の戦略とコンセプトを振り返ってみることは興味深い。H. フォードの時代から，自動車会社は大量の広告をメディアを通じて

流し，消費者の欲望をかきたててきた。

　自動車を大衆のものにしたフォードの成功の秘訣は，T型フォード1車種に限定し，部品を標準化し，作業を細分化し，単純な反復労働によるベルトコンベア上での流れ作業によって生産できるようにしたことである。時間研究，動作研究に基づいて，従業員1人当たりの標準作業量を科学的に決定しようとしたF.テーラーの科学的管理法を，本格的に生産現場に応用したものであり，生産の合理化と経営の合理化を徹底させることによって，自動車を安価に大量生産することに成功した。売り出した1908年には1台850ドルで1万台を販売したT型フォードは，最盛期の25年にはその3分の1以下の260ドルに値下げされ，年間200万台近くが生産された。

　ベルトコンベアによる労働管理の方式と大量生産・大量消費的な生活様式は，自動車だけでなく，電気製品や化学製品，船舶など多くの産業にたちまち普及し，このようなあり方は*フォーディズム*やフォード・システムと呼ばれることになった。

　車種を限定したフォード社に対抗して，ライバルのGMは，1920年代後半から多車種化戦略を展開し成功を収めた。自動車は消費文化をリードしてきた。

　M.ウェーバーの『プロテスタンティズムの倫理と資本主義の精神』が述べるように，初期資本主義を成立させたエートス（生活倫理）は，勤勉・禁欲・献身を中心とするものだったが，1920年代以降，アメリカを先頭に消費社会が成立するや，快楽主義的消費が社会的美徳となった（Bell 1976=1976）。クレジット制度の発達によって，貯蓄よりも，即時的消費が称揚されるようになった。お金が貯まってから買う時代から，まず買ってから借金を返していく時代に変わったのである。

　キャデラックやクライスラーなどの1950年代の派手派手しい車は，排気量も6400ccと大きく，ガソリン多消費型の自動車の典型である。第二次世界大戦の戦勝国アメリカの豊かさと物質文明の象徴だったといえる。自動車道路がはりめぐらされ，中産階級の人びとにとっては，緑豊かな郊外に住み，自動車で都心部のオフィスに通勤をすることが憧れの生活となった。

　1960年代の先進国経済や日本経済は中東産の安い原油によって支えられてきたが，72年のローマクラブの『成長の限界』の刊行を機に，事態は一変する。76年のA.ロビンズの『ソフト・エネルギーパス』の刊行や，E.F.シューマッハーの『スモール・イズ・ビューティフル』の提唱など，60年代の世界的な高

> **COLUMN** *8-1* 社会的ジレンマと公共交通の衰退

　個々人が自己利益を追求する結果，社会的に不合理な結果が帰結してしまう現象やそれを生み出す悪循環のメカニズムを社会的ジレンマという。自己利益の追求による共倒れを寓話化した「共有地の悲劇」や，M. L. オルソンによるフリーライダー問題が有名である。ゲーム理論でよく知られる「囚人のジレンマ」(第2章第3節参照) を3人以上に拡張したものである。「社会的ジレンマ」は次のような構造をもつ状況である。(1)人びとが自己の効用を合理的に計算して行動する均質な個人であり，しかも，(2)これらの人びとの間にコミュニケーションの機会や方法がなく，利害調整や相談ができないことを前提にすると，次の命題が成立する。①ある社会システムを構成する各行為者は，それぞれ自己にとっての効用が大きい「裏切り行動」を「協力行動」よりも選択してフリーライダーとなる。②したがって全員が裏切り行動を選択する。③各人は，その結果，協力行動を選択したときよりも少ない効用しか獲得できない。

　公共交通の衰退のメカニズムにあてはめてみると，バスなどの公共交通を利用することが協力行動，マイカーやオートバイなど私的な交通手段を利用することが裏切り行動になる。個人にとっては，利便性が高く，いったん購入したあとは維持費が相対的に安いことから，裏切り行動を選択する誘因は高い。こうして利用者が減れば，バスの採算性は低下し，運行本数が低下する。同時にマイカーの増大にともなって道路は混雑するから，バスの定時性はますます損われ，バス離れが加速される (同様のメカニズムで日本各地で市電が廃止されていった)。自動車の運転者も，交通渋滞や駐車場難などの社会的不利益を被る。このようにしてマイカーなどの運転者自身を含め，社会的に不合理な結果が帰結してしまう。モデル上では，前述のように，均質な個人が前提になっているが，実際上は，高齢者や中・高校生のように，自動車やオートバイの免許をもてない人びとが存在し，彼らが本数の少なくなったバスの不便さのしわ寄せを引き受けることになる。しかもその影響は過疎的な地域の住民ほど大きい。公共交通の衰退によってもっともダメージを受けるのは，過疎地に住む高齢者や中・高校生などの社会的弱者である。公共交通の衰退の場合には，裏切り行動を選択できない人びとが存在し，彼らがもっとも不利益を被るのである。

　社会的ジレンマは，マイカー自粛運動などの啓発運動の限界を説明している。本文でも述べたように，公共交通の利便性を高める，税金を高くするなどによってマイカーを保有することの経済的誘因を引き下げるなど，公共交通の利用とマイカーの運転に関わる利得構造を変えて，協力行動を選択することによる効用を高めるようにしなければならない。

度経済成長の時代からの転換が叫ばれた。73年秋のオイルショックと石油価格の高騰を契機として，燃費・エネルギー効率を重視した自動車が売れ始める。日本車がアメリカ市場で注目を浴び始めるのもこの頃からである。アメリカの三大自動車メーカーが法制化に抵抗していた70年の大気汚染防止法，マスキー法の規制を，ホンダはいちはやくクリアし，80年代の日本車ブームの担い手となった。アメリカにも小型車ブームが到来したのである。

トヨタ――ポスト・フォーディズム
トヨタはグループ企業を含め，フォルクスワーゲングループ，ルノー・日産・三菱自動車グループに次ぐ世界第3位の自動車メーカー（2018年の世界新車販売台数）だが，1970年代に独特のトヨティズム（かんばん方式，ジャストインタイム方式）によって，生産工程をフレキシブルなものにし，作業能率の向上，在庫の圧縮をはかり，需要の多様化に応じた多品種生産を効率的に行うことに成功した。このような新しい生産方式をポスト・フォーディズムと呼ぶ（451頁参照）。

1.3　クルマ社会をコントロールできるか

自動車をめぐる社会的ジレンマ
自動車の利用をいかに規制することができるのか。現在各国政府が，各都市が直面するもっとも大きな課題の1つである。個々人にとって，自動車は購入のための初期投資は高いが，利便性が高いだけに，とくに公共交通網の整備が遅れた地方都市では手離しがたい。一家に2台の自動車は地方都市の郊外ではごく普通にみられる。

　バスや市電などの公共交通網の整備と自動車の関係は，社会的ジレンマの典型例である。個人レベルでの合理性の追求が，社会的な不合理を結果するような悪循環のメカニズムが「社会的ジレンマ」と呼ばれる。公共交通を利用すべきことは，タテマエとしてわかってはいても，便利なマイカーを利用してしまう社会的メカニズムをたくみにモデル化している（コラム8-1参照）。実際，アメリカでは大都市の都心部やその周辺をのぞくと，公共交通が衰退してしまったために，自動車の利用を前提とすることなしには，隣町に行くことすら容易でない場合が多い。

自動車を規制する手法
ではどうすれば自動車の利用を規制することができるのだろうか。社会的ジレンマを克服すること

は可能なのだろうか。利用の規制は「自由」の制限という側面をもっているから，一般には受け入れられにくく社会的な同意が得がたい。

　第1の手法は，「強制」的な手法である。たとえば，シンガポールでは，奇数日には奇数ナンバーの自動車のみ通行を許すなどによって自動車の利用を半減させようとしている。偶数ナンバーの自動車の持ち主は，奇数日には奇数ナンバーの自動車に相乗りしなさいという趣旨である。営業用の車両をのぞいて都心部への乗り入れを規制している街はヨーロッパに多い。

　第2の手法は，経済的手法である。経済的な負担を重くして，間接的に公共交通に誘導しようとする手法である。たとえば，自動車の購入や保有に高い税金を課すやり方である。都心部に乗り入れる場合に高い通行料を課す場合もある（都心部から郊外に向かう場合には課さない）。シンガポールは，自動車の購入にも高い税金を課している。

　逆に公共交通の利用料金を値下げするなど，公共交通の側への経済的インセンティブによって，公共交通に誘導するやり方もある。例としては，ドイツのフライブルク市が始めた「環境定期券」と呼ばれる制度が有名である。1枚の定期券をもっていると，休日などに家族が日本の県程度に匹敵する域内全域をその定期券で移動できるという仕組みである。定期券の経済的魅力を高め，公共交通に誘導しようというねらいであり，現在では日本を含め世界各地に広がっている。

　第3の手法は，税金などによって公共交通に投資をし，その利便性を高める手法である。しかし公共交通網を整備する財源をどこに求めるか，という難題がある。日本では地下鉄など軌道系やバスなどの公共交通を独立採算性で運営しようとするかぎり，借入金などの返済のために利用料金は高くならざるをえない。すると，予定どおりの利用客が得られないために値上げが繰り返され，利用客離れを加速するという悪循環に陥り，利用者の公共交通離れを帰結してきた。

　受益と負担の原則としては受益者負担と応能者負担という2つの考え方がある。独立採算で利用料金でまかなおうとするのは受益者負担の考え方である。所得税などの直接税をおもな財源として整備しようとするのが応能者負担の考え方であり，社会的公正という観点からは，応能者負担の原則が望ましい。

　第4の手法は，「カー・シェアリング」という手法である。大都市圏やある程度公共交通の整備された地方都市では，かならずしも毎日使うわけではなく，月に数日や数時間程度利用するために自動車を保有しているという場合も少なくないから，必要なときだけ安価な費用で自動車が利用できるようにすれば，自動車

COLUMN *8-2 私的所有とコモンズ*

「私有財と共有財とではどちらの場合がより環境保全的か」。この問いは、環境問題をめぐる社会科学的な研究にとって、もっとも論争的なテーマの1つである。

私有財産制のもとでは、原則的には、自分の所有する財はどんなふうに利用することもできる。近代的所有権は、絶対的・排他的な権利であり、誰も口出しできない、「立ち入り禁止」の領域である。営利追求を最優先する資本制のもとでは、経費のかかる公害対策は軽視されがちであり、公害問題の発生は必然化する。これが古典的なマルクス主義的立場である。産業公害の事例によくあてはまる。

けれども、国有化や集団的所有を推進した「社会主義国」旧ソ連や東欧諸国でも深刻な公害問題が生じた。旧ソ連のチェルノブイリ原発事故は、原子炉に格納容器がないなど、同国の原子力発電所の安全規制や管理体制の問題をあらわにした。1992年のドイツ統一にともなって、西側の安全基準を満たさないため、旧東ドイツにあった旧ソ連型の原子力発電所はすべて閉鎖された。ドイツの酸性雨のおもな原因は、東欧諸国の重化学工場の大気汚染にあった。

一方、共有財は環境破壊をもたらすという立場の代表は、「コモンズ（共有地）の悲劇」を提唱したG.ハーディンである（Hardin 1968）。牧草地を誰でも利用できる共有地の場合、牛飼いたちは、肥育する牛の数を増やして、自己の利益を増大させようとするだろう。牛飼い全員がそうしようとする結果、放牧される牛の数は、牧草地の容量を上回って増大し、全員が共倒れするというモデルであり、社会的ジレンマ（コラム8-1参照）の代表的なモデルである。

しかし本当に、すべてのコモンズで共倒れの悲劇が起こるのだろうか。むしろ日本の入会地など、伝統的なコモンズでは、たくみな規制が働いて、資源の過剰搾取を防ぎ、環境保全的である場合が多い（宮内・井上編2001；井上2004）。ハーディンの提起は、逆説的に、人類学者や環境研究者などに、このような環境保全型の「幸福なコモンズ」の事例を発見させる契機となったともいえる。

従来のコモンズ研究が過剰利用（overuse）の抑制という観点から行われてきたのに対し、最近では、耕作放棄地、空き家、里山の荒廃など、過少利用（underuse）による環境問題が深刻化している。これらは所有権者が複数存在したり、所有権者が確定しないことなどによって、資源を利用するための合意形成が困難な「アンチ・コモンズの悲劇」として分析できる。細分化された資源の共有化や共同利用の促進をはかり、アンチ・コモンズ状態への移行を抑止しようという研究が始まっている。

結局、真の課題は、私的所有かコモンズか、私有財か共有財か、という優劣論争や信仰告白にあるわけではなく、どのような社会的条件のもとで、どのような社会的規制が実効的であるのかを論理的・実証的に探求することにあるといえる。

> **COLUMN** 8-3 シェアリング・エコノミー

　私的所有とは，所有者が，財を自由に使用（利用すること）・収益（利益を得ること）・処分（売却・譲渡や放棄，改変などができること）できる権利をもつことを意味する。近代社会は独占的・排他的に所有することにこだわってきたが，使わないときに有料で第三者に貸し出したり，必要なときだけ第三者から借りられれば便利である。借りる・貸すという行為が円滑に進むためには，貸す人と借りたい人のニーズとの間のマッチング，貸し主と借り主との間の信頼関係を維持できることが不可欠である。インターネットの発達は，貸す人と借りたい人のニーズとの短時間での円滑なマッチング，個人間での物やサービスのやりとりを可能にした。

　自転車シェアリングやカー・シェアリングのいわば拡大版として，所有する自動車を貸し出したりする「配車サービス」や相乗り，空き部屋を貸したりする「民泊」，家事代行などのスキルの提供，個人間での中古品の売買，小口の資金を集めるクラウドファンディングなど，多彩なシェアリング・エコノミー（共有経済）が近年急速に発達してきた。

の保有台数を大幅に減らすことができる。登録会員の間で自動車を共有することにして，タクシーやレンタカーなどよりも安く，必要なときに必要な時間だけ自動車を利用できるようにしようという考え方が「カー・シェアリング」であり，1970年代にヨーロッパで始まった。日本でも近年会員数が急増し，2019年現在，日本全国で計160万人以上の登録会員がいる。

　類似の仕組みで自動車の利用の抑制に効果的な仕組みとして，通勤・通学客や買い物客，観光客などに，必要なときに必要な時間だけ自転車を貸し出す「自転車シェアリング」がある。1965年にアムステルダムで始まり，2016年現在では世界の約1000の都市にひろがっている。

　資本制社会はそもそもK.マルクスが問題視したように「私的所有」を前提にした社会であり，私有財は大事にされるが，誰もが使える共有財は大事にされない。自分の庭や自分の自動車は大切にするが，公園や公衆トイレは大事にされない。自転車シェアリングやカー・シェアリングは，共有財を大切に使おう，安心して共有の自転車や自動車を利用できるようにしようという考え方に立っている（コラム8-2参照）。さらに，自転車シェアリングやカー・シェアリングのいわば

第8章　環境と技術　245

拡大版として，所有する自動車を貸したり，空き部屋を貸したり，家事代行などのスキルを提供したりという多彩なシェアリング・エコノミー（共有経済）が近年急速に発達してきた（コラム 8-3 参照）。

> **ハード中心の交通政策の問題点**

日本の交通政策はこれまで，道路整備などハード建設中心だった。一般の消費者が支払うガソリン価格を 1 リットルあたり 140 円とすると，その 38％ にあたる 53.8 円はガソリン税として徴収されている（現在も一般財源として継続）。その使途は，アメリカで 1956 年から始まったハイウェイ・トラスト・ファンド制度に倣って，長年 100％ 道路特定財源として道路整備に使われてきた。ガソリン税は年間 2 兆 5494 億円にものぼる（2019 年度予算）。ディーゼル車が使う軽油への軽油引取税，自動車取得税，自動車重量税などを含めると，道路特定財源全体では 5 兆 6102 億円に達した（2007 年度予算）。受益者負担の原則によって，諸外国に比べて遅れた道路整備を進めるという大義名分のもとに，1954 年度以来，道路整備 5 カ年計画に従って道路整備が行われてきた。硬直的な目的税のもとで，ある意味では社会主義国よりも社会主義的な形で，納税者に意識させることなく道路財源が徴収され，既成事実的に道路整備がなされてきた。これが道路族議員や道路公団などの関係者の既得権益となってきたのである。なおこの道路特定財源は 2008 年度で廃止され，一般財源化された。2012 年 10 月 1 日から，ガソリン・軽油を含む原油石油製品には，地球温暖化対策税が課税されている（2016 年 4 月 1 日から 1 リットルあたり 0.76 円）。

道路の拡充では問題の解決にならないことも明らかになっている。混雑が緩和されたとなると，そこに自動車が集中することになりがちであり，拡充による混雑の緩和効果は一時的なものにとどまりがちだからである。道路拡充と混雑の追いかけっこの勝者はいつも「混雑」の側である。財源や地権者の同意を得るために要する時間などから，道路拡充は混雑増加のスピードに太刀打ちできないからである。

道路の建設と管理は旧建設省，公共交通の運行・自動車関連は旧運輸省，交通規制は警察と典型的な縦割り行政であり，相互間の横の連絡は不十分である。建設省と運輸省・国土庁・北海道開発庁は 2001 年の省庁再編により国土交通省となったが，実態は従来とほとんど変わっていない。実際，旧建設省の地方部局にあたる地方整備局と旧運輸省の地方部局の地方運輸局とは，縦割り状態で並列したままである。

> COLUMN *8-4* サステイナブル・シティ

　持続可能性は，サステイナブル・シティと呼ばれる都市計画・都市経営の新しい理念ともなっている。

　サステイナブル・シティにもっとも熱心なのは，EU であり，その本格的な取り組みは，1990 年の「都市環境緑書」(Green Paper on the Urban Environment) の起草に始まる。そこでは都市の経済問題，社会問題，環境問題に対する総合的な取り組みの必要性と，都市環境の改善が生活の質と都市経済の発展の双方に寄与するという認識が表現されている。

　1996 年に刊行された最終報告書「サステイナブル・シティズ・リポート」では 4 つの原則が述べられている。第 1 は都市経営の原則であり，持続可能な都市政策は，環境的関心，社会的関心と経済的関心を統合したものであるとされる。第 2 は政策統合の原則であり，市町村など下位の単位の主導性を重視する「補完性原理」(subsidiarity principle) と責任の分有に基づいて，社会・環境・経済の諸領域横断的に，かつ EU・加盟国・地域および地方政府の全レベルにおいて政策の整合化をはかり，政策的矛盾を避けるべきであるとされている。第 3 は生態系思考 (ecosystems thinking) の原則である。都市は，エネルギー，自然資源，廃棄物，交通・運輸のフローからなる複合的なシステムとされている。第 4 は協同とパートナーシップの原則である。レベル・組織・利害を異にする間同士での協同とパートナーシップが重視され，持続可能な都市経営は，実践による学習過程であることが強調されている。統合と協同，恒常性維持 (homeostasis)，補完性，相乗性 (synergy) が，サステイナブル・シティのキー・コンセプトとされる。

　遠隔地に依存するのではなく市域内で，自然資源，エネルギー，廃棄物の循環を完結させること，自然資源とくに再生不可能なエネルギー消費の最小化，再利用とリサイクルによる廃棄物の最小化をはかること，市域内での自然のエリアの比率を高め，種の多様性の増大に努めるべきことが説かれている。

　ドイツのフライブルク市やオランダのアメルスフォールト市のコミュニティ建設をはじめ，興味深いサステイナブル・シティ建設のプロジェクトがいくつも進展している。

　公共交通の利用客を増やすためには，鉄道・地下鉄とバスなど，公共交通相互間のアクセスを改善したり，乗り継ぎ料金を大幅に割り引くなど，利便性を高めることが重要である。これらの点で，日本の道路行政・交通政策は，前述のフライブルク市のようなヨーロッパのサステイナブル・シティ（コラム 8-4 参照）にお

ける真摯な自動車抑制の取り組みに比べて立ち遅れている。自動車の抑制は，自然エネルギーの普及，リサイクル，廃棄物の抑制などとともに，持続可能な都市づくり，地域づくりの主要な柱の1つだが，日本では，本格的な取り組みは東京圏などでようやく緒につこうとしている段階である。

1.4　自動車の未来

ゼロエミッション車・自動運転車への期待

今日のガソリン車は技術的にはほとんど完成し，燃費の大幅な向上など技術改良の余地はそれほど大きくないという。自動車産業は成熟した産業の代表でもある。現在，ポストガソリン車をめぐる国際競争が過熱している。各社が二酸化炭素や排気ガスなどの大気汚染物質をまったく排出しないゼロエミッション車の開発・普及に力を入れている。本命視されているのが，電気自動車と燃料電池車である。ともにエンジンをもたず，電動モーターで走る。電気自動車は外部電源により充電・蓄電する。燃料電池は，水の電気分解の逆で，水素と酸素を化合させてエネルギーを取り出す仕組みである。廃棄物として出てくるのは水だけである。水素と酸素を使うから，資源問題も廃棄物問題も引き起こさない。究極の自動車といってもいいだろう。

　燃料電池の技術は自動車だけではなく，電気・暖房や給湯などさまざまのエネルギー利用に期待されている。やがては各家庭がボイラーのような大きさの小型の燃料電池を備え，そこから必要な電気と熱を取り出す社会の到来も予想されている。2030年代以降，燃料電池を中心とした本格的な水素利用社会が訪れるという見通しもある。

　国際競争が活発化しているのは，自動運転車の開発である。自動運転のレベルは，「自動ブレーキ」などのレベル1（安全運転支援），システムが加速・操舵・制動のうち同時に複数の操作を行うレベル2（部分自動運転），通常時はドライバーは運転から解放されるレベル3（条件付部分自動運転），高速道路上などでドライバー不要で運転できるレベル4（高度自動運転）から，無人運転のレベル5（完全自動運転）までが定められている。日本でも，公道におけるレベル4（高度自動運転）の実証実験のニュースが報じられている。自動運転車は，前述のカーシェアリングと組み合わせることで自動車台数の抑制の効果が期待できる。運転手不足の解消の効果などが期待でき，タクシー業界・バス業界，障害者や高齢者福祉に

も大きな影響を与えよう。

フロンと新幹線の教訓

ただし新しい技術がすべてを解決してくれるだろうという技術楽観論的な発想は危険である。どんな技術にも思いがけない随伴帰結をもたらす危険性がある。

好例が，1987年以降，国際的に製造・販売が禁止されているフロンである。フロンは，無色無臭で安定的で化学変化にも強いことから，化粧品などのスプレーや冷蔵庫，自動車のラジエーターなど，さまざまの用途に広く使われてきた。無害だとされてきたフロンの最大の問題点は，大気圏のオゾン層破壊の原因物質となることだった。また温室効果も大きいことから，気候変動対策のうえからも規制の対象となっている。

科学も技術もつねに社会との関わりのなかにある。誰のための科学か，誰のための技術か，という政治性を帯びている（コラム8-5参照）。

技術革新も社会的要請のなかで進められてきたことは，前述の自動車の歴史や，産業革命の歴史にも明らかである。新幹線は，1950年代半ばに日本で計画された当時は，自動車万能の時代に「時代遅れ」という批判が強かったが，フランスのTGV，ドイツのインターシティ・エクスプレス（ICE）などに続いて，ソウル・釜山間を結ぶ韓国版新幹線はじめ，世界各地で高速鉄道整備がブームとなり，気候変動問題を背景に，エネルギー効率のよさや大気汚染などの少なさ，安全性などから，高速大量輸送手段として世界的に評価が高まっている。高速鉄道は，鉄道の生き残りの道を提示した。

しかし高速鉄道も，沿線の騒音問題という環境問題を随伴している。1964年に開業した東海道新幹線は，騒音振動対策を怠ったために，住宅密集地の名古屋地区などをはじめ，沿線各地に深刻な騒音・振動問題をもたらした。この問題が前進したのは，住民運動と住民側が提起した裁判によってであった（舩橋ほか 1985）。

環境負荷の少ない，より成熟した技術への革新を促すのも社会である。新幹線の騒音対策は裁判や住民運動などを背景に少しずつ進んできたが，トラックや自動車の騒音対策は進んでいない。それだけ自動車騒音に対する社会的圧力が相対的に乏しいからである。社会的圧力や経済的なインセンティブが働かないかぎり改善は期待しがたいことの例証といえる。

> **COLUMN** **8-5 巨大科学技術の政治性**
>
> 　科学技術は立場のいかんを問わず、誰にでも役に立つという意味で、一見中立的に思える。しかし、巨大化とともに大きな政治性を帯びうる。巨大化につれて、膨大な研究開発費を国家や大企業に依存せざるをえなくなるから、自然科学者や技術者が政府や企業に対して批判的な見解を表明することは困難になる。2つの世界大戦では、総力戦体制のもとで、多くの科学者が国家の戦争遂行のために動員された。その典型例が、核兵器開発にあたったアメリカのマンハッタン計画である。日本でも四大公害問題が表面化した際、有力大学の工学者は、企業側の加害責任を免罪するような発言を行ったり、被害者側に敵対するような行動をとった。巨大科学技術は発展途上国への技術移転が困難でもある。軍事技術や産業界と密着した「軍産官学複合体制」的なあり方への反省から、1970年代に「スモール・イズ・ビューティフル」や「等身大の科学」「代替技術」などの理念が提唱され、実践が試みられた。太陽光発電や風力発電のような自然エネルギー開発は、その代表的な成功例といえる。

SECTION 2　環境問題の諸相

2.1　社会的に構成された自然

自然とは何か

　環境問題は長い間、おもに自然科学が扱うテーマであると考えられてきた。現在でも「環境科学」というと自然科学中心のイメージがある。私たちは環境＝自然であり、物理学的な法則が支配する世界や生態学的な観察が重視される領域であると思いこみがちである。

　環境の英語 environment は、語源的には周囲を取り囲んでいるもの、「円環」を意味している。環境はもっとも広い意味では、考察の対象とするシステムの外側を示す概念である。そもそもシステムに対する残余的なカテゴリーであるといってもよい。環境は多義的であり、さまざまの文脈で用いられる。都市環境といえば、人口や産業、都市的な諸機能の集積の状況、交通網、公園、医療施設・教

育施設の整備状況などをさす。市場環境といえば，端的にはライバル社やライバル産業の動向，消費者の需要，今後の競争相手の参入のしやすさなどをさす。

環境問題などというときの環境はおもに自然環境をさしているが，では自然とは何だろうか。

『広辞苑』で「社会科学」を引いてみると，第4版（1991年刊）では，「文化を対象にする人文科学，自然を対象とする自然科学に対し，社会現象を対象としこれを実証的研究方法によって取り扱う科学の総称」と規定していた。一見当たり前の説明のようだが，本当にそうだろうか。まず，文化は社会現象ではないのだろうか，という疑問が浮かんでくる。文化と社会現象はどこで区別するのだろうか。政治行動も，経済行動も，芸術の創作も，いずれも社会的な現象であり，価値や規範を前提にしてなされる文化的な現象でもある。ある現象を「文化」とみるか，「社会現象」とみるかは視点の相違であって，対象そのものに，文化と社会現象という実体的な相違が内在しているわけではない。自然という概念にも同様の問題がある（実際，第5版〔1998年刊〕では問題の多い前段の記述は削除され，第6版〔2008年刊〕以降では「社会現象を対象として実証的方法によって研究する科学の総称」と変更されている）。

建築学や土木工学など，一般に工学系の学問の対象は，人工物であり，英語でbuilt environment と呼ばれる人工環境である。自然物ではない。人工環境は，社会的な産物であり，文化の産物でもある。建築は，人文科学の美術史の重要な対象でもある。

桜は自然か　では桜は自然だろうか。校庭などに植えられているソメイヨシノ（染井吉野）は，エドヒガンとオオシマザクラの雑種で，明治初期に東京の染井（現在の豊島区巣鴨の近く）の植木屋がヨシノザクラとして売り出して人気を博するようになり，やがて吉野山の桜と区別する意味で，ソメイヨシノと呼ばれるようになった。人間が植えたという意味でも，人工的に作り出された品種という意味でも自然ではない。

こうしてみると，水田にしろ，杉林にしろ，同様の意味で純粋な自然ではない。人工的な環境であり，いわば人工的な「自然」である。私たちがふだん目にするのはほとんどが準自然や半自然，二次的自然などと呼ばれる，こうした人工的な環境である。まったく手つかずの自然は，北極圏や南極圏の氷河やヒマラヤの高峰，アマゾンの原生林など，人間の生活圏から遠く離れたいわば隔離された場所に限られている。自然物と人工物を一義的に明確に区別することは容易ではない。

無前提に何か絶対的な「自然」があるわけではない。自然もまた社会的に構成された概念である。

「自然の領域」と「自然以外の領域」との区別もまた，社会に依存する。人びとの考え方に，意味や価値観・文化に依存する。その意味で自然に属するものと自然以外のものとの間の線引きは，恣意的である。

自然科学や人文科学，社会科学は対象によって規定されるのではない。異なった対象が存在するのではなくて，むしろ，同一の対象を自然科学的な手法で研究するのか，人文科学的な手法で研究するのか，社会科学的な手法で研究するのか，そのまなざしの差異にこそ本質的な違いがある。人文科学的な手法では，人間が対象に投影する意味や価値が重視される。社会科学的な手法では，社会や集団との関わり合い，規則性などが重視される。自然科学的な手法では，これらは捨象され，「もの」としての物質性に焦点があてられる。たとえば，大貫恵美子は，桜の花が，軍国主義のもとで政治的ナショナリズムのシンボルとして用いられるようになったプロセスに関する，象徴人類学の手法による詳細な歴史的研究を行った（大貫 2003）。

2.2　環境社会学の誕生と展開

日本の環境社会学　社会学は，長い間社会関係の自立性を自明の前提にしてきた。代表的な社会学辞典では「社会学は社会現象を人間の生活の共同という視角から研究する社会科学である」と定義されている（森岡ほか編 1993）。最近の小辞典では，「社会関係・社会構造とその生成・変動を，人間の社会的行為やそれを規制する文化（価値・規範）と関連づけながら，理論的・経験的に研究する社会科学の一つ」とされている（宮島編 2003）。社会学の対象は，社会現象である。では，そのとき，自然との関係はどのように扱われるのだろうか。

人間や社会も，たしかに相対的に自立的ではあるが，生態系の制約から完全に自由ではありえない。自然に働きかけ，自然を改変してきたが，そもそもは，自然のなかの存在である。宇宙からみたかけがえのない地球という意識（TEXT IN TEXT 8-1 参照）と，人類の月面着陸を契機とした環境運動の高揚を背景に，こうした問題意識のもとで，アメリカで1970年代に，これまで捨象されてきた環境（自然環境）と社会の相互作用を，社会学的に分析する学問としてあらたに誕

TEXTinTEXT 8-1 ● 月の側から見た地球

「この写真は，私たちの多くに，地球を宇宙から見せてくれた最初の写真である。1968年のクリスマスイブに，地球周回軌道から離れてはじめて月のまわりを回ったアポロ8号から撮影されたものだ。アポロ8号は，翌夏に月面着陸するアポロ11号のために，着地にふさわしい場所を探していたのである。

宇宙船が月の反対側へ回ると，想定どおり無線が途

月からみた「地球の出」(1968年, ©NASA) ●

絶えた。何の音も聞こえてこない沈黙の時間が続く。誰もがその理由を理解してはいたが，誰もが固唾をのんでいた。そして，無線が再び通じはじめたとき，宇宙飛行士たちは眼前のこの光景に息をのんだ。

宇宙空間の真っ暗な闇のなかから地球が姿を現しはじめたとき，フランク・ボーマン船長は，創世記の一節を口にした。『はじめに神は天と地とを創造した。』

宇宙飛行士の1人，初飛行のビル・アンダースがこの写真を撮った。『地球の出』として有名になった写真である。この画像は，人類の意識を変えることになった。実際，この写真が撮影されてから2年で，現代的な環境運動が誕生した。大気汚染防止法，水質汚濁防止法，国家環境政策法，第1回アースデーも，この写真が現れてわずか数年のうちに日の目を見たのである。

この写真が撮影された翌日，つまり1968年のクリスマスに，詩人のアーボルト・マクリーシュは記している。『ありのままの地球を見ること，つまり，宇宙という永遠の沈黙のなかに漂う，小さく青く美しい姿を見ることは，私たちをこの地球に一緒に乗り合わせた乗客と見ることだ。私たちは，永遠の冷たさのなかにある，あの明るく輝く愛らしい地球上の兄弟——今や自分たちが本当に兄弟であることを知っている兄弟なのだ。』」A. ゴア『不都合な真実』(Gore 2006: 12, 原著から訳出)

● 視点と課題

アポロ8号が撮った，月側から見た宇宙空間に浮かぶ地球の写真と，翌1969年7月20日の月面着陸の成功は，皮肉にも，宇宙開発熱を急速に冷まし，かけがえのない，足元の地球の環境保全へと人びとの意識を大きく変える転機となった。世界的に最初の環境ブームをもたらした。

第 8 章　環境と技術　253

> COLUMN 8-6 生活環境主義
>
> 　鳥越皓之や嘉田由紀子らが，1980年代はじめに，琵琶湖周辺での長年のフィールドワークをとおして発想し提唱した環境問題に対応する理論的・実践的立場（鳥越・嘉田編1984; 鳥越1997）。彼らは，化学や物理学，工学的知識をもとに「技術解」を提示しようとする立場を「近代技術主義」，生物学や生態学的知識をもとに生態を守ろうとする立場を「自然環境主義」と呼び，それらに対置して「生活環境主義」を提唱した。生活上の知識や経験の集成である生活文化，地域に固有の環境への働きかけの伝統をもとに，当該地域の居住者の立場から問題の所在や解決方法を考えようとする立場をいう。欧米の自然保護運動で主流の「自然環境主義」では，しばしば人間の立ち入りを禁止する「保護区」を設定して，自然と人間の生活を隔離しようとするが，それでは，自然に対して働きかけて成立してきた地元民の生活が維持できなくなる場合がある。生活環境主義の理念に基づいて1996年に滋賀県立琵琶湖博物館が開館している。

生したのが環境社会学である。水田や人工林などのような人間の手の入った二次的自然（準自然）や，歴史的景観や歴史的町並みのような歴史的環境も対象に含まれる。環境問題の加害‐被害構造，環境運動，環境政策，人びとの環境意識，環境をめぐる理念や価値，自然観・環境観，環境行動などが具体的な分析対象である。

　四大公害問題（水俣病，新潟水俣病，四日市ぜん息，イタイイタイ病）など深刻な公害問題や大規模開発による環境破壊を経験した日本では，飯島伸子らを中心に，アメリカの環境社会学からは相対的に独自に環境問題の社会学的研究が蓄積され，日本的な個性の強い環境社会学が発展してきた。有力な潮流をなしている鳥越皓之らの生活環境主義は，民俗学などを背景に，日本の伝統的な生活文化の自然との関わりや営みのなかに環境共存的なあり方を見いだそうとしたものである（コラム8-6参照）。

　1990年に研究会として発足し，92年に正式に組織化された環境社会学会は，会員数500人を超える，環境社会学の学術団体としては世界最大の規模である。専門の学会誌が刊行され，日本で独自に編集したテキストが10種類も刊行されているなど，日本は国際的にみても，環境社会学の研究がもっともさかんな国の1つである。環境的公正論の先駆的な業績と評価することができる飯島の被害構

> COLUMN *8-7* 環境的公正（environmental justice）

　環境問題に関して，社会的公正を確保すべきだという主張や価値。環境正義と訳されることもある。欧米では長い間環境運動の多くは白人中産階級によって主導されてきた。しかし，有害廃棄物などによる環境被害や環境負荷は低所得層や人種的マイノリティなど社会的弱者の居住地域に集中することが多く，がんの多発地帯などを生み出している。このように環境問題と人種差別や貧富の格差が密接に結びついている現状と環境運動のエリート性・閉鎖性・階層性を批判して，1980年代からアメリカで黒人団体などが主張し始めた理念が「環境的公正」である。アメリカでは，1994年に公布された「環境的公正に関する大統領令」により，工場などに操業許可を与える際に配慮すべき要件として制度化されている。近年では，このようなアメリカの国内的な文脈にとどまらず，先進国による発展途上国への環境負荷の押しつけや温暖化問題などでの将来世代への問題の先送りを批判する論理としても使われるようになってきた（戸田 1994）。公害問題の被害が，弱者に多元的・複合的に集中して現れることをいち早く指摘した飯島伸子の「被害構造論」（飯島 1993）は，環境的公正の先駆的な主張といえる。

　近年，気候変動の影響が温室効果ガスの排出量の少ない途上国で深刻で，化石燃料を大量に消費してきた先進国の責任が免責されていること，将来世代が深刻な被害を被ることなどを社会的に不公正であると批判する概念として，またより徹底した気候変動対策を求めるスローガンとして，「気候の正義（climate justice）」もよく使われている。

造論（コラム 8-7 参照）や鳥越らの生活環境主義，舩橋らの受益圏-受苦圏論の提唱をはじめ，高速交通公害，歴史的町並み保存，有機農業の振興，水に関わる生活文化，ローカル・コモンズなどに関する研究蓄積は，いずれも日本独自の成果である。

欧米の環境社会学

　アメリカでは，環境社会学の提唱者の R. ダンラップに代表されるように，「環境問題の社会学」にとどまらず，人間特例主義的な既存の社会学や社会科学全体を相対化する新しいパラダイム（ニュー・エコロジカル・パラダイム，NEP）としての環境社会学を強調する立場と，ニュー・エコロジカル・パラダイムの提唱がスローガン倒れで，みるべき実質的な成果や方法的革新を遂げていないと批判し，「環境問題の社会学」に徹すべきだとする F. H. バトルらとの間で，環境社会学の性格をめぐる論

第 **8** 章　環境と技術

> **COLUMN** 8-8 エコロジー的近代化（ecological modernization）
>
> 　エコロジー的な価値や観点を組み入れた社会の構造転換を，経済的近代化（産業化）に対比してエコロジー的近代化という。経済成長と環境保全を二律背反的なものとみるのではなく，技術革新や政治的近代化などによって，環境保全をはかりながら経済成長を持続させていくことが可能であるとする立場である。1980年代にオランダの環境社会学者 A. モルらによって提唱され（Mol & Spaargaren 2000），98 年のドイツでの社会民主党と緑の党との連立政権の発足にともなって，ドイツの産業政策・環境政策の基本理念の 1 つに組み入れられるなど，EU 諸国の環境政策に影響を与えている。ドイツの M. イェニッケらは，二酸化イオウ・二酸化窒素などを低減させた 1970 年代以降の日本の大気汚染対策を，32 カ国の国際比較をもとに，エコロジー的近代化の成功の代表例と評価している（Jänicke & Weidner eds. 1995=1998）。エコロジー的近代化論に対しては，科学技術に重点をおいた技術主義的環境主義であり，楽観的すぎる，平等や環境的公正（コラム 8-7 参照）の問題などを軽視しているという批判がある。

争があった（Humphrey & Buttel 1982=1991）。

　ヨーロッパでは，ドイツ，オランダ，イギリス，スウェーデン，フィンランドなどで環境社会学の研究がさかんである（Redclift & Woodgate eds. 1997）。オランダの A. モルらによって提唱された<u>エコロジー的近代化</u>は，ドイツ政府によって産業政策・環境政策の基本理念の 1 つとして受け入れられている（コラム 8-8 参照）。

　メキシコ・ブラジルなどの中南米，韓国・中国・台湾でも，環境社会学の研究は活発化している。

2.3　環境問題の諸相

4 つの環境問題　現代日本社会を特徴づける代表的な環境問題として，<u>産業公害・高速交通公害・生活公害・地球環境問題</u>の 4 つをあげることができる。その社会問題としての特質は，それぞれの問題構造と，運動などの特質，主要な争点化の時期などに注目して，表 8-2 のように比較・整理することができる。

　産業公害がおもに争点化したのは 1960 年代以降であり，高速交通公害の場合

にはおもに70年代以降であり，生活公害の場合にはおもに80年代以降であり，地球環境問題の場合にはおもに90年代以降である。さらに，それらに加えて地域環境再生が課題になりだしたのはおもに2000年代以降である。このような対応に，社会の構造的な変化との密接な関連を指摘することができる。産業公害は高度経済成長期，高速交通公害は安定成長期，生活公害は脱工業社会の進展の時期，地球環境問題はポスト冷戦期，地域環境再生はリスク社会期に，それぞれの争点化の時期がほぼ対応している。ではこれらの環境問題は，なぜそれらの時期に争点化したのだろうか。それぞれの問題の特質を概観してみよう。

なお，このような時期区分をするからといって産業公害や高速交通公害，生活公害が現在「過去の問題」になってしまったというわけではない。産業公害は中国などの途上国では喫緊の問題として日々深刻化しているといって過言ではないが（日本環境会議「アジア環境白書」編集委員会編 2003），日本においても「ハイテク汚染」（吉田 1989）や土壌汚染（畑 2001）の形で続いているし，高速交通公害も道路騒音や自動車の排気ガスによる大気汚染，航空機騒音問題として継続している。

産業公害

産業公害は，明治時代の足尾鉱毒事件などにさかのぼり，高度経済成長政策が始まり，急速に重化学工業化が推し進められた1955年以降，全国に拡大した。四大公害問題や安中公害問題などに代表される，重化学工場の廃液による水質汚染・土壌汚染，煤煙による大気汚染などが典型である。公害による生産基盤の破壊に対して，農漁民層が陳情・請願などの要請・抗議行動を行い，事後的に救済・改善を求めるというタイプの運動が展開された。それに対して1964年の沼津・三島市と清水町における石油コンビナート建設反対運動は，予測される産業公害に反対して，大規模開発プロジェクトを阻止できた代表事例であり，その組織過程や戦略・戦術は，その後の住民運動に大きな影響を与えた。

1960年代後半以降の高度経済成長後期には，新産業都市を開発拠点として全国的な工業誘致をはかろうとする全国総合開発計画（1962年策定）に基づくプロジェクトや，新幹線・高速自動車道路網などの交通ネットワークと巨大コンビナートの建設により，開発可能性を全国に拡大しようとする新全国総合開発計画（1969年策定，以下では新全総と略記）によるものなど，大規模な開発プロジェクトが目白押しだった。政府は，大規模開発プロジェクトによって，経済成長を継続するうえでの桎梏と見なされていた過密・過疎問題，都市問題，地域格差の解消

TABLE 8-2　環境問題の特質

	産業公害	高速交通公害	生活公害	地球環境問題
おもな争点化の時期	高度成長前期・後期（とくに1960年代以降）	安定成長期（とくに1970年代以降）	安定成長期・脱工業化進展期（とくに1980年代以降）	ポスト冷戦期（とくに1990年代以降）
代表例と環境破壊のタイプ	四大公害病，産業廃棄物による水質汚染，大気汚染，土壌汚染，悪臭公害	空港公害，基地公害，新幹線公害，高速道路公害	洗剤公害，空き缶公害，日照公害，近隣騒音公害，放置自転車公害，スパイクタイヤ公害，ごみ公害	酸性雨，森林破壊，国際河川・国際内湾の汚染問題，フロンガス問題，地球温暖化問題，原子力災害
名称	被害が公害を定義	施設が公害を定義	おもに消費財が公害を定義	被害の広域性が問題を定義
中心的な被害	上のような被害。とくに重金属による特異的な疾病	騒音・振動被害。それによるストレス性の健康被害	環境悪化，環境汚染。健康への悪影響（洗剤公害，スパイクタイヤ公害など）	空間的・時間的にきわめて広域的で，不可逆的な変化
おもな発生の場	重化学工業の生産過程	高速交通サービス	一般市民の日常生活	企業の生産活動，市民の日常生活
直接的な原因	産業廃棄物の垂れ流し，不完全な処理	高速交通施設と住居の近接，緩衝地帯の欠如	集積の不利益	集積の不利益，環境負荷の限界，成長の限界
構造的背景	私企業の営利追求。高度経済成長下の経済成長第一主義。公害規制の法的制度的欠落	「公共性神話」。高速性の追求。交通公害規制の法的制度的欠落	大衆消費社会の利便性追求と大量消費。公徳心の欠如。規制の法的制度的欠落	大量消費。問題の不可視性。「成長神話」。「無限大の地球」の神話。適切な管理主体の欠如
おもな加害者	汚染企業	設置管理者，事業者	利用する一般市民	企業・一般市民など
おもな標的	汚染企業，管轄の行政	設置管理者，事業者	なし	先進産業諸国
おもな被害者	工場周辺住民	交通施設周辺住民	一般市民	将来世代
加害─被害関係	分離型公害	分離型公害（受益者の拡散と被害者の局地性）	重なり型公害（受益者の拡散と被害者の拡散）	分離型被害（世代的分離，国境を越えた空間的分離）
運動の形態	被害住民による告発型の住民運動	被害住民による告発型の住民運動	行政主導型の使用自粛運動など	環境NGOと政府機関などとのコラボレーション

（出典）　長谷川（2003: 41）。

などをはかり，高度経済成長を延命させようとしていた。

しかし大規模開発の規模の大きさゆえに，四大公害問題や既存の工業地帯での公害問題の実態と，沼津市などのコンビナート建設反対運動の成功を契機として，各地で大規模開発を阻止しようとする住民運動が生じることになった。新全総の巨大石油化学コンビナート基地建設に対しては，立地点の北海道苫小牧市（元島・庄司編 1980）や青森県六ヶ所村（舩橋ほか 2012），鹿児島県志布志湾地区で，激しい住民運動が展開され，地元住民の強力な反対と，石油ショック以後の経済環境の変化によって，多くのコンビナート基地建設計画が事実上断念させられた。

高速交通公害

新全総における大規模開発プロジェクトは，巨大コンビナート基地建設とともに，新しい国土の骨格として高速交通ネットワークの建設をもう1つの柱にしていた。それはまた，「高速交通公害」という，産業公害とは異なる性格の環境問題を地域社会に提起した。

高速交通公害は，高度経済成長後期以降，とくに1970年代の大都市圏における住民運動に典型的なイッシューだったといってよい。大阪空港公害問題や成田空港建設問題，名古屋新幹線公害問題，埼玉県や東京都北部における東北・上越新幹線建設問題，横浜貨物線建設問題などはその代表である。いずれの場合にも比較的短期間に多数の住民の組織化に成功し，組織的で強力な住民運動が長期にわたって展開され，その後の住民運動や交通政策，司法制度のあり方に大きな影響を与えている（舩橋ほか 1985；舩橋ほか 1988）。

住民運動組織を母体に原告団が組織され，被害軽減のための運行・運航の差し止めを求めた大阪空港公害訴訟，名古屋新幹線公害訴訟は，四大公害訴訟とともに代表的な公害裁判であり，住民運動や市民運動の戦略としての「集団訴訟」を定着させるとともに，司法的救済の限界をも白日のもとにさらすことになった（長谷川 1989）。

産業公害と闘う住民運動がおもに私企業の営利追求と企業責任を告発したのに対して，ここで批判の対象となったのは，「公共性」の名のもとに，加害責任を認めず抜本的な公害防止対策をとろうとしない，当時の運輸省や国鉄・空港公団などの交通施設の設置管理者・事業者のあり方だった。加害者であるこれら公的な主体の側の被害者住民に対する対応や姿勢は，この点で産業公害における私企業の姿勢と酷似していた。政府や事業者側は，公共事業や社会資本の社会的有用性をもって「公共性」を定義し，公権力の活動やプロジェクトの建設，事業の正

当化の論理として，私権の制限や被害・不利益の受忍を求める論拠として用いてきた。住民側はこのような公共性の定義の独占と一面性，抑圧的性格を批判し，あるべき公共性は，基本的人権を侵害せず，周辺住民の合意，決定過程への参加などを含む，民主的な手続きによるものでなければならないと主張した。

高速交通施設は広範な人びとに利便性をもたらす（受益圏の拡散）とともに，空港周辺や沿線・沿道の住民に，騒音・振動などによる集中的な苦難を強いてきた（受苦圏の局地化）。受益圏と受苦圏の分離は，被害や受苦圏の不可視性を高め，問題解決を困難なものにする構造的な要因となっている（舩橋ほか1985）。

生活公害

新幹線やジェット機，高速道路などは，移動のための時間距離を短縮することによって，高度に産業化された現代の都市生活を支えている。新幹線騒音やジェット機の騒音が社会問題化したのは，需要の増大によって運行・運航の本数が著しく増加したことにともなってである。しかし高度大衆消費社会が現実化するなかで，利便性の追求と大量消費が生み出した環境問題は，高速交通公害ばかりではない。代表的なものは洗剤公害，空き缶公害，近隣騒音公害，スパイクタイヤ公害などの生活公害であり，これらは1970年代半ば以降の安定成長期以降の住民運動を特徴づける争点の1つとなっている。

生活公害の特徴は，消費財が公害の名称を定義していることに示されるように，一般市民の日常的な消費行動が，大量消費による「集積の不利益」によって，深刻な環境破壊を生み出している点にある。市民1人当たりの消費がもたらす環境への影響は微々たるものであっても，それが累積し蓄積されることによって社会問題化する。海野道郎らの社会的ジレンマ（コラム8-1参照）の研究は，このようなメカニズムをたくみにモデル化している（盛山・海野編1991）。そこでは加害者はまた同時に被害者でもありうる。その典型的な事例がごみ問題である。

これらの事例では，代替技術や代替製品による問題解決の可能性が高かったことから，関連の業界団体は，比較的早期から代替製品の開発や普及につとめ，運動に敵対的ではなかった。加害と被害の重なり型，運動にとっての敵手の不在という状況は社会的合意形成を相対的に容易にし，行政の主導権確保を促進した要因だった。このように産業公害や高速交通公害などのような加害−被害関係が明確な対決型のイッシューから，敵手を見いだしがたい生活公害型のイッシューへという問題状況の質的な変化があった。

地球環境問題と気候変動問題

1980年代後半以降，とくにポスト冷戦期の90年代に入って国際的に争点化した新しい環境問題として地球環境問題がある。そのなかでも焦点となっているのは，二酸化炭素など温室効果ガスの排出量の増大にともなう気候変動問題である（米本 1994; Gore 2006=2007; 長谷川・品田編 2016）。

全地球的な規模での影響の空間的広がり，50年後，100年後，さらには22世紀への影響が論じられるという時間的広がりの大きさ，あらゆる生産活動や社会活動・生命活動が二酸化炭素の排出と関わっているという点で，気候変動問題は，人類にとって根深い，最大かつ根本的な問題である。気候変動（climate change）問題は，日本では長く地球温暖化（global warming）問題として知られてきたが，その影響は温暖化のみならず，台風の大型化・豪雨・洪水・干ばつなど多面的である。本書旧版では地球温暖化を用いてきたが，この新版では，気候変動の語を用いることにする。

しかし，このような影響の空間的・時間的広がりの大きさ，因果連関の複雑性と多面性，問題の根本性こそ，気候変動問題を人びとの生活実感や想像力を超えた不可視的なものにしている。気候変動問題の最大の特質は，ヒューマン・スケールを超えているがゆえの「わかりにくさ」にある。気候変動問題には特定の「現地」がない。海面上昇や気候変動の影響を深刻に被るのは赤道に近い小島嶼国であると予測されているが，現時点では先鋭に被害が顕在化しつつあるような「現地」が可視化しにくいことから，気候変動対策の緊要性を一般市民が実感することはなかなか容易なことではない。しかも二酸化炭素などの温室効果ガスは目に見えない。誰が協力的か，非協力的かも見えにくい。たとえば家庭ごみの排出に関しては近所の目が光っており，近所の目を意識することは多い。けれども，誰が，どれだけ二酸化炭素を排出しているのか，省エネ行動をとっているのかは，目に見えにくいし，当人自身も意識しがたい。当然，罪悪感も抱かれがたく，フリーライダー化（第3章参照）しやすい。先進国の人びとは，将来世代に対して，また第三世界の国々の人びとに対して，フリーライダー的な立場にあるといっても過言ではない。気候変動対策の決め手は，省エネルギー努力と省エネ技術の開発・普及などのエネルギー利用の効率化だが，即効的な代替技術があるわけではない。電気自動車の開発・普及，太陽光発電や燃料電池の普及などといったものを除けば，多面的に，しかも長期にわたって地道にエネルギー利用の効率化努力を積み重ねていくしかない。

結局，気候変動問題は，一般市民にとって想像力を要する問題である。北極圏の氷河が一部溶け始めたとか，近年の異常気象の頻発や，平均気温の上昇などの報道に接して，かろうじて可視化しうるにすぎない。一般市民にとっては，IPCC（気候変動に関する政府間パネル）レポートなどの専門家の試算や判断を信じ，行政の啓蒙活動やメディアの情報を受け入れるしかない。地球環境問題は，行政主導型，専門家依存型のプロセスをたどることにならざるをえない。

　気候変動問題の前進のためには，国際間の合意が不可欠である。1995年以来，毎年気候変動問題に関する国際会議が開かれている。1997年の京都会議では「京都議定書」がつくられ，2015年のパリ会議では「パリ協定」が結ばれた（章扉の写真，コラム8-9参照）。パリ協定で，地球全体の平均気温の上昇を2度以内に抑えることなどに途上国を含むすべての国が合意した。脱炭素社会への転換に国際社会は合意したのである。

地域環境再生

ここまで現代日本社会の4つの環境問題をみてきた。さらに，新たな取り組みとして，1990年代の後半から，日本では川崎市・大阪市西淀川地区・倉敷市水島地区・北九州市・水俣市など，かつて深刻な公害被害に悩んだ地域において，「環境再生」をとおした「地域再生」をめざす運動が，市民や自治体のイニシアティブで展開され始めている（永井ほか編 2002）。①公害都市の再生，②工業都市の再生，③自然の再生，④歴史的町並みの保存・再生，⑤跡地利用的な再開発，などのパターンがある。公害対策の強化とともに，環境教育とリサイクル・緑化などに努め，環境ビジネスを育てることなどによって，地域再生と新たな地域振興をめざす場合が多い。たとえば水俣市では，水俣病事件を教訓に，一般廃棄物も産業廃棄物も含めてごみゼロの街をめざして，ごみは21種類に分けて分別収集するという日本でもっとも徹底したごみの資源化・リサイクル活動が進められている。地域資源マップづくりや水の経絡図づくりなど，「もやい直し」（和解と協働）を掲げた，循環的な流域社会の意識化をめざす多彩なプログラムも，自治体と市民の協働で企画・実施されている。資源浪費的な受益者からの脱却の方途を，公害問題の長年の苦渋のなかから具体的な実践として提起しているのである。

　国際的にも，EUは公害などで疲弊し，国際的な産業競争に敗れ衰退した工業地域の再生に熱心に取り組んでいる。オランダなどでは干拓地をもとの湿地に戻したり，アメリカでもダムを壊し，自然の河川の流れを取り戻そうという動きが近年目立っている。

> **COLUMN** 8-9 京都議定書とパリ協定

　1995年以来，毎年気候変動問題に関する国連主催の気候変動枠組条約締約国会議が開かれている。1997年の京都会議（略称・COP3，以下同）では「京都議定書」が採択され，2008〜12年の間に，先進国全体で温室効果ガスを5％，1990年比で削減することに合意した。国別の目標では日本は6％削減を約束し，かろうじてこの目標を達成している（実際は1.4％増加したが，海外からのクレジット購入や森林吸収分の加算に助けられた）。先進国全体では，90年比で23％を削減し大きな成果をあげた（日本では，残念ながらこの点がほとんど報道もされず，理解もされていない）。アメリカは2001年のブッシュ政権成立にともなって，京都議定書を批准しなかった。

　2013年以降の削減目標などをめぐって協議は難航したが，2015年のパリ会議（COP21）で「パリ協定」が結ばれた（章扉の写真）。そこでは，途上国を含むすべての国が，①地球全体の平均気温の上昇を産業革命前と比較して十分に2度以内に抑えること，さらに1.5度未満になるよう努力すること，②2050年代以降は，温室効果ガスの排出量と吸収量を均衡させる（実質的な排出をゼロにする）こと，③継続的に削減に努め，次期の目標は必ず前進させること，④5年ごとに進捗状況を確認することなどに合意した。

　ただし京都議定書と異なって，各国の削減目標自体には法的な拘束力がない，各国の削減目標を合計しても，地球全体の平均気温の上昇は2度を上回ってしまうなどの問題がある。

　2017年に就任したトランプ大統領は，パリ協定からの離脱を宣言している（ただし批准〔アメリカは，2016年9月に批准〕から4年以上経たないと離脱はできないことになっている）。

　パリ協定を契機に，各国の経済界は，エネルギーの効率利用に力を入れ，本格的に脱炭素社会への転換に踏み出し始めている（長谷川・品田編 2016）。

SECTION 3　リスク社会としての現代

3.1　リスクとリスク社会論

リスク社会論のインパクト

　「成長」や「豊かさ」にかわる，1980年代後半以

降の現代社会をもっとも象徴するキーワードは何だろうか．その第 1 の候補はリスクである．この言葉を世界に喧伝したドイツの社会学者 U. ベックの『リスク社会』（邦題『危険社会』，Beck 1986=1998）は哲学的・思弁的な難解な著作である．体系的に叙述されているわけでもない．それにもかかわらずベストセラーになり，とくにヨーロッパで大きな反響を呼んだ．偶然だが，1986 年チェルノブイリ原発事故の直後に刊行されたからである．英語版の序文によれば，1991 年までの 5 年間にドイツ語圏だけでも 6 万部という，この種の著作としては驚異的な売り上げを記録した．

2001 年 9 月 11 日に，ニューヨークの世界貿易センタービルや首都ワシントンの国防総省（ペンタゴン）など，アメリカ中枢部を襲った同時多発テロ，2015 年 11 月 13 日にパリ中心部で起こった同時多発テロも，現代がリスク社会であることを世界中に強く印象づけた．テロの脅威は，テロリストの不可視性と予見困難さにある．普通の市民のなかに紛れて潜み，いつどんな手段で攻撃してくるのか，その予見困難さに人びとは怯える．

放射能汚染，ダイオキシン，環境ホルモン，BSE（狂牛病問題），気候変動など，最近の環境リスクの特質は，普通の市民が五感では知覚しがたい不可視性にあるといえる．環境ホルモンのようにごくごく微量のレベルが問題となり，危険性を重大視する者と，低めに見積もる者と，専門家の間でもリスク評価が極端に分かれるような問題もある．

環境リスクであれ，テロのリスクであれ，見えざるリスクに怯える時代が現代である．情報化とグローバル化のもたらす表面的な豊かさの影で，私たちは何かに怯えている．私たちはもはや屈託なく何ものも楽しむことはできない．半歩でも踏み誤まれば墜落しかねない縁に立って，引きつった笑いを浮かべている．リスク社会は，現代のこのような時代心理を的確にとらえた言葉といえる．ポスト工業社会やポストモダンというような，ポスト○○という否定的な形容に比べて，現代的状況を，とりわけ現代の危機と危機感を巧みにとらえている．

ベックのリスク論の基本的な焦点は，環境リスクにあり，基本的には，環境リスクに基づく社会理論として特筆されるべきものである．

ベックの基本的な主張は，現代社会はコントロール困難で不可視的で複雑な影響をもたらす「リスク」が増大しつつある社会であるという点にある．階級闘争のような財の分配，豊かさの分配をめぐる紛争が規定する産業社会（彼は「単純なモダニティ」と呼ぶ）から，リスクの配分をめぐる，リスク回避をめぐる紛争に

よって規定される**リスク社会**(「第二のモダニティ」と呼ぶ)へと転換しつつあると彼は述べる。『リスク社会』の「もう一つの近代への道」という副題は，また「第二のモダニティ」という概念は，彼のモダニティ批判のアイデアの核心を示している。私たちは豊かさと引き替えに，リスクに怯える社会に生きている。たんに冷戦構造から解放されたわけではない。情報化とグローバル化は，ただ恩恵をもたらすだけではない。その名のもとに，見えざるテロリズム，見えざる敵に怯える時代である。

ベックによれば，リスクは知覚不能である。それゆえ何がどれだけリスクであるかは専門家の判断，つまり「科学的知見」に大きく依存する。しかし科学的知見そのものも論争的であり，前述のように専門家の間でも評価が大きく分かれるようなリスクも存在する。

原発の重大事故や生態系の破壊のリスクのように，保険制度によって補償不可能なリスクも存在する。その意味でも，現代的なリスクは，保険制度という近代が前提としてきた制度の枠組みを飛び越えている。

グローバル化するリスク

リスクは国民国家の枠を飛び越え「グローバル化」する。チェルノブイリ事故や福島原発事故が象徴したように，気候変動問題が象徴するように，現代はグローバル化するリスク社会，「世界リスク社会」である。国境を飛び越え，世界は等しくリスクに曝される。システム内部の人間と，それに対する異質な他者という区別が無意味化するのである。リスクは空間を飛び越え，さらに時間・世代を飛び越える。何人もリスクから逃れることはできない。その意味で，他者性を喪失させている（グローバル化と他者性の解体）。

リスクがもたらす被害と階級との間の，単純な対応関係はもはや存在しない。リスクの分布は，社会的弱者に集中しがちではあるが，豊かさの分配にはかならずしも対応しない。産業社会では労働災害や疾病は低い階級に割り当てられ，富の分配とリスクの分配が重なり合っていたが，リスク社会においては，リスクの分配は富の分配から独立し，リスクをめぐる紛争が自立化する。ベックはこれを「貧困による連帯から不安による連帯へ」と呼んでいる（リスク紛争の自立化）。ただし，リスクのおもな行き先は，労働力の安い南の国々である（リスクの不平等性）。

リスクをめぐる紛争が支配的になるにつれて，政治と非政治の領域があいまい化し，あらゆる領域が政治化することになる。これまで非政治的な領域と見なさ

> **COLUMN** *8-10* 福島原発事故

　2011年3月11日の東日本大震災の地震と大津波によって，東京電力の福島第1原子力発電所の1号機から4号機で，外部電源および非常用発電機を含む全電源が失われ，核燃料の冷却ができなくなった。まず1号機で原子炉内の水位が低下，通常は水に浸してある核燃料棒が露出し，核燃料棒の温度が急上昇し，核燃料棒が溶け出す「炉心溶融（メルトダウン）」状態となった。大量の水素が発生したことにより，原子炉建屋の水素爆発が起こった。3号機でも同様に炉心溶融状態となり，建屋の水素爆発が起こっている。2号機では水素爆発は起こらなかったものの，もっとも大量に放射性物質の環境への漏洩がもたらされた。定期点検のために停止していた4号機を含め，世界ではじめて，4つの原子炉がほぼ同時に制御不能となり，日本政府は「首都圏3000万人の避難」という最悪の事態も想定せざるを得ない状態に追い込まれた。

　原子力安全委員会が，長時間にわたる全電源喪失状態を考慮する必要はないと定めていたために，政府と東京電力の対応は混乱を極め，安全規制や原子力防災体制の空洞化を露呈した。

　大量の放射能が放出したことによって，福島県では浜通り地方の人びとを中心に，ピーク時には約16万人が1年以上にわたる避難を余儀なくされていた（2012年5月）。突如として，広範な地域で，田畑や森林・河川・漁場等が汚染され，地域社会が分断され，家庭生活や人間関係が破壊され，「人生設計」を奪われることになった。2019年7月現在，福島県内での避難者は約1万1000人，県外への自主避難者は約3万1000人である（復興庁調べ）。ただし福島県の発表をもとにしたこの避難者数には，避難指示が続いている地域の住民であっても，仮設住宅などの「仮の住まい」を出て，災害公営住宅に入居したり，避難先で住宅を再建した住民は「安定した住まい」があるとして含まれていない。このような「隠れ避難者」の数は，2017年2月時点で約2万4000人以上とされる（NHK「震災・原発事故から6年　データで見る福島の復興」（2018年9月23日取得，http://www.nhk.or.jp/d-navi/link/2017fukushima/）。したがって福島県内での避難者数は，約3万5000人以上とみるべきである。福島原発事故の影響をできるだけ小さなものに見せかけ，原発の再稼働を急ぎたい日本政府は「早期帰還」への圧力を年々強め，そのことが浜通り地方の人びとなどに一層多くの困難と苦悩を強いている。

　福島原発事故を契機に，ドイツは2022年末までに原発を全廃することを決定，台湾も2017年1月，2025年までに原発を全廃することを決定している。新規発注の頭打ち化，原子炉の安全規制が強められるなど，各国のエネルギー政策・電力政策にも大きな影響を与えている（長谷川 2011；長谷川・山本編 2017）。

れてきた，企業活動，科学の営み，司法，メディアなど，すべてが政治的な意味をもつようになり，従来の公式の政治に加えて「新しい政治文化」が確立し，科学・技術・経済などの「サブ政治」が台頭してくる。もはや客観的知という幻想は終焉した。私たちはリスクを社会的に構成している。気候変動対策やBSE対策，ダイオキシン対策に代表されるように，政治的決定が科学の専門家の助言に基づくものとなる。科学者の側も，科学的知識を備えた環境NGOなどの対抗的な専門家や法的な評価に曝される。リスクに関する知識や評価は，かつてのように科学者が独占することはできない（科学の独占の解体）。

　ベックのリスク社会論のもう1つの柱は，個人化仮説である。社会生活の再生産単位は，もはや階級でも，家族でもなく，個人そのものとなっているとベックはいう。これに対応してさまざまのリスクも，階級や家族によって媒介されることなく，直接個人に降りかかり，個人が引き受けるべきものとされるようになってきた。リスクの個人化とリスク管理の私事化である。環境運動や女性運動などの新しい社会運動が，階級によって担われるのでなく，矛盾を知覚した個々人によって担われる根拠はこの点にあるともいえる。

　ベックのリスク論は，このように多くの今日的な論点を含んでおり，非常に内容豊かな現代社会論である。

リスクと危険——ルーマンのリスク論

リスクという概念を「決定」と関連づけて，彫琢したのはドイツの社会学者N.ルーマンである（Luhmann 1993=2014；小松 2003）。通常，リスクの対概念は，ベックの場合もそうだが，「安全」である。しかしルーマンによれば，それは彼のいう「ファースト・オーダーの観察」のレベル，つまり対象の何が安全で，何がリスクかというレベルでの概念化である。

　これに対して議論の実体化を徹頭徹尾拒否しながら，ルーマンが独自に思弁的・抽象的に展開するのは，彼のいう「セカンド・オーダーのレベルでの観察」である。ある行為者が将来起こりうる損害をどのように観察し，説明しているかを観察する，つまりファースト・オーダーの観察者を観察すること，「観察の観察」である。未来の損害の可能性を，自らの決定の帰結と見なすような場合と，自分以外の他者や何かによってもたらされたものと見なす場合との区別をルーマンは強調する。

　前者のような自己帰属の場合こそがリスクであり，後者のような外部帰属，他者帰属の場合が「危険」（Gefahr）である。リスクや危険は，客観的に実体的に

> **COLUMN** *8-11* 持続可能な発展（sustainable development）
>
> 　持続可能な発展は，国連の「環境と開発に関する世界委員会」（ブルントラント委員会〔1987年〕）が報告書『我々の共通の未来』で提唱した将来社会の理念。「将来の世代の欲求を満たす能力を損なうことなく，今日の世代の欲求を満たしうるような開発」と規定される。資源の制約性のもとで，将来世代との間の世代間の公平性，南北間の公平性を焦点化している。リオ・サミット（1992年）をはじめ，1990年代以降の国際社会を主導する理念となった。日本の環境基本法（1993年）でも第4条などで，この理念が謳われている。先進国並みの豊かな生活と経済成長を求め，人口爆発しつつある途上国と，現状の豊かさを維持することに危機感をもつ先進国との間での対立の調整をはかるための両者の妥協の産物であるという批判も根強い。生態系の制約性を重視し持続可能性（sustainability）に力点をおく解釈と，発展（development）の持続に力点をおく解釈がある。
> 　development を日本政府は「開発」と訳してきたが，本書では，質的な側面を重視し，引用部分をのぞいて「発展」の語をあてている。
> 　福島原発事故前まで，日本政府は，原子力発電を「持続可能な技術」と認定するよう長年求めてきたが，気候変動問題の国連の会議（コラム8-9参照）は，放射性廃棄物問題や重大事故の危険性を抱える原子力発電を持続可能な技術とは認めていない。

存在するわけではない。当事者自身の意味付与と，そのような当事者を観察している観察者の意味付与に依存する。

　たとえば，自動車を運転することや飛行機に乗ることにともなう事故の危険性は，自らの選択によって引き受けられているリスクである。これに対して，一般に地震の被害を被る危険性や偶然事故に巻き込まれる危険性は，自己の選択に依拠しない「危険」である。しかもそれは人びとの意味付与の問題だから，ある出来事が自己の選択に依存し，予見可能で回避可能なリスクと見なされる場合もあれば，同じ出来事が，自己の選択には依存しない，つまり予見不可能で回避不可能な危険と見なされる場合もある。

　たとえば，2011年3月11日に発生した福島原発事故（コラム8-10参照）は広範な地域と住民に大きな被害とダメージをもたらしたが，地域住民にとっては基本的には自己の決定に帰属しえない危険だった。ルーマンは，リスクと危険の区別に対応させて，決定権をもつ決定者と，決定に関与しえず決定結果を甘受する

国連は，2015年に「持続可能な開発目標（SDGs）」を定め，2030年までの達成をめざしている。下図のような1.貧困をなくそう，をはじめとする17の包括的なグローバル目標と，各目標に付随する合計169のターゲットからなる。

（出典）　外務省 Japan SDGs Action Platform,「世界を変えるための17の目標」
（https://www.mofa.go.jp/mofaj/gaiko/oda/sdgs/index.html, 2018年9月23日）.

しかない被影響者を区別している。水俣病をはじめとする公害問題の歴史は，飯島伸子らが明らかにしてきたように社会的弱者に被害が集中する「知らなかった者」「知らされなかった者」の歴史であった。

従来「危険」として意味付与されていたものが，自らの決定と関わる「リスク」ととらえうるような社会に，私たちは生きている。その意味で，現代社会は「危険からリスクへ」という流れのなかにある。フロンガスによるオゾン層破壊の問題や気候変動問題は，予見不可能な「危険」としての意味付与に代わって，私たちがしだいに予見能力を高め，自己帰属させることによって「リスク」として国際社会が対応するようになった代表的な環境問題である。

3.2　持続可能な未来をめざして——リスク社会と開かれた対話

では，私たちはリスク社会をどのように生き延びることができるのだろうか。

リスクは不可視的であり，コントロール不可能である。さしあたって，私たちにできることは，K. エーダー (Eder 2000) らが述べているように，非専門家を含む，できるだけ広範なマルチ・ステイクホルダー（多元的な利害関係者）に呼びかけた開かれた対話をとおして，リスクを馴致する，飼い馴らす (taming) ことであろう。

　開かれた対話によるリスク馴致は，ドイツや，たとえば，デンマーク，オランダ，スウェーデンなどで試みられているコンセンサス会議などにおいて，社会的・政治的実践が行われている。

　硬直化した司法・行政・立法の三権の限界，寡占化と商業主義化が進む肥大化したマス・メディアの限界に抗して，市民的なものから遠くなったそれらに対して，市民的なものを復権しようというさまざまな試みが世界各地でなされている。コンセンサス会議のほか，討論型世論調査，市民陪審制度や市民討議会，市民メディアなどの実験がある（篠原編 2012; 小林 2004）。

　J. ハーバマスが強調するように，コミュニケーション，討議による合意形成への信頼こそが，リスク馴致による持続可能な社会に向けての人類の希望であろう。

　もちろん，そこには「開かれた対話」が政治的ポーズや政治宣伝に堕する危険性がつねに内在している。「ポスト真実」や「オールタナティブ・ファクト（もう一つの真実）」と呼ばれるような，ニセの情報が社会の分断と亀裂を拡大する危険性もある。飼い馴らされるのが，むしろ社会運動や抗議運動，NGO である危険性も高い。社会運動の制度化と同様に，「開かれた対話」もまた制度化されることにともなって，惰性化し，儀式化しかねないという両義的な危険性がある。

　見えざるリスクに耐え，専門性や非専門性に逃避することのない，ねばり強く対話の努力を重ねようとする知性こそがリスク社会の時代精神として求められている。

BOOK GUIDE　●文献案内

●原典にせまる
　① R. カーソン『沈黙の春』青樹簗一訳，新潮文庫，1974（原著1962）。
　② E. F. シューマッハー『スモール・イズ・ビューティフル──人間中心の経済学』小島慶三・酒井懋訳，講談社文庫，1986（原著1973）。
　③ U. ベック『危険社会──新しい近代への道』東廉・伊藤美登里訳，法政大学出版局，1998（原著1986）。

④ C. R. ハムフェリー＝F. H. バトル『環境・エネルギー・社会——環境社会学を求めて』満田久義ほか訳，ミネルヴァ書房，1991（原著1982）。
　①は，農薬被害を告発した環境運動および環境研究の原点というべき著作。②は，大量生産大量消費的な産業社会に対するアンチ・テーゼの書。③は，リスク社会論を提起した。読みやすくはないが，現代社会論として示唆するところは大きい。④は，環境社会学のアメリカの代表的な教科書。日本の環境社会学のテキストと読み比べてみるとよい。

● 理解を深める

⑤ 飯島伸子『環境問題と被害者運動（改訂版）』学文社，1993（初版1984）。

⑥ 鳥越皓之・嘉田由紀子編『水と人の環境史——琵琶湖報告書』御茶の水書房，1984。

⑦ 舩橋晴俊ほか『新幹線公害——高速文明の社会問題』有斐閣，1985。
　いずれも日本の環境社会学の出発点となった先駆的な著作。⑤は，環境問題と労働災害・薬害の連続性に着目し，被害の多面性と社会的弱者への集中を指摘した。⑥は，琵琶湖周辺の生活を丹念に描き出し，上下水道の導入が，それまで可視的だった水循環をみえにくくしたことなどを指摘し，生活環境主義を提起した。⑦は，東海道新幹線の影の社会問題としての騒音・振動公害問題の解決がなぜ困難なのか，受益圏・受苦圏，旧国鉄の組織構造，新幹線の公共性，住民運動と裁判などに注目して社会学的に分析した。

● 視野を広げる

⑧ 宮内泰介・井上真編『コモンズの社会学——森・川・海の資源共同管理を考える』新曜社，2001。
　コモンズ（共有地）では過剰消費により共倒れの悲劇が起きる，というハーディンの提起に対して，日本の入会地など伝統的なコモンズでは，どのように自律的な規制が働いて，環境が保全されているのかを事例をもとに分析する。

⑨ 金太宇『中国ごみ問題の環境社会学——〈政策の論理〉と〈生活の論理〉の拮抗』昭和堂，2017。
　再生資源の回収やごみを集めて生計を立てる周縁に生きる人びとの生活に焦点をあてて，中国のごみ問題を考察した意欲作。都市周辺につくられる「ごみ山」，ごみ山に囲まれる都市・農村・その境界的な地域など，ごみ問題の中国的コンテキストと内実，制度と実態のズレが活写されている。

⑨ バリー・レヴィンソン監督・映画『レインマン』1988。
　父の死後，にわかに兄弟と判明した自閉症の兄（ダスティン・ホフマン）と弟（トム・クルーズ）が，自動車でオハイオ州シンシナティからロサンゼルスまでハイウェーを使わずに何日もかけて大陸を横断する。兄が事故を怖れて飛行機とハイウェーを拒否したからである。アメリカの大自然を背景に，カーディーラーで功利的な弟がしだいに兄への愛に目覚め，人間性を取り戻していく。弟と自動車に代表される効率とテクノロジー優先の経済至上主義に，人間性の原点を対峙させた物語である。

Chapter 8 ● 考えてみよう

❶ あなたは，どの程度環境に配慮した行動を行っているだろうか。自分が心がけている行動をできるだけたくさん列挙し，合わせてほかにできることがないか，検討してみよう。

❷ 本文では自動車を例示したが，テレビ，インターネットなど，他の技術の光と影について考察してみよう。

❸ 自動販売機の消費電力は，1台当たり600ワット程度のものが多い（自動販売機の下の隅などに記してある）。1年ではどれだけの消費電力量になるだろうか。それは何世帯分の電力量に対応するだろうか。1年でどれだけの温室効果ガスを排出していることになるだろうか。身近な場所にある自動販売機の消費電力を確認して計算し，調べてみよう。

❹ あなたの住んでいる地域には，どんな環境NGOの活動があるだろうか。その環境NGOの設立の契機，おもな活動内容，その成果，抱えている課題などについて，調べてみよう。

❺ ごみ減量化のために，あなたの住んでいる地域では，自治体や町内会などがどのような取り組みをしているだろうか。それはどの程度，効果をあげているだろうか。ごみ減量化が困難な理由はどこにあるのだろうか。

第 9 章 医療・福祉と自己決定

単なる長寿ではなく，健康寿命が語られる現代。元気にぴんぴん生きて，ころりと死ぬことを望む人びとの厚い願いが，各地の「ぴんころ地蔵」によせられている（長野県佐久市，写真提供：おはぎさん／PIXTA）

CHAPTER 9

- KEYWORD
- FIGURE
- TABLE
- COLUMN
- TEXT IN TEXT
- BOOK GUIDE
- SEMINAR

INTRODUCTION

　福祉や医療という領域は，私たちの〈生〉の内実が問われる世界である。社会変動にともなう生活上の問題や疾病の変化，また科学技術の進展や生活保障の考え方に基づく福祉国家の浸透などによって，福祉や医療の世界は 20 世紀後半に大きく展開してきた。そのような展開は，私たちが抱えた〈生〉の問題を一定程度解決してきており，そこで達成された成果を的確に位置づける必要があるだろう。

　しかし，他方で，医療・福祉の進展それ自体が作り出した問題はなかったのだろうか。私たちの〈生〉が医療や福祉の専門職の仕事に委ねられたとき，個別性に満ちた各々の〈生〉が標準的に扱い管理される要素をもちがちとなった。他方で，医療や福祉の専門職の人びとにとって，そこでの働き方は気遣いや配慮を強く求められる感情労働としての厳しい性格を色濃くもつものでもある。本章では，近代化・産業化とともに進んできた医療・福祉の世界の進展が，人びとにもたらした明と暗に焦点をあてていこう。

> **KEYWORD**
>
> ケア　　人口減少社会　　福祉国家　　福祉（国家）レジーム論　　福祉社会　　ワークフェア　　福祉多元主義　　専門家支配　　パターナリズム　　感情労働　　バーンアウト　　ナラティブ・アプローチ　　セルフヘルプ・グループ　　インフォームド・コンセント　　エンパワーメント

SECTION 1　医療・福祉の進展と社会変動

ぴんぴんころりと死ねない時代

　高齢化社会が進行するなか，長患いをして病院で時を過ごしながら死を待つことをいさぎよしとしない動きがある。長野県の高齢者の体力・健康づくりから起こってきた「PPK運動」である。PPKは「ぴん・ぴん・ころり」という日本語の頭文字をとった略称であり，適当なところまで丈夫で長生きして，三日患って死ぬのが理想という考え方である。すなわち，高齢期でもぴんぴん生きて，死ぬときは突然ころっと逝きたいというわけである。PPKは，医学的にはHealthy Dyingという考え方に近い。山坂を歩き，野良仕事をマイペースでする。無病息災というより，病気をうまくコントロールしながら，だましだまし生きる知恵がそこにはある。長野県は平均寿命が男女とも上位に位置する県であるのに100歳老人は多くなく，高齢者の就業率が全国最高なのに1人当たり老人医療費が全国最低であることから，PPKの名を普及させるにふさわしい県となっている（水野・青山編 1998）。一定の時間が経過して，若干の数値の変化はあるものの，長野県のおおまかな傾向は変わりなく，同県ではぴんころ地蔵などが建立されている。日本には，同様に，これまでも「ぽっくり信仰」「ぽっくり寺」というものが存在してきた。人生の最後に長患いをして，病院で死にたくない，そんな思いが人びとのなかに根強くある。

　「畳の上で死にたい」。そんな言い方がされるようになったのは，いつの頃からであろうか。それは，畳の上ではなく，ベットの上で，すなわち病院で長い闘病期間を経て死ぬことが多くなってきたことの裏返しでもある。しかし，私たちの多くが病院で死ぬようになったのは，それほど遠い昔のことではない。この数十年間に，自宅で死ぬことからしだいしだいに変化してきたことなのである。厚生

TABLE 9-1 死亡場所と出生場所の年次推移

	死亡場所			死亡場所		出生場所				出生場所
	施設内			施設外		施設内				自宅・他
		病院	老人ホーム		自宅		病院	診療所	助産所	
1951年	11.6	9.1	―	88.4	82.5	4.6	2.9	1.1	0.5	95.4
1960年	21.9	18.2	―	78.1	70.7	50.1	24.1	17.5	8.5	49.9
1970年	37.5	32.9	―	62.5	56.6	96.1	43.3	42.1	10.6	3.9
1980年	57.0	52.1	―	43.0	38.0	99.5	51.7	44.0	3.8	0.5
1990年	75.1	71.6	―	24.9	21.7	99.9	55.8	43.0	1.0	0.1
2000年	83.3	78.2	1.9	16.7	13.9	99.8	53.7	45.2	1.0	0.2
2010年	85.1	77.9	3.5	14.9	12.6	99.8	51.8	47.1	0.9	0.2
2017年	84.7	73.0	7.5	15.3	13.2	99.5	54.4	44.9	0.6	0.1

(注) 出生場所のデータは1950年分である。また，死亡場所は主な場所のみ掲載。
(出所) 厚生労働省『人口動態統計（平成29年版）』。

労働省の『人口動態統計』によって（表9-1），死んだ場所の年次推移をみると，1951年に病院で死んだ者は9.1%であり，自宅で死んだ者は82.5%であった。しかし，その比率は後者から前者へとしだいに変化し始め，1978年を境にその比率は逆転した。その後も病院で死ぬことが増えていく傾向は変わらず，2000年に病院で死んだ者は78.2%であり，自宅で死んだ者は13.9%となった。50年間で，その数値はまったく逆転することになったわけである。それが前提になった今，末期状態になってしまったなら，自宅で十分に療養したのち，痛みをやわらげる緩和ケアをしてくれる医療機関に入院したいという声も強くなってきている。そのような大きな傾向の他方，2000年代以降，病院で死ぬ者の比率は減少傾向にあり，その代わり，老人ホームで死ぬ者の比率が増加傾向にある。2000年に老人ホームで死んだ者は1.9%だったが，2017年は7.5%となっている。

悪性新生物（がん）による病死，高齢期の慢性疾患による病死や要介護による社会的入院を経てや老人ホームでの老衰死，そして事故での救急救命のため病院に運び込まれるなど，人は生の最後の瞬間を医療機関・介護機関の管理のもとで過ごさなければならなくなってきた。医療機関のもとにおかれるようになったのは，"生の最後の瞬間"だけではない。"生の誕生の瞬間"も，妊娠期間という時間の計算可能さもあって，よりいっそう医療機関のもとに，しかも一気におかれるようになった。同じく『人口動態統計』によれば，1950年に病院や診療所な

どの施設で生まれた者は 4.6% なのに対し，自宅などで生まれた者は 95.4% と，死以上に誕生は自宅において営まれる出来事であった。しかし，この数値は 20 年間で様相を大きく変えた。1960 年には早くも施設で生まれた者が 50.1%，自宅などで生まれた者が 49.9% と半々になり，さらに 70 年には施設が 96.1%，自宅が 3.9% となり，死において 50 年間かかった自宅から医療機関への場所の変化を，誕生においては 20 年間で到達したことになる。赤ちゃんはもはや畳の上で生まれることはないのである。私たちは，生の最初の瞬間と最後の瞬間を，医療機関などのもとで過ごす社会と時代を生きている。

生と死／生者と死者のあり方の問い直し　死に場所と生まれる場所に象徴されるように，医療・福祉の領域は，生活の保障や病気の治療・身体の維持を通して，私たちの「生と死」に深く関わってきている。生産性の向上に象徴されるように，アクティブで活動的であることを前提とする産業社会は，ある意味で生のみを重視し，死を私たちの目の前から遠ざけようとしてきた。そのように人びとの間で死の話題がタブー化され，それをみないように避けられる一方，映画やドラマなどメディアのなかの死は密かだが数多く表現されるような傾向を評して，G. ゴーラーは「死のポルノグラフィー化」と名づけた（Gorer 1965=1986）。死が忌み嫌われるものになった結果，家族・親族を失った者たちが，その後の喪に服す状況に生活面・心理面で対応して悲しみを昇華させていく作業，グリーフ・ワークも，周囲の人びとから切り離され，孤立した営みとなる例も多くなっている。現代社会は，生のみが是とされる価値観が根強く浸透しているといえよう。

　そのような生へのこだわりは，人間の生と死を自然現象として受動的に受け入れることを拒み，新たな可能性を能動的に見いだそうと試みてきた。その結果，医療に関わる科学技術の進展が，私たちにまったく異なる世界を提示するようになってきている。先端医療技術によって各種の生命現象が可能となった結果，基礎・臨床の医学や生命科学において考慮すべき生命倫理の必要性が主張されるようになってきた。具体例をあげるならば，がんなどの末期患者における延命ケアと緩和ケアの選択，死への充実した時間を過ごすためのホスピス・ケア，生殖に関する医療技術（体外受精，代理母，出生前診断，クローン人間など），生体や脳死体からの臓器移植などの人体利用，体細胞や生殖細胞の遺伝子操作，臓器や精子売買などの医療の商業化，性同一性障害への対応としての性別適合手術などの論点の出現が，生命倫理や生に関する議論を活性化する背景要因となっている。

> COLUMN　9-1　弔辞の社会学

　人間の社会的行動や意識，その社会的集積を研究対象とする社会学において，死が考察の対象になるだろうか。死はその瞬間の現象というより，この世に唯一の生を受けた個々人が死にゆく（dying）過程，それを取り囲む家族や専門家との間で起こる相互行為である。いわば生を全うするための最後の社会的行為が死であるともいえる。同時に，死後の世界や死者のイメージをどうとらえ，その影響が生者にどう及ぶかは，宗教を例として，生者たちの生活世界を構成する重要な要素でもある。生と死をめぐる社会的人間関係，生者と死者の想像上の相互関係という形で，社会学は死を研究対象としうるといえる。

　生者と死者の関係を象徴する1つが，葬儀における弔辞である。一般に日本の多くの葬儀において，弔辞は死者に向けて語られる。死んで不在なはずなのに，死者は私たちの近辺にいて，弔辞を聞いて理解できるものと考えられている。だからこそ，「あなたをお見送りしなければならないことは，私たちのもっとも深い悲しみとするところです。○○さん，お疲れでしょう，安らかにお眠りください」と語りかけられる。限りのある人生において，死者が不可逆的な死を受け止め納得するために，生者は人物や性格の描写，短い伝記，彼・彼女の生きた時代を弔辞において語る。弔辞は生者と死者のコミュニケーションの機会であるといえよう。他方，キリスト教などを例に，死者に語りかけるものとしてではなく，葬儀の参列者・生者に，神の賛美を語りかけるものとして弔辞が存在する場合もある。弔辞にも，対故人型と対会衆型とがあり，そこには各々の文化や宗教における死者観が反映しているのである（副田 2003）。

　医療や葬送儀礼の変化も死の社会学への関心を本格化させているが，他方，É.デュルケムが自殺に，M.ウェーバーがプロテスタンティズムの予定説に着目したように，その確立期たる20世紀の初頭以来，社会学の通奏低音の主題としても死はあったのである。

　最後に，1989年に40歳で病死した俳優・松田優作に友人・原田芳雄が送った短い弔辞を紹介しよう。「優作。俺は今までお前が死ぬとこを何度も観てきた。そしてその度にお前は生き返ってきたじゃないか。役者なら生き返ってみろ！生き返ってこい！」（「不滅の弔辞」編集委員会 1998）

　人間の生命に関わって従来存在しなかった現象が医学的・臨床的に現れることにより，その現象の背後にあってこれまで考えなくてよかった論理構造の1つひとつが検討の対象になり，同時に医療や生命科学の科学技術全体としての是非が倫理的に問われるようになったわけである。そこにおいて，「生活の質／生命の

質」(QOL: Quality of Life) と生命の尊厳性との調和がどこにあるのかが模索されるようになってきた。すなわち、医学や生命科学に通底する生への渇望が行き着く先は、私たちの人間観・社会観の問い直しにいたる。生を重視し死を遠ざけてきた現代社会は、私たちが死から逃れられないという当然の事実にあらためて気づき、生と死を複眼的に位置づけた日常の営為や社会思想を生み出そうとしてきている。各自の人生という限りある時間のなかで、死をむしろ生を完成・完結させるために必要なこととらえ、死を適切に位置づけ受容することを通じて、生のあり方を問い直す。たんに生きているという身体の生存にだけ焦点をあてるのではなく、どのように生きているのかということが質的に問われる時代になってきているのである。

そのことの延長上には、1人ひとりの人間の生と死という事実にとどまることなく、私たちが生者の世界のみを前提として議論していることを反省し、死者の世界をも含んだ議論を展開していく視点の重要性が提起される。もちろん、それは、死後の世界の有無を論ずるということではない。親や配偶者・子どもなど重要な他者の死が、遺された人たちの人生に与える影響は大きい。その大きさに鑑みれば、生者たる私たちの行動や意識に、死んでしまった重要な他者との想像上のコミュニケーションが与える影響をも含み込んだ社会観が求められるといえよう（副田 2003）。死は生との対比で人間観を問い直すだけでなく、生者と死者の関係という社会観の問い直しをも提起しうる現象なのでもある。

医療や福祉の領域の進展は、〈近代〉や高度産業社会が生み出し支えたものでありながら、翻ってそれらへの文化的な異議申し立てを行うという側面を有するものである。生と死をめぐる人間観・社会観の問い直しは、〈近代〉や高度産業社会が福祉や医療の領域を通じて生み出した意図せざる結果といえるのかもしれない。

SECTION 2 医療・福祉から問われる現代社会

産業化から福祉国家化へ

医療・福祉の対応が迫られる社会問題

医療・福祉の制度や政策が20世紀に大きく進展してくるにあたっては、大きく2つの社会変動要因を想定することができる。1つは産業化の達成がもたらした生活環境や疾病構造の変容であり、もう1つは人口構造の変動である

る。

　第1に，高度経済成長期を経て作り上げられた日本の豊かな社会は，生活環境や疾病構造の変容をもたらし，医療の取り組みの見直しや新たな福祉課題の解決を要求してきている。医療の面では，伝染性の急性疾患から慢性疾患へと疾病構造は大きく変化した。死因構造の中心は結核から，悪性新生物・心疾患・脳血管疾患へと変化し，これら新たな三大死因は1980年代以降，ほぼ全体の死亡数の5割を占めるほどになっている。疾病構造の変化は，病状の時期により，早期の治療や入院対応を要する「キュア」(cure) というより，患者や利用者の生活全体へ目配りをし，地域での生活可能性を探るケア (care) の必要性を高めてきている。また，福祉の面では，進行している核家族化や小家族化が，同時に起こっている地域社会の人間関係の衰退とも連動して，社会による保育の必要性を高め，他方で子育てや介護の孤立化を生み出しているといえよう。それらの諸問題は，家族・親族・地域の社会関係の弱まりや機能の弱体化に起因するというより，これまで存在せず経験してこなかった生活上の新たな福祉課題として浮上してきたものととらえるべきであろう。2010年にはユーキャン新語・流行語大賞のトップテンに「無縁社会」という言葉が選ばれた。

　第2に，医療・福祉の動向に大きな影響を与えている人口構造の変動は，高齢化社会への突入とその進展に象徴される。1956年，国際連合の規定として，全人口に占める65歳以上人口の比率・老年人口比率が7%を超えた社会が高齢化社会 (aging society) として設定された。日本はこの高齢化社会に1970年に突入したのだが，それが声高に警鐘をもって迎えられた理由は2つある。1つは，2000年代に入り，日本の老年人口比率が世界最高比率に到達し，その傾向のまましばらく推移することである。その後も伸びる日本の平均寿命は2065年には男性で84.95歳，女性で91.35歳に達する見込みであり（国立社会保障・人口問題研究所 2017年推計），現在の若者たちは「人生100年時代」を生きなければならないことになる。もう1つは，日本の高齢化が現時点の世界最高速度で進んでいることである。世界で最初に高齢化社会に突入したフランスがその倍の老年人口比率14%に達するのに115年かかったのに，日本は同じ14%に1994年に到達し，高齢化社会に突入後わずか四半世紀24年でそれに到達していることになる。少子化に悩む隣国・韓国は，今，日本以上の速さをもって高齢化が進行中であり，上記の数字を18年ほどで達成し，さらにシンガポールが20年，中国が日本と同じ24年で達成すると予想されている。アジアの国々は高齢化の波にさらされて

> **COLUMN 9-2** 〈健康〉――生権力の現代的形態

極端に大きな話題にはならなかったが，2002年，健康増進法が成立した。その第2条にはこうある。「国民は健康な生活習慣の重要性に対する関心と理解を深め，生涯に渡って，自らの健康状態を自覚するとともに，健康の増進に努めなければならない。」いつのまにか，〈健康〉であることは，国家が生存権として保障してくれるというより，まず国民自らが果たすべき義務になってしまっているのである。〈健康〉であることやカラダにいいことが大事になり，それを支える身体状況や栄養成分が「血液サラサラ」「ポリフェノール」といった言葉を通じて，メディアで一気に普及する。食生活の改善や運動の必要性について深い知識をもつ「ヘルス・リテラシー」が望ましいものとして推奨され，「成人病」が「生活習慣病」と言い直されることにより，日常の生活習慣のなかにリスクを発見して，「早期発見・早期治療」することが肝要とされ，〈健康〉への強迫的な関心を生み出してきている（柄本 2003）。このような流れを歴史の大きな文脈のなかに置き直すならば，M.フーコーの「生権力」の概念が想起される。生権力とは，伝統的な死への権力（殺す権力）に対して，人を生かしめる権力のことである。生命を厳密な管理統制の下におき，人口全体の量と質の全体的調整を図ろうとするものである。

健康増進法が賛否両論となる大きな話題にならなかったということ自身が，〈健康〉を否定することが難しい時代状況に入っていることを示している。〈健康〉はブームを超えて，抗しがたいイデオロギーとなっているのである。「不健康で何が悪い！」と居直れない私たちがいる。〈健康〉は自己責任という形を通して社会の仕組みに組み込まれているのである。

いるのである。

そのような高齢化の進展は，のちにふれる「福祉国家収斂説」を唱えたH.ウィレンスキーが分析に用いた変数でもあるように，老齢年金や高齢者医療，福祉サービスの財源や人的確保の準備を必要とし，福祉や医療の制度・政策の抜本的改革を要求していくことになる。日本社会の高齢化のスピードは，高齢者に向けた社会政策整備の時間的余裕を与えないものでもあるし，他方で，さらなる加速を生み出している少子化などの社会的要因への目配りも求めるものとなっている。子どもの生まれる比率の測定方法の1つたる合計特殊出生率は，2006年の日本社会で過去最低の1.26を記録し，親世代から子ども世代が生まれ，当該国の人口が再生産されるに必要な人口置き換え水準の2.06～2.08を大きく下回る時期が

続いている。日本は2005年から人口減少社会に突入したのだが，もし2006年の1.26の合計特殊出生率が続けば，統計上，日本の人口は2100年に4300万人，2200年には753万人，そして，3000年に14人，3300年にはいなくなると推計されている (国立社会保障・人口問題研究所編 2007)。そのような少子社会が，具体的にどのような社会変動をもたらすかについては，経済の衰退を予測する悲観的な生産力停滞論と過密人口の分散による楽観的な適正規模論の双方についての議論がある。日本は少子・高齢といった課題に対して，世界の先例からの学習にとどまらず，自らの開発による社会的対応を迫られているのである。

福祉国家化とその社会学的理解

医療・福祉の充実の必要性や高齢化社会という社会変動を要因としつつ，20世紀を象徴する形で本格的に成立してきた社会体制のあり方の1つが，福祉国家 (welfare state) である。福祉国家体制は社会福祉・社会保障に限定された事象にとどまらず，社会全体に関わる以下の5つのような構成要素をもつものと考えられる。①制度：社会保障制度の体系的整備 (公的扶助，医療保険，年金保険，介護保険，失業保険，社会福祉サービスなどの制度化)，②行政：政府とりわけ中央政府が管理・実施・財源上の責任を中心的に負う体制，③法律：生存権保障を含む基本的人権思想の普及，④経済：完全雇用などを目標とする政府の経済介入，⑤政治：国民の意思表示たる大衆民主主義と利益誘導型政治。これらの要素は，19世紀後半の中央政府への集権的な権限集中，第一次と第二次の世界大戦の戦間期の広範な社会政策・社会保障政策の順次的な成立，第二次世界大戦後の需要管理型の経済政策と大衆民主主義の一般化などが歴史的に積み重なり，イギリスのJ. M. ケインズの思想 (政府の経済介入の正当化／上記②④) とW. ベヴァリッジの思想 (社会保障の国民規模での拡充／①③) に裏づけされてしだいに成立してきた。そのため，そのような体制は，「ケインズ＝ベヴァリッジ型福祉国家」と形容されることもある。

20世紀半ば以降，本格的に展開してきた福祉国家体制の成立と変容，その類型をめぐって，これまでいくつかの社会学的命題が段階をふんで提起されてきた (三重野編 2001)。ここでは，それを3つに整理しておく。第1の段階は，産業化論パラダイムを下敷きとするウィレンスキーの福祉国家収斂論である。1950年代以降，先進資本主義諸国は産業化の進展による経済成長の成果配分と社会主義国への対抗があいまって，福祉国家という類似の体制を作り上げていった。途上国にもみられた同様の傾向を，彼は「収斂説」として把握したわけである。そこで

> **COLUMN** **9-3 20世紀の社会計画の双子——社会主義国家と福祉国家**
>
> 　生産力の増強により大量生産が可能となった資本主義は，経済システム上，恐慌ならびに失業という社会問題を本格的に抱え込むことになった。それは，資本主義の特徴である自由経済という側面が，社会的には無計画に行われてきたということに起因する。資本主義が構造的に抱える社会問題に対して，人びとの英知によって計画的に対処しようとする政治体制が，20世紀に異なる2つの形で登場した。1つが1917年のロシア革命，ソビエト連邦の成立を起点とする社会主義の諸国家の出現であり，もう1つが第二次世界大戦後にヨーロッパを中心に本格化した福祉国家体制の成立である。社会主義国家は計画経済と平等な資源配分という理想を掲げ，福祉国家は完全雇用と社会保障政策を充実させて人びとの生活保障を果たそうとした。それらの関係は，社会主義国家登場の影響により，資本主義国家の側の対応策として，国家介入によって資本主義を変形させた福祉国家と，もともとの自由放任的な資本主義国家の三者関係として位置づけることもできる。
>
> 　しかし，20世紀の経験を経て21世紀にいたった今，20世紀の社会計画の双子は変貌を遂げている。市場がもつ資源の効率配分機能を導入しない社会主義国家は生産と消費の水準上昇をはかることができず，また一党独裁的な政治体制が民主的議論をはばみがちであることから，1990年前後を境に大きく衰退・消滅していった。他方，社会主義国家が衰退した段階において，福祉国家は，市場万能主義を唱える新自由主義的な資本主義国家と正面対比されることになり，非効率的な国家の肥大化，人びとへの生活管理的態度が批判されている。20世紀社会計画の双子・社会主義国家と福祉国家は，ともに市場経済と自由思想からの挑戦によって変質を迫られたと考えることができよう。

は，社会保障給付費が，経済水準（1人当たりGNP），人口高齢化（老年人口比率），社会保障制度経過年数の3変数によって大きく規定されることが証明された（Wilensky 1975=1984）。

　第2の段階は，1970年代以降の低成長期に入り，財政負担の増大，生活介入の管理社会的性格への批判などもあって，**福祉国家の危機**がOECDなどから唱えられるようになったときである。結果として，福祉国家体制が給付費などの面で急激に縮小に向かうことはなく，その意味で，福祉国家は不可逆的であったのだが，先進諸国はその体制を政治状況や労使関係の相違から枝分かれさせていくことになった。その対比の代表例は，R.ミシュラなどが明らかにしたように，英

米に代表される政労使激突的な「新保守主義」的対応と,スウェーデンに代表される政労使協調的な「ネオ・コーポラティズム」的対応の2つである。そのような枝分かれは,収斂説の衰退を裏づけるものとして,「収斂の終焉」(Goldthorp 1984=1987)とも称されることになった。

第3の段階は,福祉国家を一元的に展開するものではなく,類型論としてとらえようとするものであり,G.エスピン-アンデルセンの福祉(国家)レジーム論があげられる。彼の整理では,脱商品化と社会階層の指標を用いて,「自由主義レジーム」(アメリカ),「保守主義レジーム」(ドイツ),「社会民主主義レジーム」(北欧)の主要3類型が析出された(Esping-Andersen 1990=2001)。このような比較社会学的視点が隆盛となってきているのには,1980年代後半から90年代にかけて,福祉国家の財政運営に世界経済のグローバル化が多大な影響を及ぼすようになり,一国内に閉じられた形で福祉国家問題を考えることはできなくなってきたことも大きく作用している。

福祉国家の社会学的分析として進展してきた,これら3つの段階は,各々,高度経済成長期,低成長期,グローバル化期において,福祉国家の変動要因の着目点を[経済→政治→社会]という形で順次変えて議論してきたものととらえることもできる。

SECTION 3 医療・福祉を問い直す現代社会

〈近代〉への自己反省●

福祉国家の有効性批判——中流階層のための福祉国家?

20世紀半ばから1970年代にかけて,理想の社会モデルとして語られた福祉国家も,しだいにさまざまな現実的な批判にさらされてきている。①福祉国家がもつ再分配機能のうち階層間の垂直的機能への懐疑,②福祉財源増加の前提たる経済成長がもたらす弊害に対する環境保護主義からの批判,③福祉国家が有しがちな制度や運営へのフェミニズムからの批判,④国際的な労働力移動が社会保障資格の国籍要件の問題をあぶりだし,福祉国家も国民国家の限界内にあることの批判などがあげられる。これらは,福祉国家の有効性批判(①・②など),福祉国家の潜在機能批判(③・④など)に分けることができる。ここでは,まず福祉国家の有効性批判として階層問題にふれてみよう。

福祉国家は階層間の所得再分配をその目的の1つとしている。しかし，その実態的動向はかならずしもその方向に向かっているわけではない。福祉の問題は初期には貧困の除去や不平等の軽減が課題とされ，その対象はおもに貧困層・低所得層であった。20世紀半ば以降の先進国での「豊かな社会」の成立は，絶対的な貧困問題を抱える人たちの減少とその相対的比重の低下をもたらした。産業化・工業化による人びとの生活水準の一般的上昇が，社会問題たる貧困問題の解決の大きな一翼を担ったのである。しかし，福祉国家を支える福祉政策の諸整備が進んできたことは，その対象を全階層に広げるとともに，目標においてQOLといった広い範囲までを包括するようになってきた。そのような対象範囲の拡大には，貧困という経済的問題だけでなく，高齢者や障害者の介護・介助，家族機能の弱まりなど新たな問題が浮上してきたことや，多くの階層を含むことで，人々のリスク分散を社会的にはかる社会保険という方法が一般化してきたことも関係している。

　その結果，福祉国家全体としては，財源を確保すべき重要な政策が医療保険・年金保険，さらには介護保険という社会保険政策へと移動してくることになった。このことは，先にふれた高齢化の進行による高齢者医療費の増加，年金制度の成熟による支払い額の増加なども関係してきている。その際，社会保険料の重要な支払い者であり，有権者の多数を占める中流階層への政治的配慮などから，多くの場合，福祉国家は中流階層をその重要な受益層とする方向に変化していくことになる。生活保障の対象の中核が中流階層になってくることは，福祉国家において階層間の垂直的再分配という目的意識が相対的に稀薄になってくることでもある。貧困層から中流階層へという福祉国家のターゲットの変化は，「中流階層による福祉国家の植民地化」と厳しく批判されることもある。

　それらを考えると，20世紀半ばに先進諸国の多くにおいて福祉国家が隆盛を迎えたのは，それらの国々が高度経済成長を経験したことと無縁ではなく，高度経済成長の果実の再配分によって，それが達成されたと考えることもできる。しかし，その後の低成長時代への突入で，福祉国家を無限に拡大していくことはできなくなり，むしろ，さまざまな制度改変の必要性の前で福祉国家が迷走する段階にいたっている。高度経済成長そのものが各国産業化の過程で歴史的に1回だけ経験される事象だったと指摘されることもあり，福祉国家の隆盛も同じように歴史的1回性に満ちた偶然の好条件に支えられたものであったのかもしれない。

福祉国家の潜在機能批判
――隠れた人間像・社会像の露呈

福祉や医療の制度・政策・実践も現代社会のなかで営まれる営為だとすると，そこにある種の社会像・人間像が反映されていることになる。福祉や医療が生活の質や生命の質を課題として掲げるようになってくると，それまで背後に潜在化して隠れていた社会像・人間像の矛盾が，福祉国家の潜在機能としてより露呈するようになってきた。

そのような人間像の問い直しの第1として，フェミニズムやジェンダー研究からの福祉国家批判がある。福祉国家は，じつは"ジェンダー問題に鈍感"（gender-blind）なのであり，具体的な福祉国家の諸政策においても性差別の構造を緩和するのではなく，むしろそれを補強したり固定したりする要素を構造的に含んでいるという批判である。

その具体的な批判対象の1つが，生活保障の諸政策にみられる**男性稼ぎ主モデル**（male breadwinner model）である。福祉国家はその政策運営において，ある「標準的」家族イメージをもっており，それに従った政策上の措置や扱いがなされてきた。すなわち，無意識にフルタイムの男性賃金労働者を前提にして，税制や労働・社会保障の法律・制度が組み立てられてきた。女性は専業主婦か，家計補助的な範囲でパートタイムなどに従事していると想定され，男性が稼いできた賃金に経済的に依存しつつ，家庭で家事・育児・介護を行う存在と位置づけられてきたのである。その結果，妻は夫の被扶養者としての資格で，間接的な社会保障給付の権利を有するにとどまり，独立した個人として給付を受ける権利がない状態が長く続いてきた。離婚にいたれば女性は十分な給付を受けられないし，このモデルの前提たる家族像にあてはまらない単身の女性は，夫の賃金を前提にした男女格差の大きい賃金構造も関連して，年金の種類によっては不利な条件の保障しか受けられないと批判される。

ジェンダー論からはもう1つの批判もある。医療・保健・福祉の労働や活動へ従事する人びとが圧倒的に女性に偏った形で形成されていることである。家族内での性別役割分業のイメージが社会的レベルまで拡大され，女性が「母性」や「愛情」を発揮する担い手という位置づけがなされているからである。家族において，育児や介護のケア担当者の多くは女性であり，男性はその責務を軽減あるいは免除されてきた。そのようなケア労働は家庭内でなされるがゆえに**アンペイド・ワーク**（unpaid work）となり，女性はそこで賃金を獲得できず，男性への経済的依存が促進されてしまう。そのような労働イメージが社会の諸活動にもあて

> **COLUMN** **9-4 社会環境との相互作用としての〈障害〉**

　一般通念として，障害者が「障害者福祉」という形に結びつけられがちであることは，障害者が福祉の対象以外の存在でないかのように位置づける背後仮説が存在していることを示している。しかし，障害者が1人の人間として生活のさまざまな諸領域に関連し，個人の人生をもっていることに思いを至せば，福祉にだけ関連づけることはあまりに狭すぎることになる。パラリンピック・アスリートたちの活躍をみれば，別の視点が開かれてくる。

　そもそも障害それ自身も，本人に何らかの身体的・精神的困難さがあるにせよ，社会的な諸制度や諸行為との関連で相対的に作り出される社会的不利益であると考える必要がある。物理的・機能的な心身の損傷としての「インペアメント」（impairment）の問題なのか，それが社会環境との相互作用において不利益状況が生み出されるディスアビリティ（disability）の問題なのかを複眼的にとらえる必要がある。たとえば，身体障害者が水道の蛇口をひねれないとき，蛇口をひねって回す形状のものからレバー式の形状のものに変えれば，障害者だけでなく誰でも何の問題もなく水道を使うことができる。それは「バリア・フリー」の試みということができる。さらに，それを一歩進めて，障害者・健常者にかかわりなく，多くの人がより使いやすい製品・施設・空間を作り出していくことを重視する「ユニバーサル・デザイン」の動きも起こってきている。障害が社会環境との関係で決まるとするならば，健常者は「先に配慮された人」，障害者は「まだ配慮されていない人」という違いでしかないという問題提起もある。2019年の参議院通常選挙において，政党「れいわ新選組」の重度障害を有する候補者2名が当選したことから，国会議事堂内部のバリアフリー化が行われた。

　そのような理解が進むなか，障害そのものを1つの学問的対象と位置づけ，障害者の生活に関連する諸事象に視点を向けていこうとする動きが活発になってきている。その動きは，障害学という学問領域の成立，障害学会の設立を宣言するまでにいたっている（杉野 2007）。

　障害者という呼称が，その本人属性への固定性をイメージ化させるという印象もあり，「障害を有する人（person with disabilities）」という呼び方や，「障がい者」という形でひらがなに開く社会的動きもある。

はめられてしまうと，多少変容の動きはみられるものの，看護師・保育士・介護福祉士・ホームヘルパーなど，医療や福祉の問題に対応して働く専門職の多くを女性が占めているのが事実である。それらは女性の職業進出を拡大する重要な突破点でもあったわけだが，女性はそのような労働や活動に向いていると正当化さ

れる形で，医療・福祉領域が女性役割の固定化を促進してしまうという逆説的な様相も帯びているのである。さらには，近年のグローバル化の進展のなか，ケア労働に従事する専門職女性が途上国から先進国に移動するグローバル・ケアチェーンという事象もジェンダー論の観点からも指摘されるようになっている。

　人間像を問い直す第2の例としてあがるのがホームレス問題であり，そこから照射される福祉国家の隠れた想定は，「定住地主義」による住居の固定という考え方である。生活困窮者が無差別平等に対応されるはずの生活保護でも，行政側からみれば住所不定であるホームレスは自分たちの管轄区域内で対応する必然性はない存在である。そのため，他市区に移動してもらうための交通費が就職支度金などとして支給されることもある。私たちは生活空間を日々生きているだけにすぎないのだが，行政はそこに管轄という空間的区切りを入れる。それを逆手にとって，先の就職支度金を得るため，複数の行政地区を渡り歩く「福祉まわり」をするホームレスの人たちも存在するという。住居不定という政策で想定されていない事態への対応は，それに該当する者を政策対象者とする必要のない状況を生み出すことでなされているのである。それは当事者にとっての問題の解決ではなく，政策実施主体にとっての問題の解消にすぎない。

　そのなかで，ホームレスの人たちは集団生活になじめず，対応する福祉制度があるのに利用しようとしない人たちなのだという評価を受けることも多い。労働による自立という価値が浸透していることで，制度に頼らなくても「働けば何とかなる」「いつでも仕事はある」と本人たちも考え，保険料を払わないという形で社会保障制度からの離脱現象が促進されてしまうのである。長期に不安定な生活をしてきた人びとほど，一般的な社会保障制度による予防効果が限定されたものにとどまり，過去の受益経験が薄いほど，制度からの離脱が積極的に選択されていくという過程も存在しうる（岩田 2000）。ホームレスの人びとは，その人生経路を通じてどこかの一線から，福祉国家の制度体制をはずれてホームレスの世界に向かってしだいに水路づけられ，増幅されていく傾向をもってしまったといえるのだろう。一般市民のカテゴリーからも，福祉制度利用の権利からもこぼれ落ちるホームレスの人たちの問題は，福祉国家がある種の成功を収めたものの，そこでの人びとの生活のあり方と保障の方法に一種の隠れた想定があり，それゆえに，その網の目からこぼれ落ちる裏側においては，ある種の失敗を引き起こしていると位置づけられるものでもある。

福祉社会への方向性とその位置づけ

福祉国家への批判がさまざまになされるなか，私たちはどこへ向かおうとしているのだろうか。その回答の1つが，福祉社会（welfare society）の方向性である。その方向性をマクロ・レベルの社会変動論とメゾ・レベルの資源配分論として確認してみよう。

第1に，福祉社会の方向性を，20世紀に達成された産業化，福祉国家化といったマクロな社会変動と関連づければどのように整理できるだろうか。一般に経済成長を達成して，人びとの生活水準の向上をはかろうとする論理は，資源の配分比率を変えずに資源の全体量を拡大させることで，結果として個々に配分される資源量を増やす「パイの拡大」の論理である。それに対して，生活保障や不平等の是正を意図する福祉国家の論理は，一定の資源量のなかでその配分比率を変えようとする「パイの配分」の論理といえる。現実的には高度経済成長期に両者の論理は併用されており，経済成長で拡大したパイの増加分を福祉政策などにより多く振り向けることで，福祉領域の拡大は達成されてきた。しかし，低成長期に入り，「パイの拡大」による問題の解決は望めなくなり，「パイの配分」がゼロサム・ゲーム的に争われるようになってきた。そのような「パイの配分」の議論が活発化するのと相前後して，配分過程において当事者の意に沿わない，あるいは利用しにくいといった点が焦点化され，第3の問題「パイの配り方」が検討の俎上にのぼってきている。そこでは，医療・福祉の具体的な提供過程に関わる思想・制度・行為の変革が期待されている。

「パイの拡大」は産業化によって達成され，大量の貧困問題の解決に寄与した。続く，高齢化の進行や医療費の上昇などに対する社会保障制度の整備が「パイの配分」の見直したる福祉国家体制の形成であった。しかし，福祉国家体制も国家財源の限界，生活管理的態度への異議申し立ての増加などにより，批判にさらされてきている。そこで，「パイの配り方」として福祉社会への方向性が指摘されるようになってきたのである。福祉の価値の実現をめぐって，時間的経緯をもって成立してきた，「パイの拡大」「パイの配分」「パイの配り方」という3つの視点が，現在交錯しつつある状況といえるであろう。

他方で，福祉国家の限界も，社会福祉・社会保障の充実ではなくて，人びとの勤労によって解決することがもっとも望ましく，そのために誘因と制裁を含めて労働へ人びとを動員することが大事であるとするワークフェア（workfare），「労働のための福祉」（welfare to work）の考え方も強くなってきている。ワークフェ

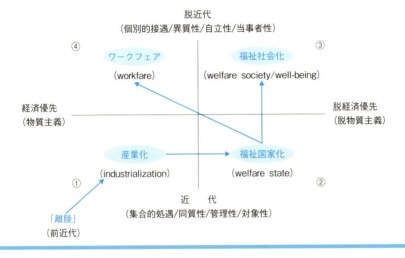

FIGURE 9-1 産業化と福祉化の変動の構図

アの動きにも、いくつかの分岐があるが、福祉の目的が就労の拡大におかれ、同時に福祉受給の条件として就労を求めるのが一般的である。21世紀に突入し、福祉国家の抱える限界をどう超えていくのかをめぐり、福祉社会への方向性とワークフェアへの方向性がせめぎあっているといえる。それらの諸議論の論点の相違を図示すると、図9-1のように整理することができる。産業化・福祉国家・福祉社会・ワークフェアといった、これまでの近代の方向性をめぐる社会変動の諸議論の累積と交錯のなかに現代社会があるのである。

第2に、福祉国家の変容や福祉社会への方向性は、制度や集団といったメゾ・レベルでの資源配分に関わる視点設定の変化を要請してきている。歴史的・空間的相違を超えて、モノやサービスや貨幣の資源配分の様式を整理した経済人類学者K.ポランニーを参考にしながら、その様式を4つにまとめ直すことができる（藤村 1999；町村 2000）。それは、自助・互酬・再分配・市場交換の4つである（図9-2）。

第1に、自助（self help）とは、個人や家族など特定の主体が自立的・自足的に資源を獲得・利用することである。食事をつくって自分で食べる、育児や介護を家族のなかで行うなどが該当する。主体間の資源の移動をともなわないことで、他の3つの様式とは異なる。自給自足ともいえるのだが、現代社会において完全

FIGURE 9-2 資源配分のパターン

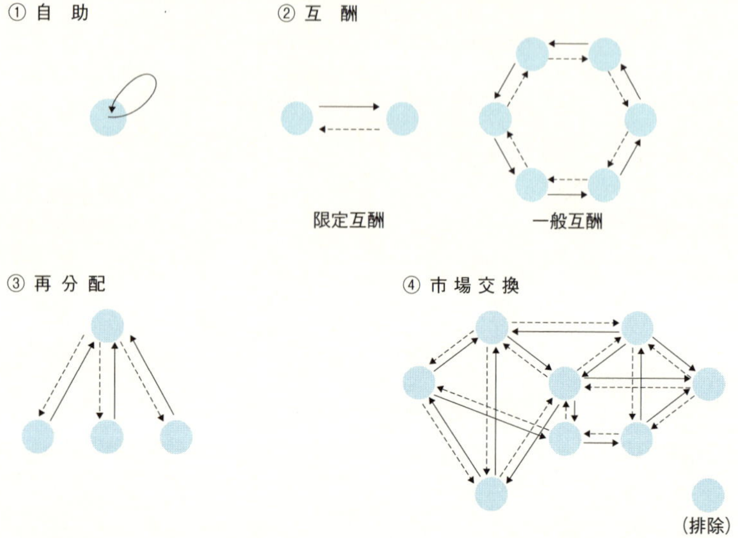

① 自 助

② 互 酬

限定互酬　　　一般互酬

③ 再 分 配

④ 市 場 交 換

（排除）

（出所）藤村（1999: 19）；町村（2000: 156）。

なそれはありえず，むしろ，発想上の原点と考えればよいであろう。

第2に，互酬（reciprocity）とは，特定の主体間における規範化・制度化された資源の相互移転である。血縁（親族）や地縁（近隣）での援助的人間関係を一例に，市場交換のような等価性より，相互の長期にわたる対称的な扶助バランスが重視される。互酬的配分様式には，確定された相手との二者関係的な資源の相互移転（限定互酬）や，受け取った資源を異なる他の相手に移転しつつ，結果的に主体間に円環性が構成される相互移転（一般互酬）がある。産業化・都市化の進展は，親族や地域の共同体を衰退させてきたが，人びとはそれに変わる連帯的な人間関係として，友人関係やボランタリー団体・NPO（非営利組織）などでの互酬的な資源供給の試みを始めている。

第3に，再分配（redistribution）は特定の中心的主体への移転・集積された資源の再移転である。再分配には権力性を帯びた中心の存在が不可欠であり，現代社会における，その担い手は政府といえるだろう。政府は租税や公債・負担金などの形で貨幣を集積し，各種政策の決定・実施を通じて資源配分を行っていく。

ある主体が再分配によって資源を獲得するためには，政治過程に対して何らかの影響力を行使するとともに，正当な受益者として社会的に承認される必要がある。

第4に，市場交換（market exchange）は，任意の主体間における等価性を前提とした資源の相互移転である。現代資本主義社会において，もっとも支配的な配分様式であり，需要−供給の関係を満たし，貨幣を媒介に交換が可能ならば，その対象者を限定することなく，領域的・空間的に多様な資源配分を可能にしている。しかし，この様式においては対価支払い不能者の排除，非効率な資源の供給の停止・廃止など，利潤獲得につながらない行動は抑制される傾向があり，人びとの生活保障につながらない場合もある。

以上のような4つの資源配分様式を設定すれば，産業化・福祉国家・福祉社会の動きはどのように整理できるだろうか。家族の自助や，親族・地域の互酬に頼ってきた生活保障は，産業化の進展によって人びとが地域移動をして適切な職業に就くことを通じて，達成されることになった。自助や互酬から市場交換への動きである。しかし，それによって解決できない問題，いわば「市場の失敗」を生み出してきた産業社会は，人びとの生活保障のために福祉国家という再分配システムを構築してきた。しかし，そのような再分配様式が抱える限界や問題点が，今度は「政府の失敗」としてあきらかになるにつれ，再び，自助・互酬・市場交換を活用することへの期待が強まってきている。人びとの生活保障を国家だけでなく，社会全体の多様なメカニズムを通じて達成していこうとするのが，福祉社会であり，そのために，これらの資源配分様式を多元的に利用しようとするのが，福祉多元主義（welfare pluralism）の発想である。

福祉多元主義では，福祉国家の実効性を異なるレベルの政府への権限・財源の委譲によってはかる地方政府重視の「分権化」，NPOやボランティアなど互酬的要素をもつ市民参加型の民間団体に委ねる「民間化」，市場を活用した福祉産業による効率的な生活保障をめざす「民営化」などが試みられている。しかし，自助や互酬で生活を保障しきれなかったからこそ福祉国家が求められたのに，再び互酬に期待しても市場の失敗・政府の失敗に続く「連帯の失敗」をもたらすだけだという議論，生活保障に市場交換要素が導入されたとしても完全な民営化はありえず，準市場（quasi market）にとどまることの功罪への指摘，そして，福祉多元主義に向かうこと自身が，生活保障からの国家の撤退であるという批判などがせめぎあっている。

福祉多元主義の結果は今後の経験に開かれているが，4つの資源配分様式をそ

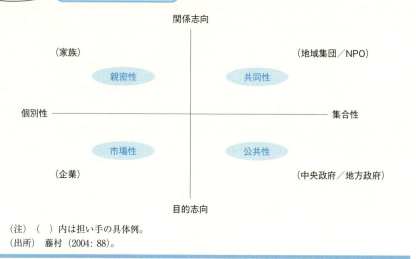

FIGURE 9-3 関係性の基本配置

(注)（ ）内は担い手の具体例。
(出所) 藤村 (2004: 88)。

こで求められる関係性の担い手と機能に社会学的に着目して読み替えるならば，自助−家族−親密性，互酬−共同体・NPO−共同性，再分配−政府−公共性，市場交換−企業−市場性と位置づけ直すことができる。そこで析出された関係性の 4 つの機能，親密性・共同性・公共性・市場性を，［個別性−集合性］［目的志向−関係志向］の 2 軸・4 象限に整理すれば図 9-3 のようになる。社会学の諸議論においては，集合性の側に属する共同性や公共性を通じた諸問題解決への期待があるものの，現実社会のシビアな動向は個別性の側に属する親密性への内閉や市場性を万能視する議論に傾斜する傾向となっている。第 1 章でふれた親密性と公共性に関する社会学的視線は，共同性と市場性という現実の異なる働きも携えながら，福祉国家・福祉社会の分析にも有効なのである。加えて，現実的な厳しさをともないながらも共同性・公共性に基づき，問題を議論して集合的に解決していく志向は道徳の問題ともいえ，他方，親密性・市場性に基づき，問題を個別的にさっさと処理していく志向は欲望の問題ともいえる。したがって，図 9-3 は道徳と欲望の拮抗図式ともとらえられ，前者の衰退，後者の高まりが指摘できる。

専門職の管理と献身

パターナリズムと感情労働

専門職による生活管理　20世紀に医療・福祉の進展が生み出してきたマクロな帰結が福祉国家の成立と変容だったとするなら，ミクロな帰結は専門職の台頭とその相対化である。そのような専門職の代表例として，福祉ではソーシャルワーカーやホームヘルパーが，医療では医師や看護師があげられる。

福祉の領域において，福祉事務所などの現業機関で働き，クライアントへの相談や援助という形で相互行為を行う官僚たちは，ストリートレベル官僚（street-level bureaucrat）とも呼ばれる。官僚制といえば予算や法律をデスクワーク的に処理する人びとをイメージするわけだが，それは事の半面であり，官僚制の最前線としていわば街角や役所の窓口でクライアントと対面し，法規を順守しながら相談・援助を行う人びとが存在しており，彼らは政策決定などを行うテクノクラート官僚との対比でストリートレベル官僚と呼ばれる。この観点を提起したM.リプスキーによれば，ストリートレベル官僚の代表例は，警官と教員とソーシャルワーカーである（Lipsky 1980=1986）。

ストリートレベル官僚は官僚制の最末端の存在ともいえるのだが，彼らがクライアントにどのように接し，どのような立場をとりうるのか，その結果，クライアントに福祉制度の利用を可能とさせるのか，させないのかなど，彼らの態度や行動は微妙な裁量に満ちている。その意味で，彼らは最末端でありながら，クライアントに対する実質的な生殺与奪の権利をもっているともいえるのである。福祉の制度を利用できなかったり，申請できなかったりすることで，ときにクライアントが死に追い込まれる例が報道されたりするが，福祉政策がストリートレベル官僚の裁量をとおして抑圧機構に転化しうる危うさをもっていることを示している。福祉に生命や生活を支える力が一定程度あるからこそ，逆に生命や生活を苦境に陥れる可能性も有しているのである。その最前線にストリートレベル官僚たちはいる。

医療における専門職も，医師や看護師をはじめとして，専門的知識や技術を駆使し，クライアントが抱えた病気や障害を解決するものとして理解されている。しかし，そこでの問題解決の過程において，クライアントの意向が十分に汲み取

られることなく，専門職の論理や見方，技術的理由・労働環境などが重視されるとき，そこにはある種の支配が存在することになり，E. フリードソンはそれを専門家支配（professional dominance）と位置づけた（Freidson 1970=1992）。そのような専門家支配とも関連する，医師-患者関係などにおいて起こりがちな行動様式がパターナリズム（paternalism）である。

　パターナリズムとは，一般には強い立場にある者が弱い立場にある者の利益を慮って，ときには弱い立場の者の意志に反してでも，その行動や判断に介入・干渉することである。語義的には，父親が子どもたちを養育するとともに監督するように，目上の者が目下の者に配慮して恩恵を施すとともに管理統制することである。医療の領域でいえば，患者の生命や健康にとって有益であると医師が想定する治療や手術を，患者の意向とは直接にかかわりなく保護主義的に決定・実施することをさす。パターナリズムにおいては，当事者によりよい結果をもたらす選択肢を理解しているのは，当事者自身ではなく専門職のほうであるという立場がとられている。それは，日本の場合，患者や家族の側の，医師への信頼としての「おまかせします」的な態度と連動し合っている。

　社会福祉の制度や施設の利用においても，それは，保障と引き換えに，ある側面において自らの生活を管理に委ねることともいえる。もちろん，専門職の人びとは一定程度善意に基づいて判断・行動しているのだが，意図は善意であっても結果は支配になってしまうこともありうるのである。たとえば，お酒を嗜む高齢者が老人ホームに入居して，生活指導員から全面的に飲酒を止められることがある。生活指導員からみれば，高齢者の体調の維持と長寿を意図しての判断であろうが，高齢者からみれば，好きな酒を飲まずに長く生きるのと，残された人生を酒を飲みつつ短くても楽しく生きることは十分に比較考量すべき事態なのである。健康を害する可能性と個人の嗜好のどちらを重視すべきかは，各々の立場によって，一概に正解を決められない問題なのであり，原因-結果の過程を共通理解しつつ，どちらの選択肢を誰が選択するのかが重要となってきつつある。パターナリズムは人生の岐路や生死に関わる場面においても，日常生活の微細な行動においても起こりうるのである。

献身の困難とバーンアウト

福祉や医療の世界において，生活の過剰管理や専門家支配にいたらぬよう，患者や利用者の個々人の〈生〉を見据えた働きかけをしていこうとする流れが強くなっている。その背景には，医療や福祉の治療や介護において，治療的な〈キュア〉（cure）から，

> **COLUMN** 9-5 感情労働をめぐる相互行為

　ウェーバーがその行為類型論において，目的合理的行為，価値合理的行為と異なって，感情的行為を非合理的現象と位置づけたように，近代の合理化過程に関心を払ってきた社会学は，長らく感情を重要な研究対象として位置づけてこなかった。しかし，民衆の心性（マンタリテ）に焦点をあてた社会史研究が，むしろ近代こそ感情を強調する社会であると主張し，その延長上に母性愛や近代家族が問い直されるようになってきて感情への社会学的関心が高まってきた。

　感情社会学では，感情を沸き起こる自然なものととらえるのではなく，社会的・文化的に構築される社会制度そのものであると位置づける。感情とは相互行為的にあるいは文化のひな型に応じて生成される社会的実践なのである。感情社会学の知見が私たちに教えてくれるのは，感情が合理的に管理されるという近代の逆説である。感情社会学の代表的研究者 A. R. ホックシールドは『管理される心』のなかで，フライト・アテンダントを題材に，研修や管理体制を通じて労働者の感情活動の支配が行われ，対面的な相互行為において，クライアントの感情変化を引き起こす（心地よく感じる，不安を取り除くなど）仕事を「感情労働」と位置づけている（Hochschild 1983=2000）。医療・福祉の治療や介護の現場においても専門職の感情労働が行われているわけだが，この領域の特徴は生命や生活を専門職に預けている当事者の立場は一般的に弱く，「人さまに申し訳ないことをお願いしている」などという形で彼らも感情管理を行っていることである（天田 2004）。航空機のなかと異なり，病院や福祉施設では比較的長期にわたるケアがなされざるをえない以上，専門職にとっても当事者にとっても感情の抑制と発露が日々の実践のなかでせめぎあっているのである。

支え配慮する〈ケア〉（care）へという関心の移動にともなって，クライアントの位置づけを「医療モデル」から「生活モデル」へと変更する動きがある。人びとの生命・生活，ひいては生を，医療や福祉が扱う〈部分〉としてではなく，〈全体〉として視野にとらえようとする志向がそこにはある。しかし，そのことは，別種の問題を生み出すことにつながる可能性を有している。それは，労働の質の変容である。

　工場労働者は「肉体」を酷使されるが，現代の接客，医療・福祉，教育などの対人サービス労働に従事する労働者は「心」を酷使され，何ほどか客に「心」を売らなければならない。しかも，それは顔や態度に現れる表現をコントロールするという印象操作にとどまらず，「心」から相手を慮る気持ちをもたなければな

らないということである。職務内容を遂行するために適切な感情状態や感情表現を作り出す必要があり，自らに感情管理をほどこさなければならない労働は感情労働と位置づけられるようになってきた（石川 2000）。感情労働とは相手に共感し，相手を受容し，相手の願望を実現していこうとする過程でなされる労働でもある。一般の労働者は，自己の労働を自己の感情と切り離して，「商品」として扱うことができるのに対して，福祉や医療のケアを通じて感情労働に従事する者は，労働がクライアントとの長期的な信頼関係に基づいているとともに，生命や生活を委ねられているだけに，その感情労働を完全に商品化することは難しい。嫌な患者に冷たい態度をとったり，感情をあらわにすることは看護師としてだけでなく，人間としても未熟だと見なされる（武井 2001）。

いうまでもなく，福祉や医療の専門職は，クライアントとの対人的相互行為にその職務の基本がある。しかし，そのことは対人関係が仕事の達成感の源泉になりうると同時に，軋轢や桎梏の源泉にもなりうることを示している。福祉や医療の従事者などには，クライアントの生活や生命に深く関与しすぎ，過度で持続的なストレスに対処できず，はりつめていた緊張がはじけ，意欲が急激に失われてしまうことがある。その現象をバーンアウト（burnout）や「燃え尽き症候群」と呼ばれている。他者をケアすることは，心身の疲弊や共感疲労を起こしがちである。共感が強ければ強いほどその疲労が強まり，バーンアウトへもつながりやすい。

感情労働は職業場面において要請される課題であるが，そこにある種のねじれがある。それは，感情労働が，感情が私的な営みであると評価される社会において，職業的な公の場におけるクライアントとの相互行為を，私的な交わりであるかのように接し表現するという労働でもあるからである。一心不乱にクライアントとの職務に専心すれば，偽りの自分や偽りであることに気づくこともなく，感情麻痺的な適応にいたってしまうこともある。他方，職務との間に距離感を感じてしまえば，感情労働をすればするほど自分の不正直さが，感情労働をしなければしないで自分自身の職務不適応さが感じられてくる（春日 2003）。専門職にとってケアが抱える問題性は，本来専門職が対応できない問題もクライアントのニーズとして自らの職務の範囲にしてしまったり，他方，専門職が対応できない問題には 1 人の人間として接しようとする対応を呼び込んでしまうことである。両者の試みは，ともに専門職がもっているはずの職務限定性を開け放ってしまう（三井 2004）。疾患という特定可能なものが対象である医療の領域においてそうな

のだから，生活という漠然たるものが対象となる福祉の領域においては，ケア労働者に期待される行動様式はさらに加重なものとなっていく。ケアの必要性が声高に語られる社会は，それがケア労働者にもたらす充実感と感情疲労の諸刃の剣にも自覚的でなければならない。

専門性革新の方法──ナラティブ・アプローチとセルフヘルプ・グループ

専門職に従事する者たちは，自らがその職務への献身によってバーンアウトする危険にさらされつつ，他方，彼らの営みはパターナリズムと批判される状況にある。そのようななか，専門性をめぐる議論が活発化している。その方向性を大きく分ければ，①専門家たちによる専門性の再検討の方向性と，②非専門家たちによる専門性乗り越えの試みである。

まず，専門家たちによる専門性の再検討の1つとして，ナラティブ・アプローチの方向性があげられる（野口 2002）。それは，専門主義がもちがちな，問題原因の内在化・専門知の特権化・客観主義の浸透といった3点への異議申し立てとして始まった。問題原因の内在化とは患者やクライアントが経験する問題の原因を個人の内部に求めることであり，その結果，個人の欠陥や予防の不十分さ，努力の足りなさが問題を深刻化させるとされる。専門知の特権化とは，専門家は素人が知らない「正解」を根拠づける専門知の体系性を知っているわけであり，それゆえに患者やクライアント以上に的確に問題を分析・診断できるというふうに専門知が位置づけられることである。客観主義の浸透とは，専門家は患者やクライアントとは異なる中立的立場で観察することができ，それによって正確な分析をすることができると考えられる状況にあることである。

しかし，これらの専門性の特徴は，問題の解決につながる場合もあるが，問題の混乱や複雑化，さらには悪化などにつながりうることが指摘されるようになってきた。問題原因の内在化に対しては，それにたんに外部的原因を対抗的にあげるのではなく，問題そのものを対象化・外在化してとらえ直してみようとする試みがなされている。専門知の特権化に対しては，患者やクライアント自身が自分の生きる世界を知っており，語る言葉をもっているわけなので，専門家はむしろ無知の姿勢を貫き，患者やクライアント自身の言葉と説明に耳を傾けることがすすめられる。そのことによって，「正解」とされた専門家による説明は専門用語による翻訳にすぎないことに気づかされる。客観主義の浸透に対しては，専門家と患者／クライアントの関係にある，見る・見られるの一方向的関係が自由な認識の可能性をせばめているととらえ，役割を逆転した「リフレクティング・チー

ム」などが提案される。リフレクティングとは，専門家がマジック・ミラーでクライアントを観察する立場を逆転し，専門家同士の会話をクライアントに観察してもらうなどの状況を作り出していくことである。

　他方で，非専門家たちによる専門性乗り越えの試みの1つとして隆盛になってきているのが，セルフヘルプ・グループの活動である。何らかの問題を抱える人たちや家族が自主的に集まり，自らの問題を語り・伝え，解決や回復の方法や事例を交換し合う場がそれである。そこには専門家の指導や助言はないのだが，同じ立場にあるもの同士の経験や知識こそが血の通った日常知として，問題世界のリアリティに接近する重要な媒介となっていく。一般に，似たような仲間同士の相談としていわれる「ピア・カウンセリング」も，類似の機能を果たしている。「当事者こそが，当事者にとってもっとも専門家なのだ」(中西・上野 2003: 200)。専門家とは，本人に当事者性を自覚させる再帰的な鏡のような存在であるとも考えられるのである。

　似たような立場や境遇の人びとが集まるその場には，従来の専門家-患者・クライアントという一方向的な援助-被援助の固定された役割関係の流動化が起こる。患者・クライアントは援助される役割だけでなく，援助する役割の側に回ることもあるのである。そのような役割関係の変更が，「援助者療法」(helper-therapy) という効果をもたらす。人に教えるためには，教えるべき内容を自分が的確に理解している必要があり，そのことが問題の深い理解につながる。すなわち，援助をすることを通じて，援助の方法や自己理解が援助者自身にとって，より深まるのである。援助をする人自身が，もっとも有益な効果を得るとさえいえるかもしれない。

　専門家たち自身が変わりつつも，非専門家たちも援助の担い手として変わってくる。専門家たちは，セルフヘルプ・グループの登場によって，専門性の再定義をいっそう迫られることになった。その結果，セルフヘルプ・グループへの患者の参加を治療プログラムの一環に取り入れる例もでてき，非専門的援助の有効性を無視するのではなく，有効に活用する方向への変化が起こりつつある。専門性は，非専門性を内部に取り込む形で再編成されようとしているのである。

TEXTinTEXT 9-1 ● ミル『自由論』の視点

「自由の名に値する唯一の自由は，われわれが他人の幸福を奪い取ろうとせず，また幸福を得ようとする他人の努力を阻害しようとしないかぎり，われわれは自分自身の幸福を自分自身の方法において追求する自由である。各人は，肉体の健康であると，精神や霊魂の健康であるとを問わず，各人自身の健康の正当な守護者である。人類は，自分にとって幸福に思われるような生活をたがいに許す方が，他の人々が幸福と感ずるような生活を各人に強いるときよりも，得るところが一層多いのである。」J. S. ミル『自由論』（Mill 1859=1971: 30）

「人間は誤りのないものではないということ，人間の真理は大部分は半真理であるに過ぎないということ，相反対する意見を十二分に最も自由に比較した結果として出て来たものでない限り，意見の一致は望ましいものではなく，また，人間が現在よりもはるかに，真理のすべての側面を認識しうるようになるまでは，意見の相違は害悪ではなくてむしろ為めになることであるということ，——およそこれらの諸命題は，人間の意見に対して適用しうるのと同様に人間の行為の様式に対しても適用しうる原則である。」J. S. ミル『自由論』（Mill 1859=1971: 114-15）

● 視点と課題 ●

　　ミルの自由論は，リバタリアニズム（自由至上主義）の原典として用いられることも多い。他者を阻害しないかぎりのあらゆる自由が許されるという考えを聞くと，賛否が分かれよう。他方，その根本には人知の及びえないことへの慎重な態度を求める姿勢があり，意見の相違が歓迎されている。通説的理解に加えて，現代社会に応用可能な他のさまざまな芽を発見していくことが，古典的名著を読むことの醍醐味でもある。

自己決定という隘路

自己決定への関心の高まり　セルフヘルプ・グループの登場とその有益性への高い評価は，当事者性やクライアント自身の判断の有効性を社会的に認知させることになった。その結果，医療・福祉の領域なども例の1つとなって，自己決定への社会的関心を高める方向に作用している。福祉領域においては，自立が尊重される傾向にあり，その自立観の多様化が自己決定への道筋を切り開いてきた。代表的には，障害者の自立生活運動があり，障害

年金や生活保護を利用しながらも，親元を離れ，共同作業所で働き，1人あるいは仲間と生活しようとする試みがある。医療の領域でも，専門職-クライアント／家族関係において，情報提供や選択肢の提示が求められつつある。具体的には，説明を受けたうえで同意するというインフォームド・コンセント（informed consent）の重要性の指摘や，ターミナル・ケアや生命倫理の問題など当事者判断が要求される事象が浮上してきている。

　自己決定という言葉を通じてのこのような考え方の普及は近年のものといえようが，その背景には，「自由」な判断と行動の妥当性をめぐる長い議論の歴史がある。その有力な論客の1人がJ. S. ミルである。

　何者にも拘束されない自由な判断と行為を，思想として原則的に考えるならば，ひとまず，あらゆる自己決定は尊重されるべきであると考えられるが，その根拠としては以下のようなものが指摘されてきた（山田 1987: 335-38, 344）。

　①人間の尊厳や個々の独立性の尊重。十分な判断能力のある者であるならば，自らの運命の形成者，個人史の運営者となるべきであり，それが発揮されることによって個性豊かな人格の発展が期待される。②選択肢が広がることでの，よりよい決定の可能性の確保。各人によって賢明な選択がなされるかどうかには不確定な要素もあるが，自己の利益については当事者こそが最善の判断者であると考えられる。③管理化が進む社会でのアイデンティティ感の醸成。行政上の要請や物事の効率上などから，個人の自由を制限する傾向が強まるなかで，各個人の生活や意識の領域では，各自の必要と欲求を表現・実現することが必要であり，そのような判断を通じて自己というものの存在を確認することができる。

　自己決定尊重のための根拠とされるこれらの考え方に対して，当然ながら反論があり，そして，それへの再反論がある。基本的な反論は次のようなものである。①自己決定を尊重しすぎると，結果においてだけでなく，その過程においても無秩序や混乱が引き起こされる。②過激な行動をする者を助長し，そうでない考え方を時流に遅れたものとする，無原則の考え方に陥る。これらの反論に対して，次のような再反論がある。選択の自由によって誤りや混乱に陥ることを恐れず，むしろ，誤りや失敗の経験を次に生かすという考え方に立つ必要があるのではないか。何が過激であるかを判断することは容易ではないから，その判断は個人に委ね，少なくともそれを不当に制限しないでおくことのほうが大事ではないか。これらの議論は継続の渦中にある。

　自己決定が尊重されるとしても，あらゆることがらが許されるわけではないと

COLUMN 9-6 「規範理論」(normative theory) の諸潮流

　社会科学や社会哲学の領域において，自由・平等・正義などの実現のための市民や国家の関係のあり方について考察する，「規範理論」と総称される現代思想の諸潮流がある。具体的には，「公正としての正義」を論じた J. ロールズを代表とするリベラリズムの思想を中心軸としながら，リバタリアニズム（自由至上主義）とコミュニタリアニズム（共同体主義）を対立する両極におく三角形の構図を示している。

　J. ロールズのリベラリズムの思想では，近代市民社会の基本原理である政治的・経済的活動の自由を遵守しながら，活動の結果として生ずる社会的不平等という歪みを是正する普遍的論理をどう組み立てられるかということが，「正義論」として論じられた。彼は「無知のベール」と呼ばれる，「自分がどのような立場に生まれかわるか，わからない状態」で，社会のルールを決めるという思考実験を提起した。

　リバタリアニズムでは，国家や共同体が財の再配分に関与することを回避または拒否し，個人の自由な活動領域を最大限確保することがめざされる。代表的論者の1人，R. ノージックは「最小限国家」を提唱し，国家は福祉や教育から撤退し，司法・治安維持にのみ活動を限定すべきだと唱えた。コミュニタリアニズムとは，前述の2思想に対して，個人を形成する共同体の諸文脈や歴史的な価値というものが先に存在しており，個人の自由の尊重も慣習的に形成されてきた共同体の諸規範の反映のもとで可能となると考える（仲正 2003）。R. ベラーや A. エチオーニといったアメリカの著名な社会学者たちは，コミュニタリアニズムを掲げて，規範理論への論戦参加を果たしている。そこには，社会学が社会環境の産物として人間の行為や意識をとらえるという方法論的志向も関わっていよう。

　1998年にノーベル経済学賞をアジア出身者ではじめて受賞した A. センは，このような議論に対して経済の自由主義を保持しつつ，複数政党制や言論出版の自由を保障する民主主義によって，それを制御していく社会を提唱する。彼の特徴は，自由を，人びとが現在生きている社会状況において，財を用いて実現可能なすこと（doing）・あること（being）をとらえる「潜在能力／ケイパビリティ」（capability）として再定義したことにある。自転車を所有することと乗り回せることとは異なり，権利としての「表現の自由」が認められていても，伝達メディアが確保されていなければ表現はできない。したがって，福祉も財の保有や主観的効用の観点からではなく，どんな生き方を選べるかによって規定すべきだと主張する。そのような観点から社会を構想するセンのファースト・ネーム，アマルティアは「世離れした」「空想好きな」という意味であるとされる。

いわれる。ミルがいうように，あくまで他者に危害を加えたり迷惑をかけない領域や程度において許容されるとされる。また，同時に，自己決定はあらゆる個人に認められるわけではなく，成熟した判断能力をもつ者に認められると考えられている。しかし，それらのことが自由に自己決定ができる主体・場・条件とは何かという次の問題を呼び起こしてくる。他人に迷惑をかけないという考えももっとものようであるが，そもそも迷惑はどう定義し，誰によって迷惑かそうでないかが決められるのか，また，迷惑をかける人は自己決定してはいけないのかなどの論点が浮上してくる。他方，ケアやQOLへの関心とも連動して，クライアントや家族による自己決定の重要性が指摘されてはきているが，今度は逆にクライアントや家族による自己判断や決定が実際にどこまで可能なのかの範囲も問われてもいる。それは，人間としての自立的な生存や対人的な意思表示の能力を確認する範囲の問い直しでもある。

自己決定がおかれる場の構造

自己決定について議論する場合，自己決定そのものの是非を思想的に取り上げるだけでなく，それがおかれる場の構造についての理解が必要である。そういう場に関わる主体や条件によっては，自己決定がもたらす機能がまったく逆の働きをする場合もある。ここでは，自己決定論を取り巻く諸問題を，自己責任論との関係，判断主体の内実，問題ごとの相違として着目してみよう。

まず，第1に，自己決定論の隆盛と並走するかのように存在するのが自己責任の議論である。決定がもたらす結果がどのようなものであれ，自分で決定したならば，決定者がその内容を甘受するべきであるという発想がそこにはある。したがって，自己決定が自己責任とともに強調されるならば，他者の責任関係を分断する潜在的機能を発揮しうる。しかし，それは，不確実性に満ちた諸状況・諸条件のなかで，そのことの責任をとりえない関係者が責任を当事者に転嫁するために自己決定が主張されるという可能性もありえる。そのような文脈の理解なしに，自己決定だけが高く評価されることには注意を要しよう。

これを，医療領域の当事者-専門職の関係の問題として考えれば，次のようになる。現在，人間の〈生〉の臨界点において，生命・生活を左右する自己決定が迫られるような段階に達している。そのことは，さまざまな治療や処遇によっても事態が好転するかどうか不確実性が増しており，福祉や医療の専門家においても責任を果たしうる限界があることが明瞭になってきている。自己決定は当事者中心の意思決定という積極的側面をもつと同時に，最終的な結果への責任を果た

しえない専門家の管轄の縮小という消極的側面もあわせもっている。すなわち，専門家がパターナリズムを発揮するならば，当事者の状況把握，必要な処置とその結果について間違いのない判断が責任をもって要求されるのに対して，自己決定論に従うならば，専門家は契約という限定された範囲内に職務を制限し，専門知識を提供したことで責任を果たしたことになる。すなわち，自己決定論の立場に立つほうが，専門職側からみて効率的に業務をこなすことを可能とする（仲正 2003）。「医療モデル」から「生活モデル」への認識転換にともなって発生する専門職の責任の増大は，自己決定を活用することによって中和化される。

　もちろん，責任は当事者か専門職かどちらか一方にあるというのは極端な議論なのであり，その極端なぶれを防ぐための手立てとして，より優位にある専門職のその責務にともなった説明責任（accountability）が求められつつあること，他方で，クライアントの側もさまざまな判断力・能力・意志を身につけるエンパワーメント（empowerment）が期待される。先にふれた，「インフォームド・コンセント」は専門職側の説明責任と当事者側のエンパワーメントを媒介する場の試みとして理解すれば，より積極的に位置づけられるであろう。

　続いて，第2に，自己決定がなされる場における主体の問題について考える必要がある。自己決定の主体をめぐっては自己決定できない人たちはどうするのかという問題が提起されており，まずはそれへの適切な制度的配慮が求められる。一般に，アドヴォカシー（advocacy）ともいわれる，当事者の意をくんだ代理的な発言・代行を制度的に保証することである。たとえば，判断能力の低い人たちへの権利保障として，「成年後見制度」が2000年に導入されている。これは，認知症や知的障害，精神障害などの理由で判断能力が不十分な人にかわって，財産管理や福祉サービスの契約，遺産分割協議などを，成年後見人が行う制度である。そのような代理的行動の可能性を充分にふまえつつ，成年後見制度が再び専門家支配にならない方策も模索するべきであり，1人の当事者に複数の専門家が関与し，複数の専門家権力によって1人の専門家権力を相殺することができれば望ましいであろう（中西・上野 2003）。

　同時に，そもそも自己決定できない人たちという認定はどう行われるのか，つねに検証の過程におかれなければならない。なぜならば，当事者としては意志を表現しているのに，周囲の人びとがその表現形態に慣れていないために，気づけないといった場合もあるからである。「支援者や介助者は，障害者が自己決定できない場合があると言いたてる前に，『どこまで自分に当事者のメッセージを受

けとる能力が育ってきたか』をつねに問うべきであろう」(中西・上野 2003: 41)。専門職に限られることなく，家族が代弁することがもつパターナリズム的性格という問題もあり，当事者と家族は本来異なる主体であることを強く自覚しておく必要がある。両者の判断は一致することもあれば，一致しないこともあり，一致させられてしまうこともある。

　それらに加えて，人間一般の判断能力の限界への謙虚な認識と反省が求められる。それは，素人たる当事者にとどまらず，専門職においてもそうなのである。むしろ，そこで求められるのは結果に対して人知が及びえないことへの冷静な達観であるかもしれない。福祉や医療の世界の進展は，人間の〈生〉を豊かにする一方，その定義の倫理的・社会的な再検討を迫ることを通じて，〈生〉が多層的な混沌に満ちたものであることを明らかにしてきた。もちろん，人知の限界だけが先に主張されてしまうならば，専門職の責任放棄ともなりうる。専門職が多くの情報を有することで生じる非対称的な力関係はあるわけであり，専門職には結果のいかんに左右されない，当事者-専門職関係を良好に運ぶ関係重視の態度や視点が求められる。それこそが，「医療モデル」から「生活モデル」への認識転換を支える，ケアという言葉の背後にある専門職による「他者への配慮」という側面であろう。

　第3に，自己決定がなされる場の条件を配慮する必要がある。自己決定が思想として着目されれば着目されるほど，その決定がなされるはずの各問題領域の現実的な力関係や状況が捨象されて，議論の土俵が形成されていってしまう。終末医療における死の自己決定，女性の妊娠・中絶の自己決定 (reproductive health & rights)，若年層の性の自己決定，高齢者・障害者の日常生活での自己決定など，多様な現実が自己決定という言葉のもとに一括されがちであるが，それらの議論の類似性と相違性を的確に位置づける必要がある。そこには，同じ自己決定でありながら，ベクトルの働き方が逆方向になってしまうものがある。たとえば，女性の妊娠中絶において自己決定を認めるべきだという思想が，自己決定という言葉の一貫性にのみ重きをおいて，同様に死の自己決定も認めるべきだという議論につながっていくとき，何か異なるものを同じ土俵に乗せる違和感が残る。死の自己決定においては，当事者が周囲を慮って死期を早めることを望むならば，むしろ自己決定させることが「死への義務」を生み出しかねない構図がある。

　自己決定の主張が強まってきた問題領域の多くは，これまで自己決定が実現されてこなかった領域といえる。だからこそ，社会的な承認を求める主張や運動が

> **COLUMN** ***9-7*** **エイジングの社会学**

　社会問題研究として始まった高齢者の社会学的研究は，2つの転換を経て，「エイジングの社会学」として展開してきている。その1つの転換は，高齢者の生活の全体性への着目である。たしかに高齢期にいたって，人は収入の減少や寝たきり・認知症などの身体問題を抱えることが多くなるのだが，つねにあらゆる高齢者がそれらの問題を抱えているわけではないし，問題を抱えていても人は喜怒哀楽をもって全体として生活していく。高齢者を社会問題の対象として受動的にのみとらえるのではなく，高齢期に能動的に関わる人びととしてもとらえようとする視点が，1つの転換を呼び起こした。

　もう1つの転換は，「老い」を全世代の普遍的な方向性ととらえることである。私たちすべての人間は毎年少しずつ年齢を重ねていき，後戻りすることはできない。人は生まれたときから死に向かってつねに老いている，すなわち「エイジング」（aging）しているわけであり，高齢期の問題はあるとしても，高齢者のみが老いるという過程に直面しているわけではない。人間という存在は根源的に老いていくものであるという意味で，「ラディカル・エイジング」という指摘がなされることもあり，もう1つの転換を支える視点となっている（小倉 2006）。エイジング研究は，高齢者や老人（the aged）だけの研究なのではなく，老いを現在進行形〜ingで経験している私たち自身へも視点を広げつつある。

　エイジングの社会学は，中高年の生活や意識の全体像，それらと社会構造の相互関係を考察しつつ，人間存在と時間の問題を考察する領域となりつつあるのである。

なされてきた。なぜ，実現してこなかったかといえば，自己決定を認めることが周囲の人びとに不都合であり，新たな負担を生み出すことだったからととらえることができる。身体が動かない病者や障害者の自己決定は他の人による身体を使った支援を必要とし，社会的に働けず収入を得られない人の自己決定は他の人の収入を何らかの方法を通じて配分し直すことになる。他方，安楽死など死の自己決定は，残された人たちに悔恨の念を残すとしても，死ぬこと自身は負担を減らすことになる（立岩 2000）。当事者を支える周囲の人にとって，自己決定は負担を増やすこともあれば，負担を減らすこともあるのである。そうなると，自己決定のもっとも重要な点は，自己決定を促すことにポイントがあるよりも，他者が自己決定したことを周囲の人びとが尊重し実現しようとする態度・関係・組織の

再編のほうにあると考えるべきであろう（江原2002）。

　山根純佳は「自己決定の原理は，パターナリズムの排除だけでなく，個人の道徳的能力に対する信頼を前提にしている」（山根 2006: 189）と指摘する。そして，法哲学者カウフマンの次のような引用をあげる。「（葛藤的状態に対しても，法秩序は）いっさいの法的評価を差し控えるべきであり，禁止も許容もすべきでなく，個人がその内部で自由で倫理的な，もっぱら自己の良心の前でのみ答責的でありうる決断へと呼び求められる，法的に自由な余地というものを許容すべきであり，その決断がどのように下されようとも，法はそれを尊重しなければならないのである」（Kaufmann 1972=1999: 91）。すなわち，中絶するかどうかの判断は合理的・客観的な根拠をもって違法・適法を判断できない，法的に自由な領域と位置づけることの意義をあげている。私たちは，自由や自己決定の是非そのものだけを抽象的に議論するのではなく，それがおかれる場や問題状況の関数として，その妥当性を理解していく必要がある。

> **自己決定する自己をめぐって**

翻って考えればそのような自己決定を行う自己とはどのような存在なのであろうか。「近代」という大きな社会変動のなかで想定される〈主体像〉は，他者の影響からまったく自由に，自己決定できる判断能力をもった個人として考えられてきた。しかし，自己はそのようなことを単独で行えるほど万能で経験豊かな強い意志をもった存在であろうか。自分にとって本当に適切な意思決定をするためには，むしろ，状況理解と意志決定に必要なさまざまな情報を入手し，それを噛み砕いて自分なりの選択肢とするための相談が可能なコミュニケーション相手，決定の結果のシミュレーションまたは失敗が許容される練習こそが必要といえるだろう。そのような緩やかな態度と対比すれば，昨今の自己決定至上主義の社会的隆盛は，他者との関係性についてあれこれ思い悩むことなく，さっさと自己決定することを強制されていると考えられる（仲正2003）。

　自己決定は時代を象徴する1つのキーワードになっている。しかし，問題領域ごとの相違も大きい。他者の介入を防ぐことに意義があり，そのために戦略的に自己決定を主張せざるをえない領域，責任の押しつけ合いのなかで，自己決定の主張が当事者の孤立しか生み出さない領域。現代社会は，人びとの生と死に関わる医療と福祉の進展を通じて，自己決定というパンドラの箱をあけてしまったといえよう。その重みに耐えられるのか，耐えかねるのかは，配慮と自由がともに許容される思考と，それを支える人間関係のあり方，そして何が自己決定に任さ

れるべきなのかという判断によるのである。

BOOK GUIDE　●文献案内

●原典にせまる

① G.エスピン-アンデルセン『福祉資本主義の三つの世界——比較福祉国家の理論と動態』岡沢憲芙・宮本太郎監訳，ミネルヴァ書房，2001（原著 1990）。
② E.フリードソン『医療と専門家支配』進藤雄三・宝月誠訳，恒星社厚生閣，1992（原著 1970）。
③ 安積純子ほか『生の技法——家と施設を出て暮らす障害者の社会学』藤原書店，1990（文庫版：生活書院，2017）。
④ A.ホックシールド『管理される心——感情が商品になるとき』石川准・室伏亜希訳，世界思想社 2000（原著 1983）。

①は 1990 年代の理論的論争モデルとなった「福祉（国家）レジーム論」を提起した著作である。②は医師ら専門職と患者らとの間に支配関係がつくられていく様相をあきらかにした医療社会学の名著。③は家族や施設で生活することを拒否した障害者の自立生活運動の記録。④はフライト・アテンダントの業界や仕事を描き，感情社会学の確立に貢献した著作。

●理解を深める

⑤ 広井良典『生命の政治学——福祉国家・エコロジー・生命倫理』岩波現代文庫，2015。
⑥ 天田城介『老い衰えゆくことの発見』角川学芸出版，2011。
⑦ 上野千鶴子『ケアの社会学——当事者主権の福祉社会へ』太田出版，2011。

⑤は福祉国家・環境政策・生命倫理の問題を統一的な社会観の下に論じる。⑥は認知症の高齢者の自己像が，家族・施設職員との相互行為のなかで変容するさまを描く。⑦は長年ジェンダー論で論陣をはってきた著者がケアの諸相を正面から総合的にとらえた著作。

●視野を広げる

⑧ 野口裕二『ナラティブと共同性』青土社，2018。
⑨ 武川正吾ほか編『シリーズ福祉社会学①～④』東京大学出版会，2013。
⑩ 浦河べてるの家編『べてるの家の「非」援助論——そのままでいいと思えるための 25 章』医学書院，2002。
⑪ マイケル・ムーア監督・映画『SiCKO（シッコ）』2007。

⑧は各学問領域で新しい研究方法・実践方法として着目されるナラティブ・アプローチを問題の語りあい，地域に開かれた語りへとつなぐ意義と可能性を交え論じた書物。⑨は福祉社会学という領域を，「公共性の社会学」「闘争性の社会学」「協働性の社会学」「親密性の社会学」という多面的な切り口でとらえたシリーズ。⑩は精神障害者の妄想や幻聴症状などに新たな視点と試みで地域ぐるみ取り組む施設の記録。⑪は突撃ドキュメンタリー監督のムーアが，国民皆保険制度のないアメリカの民間医療保険の実状を描き，他国と戯画的に比較した映画作品。国民皆保険の導入が社会主義への道に通じると

信じられているアメリカの文化事情と民間医療保険会社の利害の寄妙な一致。医療政策は，オバマ，トランプのアメリカ新旧大統領の交代にともなう政策転換の象徴でもあった。なお，ムーアはトランプ政権の内実を揶揄した『華氏119』を2018年に製作・発表している。

Chapter 9 ● 考えてみよう

❶ 毎日流れてくるメディアの情報のなかに，〈健康〉に関連するものはどれくらいあるか，確認してみよう。また，そこに独特の言い回し・説得技法がないかどうか，比較検討してみよう。

❷ 自分が住む県内の複数の市町村の予算資料を調べて，社会福祉費（民生費）や他の費目の予算比率がどのように違うか比較してみよう。また，そこに違いがある理由が，各種の福祉問題の規模や量によるのか，政治・行政的姿勢によるのかなどを考えてみよう。

❸ あなたのまわりにあるさまざまな人間関係をすべて振り返ってみて，図9-3にある，親密性・共同性・公共性・市場性の4つの関係がどのように存在しているか考えてみよう。また，それをあなたの家族などと比較することを通じて，各々の社会的立場の違いについて考えてみよう。

❹ あなたの周囲で起こるもめごとや意見の違いについて，それに関連する人びとの主張や意図をも考慮して，あなたの身近にパターナリズムと自己決定の論点がどのような形で存在しているか考えてみよう。

第10章 国家とグローバリゼーション

国家は何を残そうとするのか。左上：ニューヨーク2001年9月11日（「ロイター＝共同」），左下：国立9.11メモリアル，右：跡地隣に建ったワンワールドトレードセンター（2016年）

- KEYWORD
- FIGURE
- TABLE
- COLUMN
- TEXTinTEXT
- BOOK GUIDE
- SEMINAR

CHAPTER 10

INTRODUCTION

　　国家は1つの集団としてある。しかし国家は，他の集団といくつかの点で大きく異なる。第1に，国家は，徴税や教育，調査，福祉などを通じて私たちをどこまでも捕捉しようとする。第2に，国家は私たちに徹底した忠誠を要求する。ときに「生命」さえ差し出すことを要求し，武力によって人の命を奪うことを公然と認められた国家は，冷酷な集団である。そして，第3に，国家は，1つの集団でありながら，他の集団に対して優越的地位を主張する。グローバリゼーションの進展によって，国家を超えるネットワークが広まったにもかかわらず，国家の数は減るどころか，ますますその数は増えていく。社会学の歴史において，しばしば全体社会と国家は同一視されてきた。はたして，国家のない社会を想像することができるのだろうか。国家を超える社会を構想することは可能なのだろうか。

KEYWORD

グローバリゼーション　ネーション　国家　ナショナリズム　世界システム　評価国家　ポピュリズム　グローバルな正義を求める運動

SECTION 1　グローバリゼーションとナショナリズム

ぶつかり合う想像力

グローバル資本主義とテロリスト

21世紀最初の年であった2001年。この年が，本当の意味で「新しい時代の始まり」らしいことを世界の人びとが知ったのは，その秋のことだった。9月11日，ニューヨークのワールド・トレード・センター（WTC）とワシントンの国防総省ビルに，イスラーム原理主義グループに属するテロリストによって乗っ取られた旅客機が激突し，WTCのツインタワーは崩壊した。その後，アメリカ合衆国は，テロリストたちがその活動拠点をおくと見なしたアフガニスタン，そしてイラクを攻撃する戦争へと乗り出していく。そこには「有志連合」という形で日本を含む多国籍の軍隊・部隊が参加した。

その後，アフガニスタンやイラクの直接関与が疑問視されるなかで，「対テロ戦争」という表現をアメリカ自身が避けるようになり，評価は大きく割れていく。一連の出来事からあきらかになった事柄とは，グローバル資本主義とイスラーム原理主義との間の単純な対立図式などではなかった。たとえば，社会学者の大澤真幸は，次のような屈折を鋭く指摘した（大澤 2002a）。世界経済の中心にあるアメリカはたしかに，グローバル化する資本主義を支配し，そこから最大の恩恵を受ける社会であった。しかし，その中枢ともいうべきWTCの崩壊に直面したとき，アメリカ国内から吹き出したのは，寛容なグローバリズムの精神などではなく，愛国を強調する強烈なナショナリズムの感情であった。そして，たとえばそれが"God Bless America"といった曲や「十字軍」（G. W. ブッシュ大統領の言葉）といった表現によって高揚させられていけばいくほど，皮肉なことにアメリカの姿は，敵対しているはずの原理主義と似た装いをもってしまう。

他方テロリストたちもまた，矛盾に陥っていた。なぜなら，WTCをねらったテロリストの真の標的とは，爛熟したグローバル資本主義であるはずだった。だが，イスラーム原理主義のテロリストは，その目的遂行のため，結果的に，高度

に発達した資本主義をモデルとして模倣していってしまう。後に出現した「イスラム国 (IS)」もまた，インターネットを駆使して世界から支持者を獲得し，その存在を誇示していった。

　グローバリゼーションに抵抗する試み自体が，グローバリゼーションに依存し，ゆえにそれを再生産してしまう。この意味でグローバリゼーションにはもはや外部がない。しかし，グローバリゼーションの進展は同時に，自らを根づかせアイデンティティを与えてくれる共同体に対する願望をむしろ強めていく。そしてそれは，グローバリゼーションにとって潜在的な脅威であり続ける。なかでも国家がそうした共同体群のなかでもっとも強力な存在であるという状況には，変化があったようにみえない。

　国家とは何か。制度としての国家はじつに多くの限界をもつ。にもかかわらず，「国家的なもの」が呈示するリアリティは，今日もなお，他の多くの制度が呈示するリアリティを圧倒している。たとえば，「国」(country) のない世界を想像してみよう，と呼びかける J. レノンの「イマジン」は，戦争が起こるたびに今も平和に向けた強いメッセージの力を発し続けている。しかしそれはまた，国という想像力から自由になることのできない私たちの現実を浮き彫りにもしている。それはなぜか。このような状況はどのように生み出されたのか。そもそも，国家という制度はどのような仕掛けによって支えられているのか。

　一方で，国家とは，人びとが所属する共同体をさして使われる。しかし他方で，国家とは，政治的組織体をさしても使われる。以下では，これまでの用法に従い，「人びとの共同体」としての側面をさす場合をネーション (nation) と呼び，「政治的組織体」としての側面をさす場合をそのまま国家 (state) と呼ぶことにする。もともと由来の異なる 2 つの概念があいまいさを含んだまま融合したところに，近代以降の大きな特徴がある。はじめにネーションとしての側面から考えていこう（ネーションとエスニシティの関係については第 13 章を参照）。

ネーションの起源はどこに

　今日，地球上に暮らす人間やそこに広がる場所は，基本的にどこかの国へ帰属すると考えられている。だが，国という存在は，なぜこれほどまでに自明のものとなったのか。20 世紀中葉までこうした問いは自明なこととされ，あえて意識されることはそう多くはなかった。ところが 1970 年代頃から社会学や歴史学において，ネーションやナショナリズムそのものの起源が重要な論争点として浮上してくる。

　出発点は，国家を超歴史的なものとして自明視ないし絶対視する立場に対する

強い疑問にあった。したがって論議はまず次のような主張から出発する。すなわち、ネーションやナショナリズムとは、資本主義や工業化などと同様、基本的に近代以降の産物であって、それらを歴史一般や文化一般へと拡張していくことはできない、と。ネーションやナショナリズムに対する近代主義的見方と要約されるこの視点は、次のようないくつかの下位類型をもつ（Smith 1986=1999; 大澤編 2002c）。

第1に、今日、地球上を覆うと考えられる国家とは、実際には、西欧（=「中心」）に生まれた資本主義経済が、16世紀以降、東欧、アメリカ大陸、アフリカ・アジアへと順次拡張していく過程を通じて生み出されたものである。たとえば、I.ウォーラーステインは、その世界システム論（コラム10-2参照）のなかで、「中心」部諸国による経済的搾取へと対抗する「周辺」部諸地域のエリート層が、幅広い民衆を政治的組織体へと動員しようとするなかで、ネーション的なるものが形成されてきた過程を強調した。

第2に、人びとがネーションの一員としての意識をもち、自分自身の存在とネーション（=共同体）の運命とを一体のものとして考えるようになるためには、人びとがそもそもネーションのことを、「同質的な時間と同一の空間を共有しながらともに進む共同体」として「想像すること」が可能でなければならなかった。そして、そのことを可能にしたのは、新聞や小説といった印刷された言葉の大衆への普及であった。B.アンダーソンが述べたように、この「出版資本主義」の登場なしには、想像された共同体（imagined community）としてのネーションの誕生はなかった（Anderson [1983] 1991）。

第3に、ナショナリズムとは、産業化という社会変動の結果、それにもっとも適合的な政治的原理として選び取られてきたものである。E.ゲルナーによれば、停滞的な前産業社会とは異なり、たえざる成長が求められる産業社会においては、生産活動の持続を可能にするため、人びとはつねに流動的で代替可能であることが求められる。しかしそのためには、読み書き能力に基礎をおく高次の文化を成員誰もが共有している、という条件が欠かせない。こうした産業化の要請に応えるため教育制度が整備されていくが、それは非常に高コストの制度であるがゆえに、もはや伝統的共同体では維持できない。ここにおいて、それを可能にする制度として国家が一般化していく。ゲルナーの見方によれば、産業化に適合的な原理としてナショナリズム（政治的単位と民族的・文化的単位とが一致すべきだという原理）が選択され、その結果としてネーションが世界的に一般化していく（Gellner

1983=2000)。

　こうした近代主義的見方とは対照的なのが，原初主義あるいは歴史主義と呼ばれる見方である。ネーションやナショナリズムを構成する集合的な文化的紐帯や感情を，人間に生まれつき備わった自然的なものと見なすのが，原初主義的見解（E. シルズ）であり，もう少し控えめに，そうした文化的紐帯や感情を，少なくとも歴史を越えて継続するものと見なすのが，歴史主義的見解である。

> 近代の産物か，それとも永続するものか

　多くの論争を経た今日，近代主義的な見解を完全に否定してしまう論者は少ない。言い換えると，ナショナリズム現象への社会学的なアプローチは，多かれ少なかれ，近代主義の洗礼を受けている。そのうえで，歴史主義的な見解をどの程度盛り込むか。この点をめぐって立場の違いが生まれている。

　たとえば，「ネーションのエスニックな諸起源」を指摘する A. スミスは，歴史主義に近い立場に立つ研究者として知られる（Smith 1986=1999）。彼は，前近代社会においても，近代以降のナショナリズムと類似の運動や活動があったことを指摘する（たとえば，古代ギリシャ人が異文化の人びとを見つめるまなざし）。そのうえで，スミスは，より普遍的な性格をもつこの「エスニックな共同体」のことを，エトニ（ethnie）と呼ぶ。エトニは，次のような6つの特徴をもつものとして定義され，また他の集合体から区別される。すなわち，①集団の名前，②共通の血統神話，③歴史の共有（創立者の時代，そしてとりわけ黄金時代），④独自の文化（言語，宗教，慣習，民間伝承，建築，衣服，食物，音楽など）の共有，⑤ある特定の領域（聖地，故郷，発祥地，特定の風景など）との結びつき，⑥連帯感，である。そのうえで，スミスは，エトニから近代的なネーションへの移行を，豊富な事例をもとに説明する。結論だけを述べるならば，近代的なネーションであっても，それが成立し維持されていくためには，エトニに起源をもつエスニックな基礎が必要だったと，スミスは主張した。

　この見方を受け入れることはできるだろうか。まず，上記6つの特質をもつエスニック集団が存在している，という点については異論が出ないであろう。またそれらがネーションと深い関係をもつことも認めてよい。だが，ネーションの起源にエトニがある，という主張には，近代的ネーションの特性に基づいた批判がありうる。すなわち，エトニやエスニック集団が，いかにネーションと関係あるとしても，それらに内在する諸性質だけでは，想像力という作用をともなう近代的なネーションの成立を完全には説明しきれない。この点に関して大澤は次のよ

うな、逆転の提案を行っている。すなわち、エトニからネーションが生まれるのではなく、近代的なネーションがその成立の過程で、エトニをその本来の文脈から引き剝がし変質させて、新しい機能をそこに付与し、いわば原初性を偽装してしまう、と（大澤 2002b）。

だが、近代主義的見方にも弱点がある。もしネーションが近代の産物だとするならば、社会がポスト近代と呼ばれる時代に向かうにつれて、ネーションもまたその役目を終えることになるのであろうか。現存するナショナリズムの根強さをみるかぎり、そうした結論へ簡単に飛びつくことには無理がある。

それにしても、なぜ、「過去2世紀にわたり、数千、数百万の人々が、かくも限られた想像力の産物のために、殺し合い、あるいはむしろみずからすすんで死んでいった」のか。「なぜ近年の（たかだか二世紀にしかならない）萎びた想像力が、こんな途方もない犠牲を生み出すのか」（かっこは原著者、Anderson [1983] 1991= 1997: 26)。アンダーソンが提起したナショナリズムに関する問いは、今もなお、私たちが直面する課題の中心にある。日本を例に取り上げ、近年のナショナリズム研究の成果を紹介しながら、この秘密の背景を探っていこう。

2 「ネーション」日本の創出

「日本」とは何か　　もっとも単純な問いから始めよう。そもそも「日本」とは何か。たとえば、歴史学者の網野善彦はかつてこう述べた。「あらためて強調しておきたいのは、『日本人』という語は日本国の国制の下にある人間集団をさす言葉であり、この言葉の意味はそれ以上でも以下でもないということである。『日本』が地名ではなく、特定の時点で、特定の意味をこめて、特定の人々の定めた国家の名前——国号である以上、これは当然のことと私は考える。それゆえ、日本国の成立・出現以前には、日本も日本人も存在せず、その国制の外にある人々は日本人ではない」（網野 2000: 87）。この見方によれば、たとえば、「聖徳太子」とのちに呼ばれた厩戸王子は、「日本」という国制が生まれる前の時代を生きたがゆえに、「倭人」ではあっても日本人ではない。7世紀末の日本国成立当初、日本の国制が及んでいなかった東北中部や南九州で暮らす人びとは日本人ではない。江戸時代まで日本人ではなかったアイヌ・琉球人は、明治以降、日本政府によって日本人にされた。また植民地化さ

れた台湾や朝鮮の人びともまた、日本人になることを権力によって強制された。

「日本」を歴史的に相対化していく網野の視点は、たとえば、神話時代以降の歴史全体を「国民の歴史」で塗りつぶそうとする歴史観への鋭い批判を含む。こうした視点は社会学の分析的な視点とも相通じている。だが、日本という国制のもとにおかれるだけで、その人間が日本というネーションの一員になるわけではない。すでにみたように、ネーション概念には歴史的にみてもう少し深い意味が加わっている。このことを近代主義的な視点をベースにしながら検討していこう。とりわけ、ネーションの原初性はいかに創造／捏造されていったのか。以下、第1に、世界史的な背景、第2に、階層的な包摂と動員、第3に、想像力の動員の順にみていく。

「国民国家」成立の世界史的背景

日本におけるネーションの形成を考える場合に、忘れてならないことが1つある。それは、日本が西洋の模倣を始めた19世紀後半の時期が、「国民国家」という制度自体が世界的に確立する時代と重なっていたという事実である。表10-1を見てみよう。1850年代以降、軍事、通信、交易、博覧会などさまざまな領域で、国際的な条約や取り決めが次々に締結されていく。背景には、産業化を基礎とする世界市場の成立、これと密接に関連した帝国主義と植民地支配の拡大があった。国家を超える社会空間がしだいに姿を現していく。この出来事が、逆に、制度としての国家の成立を促す。国民国家、そして国民という想像力の誕生とは、まさに世界史的な出来事であった。

いわば当時最先端の制度をいきなり直輸入しようとしたのが、明治の日本国家であった。世界システムの「中心」部諸国（西欧列強）による植民地化と経済的搾取へ、いかに対抗するか。その過程で、「周辺」部のエリート層は自らの社会を西欧流のネーションへと改造しようと試みる。日本もその例外ではなかった。そして、資本主義世界システムの中心からもっとも遠い位置にあった日本の場合、植民地化の波に完全に覆い尽くされる前に、こうした道を選び取る時間的余裕に恵まれる。しかも、ネーションという新式の制度は、郵便や通信、初等教育、各種メディアといった新しい技術や制度によって支えられていた。それゆえ、日本のような後発国もこうした技術や制度を導入することによって、ネーションとしての体裁だけはいち早く整えることができた。

ただし、技術や制度だけでは十分ではない。ウォーラーステインも指摘したように、「周辺」部において1つの社会をネーションへと作り替えていくためには、

TABLE 10-1 制度化される国民国家——外からの力・内からの力

世界の動きと日本の動き		文化政策にみる「国民化」——日本の場合
国際条約の調印・締結, イベント（かっこ内は日本が加盟した年）	軍事・義務教育・調査	
	1790 アメリカ・第1回人口センサス	
	1793 フランス・国民皆兵の国民軍隊成立	
	1801 イギリス・フランス・第1回人口センサス	
1851 第1回万国博覧会（ロンドン, 日本初参加は1867）		
1864 国際赤十字条約(1886)		
1865 国際通信条約	1867 ドイツ・連邦兵役法	
	1868 日本・明治元年	1869 史料編輯国史校正局設置
	1870 イギリス・初等教育法	
1872 万国電信条約（1879）	1873 日本・徴兵令	1872 文部省教科書編成掛設置
1874 万国郵便連合条約(1877)		
		1877 第1回内国勧業博覧会
	1882 フランス・義務初等教育法	1883 帝国大学（現・東京大学）での日本語使用決定
1884 子午線確定万国委員会		
1886 著作権保護万国同盟(1899)	1886 日本・小学校令	
	1889 大日本帝国憲法発布	1889 帝国博物館開設, 帝大国史科設置
		1890 教育勅語発布
		1893 「君が代」を小学校の祝祭日儀式用唱歌として公布
1896 第1回近代オリンピック（日本初参加は1912）		
		1897 古社寺保存法により初の「国宝」指定
1899 国際紛争平和的処理条約		
1913 国際貿易統計作成に関する協約及び議定書		
1919 国際連盟規約	1920 日本・第1回国勢調査	1928 ラジオ体操の放送開始
1928 国際博覧会条約(1928)		

1867年に開催されたパリ万博には, 徳川幕府と薩摩藩という2つの「日本」が競うように出展していた。日本にはまだ国民国家は存在していなかった。この表にはさらに続きがある。たとえば, インターネットはどのような国際的制度に基づいて運営されているのだろうか。

（出所）歴史学研究会編（1995）巻末年表ほかより作成。

まず幅広い民衆を巻き込んでいく過程が必要となる。ここにおいて、ネーション形成の力は、そこに土着する社会・文化構造との関係で、多様な形をとるようになる。

> 「国民」を作り出す——包摂される多様な階層

ネーション形成に至る前の社会には、さまざまな属性——身分、階級、性別、人種・民族、宗教など——に基づく多様な亀裂が走っていた。したがって、人びとを「国民」に変えていくためには、社会的分化を越えて人びとを1つのネーションへと包摂していくことが求められた。加えて、西欧近代生まれのネーション概念は、市民革命がもたらした平等思想をその基礎においていた。スミスも指摘したように、エトニがネーションになるためには、その成員をひとまず「市民」へと変えなければならない（Smith 1986=1999: 196）。身分制の解体により、民衆はたしかに形式上、平等な存在とされた。だが現実には、周辺に追いやられた多数の人びとがそこにはあった。したがって、近代的な国民国家成立のためには、たんにネーションを立ち上げるだけでなく、それまで排除されていた社会階層をそこへ包摂し動員する、という二重の条件の達成が必要であった。

日本社会の場合はどうか。たとえば、近代日本において「国民」の成立に深く関わった人物の1人に、福沢諭吉がいる。福沢は、維新直後に著した『学問のすゝめ（四篇）』（1874年）のなかで、こう述べた。「日本にはただ政府ありて未だ国民あらずと言うも可なり」（福沢［1874］1978: 41）と。明治維新は中央集権的な政府を生み出したものの、そこで暮らす人間までが一度に「国民」になったわけではない。ナショナリズム研究の成果に従えば、下級武士層を中心に遂行された明治維新が作り出した新政府が、広範な民衆をネーションとして統合していくためには、次の2つの課題を達成する必要があった。

第1に、下級とはいえ旧来の支配層である武士が中心となって作り上げた体制がネーション形成へと進むためには、それまでの体制から排除されていた中間層や下層をあらためて「発見」し、それらを体制内部へと包摂していく必要があった。

第2に、いくら四民平等が形式的に実現されたとしても、実際には、一体感は簡単には醸成されない。階層的な幅をもつようになった体制がネーションとして実体化していくためには、ネーションの一員となっているという感覚が広い範囲で活性化される必要がある。そのためには、成員を動員し市民の新しい紐帯を創造することを可能にするような、政治的目的が人びとの間で共有されなければな

> **COLUMN** 10-1 国家は何を想起させ何を祝おうとするのか

今ではただの「休日」にすぎないようにみえる祝日（national holiday）も，もとをたどると各国の「共通の神話」や「共有された歴史」に由来をもち，それらを想起させる機会としての意味をもつ。日本の場合，祝日の多くはじつは明治以降確立された天皇制と深く密接な関係をもっている。他の国の祝日はどのような由来をもっているだろうか。調べてみよう。

> **TABLE** 10-2 祝日の一覧とその由来

日本		韓国	アメリカ合衆国（カリフォルニア州）
国民の祝日	由来（＊は戦前の祝日・祭日名称）		
元日（1月1日）	四方節＊（元日早朝の皇室行事である四方拝に由来）	1月1日新正月	1月ニューイヤー・デイ／キング牧師の日
成人の日（1月第2月曜日〔当初1月15日〕）	元服の儀が行われていたとされる小正月に由来		
建国記念の日（2月11日）	神武天皇即位の日として1872年制定。紀元節＊	旧暦1月1日ソルラル（旧正月）	2月プレジデント・デイ（ワシントン誕生日）
天皇誕生日（2月23日）	天皇の誕生日		
春分の日	二十四節気の春分。春季皇霊祭＊（天皇が歴代皇族等の霊を祀る祭祀）として戦前は祭日	3月1日独立運動記念日	3月31日セザール・チャベスの日
昭和の日（4月29日）	昭和天皇誕生日。天長節＊，みどりの日を経て昭和の日へ		

らない。

明治維新から四半世紀あまりが過ぎた1899（明治32）年，福沢は，その自伝のなかで日本社会の変化を次のように表現するようになっていた。維新の直後，四民平等とはいっても多くの人びとは，福沢の目からみれば，導いてにわかに教え

憲法記念日 （5月3日）	日本国憲法が発布された日	5月5日子どもの日 旧暦4月8日釈迦誕生日	5月メモリアル・デイ（戦没将兵追悼の日）
みどりの日 （5月4日）	祝日にはさまれた日である「国民の休日」が祝日化された		
こどもの日 （5月5日）	端午の節句	6月6日顕忠日 （忠霊記念日）	7月独立記念日
海の日 （7月第3月曜日 〔当初7月20日〕）	明治天皇が汽船による東北巡行から横浜港に戻った日を「海の記念日」としたことに由来	7月17日憲法の日	
山の日 （8月11日）	2016年制定。山に関連した由来は特にないとされる。	8月15日光復節 （独立記念日）	
敬老の日 （9月第3月曜日 〔当初9月15日〕）	1947年に民間で定められた「としよりの日」に由来するとされるが諸説あり	旧暦8月15日 秋夕（チュソク）	9月レイバー・デイ
秋分の日	二十四節気の秋分。秋季皇霊祭＊として戦前は祭日		
体育の日（2020年からスポーツの日） （10月第2月曜日 〔当初10月10日〕）	1964年東京オリンピックの開会式挙行日に由来	10月3日開天節 （建国記念日） 10月9日ハングルの日	10月コロンブスの日 11月ヴェテランズ・デイ（復員軍人の日）／感謝祭および翌日
文化の日 （11月3日）	明治天皇誕生日（天長節＊から明治節＊へ）		
勤労感謝の日 （11月23日）	新嘗祭（天皇が新穀をまつる祭儀）の日に由来	12月25日聖誕節（クリスマス）	12月クリスマス

（出所）　加藤編（2006）ほか。韓国は韓国観光公社ウェブサイトに掲載された2018年の祝日，アメリカ（カリフォルニア州）は，カリフォルニア州公式ウェブサイトに掲載れた法定休日一覧（2018年）による。

ようとしてその甲斐のない「ゴムの人形」のような頼りない存在に映っていた。だが，「変われば変わる世の中で，マアこの節はそのゴム人形も立派な国民と成って，学問もすれば商工業も働き，兵士にすれば一命を軽んじて国のために水火にも飛び込む。……これぞ文明開化の賜物でしょう」（福沢［1899］1978: 233）。

はたして，こうした変化はいかに達成されたのであろうか。国家が自明のものとなるためには，新しい諸制度が作り出す日常世界を生きる人びとが自らの身体と意識のなかに「国家的なるもの」を刻み込んでいく一連の体験が欠かせない。そして，本当に，そこにはネーションが姿を現していたのか。3つの契機について説明していこう。

> **想像力としてのネーションへ**

第1に，原型としての「エスニック共同体」をいかに創出するか。「日本」の立ち上げにおいても，ネーションの創出という文化的過程が存在していた。約260年にわたり300あまりの藩に分割されていた日本において，何を共通の起源へと仕立て上げていくか。ここで活用されたのが，天皇という存在であった。明治維新当時，多くの民衆にとって天皇とは，耳にしたことがあったとしても，ごく遠い存在にすぎなかった。そこで，その存在を民衆に知らせていくため明治政府は，さまざまなイベントを仕掛けていく（Fujitani 1994）。短期間に天皇を全国に巡行させるとともに，国家化された神道や教育から視覚化されたイメージ（たとえば天皇の「御真影」）の流布に至る多様な手段を通じて，その正統性を民衆的なレベルで確立しようと努めていく（安丸 1992；多木 1988）。

「国民化」の過程は大衆的な文化によっても基礎づけられていく。福沢諭吉の『学問のすゝめ』のようなベストセラーの書物が，「国民」としての共通体験形成に深く関わるようになる。現在でも，たとえばテレビは「国民創生」の物語を繰り返し描き出す（たとえば，NHK「大河ドラマ」のテーマは今も，天下統一を描く戦国時代と近代国家成立を描く明治維新に集中している）。

だが，イデオロギーを通じた「上から」の統合には限界がある。第2に，人びとが実際にそのふるまいと意識を変えていく過程では，多くの「同時性の体験」（アンダーソン）が積み重ねられていく。たとえば，福沢諭吉は先ほどの文のなかで，「学問」「商工業」「兵士」の3つを「国民」形成の象徴としてあげた。このことは注目に値する。なぜなら学校，工場，軍隊とは，世界の多くの国で，国家が民衆に対して近代的ハビトゥスを身につけさせていくうえで中心的な役割を果たす場であったからである。

階層や出身地域が異なる膨大な数の人びとが一度に集められる現場では，新しい秩序を形成するための仕掛けが欠かせない。たとえば，時計とカレンダーによって統一された時間，共通の話し言葉や共同の飲食習慣。これらなしに組織は目的を達成できない。同じ場所で同じことを一緒にする体験が全国的に用意されて

いき，それらが人びとの生きる時間と空間の再編を推し進める。そこで繰り返される日常を通じて，人びとは無意識のうちに「国家的なもの」を身体化させ，国民化の道を歩む（コラム 10-1 参照）。2019 年，元号が「平成」から「令和」へと変わった。「同時性の体験」という視点からみたとき，この出来事はどのような意味をもつのか。

境界の確定と「他者性」の生産

第3に，ネーションは境界を設定し，その内側に向かって均質化された「内部」を形作っていこうとする。しかし現実には，異なる民族，異なる文化，異なる言語がかならず域内には存在する。支配者側からみて異質性をもった他者をどのように処遇するか。ネーション形成にとってこの点はつねに難問であった。そこでは同化政策，すなわち少数派を支配的な文化や言語をもつ存在へと作り変えていく試みがしばしば推し進められてきた。

たとえば，近代国家形成をめざした明治政府は，南北の境界を確定するとともに，その内側を「日本」へと同化することをめざす。江戸時代まで薩摩藩と清国に「両属」し一定の独立を保持していた琉球王国は，明治政府の派遣した軍隊と警察によって最終的に占領され（1879 年，琉球処分），以後，「日本」化の道を歩む（小熊 1998）。北方に目を転ずれば，江戸時代末期まで，蝦夷地やその周辺の北方の島々には，アイヌやその他の先住民族が暮らす世界が広がっていた。明治維新後，蝦夷地は北海道と名称を変え，さらに周辺の島々についてはロシアと日本の交渉の結果，人工的な国境線が引かれる。境界の内側に位置づけられた先住民（「旧土人」と呼称された）に対しては「国民化」をめざす同化政策が用意された。

しかし実際には，周縁性がこれらの地域を特徴づけることにより，同化が完全に達成されることはなかった。むしろ同化政策の存在自体が，琉球やアイヌの「後進性」という神話を構築し，差別感を含む「他者」意識をネーション内部で再生産し続けていく役割を果たしてきた（たとえば Morris-Suzuki 1997; 2000）。

消費されるナショナリズム

革命や戦争，経済的衰退など，国家体制が何らかの危機に直面するとき，為政者はしばしばナショナリズムを煽ることによって社会の統合を維持しようと試みる。しかし，ナショナリズムを物理的に強制することには限界がある。このため，ナショナリズムを再生産する手段として，教育やメディアなどが決定的な重要性をもつ。フランスの思想家 L. アルチュセールが国家のイデオロギー装置と呼んだ文化的再生産の回

路は，ナショナリズムにおいても重要性を増していく（Althusser 1995=2005）。

たとえば，戦後日本における「日本人論」の流行は興味深い例の1つであった。第二次世界大戦で敗北を喫した日本は，明治維新以来，確立しようとしてきたナショナル・アイデンティティの解体に直面していた。そのようななかで多くの人びとに読まれた書籍のジャンルに「日本人論」があった。「日本人」とはいったい何者か。R. ベネディクト『菊と刀』，土居健郎『「甘え」の構造』，丸山眞男『日本の思想』，中根千枝『タテ社会の人間関係』など，専門分野はそれぞれ異なる。しかし，屈折した思いのなかで過去を反省するとともに，高度経済成長に向かう変化の時代において「日本人」としての自己イメージを再確認していく素材として，これらの本は多くの人びとに読まれ，戦後における新しいネーション像の再構築へと影響を及ぼした。日本の文化ナショナリズムを研究した吉野耕作は，自民族と他者との差違が不安定になった場面において，ナショナル・アイデンティティの維持・促進・強化を志向して引き出されるタイプの文化ナショナリズムを再構築型文化ナショナリズムと呼び，新しいネーションの創出をめざす創造型文化ナショナリズムと区別した（吉野1997）。

SECTION 3 グローバル化する社会を理解する

Think Globally

近代の国民国家はその内部を1つの統一性をもった全体として呈示する試みを長年積み重ねてきた。社会学もまた，一国を全体社会と見なす傾向を強くもっていた。しかし20世紀後半，こうした認識を揺るがす出来事が次々に起こる。

第1に，東西冷戦の深刻化とともに，膨大な数の核兵器が製造・配備された結果，人類は文字どおり滅亡の危機に直面するようになる。第2に，著しい経済成長と急激な開発の結果，地球規模での環境破壊や資源枯渇の危機があきらかとなる。アポロ宇宙船がもたらした美しい視覚的イメージとともに，宇宙に浮かぶちっぽけな惑星「地球」の有限性は，多くの思索の出発点におかれるようになった。そして第3に，交通通信や情報処理の技術的発達が，国境を越える移動やコミュニケーションを安価かつ容易にした結果，時間－空間の圧縮（Harvey 1989=1999）は社会生活の多くの領域に影響を及ぼすようになった。

国家単位の思考では対処できない出来事を前にして，「地球」（globe）という単

> **COLUMN** 10-2 世界社会論の系譜——人類をのせた惑星地球はどこに向かうのか

地球大の社会の成り立ちをどのようにとらえるか。大別するとそれは，国家を単位としたうえで国家間の関係として「世界」をとらえる見方と，国家を超える広域的な社会を前提としたうえで，その社会の動態として「世界」をとらえる見方に，分けられる。戦争や通商など国家間のパワー・ポリティクスとして展開する事象は今も少なくはない。しかし，現実の国家はパワー・ゲームの対等の参加者ではない。また，そもそも国家自体が歴史的な産物である以上，国家の成立や展開自体を織り込んだマクロ社会学的視点が欠かせない。ここから多様な世界社会論が展開していく。資本主義システムの形成と展開を世界市場の形成や植民地支配との関連で解き明かすマルクスの世界資本主義論，レーニンの帝国主義論などは先駆的な仕事であった。

その延長線上で，スケールの大きな変動論を提示したのが，ウォーラーステインの世界システム論である（Wallerstein 1983＝1985）。彼は，経済的分業関係によって結ばれた相対的に完結する範域を世界システムと呼ぶ（世界システム＝地球規模とは限らない）。たとえば，資本主義世界システムは近世初期に西欧で誕生したのち，他の世界システムを飲み込みながら拡張を続けた。世界システムには中心・半周辺・周辺からなる三層の構造が存在し，これが変化を起動する。実際の中心は経済的覇権の興亡に応じて地球上を次々移動してきた。また日本のように，周辺・半周辺・中心の間を移動する国・地域も存在した。複数の国家に分割されたシステムである資本主義では，経済的変動が国家間システムによって媒介されながら世界システム全体の変動に大きな影響を及ぼす。

ウォーラーステインの世界システム論は，先行した従属理論（A. G. フランク，S. アミンら）と同様，単線的な近代化論への批判としての意味をもっていた。東西冷戦終結とともに，資本主義は事実上，地球全体を覆い尽くした。新たな模索の段階に入った世界をどう描き直すか。宗教や民族，文明などの要因の噴出（S. ハンティントン『文明の衝突』），アメリカ中心の新しい覇権構造とそれへの対抗の構図（A. ネグリ＝M. ハート『帝国』『マルチチュード』）などを経て（Huntington 1996＝1998; Negri & Hardt, 2000＝2003; 2004＝2005），状況はさらに混沌の度合いを増した。欧米先進国の政治的混乱の行方，世界第2位からさらにアメリカに肉薄する経済規模となった中国の台頭，気候変動のような惑星地球への人類規模のインパクトについての認識拡大（例：人新世論）など，議論はその先へと進みつつある。

位が現実感を増す。ただし,「地球」単位の思考自体は,社会科学の世界においても目新しいものではない。「世界社会」論にはさまざまな系譜があり,それらはグローバリゼーション理解の前提にもなっている(コラム10-2参照)。

人びとはどこかでつながっている

では,グローバリゼーションのはたしてどこが新しいのだろうか。とりわけ,その社会学的な意義はどこにあるのか。たとえば,私たちが毎日食べ,身につけ,使っている商品のなかで,その全体あるいは部分が海外で生産されていないものを見つけるのは難しい。生産コストを徹底して削減するため,企業は低賃金労働力を求めて海外へと進出し,国内でも外国人労働力に依存する度合が増している。利便性と安さを追求する私たちの生活は,商品やサービスを介して,熱帯地域で働く農民や漁民,あるいは途上国の工場で働く年若い女性労働者の生活とも深く関わっている。国境を越えて展開する厳しい市場競争は,非正規雇用や不安定就労,児童労働など雇用条件の悪化を引き起こし,貧困問題を世界各地で表面化させている。また,インターネット普及の結果,国内外の知人とのパーソナルなコミュニケーションは革命的なほど容易かつ安価となった。しかしその近さが,国境を越えた新たな文化摩擦を生み出すことがある。

変化の目録をあげていけばきりがない。しかし,これら雑多な現象の背景には,次のような共通の変化が存在している。すなわち,人びとの局所的(ローカル)な生活世界が,はるか遠く離れた場所の出来事やそこで暮らす人びとの営みによってより深く条件づけられるようになっているという事実である。A. ギデンズはこれを,それまでローカルに完結していた社会的活動が従来の枠から引き剝がされ,無限に拡大させられた時空間のなかで再組織されていく過程と表現した(Giddens 1990=1993,「脱埋め込み」について第5章第1節参照)。

グローバリゼーションは一方で,変化する社会に関して1つの積極的なイメージを提起する。すなわち,人びとの想像力の産物として作り出される<u>単一化された想像上の空間</u>の存在がそれである。地球上で暮らす人びとはみな,どこかでつながっている。カルチュラル・スタディーズの視点から研究を進めたS. ホールは,「地球上の相対的に分離した諸地域が単一の想像上の『空間』のなかで相互に交流し合うようになる過程」(Hall 1995: 190)とグローバリゼーションを定義した。「想像の共同体」としての国家が紡ぎ出すイメージ形成の力は依然として強い。しかしながら,かりに国境によって隔てられているとしても,また言語や文化が異なっているとしても,何らかの形で「つながっている」という意識は,

新しい開放的な世界観の可能性に道を開く。

　だが，変化はそれだけにとどまらない。他方で，日常の生活世界が「今ここ」には存在していない遠くのことがらによって決められているという感覚は，不確定性や不安，リスクに関する人びとの意識を強めてしまう。見ず知らずのもの，自分にはコントロールできないものによって，自らの日常生活が決定されているのではないか。こうした意識はときに，不確定なもの，リスクをもったものの一方的排除，あるいは居心地のよいコミュニティへの閉じ込もりへの誘惑を強めてしまう（グローバル化するリスクについて，第8章第3節参照）。

「グローバリゼーションの社会学」のために　20世紀末，資本主義と社会主義の対抗図式が崩れ，資本主義がまさに地球全体を覆い尽くすようになった結果，世界各地は激烈な市場競争の渦に巻き込まれるようになった。グローバルな連関の存在をいち早く意識し，それを自らの利害実現の手段へと転用していく余裕や可能性をもった企業や地域，そして階級・階層は，大きな利益をそこから獲得し，支配的な力を行使するチャンスを増す。今や国籍を超えたグローバルな支配階級が生まれつつあるという指摘さえある（Sklair 2001）。

　他方，グローバリゼーションのもたらす利益やチャンスとは縁が薄い地域や階級・階層，集団も幅広く存在する。いやそれどころか，マイナスの影響だけを一方的に受ける人びとも少なくない。市場経済中心主義が世界的に広がる結果，グローバリゼーションは，資本や各種メディアの不均等な配置，非対称な流れを介して，国境を越えた新たな階層化のメカニズムを生み出し，ローカルな諸地域をそこへと巻き込みつつある。

　グローバリゼーションの社会学は，この亀裂や対立，矛盾への着目からまず出発しなければならない。個人や家族，企業，政府，NGO，国際機関などさまざまな主体は，自らの利害に基づいて，グローバリゼーションの特定の側面を担ったり，活用したり，またそれに抵抗したりする。グローバリゼーションとは文化変容の単なる一側面ではない。また文明論的・宿命的な変化でもない。それは，あくまでも既存の社会構造のなかに埋め込まれ，多種多様なアクターの活動と連関しながら姿を現し，またそのことが諸アクターの活動の前提へと再帰的に組み入れられていく一連の社会過程として存在している。たとえば，社会学者のJ.アーリは，グローバリゼーションをめぐる重層的な社会過程を，戦略，イメージ，イデオロギー，政治的動員の基盤，スケイプとフローという5つの領域に整理し

TABLE 10-3 社会に埋め込まれたグローバリゼーション——重層的な社会過程への視点	
グローバリゼーションの現れ方	典型的な事例
戦略	世界規模で活動する一方，特定の場所・労働力・政府のニーズには重きをおかずに展開されるような多国籍企業の戦略
イメージ	製品の広告（たとえば航空会社など）や，「地球環境」への脅威に抵抗する団体に参加するよう勧誘するために用いられる「地球」や「世界」のイメージ
イデオロギー	資本主義を世界中に広めるため，グローバリゼーションは不可避であり，政府はグローバル市場を規制するための介入をすべきではないと論じるイデオロギー
政治的動員の基盤	特定の争点に賛成／反対するために，それがもたらす問題を「グローバル」なものと特徴づけることにより，広範な人びとと組織の動員を容易にする政治的基盤
スケイプとフロー	ヒト，貨幣，資本，情報，アイデア，イメージは，さまざまな「スケイプ」における「フロー」と見なされる。「スケイプ」は，さまざまな社会内と社会間に位置する，複雑で重なり合ったネットワークを通して組織される

（出所） Urry（2000＝2006: 22）の表をもとに，表現を一部簡略化ないし改変した。

た（表10-3参照）。

　第1に，グローバリゼーションは，自らの利害実現や目的達成のための戦略として，さまざまなアクターによって活用される。ただし，戦略的利用の程度には大きな格差が存在する。多国籍化したグローバル企業はこの面で，最たる存在であろう。インターネットを手にし国境を越える移動も容易になった今日では，グローバル戦略の運用能力という点では個人の間にも大きな格差が生まれている。

　第2に，想像上の空間に足場をおくグローバリゼーションは，さまざまなイメージや表象の力によって支えられている。青い「地球」の姿はその典型といえよう。しかし日常的なイメージ形成の力を考えたとき無視できないのは，マクドナルドやディズニー，スターバックスなど消費文化の力である（マクドナルド化について第4章第1節参照）。焦点をここに絞れば，アメリカ化や文化帝国主義（Tomlinson 1991＝1997）こそがグローバリゼーションの実態ということになる。

　第3に，影響力を増していくグローバリゼーションは，1つのイデオロギーとして，人びとの認識や行動を枠づけていく力を獲得している。政府や企業ばかり

でなくテレビや雑誌などのメディアや教育現場までが，グローバリゼーションの必然性を強調する結果，「グローバル・スタンダード」や「グローバル人材」といった概念があたかも自明のように一人歩きを始めていく（町村 2000b）。

第4に，ここまでくれば，グローバリゼーションが政治的キャンペーンや<u>動員の手段</u>として活用される事態は珍しくない。「グローバル・スタンダード」に見合うように制度を変革する試みが，「構造調整」の名のもとに，国際機関や先進国から要求される。その結果，土着的・伝統的な経済構造や社会構造，政治制度，文化が大きな変化を迫られる。これに対して，それらの趨勢に対抗する動きも，「反グローバリゼーション」をシンボルに動員力を高めてきた。1999年，シアトルで開催されたWTO閣僚会議に対する反対行動を1つのきっかけに，<u>グローバルな正義を求める運動</u>（global justice movement）はそれ自体グローバルな影響力を強めていく。日本でも2008年の北海道洞爺湖サミットの際に，グローバルな正義を求める幅広い運動体が，国際的連携を含む広範な支持基盤の上に活動を展開した（野宮・西城戸編 2016；富永 2016）。

第5に，とはいえ，現実のグローバリゼーションはけっして一様ではないし，一枚岩でもない。移動する多様な流れ（フロー）に人びとが遭遇する体験のなかに，グローバリゼーションの現実はさまざまな形をとりながら埋め込まれている。人類学者のA.アパデュライは，グローバリゼーションの表象形態を，フローの類型に応じた多様な「風景」(scape) として理解した（Appadurai 1996=2004）。風景である以上，人びとのおかれた位置によってそれは見え方が違う。定住する人間も，移動する情報や人間，資本が織りなす風景を媒介としながらグローバルな体験をしている。

変化する国家像——セキュリティ，評価，メガ・プロジェクト

では，グローバリゼーションという変動のなかで，国家はどのように変化していくのか。このことを理解するためには，国家というものが，社会において果たしてきた役割の歴史的変化について振り返っておかなければならない（全体的見取り図についてコラム10-3参照）。

20世紀はじめ以来，国家は，一国を単位とする経済-社会システム全体の調整者として自らを位置づけようとしてきた。ところが1980年代以降，調整者としての国家は二重の意味で変容を迫られた。第1に，国境を越えて資本や労働が移動するグローバリゼーションの時代にあって，一国単位で経済システムを運営し社会を統合することは困難の度合いを増した。第2に，市場経済を重視する新自

COLUMN 10-3 国家論の系譜

TABLE 10-4 ● 社会と国家の連関——20世紀以降の変遷

			社会に埋め込まれていく国家——その基盤と役割			対立と緊張
			システム統合		社会統合	
			経済的蓄積の基盤	政治的統合	正統性の基盤 動機づけの基盤	
一九世紀 自由主義			自由貿易・植民地支配, 工業化	国民国家形成 夜警国家	所有的個人主義	階級闘争 植民地支配
二〇世紀 介入主義の展開	社会主義国家		計画経済	労働者政党による一党支配	平等主義イデオロギーやプロパガンダによる統合	全体主義への反発
	資本主義国家	戦争国家	軍需経済 総動員体制	全体主義	排外主義 カリスマ的独裁者	軍事的衝突 「民族浄化」
		福祉国家	フォーディズム	ケインズ主義的介入国家 ネオコーポラティズム	完全雇用 福祉の保障	生活世界の植民地化 財政危機
		開発国家	成長優先主義 周辺部フォーディズム	国家主導型 (開発独裁, 行政指導)	成長と豊かさ 伝統的価値	権威主義への反発
二一世紀 新自由主義とその後	先進国		ポスト・フォーディズム 労働のフレキシビリティ	シュンペーター主義的競争国家 ガヴァメントからガヴァナンスへ	ワークフェア(勤労福祉主義)重視 リスク管理とセイフティ・ネット	社会的排除 経済格差
	新興国(旧社会主義国を含む)		低賃金と海外直接投資	国家主導型	成長と豊かさ 伝統的価値	経済格差 民主化の要求
	途上国		低賃金	軍事力, 権威主義	原理主義, 経済成長	経済格差, 内戦
	先進国		国内産業の保護	一国主義	ポピュリズム 排外主義	排除と分断

※産業主義と工業化／グローバリズム／ナショナリズム／新しいナショナリズム？

この表は見取り図であり, 現実には各社会に複数のモデルが共存している。変化は進行中であり, 経験や観察を通じてさらに書き直していってほしい。

(出所) Habermas (1973=1979); Jessop (2002=2005); Harvey (2005=2007) などをもとに作成。

政治的組織体としての国家の存在を意識するのは，はたしてどのようなときだろうか。今日の制度の原型が生まれた西欧を例にとると，国家の役割は大航海時代が到来する頃から拡大を始めたという。交易の範囲が拡大するにつれて，その維持費用（とくに海軍力）が急増する。負担に耐えきれない小規模な都市国家はしだいに力を失い，かわって自前の軍隊と徴税制度を備えた領邦国家が，国家間の争いのなかで力を得ていく（Tilly 1992）。だがこのことは，国家という制度へ新たな課題を突きつける。いくら命令といえども人びとは同意なしには徴税や徴兵に従わない。人びとの権利や自由と国家による統治をいかに両立させるか。ここから，T.ホッブズ，J.ロック，J.-J.ルソーへと連なる社会契約論的な国家構想が発展を遂げていく。ただし，夜警国家という表現が示すように19世紀まで，外交や軍事，植民地支配のような対外的活動をのぞくと，国家が直接関与する領域は限られていた。

しかし20世紀に入る頃から，国家の役割は肥大化していく。背景には，産業化とともに深刻さを増す社会問題，繰り返される経済恐慌と労働運動の高まり，帝国主義の深化が引き起こした世界戦争の頻発などがあった。一方で，社会主義国家が出現する。他方で資本主義においても，ニューディール政策などの形で国家は幅広い政策へと乗り出していく。その支えとなったのがケインズの経済理論であった。経済活動や市民生活の諸側面に深く関わる国家のことを，介入主義国家と呼ぶ。その先に，国内のあらゆる資源や人力が国家目的のためにシステムとして動員されていく体制（総動員体制）が，二度の世界大戦のもとで形成されていく（山之内・酒井編 2003）。

第二次世界大戦後，フォーディズムとケインズ主義によって支えられた福祉国家が資本主義先進国において目標とされ，途上国でも開発を軸とした国家指導型の体制が広がる。しかし，1970年代の石油危機などをきっかけに経済成長には世界的な陰りが増す。国家の財政危機によって介入主義には歯止めがかかり，逆に政策へ市場メカニズムの導入をめざす新自由主義の動きが英米で始まる。冷戦終結そしてグローバリゼーションが本格化する世紀転換期から，各国には競争原理を取り入れた諸制度が広がる。市場による創造的破壊を重視した経済学者J.シュンペーターの思想が援用され，権利としての福祉 welfare ではなく勤労重視に基づくワークフェア workfare が強調される（第9章第3節参照）。国家の（階級からの）相対的自律性が争点となった介入主義段階（Miliband 1969=1970; Poulantzas 1968=1978/1981）からガヴァナンス段階へと至ったとき，国内の分断に直面した先進国では自国中心主義の台頭が目撃される。イタリアの思想家A.グラムシが指摘したように，国家は政治社会と市民社会の諸力が集約される地点に形成される。市場中心主義とポピュリズムの拡大が引き起こす諸問題を前にして，市民社会はヘゲモニー装置の一部として新しい統治様式を下支えするのか。それとも国家を使いこなす知恵と作法を獲得するのか。カギはここにある。

由主義が台頭するなかで，国家は，社会への直接介入から選択的に撤退しつつある。交通通信，住宅から福祉，教育，さらには刑務所や軍事といった領域までが民間部門に開放され市場原理の導入が進められている。

それゆえ国家の影響力はしだいに低下していく，というのが1980年代以降のグローバリゼーション論が行った最初の見立てであった。だがその後あきらかになってきたのは，もう少し複雑な状況である。たしかに国家は特権的な調整者としての役割を低下させている。かわって，政府，企業（市場），NGO/NPOなど各種アクターの相互依存的な社会関係をとおして統治が実現されていくスタイル——ガヴァナンスと呼ばれる——が，しだいに大きな割合を占めるようになっている（第3章第3節参照）。だが，国家はその影響力を喪失してしまうわけではない。そこでは国家の新しい役割が姿を現しつつある。

第1に，国家は，システムの全体的調整者としての役割よりも，グローバリゼーションや新自由主義的な変動がもたらす不安定性や不確実性，リスクへの個別的対応という役割を期待されるようになっている。福祉国家の確立が明確な目標として位置づけられていたとき，国家は国民すべてに最低水準の生活を保障することをめざそうとした（第9章第2節参照）。しかし，財政的余裕を失った国家は，人びとの自助努力と市場の活動を強調するようになる。そして，そこからやむなく脱落する層にかぎり最低限の水準まで押し上げるセイフティ・ネットの形成へと，自らの役割を限定する傾向を強めていく。

これに関連して国家は，多様なリスクに対する身体的安全を守るため，**監視**や**セキュリティ**維持の機能を強化していく。国家が，暴力手段の管理や監視という点で他の諸団体から区別されることは，M.ウェーバーの古典的な定義（Weber 1922=1972）において，またギデンズ（Giddens 1985=1999）によっても指摘されてきた。したがって，機能が剥ぎ取られていくなかで，**暴力装置**としての役割が再び露出してくるのはけっして偶然ではない。だが，「安全・安心」という言説の強調には，社会的排除や管理強化の危険性がつきまとう（清水2007）。

第2に，調整者としての役割を低下させているものの，国家は，さまざまな形で市民社会への影響力を保持し続けている。たとえば，財やサービスの直接供給から撤退する傾向にあるものの，かわってそれを行う民間団体や機関，個人の資格や能力を評価するという形で，国家は実質的な影響力を保持している。**評価国家**（evaluative state）と呼ばれるこうした手法は，もともと大学など高等教育機関の活動の質を向上させるために取り入れられた（Neave 1998）。今日，評価や認

証制度，監査などの制度は，アクターの自主性を尊重しつつ，その行為を特定の方向に向けて内側から動機づけていく手段として，一般化している（Power 1997=2003）。とりわけ評価は市場における「信用」とも連動させられている。企業ばかりでなく，大学などの非営利組織や地方自治体，さらには国までが，今日では，「信用」格付けの対象として民間の信用格付け機関（ムーディーズ，スタンダード＆プアーズなど）により序列づけられている。

第3に，国家や地方自治体は，グローバリゼーションのもとにおける競争力維持を目的として，新たな開発に乗り出すようになっている。グローバルなネットワークを維持するためのインフラ整備（通信や空港），資本や人材を引きつけるための高密度で高品質な空間の建設（再開発）など，メガ・プロジェクトが世界各地で展開している。また，オリンピックなどメガ・イベント開催をめぐる国家間・都市間の競争も激しさを増している（町村 2007）。

4 グローバリゼーションの先へ

ナショナリズム台頭のわな　日本で「J」という文字を目にする機会が増えたのは 1990 年代のことだった（Jポップや 1992 年スタートのJリーグ）。サッカー・ワールドカップやオリンピックでの応援のように，文化消費の現場でナショナルなものが無造作に乱舞する風景をよくみかける。「ぷちナショナリズム」（香山リカ）とも評された動きは，グローバリゼーションや格差拡大，他の東アジア諸国の経済的台頭に直面した日本において，とりわけ若年層へと広がった。人びとの日常生活に根ざしたヴァナキュラーな形態へと変換されたナショナリズムは，一見，ナショナリズムとしての外見を喪失していく。しかし現実には，政治的動き（たとえば国旗・国歌の法制化〔1999 年〕や「道徳」の教科化〔2018 年〕，「憲法改正」の動き）とも連動しながら，公定のナショナリズムへと部分的にすくい上げられていく。

ナショナリズムの台頭は日本だけの現象ではない。たとえば，同様にグローバリゼーションの波にさらされた韓国や中国でもナショナリズムの台頭が指摘される。しかも歴史的な事情から，両国のナショナリズムはしばしば日本への反発という形をとって現れる。このことが，メディア報道やインターネットのコミュニケーションを通じて，日本でのナショナリズム感情をさらに煽る。煽情的なナシ

COLUMN 10-4 歴史的視点からみたポピュリズム

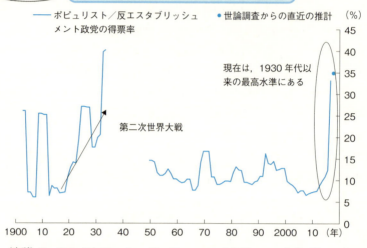

FIGURE 10-1 先進国世界におけるポピュリズム尺度

（出所）Ray Dalio ほか "Populism: The Phenomenon" *Bridgewater Daily Observations*, 2017年3月22日。

　ポピュリズムは大衆迎合主義と訳されることがある。日本の政治についても，近年この言葉を耳にすることが増えている。はたして，歴史的にみたとき，2010年代後半はどのように位置づけられるのか。図は，選挙での「ポピュリスト／反エスタブリッシュメント」政党の得票率から算出した先進国のポピュリズム尺度の推移である。対象は，アメリカ，イギリス，日本，ドイツ，フランス，イタリア，スペインの7カ国で，20世紀初めから歴史的に追跡している。1つのグラフに合成する際，各国の人口規模に応じた重みをつけたうえで平均の数字を算出している。

　ポピュリストのリーダーは，異なる意見に対して対決的で排他的な態度をとろうとする。このため彼ら彼女らは，支持を獲得するために対立を煽情的な言葉であおり，そのことがさらに社会の溝を深めていく。2017年時点で直近の世論調査の結果に基づけば，ポピュリズム尺度は1930年代以来の最高水準にあるという。振り返ると，1930年代に起きたのはナチズムやスペインでのフランコ独裁政権，日本での軍国主義の台頭であり，それらは第二次世界大戦を引き起こす要因となっていく。

　ちなみにこのレポートを作成したのは，グローバルな投資ファンド企業である。経済の視点からみても，ポピュリズムの動向は無視できない。はたして21世紀はどこに向かうのか。

ョナリズムの連鎖という悪循環からいかに脱するか。このことは，関係再構築をめざす 21 世紀の東アジアにおいて避けて通れない課題である（高原〔2006〕による「不安型ナショナリズム」の分析を参照）。

　ナショナリズムの動きはさらに，西欧諸国やアメリカのような経済的グローバル化の恩恵をもっとも受けていると考えられる国においても台頭しつつある。国内における格差拡大に対する反発は移民排斥などの排外主義や既成勢力（エスタブリッシュメント）に対する反発と結びつき，ポピュリズムという形をとった自国中心主義の傾向を強めている（コラム 10-4 参照）。

グローバリゼーションを飼い慣らすために

グローバリゼーションはしばしば，歴史的文化的な多様性をもった国家や地域社会に対して均一的な制度や価値を押しつける外圧のように受け止められる。グローバル対ナショナル，あるいはグローバル対ローカルといった対立図式がそこから引き出される。その結果，ナショナリズムや原理主義の台頭はそれ自体，グローバリゼーションという変動の 1 つの位相をなすようになっている (Morris-Suzuki 2002)。だが，ナショナルな空間やローカルな空間がグローバリゼーションによって一方的に翻弄されると考えてしまうと，誤解を招く。グローバリゼーションに対する国家や地域の利害布置はけっして一枚岩ではない。そこには，テーマによりグローバリゼーションへ異なる対応を示す多元的な主体が存在する。たとえば，「経済のグローバリゼーションは，国民国家を脱国家化し，それとは対照的に，移民は，政治を再国家化する」(Sassen 1996=1999: 129)。S. サッセンが指摘するように，グローバリゼーションと国家の関係はけっして一方向でも一様でもない。

　この多元性から出発し，グローバリゼーションにせよナショナリズムにせよ，それらの影響の回路と大きさ，そしてその限界について，あくまでも複眼的，批判的に探究していくところに，社会学の役割，そしてその強みがある。はじめに必要なのは，グローバリゼーションの空間的な解剖学である。グローバリゼーションとは，親密圏，ローカル，ナショナル，リージョナル，グローバルといった異なる領域のモードに準拠する多様な主体間の競争・対立・協力を通じてその形を与えられる，きわめてダイナミックな過程である。それはけっして，相互依存的な関係が何の抵抗もなく上から下へと浸透していくような自動的な過程ではない。また，グローバルとローカルの中間にグローカルといった中間的な領域ができあがるあいまいな過程でもない。グローバリゼーションとはあくまでも，既存

| TABLE 10-5 ● 国境を越える活動の類型──アクターの種類からみた場合 |

		活動分野		
		政治	経済	社会文化
活動の広がり	国際的 international	政府による大使館の設置や外交派遣団の組織	農業団体・水産団体による特定国からの輸出の促進	特定国に本拠をおく大学が組織する交流交換プログラム
	多国籍的 multinational	国連や，特定のグローバルな活動領域の監視や改善という使命を帯びた国際組織	複数国の市場から利潤を得ているグローバル企業の生産・マーケティング活動	カトリック教会のように複数国で活動する宗教団体がスポンサーとなる学校やミッション
	トランスナショナル transnational	a) グローバルな規模で人権の監視を行う目的で設立されたNGO b) 出身国の状況改善をめざし遠隔地の移民たちが設立する市民組織	a) 途上国労働者の条件改善に向け多国籍企業の態度変更を求めて先進国の草の根NGOが組織する商品ボイコット運動 b) 出身国との間で商品を輸出入するため移民が設立する企業活動	a) 貧困状態にある他国の子どもの擁護やケアをめざす草の根慈善活動 b) 出身国の祭事イベントに参加するため，遠隔地の移民コミュニティが出演団体を送り出すこと

（出所）　Portes（2003: 877）の表をもとに一部事例を変更した。

の領域を乗り越えながら自らの活動を遠心的に再構築していこうとする試み（脱領域化 deterritorialization）と，自らの活動を特定の領域へと集中させながら求心的に再構築していこうとする試み（再領域化 reterritorialization）とが，さまざまな主体や制度を介してぶつかり合いながら，既存の社会-空間構造を再編していく過程として姿を現す（町村 2000a）。そしてそのなかには，こうしたスケールそのものが引き直されていく過程（リスケーリング）も含まれる。

　たとえば，地球環境や移民，テロや国際人権のようなグローバルなテーマに取り組もうとするとき，最初にぶつかる壁がある。これらはたんに国境を越えるテーマであるだけではない。同時にそれらは，親密圏からグローバルに至る複数のレベルにまたがる争点でもある。このため，各レベルに準拠してつくられてきた既存制度では問題の広がりをカバーすることができない。また解決をめざす討論の場が，異なるレベルに分断されているため，当事者の声を十分に反映させることが難しい。いかにしてその壁を乗り越えるか。国境を越えて展開する諸活動は，

> **TEXTinTEXT** *10-1* ● グローバリゼーションと公共圏

「共通世界の条件のもとで、リアリティを保証するのは、世界を構成する人びとすべての『共通の本性』ではなく、むしろなによりもまず、立場の相違やそれらに伴う多様な遠近法の相違にもかかわらず、すべての人がいつも同一の対象に係わっているという事実である。しかし、対象が同一であるということがもはや認められないとき、あるいは、大衆社会に不自由な画一主義が現われるとき、共通世界はどうなるだろうか。そのような場合には、人びとの共通の本性をもってしても、共通世界の解体は避けられない。この場合、共通世界の解体に先立って、共通世界が多数の人びとに示す多くの側面が解体する。こういうことは、普通、暴政の場合に見られるように、すべての人がもはや自分以外の人と同意できないほど根本的に孤立している場合に起こる。しかし、それは、大衆社会や大衆ヒステリーの場合にも起こりうるのであって、その場合には、すべての人が、突然、まるで一家族のメンバーであるかのように行動し、それぞれ自分の隣人の遠近法を拡張したり、拡大したりする。この二つの事例において、人びとは完全に私的になる。つまり、彼らは他人を見聞きすることを奪われ、他人から見聞きされることを奪われる。彼らは、すべて、自分の主観的なただ一つの経験の中に閉じ込められる。そして、この経験は、たとえそれが無限倍に拡張されても単数であることには変わりはない。共通世界の終わりは、それがただ一つの側面のもとで見られ、たった一つの遠近法において現われるとき、やってくるのである。」H.アレント『人間の条件』(Arendt 1958=1994: 86-87)

● 視点と課題 ●

本章が論じてきた国家とグローバリゼーションはともに、人びとの想像力のなかにその究極的な居場所をもっている。この想像上の世界において、「すべての人が、突然、まるで一家族のメンバーであるかのように行動」していると錯覚してしまうとき、人びとは「完全に私的」な存在になってしまう。ポピュリズムはそこにつけこもうとする。では逆に、「自分の主観的なただ一つの経験の中に閉じこめられ」ないようにするためには、どのような想像力が必要か。それは、国家やグローバリゼーションという想像力とどのような関係をもつのだろうか。

表10-5にあるように、国家との関係で、**国際的** international, **多国籍的** multinational, **トランスナショナル** transnational へと分類することができる。一方で、多国籍企業のように、異なる領域のアリーナを横断しながら越境的に影響力を行使している有力な組織群がある。これに対して、トランスナショナルな市民社会に基盤をおきながら、越境的な活動を展開するNGOやネットワークの厚みをいかに増していくか。課題の1つがここにある。

新しい公共圏の形

グローバリゼーションとは,「共通世界」(H. アレント)の越境的な再構築をめざす想像力の冒険としてある (TEXT IN TEXT 10-1 参照)。アレントが述べるように,共通世界の条件とは,あらかじめ存在する「共通の本性」のようなものには求められない。そうではなく,「立場の相違やそれらに伴う多様な遠近法の相違にもかかわらず,すべての人がいつも同一の対象に係わっているという事実」にこそ,共通世界を構想するための出発点がある。

グローバリゼーションは,とりわけ社会の周縁的な位置で暮らす人びとにもっとも深刻な影響をもたらす。しかし同時に,グローバリゼーションが日常生活に根ざしながらもっとも創造的な形をとって姿を現すのもまた,多くは周縁的な位置におかれた人びとにおいてであった。いち早くトランスナショナルでマルチスケールな空間を自ら生成しながらそこで暮らす人びと――移民や難民,亡命者など――,そしてそこにできあがる越境的な空間――周辺,境界,コンタクト・ゾーン,そしてディアスポラ――は,グローバリゼーション研究のもっとも重要な出発点としてあった。その理由は,たんにこれらが占める位置のユニークさだけにあるのではない。そうではなくて,こうした位置におかれた人びとが展開する社会実践は,国民国家やグローバル資本主義といった支配的な「想像上の空間」によって規定されながらも,それらを相対化し乗り越え,批判する可能性をもっているからでもある (Clifford 1994=1998: 120)。シティズンシップの越境的な基盤をいかに構想していくかが問われている (シティズンシップの理論については,第 13 章第 4 節参照)。

1980 年代から怒濤のように世界を洗い流してきたグローバリゼーションの波は,21 世紀に入って大きな転機を迎えた。サッセンも指摘したように,「大半のグローバリゼーション研究は,転回点よりもその結果に焦点を当ててきた (Sassen 2006=2011: 26)」。言いかえると,グローバリゼーションを過程としてではなく,その究極の形において論じる傾向が強かった。だが社会はいきなり変化しない。

国境を越えた「つながり」が増していく流れそのものはおそらくこれからも続くのであろう。だが,9・11 やその後も繰り返されるテロ,英国の EU 離脱,反移民・自国第一主義台頭などの動きを眺めていくとき,「グローバル」という想像力をめぐるポリティクスは,次の段階に足を踏み入れたことに気がつく。それは「(1つの) グローバリゼーションの終わり」を意味するのか。それとも,グロ

ーバリゼーションの新しい始まりなのか。社会学とは，答えのない課題に正面から取り組むための思考と実践の「冒険の翼」でもある。この翼を背に新しい一歩を踏み出してみよう。

BOOK GUIDE　●文献案内

● 原典にせまる

① V. I. レーニン『帝国主義論』角田安正訳，光文社古典新訳文庫，2006；岩波文庫，宇高基輔訳，1951（原著 1917）。
② I. ウォーラーステイン『近代世界システム——農業資本主義と「ヨーロッパ世界経済」の成立』（Ⅰ・Ⅱ）川北稔訳，岩波書店，1981（原著 1974）。
③ B. アンダーソン『定本 想像の共同体——ナショナリズムの起源と流行』白石さや・白石隆訳，書籍工房早山，2007（原著初版 1983，増補版 1991，新版 2006）。

資本主義が言葉の正しい意味でグローバル化した今日，①におけるレーニンの予想はむしろリアリティを増しているようにもみえる。このほか，ホッブズ『リヴァイアサン』，ルソー『社会契約論』，ミル『自由論』などの古典も，国家の原点を考えるうえでは必読といえる。一国単位の研究から世界システムの研究へというパラダイム転換を主導した②は，原点として今も読むに値する。③は，国民国家という想像力が歴史的に形成されていく過程を明らかにした作品であり，この分野の必読書である。

● 理解を深める

④ E. サイード『オリエンタリズム』板垣雄三・杉田英明監修，今沢紀子訳，平凡社ライブラリー，1993（原著 1978）。
⑤ 小熊英二『「日本人」の境界——沖縄・アイヌ・台湾・朝鮮植民地支配から復帰運動まで』新曜社，1998。
⑥ A. ネグリ=M. ハート『帝国——グローバル化の世界秩序とマルチチュードの可能性』水嶋一憲ほか訳，以文社，2003（原著 2000）。
⑦ D. ハーヴェイ『新自由主義——その歴史的展開と現在』作品社，2007（原著 2005）。

グローバリゼーションという変化は「中心」部にいるとむしろ気がつきにくい。「周辺」というものがいかに文化的に構築されていくか。今や古典となった④，そして周辺から「日本」の位置を逆照射する⑤は，ともにその過程を分厚く描き出す。経済的グローバリゼーションの進展は何をもたらすのか。新しい覇権構造とそれへの対抗の構図を描き出す⑥，英米のみならず中国その他の世界の変動を新自由主義の拡大という視点から読み解く⑦は，本章が扱う分野の新しい基本書といえる。

● 視野を広げる

⑧ 大澤真幸編『ナショナリズム論の名著 50』平凡社，2002。
⑨ 下地ローレンス吉孝『「混血」と「日本人」——ハーフ・ダブル・ミックスの社会史』青土社，2018。
⑩ 世界銀行編『世界開発報告』各年。
⑪ フーベルト・ザウパー監督・映画『ダーウィンの悪夢』2004。

ナショナリズムに関する国内外の基本文献を紹介する⑧は，本章のテーマを深めるための手がかりとして最適である。余裕があれば同じ著者の大著『ナショナリズムの由来』(講談社，2007)も手にとってみるとよい。⑨「日本人を生きる」とはどのようなことなのか。「日本人」と「外国人」のはざまを生きる経験の社会史は，その意味をあらゆる人に問いかける。世界銀行は経済的グローバリゼーションを推し進める中心的機関であるが，同時にその影響に対して多くの調査レポートを発表している。豊富なデータが掲載された⑩はグローバリゼーションの実際を知るうえで参考になるだけでなく，「貧困との闘い(2000/2001)」「開発と気候変動(2010)」「ジェンダーの平等と開発(2012)」「ガバナンスと法(2017)」「教育と学び(2018)」など重要テーマの実践的入門書としても活用できる。⑪は，アフリカ・タンザニアのヴィクトリア湖に放流された外来魚が，グローバル経済に翻弄されながら，周辺地域やタンザニア，そしてアフリカ全体に悲惨な影響を及ぼしていく過程を描き出したドキュメンタリー映画の秀作である。

Chapter 10 ● 考えてみよう　　　SEMINAR

❶ ネーションやナショナリズムに対する近代主義的見方と歴史主義・原初主義的見方の違いについてまとめてみよう。

❷ 国家のない社会はありうるだろうか。「共同体」としての国家，「政治的組織体」(統治機構)としての国家について，それぞれの特質を踏まえたうえで，その可能性，そしてそこで起きる出来事の影響について考察してみよう。

❸ 環境，開発，戦争・平和，移民・外国人，スポーツイベント，観光，サブカルチャーなどの分野から具体的な出来事を1つ選び，そこでどのような利害対立や紛争が起きているか，考察してみよう。①関係するアクターを列挙していこう。②それらアクターはローカル・ナショナル・グローバルという複数のレベルとどのような関わりをもっているだろうか。③対立や紛争の解決のためには，どのようなレベルに着目することが有効か。④異なるレベルを横断して活動するためには，どのような条件が必要か。新聞記事検索，インターネット検索，聴き取りなどのいろいろな方法を用いて調べてみよう。

第11章 家族とライフコース

第3部 差異と構造化

単身世帯が世帯総数の3分の1におよぶ時代。個人化の浸透は，ひとりカラオケ，ひとり焼肉も通常の光景に変えてきている。
（写真：朝日新聞社/時事通信フォト提供）

KEYWORD
FIGURE
TABLE
COLUMN
TEXTinTEXT
BOOK GUIDE
SEMINAR

CHAPTER 11 INTRODUCTION

　私たちは，ある〈家族〉のもとでこの世に生を授かり，〈人生〉を生きていく。そのもとで家庭教育・学校教育を受けて成長し，職業に必要な能力を形成して，新たな〈家族〉をつくるために巣立っていく。そして，新たな〈家族〉のもとで，子どもを産み，それを育て，他出させていく。それらの過程で，私たちは家族のなかで性行為や消費行動・扶養行動を行い，病み，老い，やがて死んでいく。家族は人が誕生するとともに，死んでいく場なのである。
　私たちは〈家族〉をもっとも基礎的な集団と考えて，毎日の生活において，食住をともにし心身を癒してくれる友愛に満ちた存在だと考えている。しかし，そのような機能を果たす集団は，これまでの歴史や異なる社会を通じてつねに私たちが考える〈家族〉というものだったわけではない。この章では，私たちがいつの時代も普通にあると考えている〈家族〉と〈人生〉も，じつは時代と社会の刻印を色濃く帯びた産物であることを考察していこう。

> **KEYWORD**
>
> 家父長制　ファミリー・アイデンティティ　私事化　近代家族　コーホート　虐待　家族政策　少子高齢社会　生殖技術

SECTION 1　家族とメディア

個電化する家電

テレビを見た時代，テレビを見ない時代

テレビは1953年放送開始以来70年近くを迎え，私たちと半世紀以上の時間を歩んできたことになる。この間に，テレビは私たちにとって空気のような存在となってきた。5年に一度行われるNHK放送文化研究所の「国民生活時間調査・2015年」で，テレビ視聴は85%の人びとが日に一度は行う行動となっており，これは睡眠，食事，身のまわりの用事に続く4番目の数値となっている。5番目・6番目が家事と仕事で，各々62%，53%であり，4番目のテレビと大きく差が開いていることを考えると，もはや，テレビ視聴は生理的行動に近いものといってよいのかもしれない。また，日本全体でのテレビ視聴時間は「ながら視聴」も含め平均3時間18分となっており，家にいて起きている在宅時間の40%を占めている（NHK放送文化研究所 2016）。私たちは，テレビでニュースやドラマ，バラエティ番組を見たり，音楽コンサートやスポーツ中継を楽しみ，戦争や災害，宇宙空間をわが家で眺めている。テレビは世界・地球・宇宙へと解き放たれた窓のようなものでもある。しかし，ふと気づくとき，私たちはそれらの映像をどこで誰と眺めているのだろうか。

多くの家庭がまだテレビを保有していなかった1950年代においては，人びとは街頭テレビを見たり，先立ってテレビを買った家庭にあげてもらってテレビ見物をしていた。それが，1959年の皇太子（現・上皇）ご成婚，続く1964年の東京オリンピックを機に，各家庭がテレビを購入するようになっていった。それは，当時「3種の神器」（電気洗濯機，電気冷蔵庫，テレビ）といわれて，高度経済成長期を象徴する家庭電化製品の1つであった。「3種の神器」は，その後続く消費の「スタンダード・パッケージ」（D. リースマン）の最初のはしりであったのである。各家庭に1台のテレビが入り，やがて，それは白黒からカラーテレビに変わり，生活水準のさらなる高度化は「3C時代」（カー，クーラー，カラーテレビ）を

迎えていった。その一方で，テレビが各家庭に浸透していく過程においては，見たい番組がかちあったときの「チャンネル権争い」がお茶の間のエピソードの1つでもあった。子どもたち同士の争い，大人と子どもとの争い，大人同士の争い。家のなかで誰の立場が強いのか，どの時間帯は誰の好みが尊重されるのか，チャンネル権争いは家族内の勢力構造のある一側面でもあった。

　しかし，チャンネル権争いという言葉はしだいに使われなくなっていった。1つの理由は，1980年代のビデオ機器の普及により，裏番組を録画して異なる時間帯に見ることができるようになったことである。他方，もう1つの理由は，テレビが一家に1台ではなくなってきたからである。すなわち，カラーテレビが各家庭に入ったのち，価格の低廉化も進み，私たちは家庭で2台目，さらには3台目のテレビを購入するようになっていった。内閣府の調査（2019年）では，現在一家に平均2.16台のテレビがあることになっている（図11-1）。同様に，エアコンは2.91台と家庭の各部屋にほぼ3台，乗用車も1.26台と家庭に2人以上の運転可能者がいることを示し，さらには近年普及したが，私たちの身体の一部ともなっているような携帯電話は2.40台とほぼ平均世帯人数に近いものとなっている。複数台が存在する耐久消費財は家族の行動様式が個人化に向かっているという変容を示すものである。

　2台のテレビは，リビングと食堂，茶の間と子ども部屋などの形で置かれ，2台目のテレビのおかげで，家族員が他の番組を見ていても，チャンネル権争いをすることなく，自分の見たい番組を同じ家のなかで場合によっては1人で見るというスタイルが形作られてきた。その結果，家庭にいても1人で見ることに慣れてしまった私たちは，テレビの映し出す世界に集中したいという感覚から，同じ番組を別の部屋で別のテレビをつけて個別に見ることも珍しいことではなくなってきた。さらには次項でふれるスマートフォンの普及により，自らの手元で好みの番組をVOD（ビデオ・オン・デマンド）やYouTubeで見る時代へと変化している。70年間近いテレビ視聴の歴史は，世帯の購買力の上昇や家族内での個別行動の許容，メディアの劇的な変化とあいまって，私たちを［街頭視聴→家族視聴→個室視聴→手元視聴］という形に順次誘ってきたわけである。テレビは家庭にあるという意味で家庭電化製品ではあり続けているが，家族のための電化製品とは言い切れなくなってきているのである。家電という言葉の意味が揺らぎつつある。実は家庭にテレビがあった平均最大台数は2005年の2.52台であるが，今それは2.16台まで低下してきており，家庭にある平均最大数の家電の地位をエア

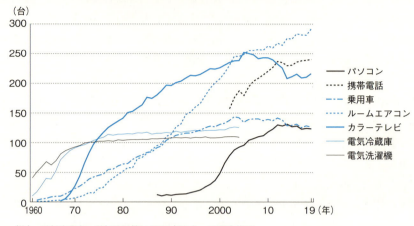

FIGURE 11-1 ● 主要耐久消費財の保有数量（100世帯当たり）

（注）　電気冷蔵庫，電気洗濯機は2004年をもって調査終了。
（出所）　内閣府経済社会総合研究所景気統計部「消費動向調査」。

コンに譲り渡しているのである。先にふれた1日のテレビ視聴行動の比率も実は90％台だった頃から低下傾向が見られ，85％となっている。家族が家にいるために必要なものは，趣味嗜好の異なる映像を映すものではなく，むしろ快適な冷気と暖気なのである。しかも，個室のなかにおいてである。

家族における（n+1）電話ネットワーク

テレビと並び，現代の家族にとってなくてはならないものとなったメディアの1つが，電話である。戦前期から存在した電話であるが，各家庭に本格的に入ってきたのはやはり高度経済成長期からである。家庭内における電話の置き場所の変化は，電話が私たちにどのような存在であったのかを示している。各家庭に電話が入ってきた当初，電話は玄関の横に置かれることが多く，電話が鳴るたびに「はいはい，ただいま」と言って，お客様を迎えに玄関に出向くような行動がなされていた。外からの侵入を防ぐ意味が，その置き場所には暗示されていたのである。続いて，電話機は茶の間やリビングに置かれるようになり，家族のなかに入っていくようになった。その後，延長コードの導入により，受話機を茶の間やリビングの外に持ち出し，誰にも邪魔されずに自分の世界のなかに入って会話を楽しむことができるようになった。そして，コードレス電話の普及にと

もなって，子機が個室や寝室に置かれるようになり，個々人が長電話でその世界に没入する電話空間が成立していった。それを象徴的に示すのが，「友人と長電話をしていると，自分が声だけになったような気がする」という表現であった（吉見ほか 1992）。

　引き続き起こってきたのが，1990 年代以降のモバイル・コミュニケーション（移動体通信）機器の変化であり，その変化はポケットベル，PHS，携帯電話，スマートフォン（以下，スマホ）という目まぐるしい軌跡を描くことになった。ポケットベル，PHS は順次量的に拡大しつつ，次の機器に駆逐され，衰退する過程を経てきたのだが，携帯電話が中核になってからも，その使用機能は通話に加え，メール機能，インターネット機能，写真機能と日々刻々変化してきている（岡田・松田編 2002）。スマホの時代にいたっては，通話機能のついたモバイル PC といったほうが適切であろう。

　家族員間の連絡をとるため，全員が携帯電話やスマホをもつ時代。家族のなかで個別行動が増えて，顔を合わす時間や機会が少なくなってきても，スマホさえもっていれば緩やかにつながっていることができる。家出をしていながら，子どものスマホと連絡がとれてしまう「プチ家出」という形容矛盾のような現象は，家族関係という見えない絆を通信ネットワークが物理的に担保する時代になっていることを示している。そして，それは通話でさえなく，LINE などの短文送信が主流となっている。テレビにおける 2 台目の購入までかかったような時間的経緯を一足飛びに超えて，電話は家庭にある固定電話と家族全員 n 人のスマホ，すなわち (n+1) 台の電話・モバイル保有の時代に入っている。さらには，家に固定電話をもたない人たちもごく普通にいる状態となっているのである。

　テレビと電話に象徴される家族とメディア利用との関連は，家庭電化製品がパーソナル・ユースとして，より個人化する方向に向かっていることを示している。どの時代に生を受け，家庭のどのような物的環境のなかで生活習慣を形作ってきたのかという時代の影響を如実に受けたものとして，私たちの家庭内でのメディア利用も規定されている。特定の時代に生まれた世代の人たちが，特定の時代の影響を同じように受けながら，それを変容させ，人生の道筋を歩んでいくというとらえ方は，第 3 節で詳しくふれるが，「ライフコース」(life course) という社会学の考え方でもある。家族員の世代に応じて，テレビと電話の利用体験の質と位置づけが違うことは，メディア利用のライフコースという問題設定につながるものでもある。

テレビと電話はあなたの家庭に何台あるか，またはあったか。そして，今や家庭にある家電品の中心はどうテレビや電話でなくなってきているか。自分自身の家庭のことをイメージしつつ，その事実のなかに潜む「家族とライフコース」というテーマを次節以降掘り下げていこう。

プライベート空間化する家族

家族分析の基本的概念　社会学は，分析的に考えた場合，他の社会科学に比べて，マクロ・レベルの社会構造とミクロ・レベルの社会的行為の中間にある，メゾ・レベルの社会集団や組織の研究を得意としている。そのような社会集団の分析の最初に登場すると考えられるのが「家族」(family) である。それは人間が誕生して成長していく第1次的な場だからであろう。しかし，時代や社会の違いにより，「家族」は私たちが今みているような形でつねにあり続けてきたわけではない。現代日本社会で今みている「家族」も，ありうる家族形態のワン・ノブ・ゼムであることを理解するために，家族分析の基本概念を確認しておこう（森岡・望月 1997）。

第1の基本概念のセットは，<u>定位家族</u>（family of orientation）－<u>生殖家族</u>（family of procreation）である。定位家族とは自分が生み出され，教育を受け，成長していく家族のことであり，自分には選択性がなく，親子関係が中心に展開する家族である。他方，生殖家族は夫婦が子どもを生み育てていく家族のことであり，結婚の相手，子どもの有無や数など選択性に満ち，夫婦関係が中心に展開する家族である。子どもが親に反抗して「こんな家に生まれなければよかった」と言うのには，自分が生まれる親を選べないという定位家族の選択性のなさが象徴されているし，逆に親が「そんな子に育てた覚えはない」と言い返すとき，「意図せざる結果」に直面し，自らが作り上げる生殖家族でありながら自己の意図どおりにならない不満足が示されている。個人の一生のなかで，多くの人は定位家族から生殖家族に移行していくといえるし，同じ家族も子どもからみれば定位家族，親からみれば生殖家族ということができる。他方で，共働きで子どもがいない夫婦が「DINKS」(Double Income No Kids) という呼称で呼ばれるなど，従来の定位家族－生殖家族の対概念だけでは位置づけきれない現実も起こりつつある。しかし，それすらも目立たなくなりつつある。

> **COLUMN** *11-1* 「家父長制」と「家」制度

　家族は，その内部において性と世代を編成原理とする集団である。したがって，家族のなかでは，家族員の性と世代によって，各種の役割と権威が不均衡に配分されている。最高の権威は年長の男性が握っていることが多く，それ以外の年少の男性と女性はその権威に従属することになる。そのような支配＝従属の関係が家父長制（patriarchy）と呼ばれるものになる。ヨーロッパ古代・中世段階に起源をもつ「家父長制家族」は父の専制的権力のもと，結婚しても男の子は他出せずに父の権限に服し，父の死とともに家族分裂となって，家産を分割相続していく家族形態をさしていた。しかし，1970年代以降，家産の問題とは異なって，家族制度や社会制度の男性支配を批判するフェミニズムの主要概念としても家父長制は用いられるようになってきた（上野 1990）。

　年長の男性の支配といえば，明治期以降の日本の「家」制度が思い浮かび，それは家父長制家族の性質を有するものであったが，他方，日本の「家」制度は家産を分割せず，一子による家督相続という特徴をもっていた。その結果，家産を分与されない次・三男以下の他出によって彼らの世帯での核家族形成が促進された効果もあり，「家」制度の確立が意図せざる結果として，その外側に近代家族体制を創出したという考え方もある（上野 1994）。また，現代日本において「家」制度の観念の衰退が目立ちつつあるとしても，家族内の役割分担や外部との公的な交渉責任などにおいて家父長制的な男性主導が残っていることも事実である。その一方，家族の現実的な多くの場面を動かしているのは女性と子どもであるという様相もあり，家父長制をめぐるイデオロギーと現実，その日本的形態にはある種の幅があると考えられる。

　第2の基本概念のセットは，直系家族制（stem family system）－夫婦家族制（conjugal family system）である。直系家族制とはその家族の跡取りがいて，親の財産・地位が優先的にその人に配分され，家族を継いでいくという考え方であり，家族員という中身より容器たる家族の継続を重視する考え方である。跡取りはかならずしも長男とは限らず，末子や女性である場合もある。それに対して，夫婦家族制とは夫婦の結婚とともに家族が誕生し，夫婦の順次死亡で，その家族は一代限りで消えていくという考え方である。労働力の地域移動の活発化や個々人の独立性の重視，老後でも夫婦単位で生活可能な諸条件などがそれを支えており，遺産も原則的には子どもの間で均等配分される。日本でも考え方のうえでは現在夫婦家族制が伸長しつつあるといえ，かならず長子が家を継がなければならない

> **TEXTinTEXT　11-1 ● 親族ネットワーク内のリレー走者**
>
> 　「人間が相互に，徹底的に依存し合っている，という事実を一般の人にはっきり理解してもらうことは，今日依然として容易なことではない。ある人間の行為の意味はすべて，かれが他人にとってどのような意味を持つ存在なのかによって決まるということ（しかもこの場合の他人とは，同時代人のみならず未来の世代の人々も含まれる），言い換えれば，ひとりの人間は幾世代にもわたる人間社会の存続に依存しているという事実は，数ある人間相互の基本的依存関係のなかのひとつに挙げられる。……現代人は，しょっちゅう自分は孤独だ，他人から完全に独立した人間だ，と思っている。そのとき，これのみで自足しうると考えられる，自分だけの関心事を追求することが，人間のなしうるもっとも有意義なことのように現代人のかれには思えてくるのである。……人間は他の人間たちと網の目のように互いに依存し合う関係の中にいるということを理解するのは，さしあたり，かなり難しい。人間は幾多の世代から成る連綿たる鎖の中の限定された環なのであり，一定の区間にわたり，自分が握って走り続けてきた松明を最後には次に控えた走者へ引き継ぐべく手渡す，あの松明リレー競争におけるひとりの走者にほかならないのだということに気づく者は，したがってめったにいないのである。」N. エリアス『死にゆく者の孤独』（Elias 1982=1990: 52-54）
>
> ●視点と課題●
> 　結婚や出産がかならずしも生きる前提ではないという時代に入りつつあるが，私たちが両親をはじめとする先祖のネットワークの結果として生まれてくることは事実であり，また次世代以降の子孫のネットワーク形成の可能性をもっていることも事実である。過去と未来に連なる親族ネットワークの交点に今自分が存在し，それはエリアスの言い方に倣えば松明のリレー走者ということになる。家族と考える範域が時代や社会により異なることをふまえれば，家族を集団としてとらえる視点だけでなく，家族を個人ネットワークの偶然の集積としてとらえる視点（目黒 1987）が重要になってきている。

という「家」制度的な感覚や事象はしだいに減少しつつあるが，直系家族制のわずかな残存としては，墓守りと老親扶養を誰が行うかという問題があげられる。

　家族分析の基本概念として，上記のような2つのセットを確認できるが，これらを理解する背後に親族ネットワークの存在が前提としてあることをふまえる必要がある。私たちがもつ親族ネットワークは，親子関係を上世代と下世代にたどる「血族」と，夫婦関係を通じて配偶者の親族と結ばれる「姻族」の2種類によって構成される。親から上世代の過去に向けては先祖のネットワークが存在し，

子から下世代の未来に向けては子孫のネットワークが想定され，その両者の中心に自分自身が存在することになる。この親族ネットワークのうち，一定の生活実態と考え方に従って，切り取られた特定範囲の集団が家族であると考えられる。すなわち，過去と未来に開かれた親族ネットワークそのものは，時代と社会にかかわらず誰においても同じように存在しているのだが，このうちどの範囲を家族として切り出すかが，時代と社会に規定された生活実態と意識によって様相を異にするわけである。他方，その切り出し方は当該の時代や社会にとって「当然のもの」と感じられるために，切り出された範囲にすぎない人間関係が「基礎的なもの」としてとらえられていくのである。私たちは主観的には家族のなかで，客観的には親族ネットワークのなかで，過去の世代からのバトンを未来の世代に引き継いで，人生を全うしていくのである。

　G. P. マードックは，親族ネットワークのうち，夫婦とその未婚の子どもたちからなる関係を「核家族」（nuclear family）ととらえ，その結びつきの強さを指摘した（Murdock 1949=1978）。核家族には，夫婦・母子・父子の3関係があり，きょうだい関係が加わることもある。母子関係は出産という生物学的基礎のある関係だが，父子関係は分析的には子を産ませた生物学的父と，子を育てて社会に結びつける社会学的父に分けることができる。きょうだい関係はもちろん一生続く血縁なのであるが，その後，各々が生殖家族をつくって別れていくことを考えると，心理的には親子関係と友人関係の中間のような関係ともいえる。また，核家族では，社会生活に必要な経済的機能・性的機能・養育機能・教育機能の基本部分が達成されることが特徴であり，前二者は夫婦関係，後二者は親子関係を通じて営まれることが多い。

　それでは，以上のような家族分析の基本概念を視野に入れながら，現代日本の家族の様相をとらえてみることにしよう。

生産共同体から消費共同体へ──衰退と強化の交錯

現代社会において私たちは〈家族〉というものに過剰に反応する傾向をもちつつあるといえよう。その背後には，旧来の「家」制度から，私たちの感性を喚起する共同体としての核家族，のちにふれる「近代家族」への変化が横たわっている。近年の家族をめぐる現象で気づかされるのは，ある人は「生活のなかで家族をもっとも重視したい」といい，ある人は「家族が衰退してきている」という，一見矛盾しているような言い方が併存していることである。家族重視の姿勢は，生活基盤を支える重要な集団であった地域共同体や親族共同体など

> **COLUMN** **11-2 シングルという生き方――「おひとりさま」の時代**
>
> 　単身世帯が増加している。1920 年に 6.0%，高度経済成長期が終わった 1975 年でも 13.5% にすぎなかった単身世帯が，2015 年には 1842 万世帯，全一般世帯数の 34.6% に達している。世帯の 3 分の 1 が単身で暮らしているのである。高齢化の進行により，配偶者との死別による高齢者ひとり暮らし世帯も増えているわけだが，同時に非婚により一生をシングルで過ごす人たち，あるいは早期の離婚によりシングル状態に戻るといった人たちも増加している。私たちが共同的に問題を処理し，生活を相互に支えようとする最小単位が家族，さらにはカップルに限られるという時代ではなくなりつつあり，シングルという生活の過ごし方がじわじわと市民権を得てきている。
>
> 　それを支えているものは，象徴的に「コンビニとスマホ」といえるであろう。コンビニにいけば日常生活に支障をきたさない程度のあらゆるものがあり，徒歩圏のサンダルばきでそこまでいけたりする。ミニ PC ともいえるスマホは情報入手と情報発信の手段であり，その先にある SNS によって人びとはつながっていられるともいえるし，つながりを強制されるともいえる。サービス業においてもひとり客を見逃すわけにはいかず，「おひとりさま」と呼ばれる形で，ターゲット化されてきている。社会制度の多くは家族単位・世帯単位で運営されているものが多いものの，個人単位・シングル単位の価値観の浸透とともに，各方面で起こっている齟齬に対して，対応が求められようとしている。ひとりカラオケはすでに人口に膾炙しているのだが，ひとり焼肉，ひとりボウリング（R. パットナム『孤独なボウリング』），さらには，ひとり旅，ひとり遊園地，ひとりフランス料理。どこまで「おひとりさま」でできるか，あなたも挑戦してみますか。

が衰退し目立たなくなることで，家族が相対的に浮上してきたと考えることもできる。それらは，近代化にともなう国家と個人の間にある中間集団の衰退とまとめられる。そして，その中間集団の衰退がしだいに，集団としての家族にも及びつつあるのである。したがって，家族が重視されるからこそ，家族の衰退が不安視されるというふうに，矛盾してみえる両者の考え方を整合的に理解することも可能である。

　そのように家族が衰退してきたといわれる重要な論点の 1 つは，産業社会ならびに高度産業社会の達成による人びとの生活と人間関係の変容に起因する。農業が産業の中心であった時代においては，家族を含みこんだ地域共同体や親族共同体が生産の重要な単位であった。しかし，産業化社会の進展は人びとを農民から

労働者・勤労者へと変化させ，家族のなかから生産という性格を奪っていった。従事する職業の変化は，人びとを土地から離れさせ，自由な地域移動を可能にしていく。そのような地域移動の可能性を確保するには，家族のサイズが小規模化せざるをえない。祖父母と同居しなくなる家族の核家族化，きょうだいが減少する家族の小家族化が進行することになる。その過程で，男性が外で働く雇用者化と，女性が家庭に入る専業主婦化が進行していく。旧来，農家の働き手という形で男性とともに就労していた女性たちが，産業構造と家族の変容にともなって，明確な性別役割分業へと吸い込まれていくことになったのである（落合2019）。

　先にふれたように，高度経済成長期を境として，各種の耐久消費財が3種の神器，3Cとして家庭へ普及していく。核家族の増加はそのような耐久消費財を購入する単位の増加にもつながっていった。家族は，農商工的生産の単位から消費と享楽の単位へと変化していった。そのようななか，父親は新しい耐久消費財を購入する貨幣を稼いでくることによって父親の権威を保っており，戦後の民主化によって失われた家長の地位はそれによって代替されていた。したがって，父親の権威が耐久消費財の新規購入によってかろうじて保たれていた以上，耐久消費財の普及が一巡し，買い替えが中心の時代に入ってきたときに，父親の権威がいっそう低下していくのはきわめて理に適ったことであった（小谷1998）。父親が「わが家のATM」と揶揄される時代でもあるが，母親が就労して稼ぐことも増え，父親は尊敬される立場を母親に譲りわたしつつある。

　産業構造の変動とも連動して三世代家族から核家族が生み出され，志向される流れは，人間関係のシンプル化，生活の利便性や自由を求める価値観をいっそう加速することになり，家族内での私事化をいっそう浸透させていった。好みに合わせて他の家族員と異なるものを食べる個食，個人向け電化製品たる個電など，パーソナル・ユースへの志向が家族のなかには溢れている。コンビニエンス・ストアの隆盛が，そのようなパーソナル・ユースを背景で支える。ことは消費の側面に限られない。農業や商工自営業が中心であった時代は，人びとが生計を営む方途は「家業」であったわけだが，教育達成や能力形成の個人化が進み，地域移動・階層移動が可能になると，それは個人が一生のなかで営む「職業」となった。しかし，産業の栄枯盛衰の速さのなかで，一生同じ職業・同じ会社で通すことも当たり前ではなくなり，時期ごとの職業能力の形成が重要になったり，定年後という職業と関わりのない長い期間が生み出されることで，職業も相対化される時代に入ってきた。そのような時代において，「転職」「キャリア」というキーワー

> **COLUMN** **11-3 私事化する家族と社会調査**
>
> 社会学において具体的な事実を確認しながら調査研究を行う方法の1つに，**参与観察**（participant observation）という方法がある。それは，調査者自身が研究対象となっている集団や事象にわけいって溶け込み，その集団の一員としてふるまいながら，そこで起こる事実や影響関係，当事者にとっての意味を，その内部の現実感覚・リアリティを保ちつつ確認・表現していこうとする方法である。参与観察はいわば突撃部隊のように現場に飛び込んで研究成果を達成しようとし，その方法はすべての集団に対して可能なように思われる。しかし，現代日本においてこのような参与観察がほぼ困難であると予想される集団が意外なところにある。それが，家族である。家族のなかに見知らぬ他者が社会調査と称して入ってきて，私たちと生活の起居をともにしながら観察していく。そんな光景を想像することはできないし，そのような行動に今の家族は耐えられそうにない。
>
> 現在，家族に対する社会学的な調査研究の多くは，調査票を使用して回答してもらうものであったり，インタビューによって家族内の出来事の事実確認や当事者の意向を聞くものであり，それらによって多くの重要な研究成果が生み出されてきた。しかし，それらの成果は，家族に対して参与観察を行って達成された結果というわけではないことが多い。むしろ，家族調査を実施しようとしたとしても，それを参与観察によって行おうという発想すら浮かばないほうが一般的である。なぜ，私たちは家族に対する参与観察のイメージすらもちえないのだろうか。
>
> 現代社会において，私たちは「公私」（public/private）という感覚をもっており，公私は各々別々な空間において営まれる世界として理解されている。家族はそのなかの私世界を代表する集団であり，その他の集団から切り離された私事的な空間において営まれるプライベートで親密な関係として理解されている。そう考えさせる要因の1つが，核家族が示す，親子の世代のみによって構成される関

ドが飛び交っているのである。

消費的にはパーソナル・ユースの時代，生業的には家業が衰退した時代だからこそ，家族には**ファミリー・アイデンティティ**（family identity）が問われるようになってきた。それは，相互に家族員と認定し合うようなまとまり・結合感であるが，家族に必要とされる①血縁・姻戚関係，②共同生活（家計と居住），③情緒的愛着の諸要素のうち，情緒的愛着が肥大化してきた時代の産物でもある。単身赴任の父は血縁・姻戚関係にあるものの，先の②③の要素を強く満たせず，むしろ家庭にいるペットがそれらの要素を満たすような状態になっているのである。私

係のシンプルさである。そのシンプルさが家族を1つのまとまりとして感じさせ，お互いに気をつかわなくてよい存在であると位置づけさせる。そのような状況のなかに，他者としての調査者が入ってきて寝食をともにすることなど想定できない。しかし，核家族はそのように関係がシンプルなるがゆえに，直系家族のように，家族が抱えた問題を多様な人間関係のなかに分散させて和らげることができず，直接真正面からぶつかり合ってしまうこともある。かつて，E. W. バージェスとH. J. ロックは家族の歴史的変動過程を「制度家族から友愛家族へ」と説き，個人の自由が法律・慣習・権威といった制度によって極度に抑圧・統制された前者の家族から，相互の愛情を基礎に平等・対等の関係であることを理念とした後者の家族へと発展すると考えた。核家族は友愛家族の1つの形として考えられるが，現代社会におけるそれはやさしさに満ちた相貌を示しつつ，もろさときつさを同居させている。

　家族はプライベートな空間だから，その内部を他者に知られる必要はないと考える度合いが強くなってきている。そのため，100年の蓄積をもち，5年に1度全数調査として日本政府が行う国勢調査でさえ，回答の拒否が急増している。社会学が行う参与観察はおろか，家庭に調査票を置いてきて回答してもらう留置型の質問紙調査でも，回答の受け渡しの面倒さや回答を見られる心配もあって，家族にとっては敬遠されだしているのである。2015年の国勢調査からはインターネット回答が本格的に導入されている。自分にとって大切な世界であり，他者に知られたくないプライバシーをもった家族。近代社会の形成により，私的領域に属するようになった家族の私事化（privatization）がいっそう進行しつつある。社会調査と家族との関わりのありようは，現代日本における家族のプライベートさを照らし出す重要な事象だといえよう。

たちは血縁・姻戚関係にないにもかかわらず，ペットを「家族の一員」というカテゴリーで位置づけるようになっている（山田 2004）。

　衰退と強化が交錯する家族においては，家族のまとまりを確認したり，家族ならするはずの共同行動を旅行・レジャーや外食の形でわざわざ行う「家族イベント」のような感覚が浮上しつつある。家族は確固たる存在なのではなく，人びとの行為によって演出される様相をもつことにもなり，「〈家族する〉家族」の時代になったともいわれる（中野 1992）。家族の衰退は，家族にできることの許容限界を作り出しているのだが，他方で，医療や福祉の場で家族が最後の責任主体と

してさまざまな判断を問われる状況も起こっている。衰退と強化はここでも交錯しているのである（第9章参照）。

(n-1) LDK住宅に潜む近代家族観

しかし，現代日本において私事的な空間と強く考えられている家族像は，いつの時代にもそうであったわけではない。むしろ，それは家族構成の変化とあいまって，ここ50年ほどでより明確になってきた出来事ともいえるのである。それを考える題材の1つが家族を入れるハコたる住宅である（上野2002）。

家庭に入ってくる新聞やチラシで，住宅の広告を見てみよう。そこには，2DKとか，3LDKとかいう間取りの数字と記号が書き込まれている。Lは茶の間たるリビング，DKは食堂・台所たるダイニング・キッチンを示す記号である。そして，それらの記号の前にある数字nが，住宅内の居住スペースとして区切られた部屋数を示している。その数字にはいくつかの意味がある。まず，そこに数字があるということは，従来，食事をする同じ場所に家族員が雑魚寝をするような居住状況だったものが，寝食分離という発想によって住宅が建てられ，寝る場所として各人のスペースが確保されたことを意味する。

しかも，それは子どもたちの部屋，さらに子どもごとの個室として確保されることが多い。子ども部屋について，一時「勉強部屋」という言い方がされていたことがある。しかし，しだいにその部屋で子どもたちがすることは勉強だけではなくなり，むしろ好みのアイテムや各種メディアによって満たされた居心地のよい空間とされるようになってきて，「勉強部屋」という言い方は似つかわしくなくなり，そして，子どもたち共有の部屋でさえなくなった今，「個室」という位置づけが適切となってきている（島田1997）。家のなかでも家族員がいっしょに集まることが少なくなり，個室で寝るためにだけ家に帰るようになったということを揶揄して，「ホテル家族」と言われたりもする。茶の間はロビー，子どもたちの世話をする母親はフロントということになるのであろう。近年，親子の葛藤が家族問題としてあまり顕在化しなくなったのは，友達家族とも称される親子関係の良好さに加えて，気に入らない親の干渉があったとしても子どもは自分の個室に入れば，それを遮ることができるという条件によるところも大きいであろう。親に煩わされることもなく，自分の好みに満ちた個室からスマホやパソコンのネットワークが外部たる社会に向けて広がっているのである。

nLDKのnの数値に潜むもう1つの意味とは，この数値nが（家族員-1）の数字であることが多いということである。すなわち，家族員数との関係では，(n-

1）LDK が正確な居住表示ということになる。そのことは、家族員のなかで個室をもたない人たちがいるということを示している。それは、夫婦であり、夫婦は各々の個室ではなく、夫婦1組で1部屋をもつことになるが、それは夫婦同室同床が前提となっていることである（沖藤ほか 1990）。そこには、愛情ゆえに結婚し、家族のなかで性行為を営むことが許容されたカップルとして想定される夫婦像が存在している。しかし、しだいに、中高年の夫婦で、子どもたちが他出していったあとの子ども部屋を使っての別室別床も主張され、カップルが前提という住居構造もその使い方に変化が現れている。

　ここまでみてきた私事化し内閉化する家族現象の背景には、近代家族（modern family）という考え方が存在している。近代家族とは、社会史の P. アリエスやショーターらが用いた概念であるが、親密性・情緒性という家族感情に支えられた、子どもを中心とする核家族のことであり、子どもの世話をする母親役割が神聖視され、周囲との社交や交流の衰退・非親族の排除により、より内閉的な集団性が強化される状態のことをさしている。市場の成立により、家内領域と公共領域が各々私的・公的と明確に分離され、男は公共領域、女は家内領域を担うという性別役割分業が付随したことが近代家族誕生の背景となっている（落合 2019）。これらは時代を超えた家族の一般的性質のように思われるが、じつはそうではなく、近代社会という、ある限られた時間幅の時代に特有の家族の特徴でしかないと主張されてきている。日本でも、大正期の中産階級に出現し、第二次世界大戦後に近代家族が大衆化してくるのだが、それを支えたのが高度経済成長という社会変動であった。私たちの家族観も歴史的背景のもとに生成・変化し続けているわけである（牟田 1996）。

　ここまでの議論を整理しておこう。私たちは、先祖と子孫、過去と未来を視野に含めるならば、家族のなかというより、親族ネットワークのなかに生まれてくる。その親族ネットワークのなかから時代と社会によって、切り出されてくるのが家族である。そして、家族はある居住条件やメディア環境との相関関係のもとに家族構成や行動特性を作り出していく。私たちは家族を独立した主体と見なしがちな感覚のもとに生きているのだが、むしろ上記のような関係ネットワークと社会環境のなかに現れる残像のようなものが家族なのである。

SECTION 3 〈家族のなかの人生〉という見方の変容

400 m トラックの完走としてのライフサイクル

家族という存在が，人生を過ごすうえでかならずしも前提でない時代に入ろうとしている。もちろん，多くの人が一生を家族のなかで過ごすことが事実であるとしても，高齢期のひとり暮らしや非婚や離婚によるシングルという生き方の存在などが，私たちに発想の前提の見直しを要請してきている。家族員の独立性の進行は，私たち1人ひとりの人生という視点を浮き上がらせてくる。しかし，従来の人生への視点は，人びとが家族のなかで生きることを前提とするものであった。その代表的な発想が，「家族周期論」(family life cycle) であり，それを支えているのがライフサイクル (life cycle) の視点である。

19世紀末から20世紀にかけてイギリス・ヨークにおける労働者家庭の貧困問題を調査研究したB. S. ロウントリーは，最低生活をぎりぎり維持する程度の「貧困線」(poverty line) に着目したが，その研究の過程で労働者家族の一生はその貧困線を浮沈するものであることに気づいた。人間の一生に着目した場合，貧困線を割り込んで経済生活の厳しい状態に陥る3つの時期がある。第1は，自分が子どもの時代で，順次生まれてくるきょうだいの子育てや教育に費用がかかる段階であり，子どもが成長して順次稼ぎ出していくことによって，その家族は貧困線から上昇することができる。第2は，自分が結婚をして親になり，子育てをする段階である。子育てや教育に費用がかかるが，今度は自分が親としてそれを負担しなければいけないわけである。第3は，自分の子どもたちが順次成長して家を出ていき，それとともに自らも老後を迎え，経済的な収入が見込めなくなる段階である。このように，人は一生の間に経済的浮沈を3回繰り返すという命題は，ロウントリー以降，家族の段階における標準的な経緯という視点を成立させていき，ライフサイクルと呼ばれることになった（Rowntree 1901=1975）。

ライフサイクルとは人間の一生における各種の出来事の規則的推移に着目する視点であり，［結婚による夫婦の始まり-子育て-子どもの他出-老夫婦の生活-両者の死亡］という段階を経て，私たちは人生を歩んでいくことが強調される。いわば，ゴールとスタートが決まっている陸上競技場の400 m トラックを全員が走っていくようなイメージである。

大正期と昭和末期を比較して，日本のライフサイクルの変化として指摘されるのは次のような諸点である。①出産期間の短縮。明治・大正期において子どもを産む数は5人くらいであったが，現在は2人の子どもを産まない時代に入っている。そのため，従来15年ほどであった女性の出産期間が，現在は2人産んでも5年ほどと短くなってきている。②子育て期間での縮小幅の少なさ。子どもが減ったので子育て期間も短くなるように考えられるが，明治・大正期に比べ，子どもたちが学校に行く期間が長くなり，高学歴化したため，長子誕生から末子の学卒や結婚に至る期間は出産期間が減少したほどには減っていない。パラサイト・シングルのような状態に子どもがいるならば，子どもとの同居期間・依存期間はさらに伸びる。③老夫婦期間や三世代家族期間の延長。夫が末子の結婚を見届け，定年退職後ほどなくして亡くなった時代と比較して，平均寿命が伸びたことで，現在は定年後17年間ほど老夫婦で過ごすという長い時間が存在するようになった。同時に，老夫婦としての，その長さに耐え兼ねるかのように，熟年離婚・定年離婚といわれる現象も珍しいことではなくなってきた。また，老年期の延長は，同居・別居にかかわりなく，三世代にわたって家族が存在するという現象を長期間生じさせることでもある。祖父母が80代，90代と長命になることによって，その孫たちは大学生になるくらいまで身近な人の死に出くわさない時代ともなっているのである。

時代の刻印を帯びたでこぼこなライフコース

　家族研究においては長らくそのようなライフサイクル的視点が続いてきていたのだが，そのような視点で家族をみていく意味合いがしだいに薄れるようになった。離婚・再婚の一般化や高齢期の長さの個人差の拡大などによって，一生のなかで個人で過ごす時間や，個人を中心においた生き方というものが確実に浸透するようになってきたからである。そして，それは多くの家族の共通性に着目するより，各々の家族と個人の個別性・固有性に着目する必要性が高まってきたことでもある。比喩的にいえば，各自の走る道が，整地され平坦で同じ長さの400mトラックではなくなり，むしろ異なるでこぼこ，異なる長さをもつ1本の道筋というのがふさわしくなってきたのである。そこにおいて，人間の一生をライフコース（life course）という人生の道程ととらえる発想が成立してくることになった。

　ライフコース研究においては，それをやや客観的に位置づける側面と生きられる世界として表現する側面がある。前者における視点としては，ライフコースは

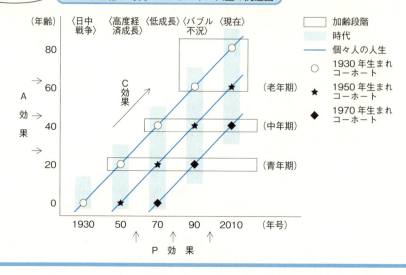

FIGURE 11-2 加齢・時代・コーホート・人生の関連図

歴史的出来事と社会構造によって規定されつつ，年齢・性別などに分化した役割遂行と家族・職業など相互依存する複数のキャリアの集積たる個々人の履歴としてとらえられる。それは，「APC 効果」の帰結としても把握される（図11-2）。ここでいう，A とは「加齢効果」(aging) であり，年齢の上昇にともなう身体・生活・意識への諸効果である。高齢化での身体の衰えとか，意識の保守化などが，その一例である。P とは「時代効果」(period) であり，特定時代の影響が人びとにいっせいに及ぼされることであるが，当然ながらどの年齢段階や状態にいるかにより，時代効果に関わる同じ事象も一様な効果を及ぼすわけではない。経済不況という時代経験も，若年期の就業段階，中年期の子育て費用のかかる段階，老年期の仕事から離れた段階で各々異なってこよう。C とは「コーホート効果」(cohort) であり，同一時期に同一経験をした人たちにその後もたらされる類似の効果のことである。主要には，出生コーホートが着目され，日本では，大正後期生まれで死と寄り添って青春時代を過ごした「決死の世代」（森岡 1993），戦後直後生まれのベビーブーマーたる「団塊の世代」，高度経済成長期に生まれた「新人類」，文部科学省の教育方針の変容を体現した「ゆとり世代」などが社会的着目を集めた。2017 年の第一生命「サラリーマン川柳コンクール」の大賞は，「ゆ

とりでしょ？　そう言うあなたはバブルでしょ？」というコーホートを揶揄したものであった。また，同期入社コーホート，出産コーホートなども類似の影響を経験するものとして存在する。以上のような APC の諸効果のからまりとして人びとの一生は描かれる。各自は自らの人生を，各々のコーホートの一員として，図 11-2 の右上の方向に向かって，後戻りすることなく，生きていくわけである。その際，年齢段階ごとの心身の状況や家族・人生の課題の変化を抱えながら，同一時代の影響をコーホートごとに異なる形で受容して，右上の方向に歩んでいくことになる。

　他方，ライフコースを当事者の生きられた経験のほうにやや比重をおいてとらえようとする視点もある。代表的には，D. プラースによる研究でみられるものだが（Plath 1980=1985），こちらは人びとの人生の展開を口述として聞きとるライフヒストリー研究とも接近するものになる。そのようなライフコース観のもとでは，個々人は，各々の時代が用意した「人生行路」（pathway）というシナリオのなかを，家族・親族・友人・職場仲間など「同行集団」（convoy）と連れ添いながら，「持続的自己イメージ」（perduring self-image）を保って，生涯を生き抜いていくととらえられる。個々人は各自のライフコースを紡ぎ出す人生の機織り職人のようなものなのである。

　さて，それらのようなライフコース的視点をもった場合，近現代の日本社会においてどのような特徴に着目することができるだろうか。日本社会が揺れ動いた歴史の刻印として大きな意味をもったのは，日中戦争・第二次世界大戦と高度経済成長であろう。戦争への従軍や親しい人の死亡，被爆も含む戦災体験は人びとの一生と記憶に多くの苦い痕跡を残していようし，敗戦後の占領軍による日本の民主化政策の浸透は，戦前期と異なる価値観を人びとの行動と意識に植えつけることになった。また，「戦後は終わった」とされる 1950 年代後半以降の日本社会は，世界にもまれな高度経済成長を達成することになり，先進資本主義社会の仲間入りを早期に実現していくことになった。東京オリンピックや大阪万国博という 2 大イベントを経たその時期はバラ色の未来に満ちていたともいえようが，働きすぎのモーレツ社員への揶揄や「くたばれ GNP」といったスローガン，公害問題の発生など，高度経済成長の負荷も意識されるようになっていったのである。

　他方で，戦争もなく，経済も低成長期に入った 1970 年代半ば以降で，自分の生涯に大きな影響を及ぼす歴史の刻印を強く感ずることは難しくなってきた。そのなかでメディア体験や，都市郊外での成長体験といったものが，特定のコーホ

ートの存在を実感をもって感じられる共通経験としてわずかに存在してきた。そんななか，1990年代，日本経済の「失われた10年」に就職時期を迎えた若者たちに非正規雇用が多くみられることは，その影響が家族形成や社会保障の効果などにじわじわと現れてきている。それゆえ，彼らは「ロスジェネ」(lost generation)とも呼ばれたりする。そして，海図だけでなく羅針盤も機能しないなかで，21世紀に突入したようにみえた2011年，私たちは東日本大震災に遭遇したのである。約1万6000人の死者，約2500人の行方不明者をだし，原子力発電の安全性の問題をつきつけたこの大震災は，私たちに消せない記憶を残している。私たちは一瞬にして〈生命〉の危険にさらされ，その難を逃れたとして，避難から再建にいたる〈生活〉の長いプロセスがあり，それらの事情を〈生涯〉の経験・記憶として〈生〉が営まれていく。ライフコース上の東日本大震災の意味はこれから長く問われていくことになるであろう。

ライフコースごとのライフスタイルの多様化——結婚と葬儀

大人として生きる私たちは自分たちの選択を自己の単独の意思決定によるものと思いがちであるが，それには当該時代の社会全体の生活や意識の動向や歴史性が反映されていることが一般的である。したがって，私たちが自らのライフスタイルの選択と思っている出来事も，じつは各自が歴史と社会変動の流れのなかで鋳型にはめられたライフコース現象の一例となることがある。その現代的な例を，結婚と葬儀という人生の両極において確認することができる。

結婚から考察していこう。ライフスタイルの多様化が喧伝される昨今，若者の結婚時期が遅くなる晩婚化さらには未婚化傾向が進行しつつある。なぜ，そのような現象が進行するのであろうか。それは，過去と現在では，日本社会における男性と女性での結婚の意味合いが違うからである。山田昌弘はその論点を次のように整理する（山田1996）。

男性にとっては，結婚は人生における重要なイベントだが，性別役割分業として自らが働くことを前提とし，また強いられている以上，結婚相手によって大きくライフコースが変転するものではない。他方，女性にとって，結婚は男性以上に階層移動を含む「生まれ変わり」の機能をもつ重大なイベントであり，結婚相手によって社会的評価が高くも低くも変わりうる。このような違いによって，男性と女性の配偶者選択の基準は大きな影響を受けると考えられる。男性は配偶者として，かわいい女性，自分より年下で，学歴・職業・収入などは同等以下の女

性を選ぶ傾向が強い。それに対して，女性は配偶者として，自分の学歴・職業・収入などよりランクの高い男性，加えて，自分の父親より学歴・職業・収入などのランクがより高い男性を選びたいという傾向が強い。

　上記のように説明される男性と女性の結婚の意味合いの違いは，ある時間幅でみれば大きく変わっていない。しかし，これがある具体的時間域におかれ，個々人のライフコースの違いと連動すると異なった様相を帯びてくる。高度経済成長期では，大学進学率の上昇が続き，産業構造の大幅な変動がサラリーマン層を増加させていった。収入も右肩上がりに上昇する状況において，若者は男性・女性ともに皆婚的状況にあった。しかし，1970年代半ば以降から低成長期に入ってきた結果，職業や収入などの上昇条件は消滅し，女性自身や父親の高学歴化もあって，結婚相手の男性の学歴条件が女性や父親より高いランクにある状態ではなくなっていった。その結果，男女とも，とくに女性からみて結婚条件にふさわしい相手がいないという結婚難が生じることになった。とりわけ，相対的に高い階層の女性と，相対的に低い階層の男性という各々の層で結婚機会が縮小していく。さらに，男女の交際機会の増大にともなう，異性にもてる層ともてない層の分化，恋愛と結婚が分離しつつも結婚の前提としての恋愛至上主義の浸透，結婚相手となる選択対象が増大したことで配偶者選択を遅らせる傾向などが，晩婚化や未婚化に一定の影響を及ぼしていると考えられる。そのような状況のなか，男女の手探りの恋愛を経ての結婚が面倒くさいとして，出会ってほどなく結婚する「いきなり結婚族」と称される様相も起こりつつあれば，結婚は希望しつつも恋愛状態にないもの，そもそも人生設計のなかに結婚を組みこまないものも増加している（永田 2017）。

　以上を整理すると，結婚相手についてのある種の考え方に時代を超えて極端に大きな変化はなかったものの，それら対象選択の相手がおかれる社会構造上の変化によって，結婚の難しさが増加し，晩婚化や未婚化が帰結されてきたことが理解される。今度は，その過程がしだいに結婚相手の考え方にも変容を生み出しつつある。女性が年上である結婚の微増がそのような例である。私たちがどの時代に生を受けたかというライフコースの違いによって，結婚の可能性も変容しているのである。

　同様なライフコースの違いによる影響は，高齢社会の進展による死や葬儀の変容についてもいえる。嶋根克己は次のように論点を整理する（嶋根 2003）。

　近世の農村社会においては，協同労働や共有地を媒介に緊密な村落共同体が存

> **COLUMN** *11-4* 結婚と離婚——その基本概念

「結婚」(marriage) や「離婚」(divorce) も時代や社会の違いを反映して，その制度や内実にいくつかの枝分かれがある。おもなポイントを確認してみよう。

まず，結婚の分類として，配偶者の人数による区分がある。相互にとって配偶者が1人であるという一夫一婦婚は「単婚」(monogamy) と呼ばれ，どちらかが複数である一夫多婦婚，多夫一婦婚などは「複婚」(polygamy) と呼ばれる。論理的には多夫多婦婚がありうるわけだが，歴史資料的には存在が確認されていない。現代社会において，離婚の一般化がみられるのだが，そうするとその時点ごとには一夫一婦婚なのに，一生を通じてみると複数の人と配偶関係をもつ人がいることになる。これは単婚・複婚のどちらに位置づけるべきなのかという問題が発生することになり，単婚の相手が時間のなかで変化するということで，「系列単婚」(serial monogamy) という概念化がなされている。

その配偶者はどの範囲の人から選ばれるのであろうか。そこには，「外婚制」(exogamy)，「内婚制」(endogamy) の双方が働くといわれる。外婚制とは自分が所属する集団内での結婚を禁止または忌避する制度であり，その範囲の外の人との婚姻がすすめられることである。普遍的には家族内での結婚や姦通を禁止する「インセストタブー」(incest taboo) があるし，中国や韓国においては父系の同姓不婚の考え方の存在が指摘される。他方，内婚制とはその集団内での結婚を要請する制度であり，一般的に同じ人種，宗教，階層内での婚姻が望まれる傾向がある。協定結婚（見合い結婚）から自由結婚（恋愛結婚）へという近代社会の大きな流れは，配偶者選択の幅を拡大したという側面もあるが，一方で，出会わ

在しており，葬儀も個人や家の問題という以上に，村落共同体全体の共同事業であったといえる。香典は死者に手向ける線香のためのお金という意味であるが，急に生じた葬儀で多くの参列者が飲み食いすると，遺された家族の家計を圧迫するので，家族を助けるために香典を共同体成員が持ち寄ると考えられた。また，葬儀の準備，金銭・物品の出納管理，関係者への連絡事務，さらには墓地の墓掘りまでの繁雑な諸作業に対して，村落社会から多大な労力提供がなされてもいた。

しかし，近代化・都市化にともなう地域関係と生活様式の変容は，葬儀をも大きく変えていった。葬儀への参列者の多くは近隣の人たちというより，故人と一面識もない遺族の職場集団の人びとであることが多くなり，職場の同僚と家族を激励するため，香典を携えて参列することも増えてきた。そのこともあり，地域

ない人とは結婚に至るはずもなく，自らの行動範囲・交友範囲のなかに選択が限定されるともいえるのである。

　離婚についても，それを許容するかどうかの考え方をめぐって，「結婚非解消主義」と「結婚解消主義」の分かれがある。前者はおもに宗教的な発想から，神が合わせたまいし夫婦関係は生涯解消できないと考え，後者は婚姻は人為的なものだから解消も可能であると考える。後者も2つに分かれる。1つは，婚姻解消に値する事態に対して夫婦どちらかに責任がある場合やむなしとするものであり，「有責主義」と呼ばれる。もちろん，離婚したいために配偶者の一方がそのような事態を意識的に引き起こす場合もありえ，有責主義では離婚はその事態に責任のないほうからしか申し立てられないという「クリーンハンドの原則」が採用されることが多い。有責主義に対し，婚姻継続という事象が実態的に崩壊しているという点にのみ焦点をあて，離婚を許容する考え方を「破綻主義」という。

　他方で，そのような結婚制度がもたらすさまざまな不利益や拘束を遠ざけたいという考えから，選択的夫婦別姓制度が提案されたり，婚姻届を出さずに法律上は同棲にとどまる「事実婚」という形式を選ぶ人たちも登場してきている。また，婚姻が男性と女性というヘテロ・セクシュアルな関係に限られるものではないとして，男性同士や女性同士の同性カップルが認められるべきだという主張がなされており，同性婚を認める国もある。日本でも同性パートナーシップ制度を導入している自治体がある。

共同体の葬儀では参列者から食料の供出も多かったのに対し，現代的な葬儀では物品や労力の提供のかわりに金銭が多く出され，その金銭を使って必要物品の購入や葬儀業者への依頼が行われるようになった。

　高齢社会の進展は，この様相にさらに変化をもたらしている。人生100年時代において死亡する高齢者は，定年退職後かなりの時間を経過していることになり，かつて故人が所属した職場集団との人間関係はずいぶん遠くなっており，そこからの援助は想定しえない。また，葬儀に駆けつけるはずの友人たちも高齢者であり，お互いに順次見送り見送られる存在として，その数をしだいに減少させていく。もちろん，故人の子どもたちの職場集団からの援助の可能性はあるが，人生100年に近い寿命の長さは故人の子どもたちをも60歳代以上の定年退職世代に

してしまい，職場からの応援を期待できなくしている。したがって，高齢社会の葬儀は，葬儀業者の主導のもと，身近な近親者を中心に慎ましやかに行われる方向性に向かっている。加えて，DINKSや晩婚化・未婚化の結果，子どもをもたない人たちにとっては，わずかな友人と葬儀産業が別れを見送る存在となっていくのであろう。また，直葬（じきそう）とよばれる葬儀を行わず，直接火葬にふす形式も増えているという。

　以上のように，地域共同体での葬儀，職場集団による家族の支援といった段階を経て，現代では葬儀業者が中心の葬儀サービスが必然化してきている。人口構造や産業・職業構造，家族関係の変化のなかに，私たちの死に方もおかれているわけである。歴史性を帯びたライフコースの違いによって，私たちの死の迎え方の彩りも変容してきている。

　「人は，人生において三度主役になる」という言われ方があった。生まれたとき，結婚するとき，そして，死ぬときである。しかし，未婚化が進み，葬儀を見送る人も減り，さらに，少子化が止まらない状態において，人はいつ主役になるのであろう。

SECTION 4　家族と社会問題

親密な存在ゆえの愛情と憎悪――性愛と暴力

　家族の変化の方向を示す「友愛家族」という言葉に象徴されるように，現代社会において家族成員は，「親密」(intimate) な成員として位置づけられている。私たちは，自分の周囲のすべての人間関係において親密なわけではなく，親密と疎遠の両極の間に各種の人間関係を保持している。もちろん，親密な関係でもすべての側面がそうだという一次元的なわけではなく，そこに距離のある側面がある場合もある。家族はそのような親密な人間関係の代表的な存在であるが，親密なるがゆえに家族内において起こる行為として，性愛と暴力がある。それらの背景には，一般的にいえば愛情と憎悪という感情の発露がある。

　私たち人間が愛情と憎悪という相反する感情をもつことは一般的であり，各々の感情の程度や比重，対人関係での表現や行動においては各人各様の差異があろう。そして，愛情と憎悪は二律背反的なものでもなく，同一の対象に対して両者を抱くこともある。それは，男女の夫婦間に限らない。親は子どもを愛すること

もあれば憎むこともある。子どもは家族のなかではじめて愛される経験をもつが，はじめて憎まれる経験をもつこともある（副田 2000）。感情のたががはずれる装置，それが家族なのでもある。したがって，家族においては感情の過少と過剰が，愛情においても憎悪においても現象化しうる。親の過保護・過干渉，子どもの甘え・依存，親のいじめ・体罰，子どもの反抗などは各々，過剰に示された愛情と憎悪ということになろう。

性愛と暴力は対比的な行為ではあるが，家族内において発生し他所では示しにくい，ある一線を超えた行為であるという位置づけには類似性がある。家族内における性愛は，一般的には夫婦間において営まれる性行為をさすわけだが，家族現象として広義に考えれば，性愛を中核として，それを社会的に許容する婚姻の制度などまで緩やかに含めることもできよう。セクシュアリティは本書第 12 章で論じられるので，ここでは婚姻がもたらす人間関係についてふれておこう。

かつて，G. ジンメルは，近代的な婚姻には，新婚期には肉体的な一体性，精神的な一体性を求め，相互に完全にあますところなく溶け合いたいという欲求があり，配慮と距離をもって接するという心性がなかなか実現されないと論じた。そして，そのような関係の絶対的な統一性を求めることは，夫婦という親密な関係においても，いやむしろ親密な関係だからこそ，関係解体の危機を招く恐れがあると考えていた（Simmel 1908=1994）。すなわち，親密な関係であるからこそ，すべてをさらけだすわけではない繊細さと自制が求められ，場合によっては相互に存在しうる秘密を認め合うことが適切な距離の維持には必要なのである。親密性を維持するためには，近づきつつ完全には接近しないというむしろ適切な距離が求められるのであり，その微細な距離がさらに近づきたいという欲求を高めるのである（菅野 2003）。

しかし，感情を中心とする近代家族では，感情が離れたとしてもその関係を維持し続けなければならないという必然性がないから，感情の冷却が関係の終了につながり，結果として，夫婦であれば離婚に至るということがありうる。

他方で，その他の人間関係なら起こりにくいのに，家族なら一線を超えてしまう行動としてあるのが暴力や虐待であり，それへの社会的注視が高まってきている。具体的には，子どもへの虐待，老人への虐待，夫婦や恋人間の虐待（ドメスティック・バイオレンス：DV），子どもから親への家庭内暴力などがそれに該当する。家族は温かく，羽を休める安全なところというイメージがあるがゆえに，これまで家族内での暴力はプライベートな問題と見なされることも多く，児童虐待

であれば親の"しつけ"として，DVであればいきすぎた"夫婦げんか"の範囲のこととして処理されることも少なくなかった。すなわち，家族外の人に対してであれば傷害罪となるような暴力・虐待も，家族内ではありうることとして社会的に見過ごされてきたのである。

児童虐待では，乳幼児を畳や床に投げつける，浴槽のなかに子どもを息ができないくらい沈める，青あざができるまで叩くなどの身体的暴力，子どもを学校に行かせない，病気なのに医者にみせないなどのネグレクト，嫌がるのに父親が娘と風呂にいっしょに入る，具体的な性行為を強要するなどの性的虐待などがあげられる。また，老人虐待の例としては，介護場面で叩く・蹴るといった身体的虐待，外出させない，返事をしない，ひとりで食事させるなどの心理的虐待，おしめの交換回数を減らすなどの介護拒否などがあげられる。

私たちは，同じことが起こっても仕事上であれば声を荒げたり怒ったりしないのに，家族に対してはそのような感情を直接ぶつけることがある。さらには，他所での怒りを，何の脈絡もなく，家族の行動に何か八つ当たりするようなこともある。家族は私たちに感情を喚起・誘発・表現させる装置のようなものなのだが，その極限形態として暴力・虐待がある。家族内での暴力・虐待は閉ざされた空間で起こるため，周囲の発見が遅れがちであり，また虐待者と被虐待者が相互依存あるいは上下関係にあるため，それが秘匿されたり，さらには虐待者がかばわれることさえ珍しくない（日本家政学会 1999）。

家族は，そのなかに入れば社会の荒波から自分を守ってくれる壁にもなるが，他方で，救出や援助を意図して社会が内部に侵入しようとしたときに，家族はそれを遮断する壁にもなりうるのである。私たちは家のなかに入るとき，社会が家族のなかに入れないように鍵をかけたつもりが，じつは自らを家族のなかに閉じ込める鍵をかけてしまっているのかもしれない。

家族に介入する社会政策

家族は日々の生命や労働力を培い，生殖によって世代を維持するという根本的な2つの再生産の機能を担っている。現代社会では，家族がもつそのような再生産機能なくして，社会の存立そのものが立ちいかなくなっており，国家は家族政策を通じて，家族への介入・侵入を試みている。一方，それは家族の側からみても，地域共同体や親族共同体の弱化によって，扶養や再生産機能を遂行可能な力量以上に過剰に求められる現状で，国家が一定程度支援する働きに期待する部分も出てきている。一般的にいって，国家は家族政策の有無や制定・実施を通じて，家族への介入度合

> **COLUMN** *11-5* 家族戦略（family strategy）
>
> 　家族戦略とは，家族内において採用される種々の諸行為を当事者の合理的な利益計算の産物として理解しようとする考え方である。家族史やP.ブルデューらの研究から提起されてきたもので，出生戦略，教育戦略，婚姻戦略，労働戦略，移民戦略，相続戦略など家族内の具体的な諸行動のなかの戦略性を包括する概念となっている。そこでは，家族を取り巻く不確定な社会環境に対して，合理的かつ能動的・自律的にふるまっていく家族像が着目されてきた（田渕 1999）。日本でいえば，子どもをつくらず，子育て費用を夫婦のライフスタイルの多様な選択に使おうとする DINKS（Double Income No Kids）の夫婦や，被扶養者控除を利用して課税額を低めるため，パートタイムで働く女性が一定額以上の収入にならないように勤務日数の調整をするなどの諸行為が，家族戦略的行為に該当しよう。家族の利用できる資源の布置状況や社会規範といった構造的要因のなかで，家族の行為選択の余地を見積もっていくという，社会学における構造中心と行為中心という2つの研究視点が，家族戦略研究においても交錯している。家族は感情と戦略をともに兼ね備える社会的仕組みなのである。

いを変化させ，同様に，家族と社会の実態が国家に家族政策の変容をせまることもある。

　そのような家族政策は，現有の家族成員を社会的に位置づけたり，家族成員そのものの社会的な再生産を確保するという諸政策であったりする。具体的には，家族法は大きく家族私法と家族公法に区分される。家族私法は主として家族の構造を規制するものであり，民法の一部たる親族・相続の諸規定に基づく民事政策がそれを実施していく。家族公法は主として家族の機能を援助・強化するものであり，社会保障，社会福祉，公衆衛生などの諸法に規定された諸政策が実施されていく。また，主として家族の構造や機能を把握するための法として，戸籍法・住民登録法・外国人登録法などがあげられる（副田 2000）。また，直接に家族への影響を行使するのではなく，ある政策を実施して間接的に家族に及ぶ効果を期待する政策もあり，一例は労働政策などが該当しよう。

　国家が，家族政策を通じて家族に介入する代表的な例が，当該国家の人口動向への影響力の行使である。日本社会は，すでに1970年に国連が規定する65歳以上人口比率が7％を超える高齢化社会（aging society）に突入し，その後もこの比

率は上昇を続けており，1つの目途とされるその倍の14%にも1990年代前半に到達し，高齢社会（aged society）という段階に入っている。しかし，65歳以上人口比率は，比率の分子に影響する人口構造の高齢化だけでなく，分母に影響する少子化の進行によっても上昇するのであり，両者を注視するべく，少子高齢社会という言い方が急速に普及してきた。日本の少子化も加速度的に進んできており，女性が一生のうちに何人子どもを産むかという合計特殊出生率は，その国の人口を維持できる人口置き換え水準（2.06～2.08）をすでに1970年代に割り込み，2000年代半ば1.2台の水準となったが，現在は，1.3～1.4台を推移している。高齢者が多く長生きすることによって維持されていた日本の総人口も減り始め，国立社会保障・人口問題研究所は，2005年の諸条件が続けば，2200年の人口は753万人になると予測している。この予測では，日本の人口は3000年に14人になり，そして，3300年には誰もいなくなることになっている。日本はまさしく人口減少社会へと歩を進めているのである（国立社会保障・人口問題研究所編2007）。

　少子化に対応する主要な政策としては，保育制度や育児休業制度の充実，家族手当の支給などがあがる。厚生労働省の「待機児童ゼロ作戦」や「イクメンプロジェクト」なども，その流れの一環であったりする。これらは，子育てへ直接影響が及ぶ社会福祉・社会保障政策であったり，親が子育てをする条件を整備する労働政策であったりする。スウェーデンやデンマークなど先進諸国の一部では，これらの政策を高水準に保つことで，合計特殊出生率を一定程度上昇させることに成功した例があるが，それも人口置き換え水準まで戻すことはなく，また，その合計特殊出生率再上昇の効果が長期間持続するまでは確認されていない。先進諸国の多くに共通する少子化傾向は，家族政策を通じて何らかの回復を果たすのは容易ではない社会変動であると理解したほうがよいのであろう（赤川2004）。

　他方で，世界一の人口の多さとその拡大に悩んできた隣国・中国は1979年から一人っ子政策を実施し，その抑制に乗り出している。社会科学的に考えると，「改革・開放」政策により経済生産においては市場経済の導入という「自由」を選択した中国が，人口の再生産においては「計画」を選択するという，皮肉な状況にあったことになる（鍾1999）。

　中国の日常生活において，一人っ子たちは「小皇帝」「小太陽」と呼ばれ，各家庭の中心的存在として親たちから多く溺愛される存在となってきた。「ひとりの子どもをもつ者は子どもの奴隷であり，より多くの子どもをもつ者は彼らの主人である」というジンメルの指摘（Simmel 1908=1994）をあげる鍾家新は次のよ

うに整理する。親たちが子どもを溺愛する背景に，人口抑制政策で少なくしか産めない子どもの大切さが上昇すること，他方で，進む消費社会化のなかで1人の子どもにかけられる金銭が増加していることがあげられる。これと並んで，親たち世代が1966年から10年間の「文化大革命」によって翻弄された人生上の犠牲を補償したいというライフコース的な心情も関わっているとされる。1人しか出産が許されない子どもにおいて，中国の伝統文化では男子の出生が望まれ，その結果，女子しか出産できなかった妻たちが差別されるという事態もみられるという（鍾 1999）。

公権力は当該国家の人口規模がもたらす正負の効果を考慮して，人口再生産の母体である家族に介入しようとする。しかし，人口規模を調整しようとする意図は一定以上に実現されるわけではなく，他方で，社会保障の世代間問題までを含む人口構造のアンバランスを帰結することもありうるわけである。労働力人口の減少が明瞭になるなどあって，中国でも2015年をもって，一人っ子政策は終了した。それでも，中国は今後予想される急速な高齢化に一人っ子たちが直面していかなければならないことになる。そして，一人っ子の彼ら・彼女らは子どもは一人でよいと考えている例も多い。長らく人口世界一であった中国は，その座を2020年代前半にインドに明け渡すことが予想されている。

家族に介入する科学技術

出産の奨励や抑制が人口動向の制御を意図する国家のマクロな家族介入だとすると，個々の家族員の生死に影響を及ぼすミクロな家族介入が科学技術の高度化によってなされようとしている。生についてのそれが生殖技術や出生前診断，遺伝子治療などであり，死についてのそれが脳死判定などである。

生殖技術の一例として，代理出産問題についてふれてみよう。代理出産とは，妊娠・出産できないカップルが第三者にそれを依頼し，生まれた子を引き取って，自分の子として育てていくことである。依頼人カップルの卵子と精子を体外受精した胚を代理母の子宮に移植して妊娠・出産する方法があり，ホスト・マザーと呼ばれる方法となっている。1986年にアメリカで，生まれた子どもを代理母が依頼人に引き渡すことを拒否し，「誰が親であるか」が裁判で争われた。「産みの母」と「育ての母」とは対比的に語られることもあったのだが，現代の科学技術はその両者に加えて，「産みの母」から「遺伝子の母」を分離することを可能にし，論理的には3人の母がいることを示してしまったのである。

代理出産が生み出すドラマがある。凍結受精卵を残したままカップルが事故死

してしまい，受精卵を誰かに移植して出産させるとして，そのカップルの遺産相続権が誰に発生するかが問題となった例や，離婚して新しく再婚カップルとなった中年女性が，高年齢で出産が難しいことから，彼女の受精卵を娘が引き受けて女児を代理出産する例も発生したりした。後者の例は，産んだ娘からみて，母の遺伝子をもつ2番目の子どもが生まれたことになるから，「妹を産んだ姉」ということになる。過去と未来に向けて構成される親族ネットワークの時間的流れに対して，生殖技術という方法を通じて人為的修正が施されることになる。代理出産というような形を経て，子どもをもつ夫婦の数は今後とも多くないと推測されるが，実数的にわずかではあっても，その考え方と方法を受け入れるかどうかは社会の側の規範と許容の問題であるのである。

　科学技術の進展は，私たちの身体に関わる諸事象まで及んできている。従来であれば，現象そのものが存在しえなかったものをそれら技術が作り出し，私たちが従来あいまいに通り過ぎていた問題を新たな検討の俎上にあげてきているのである。家族は人が誕生し，死亡していく場なのだが，科学技術の進展によって発生する家族員の身体に関する現象への判断が，より精密に問われることになってきている。家族という存在において，その関係においてはもろさを露呈しつつ，その意思決定においてはより責任が重くなるという跛行状態が進行しているのである。

BOOK GUIDE　●文献案内

●原典にせまる
① E. ショーター『近代家族の形成』田中俊宏ほか訳，昭和堂，1987（原著1975）。
② G. H. エルダー『大恐慌の子どもたち（新装版）――社会変動と人間発達』本田時雄ほか訳，明石書店，1997（原著1974）。
③ J. F. グブリアム＝J. A. ホルスタイン『家族とは何か――その言説と現実』中河伸俊ほか訳，新曜社，1997（原著1990）。
　①は家族を結びつける〈心性〉としてのさまざまな愛情が，資本主義や個人主義の発達した近代の産物にすぎないことを，時系列データと民衆記録から社会史的にあきらかにした〈近代家族〉論の代表的著作である。②は1929年の世界大恐慌がカリフォルニア州オークランドの子どもたちに与えた心理的・社会的影響を，約40年間にわたって縦断的に調査したライフコース論の重要文献。③は家族に関する日常的現実が言説を通じて作り出されるという構築主義的視点で，〈家族〉が生物学的・法的存在であるだけでなく，人間関係を語る方法であることに着目した著作である。

● 理解を深める
④ 稲葉昭英・保田時男・田渕六郎・田中重人編『日本の家族 1999-2009――全国家族調査（NFRJ）による計量社会学』東京大学出版会，2016。
⑤ 石田光規『孤立不安社会――つながりの格差，承認の追求，ぼっちの恐怖』勁草書房，2018。
⑥ 山田昌弘・小林盾編『ライフスタイルとライフコース』新曜社，2015。
⑦ 森岡清美『決死の世代と遺書――太平洋戦争末期の若者の生と死（補訂版）』吉川弘文館，1993。

④は複数回実施された全国家族調査（NFRJ）を用いて，家族変動・家族構造に焦点をあてた総合的な家族の計量分析研究である。⑤は無縁社会ともいわれ，個人化が進行するなか，SNS なども含め，つながる機会はあるものの，それを実現させるのは容易でなく，選ばれない不安や孤立を選ばさせられる状況などを分析し，現代の孤立問題を多角的に読み解いていく。⑥は生活リスクの深まり，格差の広がりのなかで思い通りにはいかない社会階層とライフスタイルの関係を調査データに基づき，読み解いていく。⑦は第二次世界大戦中の迫りくる死と戦った若者たちの思考と行動を，手紙・日記・遺書などをとおして分析したライフコース論の名著である。

● 視野を広げる
⑧ 赤川学『少子化問題の社会学』弘文堂，2018。
⑨ 柘植あづみ『生殖技術――不妊治療と再生医療は社会に何をもたらすか』みすず書房，2012。
⑩ イングマール・ベルイマン監督・映画『野いちご』1957。
⑪ 是枝裕和監督・映画『万引き家族』2018。

⑧は少子化問題がどのように構築されてきているかを明らかにしつつ，少子化が進行するなかでの可能な社会構想を論じる。⑨は生殖技術は社会をどう変え，社会は技術に何を期待するのかを，不妊治療と再生医療を題材とし，生殖技術の構造を描き出す。⑩は 76 歳の医師が故郷で行われる名誉博士号の授与式に 1 日かけて自動車で向かう道すがら，自らの人生と人間関係を悔恨の情をもって回想するライフヒストリー的視点に満ちた映画である。スウェーデンにおいて，野いちごのなるところとは心の故郷，そこに行けば何かよいことのあるところという意味をもっている。⑪は日本人監督がフランスのカンヌ国際映画祭のパルム・ドール賞を約 20 年ぶりに獲得した作品。生計をたてるために子どもたちが万引きをし，老婆の年金にも頼り，けんかもしながら楽しく過ごす 6 人「家族」がある事件をきっかけにその人間関係の実態が明らかにされていく。「家族って何」を問いかけるこの作品の広告コピーは，「盗んだのは絆」であった。

Chapter 11 ● 考えてみよう

❶ 家庭のなかにある電化製品やメディア機器について，数量・利用頻度・おもな利用者について調べてみよう。また，親や祖父母に高度経済成長期に購入した電化製品の思い出について聞いてみよう。

❷ あなたの家系図・親族図はどのようなものか。どこまで親族関係の範囲を書き込むことが可能か，親や祖父母にたずねながら作成してみよう。また，各々の家族ごとに○で囲み，居住地を書き込んでみると新たな発見があるかもしれない。

❸ この70年間において，家族マンガおよびアニメとして話題になってきた『サザエさん』『ちびまる子ちゃん』『クレヨンしんちゃん』の登場人物，家族間の会話・行動にどのような違いがあり，また，それはどのような社会を反映しているか，考えてみよう。

❹ あなたの生まれた日の新聞を図書館にある新聞縮刷版から探して，どんな社会的事件や事象があったかを確認してみよう。また，現在と比べて，日常生活にどんな相違点・類似点があったかを考察して，あなたがどのような出生コーホートにいるのかを考えてみよう。さらに，あなたの生まれた日から20年前の同一日についても同じことを確認してみよう。すでに新聞記事はデータベース検索のほうが早い時代ではあるが，新聞縮刷版で記事だけでなく，当時の広告や写真，TV番組欄などを見ることで時代の雰囲気を感じることも楽しんでみよう。

❺ 家族と科学，家族と社会政策というテーマに関して，新聞やインターネットにどのような記事がどのような論調で掲載されているか，調べてみよう。

第12章 ジェンダーとセクシュアリティ

男性・女性の境界線がゆらぐ現代社会。レスリング女子は日本五輪メダルの稼ぎ頭となり，男性が日傘をさすことも温暖化対策のひとつとなってきている。(左：2019年，時事，右：2018年，AFP＝時事提供)

- KEYWORD
- FIGURE
- TABLE
- COLUMN
- TEXTinTEXT
- BOOK GUIDE
- SEMINAR

CHAPTER 12

　私たちが生きる世界には，男がいて，女がいる。何の不思議もない世界。そこに，1970年代以降，本格的に順次登場してきたジェンダーやセクシュアリティの概念は，日常生活の出来事や社会現象を異なる視点から私たちにみせることになった。男が強くて，女が弱いのは本当か。性にまつわる現象は，先天的に備わった自然のものなのか。職業や政治といった公的生活と，家族などの私的生活は，じつはある理由によって分割され，それがたんに性別に割り振られているのではないかという疑問。他方で，ジェンダーの概念が指摘するように社会的につくられた男女の違いという要素があるとしても，最終的には性器に関連した男女の相違はあるだろうという声も根強くある。
　しかし，それ自身がゆらぐとしたら。性にまつわる現象をめぐって，私たちがみているものは本当は何なのだろうか。

INTRODUCTION

> **KEYWORD**
>
> 性自認　フェミニズム　性別役割分業　M字型曲線　家事労働　アンペイド・ワーク　隠れたカリキュラム　ジェンダー・トラック　クィア・スタディーズ　セクシュアル・ハラスメント　ドメスティック・バイオレンス　性同一性障害　リプロダクティブ・ヘルス＆ライツ　身体の自己決定　男女共同参画社会

1　ジェンダーから切り開かれた問題領域

ジェンダー理解の登場——その構築性へのまなざし

2005年に開催された愛知万博「愛・地球博」において，マスコット・キャラクター「モリゾー」と「キッコロ」が入場者たちの人気の的となった。会場のあった愛知県瀬戸市では，彼らに「森の精の特別住民票」を発行することにした。住所は「瀬戸市海上の森2005番地」，生年月日はモリゾーが「ずっと昔」，キッコロが「生まれたばかり」である。そして，その性別欄にはモリゾーが「調査中」，キッコロが「なぞ」と記載された。住民票に記載された彼らは男とも女とも規定されなかったのである（佐倉 2006: 212）。

あなた自身もこれまで経験してきたように，さまざまな社会調査の設問において，性別が問われることが多い。性別はフェイス・シートといわれる調査の基本項目に位置づけられ，重要な独立変数とされる。そして，多くの場合，性別を問う回答の選択肢は「1. 男，2. 女」となっている。性に関わるさまざまな議論が活発化してきた現状に鑑みると，これらの選択肢の構成については，いくつかの視点から再考してみる必要がある。

選択肢を「1. 女，2. 男」としたならばどうか。選択肢に「3」は必要ないのかどうか。もし，「3」を設定するなら，それは「その他」なのか，「両方」なのか，「不特定」なのか，「どちらともいえない」なのか，あるいは「わからない」なのか。記号にして，「1. F，2. M，3. X」ということもあるかもしれない。回答者が何を基準として性別を選ぶことを調査者は期待しているのか。そして，分析段階においても，そもそも何を根拠に性別を独立変数に位置づけうるのか。「男性はAと考える人が多く，女性はBと考える人が多い」というふうに。そのとき，

けっして「Aと考える人は男性であり，Bと考える人は女性である」とは誰も考えない。不問に付されて問われることのなかったというより，そこに問いのありうることすら気づかれなかった性別に関する調査の設問の背後には，じつは難問が待ち構えているのである。そのことを意識しながら，本章を始めていこう。

もはや古典になったといってよかろうが，かつてS.ボーヴォワールは次のように述べた。「人は女に生まれるのではない。女になるのだ」と。この指摘のなかには，"女であること"がもともと生得的にそのようなものとして存在しているのではなく，作り上げられていくもの，構築されるものであることが示されている。のちにいわれるようになった「ジェンダー」と「セックス」を分離する考え方が，ボーヴォワールの言葉の背景には存在しているのである（Beauvoir 1949=1953-55）。

<u>ジェンダー</u>（gender）という言葉は，現代社会において急速に市民権を得てきた。一定の割合の人びとにおいて，ジェンダーとは生物学的性と異なる，社会・文化的な性のことであり，後天的に獲得された「男らしさ・女らしさ」のことであると理解されるようになってきている。もちろん，「男らしさ・女らしさ」という区別は以前からあり，それが先天的に生物学的性と一致するという理解が根強かったのに対し，ジェンダー概念の登場は，ボーヴォワールが指摘するように，「男らしさ・女らしさ」は後天的に生成されてきたものであるという理解を推し進めてきた。ジェンダー概念の急速な浸透によって，その概念が適用される範囲と現実理解の双方がいっそう超克されてきたといえる。近年の性をめぐる認識は，ここ30～40年ほどの比較的短い時間の間であるにもかかわらず，3つの局面としていっそう深まってきていると整理できる。以下，順次簡潔にみていこう。

性現象の認識の深まり——その3局面

まず，第1の局面は，最初にジェンダーの存在が提起され，セックスいわゆる性別とは異なるものとして議論されるようになったことである。その際，セックスが生物学的なもの，ジェンダーは社会・文化的なものとして位置づけられ，さまざまな現象のなかに，セックスと異なるジェンダー現象がいわば「発見」されていったのである。ジェンダーという言葉は，生物学的な性と対比されるこの局面の形においてもっとも普及している。

ジェンダー概念の導入は，男性と女性の関係をめぐる問題設定をより明確にすることを可能としていった。その効果は次のように整理できる。①文化的・歴史的に多様な「性別」の概念を1つの用語で示すことができる。②分析対象を

「男」か「女」かという二項の問題から，両者の関係性や両者を切断する差異の場面へと移すことができる。③この差異が階層性をともなう非対称的な差異，すなわち権力関係を内包していることを確認できる（上野 2002: 84-85）。

　後天的に獲得されたものとして，ジェンダーたる「男らしさ・女らしさ」の文化があり，おそらく，多くの場合，その区別はそれらの文化を担う人たちのセックス，すなわち男性器・女性器どちらの性器をもっているのかということと一致している。したがって，社会・文化的な性と生物学的な性を一体視することには，一定程度根拠があるように判断される。ジェンダーの基礎にはセックスがある，と。しかし，私たちが道行く人びとを見て，男性か女性かを見分けるとき，多くの場合，それは瞬時に達成されるのにもかかわらず，私たちはその人の下着を脱がせて性器を確認するわけではないし，その必要もない。すると，性器を確認したわけではないことから，私たちがふだん見分けている男女の区別はセックスではなくジェンダーの区別でしかないことになる。私たちはセックスに基づいた男女の世界にいるようでいて，じつは日々ジェンダーの世界を文化的に経験して生きているにすぎないのである。

　第2の局面は，性行為をめぐってセクシュアリティ（sexuality）の概念が提起されるようにようになってきたことである。セックス，ジェンダーに続いて登場した第3のカテゴリー，セクシュアリティは，個々の性的欲求や性的指向がどのような存在に向かい，何によって性的快楽を得るのかという点から考察されるものである。M. S. カルデローンとL. A. カーケンダールによれば，「セックスは両脚のあいだに，セクシュアリティは両耳のあいだにある」といわれる。両脚とは性器がそこにあることであり，両耳とは脳のことを示唆している（上野 2002: 36）。私たちが，脳を経て，何に性的欲望を感じるかを示す言葉がセクシュアリティなのである。

　性行為をその性的指向によって区分するならば，「異性愛」「同性愛」「両性愛」という類型を設定できる。しかし，異性愛が〈正常〉であり，他の類型は〈異常〉であると位置づけるのは，異性愛のみを許容し他の類型を排除する，「強制異性愛社会」であるという指摘がなされるようになってきている。また，「同性愛」と「両性愛」の間の流動性に鑑みれば，それらの区分に差異を見いだすよりは，「異性愛」との対で，両者を「非異性愛」として位置づけるほうが適切であるという議論もある。

　第3の局面は，性同一性障害という現象の浮上であり，当然と思われていた性

| TABLE | 12-1 性現象を構成する諸契機──その組み合せの一例 |

			「男」	「女」	「性同一性障害：MtF」	「男性・同性愛」
①身体	性器	sex	男性器	女性器	男性器	男性器
②文化	性別文化	gender	男性文化	女性文化	女性文化	男性文化
③指向	性行為	sexuality	女性	男性	男性	男性
④心理	性自認	sexual identity	男性	女性	女性	男性

（注）　MtF：男性から女性へのトランジションを志向（本章第4節を参照）。

　自認（sexual identity）そのものの認識が問われることになった。第4節で再びふれるが，性同一性障害とは，一般に本人の生物学的性と性自認との間に不一致があって，本人が違和感を感ずることであり，本人が男か女として育てられてきたものの，第二次性徴期前後に出生時の性別判定の誤りに気づいたという例が多い。その場合，私たちは生物学的性すなわちセックスを基本に男女は組み立てられているのだから，セックスに性自認を合わせればいいのではないかと思いがちである。しかし，当事者の視点からすれば，当該年齢に成長してくるまでに性自認が強固に形成されてきており，そちらを変更することのほうが容易ではない。言い方を変えれば，遺伝子やホルモンが性別なのではなく，性自認の心理を形成する自らの内的言語が性別なのだといえる。

　性同一性障害当事者の違和感に関わって性自認という主題が浮上してきたことは，それまで登場してきたさまざまな性現象について，それらを4次元モデルとして把握することの必要性を提起することになった。その4つとは関心が変遷してきた順にいえば，身体・文化・性対象・心理の4次元である。各々の次元は，ここまでの議論の深まりによって見いだされてきたものといえ，身体が sex，文化が gender，性対象が sexuality，そして心理が sexual identity となる。従来，身体の区別にのみ収斂され，それ以外のことはすべてそこの差異に強制的に首尾一貫するように合致させられていた女と男という存在が，じつは多様な次元の構成物であるということが判明してきたのである。この4つの各々の次元において，女性と男性の各々の組み合せが可能である。加えて何らかの第3のカテゴリーの存在を完全には否定しきれず，今後男女をめぐる分岐がさらに登場することもありうるが，ひとまず焦点をその2つの項と4つの次元にあてるとするならば，この女と男という性現象に関わって，$2^4 = 16$ パターンが存在可能な現象というこ

とになる（表12-1）。ここで重要なのは16パターンあるということではなく，そのような多様性に向けて開かれているということである（加藤2006）。

> **本質主義と構築主義のアリーナとしての性現象——ジェンダー議論の再設定**

$2^4=16$パターンがありうる隠れた現実に対して，それらの位置づけをめぐる認識論的問題が，近年急速に浮上してきた。先にふれた，セックスとジェンダーの区別という第1の局面が普及した結果，むしろそのような区別を支える土俵自身を前提から考え直す必要があるとの問題提起がなされたのである。その主要な論客が，J. バトラーである。

彼女は，ジェンダーを後天的なものとするとらえ方が，逆にセックスを生物的なるがゆえに自然で自明なものとして，不可触の存在にさせる傾向があったのではないかと批判していった。すなわち，ジェンダーとセックスを区別する試みこそがジェンダー的であると指摘されたのである。その考え方に従えば，セックスにおける男女の二分法というとらえ方も，すでにジェンダー概念の支配下にあるということになる。バトラーはそれを端的にこういう。「『セックス』と呼ばれるこの構築物こそ，ジェンダーと同様に，社会的に構築されたものである。実際おそらくセックスは，つねにすでにジェンダーなのだ」と（Butler 1990=1999: 28-29）。もちろん，解剖学的差異や遺伝子上の差異が存在しないなどというわけではない。そうではなく，自然な差異は多様にあるはずなのに，生殖器の形状も遺伝子もつねに「男」か「女」かに分けられるはずだというジェンダー的知が先行することで，セックスに関するさまざまな諸現象から，そのような二分法に合致する基準のみが取り出されてきたのではないかということである。

バトラーはさらに次のように指摘する。「女というのがそもそも進行中の言葉であり，なったり，作られたりするものであって，始まったとか終わったというのは適切な表現ではないということである。現在進行中の言説実践として，それは介入や意味づけなおしに向かって開かれているものである」（Butler 1990=1999: 72）。このことは，先にみたボーヴォワールの言い方においても，ジェンダー化される以前の中立的な「ひと」が存在するかのような想定がなされていることへの批判につながる。それを一歩先に進めた認識をバトラーは唱えようとしている。すなわち，「自然」なものであるという位置づけをセックスに与えること自身が，人為的であり政治的な行為なのである。むしろ社会や文化から切り離された「自然」はどこにも存在しないと考えるべきだということである（河口2003a）。

バトラーの問題提起は，ジェンダー概念の位置づけをめぐって2段階目の認識をもたらすことになった。確認しておこう。第1の段階は，ジェンダーが，生物学的な性と異なるものであることを強調するなかで用いられたものである。セックスが所与であるのに対して，ジェンダーは社会的に構築された現象をさすことが意図されており，身体とは明確に区別されるものとして存在視されている。しかし，バトラーの議論の登場によって論争化された第2の段階は，ジェンダーを肉体的差異に意味を付与する知として広く位置づける。そのことにより，これまでセックスとしてジェンダーとは別物と考えられていた事象も，あくまでジェンダーが登場したことによって，はじめてセックスを分ける知が可能になったととらえられる。そうすると，再度ジェンダー的視点の登場の重みを理解したうえで，セックスとジェンダーの両者を再構成する必要が出てくることになる。

　以上のように性の理解に関わって，新たな現象が着目されてきた3つの局面，さらに知の枠組みとしてのジェンダーが浮き彫りにされた第4の局面は，私たちに次のことを教えてくれる。性に関わる現象を〈自然〉のもとに不問に付すのではなく，社会的に〈構築〉される現象なのではないかととらえ返してみること，また，複数の観点において多様な性別がありえ，それらの相互関係を問題としていくこと，それらに着眼点が移行してきている。そのような理解を基本としつつ，性をめぐる現象において，従来は認知的にあるいは制度的に逸脱ととらえられてきた事象も，性に関わって生起する多様性のなかの一類型として理解され直してきている。もちろん，それらの認識上の視点も，社会的な異議申し立てや闘争を通じてしだいに認められてきたにすぎないことを忘れてはならないだろう。

　男か女かということは生物学的に存在する〈本質〉であり，そのうえに文化的性差としてのジェンダーが〈構築〉されたのだという考え方，いや，そもそもジェンダーという知が生物学的性差も文化的性差も男か女かに分ける二分法を〈構築〉してきたのだという考え方，そのどちらに容易に決着をつけ，正解とすることはできない。今，確実にいえることは，文化や社会問題の領域などとも共振しつつ，〈本質〉と〈構築〉との関係を一般的に問う科学認識の議論が深められているなか，身体にまつわる知としてのジェンダーもそのような議論の代表的なアリーナ（戦場）の1つとなっているということである。

> **COLUMN** 12-1 フェミニズムの諸潮流

〈近代〉は市民革命以降，自由や平等があらたに主張される時代として展開してきた一方，「近代家族」を生み出し，男性・女性にその性別分業的な役割を担わせていく時代でもあった。抑圧と解放が交錯する〈近代〉。自由思想が普及するなら，女性にもそれは適用されるべきとして，19世紀の欧米に端を発したフェミニズムの主張と実践は，現在に至るまでの歴史をもつと同時に，その展開過程からいくつかの分岐を生み出してきている。

歴史的にみて，フェミニズムの展開は「第1波フェミニズム」「第2波フェミニズム」と分けられることが多い。第1波フェミニズムは，19世紀前半英米での教育の男女平等要求や慈善運動の影響も受けつつ，19世紀後半から20世紀初頭にかけて，婦人参政権運動を中核に女性の法的権利の獲得要求として，西欧諸国で展開していったものである。その後，女性解放運動は停滞していたが，1960年代後半になって，アメリカでの公民権運動の動きなどの刺激も関わって，まだ認められない権利の再主張，女らしさや結婚・家族の問い直し，性の積極的肯定もあいまったウィメンズ・リブ運動として復活してくる。それが第2波フェミニズムであるが，この運動の問題設定を象徴するのが，「個人的なことは政治的である」（The Personal is Political）というフレーズであった。

フェミニズムのなかにも，差異・差別の状態や理由・根拠のどこに主張の力点をおくかで，さまざまな立場があり，多様な議論が展開されている。男女平等な

SECTION 2　性によって分割された社会

ジェンダーの側面から

性別役割分業——
公的世界と私的世界

性に関わる現象は，1人ひとりの個々人の認識と対人関係のなかだけで起こるわけではない。それが歴史的・社会的に堆積されていって，1つの社会制度となっていく。ジェンダーの視点は，男らしさ，女らしさという形で分割されがちな社会制度やそれに基づく行動・意識に疑問符を呈する。そのような社会制度は，人びとの日々の諸行動によって維持・構築されているにもかかわらず，自然で変更不可能な強固なものとして感じられてしまう。そこに，性別役割分業（sexual division of labour）が成立する。

社会制度の構築や政治的権利の獲得をめざす第1波フェミニズムからの流れは，そこに近代の自由志向が内在していることから「リベラル・フェミニズム」と呼ばれている。他方，第2波フェミニズムをリードした「ラディカル・フェミニズム」は，マルクス主義などにみられる体制改革の方向性は日常の性差別を見逃すとともに，資本主義にばかり原因を求めて，家父長制の問題を等閑視しているという批判を掲げて登場してきた。これに呼応するように，資本制と家父長制を同格の問題ととらえ，両者の巧妙な連動形態に視点をあてていく「マルクス主義フェミニズム」の流れも浮上してきた。他方，近代の科学や産業によって抑圧された自然を取り戻すことが重要であり，そのために女性原理の復権を説く「エコロジカル・フェミニズム」も，環境問題との関連で勢力を伸ばしてきている。

フェミニズムの主張が一定程度普及し，多くの人びとをこの運動と認識に巻き込んできたが，その結果，これまでのその前提に，先進国の，白人の，若年・中年の女性の考え方が暗黙にあったのではないかという批判も起こってきている。途上国の視点，有色人女性の視点，エイジズムの視点などが，その再検討を迫っている。社会的マイノリティの視点として登場してきたフェミニズムが，他のマイノリティ問題との協調と葛藤をどのように位置づけていくのかが問われる段階になってきている。

　その性別役割分業は，近代において二重の形で成立した。まず，第1点は，私たちが経験する日常の社会的世界が2つに区分され，その1つが公的生活，もう1つが私的生活となり，各々の生活の主要な担い手として，前者に男性が，後者に女性が割り振られてきたことである。また，第2点は，私的生活と公的生活として組み立てられたうちの，公的生活においても再び男性と女性の区別が当然のように持ち込まれ，女性は多く二流の市民，二流の労働者としての扱いを受けがちであったことである。これら2つの点はあいまって，女性が公的生活に参入しにくく活躍しにくいという事態を生んでいった。他方，その裏面で男性が私的生活に参入しにくいということも生み出している。のちに論ずるように，現代社会においても，母子家庭は許容・受容されるのに，父子家庭への社会的対応が厳しいことは，それを物語っている。また，これからふれるように，女性が公的生活の中心たる職業場面においてさまざまな不利益を被っていることも事実であるが，

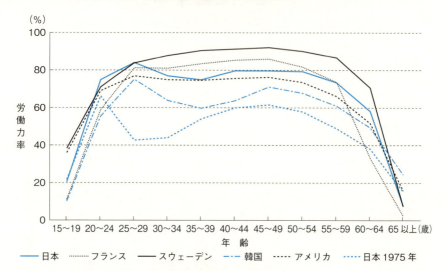

FIGURE 12-1 ● 女性の年齢階層別労働力率の国際比較

（出所）内閣府男女共同参画局『男女共同参画白書（令和元年版）』。
（資料）日本＝総務省「労働力調査（基本集計）」（平成30年）。他国＝ILO「ILOSTAT」（2018），
韓国：2017，アメリカは16〜19歳。

　その一方，高齢化社会がいっそう進展していくなか，長年職業生活に中心をおいていた男性が定年退職後の私的生活において居場所探しに苦労しており，女性のほうが職業に縛られない人間関係を中年期から築き，高齢期に適応している例が多いということもまた事実となってきている。

　男性と女性の社会的配置は，世界の諸地域（空間軸）や歴史（時間軸）をめぐって，かならずしも同じわけではない。空間軸としては，人類学での各種の知見が，人類のすべての社会において男性が攻撃的で女性が受容的という役割を担うことはなく，その逆もあること，また，「女写し」といわれるような「第三の性」が存在するポリネシア民族もいることなどを明らかにしてきている。そして，時間軸でみた場合の日本の歴史においても，今私たちがみているような男性と女性の性別役割分業も「伝統的」に古来から存在してきたと言い切ることはできず，明治・大正時代，あるいは昭和を通じてそのような形として成立し，1970年代半ば頃，男性が企業で働き，女性が専業主婦になるという形の1つの体制として完成してきたものとして理解されるようになってきている。

そのような**男性稼ぎ主モデル**（male bread-winner model）と称される，家族での性別役割分業体制は，1980年代後半から90年代にかけて，日本の「失われた10年」とともに，しだいにほころびを見せ始めることになった（大沢 2007）。それを確認していこう。

職業労働と家事労働

性別役割分業の発想が浸透しているなかにおいて，男性は家庭の外で働き，女性は家庭で家事をするという考え方がある。このような性別役割分業観は，日本型労働市場での雇用慣行において，就職・賃金・昇進などにおいて男性と女性に異なる処遇を行い，男性1人の稼ぎで家族を養うという形で制度化されてきた実態と符号する。そのような雇用慣行の存在に，女性は働き続けることが難しく，結婚や出産によって退職し，男性の被扶養者となる道を迫られることが，これまでの1つのスタイルでもあった。

女性は結婚や出産をしたら家庭に入るものだという考え方は，世界的にみてどこの国でもそうだというものではない。日本の女性が一生のなかで働く働き方は，学卒後働き，結婚・出産によって退職し，子育ての目途がついたら再び働くという**M字型曲線**を示すといわれてきた。しかし，その図形は世界の各国によって異なる。図12-1にあるように，スウェーデンやアメリカは女性が結婚・出産しても，労働力としての立場を去るわけではないことを示している。それに対して，日本の1975年のデータや近年の韓国はM字の図形を確認でき，東アジアにおける仕事と家庭のあり方の1つの型として，ジェンダーの問題を考える必要があろう。しかし，日本の近年のデータはわずかにM字ともいえるものの，そのへこみはずいぶんとなだらかになってきて，アメリカの型に近くなっていることがわかる。

もちろん，図12-1に示されたスウェーデンとアメリカも，ジェンダーをめぐる労働市場とそこでの社会政策の仕組みが同じ構造であるわけではない。前田信彦の整理によれば，各国の社会政策におけるパート労働の位置づけと，生活維持・生活保障における家族的責任の大小から，図12-2のような国際比較が可能であるとされている（前田 2000）。北欧やアメリカでは，家族的責任を社会政策（北欧）や市場（アメリカ）が代替するという仕組みが構築されており，そのうえで前者はパート労働の評価が高く，後者のそれは低い。日本は，家族的責任を自らが果たさなければならないのにもかかわらず，パート労働の評価が低く，その職種が女性に集中する傾向を強く示している。1990年代に多くの注目を集めた

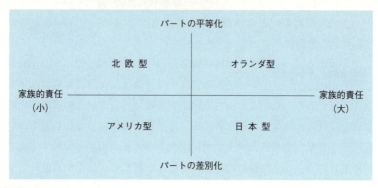

FIGURE 12-2 ● 仕事と家庭生活の調和の類型化

（出所）前田（2000: 139）。

のが第1象限にある**オランダ・モデル**であり，「1.5稼ぎ」といわれたものである。パートとフルタイムの労働の処遇条件をできるだけ同一にし，その結果，男性が1で女性が0.5，足して1.5という働き方だけでなく，男性も女性も0.75ずつで1.5という働き方を可能にし，男女双方も家庭参加を試みようとするものであった（前田 2000）。オランダにはもともと男性優位の文化があり，どこまでこの試みが浸透したのかという疑問が呈されることもあるが，労働市場へのジェンダーとパート労働からの問題提起と受けとめることはできよう。

　労働というと，一般にそれは職業をとおして生産に携わって働き，そのことを通じて所得を得ることを意味してきた。したがって，そのような労働の条件に該当しない，家庭で専業主婦をしている人や定年退職後の高齢者は「無職」として扱われる。しかし，家庭にいる人たちは何も働いていないのだろうか。そこに登場してきたのが，**家事労働**（house work）という考え方である。家庭では，炊事・洗濯・掃除の家事一般や家庭管理，育児・教育・介護などの対人的なケアをする諸行動が行われている。そのような家庭での衣食住の確保を通じて，私たちは日々生命を再生産しているといえ，出産し子育てをすることは世代を通じて新たな生命を生産していると考えられる。すると，家族のなかで行われていることは日々の再生産，世代の再生産という家庭内生産労働であり，それを支えているのが家事労働なのである。それらの諸行動を家事としてではなく，家事労働という概念でとらえることにより，それは職業労働と並べて比較考察すべきものとな

る。

　家事労働が長らく労働であると自覚されずにきたのには，理由がある。労働力が商品化して賃金として支払われることが中核たる資本主義社会においては，市場で行われる職業労働が有償労働となり，家事労働が無償労働，すなわちアンペイド・ワーク（unpaid work）に分離される。家事労働は資本主義社会を支える相補的労働でありながら，賃労働の影の部分として暗黙に存在するシャドウ・ワークとなり，労働として自覚されなくなっていく。そのように分離されたなかで，性別役割分業を基軸とする〈近代家族〉は，男性を市場で営まれる有償労働に，女性を家庭で営まれる無償労働に一般に割り当てることになる。家事労働が無償労働であり，女性にふさわしい労働と見なされることが，女性の地位を男性に従属的なものとすることと連動していく。A. R. ホックシールドは，職業について共稼ぎする夫婦であっても，家庭に戻ると女性の側にのみ家事労働の負担が多くかかることを称して，「セカンド・シフト」と名づけた。職業労働がファースト・シフトならば，家事労働はセカンド・シフトとなるのである。このことは，女性が有償労働と無償労働という二重の労働を背負う存在とし，市場において雇用者側からみれば使いにくい二流の労働者という評価を与えることとも関連している（Hochschild 1989=1990）。

　社会構造のなかでの職業労働と家事労働の位置づけを意外な形で照射するのが，父子家庭の存在である。かつて，父子家庭のルポルタージュにおいて，母親がいなくなったことを性別役割分業の象徴的に『消えたエプロン』（北海道新聞社）と表現されたことがある。従来から，母子家庭になった母親は中途採用で低賃金労働につかざるをえず，かつ男女賃金格差のもとでの女性1人の収入で家計を支えなければならないことから，経済的問題に陥ることが多かった。そのための社会的方策が母子福祉政策などの形でなされてきた。その一方，父子家庭になった父親は，職業労働は継続するわけであり，家事や子育ては増加するものの，その無償労働への社会的評価が低いこともあいまって，さして問題にされることもなかった。しかし，春日キスヨが取り組んだ父子家庭研究は，その隠された実態とそこにあるジェンダーの論理をあきらかにした（春日 1989）。

　父子家庭になることによって，やりなれていない家事・育児の問題が出てくるのは当然である。しかも，子どもたちには要求水準があり，加えて，慣れない家事労働は心理的・肉体的にも負担となる。弁当や縫い物など家事や家庭管理の出来不出来が外部にみえるものは，子どもを通じて世評にさらされることになる。

COLUMN 12-2 男性の介護とケア労働者

　介護に男性が携わる時代が訪れている。在宅介護の担い手の3人に1人は男性同居者になり，ホームヘルプを職業として選ぶ男性も存在してきている。しかし，そこには男性たちが経験してきた文化の功罪が見え隠れする。

　高齢の妻が先に倒れたりすれば，子ども夫婦との別居が増えている現代社会において，夫たる男性が在宅で主介護者としてその任にあたる例が増えてきている。夫は介護負担や慣れない家事に悩み，つきあいが狭まったり，ときには仕事を失う場合もあるが，夫婦の絆や責任感から介護を新たな生きがい・使命ととらえ，逆にのめり込みすぎることもあるとされる。介護を通じて夫婦2人の絆を強固に感ずる夫にとって，介護サービス業者やボランティアが家庭に入ってくることで，妻の面倒をみる役割を奪われたと感じたり，さらに自分の存在価値に自信をなくすという声もある。仕事に精魂をつぎこんでいた男性が，その注ぎ先を妻への介護に変えたとき，同じような余裕のなさが現れてしまうこともある。

　ホームヘルパーの仕事へ進出する男性も出てきている。長年女性の仕事と思われてきたため，近年，男性ヘルパーが増えてきたとはいえ，事業所内や訪問先家庭において抵抗感・違和感があることも否めない。職場の同僚に男性が少ないため仕事の相談ができず，他方，給料や福利厚生の面での労働条件も手厚いとはいえない。そのようななかでは，ホームヘルパーでいることが可能なのは，定年退職後やリストラにあった中高年者，または新卒直後の若年者に二極分解し，やがて後者の若者は低賃金の前に挫折していくといわれる。また，男性が在宅や社会福祉施設の現場の職員として増えてきたことで，これまで職員の男女比の関係で仕方のないこととされてきた，異性による身体介護の妥当性への注目も高くなってきている。異性介護だと，入浴で身体をさらしたり，排泄するときの羞恥心などがありえるので，可能なら同性介護が望ましいとされることになる（雇用問題研究会 2005）。もちろん，女性が多い職場であることから，女性職員が男性利用者を介助する異性介護は確率的に多く起こるわけだが，そこには他者への身体接触をめぐって女性は許容され，男性がすると性的意味合いが付随してしまうというジェンダー差も潜在している。

　他方で，介護報酬などの社会保障政策の構造的問題もあることから，やや楽観的ではあるが，社会福祉サービスの仕事へ男性が進出することによって，介護が職業であることの認識の深まりと労働環境の改善がなされる可能性があるという声もある。家事の延長ではなく，専門性を有するという認識がそこに成立しつつあるわけだが，その認識の背景には，男性がするなら専門的職業で，女性がするなら家事の延長という，従来の性別役割分業の見方の残滓があることも否めない（山口編 2006）。

しかし，じつは，さらに父子家庭の父親にも職業上の影響が強く出てくることは意外に気づかれていなかった。それは，日本の男性の長時間労働に起因するといってもよいだろう。仕事の処理やノルマ達成において，残業が前提として要求されるような時間配分となっており，子どもの帰りや夕食に備えて帰宅時間を早めなければならない父子家庭の父親は，仕事を予定どおりこなすことができなかったり，少なくとも生活費の一部となっている残業代分の給料がもらえなくなる。また，会社主義の日本人男性が得意とする酒席の飲みニュケーションでビジネスの話題をすることも多い企業文化においては，そのような情報からも取り残される。また，子どもたちの生活時間に合わせられるよう職住接近を考え，転職をする父親もいるが，中年段階で住居を前提に職を選ぶことは，給料の低下を帰結せざるをえない。すなわち，妻が家事労働のほぼ全部を覆う形で家族の生活が営まれることが多い日本社会において，家族にひとたび妻がいなくなってしまうと，家事労働や子育ての負担がかかることで，父子家庭の父親たちは従来どおりの職業生活さえ営めなくなる要素が強いのである。

　日本でも1985年に男女雇用機会均等法が施行されたものの，［総合職－一般職］の区分が導入され，残業や配転・地域移動のある前者に男性が多く採用されることで，名目上は男女差はないものの，実質的な男女差が総合職－一般職に内包されることになった。また，女性が総合職で採用されて入ってきても，男性上司が総合職女性の処遇に慣れていないために，男性的な行動様式を求めてしまい，総合職女性が働きにくくなることが指摘されている。女性の職業労働では，いわゆる女性の社会進出の実態としてのパートや派遣労働など非正規雇用の増加，職場内での昇進にあたっての壁たるガラスの天井，結婚・出産で仕事をやめる確率が高いという理由で採用・登用されない統計的差別などがこれまで問題とされてきた。他方，女性の社会進出が珍しいことでもなくなり，継続的な仕事に従事してきて結婚も出産もせずに30代後半に到達した女性たちが「負け犬」と自虐的な表現をとって形容された時代も昔となりつつある。その反対に，男性の職業労働では，長時間労働やノルマ・ストレス，それらが一因とされる過労死・過労自殺などが取り沙汰され，働くことが強く求められる男性にとっての育児休業のとりにくさなどが問題とされることが多い。そして，今や，女性の過労死・過労自殺も起こってきている。職業労働と家事労働をめぐって，仕事と家庭の調和をめざす「ワーク・ライフ・バランス」が性別を超えて主張されるものの，日本社会において改善のための特効薬は見つけきれていないといえよう。

**性別コースの再生産と変容
——学校・兵士**

(1) 隠れたカリキュラムとジェンダー・トラック

　学校教育は一般に男女平等であると考えられている。社会全体の他の領域と比較して，学校教育は平等の要素や志向が強いともいえるが，他方において，みえない形で，場合によっては意図せず行われてしまうジェンダーの文化差の埋め込みについても考える必要がある。そのような学校教育の場面においても，ジェンダー文化の影響が授業や教材のなかにあること，ならびに進路選択の場面で起こることが着目されている。

　生徒が学校で学ぶことはフォーマルな教育内容に限られるわけではない。学校では社会的に望ましいと考えられる行動様式や価値観・社会観，さらには解釈枠組みなどが暗黙のうちに伝達され，教員は自らそれを伝達してしまっていることに無自覚である場合もある。そのように学校文化において，知らず知らずのうちに学習されていく知識や文化は，目にみえる教材などの「顕在的カリキュラム」との対比で，「隠れたカリキュラム（hidden curriculum）」と呼ばれる。そのように無自覚的に学ばれることのなかには，ジェンダーの問題にとどまらず，階層やマイノリティへの社会的態度や価値観なども含まれたりする。

　教師が男子生徒に積極性や主体性を促し，女子生徒に自己抑制や従順さを促すという態度に関わること，学校の出席簿が男子が先，女子が後という男女順番別名簿となっているという学校制度に関わること，そして，小学校の教員の3分の2は女性であるにもかかわらず女性の校長は2割にとどまり，男性が主で女性が従という関係が学校においてもみえてしまう教育体制に関わることなどが，隠れたカリキュラムとして生徒たちに刷り込まれていくものとして存在している。

　そのような刷り込みの延長上には，女子生徒・女子学生が上級学校や職業などの進路選択にあたって，各々の学校文化がもち，日々の行動に含まれている顕在的・潜在的な性役割観が一定以上の影響を与えて，進路決定にある種の大きな効果を発揮することから，「アカデミック・トラック」と対比して，「ジェンダー・トラック（gender track）」と呼ばれている（中西 1998）。女子生徒・女子学生たちがジェンダー・トラックによって，ある方向への水路づけをされ，男子生徒・男子学生とは異なる論理に基づいて進路文化が生じていくことになる。かつて，P.ブルデューはそのような現象の1つを，強い口調をもって，「女子学生の文学部への追放」と表現したりした。現在，女子学生が社会科学や自然科学分野への学業選択をすることも多くなっており，文学部への追放とはいえないし，「リケ

ジョ」と称して，理工系で学ぶ女子学生が推奨されてもいるが，語学分野や看護・福祉分野など，「女性が強い」「女性に向いている」とまことしやかに語られる学習分野・職業分野があることも否定しきれない状況である。

(2) **女性と軍事化**　「男らしさ」の要素の1つとして，戦うことがあげられることが多い。すると，男女の平等な処遇が社会的にめざされるとき，女性にも戦うことが求められていくのだろうか。女性の兵士化という問題は，軍事とジェンダーの関係というテーマの扉を開いていく（佐藤 2006）。

国民国家のなかに市民が包摂されていく際の重要な義務の2つが，納税と兵役の義務である。そして，歴史的経緯としては，これらが選挙権の有無や市民的特権の享受と結びついていたと位置づけられる。このなかの兵役という義務は，それがこれまでおもに男子徴兵によって担われてきたということから，女性に市民権が認められないジェンダー差別を正当化する根拠の1つとなってきた。それ自身は，逆にいえば，市民概念の背後に男性を前提とする発想が無自覚的にあることの根拠でもあった（上野 2003）。

男性が本来的に暴力的で戦闘的ならば，軍隊は男性たちが集まってくるのを待っていればよく，生来の兵士であるならば基礎的訓練をほどこす必要もない。徴兵や訓練が行われなければならないのは，選択に任せれば彼らが軍隊や戦闘に参加しないからである。兵役はたしかにとらえ方によっては名誉でもありうるが，戦役における義務として生命を差し出すという要素も強い。したがって，日本でも戸主や家督相続人の徴兵免除という特権を使って，二・三男が他家の養子になって徴兵逃れをするという例も数多く存在した。すなわち，名誉であるとされつつも，兵役は免除されることが特権という考え方は広く底流に流れていたと考えられる。しかし，それならば女性にとっても兵役を免除されることは特権と位置づけられるものだったのだろうか。いや，むしろ，この点は，女性たちの権利がないから義務もないのだと理解されるものであった。

アメリカにおいて，あらゆる分野での男女平等を求めるフェミニストたちの要求は，女性の兵士化と戦闘参加という側面においても推進されることになった。一見，進歩派の人たちが女性の社会進出の一端としてそれを推奨することになり，むしろ，保守派の男女や反フェミニストの女性たちが，それに反対するという奇妙な構図が現れることになった。戦争という場面は男性たちの聖域であり，それを遂行する軍隊は男性性によってのみ定義されるものであり，女性の兵士化はそれを脅かすと保守派の人びとは考えたのである。

COLUMN 12-3 身体とジェンダー──体型と頭髪

　身体の体型維持や身体改造への意識が強まっているなか,「外見じゃない。中身が大切だ」という言い方は,「中身を見てもらうためにも,外見をパスしなければならない」という雰囲気に変わっている。外見の問題はそれだけのようでいて,じつは心のあり方や生き方のスタイルに大きく関わり,人びとに(とくに若者たちに)とって見逃せない部分となってきている。現代日本社会において,身体に関わって切実な様相をともなう願いとして,女性にとっては太っていず,ダイエットをしてでもやせているということが(浅野 1996),男性にとっては頭髪が薄くならないあるいはハゲないということが話題になる場合がある(須永 1999)。

　男性からして,どちらかといえばある程度ふくよかな女性が異性として好みであるといわれても,女性にとってやせていることが美しさの基準とされ,その基準は他者との比較というより,自分の理想水準の体型や体重への限りない追求であったりする。すべてではないにしても,やせ願望に基づく過剰なダイエットが過食症・拒食症の原因となっていることも多い。たしかに太って肥満でいることは,病気の引き金となるなど女性が気にする美容面だけでなく健康面にも悪いと評価されよう。他方,男性の頭髪が薄くなることは健康の文脈とはかならずしも関係はしない。ハゲているほうが大人の男らしさを示すとされる文化をもつ国もある。頭髪が薄くなることをめぐっては,老化へ向かう寂しさ,早すぎる抜け毛への動揺,女性にモテなくなることの不安が語られる。ハゲがからかわれるとき,そこにはそれへの反応をみる「人格のテスト」がはらまれている。からかいに対してむきになって抵抗することも,からかわれないように対策を練ることも,そのこと自体がからかいを激化させるねじれをもっている。ハゲの悩みも頭髪量の多寡というより,それをめぐる相互行為(とくに男性同士)にその辛さが起因しているのである。

　女性の体型も男性の頭髪も,身体とジェンダーをめぐる,他者のまなざしとの,より正確には異性というより同性の,さらには,それを内面化した自己自身のまなざしとの葛藤なのだといえよう。同性や自己自身のまなざしとの葛藤という要素が強いにもかかわらず,「……なら,モテる」という幻想的な言説へのやみがたい執着はひとり歩きをしていく。

　そのようなやみがたいジェンダーとの連関がある一方で,男性による女性文化への接近,女性の男性文化への接近などが目につくようになっており,前者の「日傘男子」,「メンズ乳液」,後者の「鉄子」(鉄道好きな女子),「肉食女子」なども聞くようになってきた言葉といえよう。好きなものは好き,欲しいものは欲しい,機能的に有効なら気にもかけず使うなど,ジェンダーの垣根はやすやすと乗り越えられていく。いや,そもそも垣根こそが幻想だったのだといえるのかもしれない。

軍隊とは，国家暴力が組織化されたものであり，市民社会で犯せば殺人罪になる暴力行為が非犯罪化される特権をもった集団と考えられる。兵役とは，したがって，国家が独占するそのような暴力を行使する権利とも位置づけられる。そのような公的暴力の行使は，その対を設定することで，より明確に理解することができる。すなわち，公的暴力の対が，私的暴力たる，夫や父，恋人などによる暴力である。ドメスティック・バイオレンスや児童虐待など，多く家族内でふるわれる暴力は，これまでそのような視点でまなざされることなく等閑視され，非犯罪化されていた。そこに対を設定するなら，公的暴力と私的暴力が国家間と家族内において行使され，もし，それが市民社会の内部で行われるなら犯罪となる行為が，犯罪とされない特権を有していたのである。すると，規模において両極にある国際社会と家族は，市民社会の法規に従わない暴力行使がなされる外部たる無法地帯の2領域であると考えられるのである（上野 2003）。

　女性は，この両極において暴力行使から排除された存在であった。ただし，それは女性がつねに非暴力的な存在であるということを意味するわけでなく，母性が戦争にも平和にも動員されることがあるように，暴力性の有無は社会の構築性に関わるものなのである。女性兵士の存在を職業の1つとして認め，そこへの進出を果たしていくべきだと考えるのか，女性兵士の動員によって果たされる軍事行動の効率的遂行そのものに異議を唱えるべきなのか，現代の軍事状況から大きな問題がつきつけられている。

SECTION 3　性愛の陰影

セクシュアリティの側面から

性行為の3要素

　ジェンダーに続いて登場してきたセクシュアリティへの関心が近年高まっているが，その前段として，1960年代頃より，「性の解放」のもとに性行為への社会的許容度が高まってきたという社会状況があることを確認しておく必要があろう。性行為が夫婦間の子づくりのためにだけあるという思想的限定が衰退したことの意味は大きい。

　性行為には，3つの要素があるといわれてきた。生殖達成・愛情表現・快楽追求の3つである（橋爪 1995）。第1の生殖達成は，男性精子と女性卵子を結合・妊娠することによって，子どもを産み，次世代を形成する再生産行為である。生殖達成には，家族・親族の系統が継続していくという側面と，当該の時代に生ま

第12章　ジェンダーとセクシュアリティ

れ出会った男女の生きた証を次世代に残すという側面がある。したがって，子どもが生まれないことが，嫁・妻の責務を果たしていないと批判される状況があったり，他方，医学的な不妊治療や人工授精を受けてもぜひ子どもを授かろうとすることが夫婦の絆の強化につながったりすることになる。

　第2の愛情表現は，生身の身体たる肌を直接接触させ愛撫するという，他の社会関係においては許容されない行為を当該の2人が行うことで，その許容対象であることと慈しみ・慈しまれる行為によって示されるものといえる。親子においても愛情表現はなされるであろうが，その場合も衣服を通じての接触はありえても，肌の直接の接触はそれを目的としては想定されていない。もし，ありえるとした場合，それは「近親相姦」と評価される可能性を有している。また，他の社会関係では許容されない行為を許容し合うことに，排他的に相手を独占する・相手に独占されるという意識がともない，それを相手が守らないとき，嫉妬や憎悪の感情が相手や第三者に対してわきおこる。

　第3の快楽追求は，性器や身体の各部位を愛撫・結合させることによって，身体的快感や性的エクスタシー，精神的満足感を得ることである。一般に，男性は射精という明瞭な現象によって性的エクスタシーの瞬間を獲得するが，女性は同じような意味で明瞭ではないと考えられてきたため，多くの場合，女性の性的エクスタシーの獲得は軽んじられ，男性中心の性行為という側面が長く続いてきたといえよう。しかし，そのことが逆に，女性に性的エクスタシーを感じさせることが男性の性的強さのシンボルとなったり，再度女性の側が男性の立場を立てて性的エクスタシーを演技するというようなこともありえた。しかし，しだいに女性にとっての性的エクスタシーの獲得が女性の側からも男性の側からも重視され，男女での快感獲得の協同達成に重きがおかれるようになりつつある。

　多くの場合，生殖達成・愛情表現・快楽追求の3つの要素は合致すると考えられてきた。いや，むしろ信じられてきたといったほうがよいかもしれない。本来，別物である「恋愛」と「結婚」を，結婚の基礎に恋愛をおく「恋愛結婚」という形式を社会が発明することによって，恋愛の破壊衝動的な側面が飼い慣らされてきた（井上1973）。しかし，大きな視点でいえば，マクロな人口レベルでの出生行動のパターンが歴史的に多産多死－多産少死－少産少死と変遷し，家族計画という形で産児制限を受けるようになってくると，生殖達成の比重が相対的に低下してくる。もともとヒトは，多くても一生に数人しか子どもをつくらないのにもかかわらず，多くの性行為の回数を重ねてきた。生殖達成の効率という点からの

み考えれば，ずいぶんと無駄なことをしているわけである。それには，むしろ，性行為の第2，第3の要素の比重のほうが高かったともいえ，生殖達成の比重の低下はそれを顕在化させただけだともいえる。

　旧来，男性において，婚内交渉として妻に生殖達成を期待し，他の女性との婚外交渉で愛情表現や快楽追求を求めるという例が存在した。そこでの性行為の相手は，「妾」「2号」「愛人」などと称されていた。1960年代に「性の解放」が叫ばれ，夫婦において生殖達成を前提としない性行為が許容され増加するとき，［恋愛→結婚→性行為→生殖］という連結はもろくも崩れ，その結果，愛情があるなら結婚前に性行為があっても何の問題もないということで婚前交渉を否定する論理と感性が衰退し（「婚前交渉」は日本ではもはや死語に近いが，宗教的に禁じられている国もある），さらには，愛情というものが目にみえない以上，愛情の有無と関連させずに快楽追求としての性行為を求めていく志向も浮上してくることになったのである。生殖達成がかならずしも前提ではない性行為の思想と行動が普及していったことで，セクシュアリティ概念登場の下地が準備されていったといえよう。

多型的な性の欲望

　性愛というとき，私たちは男性と女性を思い浮かべ，その愛情と性行為のもとに生まれた子どもたちとでつくられる近代家族を想定していく（第11章参照）。しかし，それはいうまでもなく，ありうる恋愛・性愛のなかの1つの形であるにすぎない。男性と女性が異性として愛し合うこともあれば，男性同士・女性同士が同性として愛し合うこともある。また，異性愛・同性愛も，両方共に自分の性愛の形とするものもいる。「本当は同性愛も異性愛もない。あるのはただ『好みのタイプ』だけなのではないだろうか」（佐倉 2006: 192）。セクシュアリティの概念の本格的登場は，性行為の人的対象としてのそのような異性愛・同性愛にとどまらず，さらに自慰行為としてのマスターベーション，特定の部位や対象に性的欲望と快感を感ずるフェティシズムなども含め，人びとの性的欲望とその発露が多型的であることを私たちに示していくことになった。

　性的欲望の1つの形としての同性愛の位置づけも，歴史的に大きく変容してきた。ギリシャやローマの時代には同性愛は許容されていたが，それは自己管理可能な成人男性がそれ以外のものを主導する形の一例として少年愛が是認されていたということであった。中世以降のキリスト教の普及とともに，性欲を罪悪視する傾向が強まり，そのなかでも生殖につながらない性行為は「ソドミー」として

しだいに迫害され，同性愛もその流れのなかで犯罪視されるようになっていった。同性愛を不自然なものとし，神がつくった世界への冒瀆だとする否定的な考えが長らく続いてきたが，近代に入り，知識の医学化が進むことにより，同性愛は先天的な病気だとして医学的に処理しようとする考え方が出てきたり，さらには先天的ではあっても病気ではないとする考え方も登場して，しだいに中和化されていくことになった。

しかし，現代に至り，同性愛当事者たちのなかからも，その存在が認められればよしとする動きから，文化的マイノリティとして差別の撤廃を求める動きへ，さらには権利獲得の運動へと変化を遂げていった。そのような過程のなかで，LGBTという言葉が性的マイノリティの一部の人びとを指す総称として用いられ，国際機関でも使われるようになってきた。Lはレズビアン，女性同性愛者，Gはゲイ，男性同性愛者，Bはバイセクシュアル，両性愛者，Tは次節でふれる，出生時に判定される生物学的性と性自認に不一致のあるトランスジェンダーである（LGBTでさえも性的マイノリティの多様性を示しきれていないという意見もある）。同時にセクシュアリティをめぐる批判的視点のまとまった形として，クィア・スタディーズも登場してきた（河口 2003b）。クィアとは"変態""おかま"として男性同性愛者を差別的に語る言葉であったが，むしろその言葉を用いることで，性的マイノリティへの視野や性行為規範への抵抗を含みうる概念となっていった。レズビアン・ゲイ・バイセクシュアルなど，非異性愛の人びとが社会的承認を求めるための連帯性と，その内部での細かい差異性にまなざしを注ぐために，レズビアン／ゲイ・スタディーズという言葉に置き換わって，クィア・スタディーズという言葉が積極的に使われてきている。

ヨーロッパを中心に，同性婚を法的に認める国も出始め（オランダやベルギー，オーストラリア，中華民国など），同性カップルに異性カップルと同じ社会政策的な保障をする動きも出てきている。日本でも同性パートナーシップ制度を導入した自治体もある。同性同士の結婚を生殖がなされないことを理由に反対する考え方があるが，異性同士の結婚であっても生殖が前提でなかったり，あるいは生殖が難しい例も存在しうるのに，それをいちいち確認して反対されることもない。そこには少なくとも異性婚を是認し，同性婚を否認する，性愛の形に基づいて婚姻を区別する視点が存在している。

性的マイノリティへの社会的許容度は，欧米などを中心に徐々に増してきているといえようが，その性質と社会的関連をめぐって，いくつかの論点があがって

> **COLUMN** *12-4* カミング・アウト (coming out)
>
> カミング・アウトとは，同性愛者が自らの性的指向を周囲に明らかにするなど，自らが社会的に誤解や偏見を受けているマイノリティの側の存在であることやその立場・主義であることを親しい他者に打ち明けたり，社会に公表することをさす。欧米では同性愛者であることの宣言をさす意味で使われることが多いが，日本ではHIV感染者などの公表においても，この表現が使われたりもした。「告白する」という意味であるが，そこには，同性愛者が自己の性的指向を家族や友人などに明かせず，押し入れに入っていた状態から外に出てくる (coming out of the closet) ことが含意されていた (Sedgwick 1990=1999)。これまで，そのような存在や立場であったことを隠してきた，あるいはふれずにすませてきたこと (passing ともされる) に対し，公表によって社会的差別の存在を政治的に問いかけるという場合もあれば，親しい相手にのみ自らの存在・立場を打ち明けることで，より親密で肯定的な関係に入っていくことをめざす場合もある。

きている。セクシュアリティは性行為に関わるものであるから，人種や文化的ジェンダーのように外見的にわかるというものではない。その結果，セクシュアリティはジェンダー・アイデンティティよりも可変性に富み，流動的な要素に満ちている。S. フロイトの幼児の多型性倒錯，C. G. ユングの両性具有性などは，そのことを傍証する考え方である。また，近代に至るまで〈「同性愛」行為〉というものはあっても，〈「同性愛」者〉というものは存在せず，近代になって性的な行為のタイプが人格を定義するようになったということも，セクシュアリティの可変性の例として位置づけられよう。

したがって，セクシュアリティはジェンダーよりさらに本質主義的なものとはいえず，自らのセクシュアル・アイデンティティが何であるかについて，人は本当には完全な確信をもつことができないとされる。今日まで異性愛者だったとして，明日同性愛に性的欲望を感じ始めないという保障はどこにもないのである。そのことに関連して，E. K. セジウィックは，セクシュアリティを「ジェンダーよりもはるかに，関係性によって規定され，社会的／象徴的であり，構築され，可変的で表象的である」(Sedgwick 1990=1999: 43-44) と述べている。

また，同性愛者の性的指向の構築性にとどまらず，同性愛者間の内部で社会的・文化的に発生するジェンダー不平等や格差にも目を向ける必要がある。経済

的には，男性一般が女性一般より稼働収入が多いことが反映して，ゲイのほうがレズビアンより経済的ゆとりがあり，その結果，ゲイの雑誌や映像資料，ゲイ・バーなどの消費行動が活発なのに対し，レズビアンのほうはワークショップなどの非営利的な社会活動が支えとなっている。他方，恋愛を内面化されたレズビアンのほうがモノガミー的に対関係を貞淑・長期に営む傾向があるのに対し，ゲイのほうがポリガミー的に多数の相手と1回限りの関係を結ぶ傾向があったりするという指摘もある。セクシュアリティの現象形態のなかに，再びジェンダーに基づく差異や格差が忍びこんでいるのでもある（加藤ほか2005）。

性に関わる社会問題　性に関わる社会問題として，その背景に顕在的・潜在的権力関係が存在し，近年急速に社会的注目を集めているのが，セクシュアル・ハラスメントやドメスティック・バイオレンスである。「それを望まない相手に対して強制された性的関係」には，性暴力の要素がはらまれており，事実関係が確認されたうえで，被害者の視点に基づきつつ，行動の意味が定義されることが重要とされる。

セクシュアル・ハラスメントは，ある組織内あるいは組織間における権力関係を背景になされる，相手からみれば不快感・困惑感をともなう性に関する言動である。具体的には，代償型と環境型と呼ばれる諸行為がある。代償型とは上司や教師がその地位を利用して交際や性的関係を迫ったり，雇用・昇進・配転の利益や不利益に性的関係を関連させるなどが該当する。また，環境型とは身体やプライベートなことについて発言したり（脚や胸，結婚や子どもなど），いやがる行動をする（肩や腰に触る，お酌やデュエットの強要など）など，職場や学校などを過ごしにくい環境におくことが該当する。職場として働きやすい環境を維持する責任があるという観点から，企業にはセクシュアル・ハラスメントを未然に防止する取り組みが課されるようになってきている。

他方，児童虐待，老人虐待と並び，家族や親密な間柄のなかにある暴力として，近年白日のもとにさらされつつあるのが，ドメスティック・バイオレンス（domestic violence/DV）であり，夫婦間暴力，恋人などのパートナー間暴力がそれにあたる。従来，家庭内の夫婦げんかの一端とみられるにとどまっていた現象が，じつはすそ野が広く，また生命の危険を感じるレベルの暴力を受ける例さえ数多いことが明らかになってきた。そこには，男性の攻撃性や暴力性が男らしさの証として容認される文化や，ジェンダーの不平等や権力関係など社会構造上に起因する要因も存在するとされる。

家庭内での暴力の行使には一連のサイクルが存在することが指摘され，おもに3つくらいの時期に整理されたりする。①まだ暴力には至らないが，当事者の人間関係内や他の社会関係の影響などから緊張が蓄積され，被害者が加害者の機嫌をとるような時期，②突然激しい暴力が始まり，統制のきかない破壊的な暴力が続き，生命の危険さえ及ぶ時期，③加害者がわれに帰り，謝罪をしたり自責の念にかられ，自らを責めるため，被害者もこれが加害者の本来のやさしい姿であると思う時期などがあり，これらに類似する現象がサイクルのように繰り返されることがある（「夫（恋人）からの暴力」調査研究会 2002）。別れることや逃げることなど，傍目には選択肢も存在するように判断する向きもあるだろうが，暴力を継続的にふるわれることで自尊心の低下や無力感が蔓延し，加害者の脅しから別れたあとの報復に対する強い恐怖感を拭いきれないともいわれる。他方，加害者の気持ちの浮沈も激しいため，いかに暴力をふるわれても「私が彼を支えなければならない」と，暴力関係の存在によって加害者－被害者双方のアイデンティティが維持されているかのような理解が被害者からなされることもある。

　暴力をふるうことの非は明らかだとしても，なぜ暴力をふるう・ふるわれる関係ができ，それが維持されてしまうのかという問題に対して，完全な解答を用意することはまだ私たちにはできていない。

SECTION 4　性と生

〈性同一性障害〉が提起するもの

　すでに第1節でもふれたように，男らしさ，女らしさが揺らぐなか，「らしさ」という発想を相対化するような身体と心理の両面の入り交じった現象として，性同一性障害という現象への関心が高まっている（藤村 2006）。性同一性障害とは，生物学的には男女いずれかの形状に属する性器や身体を有しているにもかかわらず，自分の性を何であると認識しているかという性自認において，性器とは異なる性のほうに親和性を感じ，それをより自然であると考える状態である。自分の生物学的性別に違和を覚え，その枠を越境しようとする人びとという意味で，「トランス・ジェンダー」（trans gender/TG）とも呼ばれる。

　この状態を一種の病気の状態ととらえた場合の呼称として，「性同一性障害」が使われているのだが，それを障害であるとか，病気であるとか判断する根拠は

かならずしも盤石なものではなく，人びとの一般常識で理解できない現象を，障害という言葉で中和化し，受容可能なものとしているともいえる。現代社会において，医療・医学の言葉は高い正当性を有しており，「性同一性障害」はそれとの妥協を通じて，"病気だから治療が必要"という人びとの心性に訴えかけてきたとも考えられる。しかし，障害という疾病概念を用いることで社会が許容するという，性の社会規範の硬直性への問い直しが問題提起され，「性同一性障害とは，1人ひとりがなりたい自分になろうとすることを『性別』の壁を越えては認めない社会のほうのシステム障害」(佐倉 2006: 160) なのだという指摘もある。

　性同一性障害の人たちのなかには，性自認に合わせて，外科的手術による外性器等の形態の変更を希望する人たちもおり (「トランス・セクシュアル」〔trans sexual/TS〕)，そのための手術は性別適合手術と呼ばれている。いわゆる「性転換手術」のことなのだが，自らが親和性を感ずる側の性の生殖能力そのものまでをもつことはできず，完全な転換とは言い切れないため，そのような呼び方がなされている。そのような手術によらずとも，単純に性器としての生物学的性に性自認を合わせればいいのではないかという考え方もあろう。しかし，当該年齢に成長してくるまでに形成されてきた性自認は強固なものであり，その変更は容易ではない。したがって，性自認に生物学的性を合わせることが選択される。すなわち，セックスにジェンダーを合わせるのではなく，ジェンダーにセックスを合わせるのである。性器・ホルモンといった疑いようのない生物学的なものではなく，自分の内なる言語として形成された性自認のほうが性別基準として採用されるわけである。ジェンダーは構築的なものであると指摘されてきたとしても，自由に変えられるものなのではなく，いったんそれに基づいて成育され成長してきたものとしては決定要因としての影響力がきわめて高いことが示される。

　性に男性・女性があるということは，そのような性同一性障害も2つに区分される (佐倉 2006)。男性から女性へのトランジションを志向する「MtF」(Male to Female) と，女性から男性へのトランジションを志向する「FtM」(Female to Male) である。両者が抱える困難は類似しているようにみえるが，段階によって相違もみられ，ジェンダー秩序の不均衡な構造が潜在化していることが見え隠れする。初期段階の服装などにおいて，MtF は男性がスカートをはき女性用下着を購入するので，変態の烙印を押されかねないのに，FtM は女性が化粧せず男物の服を着るボーイッシュの表現と理解される。ジェンダー規範から逸脱しているという評価は，当初 MtF に対して厳しくなされがちである。しかし，段階が

進み,もう1つの性のふりができるようになってくると,困難が逆転する場面も出てくる。FtMは男であるはずなのに便所で立ち小便ができず,つねに大きいほうに行き,「いつもウンコをする奴」とからかわれる。また,MtFが銀行に行っても旦那(=本人)名義の通帳の手続きを妻がするふりですむのに対し,FtMは妻(=本人)名義の預金をおろす夫として事件性を疑われかねない。

　性同一性障害がもたらした認識は,性現象を〈自然〉と位置づける人にとっても,〈構築〉と位置づける人にとっても,想定しにくい意外なことであった。しかし,性同一性障害は,ジェンダーを越境するという行為によって,微細にはりめぐらされているジェンダー秩序を,当事者や周囲の者たちの困惑を通じて私たちに気づかせてくれたのである。

生殖を超えた性　**(1) リプロダクティブ・ヘルス&ライツ**　人口構造上の少産少死段階に入り,生殖達成がかならずしも前提とされない文化や行動様式が進展してきている。それは,出産に関する女性の自己決定権という問題を本格的議論の俎上に乗せつつあり,また,他方,生殖に関わりのない高齢期の性愛という人間関係への深い関心を生みつつある。

　出産に関する女性の自己決定権をめぐって,その判断に大きく関連するのが,「性と生殖に関わる健康と権利」,すなわちリプロダクティブ・ヘルス&ライツ(reproductive health & rights)の本格的提唱である。これは,誰もが身体的・精神的・社会的に良好な状態で安全で満足な性生活を営めることを前提に,子どもを産むかどうか,いつ・何人産むかを決定する自由を基本的人権として保証されることを示す理念であり,1994年,国連国際人口開発会議(カイロ会議)で採択された行動計画である。ここには,国家を主体とする人口政策から,個人の意向を主体とする人口政策への転換が意図されている。

　リプロダクティブ・ヘルス&ライツには,産む/産まないを決める権利,さらに細かく具体的にいえば合法的に人工妊娠中絶を受けられる権利が含まれる。出生前診断が用いられることで,胎児の健康状態が判明し,障害をもって生まれる可能性についての判断をすることができる。出生前診断と選択的中絶がセットになると,障害をもつ可能性のある胎児の中絶が,女性の権利の問題としてその是非が問われる一方,障害者の側からは障害者差別の一端であるという非難がなされることになる。

　人の半分を占める男性が女性の妊娠の過程に関心をもたず,その責任も負わないまま,女性だけが出産をするかどうかの選択肢を与えられ,責任も押しつけら

れる。妊娠は男女双方が関わって成立した事態なのに，妊娠を境に女性の身体にのみ生じる事態として文脈が狭く設定され，その構造から切り離されていく（江原 2002）。

脳死や安楽死の判断に関連した<u>身体の自己決定</u>という問題が関連しており，女性の自己決定権も死の自己決定と対比される（第9章参照）。しかし，自己決定そのものがつねに是とされるというより，どのような状況や構造のなかにその自己決定がおかれているのかという問いを発する必要があろう。「女性の自己決定権」は胎児にどう対するべきかを決める権利なのではなく，家父長制への闘いの権利という側面を重視すべきなのである。

自己決定の主張の重要性とは，自己決定できない状況にある他者の自己決定を可能ならしめるために，社会関係や組織の再編を考えていくところにある。胎児が女性の身体の一部であるから女性の自己決定権が認められるべきだというより，胎児は別の存在であるがゆえに，その別の存在のために身体を提供する妊娠・出産には女性の同意を確認する機会として女性の自己決定権を考える必要があるのではないか。望まない妊娠を避けるという性行為の権利の延長上に，リプロダクティブ・ヘルス＆ライツが成立しているということをつねに自覚しておくことが重要となる。

また，リプロダクティブ・ライツがすべてのカップルと個人を対象としていることから，男性にもその権利と自由の指摘がなされることがある。それを下敷きとしつつ，男性には子どもをもつ自由と同時に女性の権利を守る義務と子どもの権利を守る義務も課せられていく。そのことは，家族成員のヘルス＆ライツを満たしていくために，当然のように男性にもワーク・ライフ・バランスが求められるのである。

(2) 高齢期の性愛　生殖が性にとって重要な柱であるとするならば，生殖能力の衰退した高齢期において，性は何ほどの問題にもならないはずであろう。しかし，かならずしもそのようにはならない。高齢期においても，いや，むしろ生殖に関わりのなくなる高齢期だからこそ，性というテーマは，心身のふれあいとしての性行為への欲望や，カップルでいることの期待や安堵感として浮上してくる。高齢期の人びとが性愛と無縁であるというのは，若年層からみた1つの神話にすぎないといえるであろう。

高齢期の人びとへの医学的調査結果において，60代男性の6割，70代男性の4割が月に1回程度の具体的な性行為があるとされ，また，そのような性交の頻

> **TEXTinTEXT　12-1 ● 文学にみる高齢期の性欲**
>
> 「前山咲子が死んで私が涙を流したのは事実であった。それは，私の生涯の時の経過に，はっきりと区切りをつけるような事件であった。しかも私は，咲子の死についての悲しみをその娘の章子と抱き合って嘆いているうち，衝動に駆られて章子の身体に触れたのだ。その事実が行われたことを知っているのは，私と章子だけである。……
>
> 　今日のことは私の身に起ったことであるが，人生には，起ってならないはずのことがしばしば起るものであり，その衝撃に耐え，それを人目にふれぬように処理し，そこをさりげなく通りすぎることが生きることだ，と言っていいほどなのだ。……自分のした事をも自然現象と同じように寛大にゆるしながら，もの静かに落ちついてその場面から立ちのくことに，私は人間の熟成というものを感ずる。……
>
> 　男というものは六十歳になっても，まだ性の攻撃衝動から抜け出すことができないのだなあ，という気持ちと，ここまで来てなお，こんな不意撃ちを主人公に加えるこの本能は，道徳意識や自制力などで簡単におさえ切れるものでないのだ，という悟りに似たあきらめの気持があった。『生きている間は何が起るか分らない』という言葉が，つぶやきとなって私の口にのぼった。それは『生きている間は何をするか分らない』と言った方が正確だった。私にとってその言葉は，『生きているうちは救いなどありはしない』という意味だった。」伊藤整『変容』（伊藤 1983: 370-73）
>
> ● 視点と課題 ●
>
> 　「老年期の人びとは性的欲望を抱かない」という見方にアンチテーゼを提示したのが，伊藤整の小説であった。亡くなった自分の愛人の娘が泣き崩れるのを抱きかかえたとき，主人公の男性はその娘にも性的欲望を感じたのであった。日本が高度経済成長を終え，高齢化社会に突入する1968年に初出として書かれたこの小説も，その後50年近くが経過すると，その性的欲望のとらえ方が男性サイドのものとして描かれたにすぎないといえるのかもしれない。女性の性欲の肯定，性行為の多様さとその意義など，性に関する認識も時代とともに変容してきている。高齢期での性愛へのジェンダー差異を考えさせる作品として中里恒子『時雨の記』（文春文庫）があり，他方，高齢女性たちの性的欲望や嫉妬を描いた桃谷方子『百合祭』（講談社文庫）といった作品もある。

度の程度より，男性器の勃起－挿入－射精の過程として性行為をとらえる習慣を脱し，挿入によらずとも肌のふれあいやいたわり合いとしての性行為を重視する必要性が語られている（小林 2000）。高齢期の男女自身の声を引いてみよう。

　「率直に言って，これ（性）なくして何が人生かと極言してはばかりませんよ。大部分の人々の偽らざる心奥に秘めた心なんですから。タブー視され

た性問題も，各方面に開かれた性教育が進んでいるようです。住宅事情もあるでしょうが，我々老人も生きる喜びを，夫婦同床に求めたいと思います。」
（福岡県・無職・75歳男性）

「私も86歳を迎えましたが，いまだ性欲には関心があります。もちろん，若いころのような元気はありませんが，心の安らぎに絶対必要です。私には，老人会仲間の70歳ぐらいの好きな女性が一人あり，季節，季節の珍しい果菜類を持参訪問，たまにはお小遣い1万円ぐらいを贈り，半日ぐらいお茶飲みを楽しみます。だれもいない二人きりのときは，別れにキスをしてそれが楽しみです。」（茨城県・農業・86歳男性）

「40歳で夫と生別，3人の子供を女手ひとつで育て，55歳で子供たちの勧めと許しを得て10歳以上うえの男性と交際。しかし相手は奥さんが亡くなって日が浅く，子供たちに内証の交際で息苦しく，3年で別れました。残念でたまりません。まだまだ世間の理解，とくに子供たちの無理解が障害になっていると思います。」（東京都・調理師・67歳女性）

『朝日新聞』1989年5月22日付

　高齢期の人びとにとって性愛が重要な意味をもつ社会関係のあり方として関心が高まる一方，子どもたち家族や各種の高齢者施設で，高齢期に入っての新たな恋人関係への対応の難しさが指摘されることも多い。子どもたち家族にとっては自らの親を性的存在ととらえる違和感や世間の目，相続問題が，高齢者施設職員にとっては施設内の秩序維持や入居者間の嫉妬関係の処理が直面する問題となっていく（小林 2000）。

　高齢期の性愛は具体的な性行動というより，人生の実存的な意味づけという様相を帯びてもいる。1980年代の日本社会において，離婚をめぐる法思想として有責主義から破綻主義への舵を切ることになった判例がある。それは，30代で子どものない夫婦において，他の内縁の女性と同棲し，子どもを2人つくった夫からの離婚請求であった。有責主義の思想に支えられた時代において，その離婚請求はまったく認められないものであったが，時間の経過と時代の動向の変化がそれを反転させた。破綻主義に基づく判決離婚が80年代に下されたとき，夫と妻，内縁の女性は皆すべて70代に到達しており，内縁の女性との間に生まれた子どもたちも30代であった。夫婦たるべき共同生活が40年間にわたって不在であったこと，また，子どもへの心理的影響がないと想定されることが，司法側の判決での破綻主義の採用を後押しした。しかし，40年経っても不倫をした夫を

COLUMN 12-5 男性学

　近年,「男性学」と呼ばれる一連の研究が蓄積されてきている。その名称のとおり,男性学は女性学やフェミニズムの問題提起や批判を受けた男性たちの側のリアクションとして起こってきた学問である。女性学の登場は,「人間」という名のもとに実際は男性だけを対象とした議論がなされがちなことへの新たな視点の提起であったが,それを経験したあとでは,男性も単なる「人間」の研究としてはすまなくなり,男女間・男性間のなかでジェンダー化され権力関係のなかにおかれた存在としてとらえ直そうとする機運が高まってきたものである。そこでは,「男らしさ」というよりは「男性性」(masculinities) という中立的な概念とその複数性が着目されており,階層による男性性の相違(中流階層では理知的,労働者階級では力強さが求められるなど),さらには,女性のもつ男性性と男性のもつ女性性の対比などが議論されている。

　男性学が提起してきた視点として,次の3つを整理することができる(多賀2006)。①男性特権の制度性。個々の男女間に限ればそうでないこともありうるとしても,集団としての男性が集団としての女性の犠牲のもとで制度的に保証された各種の特権・利益を享受している。②「男らしさ」のコスト。そのような特権・利益を享受するために,男性たちは自らにも抑圧的要素をもつ「男らしさ」の規範に従い,それを鼓舞する必要があるが,しだいにその鼓舞や空威張りの態度のコストが高くつくようになってきている。③男性内の差異と不平等。男性内にもさまざまな立場・位置があり,特権・利益を享受できる層もいれば,コストだけ払いそれに見合ったものを得られない層もいる。近年,過労死や自殺が男性に多いこと,経済成長が望めないなか,責任と義務だけもたされることなど,「男らしさ」のコストに関わる関心が高まっているが,揺らぎつつも男性優位の制度的な構造が温存されていることとの関係を押さえて議論していく必要もあろう。

　一面的で硬直的な生活を送ってきた男性たちが,男性学,メンズ・リブの登場により,「男らしさ」の鎧を脱ぎ,マジョリティとしての解放を獲得できるのかどうか,その試みは動き始めている。育児を楽しみ,自分自身も成長しようとする男性を「イクメン」とよぶようになり,厚生労働省も2010年より男性の育児参加の社会的気運を高めようと「イクメンプロジェクト」を立ち上げている。そのスローガンは「育てる男が,家族を変える。社会が動く。」である。

許さないという妻の思い,人生の結末に近づき,法が認めた夫婦でいる時間は短いであろうにもかかわらず,この世に夫婦でいた証を婚姻届という形で残したい

という夫と内縁の妻の思い。人の一生における連れ添いの意味の深さが，この判例に凝縮されていよう。

　人生をシングルで過ごしたり，離婚する人びとが今後とも増加してくるであろうなか，カップルでいることも，カップルでいないことも，高齢期の人びとにとって選択可能なライフスタイルとして，文化・社会意識と社会制度を作り上げていけるのか。近代家族の相対化が進行するなか，高齢社会の思想的課題はジェンダーとセクシュアリティをめぐって，そんなところにも存在している。ある老人ホームの施設長代理は言う。「性は卑わいと考えるのか，生の一部とみるのか。こちらが問われることだよね」(『朝日新聞』2002年2月10日付)。

男女共同参画社会という方向性

　1975年，国連の国際女性年（国際婦人年），メキシコシティでの第1回世界女性会議が契機となって，男女平等の達成をめざす国際的な動きが活発化し，日本においてもそれらの動きに後押しされながら，さまざまな諸制度や政策の改革への取り組みが進められてきた。その取り組みが近年1つのまとまった形として法整備されたのが，1999年の男女共同参画社会基本法である。女性があらゆる分野に参加するだけでは不十分で，そこでの企画・決定・実施に主体的に参画していくことが目標であるという認識に基づいて，法律はつくられている。その背景には，国際的な動きとして，1995年の北京での第4回世界女性会議以降使用されるようになってきた，すべての政策領域の，すべての政策過程にジェンダーに敏感な視点を組み込むというジェンダーの主流化 (gender mainstreaming) の発想が関連している。また，そのための方法とされるのが，ジェンダー影響評価 (gender impact assessment) である。政策の男女への影響が，意図した影響のみならず，意図しない副次的な影響や波及効果までを含めて分析されようとしている（下夷 2006）。

　同時に，世紀をまたいで日本社会において，この基本法を制定せざるをえない状況が存在していた。それは，この法律の前文において，男女共同参画社会の形成が21世紀の日本社会の最重要課題と位置づけられたことに現れている。そのような位置づけには，国際社会において男女平等の動きが加速するなか，世界経済フォーラムの「グローバル・ジェンダー・ギャップ・レポート」(2018年版)で，世界149カ国中110位，G7諸国中最下位と評価されるなど日本での取り組みはかならずしも急ピッチとはいえない状況にあること，また，日本がこれから本格的に経験する少子高齢社会，人口減少社会において，女性の種々の参加によって

> **COLUMN** *12*-*6*　#MeToo

　セクシュアル・ハラスメント防止の地道な取り組みが続く一方，2017年から2018年にかけて，世界的な沸騰現象も起こっていった。2017年秋，ハリウッドの大物プロデューサーが長年にわたる多数のセクシュアル・ハラスメントや性暴力で女優たちから告発されたのを機に，同様の被害を受けた女性たちに声をあげるよう，SNS で「#MeToo」との呼びかけがあり，多くのものがこれに呼応していった。#MeToo は SNS を通じて，短期間で世界的なセクシュアル・ハラスメント告発運動のシンボルとなっていったのである。わかりやすい言葉でありつつ，問題を鋭くフレーミングするすぐれたキーワードであったといえよう。その言葉の潜在力はハラスメントの訴えとそれへの賛同の方法に大きな動員力となっていった。他方，#MeToo 運動もその急激な拡大ゆえに，強制性交からからかいのセクシュアル・ハラスメントまでが一緒くたに非難されていく危うさにバックラッシュのつけいる隙が指摘されたりもした。

社会を担い支えていく人びとの数を基本的に増加させていく必要があることが指摘できる（伊藤 2003）。

　男女共同参画社会基本法の成立前後から，それを支えてきた女性学やフェミニズムの浸透に対して，いわゆる政治的バックラッシュの動きが大きくなってきている。とくにそれはジェンダー・フリーの概念の登場を機に，それを逆手にとる，ジェンダー・フリー・バッシングという形で起こってきた（若桑ほか編 2006）。おもに教育の領域で，固定的な性別役割観からの脱却を目標として使われてきたジェンダー・フリーの概念を，生物学的性差の存在を否定し，ひいては行きすぎた男女平等思想によって家庭や社会秩序を崩壊させる元凶ととらえ，それに反対する主張・勢力が伸長してきている。地方議会から始まった動きは中央政治にまで影響力を拡大してきており，性別役割分業に根づいた社会制度や家族観からの脱却を，政治の世界で明示的に打ち出していくことに困難がともないつつある。

　それとも関連しつつ，男女共同参画社会の形成に影響を与えてきているのが，世界の各国がそれに飲み込まれようとしているグローバル化である（伊藤 2003）。グローバル化のなかで，ネオリベラリズム的なジェンダー政策が進行しつつある。それは，男性であるか女性であるかではなく，優秀な労働力は優遇し，そうでないものは格差ある状態にとどめおくという弱肉強食的な経済合理主義の貫徹をめ

ざすものである。また，伝統的なジェンダー構造を維持していることは，それ自体が国際評価から厳しい指摘を受ける段階に至っている。男女平等を推進することこそが，グローバル化のなかで日本の資本主義が生き残るために求められているという認識がそこにはあろう。男女平等を推進しようとする勢力，それに生物学や伝統・保守の立場から反旗をひるがえす勢力，そして，男女平等を手段としてグローバルで自由な経済を志向する勢力，それらの混在のなかに男女共同参画社会の動きがある。

私たちは，性を通じて，社会のなかでの位置づけと自己像をえ，生計のために働き，他者を愛し，親世代・子世代を支えて，家庭を営んでいく。性が示すその多面性は，私たちの生が多面的であることにもつながっている。性がない社会があるとすれば，それは生を無色なものにもするのであろう。そうであるならば，性のある社会であることを彩りに満ちた世界であることにどのようにつなげていけるのか。日々の実践での指針と社会制度の構想の模索のなかに，その方途は潜んでいるとしておこう。

BOOK GUIDE ● 文献案内

● 原典にせまる

① B. フリーダン『新しい女性の創造』三浦冨美子訳，大和書房，1965（原著 1963）．
② J. マネー＝P. タッカー『性の署名――問い直される男と女の意味』朝山新一ほか訳，人文書院，1979（原著 1975）．
③ J. バトラー『ジェンダートラブル――フェミニズムとアイデンティティの攪乱』竹村和子訳，青土社，1999（原著 1990）．

①は中流階層の専業主婦の生の虚しさを名前のない問題と呼び，第 2 波フェミニズムにおいてバイブルとも称された書籍。原題は *The Feminine Mystique*。②は文化的に学習される性自認（gender identity）の強固さと決定性を論じた本だが，その後，その研究経緯に疑問を呈する対抗本も出版されている。③は，ジェンダーという概念がもたらした，知を再編する力へのまなざしが興味深い。

● 理解を深める

④ 江原由美子『自己決定権とジェンダー』岩波書店，2012．
⑤ 柴田悠『子育て支援が日本を救う――政策効果の統計分析』勁草書房，2016．
⑥ 上野千鶴子・蘭信三・平井和子編『戦争と性暴力の比較史に向けて』岩波書店，2018．
⑦ 風間孝・河口和也・守如子・赤枝香奈子『教養としてのセクシュアリティ・スタディーズ』法律文化社，2018．

④は生殖技術と身体の自己決定に潜む社会通念と権力関係を論じている。⑤は保育サービスを中心とする子育て支援が，短期的には労働生産性・経済成長率・出生率を高め，長期的には財政の余裕や社会保障の投資効果に寄与するという政策効果を統計的に明らかにした著作。⑥は戦時性暴力における当事者間の性的関係の連続性に国家間関係がどう織りなされるのか，歴史の文脈のなかで加害と被害の語りが社会的に許容され，また変容するかを比較史の視座から分析。⑦は性的マイノリティの権利獲得の歴史やクィア理論の展開をふまえて，性の多様な総体をとらえようとする著作。

● 視野を広げる

⑧ ベアテ・シロタ・ゴードン『ベアテと語る「女性の幸福」と憲法』晶文社，2006。
⑨ スヴェトラーナ・アレクシエーヴィッチ『戦争は女の顔をしていない』三浦みどり訳，岩波現代文庫，2016。
⑩ 新海誠監督・映画『君の名は。』2016。
⑪ 西島秀俊・内野聖陽主演・TVドラマ『きのう何食べた？』2019。

⑧はGHQ民生局の女性職員として日本国憲法の草案づくりに参画し，第24条両性の本質的平等を書いたゴードン氏のインタビュー記録。⑨は第二次世界大戦時ソ連では100万人をこえる女性が医師・看護師のみならず兵士として従軍したが，彼女らの戦時中・戦争後の体験を聞き取ったノーベル賞作家のデビュー作品。⑩は日本映画史上歴代第2位の興行収入となった，田舎の女子高校生と都会の男子高校生が夢のなかで心と体が入れ替わるという「とりかへばや物語」の現代版でありつつ，1000年に1度の彗星の接近によって劇的な展開となるアニメーション映画である。新海監督の映像美も魅力の1つとして話題になった。⑪はよしながふみの同名マンガを原作に，几帳面な弁護士と人あたりのよい美容師という40代のゲイのカップルの2LDK暮らしを，食生活をメインに仕事や人間関係を交え描くTVドラマ作品。料理担当の弁護士がつくる調理シーンの詳細な描写も話題で，各種のTV賞を受賞。同性愛の2人の生活にあるのも，普通の喜怒哀楽と日常性であることを教えられる。

Chapter 12 ● 考えてみよう

❶ あなたが住む市や県の議会における女性議員の人数を調べてみよう。また，あなたがよく行く施設や場所で働く人たちの男性と女性のおおまかな比率を考えてみよう。男性が多く働く場所での女性の役割，女性が多く働く場所での男性の役割について考察してみよう。

❷ 日常生活の身のまわりを見回してみて，しぐさ，指の動きやふれ方，身体姿勢や曲げ方などに男女差があるか着目してみよう。そこには，身体行為がもたらす意味の変化があるかどうか。また，同じようなことを TV ドラマや舞台演劇などの男女の演技からも確認してみよう。

❸ 1980 年代以降，ジェンダー，セクシュアリティの概念が本格的に議論されるようになってきた。本章で登場したジェンダーやセクシュアリティの概念を用いると，どのように映画『君の名は』や TV ドラマ『きのう何食べた？』を理解することができるか，観賞して議論してみよう。

第13章 エスニシティと境界

多様化する境界のかたち。右：東京・江戸川区のインド人インターナショナルスクール，左上：米軍横田基地沿いの道路案内（東京都福生市），左下：横浜中華街

CHAPTER 13

- KEYWORD
- FIGURE
- TABLE
- COLUMN
- TEXTinTEXT
- BOOK GUIDE
- SEMINAR

　社会学は長く「定住する人びと」を社会の担い手像として暗黙のうちに前提としてきた。しかし実際には，近代社会とは移動の時代でもあった。生まれ育った場所を離れ，都市へ，また外国へと移動していった膨大な数の人びとが，近代社会を作り上げてきたのである。そこでは，異なる人間たちの出会いが繰り返されてきた。なかでも，民族や人種，言語や文化を異にする人びととの遭遇と共存は，社会の変動のきわめて重要な要因となってきた。長く閉鎖的といわれた日本もその例外ではない。日本から国外へ，国外から日本へ，さまざまな形で移動する人びとが現在さらに増加している。この流れを押し戻すことはもはや不可能だといってよい。多民族化する社会としての日本の姿，そして世界の姿をどのように理解していくべきか。この章では，エスニシティを対象に，境界という社会現象の意味を考察する。「われわれ」とは誰か。また「われわれ」という認識・心性に依存しない社会学的研究ははたして可能なのだろうか。

INTRODUCTION

KEYWORD

移動　境界　エスニシティ　シティズンシップ　ヘイト問題　移民政策　観光　コンタクト・ゾーン

1 境界形成と帰属

移動する人間が出会う場所で

開かれた扉　2019年4月，新しい出入国管理及び難民認定法（入管法）が施行された。「新たな外国人材受入れ」をねらいとする同法は，新しい在留資格を設けることにより，従来は公式的に受け入れてこなかったいわゆる単純労働にも，外国人が就労できるようにすることを主眼とする。移動と越境の歴史は新たな段階へと足を踏み入れた。だが言うまでもないことだが，移動するのは単なる労働者ではなく1人ひとりの人間である。街を歩くとき，さまざまな店や場所を訪ねるとき，都市や農村，観光地を問わず，日本はすでに民族的に多様な社会となっていることに気がつく。著名なスポーツ選手をみてもわかるように，国籍上の日本人もすでに多様な背景をもつことが当たり前になっている。

まずは原点に立ちかえり，日本という社会がエスニックな厚みを増していく過程を追いかけるための知的な道具立てを確認することから始めよう。

焼肉は「エスニック料理」か　「本場韓国の味　焼肉」。食のガイドブックを開くと，「エスニック」というジャンルがどこでも大きなスペースを占めている。なかでも焼肉は，韓国・朝鮮と結びつくエスニックな料理としてしばしば大きく紹介されてきた。エスニックとはいったい何か。それは，どのようなことがらをさしているのか。

一般に<u>エスニック</u>とは，特定の国や地域の民族と密接に関連した社会的文化的事象をさすときに，形容として使われている。エスニック料理という表現もほぼこの用法と重なる。焼肉は韓国・朝鮮のエスニック料理である。そういっても，一見何も問題がないようにみえる。しかし，ここで考えてみる必要がある。なぜなら，日本における焼肉料理の歴史を研究した多くの仕事は，その成立と展開を，もう少し厚みをもった複雑な過程として描き出しているからである。なぜ日本に，焼肉料理が根づいているのか。これまでの研究を要約すると，その成立過程はほ

ぼ次のように説明される。すなわち、日本の植民地下にあった朝鮮半島から日本列島に移動してきたコリアンたちが、戦前から戦後にかけて半島の食文化の一部を借用しながら作り出した「ホルモン焼」をベースに、日本社会のなかで独自の食文化として形成されてきたのが「焼肉」である、と（朝倉 1994）。

　日本で成長を遂げた「焼肉」は、たしかに、海を渡ったコリアンたちがもともと身に着けていた食習慣に、そのルーツの一部を負っていた。1910 年、日本に併合された朝鮮半島から、20 世紀前半、出稼ぎや留学、強制連行によって、数百万人もの人びとが海を渡った。日本人と外見上の区別がつきにくいコリアンたちを識別するため、植民地出身者の管理を試みようとした日本の警察は早くからその食習慣の違いに着目していた（以下、差別的表現を含む部分があるが、当時の資料としてそのまま引用しておく）。

　　「料理ニ鮮魚ノ刺身ヲ用フルハ内地ノ人ト異ナラザルモ，其ノ他鳥獣肉（牛，豚，鶏等）ノ生身ヲ刺身トシテ用ヒ，唐辛，胡椒ヲ好ミ唐辛ハ多量ニ用フ」（内務省「朝鮮人識別資料ニ関スル件」大正 2 年 10 月 28 日内務省秘，第 1542 号，警保局長ヨリ庁府県長官宛，朴編 1975a: 28）

　また、「同化」政策を推し進めていた戦前の日本国家は、厳しい社会統制の一環として食習慣への介入を試みた。たとえば、戦前から日本最大のコリアン・コミュニティを抱えていた大阪では、1936 年、警察が次のような方針を報告していた。

　　「一，通称朝鮮人市場の取締　在住朝鮮人の特異なる集団を醸成し特有の生活形態を継続せしむるが如き朝鮮人向食料品を販売する市場の新設は之を認めず既存の通称朝鮮人市場は取締法規に抵触するのみならず内鮮融和を阻害するの実情にあるを以て之を廃止せしむること（但し既設のものに対しては漸進主義を以て臨むこと）。

　　二，朝鮮人向獣肉販売の取締　現在朝鮮人向獣肉（牛豚の頭，内臓等）販売の実情は非衛生にして而も内鮮融和を阻害するものあるを以て一箇月の猶予期間を与へ他に転業せしめ将来斯る営業を為さしめざること。」（『特高月報』昭和 11 年 6 月，朴編 1975b: 636-37）

　要するに、コリアン向けの市場や商品販売は一定の猶予期間の後に禁止していくというのが、管理をめざす警察側のねらいであった。なぜ国家は異なる食文化をこれほど恐れ、排除しようとしたのか。当時すでに日本政府は、朝鮮人の民族主義に基づく政治運動や思想活動を厳しく弾圧していた。だがしかし，このよう

な通達の存在はそれ自体，独特の生活文化を備えたコリアン社会がすでに日本に深く根を下ろしていたことを何よりも物語っていた。

　第二次世界大戦後，朝鮮半島は独立を回復する。しかし，間もなく朝鮮戦争が勃発し，南北分断が固定化されていく。在日コリアンの食のスタイルもまた，人びとが経験した差別や生き抜きの戦略，半島の南北分断にともなう政治的対立などから自由ではなかった。在日コリアンの飲食業は長く「朝鮮料理」と呼ばれることが多かった。だが，南北に引き裂かれたコリアンにとって，自らの料理を朝鮮料理と呼ぶか韓国料理と呼ぶかは，それ自体，政治的踏み絵に似た意味をもってしまう。そこで，対立を避けるため多用されるようになったのが，一見中立的な「焼肉」という呼称であったという（宮塚 1999: 164-65）。

　日本の焼肉料理とは，実際には，在日コリアンがその生活のなかで作り出した日本生まれの料理，あるいは「日本」化された朝鮮料理というべきものであった。それはかならずしも半島に直接のルーツをもつわけではない。だが，まったく無縁というわけでもない。そして焼肉もまた，ちょうどカレーやラーメンがそうであったように，しだいに脱エスニック化の道――日本における「国民食」化――を志向しようとしていた。

　ところが，1980年代に入って状況が変わる。なぜなら，「本場韓国」や「エスニック」といった記号が焼肉の世界にあらたに持ち込まれるようになったからである。背景にあったのは，日本で起こった「エスニック食」ブーム，そして韓国からあらたに来日した人びとが始めた飲食店の急増であった。「国民食」化の道を歩み，日本人経営者も増えていた焼肉の世界で，はたしてコリアン性をどの程度強調すべきか。歴史的な経緯を知る在日コリアン経営者の間でもかならずしも意見は一致しなかった。

　今日，焼肉とコリアン性の関係は簡単には説明しきれないほど多様性をもつ。焼肉を含むコリアン食レストランとは，朝鮮半島に伝わる食文化を単純に再現する場ではない。他方で，「国民食」化の傾向があるとはいっても，純然たる和風食がめざされるわけでもない。だがここで，1つだけ確実にいえることがある。それは，この変化する境界の姿に対応しながら日本という場で展開する食文化の豊かさが格段に増したという，素朴だが大切な事実である。今や，異なる文化の折衷や流用こそが，食の現場における主要な文法となっている。文化の新しい創造性や厚みはここから生み出されている（町村 2008）。

境界という社会的世界――衝突と創造のダイナミクス

異質な文化的背景をもつ人間同士が出会うとき，そこにはつねに無数の境が生まれる。異質なものの接触が個人を超えて集合的になっていくとき，境は境界と呼ばれる1つの領域へと発展していく。人は異なるものと出会っても，自らの習慣や生き方をなかなか変えようとはしない。そのため，境界はしばしば異なる人間の文化や価値観がぶつかり合う対立や紛争の現場となる。だが，境界はたんに緊張をもたらすだけの場ではない。そこはまた，異なるものが出会い融合することによって，それまでにない新しい価値が生まれる現場でもある。接触し合う人間はいつまでも不変というわけではない。試行錯誤を繰り返しながら人びとは，その場に合わせて自らの立ち居ふるまいを変化させていく。衝突と破壊だけでなく，寛容と創造につながる回路を備えた空間として，境界の形を構想することはいかに可能か。そして，異なる人びととはいかにして空間を共有していけるのか。

はじめに，境界の形成という観点からエスニシティ現象を考察した代表的研究者，F. バルトの考え方から出発することにしよう。ノルウェー出身の人類学者バルトは，異なる民族集団が共存する「多エスニック・システム」を対象に，次のような問いを立てる。すなわち，異なる文化をもつ人びとが互いに接触し合うとき，その接点ではいったい何が起きているのか。はじめからエスニック集団を自明のものとして考えるのではなく，接触が起こる境界の成り立ちから逆にエスニシティの特性を考察しようとするところに，バルトの逆転の発想があった。

境界形成という問題は，彼によれば，大きく2つの段階に分けて理解することができる。第1に，異なる文化的背景をもった人間同士が，いかに出会い，そこで接触の領域を作り上げていくか。バルトは，異なる文化をもつ人びとが相互作用するとき，それぞれの集団は，「社会的遭遇を制御する体系的規則」（Barth 1969=1996: 35）を備えた領域を構造化していく，と考えた。この領域を「接合部門」と呼ぶ。遭遇する集団や文化は，この接合部門において規範や価値観を互いに一致させながら，しかし同時に，互いの差異の存続を可能にするような形で，相互作用のあり方を構造化していく。言い換えると，接合部門をうまく作り出すことによって，大きく異なる集団もその異質性を保持したまま接触を保つことができる。ちなみに，「社会的遭遇を制御する体系的規則」という概念は，日常生活において人びとが他人との出会いをいかに組織化しているかをミクロ視点から明らかにした社会学者 E. ゴフマン（Goffman 1959=1974）の研究に基づいていた。

第2に，一度生まれた接合部門をどのように既存の社会のなかへと組み込んでいくか。境界形成の2つめのテーマはこう要約できる。バルトは，接合部門の構造化がはかられることにより，接合部門以外において異なるエスニック集団が直接接触したり，衝突したりすることが回避され，結果的に多エスニック・システムが存続することが可能になると考えた（Barth 1969=1996: 34-40）。接触の領域とは，異質なもの同士が出会うことによって，新しい価値や文化，ライフスタイルが生み出される創造の領域でもある。しかしそこは同時に緊張をはらむ場であり，それゆえ，社会全体のなかにその領域をどう位置づけるかは議論の的となってきた。かりに接触の領域があまりにも閉鎖的だと，鎖国時代の「出島」のように，それは単なる囲い込みや排除になってしまう。

　食文化や音楽・映像を通じて接触の領域を格段に広げたはずのコリアン世界が，街頭やネット上で一部日本人側からのヘイト行為の対象となるという厳しい現実を，私たちは目にしてきた。接触の領域を排除の空間ではなく，異なるものに対して開かれた包含の空間として，いかに構成していくか。こうしたコリアン世界は「日本」の一部でもある。この課題を念頭に置きながら，境界形成の現場をめぐる社会学的思考の旅をスタートさせよう。

SECTION 2　構築されるエスニシティ

多民族化した日本社会

　第二次世界大戦後，日本では，自らの社会を「単一民族」社会として描き出そうとする強い傾向があった。アメリカや中国のような多民族国家と比較したとき，日本社会の均質性はたしかに大きい。しかし「単一民族」とは，現実には戦後社会が作り出した神話にすぎなかった（小熊 1995）。1895年の台湾の領有化，1910年の「韓国併合」を経て，植民地と日本列島の間には人口移動の大きな流れが生まれていく。第二次世界大戦の末期，日本列島には，「強制連行」（国家総動員下における「労務動員計画」〔1939〜41年度〕，「国民動員計画」〔1942〜45年度〕による国内や植民地の炭坑・土木工事・工場などへの労働者送り込み）による移動者も含めてピーク時約230万人の朝鮮人が暮らしていた（田中 1991: 57）。また逆に，朝鮮半島には約75万人，台湾には約39万人，「満州国」を含むその他の植民地（外地）に207万人を越える日本人が暮らしていた（蘭 2008: xv）。当時の日本は，植民地支配を正当化する

ためのイデオロギー戦略の一環として，むしろ自らの「多民族」性を称揚さえしていた。

　20世紀における日本と朝鮮半島の間の人の移動を，巨視的な視点からみると，それは次のような複合的な側面をもっていた。第1に，植民地から宗主国へ向けた「帝国」内部の人口移動としての側面，第2に，植民地化された祖国から離散した人びとによる「コリアン・ディアスポラ」形成としての側面，そして第3に，急速な資本蓄積を始めた新興工業地域に向かう「周辺」地域からの労働力移動という世界システム変動としての側面である。

　1945年，日本の敗戦とともに植民地は独立を回復する。だが，すでに日本列島に生活の根を下ろしていた人びとの一部，約64万人は，祖国の独立回復後も日本にとどまり続ける。やがて1950年代以降，日本は高度経済成長の道を歩む。この過程で日本は，必要となる労働力を国外から導入せず，国内農村部に居住する人びとや女性などを労働力化していった。同じ時期トルコなどからの労働力導入に踏み切ったドイツ（当時は西ドイツ）などとの違いがここにある。

　しかし，1980年代後半から状況は激変した（図13-1）。この時期，「バブル景気」の日本では人手不足が深刻化していた。とりわけ製造業の下請け部門，あるいは「3K」と呼ばれた労働条件の劣悪な職種で労働力が不足し，他方で，急激な円高により日本で働く希望をもつ外国人が急増していた。外国人労働者に対する「開国か，鎖国か」の政治的論争を経て，1990年に新しい「出入国管理及び難民認定法」（入管法）が施行された。専門技能をもつ外国人へ門戸を広げる一方，いわゆる「単純労働」に関しては外国人労働者の流入を認めない，というのが新法の趣旨だった。同時に，海外日系人向けに就業制限のない在留資格が新設された結果，ブラジルやペルーから30万人を越える日系人が短期間に流入した。

　それ以後，国際労働力移動の波に組み込まれた日本のエスニシティ状況は，新しい段階を迎えた。長く首位だった韓国・朝鮮に代わり中国が国籍別で最多となる。リーマン・ショック後の日系ブラジル人帰国，東日本大震災による大量減少があったものの，2010年代に入りヴェトナムなどアジア系を中心に移動の波は再び拡大した。2010年，日本の総人口は減少に転じた。ここから冒頭で紹介したように，2019年，新「入管法」が施行され，250万人を超えた外国人人口のさらなる増加に道が開かれた。

　外来の民だけではない。先住民族であるアイヌについても，エスニック問題としての認識が進んだ（小内編 2018）。2020年には北海道・白老に国立アイヌ民族

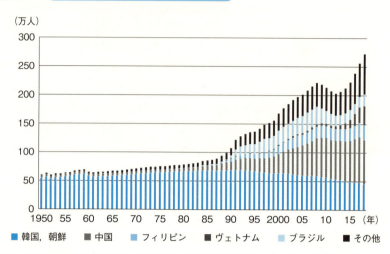

FIGURE 13-1 ● 日本に在留する外国人数の推移

（注） 人数は各年末の外国人数（2010年までは外国人登録者数，その後は在留外国人数）。ブラジルの1960年以前は不明。中国には台湾を含めて表示している。2015年以降分類上記載が別になった韓国と朝鮮については合計をしている。2018年末時点の上位5位までを表示した。
（出所） 法務省「出入国管理統計年報」「在留外国人統計」（旧「登録外国人統計」）により，著者が作成。

博物館と国立民族共生公園が開設される。日本列島は初めから多民族の世界であった。

日本社会を開く　移動する人びとは日本という社会でどのような問題に出会い，どのようにそれらを解決してきたのか。以下では，多民族化する日本を描き出す方法として，越境する人びとの視点に立ち，そこで人びとがどのような経験を積み重ねていくかに着目したい。こうしたアプローチは移民国家と呼ばれるアメリカで採用されてきた（Portes & Rumbaut 1996）。表13-1は，移動者たちが出会う一連の経験を問いの形にまとめたものである。

近代以降における移動者はもちろん外国人に限らない。たとえば高度経済成長期の日本では，膨大な数の人びとが国内移動を経験した。この移動の時代において人びとが体験する労苦には，民族や文化を越えた共通性がみられる。ただし同じ移動であっても，国内移動と国境を越える移動とではやはり違いもある。言語

TABLE 13-1 ● 移動者たちをめぐる問い

問い	戦前期の在日朝鮮人	高度経済成長期における農山漁村出身の日本人	最近の移動者たち（国内移動・国外移動）
移動者とは，どのような人びとであったのか	植民地化された地域に居住する異なる民族	国内の非大都市圏の農林漁業従事者とその家族	
移動者は，なぜ故郷を離れたのか	植民地化による生業喪失と出稼ぎ，「強制連行」	所得格差の拡大，従来の生業や共同体の解体，集団就職等の移住制度，進学	
移動者は，どのように最初の居場所を見つけたのか	同郷出身者のつてをたどった住居探し	商店や工場への住み込み，木賃アパート	
それはどのような場所であったのか	市街地縁辺部や埋立地など	都心周辺の商工混在地域　工業地帯周辺	
移動者はどのような職業についていったのか	土木建設，工場，鉱山での労働	中小の工場，商店等（集団就職や学校による紹介により就職），土木建設	
移動者の日常生活は，どのように支えられていたのか	同郷者や親族による相互扶助，消費組合	相互扶助，企業・雇い主の福利厚生，コミュニティ形成	
移動者は，その後どのような社会的移動を経験したのか	エスニック企業家への道，やがてコミュニティ内に限られた移動からしだいに多様化	教育・職業選択を媒介とした移動，あるいは「下層」としての隠蔽	
移動者は，その後どのような空間的移動を体験したのか	差別をともなった隔離に基づく集住地の形成，のちにしだいに混住化へ	階層ごとのゆるやかな集住（都心周辺の木賃アパート→公営・公団の集合住宅→分譲戸建・マンション）	

　本章を参考にさまざまな資料や聴き取りなどを活用して空欄を埋めてみよう。対象は日本に暮らす外国人だけではない。日本国内での移動体験，外国で暮らす日本人の移動体験を事例に取り上げてもよい。

（出所）　戦前期の朝鮮人については，坂本（1998）；江東・在日朝鮮人の歴史を記録する会（2004）；町村（2002）などにより，また高度経済成長期の日本人の若者については，見田宗介「まなざしの地獄」（見田 1979）なども参考にした。

や文化，民族の違いゆえに出会う問題があり，孤立や差別など乗り越えるべき壁は厚い。他方で，壁を越え新しい環境を生き抜くために活用できる資源にも違いがあった。異国ゆえの孤立が深ければ深いほど，同国人や同じ言語を話す人びとがつくるコミュニティへの依存度は大きくなる。また，エスニック・ビジネスのように，異なる言語や文化，習慣の保持がむしろ人びとに成功のチャンスをもたらすこともある。

　国境を越える移動者がつねにエスニック集団として姿を現すわけではない。たとえば，外資系企業で働くエリート駐在員がエスニック集団として認識されることはそう多くない。だがどんなに恵まれていたとしても，異国においてマイノリティとして暮らすなかで，移動者は否応なく民族的出自を意識したり，同国人のネットワークに頼るしかない場面に出会う。それは周囲からの差別の結果かもしれない。あるいはまた，自らのアイデンティティを再確認する行為の一部としてかもしれない。いずれにせよ，異郷を生きる移動者としての経験のなかから，エスニックなものへと自己を帰属させていく意識がしばしば醸成される。

エスニシティとは何か

　多民族社会日本の姿を描き出す作業に入る前に，エスニシティという概念についてもう少し検討しておこう。今でこそ，すっかり一般的となったエスニシティという概念だが，その使用の歴史は意外と新しい。吉野耕作によれば，エスニック（ethnic）な集団という語には大別して次の2つの用法があった（吉野 1997: 20）。第1に少数民族や移民・移住集団を意味するアメリカ的な用法（たとえば，Warner & Srole 1945），そして，第2に近代的ネーションが成立する以前に存在した何らかの共同体をさすヨーロッパ的な用法である（たとえば，A. スミスの用法について第10章第1節を参照）。しかしながら，「エスニックな集合体」一般を表現するエスニシティ（ethnicity）という用語が幅広く定着してきたのは，1960年代以降のことであった（Glazer & Moynihan eds. 1975=1984: 3）。第1に，移民や出稼ぎ，企業内転勤や留学，亡命や難民，旅行や巡礼など移動現象が日常化するなかで，異なる文化的背景をもった人間同士の接触や交流の機会が大幅に増加したこと，第2に，アメリカの黒人公民権運動やブラックパワー，世界各地の地域主義運動のように，一国内のマイノリティ集団によるアイデンティティ確立や承認，自己決定権を求める新しい社会運動が噴出したこと，そして第3に，冷戦終結の結果，それまで体制イデオロギーによって蓋をされていた民族・人種・宗教間の対立や緊張があらためて表面化してきたことなどが，その背景にあった。

ここからもわかるように，エスニシティという用語の登場は，それ自体，新しい社会的現実を反映していた。エスニシティという分類の認識が歴史を越えてつねに存在していたわけではない。しかし同時にエスニシティには，本質的，歴史的なものとして語られやすい特徴が備わっていた。また，「われわれ」意識のような強い感情的紐帯をともなう点で，単なる利益集団「以上」の存在でもあった。こうした概念上の振れ幅の大きさが，社会的差異のカテゴリーとしてのエスニシティに対して，独特の特徴をもたらした（コラム13-1を参照）。

　エスニシティをどう理解するか。この点をめぐっては，次のような対立軸が指摘されてきた（梶田 1988; 関根 1994; 吉野 1997）。

　第1に，エスニシティとは，人びとの集団が元来有している何らかの原初的な特徴に基づき生まれる区別なのか（原初主義），それとも，異なる集団が接触し合うときに境界形成の副次的効果として作り出される区別なのか（境界主義）。

　第2に，エスニシティとは，長い歴史のなかで形成されてきた普遍性をもった区別なのか（歴史主義），それとも，国民国家形成や植民地支配，人口移動など近代的変動の結果として形成された区別とみるべきか（近代主義）。

　第3に，1人ひとりの個人からみた場合，エスニシティとは生得的で変えがたい地位としてあるのか（アスクリプションとしてのエスニシティ），それとも個人にとって選択的に獲得されるものとしてあるのか（オプションとしてのエスニシティ, Waters 1990）。

　そして第4に，エスニシティ活性化の理由を，文化体系としてのエスニシティがもつ象徴的な作用にみるか（表出主義），それとも政治など特定の目標達成の手段としてみるか（手段主義）。

　この章では，第1については境界主義，第2については近代主義に近い立場から，また第3と第4については両方の視点を取り入れながら説明を行っていく。ただし，単純な二者択一は適当ではない。むしろ，各対立軸をめぐる揺れや対立にこそ，現代社会においてエスニシティ的なるものが注目を集める理由があることに，注意を払っていこう。

> COLUMN **13-1 人種，ネーション，エスニシティ**

　エスニシティ研究で出会う難問の1つに，関連概念との関係をどう考えるか，という点がある。たとえば，社会学用語としてエスニックが最初に多用されるようになったアメリカにおいて，この概念はかならずしもすべての人びとを分類するためにあったわけではなかった。それはヨーロッパ起源の白人を対象とするカテゴリーであり，黒人や日系移民などには「人種」というカテゴリーが長くあてられてきた。しかも，アングロサクソン系のようなマジョリティ集団ではなく，東欧や南欧，北欧から移民してきたマイノリティの白人集団をさすときに，エスニックという用語はもっぱら使用された（有賀 1995）。言い換えると，エスニックという概念は，マジョリティの価値観に立脚する排除と編入の意識を微妙に反映したラベリングの一種としてあった。しかし，マイノリティ自身がエスニシティを自らのアイデンティティの所在と重ね合わせていくようになるにつれ，エスニシティ概念の使用が拡大していく。自らを一度「アメリカ人」と位置づけた人びとが，あらためて「○○系アメリカ人」や「○○人」としての意識をあわせもつという事態も起こる（Rumbaut & Portes eds. 2001）。その意味で，エスニシティとは回帰的で象徴的な性格を強めている。

　今日では，アフリカ系やアジア系，ヒスパニック系のように，異なる人種・エスニック集団にまたがる<u>汎エスニシティ</u>（pan-ethnicity）までがエスニック集団の一類型として位置づけられている。ただし現実には，人種に基づく差別は今も存在し続けている。このため，人種集団を他の「エスニック集団」と単純に併置してしまうことは，現存する格差や差別をかえって隠蔽してしまうという批判も根強い。

　ネーションとエスニシティはともに文化的差異に基づく点で，その違いを区別するのが難しい。たとえば，「日本人」とはネーションなのか，エスニシティなのか。そもそも「日本人」自体が多様であることを踏まえたうえで，強いて区別するならば，「日本人」がマジョリティとしてその自決権を主張している空間において，「日本人」はネーションとして姿を現す。これに対して，日系移民のように移住先社会におけるマイノリティとしての承認を求めて集合的に自己主張するとき，「日本人」はエスニシティとして姿を現す。ここからもわかるように，両者の区別はそれがおかれた文脈に依存している。したがって，1つの集団が同時にネーションでありエスニック集団でもあるというケースもまれではない。たとえば，19世紀末以降，ドイツやロシア，オーストリアといった帝国の支配下にあった多くの民族が移民としてアメリカへと渡っていった。エスニック集団として異国において独自のコミュニティを形成した人びとは，そこで培った連帯感

を基盤として祖国における「ネーション」の自決を主張し,遠距離ナショナリストとして政治活動を行っていった(ネーションについては,第 10 章も参照)。

　人種やネーション,エスニシティという概念は,生物学的差異や文化的差異といった客観性の強い指標に基礎をおく。しかし同時にそれらは,当事者による帰属意識やアイデンティティといった主観的過程,差別や偏見,不平等やそれへの対抗や抵抗からなる社会・政治的過程と分かちがたく結びついている。こうした複合的な条件の組み合わせを通じて,社会的カテゴリーとしての人種,ネーション,エスニシティが構築されている。ここでは,体系的な整理として関根政美の試みを紹介しておこう(下図参照)。

　ただし,人びとを分類するという営みにはつねに一種の暴力性がともなう。たとえば人種の場合,分類の基準はしばしば「肌の色」のような視覚的な違いに求められてきた。だが,特徴がいかに可視的なものだとしても,そのことが特定の分類を自動的にもたらすとは限らない。人類学者の竹沢泰子も指摘するように,「白人」や「黒人」という人種がはじめから「ある」のではない(竹沢 2005: 77)。そうではなく,こうした特定の分類のレンズをとおして対象がまなざされるがゆえに,差異は「つくられる」のである。いかに自明と思われる差異であっても分割線を引く行為にはつねに恣意性がともなう。恣意性はしばしば差別と結びつき,分類される側に多くの痛みをもたらすことを忘れてはならない。

FIGURE 13-2 ● 人種,ネーション,エスニシティの関係

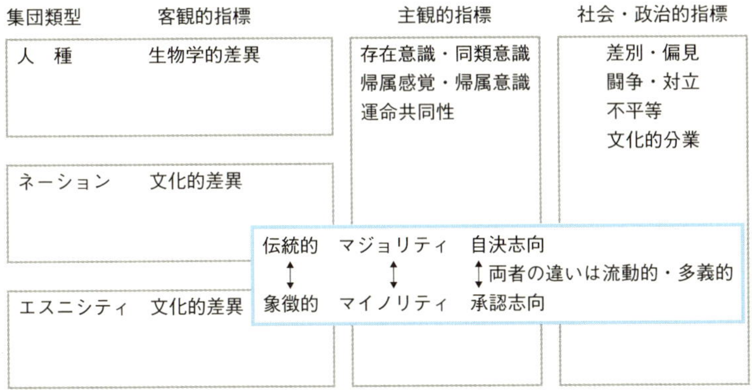

集団類型	客観的指標	主観的指標	社会・政治的指標
人　種	生物学的差異	存在意識・同類意識 帰属感覚・帰属意識 運命共同性	差別・偏見 闘争・対立 不平等 文化的分業
ネーション	文化的差異	伝統的　マジョリティ　自決志向 ↕　　　　↕　　　　↕ 両者の違いは流動的・多義的 象徴的　マイノリティ　承認志向	
エスニシティ	文化的差異		

(注) 関根(1994: 4)の表をもとに,同書の記述ほかに基づいて一部加筆した。

第 13 章　エスニシティと境界　419

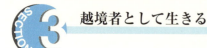

3 越境者として生きる

「日本」社会の開き方／開かれ方

移り住むという決断　人はなぜ移動を決意するのか。また，どのような要因が人を移動に駆り立てるのか。移動現象は，従来，送り出し地域側に存在するプッシュ要因と，受け入れ地域側に存在するプル要因とに分けて説明されることが多かった。たとえば，植民地化による生業の破壊と失業，低賃金などは前者の典型であり，工業化などにともなう労働力不足は後者の代表であった。移動形態はもちろん多様であり，タイプによって移動の理由は大きく異なる。また，構造的理由がいくら存在したとしても，現実に「移り住む」かどうかはあくまでも個人の決定に基づく。

構造的なプッシュ要因・プル要因は今も個別の移動を枠づけている。また，出稼ぎ，移民，難民，亡命から企業内転勤，留学，観光に至るまで移動のタイプが多様化し，かつそれらの境があいまいになるにつれて，移動理由も複合的になっている。だが，それらの違いを超えて，今日の移動現象を特徴づけていることがらが2つある。

第1に，移動を促進するトランスナショナルな制度やネットワークが，個別の国をまたぐ形でつくられている。たとえば，短期間に日系ブラジル人が急増した背景には，労働者の調達をめざす業務請負業者が，ブラジルと日本をまたぐ形で築いた移住促進システムの存在があった。請負業者は，仕事だけでなく住居やその他の生活サービスまでを移住者に提供することで，移住のリスクを低下させ，移動を促進した。このほか，移住者自身が本国と移動先，さらに他の諸国をも巻き込んだ親族・知人ネットワークを構築し，それを支えに移動を繰り返すことも一般的となった。日本に移住したニューカマーのなかには，日本を経てさらにアメリカなどをめざす人も少なくない（中国系のトランスナショナルなネットワークについては，田嶋〔2003〕）。梶田孝道らは，前者のように業務請負業者などの越境産業を介して形成される市場媒介型移住システムと，後者のように移動者自身のネットワークを基盤とする相互扶助型移住システムを区別し，この違いが移住者の適応過程に大きな影響を及ぼすことを明らかにした（梶田ほか 2005）。

第2に，送り出し・受け入れ双方の国による移民政策が，移動の実際に大きな影響を及ぼす。日本の場合，外国人に対し，入管法などに定められた在留資格を

付与することによって，人の移動を政策的に管理してきた（移民政策学会設立10周年記念論集刊行委員会ほか編 2018）。在留資格は，大きく「活動」に基づくものと「身分または地位」に基づくものに分けられる。前者は，芸術，興業，高度専門職などのように特定の職業に限って就業を認める資格と，留学，研修のように原則として就業を認めない資格からなる。これに対して，後者の「身分または地位」による資格は，たとえば日本人の配偶者，旧植民地出身者，難民などに付与され，原則として就業上の制限はない。

たとえば，1990年以降，日系人の大量移動が起きたのは，入管法改定の結果，就業上の制限がない在留資格である「定住者」が日系人三世向けに新設されたことをきっかけとする。そして2019年，新たな在留資格「特定技能」が付加され，一定の条件をみたせば，外国人就労の幅は大きく広がることになった。どのような人びとが国境を越え，どのような活動ができるかは，受け入れ国・送り出し国双方の移民政策・労働政策に依存する。自由な労働力移動をめざす国際機関（WTO など）や移住者の人権擁護をめざす国際人権規範など，越境的な移動レジームがその影響力を増してきた。他方で，テロ対策や国内労働者保護などの名目で，国境管理を厳しくし移民を制限する動きも米国や EU などで強まっている。

だが，法制度によって人びとの移動や活動をすべて管理することはできない。重層的な管理システムが構築される一方で，あらたに作り出される移民のトランスナショナルなネットワークはその境界をすぐに突破していく（小井土 2003; 2017）。国家の意図やねらいを超えて，つねに思いがけない展開を示していく移動と移動者の現実に向き合うところに，移動・移民の社会学の出発点がある。

住民として居場所をつくる　移動した人びとはどこに新しい住まいをみつけるのか。おかれた立場や状況によって経路は異なるものの，はじめの一歩を決める条件はほぼ共通している。第1に，住居があるか。第2に，仕事があるか。第3に，生活に必要な財・サービスが得られるか。とりわけ，外国人に対する差別や制約があるなかでは，それらがただ存在するだけでは十分ではない。人びとが実際にそれらを活用できるように仲介をする個人や機関，そしてそれらに関する情報の有無が，重要な条件となる。

表13-2は，現代日本における外国人集住地域の代表的な類型を示す。全体は大きく2つに分けられる。第1に，戦前から日本に暮らしていたコリアンや中国人など，定住外国人が集住するオールドタイマー型，第2に，とくに1980年代以降に来日した外国人たちが集まり住むようになったニューカマー中心型である

TABLE 13-2 ● 外国人集住地域の諸類型

	大都市都心型	大都市インナーシティ型	大都市郊外型	鉱工業・地方都市型	観光地型・農村型
オールドタイマー型（既成市街地、旧来型鉱工業都市）		大阪、京都、神戸、川崎、三河島（東京）等の在日コリアン・コミュニティ　横浜、神戸等の中華街		北九州、筑豊等の在日コリアン・コミュニティ	
ニューカマー中心型（大都市中心部から郊外や地方へ分散）	東京都港区、目黒区などの欧米系コミュニティ	東京都新宿、池袋、上野周辺のアジア系コミュニティ　川崎、横浜・鶴見、神戸・長田等のマルチエスニック・コミュニティ	相模原・平塚等（南米日系人等）、横浜の団地（マルチエスニック・コミュニティ）	群馬県太田・大泉、浜松、豊橋、豊田等の南米日系人コミュニティ　各地のアジア系技能実習生	各地のアジア系技能実習生　温泉観光地等（アジア系等）　山形等（アジア系配偶者）　ニセコなど（外国人投資家型）

（出所）渡戸（2006: 119）をもとに、その後の変化を踏まえ加筆。

（渡戸 2006）。

　オールドタイマー型のコミュニティは、在日コリアンや中国人（華人）が居住する地域として長い歴史を刻んできた。横浜や神戸にある中華街が幕末の開港都市に形成された外国人居留地にその由来をもつのに対し、コリアンの集住地域は、戦前に渡日した人びとがたどり着いた大都市（とくにインナーエリア）や産業都市など、全国各地に広がる。在日コリアンの集住地域は、その内部に独自の学校、金融機関、各種の相互扶助施設などを備えたエスニックなコミュニティを作り上げてきた。しかし、マイノリティに対する差別、在外同胞としての民族的自立性の強調もあり、それらは日本人中心の地域社会に埋もれた「見えない」存在として、長く扱われてきた。世代交代を経た今日、在日コリアンの居住地も拡散している。しかし今日でも、親族ネットワークを基盤とする紐帯が人びとをつなぎ、そこに緩やかなコミュニティを作り出している（谷 2002; 2015）。また、都心インナーエリアでの再開発が進むなか、今も残るコミュニティは変容を迫られている（民族学校が立ち退きを迫られた東京・枝川の事例について、江東・在日朝鮮人の歴史を記

録する会〔2004〕)。そのため，自ら「コリアン・タウン」を名乗ることにより，エスニック資源を生かした経済的活性化をめざす地域も現れた（大阪市生野区，川崎市川崎区など)。

1980年代後半以降，外国人住民の急増とともに，新しい集住地域が各地に姿を現した。そこにどのような居住形態が生まれたのか。また，エスニック・コミュニティが形成されたのか。これらは，①移住者の人口規模，②在留資格や保有する各種資源，③エスニックな紐帯への移住者の依存度，④移住者の働く産業・企業が地域経済のなかで占める位置，⑤地域社会の寛容性・許容度などに依存している。

たとえば，自動車や電機産業の工場で働く日系人の場合，請負業者がアパートを用意するほか，職場が地域の基幹産業であることを反映して自治体の公営団地が提供される場合も少なくない。人数が多く家族形成も進んだことから，食品販売，レストラン，メディア，学校など多様な移住者向けビジネスを備えたエスニック・コミュニティが姿を現した。

これに対して，大都市インナーエリアには，居住や就業，地域社会の構成という点で重層性をもったコミュニティが誕生した。もともと比較的安価な住宅ストックや多様な就業機会を備えた大都市インナーエリアは，外来者に対して寛容な地域として，日本人・外国人問わず移住者を引きつけてきた。結果的に，異なる出身国の居住者が仕事やサービス提供を通じて結びつきながら共存するマルチ・エスニックなコミュニティが姿を現した。たとえば，阪神・淡路大震災で大きな被害を受けた神戸市長田では，在日コリアンと元難民のヴェトナム系住民，そして日本人が共存していた。また東京の新大久保では，韓国，中国に加えムスリム系住民の存在も大きくなっている。

居住開始の当初は，どこでも生活習慣の違いからくる摩擦が起こりやすい。たとえば，ごみ出しのマナー，飲食の習慣などはその典型であった。こうした問題は外国人に限るわけではない。だが，問題が日常的であればあるほどその一点に向けて，マジョリティと考える日本人側の違和感が噴出しやすい点に，外国人居住の難しさがある。ただしこうした問題は，外国人側・日本人側双方の努力と交流の深化によって解決の経験が蓄積されてもきた。

居住期間が長期化し家族形成が進むにつれ，生活上の課題が量的に増大するとともに質的にも変化していく。定住化の方向性が明らかになるなかで，その先の地域社会のあり方をどう構想・構築していくか。このことは外国人と日本人の

「共生」論として議論されてきた。どのようなケースを想定するかに応じて，定住化には，次のような異なるモデルやイメージが提出されてきた。

第1に，都心インナーシティを対象とする研究のなかから，日本人とさまざまな越境者たちがそれぞれのエスニシティを超えて緩やかな連関を相互に入り組んだ形で形成する多層的・複合的なモデルが，提出された。新宿・池袋を対象とする奥田道大らの研究や横浜などを対象とする広田康生らの作品は，ローカルな空間が越境的な形で再編されていく過程を克明に明らかにしたうえで，錯綜体やトランスナショナル・コミュニティというモデルを呈示した（奥田・鈴木編 2001；奥田 2003；広田・藤原 2016）。

第2に，日系人コミュニティを対象とする研究の場合には，視点の違いに応じて次のような異なる見方が示されてきた。業務請負業者らが入国・就労・居住において決定的役割を果たしている現実から出発し，地域社会からエスニック・コミュニティが構造的に隔離される過程を重視する梶田孝道らは，顔の見えない定住化という実態を強調した（梶田ほか 2005）。他方で，日本人と日系人が共存する具体的現場に着目し，そこで展開する関係の変容のなかに「共生」の形を見いだそうとする研究も，地域社会論の立場から重ねられてきた（都築 2003；小内・酒井編 2001；丹辺ほか編 2014）。

期待の論理で語られる素朴な「共生」論は，そのねらいとは裏腹に，日本社会への「同化」強制を正当化する根拠へとしばしばすり替えられてしまう。しかし同時に，具体的な実践のなかからパフォーマティブに生み出される知恵や作法は，共住に向け大きな力を発揮してきた。

生きるすべをつかむ——外国人労働者から定住するマイノリティへ

1980年代後半以降，新しい移住者はその法的資格や社会的・個人的諸条件に応じて，日本国内の労働市場へと異なる形で組み込まれていった。約30年が経過した2015年，図13-3にもあるように，国籍ごとにその形には明確な分岐がみられる。

移住者が，就労の過程を通じて，移動先の社会で自らの世界をどう構築していくか。同時に，さまざまな制約条件のもとで，どのような構造的位置へと組み込まれていくのか。移住者の編入様式（mode of incorporation）という問題は，とりわけアメリカのような移民国家で重要な社会的テーマと位置づけられてきた（Portes & Borocz 1989，表13-3を参照）。

編入を規定する要因は，移住者本人に関わる要因と移住者を取り巻く環境的要

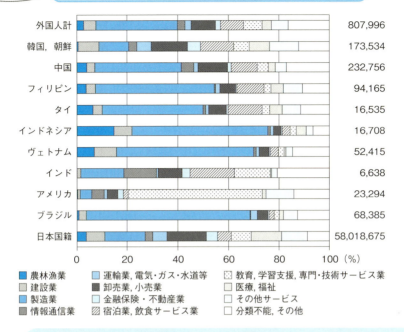

FIGURE 13-3 ● 日本国内における産業別就業者数の割合（2015年・国籍別）

国籍ごとの産業別就業者割合にはどのような違いがあるだろうか。またそのような違いはなぜ生まれたのか。

（出所）総務省統計局『平成27年国勢調査』より作成（総務省統計局ホームページより）。

因に大別できる。たとえば，移動前，本人がどのような職業経験や技能をもっていたか，またどのくらい長期的見通しをもって移動したかは，移動後の社会的地位にも大きな影響を及ぼす。他方，環境的要因のほうは，移動先の受け入れ社会において移住者がどのような困難を背負うかに広く関わる。たとえば，就労を可能にする在留資格を取得できるか。エスニシティや人種に基づく差別はないか。問題解決のためのサポート・ネットワークは利用可能か。これら諸条件に応じて，各集団は格差を含む構造のなかへと組み込まれていった。背景には，グローバル化する厳しい市場競争のもとで，必要な労働力を確保すると同時に，雇用コストをぎりぎりまで削減しようとする企業や国家の戦略があった。日本の場合，これまでに，次のような編入様式が目撃されてきた。

TABLE 13-3 ● 編入様式の類型──先進国へ移住する現代の移動者の場合

		移住者が本国で属していた職業階層		
		マニュアル労働	専門・技術職	企業家
先進国側における受け入れの条件	格差・差別の重荷を背負っている場合	分割された下層労働市場への編入	囲い込まれた領域におけるサービス提供者	中間マイノリティ（分割された労働市場のうち，上層と下層にはさまれた中間に入り込み，小規模なビジネスに従事するケース）
	中間的な場合	労働市場への多様な参入形態の混在	マジョリティ側の労働市場への参入	マジョリティ側と同様の小規模ビジネス
	有利さを備えている場合	小自営業主への上昇移動	専門職・市民活動領域におけるリーダー的地位への上昇移動	エンクレイブ経済の出現

> この表は移民労働者の急増した1980年代アメリカ合衆国の事例をもとにつくられた。日本における外国人労働者もまた多様な条件を備えた集団に分割されている。具体的な事例を取り上げ，それがこの表のどれにあたるか，またアメリカの事例との違いについて考えてみよう。

（出所）　Portes & Borocz（1989: 620）の表をもとに，一部表現を変え，説明を付け加えた。

(1) 下層労働市場への選択的編入　周辺国から先進国へと移住した労働者は，劣悪な条件のもとで働く不安定就労層として，分割された労働市場の下層へとしばしば編入された。欧米の場合，移民労働者，とりわけ法的就労資格をもたない非熟練の越境労働者は，都市の苦汗工場（sweat shop），清掃・ホテル・家事などの各種サービス業，農村の季節労働などで働いてきた。「単純労働者」としての就労が原則として認められていなかった日本でも，現実には多くの外国人労働者が非正規移民としてこうした層へと組み込まれてきた（髙谷2017）。

在留資格上，就労に制限のない日系人の場合には，他の外国人労働者と異なり，基幹産業である自動車・電機産業で働く機会を獲得できた。ただしその多くは，業者を通じて派遣労働者また請負労働者として製造業の現場へと組み込まれた。非正規雇用としての処遇はやがて，人件費削減をめざす企業により日本人労働者にも広げられていった。2007年のリーマン・ショックで大打撃を被った製造業は，派遣労働者の大量解雇に踏み切り，職を失った日系人労働者の大量帰国を招いた。他方，近年では，IT系の技術者がインドから多数来住し，東京・江戸川

区などに学校や宗教施設を備えたエリアを作り出すなど，編入形態の幅が広がっている。

⑵ **「技能実習生」や「留学生」としての労働市場への編入**　外国人が報酬を伴う研修や技能実習を行うことで日本国内に滞在する制度が1993年から段階的に導入されてきた。ただし実際には「研修」や「技能実習」という名目のもと，事実上の労働者として就労しているケースが少なくない。「労働者」ではないため賃金が不当に低い，選択の自由がないなどの人権問題が発生しやすいことが指摘されてきた。またとくに都市部では，「留学」で来日した多くの外国人が，コンビニやサービス労働の現場を支えているという現実がある。

⑶ **エスニックなニッチを生きる**　就職の際に，提出を求められる書類の1つに履歴書がある。個人的・家族的背景を書かせる履歴書は，戸籍などと並び，しばしば，国籍やエスニシティに基づく就職差別を生み出す温床となってきた。このため，門戸を閉ざされたマイノリティは，同じ集団内部の労働市場で職を探すか，あるいは，履歴書に重きがおかれない「実力本位」の仕事をめざすことを余儀なくされてきた。たとえば在日コリアンの場合，飲食業やパチンコなどの自営業，医師などの資格職，そして芸術・スポーツ・エンターテイメントなどの世界がニッチの役割をはたしてきた（Lie 2001; 野村 1996）。エスニックな知識や特性を生かして専門・技能提供者として生きることは，ニッチを生かすことにつながる。しかしそれは同時に，エスニックな領域へと囲い込まれていくことをも意味していた。

⑷ **エスニック企業家の誕生からエスニック・エンクレイブへ?**　一定の人口規模と集住密度をもつエスニック集団においては，その成員を顧客とするビジネスを始めるチャンスが生まれる。こうして誕生するエスニック企業家は，日本でもすでに多様な形をとっている（樋口編 2012）。さらに，エスニック市場の大きさゆえにコミュニティ内部に資本が蓄積され，独自の経済循環が展開していくとき，そこには自己完結性の強いエンクレイブ（飛び地）経済が生まれる。アメリカのキューバ系移民の事例から引き出されたエスニック・エンクレイブというモデルは，日本に完全にはあてはまらないものの，将来の方向性に示唆を与える。東京・新宿に誕生したコリアン・タウンでは相互扶助的な関係を基盤に内発的な形でエスニック企業家が当初姿を現した。やがて「韓流」ブームの到来とともに韓国企業の直接投資による出店も増加し，ローカルなエスニック市場の域を超えるようになっている。日系人コミュニティでも独自のエスニック経済が形成された

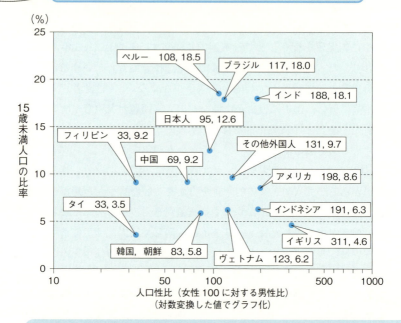

FIGURE 13-4 ● 国籍別にみた人口の性別・年齢別構成（2015年・日本全国）

右にある国籍集団ほど男性比率が高く，左の場合には女性比率が高い。15歳未満人口比が高いことは同国人同士の家族形成が多いことを意味し，逆に低いことは単身者が多いか，または日本人との国際結婚が多いことを意味する。なぜ各集団がこのような分布を示しているのか，理由を考えてみよう。

（注）　国名等に続く数字は，順に，人口性比，15歳未満人口比率を示す。
（出所）　総務省統計局『平成27年国勢調査』より作成。

が，その経済蓄積の基幹部分は自動車・電機産業での就労に依存していた。また，業務請負業者への依存ゆえにエスニック企業家は周辺的な位置にとどまり，それゆえエスニック経済の完結性も限定的なものにとどまった（小内 2001: 372）。

ジェンダーとエスニシティ　ホスト社会における移住者の社会的位置は，実際には，さらに複合的に構成されている。なかでもジェンダー関係は大きな影響を及ぼしてきた。ジェンダー区分に沿って構造化された社会に参入する人びとは，けっして移住者一般として社会に編入されるわけではない。多くの場合，ジェンダー性をまとった移住者として位置を占めていく。

たとえば、日本国内で暮らす人びとの性比や年齢構成には、出身国によって大きな違いがある（図13-4）。

第1に、日系人が多いブラジルや元難民が多いインドシナ諸国の出身者の場合、性比のバランスがとれ、それゆえ家族単位の居住も進みつつある。第2に、男性が多いグループのなかには、単身で働く人が多いケース（インドなど）のほか、日本人女性との国際結婚が比較的多いケース（米英）が含まれる。第3に、女性比率が高く年少人口比が低いフィリピンやタイに特徴的なのは、エンターテイナーや各種接客業として飲食店やサービス業で働く女性が多いこと、そして日本人男性と国際結婚をする女性が多いことである。

移住者はジェンダー関係の影響を直接・間接に受ける。なかでも国際結婚はその影響がもっとも大きなケースといえる。たとえば、日本人とフィリピン人の国際結婚は、1992年以降、年間6000組を超え、多くは日本人男性・フィリピン人女性の組み合わせであった。国際結婚した外国人女性の場合、結婚観の対立や日本的家族文化との葛藤、移住者ゆえの身分的不安定などの問題を、日本人のなかに囲い込まれ孤立した状態で解決していくことを迫られる。夫による妻・子への家庭内暴力、国際結婚家庭の子どもたちへの差別・いじめ、そして移住体験への「誇り」喪失といった問題を解決するため、NPOや支援団体、教会など家庭外のサポートが大きな役割を果たしてきた（高畑 2003）。

移住者のあり方をジェンダー関係が規定するのは、受け入れ地域側だけに限らない。たとえば、労働者送り出しが国家政策として位置づけられているフィリピンでは、女性の海外出稼ぎが世帯による生存やさらなる地位上昇の戦略へと組み込まれてきた。「夫を助ける妻」あるいは「親孝行な娘」といったジェンダー役割規範が、移住経験を通じてむしろ現地で再生産された（小ヶ谷 2001）。そのため、日本人と結婚したものの離婚したり困窮状態になって仕送りができなくなった場合、女性は出身地でも面目を失い、そのことがいっそうの精神的な負担をもたらしてしまった。

高齢化とともに不足するケアワーカーを充足するため、日本でもその供給源を海外に求める動きが強まっている。こうしたなか、たとえば「ケア上手なフィリピン人」といったイメージの構築においても、ジェンダー関係があらたに組み込まれてきた（伊藤ほか 2005）。時間の経過とともに、フィリピン移住女性の生き方は多様化しながら、従来の構造をさらに流動化している（小ヶ谷 2016）。

観光という新しい境界の形成

2010年に年間約860万人だった訪日外国人数は，2018年には約3119万人にまで急増した（日本政府観光局推計）。「インバウンド」と総称される外国人客の消費や活力は，人口減少期に入った日本に欠かせないものとなり，さらなる観光客増加が「国策」とされている。観光客は短期間しか滞在しないものの，しかしその行動範囲は地域の隅々にわたる。この結果，外国人と日本人が接触する新しい「境界」がいたるところに生まれた。

たとえば，住宅街やマンションのなかに外国人向けの民泊施設が生まれる。ここから小さな摩擦が生じる。また，それまで日本人客だけだったラーメン屋へ，ネット情報をみた外国人客が殺到する。そのため常連客は疎外感を感じ，店にいくのをためらうようになる。そんな小さな違和感が積み重なるうちに，観光客全般に対する排他的な意識が醸成される可能性も否定できない。ヴェネツィアやバルセロナといった世界的観光地で起きたアンチ・ツーリズムの動きは日本も他人事ではない。広義の観光はいまや世界最大の産業ともいわれる。観光の現場は，共存と創造に向けた寛容性と知恵が試される新しい境界領域を形成しつつある。

SECTION 4　互いに異質でありうることの制度化をめざして

世代を超えて──家族・教育・言語

移住者が出会う問題を考えるとき，忘れてならない要因に時間がある。なぜなら，物理的移動は一時の出来事であるのに対し，移動にともなう問題の多くは後に発生し，しかもその内容は時間とともに変化していくからである。とりわけ移動現象では，単なる時間経過だけでなく世代の継承が重要な意味をもつ。移住者本人を第一世代（一世）としたうえで，移動先で誕生した子世代を二世，さらにその子世代を三世と呼ぶ。また，一世ではあるが年少時に移動した結果，おもな成育過程を移動先社会で体験した層を，とくに一・五世と呼ぶことがある。

世代を超えて移住者とその子孫が自らの生活基盤とアイデンティティをどのように構築していくか。このことは移住者自身にとって大きなテーマであるだけではない。受け入れ側のホスト社会にとっても，マルチ・エスニック化していく社会の統合問題として重要視されてきた。たとえば，移民流入の大波に繰り返し遭

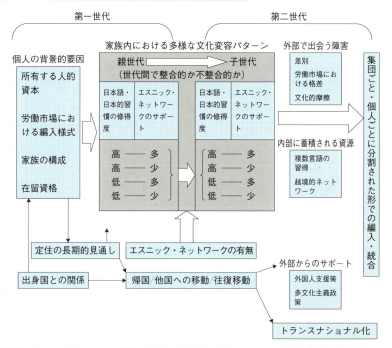

FIGURE 13-5 世代を超えて——移住者が出会う壁

（出所） Portes & Rumbaut（2001=2014）をもとに，日本のケースを参考にしながら作成。

遇したアメリカは，その度ごとに，新来者の「アメリカ化」を国家的課題として位置づけてきた。1980年代以降急増したラテンアメリカやアジアからの移民とその子どもたちは，はたしてアメリカ社会にどのように統合されるのか。エスニシティの復興が進み，単純な同化モデルが有効性を失うなかで，世代問題は注目を集め社会学者による大規模調査が進められてきた（Portes & Rumbaut 2001=2014; Rumbaut & Portes eds. 2001）。日本の事例をふまえながら，移住者が世代を超えて出会う課題や条件を整理してみよう（図13-5）。図のなかで見落とすことのできないテーマが2つある。それは家族と教育である。

世代を超えた継承という出来事において家族が重要なのは，何も移住者に限ったことではない。しかし移住者の場合，家族は，新しい環境に適応していく際の戦略的な単位として独特の影響力をもつ。一方で家族は，資源の乏しい移住者の

生活を支え精神的安定を保持するうえで大きな役割を果たす。他方で家族は，新しい環境への適応において新たな緊張をもたらす要因ともなる。たとえば，移動先社会の言語や習慣の習得において，一世とその子どもたちの間には差が生じやすい。子どもが出身地の言語や習慣を忘れ移動先の文化に急激に染まっていくのを嘆く一世は，家庭内で深い疎外感を覚える。他方，言語や文化を習得したにもかかわらず差別的な扱いを受ける二世は，働きづめで移住先の言葉が苦手，しかもエスニックな紐帯に閉じ込もりがちな親に対する反発を，しばしば隠そうとしない。世代間で生まれる言語的なディスコミュニケーションや文化的摩擦は，家庭内不和の原因となるだけでなく，移住者としての円滑な適応を阻害することがある。

　もう1点，教育もまた，家族の再生産段階を迎えたエスニック集団にとって，最重要な課題の1つとなる。移住者にとって教育とは，たんに知識や技能一般を獲得する手段となるだけではない。それはまた，移住先社会の言語や文化を学び，新しい環境への適応を円滑にする機会となる。しかしこのプロセスが強調されすぎるとき，教育は，マジョリティによるマイノリティの同化の単なる手段となってしまう。このため，出身地や民族の言語や文化を保持したり，それらをあらたに学ぶチャンスを提供する民族教育や多文化教育が，移住者向けの教育現場では大きな役割を果たす。

　移動する人びとが新しい環境のもとでどのような教育機会を選択するか。この点は，移住者がどのような滞在戦略をもつかに依存する。帰還予定がある場合には，出身地の言語や文化の保持が大事になる。逆に滞在期間が長期になるほど，移住先社会の言語・文化を習得する必要性が増す。また移住先に，母語による教育機関や各種エスニック・メディアを備えたエスニック・コミュニティが存在するとき，移住者はバイリンガルで多文化的な教育環境を選択することができる。ただし，公教育の現場において言語的・文化的多様性をどこまで許容するかは，国民国家による文化統合の問題とも絡み，各国で政治的論争を引き起こしてきた。

　日本にもリーマン・ショック前の2006年9月時点で少なくとも，ブラジル学校96校，朝鮮学校57校，韓国学校4校，中華学校5校，欧米系を中心とするインターナショナル・スクール26校を含め，合計で約195の外国人学校（一部，幼稚園を含む）があった（月刊『イオ』編集部編 2006）。その後，ブラジル学校が減る一方，インド人学校などが誕生した。このほか，外国籍の多くの子どもたちが公立や私立の学校へ通い，そのなかには日本語教育に力を入れる夜間中学（宗景

2005）も含まれる。

　だが現実には，経済的理由により，移住者の子どもたちの学ぶチャンスには大きな格差がある。また，多様な文化を身につけたニューカマーの場合，「教師と生徒の関係」「部活」「ピアス禁止」といった日本の「学校文化」になじめないため，公立学校を敬遠してしまうケースも少なくない（佐久間 2006）。不就学の問題は，教育という基本的人権の問題に抵触するだけでない。周辺に追いやられていく若者の逸脱文化が新たな摩擦を引き起こし，またエスニックな経済格差を将来的に拡大させる原因ともなるだけに，多様な教育機会を根気強く提供していく必要がある。

アイデンティティとシティズンシップ

滞在が長期化し，また世代を重ねるにつれて，移住者はさらに新しい課題に直面する。はたして自分とは何者か。自分はいったい何／どこに属しているのか。そして自分の利害や権利をどのような空間のなかで実現していくか。アイデンティティとシティズンシップという課題は，国境を越える移住者にとってとりわけ大きな課題となる。

　たとえば，100年以上の時を刻む在日コリアンの場合，この課題に取り組む歴史はけっして平坦なものではなかった。朝鮮や台湾など旧植民地の出身者は，多くの制限や強制をともないつつも，戦前，国籍上「日本人」とされていた。しかし日本敗戦後の1947年，日本政府が出した「外国人登録令」により，定住の程度にかかわらず旧植民地出身者は一括して「外国人」と見なされることになる。定住する外国人となった在日コリアンは，「国民」を対象とする諸権利を失うとともに国家による管理の対象とされ，社会的・法的差別にさらされていく。その一方で，日本語や日本文化を習得した在日コリアンは，地域住民として，また市民として生活の基盤を築いていった。

　マージナルな位置におかれた在日コリアンにとって，アイデンティティの問題，つまり自らをどのような存在として理解するかは，つねに大きな課題としてあった。日本人かコリアンか，それとも「在日」か。在日コリアンと日本人の結婚が増え，また新しい世代が誕生するにつれ，とくに若者はこの課題に直面してきた。マイノリティにとってのアイデンティティ問題とは，たんに肯定的なアイデンティティが「奪われている」ことにあるだけではない。「自分探し」の旅を強いられるなかで，アイデンティティへのこだわりをむしろ自ら強めてしまうところに，マイノリティにとっての問題の重さがある（TEXT IN TEXT 13-1 参照）。

TEXTinTEXT 13-1 ● アイデンティティを超えて

「世代をおうごとに，"在日韓国・朝鮮人"とは，実体をともなった内包ではなく，あるステレオタイプを意味する言葉でしかなくなっていく。その際，ある人が自分を指して"在日韓国・朝鮮人"と呼ぶとしたら，それはあるステレオタイプで語られる何者かに，自分を押し込んでいくことにほかならない。自己が何者であるかを自己決定するのではなく，あえて他者化されるに甘んじ，分類枠内に落ち着くことで，既存の差別／権力構造を温存・助長する。たとえ，日本に民族差別の構造が現存することを，白日のもとに照らし出し，差別に反対するために，自ら"在日韓国・朝鮮人"であるとカムアウトしたとしても，だ。差別と闘おうとして，他者化された結果できたアイデンティティ，ステレオタイプを内在化してしまうという罠に，はまってはいないだろうか。

例えば，私は"在日韓国・朝鮮人"として生まれたのではない。日本社会に蔓延する差別によって，また，それと闘おうとする運動によって，"在日韓国・朝鮮人"になった。"在日韓国・朝鮮人"であることを，学習してきたのだ。"在日韓国・朝鮮人"を自称することは，この日本において，ある『役割』を自ら引き受けようとする，ささやかな宣言にすぎない。だがそれは，日本という社会の中で，"在日韓国・朝鮮人"という一つの役割を引き受けただけであって，同時に，私が日本市民でも・あることにかわりはない。純粋な『日本人』ではなく，不純な『日本人』だ。こんな日本人が蔓延した時こそが，日本の単一民族国家観が終焉する時だ。」鄭暎惠『〈民が代〉斉唱──アイデンティティ・国民国家・ジェンダー』（鄭 2003: 21）

●視点と課題●

　　自らのアイデンティティが奪われていることを告発するマイノリティの運動が，じつは，「アイデンティティをもたなければいけない」という社会的圧力をむしろ強めてしまうことを，筆者は鋭く指摘する。「差別と闘い，自己を解放するとは，アイデンティティをもつことを強制されることからの自由，境界を自由に往来する権利，を求める実践そのものの中にある……」（鄭 2003: 23）。では，マジョリティと思い込んでいる側は，いかにして境界を自由に往来する権利に近づくことができるのだろうか。

それにしても，グローバル化の進むこの時代において，国家や社会のメンバーであるということはいったい何を意味するのか。移動をとおして複数の社会や政体と関わる移住者は，この現代的テーマにいち早く直面することを迫られる。

第1に，移住者本人は，移動後も出身国の国籍をもった存在，つまり外国人として生活を始める。ただし，次の世代以降の国籍は各国の法制度によって異なっていく。出生地主義を採用する国（たとえばアメリカ）では，子どもたちは移住先

国の国籍を取得できるのに対し，血統主義を採用する国（たとえば日本）では次世代以降も親の国籍を保持するのが原則とされる。

　第2に，しかし移住者は，国籍とは別に，住民・市民として移動先社会のメンバーとなっていく。グローバル化とともに，母国を離れて各地で定住する外国人は大幅に増加した。永住者としての地位は獲得しながら，国政レベルの選挙権をもたない外国籍市民のことをデニズンと呼ぶ（Hammar 1990=1999）。定住外国人は既存の国民国家の枠組みとどう共存していくのか。たとえば，外国人の地方参政権は，ポスト国民国家におけるメンバーシップのあり方を構想するうえで大きな焦点となってきた。戦前から在日コリアンが多数居住していた工業都市・川崎には，1980年代から，さらに多様なニューカマー外国人が居住するようになった。マルチ・エスニックな外国人市民の声を，市政へいかに反映するか。この課題に取り組むため，1996年，川崎市は条例により「外国人市民代表者会議」を設置した。国籍（無国籍者を含む）や地域のバランスを考慮して公募により選ばれた外国人がつくるこの会議は，市長に対し，審議の結果を報告し，意見を申し出ることができた（星野 2005）。

「ヘイト（民族的憎悪）」を越えて

しかし2010年代に入り，そうした多文化の「先進」地域に在日コリアン排斥を主張する集団・個人が集まり，ヘイトスピーチを繰り返す事態が発生する。2017年，公的施設でのヘイトスピーチを事前規制するガイドラインを決めるなど，川崎市の対応はここでも先行していた。

　なぜ民族差別的なヘイトスピーチが発生するのか。分断という事態に直面した世界各地でヘイト問題は課題となっており，日本でも背景が分析されてきた。一般には，「非正規雇用の増加などにともなう不安・不満が弱者排斥に向かう」という見方がしばしば指摘される。だが，ヘイト団体の中心的構成員30人余にインタビューを行った樋口直人（2014）によれば，この見方は調査からは必ずしも裏づけられなかったという。むしろ担い手は高学歴の新中間層であり，インターネットで生まれた排外主義的言説によってきっかけを与えられつつ，主要には韓国・北朝鮮との関係悪化という地政学的要因が，在日コリアンへの「憎悪」へと人びとを向かわせていったと説明する。社会階層のような構造的要因が排外主義に直結するわけではないという見方は，全国の外国人集住都市に暮らす日本人意識調査に基づく金明秀（2015）の計量分析でも指摘された。排外主義に影響を及ぼすのは同化主義のような社会意識要因であり，逆に排外主義を直接的に抑制す

FIGURE 13-6 多重化するシティズンシップのモデル

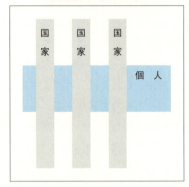
並列型シティズンシップ

階層型シティズンシップ

（出所） Heater（1999=2002: 199）の図表 4-1 をもとに，筆者が大幅に簡略化したうえで作成したものである。

る要因は「一般的信頼」を有しているかどうか，であったという。言いかえると，持続的で幅広い対人関係を外国人に限らずもつことが，結果的に排外主義の抑制にも効果的だと，金は指摘する。

　移住者にとっても，移動を経験しない定住者にとっても，社会空間はすでに完結的ではなく単層的でもない。多層化・複合化するメンバーシップのあり方を，多重化するシティズンシップの類型という視点からまとめてみよう（図 13-6）。もともと一国単位のメンバーシップを前提に発想されたシティズンシップは，しばしば「国籍」と同一視されてきた。だが，国民国家を超える，あるいはそれを掘り崩す多様なメンバーシップのあり方が試されていくなかで，より普遍的な市民権としてのシティズンシップ概念の可能性が模索されてきた。一方の極には，複数の国籍を保有しながらそれを使い分ける形で，市民としての権利と義務を選び取る並列型シティズンシップの考え方がある。他方の極には，世界から国家，地域社会に至る重層的な政治空間において，個人がそれぞれの市民として，権利と義務を選択的に選び取る階層型のシティズンシップの考え方がある。

　すでに四世・五世にまで代を重ねつつある在日コリアンの場合，アイデンティティの保持や帰化の難しさから韓国・朝鮮籍をもつ人は今も数多い。その一方で，結婚などを機に日本国籍を取得する人も増えている。定住する外国人として日本

社会を開いていくか，それともコリア系日本人という戦略をとるか。選択肢はもはや1つではない（佐々木監修 2006）。

境界を越える越境者は，いわば居場所のなさを居場所とする（町村 1999）。国家の枠組みから解き放たれた移動者は，その人生を「賭け金」として社会と国家の新しい関係を構想していく。その多様な現場を人が人として生きていくことを可能にするため，国籍だけでなくシティズンシップという観点から，社会を再構想していく必要がある。自分は定住者だから無関係だと考える人もいるかもしれない。しかしそれは誤りだ。なぜなら，越境者に向けて用意される不安定な地位は，状況が深刻化したとき，定住者に向けても容易に拡張されていくからである。

「われわれ」の自明性を越えること

本格的な人口減少の段階を迎え，日本は，外国人・日本人がともに暮らすあらたな社会の形を模索する段階に足を踏み入れつつある。異なる母語をもつ人間が交易などの場で出会うとき，そこでは意思疎通のために即興的な言語が作り出されていく。こうした言語を「コンタクト言語」と呼ぶ（たとえば，ピジンやクレオール）。同じように，地理的に隔離されていた人間が遭遇し共存を迫られる場所では，お互いの間で即興的な関係が作り出されていく。これをコンタクト・ゾーンと呼ぶ（Pratt 1992）。コンタクトとはけっして対等の関係であるとは限らない。だが，境界という現場では，マイノリティ（少数派）ばかりでなく，マジョリティ（多数派）もまた否応なく変わらざるをえない。「類似による統一性か，差異による統一性か」（Bauman 2000=2001: 227）といった二分法的な理解を超え，より柔軟性をもった奥行ある社会をどう作り上げていくか。他者への不寛容が広がるなかで，境界を越えていくグローバリゼーションの真価があらためて問われている。

社会を語るとき，不用意に「われわれ」という表現を使ってしまうことがある。だが，R. セネット（Sennett 1970=1975: 41）も指摘したように，「われわれ」とは，始めからあるものではなく，自分の知らない「他者」への恐れが偽造してしまう一種の「神話」であることが多い。「われわれ」感情とは，お互いに類似していたいという願望の表現であると同時に，お互いを深く見つめ合う必要を回避するための方法でもあった。まず「われわれ」の自明性を一度疑ってみよう。「何かであること」＝アイデンティティに個人主体の根拠を求めようとしてきた近代の社会学を一度相対化してみること。ポスト近代のあり方を模索する社会学はここから新しい一歩を踏み出す。

BOOK GUIDE　文献案内

● **原典にせまる**

① 青柳まちこ編・監訳『「エスニック」とは何か——エスニシティ基本論文選』新泉社，1996。

② S. サッセン『労働と資本の国際移動——世界都市と移民労働者』森田桐郎ほか訳，岩波書店，1992（原著1988）。

③ E. アンダーソン『ストリート・ワイズ——人種／階層／変動にゆらぐ都市コミュニティに生きる人びとのコード』奥田道大・奥田啓子訳，ハーベスト社，2003（原著1990）。

　エスニシティに関する主要な論文を集めた①は，理論的理解を深めるうえで参考になる。本章で紹介したバルトからの翻訳も含まれている。国際移動の問題は，資本や労働，メディアや文化など多くの社会的な変動と深く関わっている。新しい研究の世界を切り開いた②はこの分野の必読文献でもある。境界を生きる人びとの知恵を豊かな記述を通じて描き出した③はエスノグラフィの名品でもある。日本の場合を想像しながら読んでほしい。

● **理解を深める**

④ 駒井洋監修『講座 グローバル化する日本と移民問題』（全6巻）明石書店，2002-04。

⑤ 梶田孝道・丹野清人・樋口直人『顔の見えない定住化——日系ブラジル人と国家・市場・移民ネットワーク』名古屋大学出版会，2005。

⑥ 杉原達『越境する民——近代大阪の朝鮮人史研究』新幹社，1998。

　④は，外国人市民の増加を迎えて日本社会が直面する問題の広がりを教えてくれる。とくに，第3巻「移民政策の国際比較」と第4巻「移民の居住と生活」が参考になる。日系ブラジル人の移動過程を日本・ブラジル双方における丹念なフィールド調査と理論的な整理を通じて描き出した⑤は，日本におけるこの分野の研究の水準を示す作品として，ぜひ一読をすすめたい。在日コリアンについての本は数多いが，まず歴史から入ることが欠かせない。⑥は移動者の世界を生き生きとした形で教えてくれる。

● **視野を広げる**

⑦ 朴沙羅『家（チベ）の歴史を書く』筑摩書房，2018。

⑧ 三浦耕吉郎編『構造的差別のソシオグラフィ——社会を書く／差別を解く』世界思想社，2006。

⑨ 磯部涼『ルポ川崎』CYZO，2017。

⑩ 崔洋一監督・映画『月はどっちに出ている』1993，井筒和幸監督・映画『パッチギ！』2004，鄭義信監督・映画『焼肉ドラゴン』2018。

　在日コリアンの視点から，家と個人と社会の重なりの歴史を分厚く語る⑦は，新しい社会学や生活史の入門としても読める。移動の問題とは，定住していると考えている人間にとっても無縁ではない。差別する／される側双方から境界に投げ込まれた人びとのリアリティを深い記述で描き出す⑧には，移住者の事例も含まれている。⑨は，本文中でもたびたび言及した川崎を対象とする，生々しいドキュメンタリーである。都市論や文化論としても興味深い。その存在の広がりにもかかわらず，在日コリアンが日本の劇映画に登場することは長くまれであった。ほぼ10年間隔でつくられた⑩の三作品は，こ

の間における「在日コリアン」イメージの変化を映し出している。

Chapter 13 ● 考えてみよう　　　　　　　　　　　　　　　　SEMINAR

❶ 移住者の直面する問いを整理した表 13-1 について，興味ある身近な最近の事例を取り上げて，空欄を埋めてみよう。対象は日本に暮らす外国人だけではない。日本国内での移動体験，外国で暮らす日本人の移動体験を事例に取り上げてもよい。

❷ 日本の人口は 2010 年をピークに，すでに急激な減少へと向かいつつある。そのため，不足する労働力を補う目的で外国人の受け入れが議論されている。このことは日本社会にどのような変動をもたらす可能性があるか。労働・ジェンダー・階級や階層・政治・メディア・文化などの各面について検討してみよう。

❸ 観光客の増加は，異なる民族や文化・言語をもつ人びととの新たな接点をもたらす一方，そこではさまざまな摩擦も危惧されている。事例を選び，実際の接点でどのような出会いが生まれているか，また摩擦がおきないためどのような工夫がなされているかについて，可能ならば具体的な観察も行いながら，考察してみよう（事例は，日本国内でも国外でもよい）。

第14章 格差と階層化

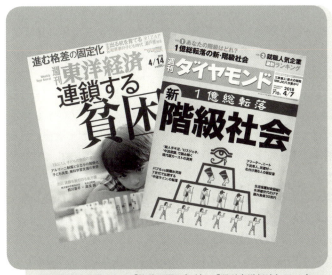

経済雑誌の表紙にみる「格差の語り」(左:『週刊東洋経済』2018年4月14日号。右:『週刊ダイヤモンド』2018年4月7日号)

- KEYWORD
- FIGURE
- TABLE
- COLUMN
- TEXT IN TEXT
- BOOK GUIDE
- SEMINAR

CHAPTER 14

INTRODUCTION

21世紀の現在,格差や階層化の問題は,古くて新しい問題として,再び世界的な注目を集めつつある。日本でも,高度経済成長・バブル経済の終焉以降,「中流崩壊」や若年失業,市場競争激化による二極分化,ワーキングプア,都市下層,非正規労働者の増加,外国人労働者の編入など,新しい変化が指摘されてきた。格差や不平等の拡大とは,新しい階級対立の予兆なのか。それとも,単純な階級対立図式の解体をむしろ意味しているのか。変化する労働にも着目しながら,社会学の最先端の成果から学んでいこう。

KEYWORD

格差　階層化　階級　労働　再生産　非正規雇用　社会的排除
新自由主義　再加熱・縮小・冷却・代替的加熱　エンパワーメント

SECTION 1　格差・階層化現象をどうとらえるか

溢れる「格差の語り」のなかで

21世紀の社会が世界各地で遭遇している特徴的な現象の1つに，格差・階層化問題の深刻化がある。日本も例外ではない。『不平等社会日本』『希望格差社会』『新・階級社会日本』。関連する社会学者の著作が次々ベストセラーとなり，「格差」問題は現代のもっとも重要な政治的争点の1つとなった。なぜ今格差・階層化論なのか。たとえば，第二次世界大戦後の高度経済成長を経て，日本でも人びとの生活水準は大幅に向上し，貧困や格差は格段に減少をしたといわれてきた。実際，一時は「総中流」化が指摘され，階級・階層論はもはや時代遅れのようにさえみられていた。ところが，様相は大きく変化する。はたして何が変わったのか。

試しに実際の変化に目を向けてみよう。すると，そこにはいくつかの特徴があることに気がつく。第1に，格差や階層化という出来事は，近年，若年層における「家庭・学校から職業へ」の移行過程の機能不全をめぐる問題として語られ始めた。たとえば，「パラサイト」「フリーター」「ニート」「ネットカフェ難民」などが，不安定な若者の状況を表現する新語として登場した。やがてリーマン・ショックを経て，「非正規雇用」が外国人や女性，若者だけの問題でないことが明らかになるにつれ，格差・階層化は社会全体の課題として認識されるようになった。

第2に，格差や階層化への対応策についての語り方もまた大きく変化した。従来，格差といえば，個人の努力だけでは解決できない構造的な問題だと考えられてきた。格差とは，富める者とそうでない者の間の断絶を意味するだけではない。両者の間には加えて，搾取のような構造化された支配関係が存在すると考えられるのがふつうだった。それゆえ問題解決のために，国家の政策的介入や，構造変革のための社会運動が処方箋として指摘されることが多かった。だが，今日の格

差の特徴は個人化にあるとされる。先行きの不透明感，安定したコースの弱体化。1人ひとり異なった形をとって現れる問題に対して，まずは「自己責任」が問われ，自己啓発や「生きる力」の開発が求められた。

> **格差・階層化への社会学的視点**

はたして今，格差・階層化という現象をどのように理解すべきか。若者を中心に依然として不安定な雇用情勢，孤独や不安，自殺，生活保護受給者の増加，過労死のような労働の厳しい現場，条件の悪い職種・職場を支える外国人就労者の存在など，格差や階層化の重たい現実は，21世紀前半を見通す今日，ますます深刻な課題となっている。社会科学，とりわけ社会学はその誕生のときから，産業化という社会変動がもたらす貧困に強い関心を寄せてきた。こうした現象から目を背けた社会学の存在はそもそもありえない。

格差や階層化は社会学における最重要なテーマの1つであり，それだけに研究の蓄積も多い。そしてすぐれた研究であればあるほど，それは次の3つの問いに対して，何らかの統合的な答えを出そうと取り組んできた。

第1に，格差や階層化はどのような形をとって姿を現すのか。そもそも人びとの間にはきわめて多様な差異がある。しかし，ただ差異があるだけでは，それを格差とは呼ばない。差異には大きくいって，水平的差異と垂直的差異がある。格差はこのうち，何らかの序列をともなう垂直的な格差と深い関わりがある。どのような差異を格差と呼ぶのか。また，それが階層化するとはどのようなことか。

第2に，格差や階層化の原因はいったい何か。原因は大きく2つに分けられる。格差状況におかれた個人に由来するもの，そして個人がおかれた社会に由来するものである。ただし実際には両者は密接に入り組んでいるのがふつうだ。たとえば，親の代の不平等が子の代へと継承されたり，増幅されたりはしていないか。性別や人種・エスニシティ，出身地などが格差を引き起こしてはいないか。とりわけ本人の努力では変えようがない原因がもたらす格差や階層化へ，社会学は注意を払ってきた。

そして第3に，格差や階層化に対処するための解決策は何か，また解決の主体は誰か。格差や階層化が問題を含むのは事実としても，はたして何が問題なのか。たとえば，絶対的な貧困，本人に責任がない格差や不平等は問題であろう。だが，本人の努力や業績の結果に応じた格差づけは，人びとの「やる気」を引き出す手段としてしばしば肯定される。はたして格差はどこまで許容されるのか。

格差や階層化の社会学は，とりわけ各時代の社会情勢，そして変化する公平感

第14章　格差と階層化

や「正義」概念の影響を受けやすい。だからこそ，表面的な議論に押し流されてしまわないためにも，格差や階層化という問題の歴史的背景やその今日的意味を，もう一度より深く知っておく必要がある。これが本章の課題である。

近代化と階級・階層

格差や階層化という現象はそれ自体，おそらく人類の歴史と同じくらい長い歴史をもっている。だが，ここで私たちが問題にする格差や階層化とは，基本的に，近代と呼ばれる過去2世紀あまりの社会変動と深く関わり合っている。19世紀はじめ，エネルギーと技術の革新としてスタートした産業革命は，機械を駆使する巨大な工場を作り出した。この産業化が生み出した巨大な生産力は，それまで想像もできなかったような富を人間にもたらす。だが，問題もここから始まった。

近代における格差・階層化に関して，これまで2つの代表的な説明モデルが提示されてきた。第1に K. マルクスの階級論で，それは，生産手段の所有・非所有によって生まれる二大階級の対立という図式で問いに答えようとした。これに対して，機能主義に基礎をおく成層論は，経済的格差をともなう「社会層」を，各人のさまざまな貢献に応じた社会的地位や資源の配分の結果と見なした。

所有から階級へ――マルクスの階級論　歴史上のどの時代にも階級，そして階級闘争は存在した。しかし，工場制機械工業の発達は，社会全体を，敵対する二大階級――資本家（ブルジョア）階級と労働者（プロレタリア）階級――へと，しだいに分断していく。マルクスが F. エンゲルスとともに著した『共産党宣言』（1848年）で最初に強調したのは，階級関係のこの単純化過程であった（Marx & Engels 1848=1951）。マルクスによれば，経済的な価値を生み出すのは，自然への働きかけとしての労働であり，そこで生まれる価値は本来労働する人びとに属する。ところが資本主義においては，機械などの生産手段を所有するだけの資本家階級が，価値の分け前の多くを受け取ってしまう。これに対して，自分の労働力以外に生産手段をもたない労働者は十分な分け前を得ることができない。この「搾取」過程により，資本主義のもとでは労働者階級はつねに経済的地位低下という事態に直面する。その結果，労働者は単なる経済的集団であるだけでなく，声を上げる政治的主体としても自らを組織化していくに至る。

「生産関係」が階級を規定するというマルクス理論は，たんに明快であるだけでなく，資本家，労働者，自営層からなる近代社会の基本構造とそのダイナミクスをかなりの程度的確に説明していた。また実際に，労働運動や政治運動の指針として，20世紀における社会主義の実験を思想的に導く役割も果たしていく。

マルクス

だが，マルクスの階級理論自体は基本的に，彼の生きた19世紀の経済社会を前提としていた。資本主義はその後さらに大きな展開を遂げ，マルクスが十分に予期しなかった事態が次々に発生していく。たとえば，企業が成長を遂げていくにつれ，工場のような直接生産部門ではなく経営部門に従事する労働者層が増加していく。俸給を受け取る点では工場労働者と同じであるものの，専門・管理・事務職に従事し，学歴も高いホワイトカラー層の意識はしばしば経営者層のそれに近かった。この新中間層（自営業者などの旧中間層との対比でこう表現される）は，はたして労働者階級の一部なのか。

企業組織の拡大は資本家階級の姿も変えていった。組織が拡大し事業内容が複雑化するにつれて，企業経営には専門の知識・経験が欠かせなくなる。その結果，専門経営者が所有者から独立し，「所有と経営の分離」（Berle & Means 1932=1958）という現象が起こる。労働者階級と資本家階級の関係もまた変化の例外ではなかった。労働現場においても政治の舞台においても厳しく衝突するものと当初考えられた両階級は，やがて交渉の場を共有するようになり，「階級闘争の制度化」（Dahrendorf 1959=1964）が進む。

こうして，マルクスの階級闘争モデルはリアリティをしだいに低下させていった。それに対し，ロシア革命後のソ連からアメリカに亡命した社会学者P. A. ソローキンは，闘争関係を強く含むマルクス的な階級（class）概念に代え，成層（stratification）という概念を提起する（Sorokin 1927）。成層とは，社会的資源の配分と人びとの社会移動に応じて複数の階層が形成されていく過程をさす。

地位達成による階層移動 ——機能主義的な成層論

マルクスの階級論は，生産手段の所有・非所有に基づく二大階級の対立という紛争理論の立場から，格差・階層化のメカニズムを説明しようとした。これに対して，機能主義的な成層論は，経済的格差に基づく社会層の生成を，各

第14章　格差と階層化　　445

個人の貢献に応じた社会的地位や資源の配分の結果と見なす。機能主義とは，第二次世界大戦後の社会学に絶大な影響を誇った社会学の代表的な理論パラダイムであった。

19世紀以降，社会は工業を軸とする産業社会へと移行していく。この産業化にともなって人間の諸活動は多様化し，社会的な分業が大きく進行する。巨大化・複雑化するシステムのなかで，人はどのような回路を経て個別の職業や地位へと到達していくか。また，多数の職業や地位の間にはどのような関係が形成されていくのか。

このうち第1の問いに対し，機能主義的な成層論は，自らの幸福を極大化することをめざす主体——功利主義的主体——を出発点におく。そのうえで，生まれながらの身分や属性による地位決定ではなく，各個人の成し遂げた業績に基づいて職業や地位が獲得される過程が優越していくことを重視する（属性原理〔ascription〕に対する業績原理〔achievement〕の優位）。

第2の問いに対して，成層論はマルクス主義階級論とは異なり，構造化された対立関係のような前提をおかない。経済的報酬や社会的評価にはたしかに格差がある。だがそれは相対的・連続的な差異にすぎない。言い換えると，人びとは教育や訓練，熟練を積み重ねることによって，職業を変え階層的地位を移動することができる。そしてシステムレベルでみればこの移動は，それぞれの人間が適切な社会的地位へと配置されていく選抜の過程であると機能主義は考えた。

産業化の進展とともに社会移動のチャンスが拡大する。この産業化仮説は，マルクス主義の階級固定化に関わる仮説と表裏の関係にあったことから，第二次世界大戦後，世界各国で実証的な研究が積み重ねられた（Lipset & Bendix 1959=1969）。日本でも，敗戦からまだ日の浅い1955年，「社会成層と社会移動 Social Stratification and Mobility」調査（以下，SSM調査）が，アメリカのロックフェラー財団の資金を得て実施される。以後，10年おきに社会学者集団が実施してきたSSM調査は，日本の階級・階層研究を世界的な水準に引き上げるうえで大きな役割を果たした。またその分析結果は多くの論争を巻き起こしてきた。

戦後日本における「平等化」——その現実と幻想

階級論と成層論の対立は，長い間，対抗的な学派を形成していたマルクス主義と機能主義の間の代理戦という色彩を帯びていた。こうしたなか，SSM調査は，世代間階層移動における開放性の増大，社会経済的地位の非一貫性など，産業化仮説を支持する発見を行った。各種世論調査で示される「中」意

> **COLUMN** *14-1* SSM 調査の先に

　職業や学歴など社会経済的地位を全国的規模で調べる他の調査（たとえば，国勢調査）と比べたとき，SSM 調査の利点とは，個人を単位に現職だけでなく過去の職業経歴，親の職業・学歴などを調べているため，世代内移動・世代間移動の詳細を分析できる点にあった。

　高度経済成長期と時期的に重なる 1955 年・1965 年調査では，社会移動における開放性が拡大しているかどうかが大きな焦点となった（2 時点間の移動表の分析に関して，安田〔1971〕を参照）。第 1 次石油危機直後の 1975 年に実施された第 3 回調査は，戦後の工業化がもたらした社会変動を検証する調査として多くの論点を提示した（富永編 1979）。親の学歴・職業，本人の学歴等の要因のうち，何が職業達成にもっとも影響を及ぼしたのか。P. M. ブラウと O. D. ダンカン（Blau & Duncan 1967）による地位達成モデルをふまえ，パス解析（重回帰分析の一種）と呼ばれる因果的分析手法が用いられた結果，学歴の一定の説明力が証明された。またこの過程で，職業という名義尺度の変数を計量化するため「職業威信尺度」が作成された。そのほか，職業威信，財産，権力といった異なる社会的地位の高さが人びとの間で一貫しているかどうか（G. E. レンスキの「地位の一貫性・非一貫性」モデル）などの検証が行われた。ただし 1975 年調査までは女性が調査対象に含まれないという問題があった。

　第 1 次産業人口の急激な縮小，高度経済成長の終焉を経て，その後，階層変動はそれまでの明確な趨勢から軌道をはずれていく。安定成長期の 1985 年調査を経て，いわゆる「失われた 10 年」の時期と重なる 1995 年・2005 年調査の結果からは，出発点にあった産業化仮説を否定する結論さえ引き出された。2015 年調査の結果についてもぜひとも参照してほしい。

　SNS 利用や消費活動などから得られるいわゆるビッグデータは，新しい社会分析の可能性を開きつつある。だが，それらで社会調査を代替することはできない。研究や学習のために過去の社会調査データを利用することを可能にするデータアーカイブの整備も進んできた（たとえば，東京大学社会科学研究所附属社会調査・データアーカイブ研究センターの SSJ データアーカイブ〔SSJDA〕）。機会をみつけ，ぜひ分析にも挑戦してみよう。

識の圧倒的な高さと合わせ，階層平準化，あるいは平等化する社会としての戦後日本というイメージが，一般に定着させられていった。その結果，成層論の立場に立つ社会学者たちは，マルクス主義的階級論の「死」を宣告する。他方，階級論の側も，搾取や支配という基本的視点は保持しながら，現実により適合した複

合的モデルを模索していった（Wright 1985; 橋本 1999）。

　ところが，20世紀末になって状況が変化する。産業化の進展とともに，出身の階層が何であれ，移動の機会が人びとに開かれるようになる。その結果，社会全体としても移動機会が拡大し階層の開放性が高まる。一度は承認されたかにみえたこの基本命題に，疑問が投げかけられていく。それはなぜか。ここで，1950年から2018年にかけての日本の社会変動をまとめたグラフを見てみよう（図14-1）。

　結論だけを述べるならば，産業化の過程で移動がより開放的になり，階層平準化が進んだようにみえたのは，かなりの部分，戦後の一時期続いた構造変動の効果であった。産業化の進行とともに，農業が急激に縮小する一方，専門・管理ホワイトカラー職など階層的地位の高いとされる職種が大量に生み出されていった。産業構造の変動は，いわばこの構造効果を介して「強制的」に職業階層構成を押し上げた。だが，構造効果は1980年代には頭打ちになる。この構造効果を取り除いた「純粋移動」でみたとき，世代間階層移動はかならずしも一貫して開放的になったわけではなかった（原・盛山 1999: 97-111）。

　さらに，専門・管理ホワイトカラー職のような階層移動のゴールと見なされた職業における閉鎖化の傾向という指摘が追い打ちをかけた（佐藤 2000）。その後の研究は調査結果に基づき，閉鎖化と世代を超えた階層継承関係については，もう少し幅をもった解釈を引き出している。閉鎖性の一貫した強まりを結論として導き出すことはできない。ただし，男性が管理職になるかどうかへの父職の影響，また非熟練ブルーカラー層における世代を超えた階層再生産の傾向は確認された（石田・三輪 2011）。

　社会の流動化や個人化は，回収率の低下など調査自体の困難を引き起こしつつある。しかし種類や方法はともかく現実との接点としての社会調査を尊重する点に，社会学の強みがある。たとえば最新のSSM調査の結果を用いることで，15歳から34歳にかけて人びとが学校から仕事の世界へどのような移行を示したのかを，過去にさかのぼり，比較することができる（図14-2）。はたして流れはどう変わったのか。その原因は何か。新しい趨勢の内容について，次にみていくことにしよう。

FIGURE 14-1 ● 人口・産業・労働・教育からみた日本社会の構造変動——1950-2018年

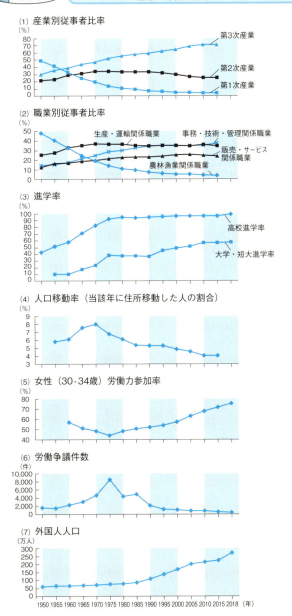

(1) 産業別従事者比率
(2) 職業別従事者比率
(3) 進学率
(4) 人口移動率（当該年に住所移動した人の割合）
(5) 女性（30-34歳）労働力参加率
(6) 労働争議件数
(7) 外国人人口

欧米と比較したとき日本の社会変動の大きな特徴とは，①きわめて短期間のうちに構造変動が達成されたという「圧縮性」，②産業構造・職業階層の変動，中等教育の普及，そして人口の国内移動がほぼ並行して起きた「同時性」にある。しかし，この圧縮された同時的変動は1980年代はじめまでにはピークを過ぎる。かわって起きたのは，経済成長に見合う不足労働力を農村部以外から充足するため，女性や外国人が労働市場へと編入されていく過程であった。格差や階層化の問題を考える場合，人口など構造変動の趨勢をつねに検討していく必要がある。2010年に日本の人口は減少に転じた。今後，どのような変化が予測されるだろうか（本図作成に際しては，苅谷〔2001：序章〕も参考にした）。

（資料）　総務省統計局・統計研修所ウェブサイト「日本の長期統計系列」ほか。

第14章　格差と階層化

FIGURE 14-2 ● 生年コーホート別にみた学歴職歴領域の年齢ごとのプロフィール

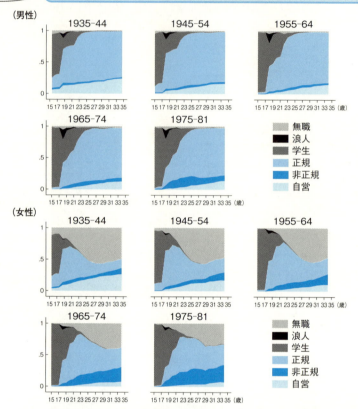

　誕生時点を共通にするグループを生年コーホートという。15歳から34歳にかけ，人びとがたどる学歴・職歴のコースは，生まれた時代ごとにさまざまだった。2015年SSM調査は対象者に，過去にさかのぼってその履歴を尋ねた。図は，「1935-44年生まれ」から「1975-81年生まれ」までの各コーホートについて，〈無職・浪人・学生・正規労働・非正規労働・自営〉の割合が，年齢ごとにどう変化したかをまとめたものである。男女でどう違うか。時代とともにどう変化したか。コーホートごとに，高度経済成長，バブル経済，バブル後の「就職氷河期」，リーマン・ショックを何歳くらいで経験したかを計算しながら，考えてみよう。

（出所）　香川めい「若年期のライフコースのコーホート間比較――系列分析から見る脱標準化，差異化，多様化の様相」保田時男編『2015年SSM調査報告書1 調査方法・概要』（2015年SSM調査研究会，2018年3月，更新版〔2018/3/24〕を使用）http://www.l.u-tokyo.ac.jp/2015SSM-PJ/01_07.pdf，120頁（本図の使用に際しては，香川めい氏および白波瀬佐和子氏〔2015年SSM調査研究会代表〕の許可を得た）。

3 格差・階層化の新段階

変容する労働の世界

階級論にせよ成層論にせよ、社会的序列を想定するうえでまず基礎においたのは、人びとが従事する職業や労働の現場であった。したがって、労働の現場がどのような変容に直面しているかという問いは、今もなお格差・階層化研究の中核に位置する。たとえば今日、格差や階層化を論ずるときかならず指摘されるテーマに、雇用の不安定化がある。とりわけ日本の場合、終身雇用や年功序列という戦後に確立した雇用制度が大きな壁に突き当たり、不安定化しているとされる。はじめに確認しておくならば、安定した雇用関係の象徴と見なされた終身雇用とは、現実には雇用者全体のうちの一部にしかあてはまらない制度であった（野村 1994）。一部の大企業と大部分の中小企業の間では、雇用条件の面で大きな格差があった。そして、この「二重構造」は現在もなお解消されたわけではない。

だが、今日起きていることは二重構造の単なる延長ではない。より新しい質をもった現象が労働の現場を大きく変えつつある。以下、第1に資本主義の蓄積様式の変化とそれにともなう労働の変容、第2に経済的グローバリゼーションの順にみていこう。

ポスト・フォーディズムとフレキシブル化する労働

第8章第1節でもみたように、H. フォードが、生産過程の標準化と徹底した分業、そして流れ作業方式を取り入れ、自動車の大量生産を開始したのは1910年代のことだった。イタリアの思想家 A. グラムシによってフォーディズム（Fordism）と名づけられたこのシステムの新しさは、しかし、生産領域だけにとどまるものではなかった（東京グラムシ会『獄中ノート』研究会編訳 2006）。いくら大量につくっても売れなければ仕方がない。システムが安定するかどうかは膨大な製品が売れ続けるかどうかにかかっていた。そのためには消費者でもある労働者の雇用安定と賃金上昇が欠かせない。こうして、労資の交渉制度、労働政策・福祉政策の拡充、政府による景気対策などの調整メカニズムを組み込んだ蓄積様式として、フォーディズムは第二次世界大戦後の先進資本主義社会に広がっていった。

ところが、生活水準が向上しひと通りの必需品を買い揃えてしまうと、限られ

第14章 格差と階層化

TABLE 14-1　2つの労働過程の特徴比較

	フォーディズム	ポスト・フォーディズム
生産活動の特徴	画一化された大量生産	多品種少量を柔軟に生産
有限な需要と拡大する供給能力の間の矛盾をいかに解決するか	雇用の安定化による購買力の拡大	広告によるたえざる差異消費の刺激 需要変化に対応するための雇用の柔軟化・短期化・不安定化
労働者に求められる条件や能力	標準化・規格化された労働に対する適応力・忍耐力	市場への高い感応性や継続的な自己変革能力

（出所）　本田（2005）などをもとに作成。

た画一的商品への需要は低下せざるをえない。石油危機も重なった1970年代，資本主義は大きな壁にぶつかっていた。そこで姿を現したのがポスト・フォーディズムと呼ばれる諸様式である。消費者の購買意欲を誘うためには，もはや基本機能だけでは不十分である。デザインやブランドなど象徴的な差異を商品に次々付加したうえで，メディアを通じ消費者の欲望をたえず喚起し続けていく必要がある。しかしそのためには，はるかに多種の商品を少量ずつ，しかも安価に生産しないと採算がとれない。このため，フレキシブルな特化（flexible specialization）と呼ばれる生産システムが模索されていく。

　そのなかには，多数の異分野の業者が空間的に集積し水平的に協業しながら産業クラスターをつくる場合（Piore & Sabel 1984=1993）から，変化する需要に対応し在庫を極力減らすために下請企業を巻き込み高度に効率化された生産体系（ジャストインタイム・システム）を構築する場合まで，多様な例が含まれる。これにともない，労働者に求められる条件もまた変化した。標準化・規格化された労働に対する適応力が重視されたフォーディズムに対し，ポスト・フォーディズムのもとでは，需要の変化に小刻みに対応するため雇用期間の短期化，雇用形態の柔軟化・不安定化が進む。その一方で1人ひとりの労働者には，単なる適応だけではなく，変化への感応性や継続的な自己変革能力が求められるようになる。

グローバリゼーションの影響

　第二次世界大戦後に本格化する新しい国際分業の動きは，やがて，経済のグローバリゼーションとなって，世界的な規模で資本と労働力の移動と再編をもたらしていく。国際分業といえばもともと，先進国＝工業と，途上国＝農

> COLUMN **14-2 仕事とやりがいの行方──変化するサービス労働の現場から**

　「AI（人工知能）の発達でなくなる仕事」。近年，このような表現を目にすることが増えている。労働について議論するとき，過去においては製造業の現場が念頭におかれることが多かった。たとえば，チャップリンの映画『モダンタイムズ』（1936 年）の頃から，科学的管理法として知られるテーラー・システムやフォーディズムは，人間疎外をもたらすものとしてしばしば批判の対象でもあった。しかしその後，脱工業化にともないサービス産業で働く人の割合が大幅に増大した。モノ以外の生産に関わるサービス産業のなかには，情報サービスやビル保守管理のような企業向けから多様な個人向けまで，幅広い業種が含まれる。対人的な接客を含むサービス労働は，モノを扱う労働と何が違うのか。第 1 に，人間相手のサービス労働は対象者の感情を相手にしなければならない。顧客の満足を得るためには無料の「笑顔」も売る必要に迫られる。第 2 に，しばしば対象者の身体そのものを対象とする。介護労働のようなケアワークは，高齢化の進行とともにますますその重要性が増している。感情や身体と「労働」の関係は社会学研究の最前線の 1 つでもある（Hochschild 1983=2000; 渋谷 2003）。

　個人向けサービス労働にはさらに新しい変化が付け加わった。たとえば，コールセンターという職場がある。電話による個別セールス（アウトバウンド）や苦情・相談対応（インバウンド）を 1 カ所で行うコールセンターが顧客サービスの一環として用意される。通信コストの低下によりコールセンターはより低賃金で労働者を集められる遠隔地にしばしばつくられる。たとえば，アメリカ向けのコールセンターがインドやフィリピンにつくられ，日本国内向けのコールセンターが沖縄や北海道，中国につくられるという具合である。

　技術の発達は AI による自動応答を部分的に具体化しつつある。しかし，AI 化で人間の仕事は本当に代替されてしまうのか。AI は「笑顔」（感情労働）を提供するのか。何がそこには残るのか。相対的に低いコストで柔軟性に優れた労働力を調達できる学生アルバイトの現場とは，実は，労働の再編の最前線でもある。そこにやりがいはあるか。フィールドワークの現場としてバイト先を振り返ってみることもまた，社会学である（丼家のエスノグラフィーとして田中〔2015〕を参照）。

業の間の農工間分業が一般的であった。ところが，先進国における労働コストが上昇するにつれ，工業生産の工程自体を分割したうえで国境を越えてそれらを再配置する動きが強まる。これを新国際分業と呼ぶ。日本企業の場合，付加価値の低い労働集約的な工程を，東南アジアや中国など労賃の低い地域へと移転してい

TABLE 14-2 ● 典型雇用・非典型雇用の類型

		労働時間	雇用契約期間	勤務場所	職場での指揮命令者
典型雇用（常用フルタイム労働者）		フルタイム	期間の定めなし	雇用契約を結ぶ企業の職場	雇用契約を結ぶ企業
非典型雇用	パートタイム労働者	パートタイム	特定されない	特定されない	特定されない
	有期雇用労働者	特定されない	有期	特定されない	特定されない
	派遣労働者	特定されない	特定されない	顧客企業（派遣先）の職場	顧客企業（派遣先）
	請負労働者	特定されない	特定されない	顧客企業（請負先）の職場	雇用契約を結ぶ企業（請負元）

（出所）佐野（2004: 142）をもとに表記を一部変更。

った。途上国に誕生した新しい工業地域は，周辺農村からとりわけ女性労働力を吸収するとともに，現地の自給的な経済を解体させていった。

やがて，1980年代から市場の世界的統合が一段と進展し，グローバリゼーションと呼ばれる事態が進展していく（第10章も参照）。厳しい国際競争にさらされた企業は生産コストの徹底的な削減と販路拡大をめざし，国内で厳しい人員削減と雇用のフレキシブル化を進めるとともに，その活動をさらに越境的に再編していく。企業だけではない。影響を受ける各国・地域の側もまた，域内の諸制度を市場の論理により「適合的」な形へと変更するための政策採用を余儀なくされていく。構造調整とも呼ばれるこれら政策のなかには，自由な経済活動を促進し資本を呼び込むための一環として，労働者保護や国内産業保護に関わる規制を緩和することが含まれていた。

以上の構造的な変化に加え，1990年代から続く経済の停滞の結果，日本でも雇用が急速に不安定化していった。90年代前半まで2%台だった失業率は，2002年には5%を超える。20代前半までの男性失業率は11%を超えた。その後，失業率は低下したものの（2017年，全体2.8%，20代前半までの男性4.7%），正社員の数は絞り込まれ，代わってパート，アルバイト，派遣労働者，請負労働者など，さまざまな非正規雇用（非典型雇用ともいう。表14-2参照）の労働者が増加した。非正規雇用の割合は，2002年の29.4%から2017年には37.3%まで上昇した。

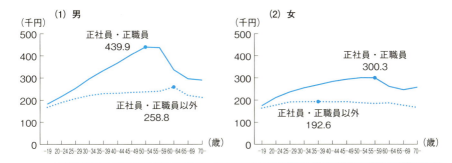

FIGURE 14-3 フルタイムで働く労働者の月額賃金（2018年・日本全国）

『賃金センサス』は2005年から，フルタイムで働く労働者（「常用」の「一般労働者」）に関し，「正社員・正職員」と「それ以外」に区別した賃金水準を調査している。この図から，「正社員・正職員」と「それ以外」（派遣労働者，臨時季節労働者，契約社員など）の賃金格差，そして男女間の賃金格差について，何を読み取れるだろうか。また，それに対してどのような対応が考えられるだろうか。なおここには，より賃金の低い「短時間労働者」は含まれないことに注意が必要である。

(注) 企業規模計10人以上の民営事業所を対象とする。数字はピーク時の額を示す。
(出所) 厚生労働省統計情報部『平成30年賃金構造統計基本調査（賃金センサス）』。

また長く外国人労働力に門戸を閉ざしていた日本でも，1980年代後半以降，外国人労働者の数が急増を始め，多くは賃金の相対的に低い非正規雇用の労働者として，国内労働市場の下層へと組み入れられていった（第13章第3節も参照）。2008年におきたリーマン・ショックは輸出に依存する日本の製造業に大打撃を与え，非正規雇用労働者の大量解雇（「派遣切り」）を招いた。結果的に，非正規労働者が景気変動の「調整弁」として扱われていることが改めて明らかとなった。現代資本主義においては，「賃労働」一般だけでなく多様な「不安定労働（プレカリア）」の構造的組み込みが，格差問題をより深刻化させつつある（Castel 2009=2015）。

就業形態のフレキシブル化は，人びとのライフスタイルが多様化していることにも原因がある。しかし，図14-3に示すように，同じフルタイムの就労者であっても，雇用形態が正社員・正職員か否かで賃金水準にはきわめて大きな格差がある。しかもこの差は，年齢とともに急激に大きくなっていく。1990年代からの経済停滞期（「失われた10年」）に学校を卒業した層（いわゆるロスジェネ世代）は，

正社員就職の面でとりわけ不利なスタートを強いられた。この層が年齢を重ねるにつれて直面している深刻な格差問題をどう解決するか。大きな課題がここにある。

教育という経路の二面性

地位達成モデルにおいて，教育という経路は当初，階層の平準化をもたらすものと考えられていた。出身階層が何であれ，本人の才能と努力によって「いい学校」へ入ることができれば，より高い社会的地位を達成することができる。学歴上昇はその後の職業的地位達成に対してプラスの影響を及ぼすという結果が得られたこともあり，教育の階層平準化作用の存在は広く受け入れられてきた。だが，個人の教育達成自体がもし出身階層の影響を受けるとしたら，話は別になる。階層平準化の作用をもたないどころか，場合によって階層間格差を固定化する効果をもってしまう。そして実際，教育社会学者が明らかにしてきたように，教育達成と出身階層の間にはけっして弱くない関係があるのが一般的であった（苅谷 2001）。それはいったいなぜか。

第1に，経済的富裕度は今も教育機会に直接影響を及ぼす。補習等を含めた教育費用が高騰するなか，金銭的余裕がないために進学をあきらめたり，就学継続が難しくなったりするケースが近年改めて課題となりつつある。ただし，階層の影響はこれにとどまらない。

第2に，そもそも学校に代表される教育という場で「成功」を収めるためには，「学力」以前に，多くの条件を備えていなければならない。たとえば，論理的で文法にかなった話し方，自らの欲求をコントロールし目標に向けて時間を管理する習慣，知的なものに対する興味や関心。これらは身体化された文化であり，P. ブルデューがハビトゥスと呼ぶものと重なる（Bourdieu 1980=1988・1990）。ハビトゥスは，学習されるというよりは，日常の生育環境のなかで長い期間をかけて身についていく。子どもの頃，家にパソコンや本はあったか。日頃家庭で新聞記事やニュースを話題にすることはあったか。そして知識を尊重する雰囲気が環境のなかにあったか。経済的格差にも転化していく可能性をもつ文化的環境や条件は文化資本と呼ばれる（第5章第3節および第15章第3節を参照）。文化もまた不平等を再生産する回路となる（Bourdieu & Passeron 1970=1991; 宮島 1999）。

加えて第3に，学歴には，出身階層がもたらす格差をみえにくくさせる働きがある。たとえば，専門職・管理職のホワイトカラー（以下「ホワイトカラー上層」と表記する）への到達者には，父親の学歴や職業階層の高さというみえない資産

を継承している者が少なくない。だが，ホワイトカラー上層という職業的地位への移動は，進学にせよ昇進にせよ，かならず本人の「努力」という回路を経ているため，本人は自分の地位を「実績」，つまり「自分の実力」の結果だと考える傾向が強い。親の学歴や職業といった「本人の力によらない」資産が，学歴による選抜システムのなかで不可視化され，その結果，自分の地位を「実績主義」で正当化してしまいがちになる（佐藤 2000: 68-69）。

競争主義の台頭と「個人化」される階層問題

教育達成は現在も業績主義の中心にある。だが，1人ひとりが達成すべき目標，そして評価されるメリットの中身には大きな変化が生じた。求められるのは単なる知識の豊富さだけではない。そうではなくもっと抽象的な人間像，たとえば「自分の責任でリスクを負って，自分の目指すものに先駆的に挑戦する『たくましく，しなやかな個』」（「21世紀日本の構想」懇談会 2000: 38-39）の必要性が強調された。日本の進路のあり方を検討する首相直属の委員会が，この「理想像」をまとめたのは，経済的停滞が続く2000年のことだった。背景には，新自由主義（ネオリベラリズム）と呼ばれる世界的な潮流があった。

新自由主義は次のような経済社会観を提示する。グローバル化する市場競争を勝ち抜くためには，企業ばかりでなく個人もまたたえざる変化に対して主体的に対応しなければならない。では，どうしたら1人ひとりの創意工夫の努力を引き出せるか。必要なのは，規制を撤廃し自由な競争の機会を用意したうえで，人びとが自らリスクを背負ってそれに挑戦するだけの動機づけを提供することである。動機づけにはより大きな報酬格差も含まれる。だが，この競争主義の先には，新しい格差構造が待ちかまえているのではないか。格差・階層化をめぐる論争の核心がここにある。

メリトクラシーという表現がある。出身や門閥ではなく，その人間自身のメリット（能力）が地位や権力の配分決定の支配的原理となる状況をそれはさす。貴族制や封建制のように生まれや家系が左右するのではなく，個人の能力が最優先される体制はたしかに望ましい。だが，もし能力が上流・下流を分けていくとすると，そこには新しい格差と支配構造が生まれる。たとえば，メリトクラシーが貫徹されると，失敗者＝「能力の低い者」と見なされることになってしまう。メリトクラシー以前であれば，上流のなかにも能力の低い者がいたし，下流にも能力の高い人がいて，それらの移動によって階層は少なからず流動化した。だが，完全なメリトクラシーのもとでは選抜を通じて各階層が能力的に均質化され，か

> **COLUMN** **14-3 グローバリゼーションと階層変動——中国のケース**
>
> グローバリゼーションと市場経済の拡大は，格差・階層化現象に対して世界的な規模で影響を及ぼしている。中国はその代表的ケースのひとつである。第二次世界大戦後の革命を経て社会主義体制をとった中国では，職業や教育，福祉を保障する制度が国家によって用意された。しかしその一方で，政治や身分による障壁（国家エリート層と労働者の間），戸籍による障壁（都市居住者と農村居住者の間）のため，社会移動は限定されていた（図14-4）。1980年代の改革・開放政策以降，市場経済が大幅に取り入れられた。今や世界第2位の規模をもつ経済となったが，政治的にはエリート層（共産党・政府の幹部）をトップとするヒエラルキーがなお存在する。市場化の進展にともない，社会主義体制の枠にはおさまらない膨大な層が生まれ，社会移動は大幅に拡大した。中国社会に矛盾と緊張をもたらしつつある格差・階層化は，たとえば日本における格差・階層化とどのように異なり，またどう共通なのか。東アジアの隣国である両国を冷静に比較してみよう（李 2005；園田 2008）。

つ格差は固定されてしまう。いち早くこうした危惧を抱いたイギリスの社会学者M. ヤングは，2030年代を舞台とする架空の物語『メリトクラシー』（Young 1958=1982）を著した。

　メリトクラシーにおいてメリットを測る指標は，学歴と同一視されることが多かった。それゆえ，メリトクラシーの社会とは事実上「学歴社会」を意味していた。だが，求められるものがたとえば「たくましく，しなやかな個」に変わったとき，能力を測ることは可能なのか。そもそも「たくましさ」や「しなやかさ」とは何か。この点があいまいであるにもかかわらず，個人の新しいメリットを評価するための「基準」だけが一人歩きし始めているのが現代社会の特徴である。「コミュニケーション能力」「人間力」「生きる力」などがそれである。ハイパー・メリトクラシー（本田 2005）とも呼ばれる業績主義の新しい段階は，新しい格差の時代へと社会を導き入れつつある。

格差・階層化の新しいリアリティ

新しい動向をあらためて要約しておこう。第1に，格差・階層化現象は多元化しつつあるものの，他方で新しい構造的な格差の存在が指摘されるようになっている。第2に，格差・階層化現象は個人化し不可視化していく傾向があ

| FIGURE | **14-4** 中国における社会移動のルートと障壁——世代内移動

(1) 1980年以前

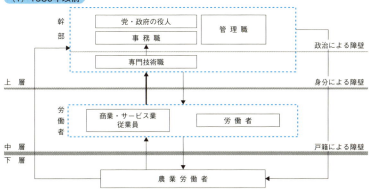

(2) 1980年以後

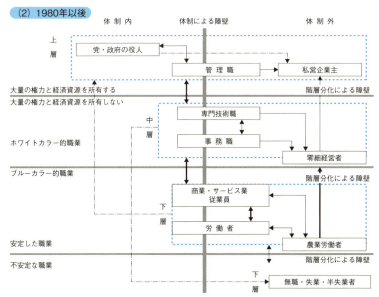

市場経済の進展とともに，「体制外」の社会移動が大幅に拡大し，現在では移動の範囲が海外も含めグローバルに展開するようになっている。しかし同時に，党や政府の影響が体制外にも及んでいる。

(出所) 李 (2005: 118-19)，図 4-1, 4-2。ただし本文の記述を参照しながら表記を一部変えた。なお，太い矢印は，移動者が相対的に多いケースを示す。

る一方，不利な条件が重複する周辺部からさまざまな社会的閉鎖や排除現象が顕在化し，その領域は拡大しつつある。第3に，格差・階層化現象はグローバルな文脈に埋め込まれており，もはや一国単位では十分理解できない。

新しい動向をふまえ，格差・階層化をめぐる議論をどのように深めていくべきか。たとえば，フランスの経済学者T.ピケティは，1世紀以上に及ぶ経済統計の国際比較に基づき，資本主義においては，所有する資本から得られる収益率が，長期的にみて経済成長率よりも大きくなる傾向がある，と指摘した（Piketty 2013=2014）。これが事実だとすると，資本主義には，資産を保有する富裕層への富の集中をもたらす構造的特性が存在することになる。一度は否定された「窮乏化」仮説の再浮上は大きな論争を巻き起こした。経済的格差を測定するための指標の1つにジニ係数がある。配分が完全に平等な場合を0とし，逆に配分が特定層に完全に集中している場合を1として算出されるジニ係数は，所得のような変数の偏りを表現する代表的な指標である。それによると，日本ではすでに1980年代から所得分配の不平等拡大が続いている（橘木1998）。他方で，こうした拡大傾向は，もともと所得格差の大きい高齢者層の規模が高齢化によって大きくなったとも指摘された（大竹2005）。

マクロな指標に基づく基本的趨勢の理解は格差・階層化研究の出発点といえる。だが，多元化，個人化，周辺化，グローバル化など新しい特徴を前にして，格差・階層化研究はもはや出発点で立ち止まっているわけにはいかない。構造的条件が変容するなかで，どのような差異や格差が社会のなかで実際に姿を現すのか。差異や格差はどのように体験され，また語られているのか。異なる差異や格差はどのように影響し合っているのか。差異や格差を減少させるためには，どのような方法や手段が有効なのか。そして，格差・階層化と取り組む新しい主体はどこにいるのか。社会学は，これらを解明するように期待されている。

マルクス主義や社会学における固定化した「階級」観を批判した社会史家のE. P.トムスンは，19世紀イギリスを対象に，当時姿を現しつつあった「労働者階級」という存在を，人びとの「経験」という水準から明らかにしようとした。「階級は自分自身の歴史を生きる人びとによって定義されるものであり，結局のところ，これがその唯一の定義である」（Thompson 1963=2003: 14）。格差・階層化というテーマを，社会学が達成してきたもっとも豊かな構想力の世界へといかに取り戻していくか。もはや，単純な階級モデルに戻ることはできない。変化する時代にあっては，階級・階層を特定の構造から引き出される固定的な「属性」

としてとらえるのではなく、まずは「経験」として、そして「関係」として理解していくことが重要である。

格差・階層化分析を社会学に取り戻す

格差を構造化するもの　どの社会をみても差異は至るところに存在する。しかし差異が格差となり、さらに相対的に閉じた社会的集群を作り出すかどうかは、さまざまな条件に依存する。経済的資源の有無が構造的条件としてとりわけ大きな影響力をもつことは今も変わらない。だが、それが社会的地位と自動的に結びつくわけではない。はたしてどのように結びつくのか。多様な社会的地位は相互にどのように関係し合っているのか。またその過程で、どのような社会的地位が格差形成の原因として優越化してくるのか。課題はここにある。A. ギデンズに倣っていえば、固定的な構造ではなく、構造化 (structuration) の過程こそが、格差・階層化研究のポイントとなる。

社会学においてマルクスと並び、もう1つの大きな理論的系譜を形作ってきた階級論に、M. ウェーバーのそれがある。格差の構造化過程を複合的視点から考察するウェーバーのポイントは、大きく次の2点に分けられる。第1に、経済的階級と社会的階級を区別したうえで、前者が後者へと展開していく条件という形で階級分析の課題を明確化した点、第2に、社会的な差異が構造化していく過程に関し、階級だけでなく身分や党派という多元的なモデルを示した点である。

ウェーバーは、『支配の諸類型』のなかで、階級を次のように定義した。すなわち、①生活チャンスの因果的要素が多数の人びととの間で共通しており、②この要素がもっぱら財貨の所有や経済的利害関心によって表現されているかぎり、しかも③その要素が（商品または労働）市場の諸条件のもとで表現されている場合、そこに「階級」が存在する（Weber 1922=1970）。ある特定の社会の経済的・権力的構造において、類似した位置を占めている諸個人は、その生活チャンスにおいても似た状態におかれる。ウェーバーは、これを階級状況と呼んだ。ウェーバーによれば、階級とは同一の階級状況におかれた人間の集群をさす。

だが、同一の階級状況にある人びとがみな共通の利害意識によって組織化されるとは限らない。ウェーバー流の階級論を受け継ぐ A. ギデンズの表現に従えば、「経済的階級」が「社会階級」に変化し、さらに「社会階級」が他の社会的諸形

態に結びついていく過程（Giddens 1973=1977: 103）には，さまざまな契機が必要となる。社会学的アプローチは，とりわけこの「転換」の過程をあきらかにしていくうえで力を発揮する。

格差・階層化の非経済的背景

「生産手段の所有／非所有→階級帰属」という階級論にせよ，「本人の業績→職業的地位達成」という成層論にせよ，経済的要因に基づいて格差・階層化を理解する点で両者は共通していた。だが，格差・階層化の原因はもちろん経済的要因だけではない。たとえば，カースト制度のような身分，ジェンダーや人種・エスニシティといった属性的要因もまた，格差や差別を生み出す原因となる。ただし重要なことは，資本主義システムのもとにおいて，こうした非経済的要因は単独で作用するだけなく，既存の経済構造と結びつき，またそれによって媒介されることによって，さらに強い影響力を及ぼすという点である。

たとえば，重要な社会的生産活動の1つに，炊事・洗濯・育児などの家事労働がある。「近代家族」の成立とともに固有の領域としてその比重を増してきた家事労働は，その外部化が進んだ今日においてもなお，家族のなかで女性によって担われるケースが多い。こうした場合，女性は何重にも格差的な位置におかれることになる。第1に，労働力再生産という重要な経済活動を担うにもかかわらず，家事労働そのものは市場を介さないアンペイド・ワーク（unpaid work）であるため，貨幣的に評価されることが少ない。しかも，こうした不平等性をはらんだ主婦役割自体が，性別役割分業を組み込んだ「近代家族」イデオロギーによって固定化され正当化されてしまう。第2に，企業で働くときも，家事負担に基づく時間的制約が厳しい女性は，賃金や昇進の面で男性よりも不利な立場におかれてしまう。そして第3に，社会全体の政策や制度が夫婦家族を前提につくられているため，単身世帯者（なかでも女性）はその恩恵や配慮からもれてしまいやすい（たとえば女性単身者は住宅ローン契約を行うことがしばしば難しかった）。

家父長制のような性差に基づく支配の淵源をどこに求めるかには多くの議論がある。だが，資本主義はその発展の過程で，体制の維持存続に欠かせない労働力再生産の役割の多くを「近代家族」の内部へと組み入れていった。その結果，資本主義は，女性のアンペイド・ワークによって支えられる構造をその内部に持ち続けるようになる（上野 1990; 木本 1995，本書第12章も参照）。

経済システムとしての資本主義は，蓄積持続というその究極的な目的達成のため，非経済的（非資本主義的）な「外部」をしばしば必要としてきた。もう1つ

別の例をあげてみよう。たとえば、労働力コストをできるだけ低く抑えようとする企業は、発展途上諸国に生産拠点を移転するだけでなく、先進国においても途上国出身の移民労働者を雇用することにより人件費（賃金だけでなく社会保障や福利厚生の費用）を抑えようとしてきた。こうした場合、移民労働者は、たんに「安価な労働者」という理由だけで雇用されたわけではない。移民労働者はホスト社会における人種・エスニック的マイノリティとして、社会的にもしばしば劣位におかれていた。企業側は、移民労働者を取り巻く差別や隔離の構造を利用し、労働者たちを互いに競わせることによっても、総労働コストを低く抑えようとしてきた。

「分割し，統治せよ」。農民や主婦のような「外部」的存在が資本主義システムのなかでいつまでも消滅しない理由を検討したC. v. ヴェールホフは、その秘密を、資本主義の本性として古典にならいこう表現した（Werlhof 1991=2004: 第4章）。経済的階級、ジェンダー、人種・エスニシティなど多様な社会的地位をまたぎながら重層的に引かれた分割線、そしてそれらがもたらす格差形成や階層化の複合的作用を明らかにすることは、社会学に課せられたもっとも重要な課題である。

格差・階層化から集合的主体の形成へ

格差や階層化という現実に直面したとき、人はどのように対応するか。「総中流」の幻想が崩れ、競争主義が強まっている今日、格差・階層化現象は多くの人びとにとって他人事ではない。はたして人はそこでどのように対応するか。選択肢はいろいろとありうる。新しい仕事を探す。そのために何らかの技術や資格を取得する。また仕事についての適切な情報を集めることも重要だろう。何といっても、まずは自分自身のおかれた状況を改善するために人は頑張ろうとする。だが、もしそれではだめだとわかったとき、どうするか。新しい選択肢がここで浮上してくる。すなわち、格差や階層化をもたらす世の中の仕組み自体を変えるため行動を起こす、というものである。

人はいつ、なぜ行動を起こすのか。この問いは長く階級・階層研究の中心的テーマとしてあった。たとえば、マルクスの古典的モデルでは、階級が1つの政治的主体となることが想定されていた。自らの労働力以外の生産手段をもたない労働者は、労働者階級としての意識（「階級意識」）をもち、階級的な「主体」として政治的に行動する（はず／べきである）。だが現実には、たとえばホワイトカラー層のように、形式上は「労働者」であっても「労働者階級」としての意識をも

たない層が増えてくる。機能主義的成層論は，こうした点をとらえて「階級論の死」を主張した。

　他方で，階級論の側も，決定論の限界を強く認識するようになっていく。このため，階級を実際の個人主体といきなり同一視するのではなく，主体が位置する「構造的な場所」と見なす立場が台頭してくる。生産関係によって規定される特定の「場所」に位置する個人が，政治的意味でも「主体」となるかどうかは，経済，政治，文化など複合的な要因の水準（審級）によって重層的に決定されている。ただし，資本主義においては経済的審級が最終的審級としてもっとも大きな影響力をもつ。フランスの哲学者 L. アルチュセールらによって練り上げられたこのアプローチは，構造主義的マルクス主義と呼ばれ，その後の階級研究にも影響を及ぼしてきた（Poulantzas 1968=1978・1981; Wright 1985; 橋本 1999）。

　格差や階層化という構造的現実に直面したとき，人はどのようにそれに対応するのか。社会学が，構造と行為のダイナミックな連関を取り扱う学問であるかぎり，この課題を避けて通るわけにはいかない。類似した社会的状況におかれた人びとの集まりである社会階層が，一体感や主体化の契機を備えた「階級」へとつねに展開していくわけではない。しかし同時に，貧困や剝奪状況におかれた人びとがいるとき，そこに格差体験を基盤とする共同性や連帯が姿を現し，構造に立ち向かう集合的主体へと展開していくケースがあることを，私たちは経験的に知っている。はたして，どのような条件のもとで格差は集合的主体を生み出すのか（詳しくは，第 16 章の社会運動論も参照）。

　第 1 に，格差が自他の区別意識，すなわち，「われわれ」は「他者」とは違う，という意識と結びつくとき，またその結果として，自他を分ける可視的な境界が形成されていくとき，集合的アイデンティティが形成されやすくなる。

　第 2 に，格差状況におかれた人びとが何らかの組織化の契機と出会うとき，集合的主体として活動するチャンスが大きくなる。たとえば，①直接的な利害対立者に対抗している場合，②類似の階級状況が，大量に存在している場合，③容易に団結しうる技術的可能性が存在する場合（とくに場所的近接性），④明瞭な目標に向かっての指導がある場合，共通の階級状況におかれた人びとの間に，階級構造が生成されやすくなると，ウェーバーは指摘する（Weber 1922=1970: 214）。

　第 3 に，格差が，たんに一過性の出来事ではなく繰り返し体験され，その結果として特定の文化やライフスタイル，ハビトゥスなどの支えをもつようになるとき，共通の態度や信念が生まれやすくなる。

FIGURE *14-5* ● ニューヨーク・オキュパイ運動の風景

(2011年，アメリカ，AFP＝時事)

> 2011年秋，ニューヨークの中心地，金融街として知られるウォール・ストリートにある小さな公園ズコッティ・パークは，経済的格差の拡大に反対する非暴力の群集によって，数カ月間にわたり占拠された。その背景には，「1％の富裕層」への富の集中に象徴されるような金融資本主義への異議申し立てがあった。日本を含む世界各国でも「反貧困」の運動の高まりがみられる。ただしそれは，国・地域ごとにさまざまな形をとっている。日本ではどうだろうか。

再生産される不平等——主体化のわな

もっともこれらの条件がすべて揃ったとしても，格差や階層化という現象が，行動する集合的主体をそのまま生み出すとは限らない。

第1に，格差構造から何らかの集合的な主体が生まれるとしても，それは，構造に対抗したり抵抗したりする主体であるとは限らない。むしろ，格差自体の再生産に結果的に寄与してしまうような主体が生まれる場合も少なくない。たとえばイギリスでは，脱工業化という段階においてなお明確な階級差が色濃く残っている。労働者階級の若者はなぜ自ら進んで労働者階級としての生き方や文化を身につけていくのか。学校現場における若者たちの行動と声をつぶさに検討していったP. ウィリスは，若者たちの間に「反知性主義」的な対抗文化が形成されているのを発見する。若者たちがそうした文化を身につけることを通じ「労働者階級」としての自分をまさに主体的に再生産してしまう過程を，ウィリスは詳細に

第**14**章　格差と階層化

明らかにした（Willis 1977=1985）。

　第2に，主体化に向けた契機は，人びとの属する集団や位置によって不均等・不平等に存在しており，そのこと自体が新たな格差をもたらすことがある。1つの例をあげてみよう。今日，格差や階層化という現象は，もはや一国単位では理解することができない。経済的なグローバリゼーションの進展は，富める者とそうでない者の間の深刻な格差を，国境を越える規模で生み出している。こうしたなか，文字どおりトランスナショナルな形で活動を展開する企業家層は，互いにきびしく競争し合いながらも，グローバリゼーションから恩恵を被る社会層として，利害を共通にする場面が少なくない。資本や情報の自由な移動を擁護し，それを阻害するようなローカルな規制に対抗するため，WTOのような国際機関の創設を支持し，情報発信の場（たとえば世界経済フォーラム〔ダボス会議〕）を設ける。こうした連携を通じて緩やかながら1つに結ばれた社会階層が，グローバル・エリートあるいはトランスナショナルな資本家階級として姿を現しつつある（Sklair 2001）。これに対して，経済的グローバリゼーションの影響を被る大多数の人びとは，それぞれが暮らすローカルな生活圏によって分断されたままである。しかもそうしたローカルな生活圏は人種・エスニシティ，宗教，言語，文化など固有の特徴を強くもつため，国境を越えて相互に連携することが容易ではない。

　このようにおかれた状況によって，集合的アイデンティティを形成するチャンスに恵まれた層もあれば，反対にそうしたチャンスから遠い層もある。声を上げる集合的主体の形成につながる階級現象とは，今日ではそれ自体，生活チャンスの差を反映した不平等な現象として存在している。しかも，集合的主体として活動する可能性の格差は政策的対応に差をもたらし，結果的に格差をさらに増幅させてしまう危険性をもつ点で，問題が大きい。

　現代における貧困問題の深刻さの一因がここにある。今日，貧困問題とはたんに経済的問題であるだけではない。それは，支配的なシステムの縁辺部において，社会的に排除されたまま自らを代表する集合的主体すら容易に形成できない多くの人びとが姿を現す現象として具体化している。たとえば，アメリカで指摘されることの多いアンダークラス（underclass）（Wilson 1987=1999），ヨーロッパで大きな政策課題となっている社会的排除（social exclusion）（Bhalla & Lapeyre 2004=2005），そして日本における都市下層（青木 2000）や「新しい階級社会」の出現（橋本 2018）は，こうした構造化された格差問題と深く関わり合っている。自ら解決に向かって動き始める集合的な主体像をいかに構築していくか。エンパワーメント

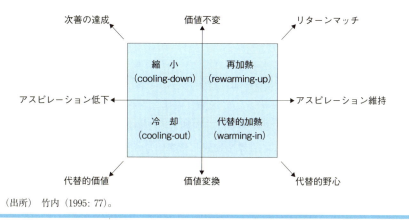

FIGURE 14-6 ● 失敗への適応類型

（出所） 竹内 (1995: 77)。

がそこでは大きな課題となる。

「失敗」へいかに適応するか——冷たいシステムを前にして

競争はたしかに人を行為へと駆り立てる。誰でも「負ける」のはいやだ。人を「頑張り続けさせる」仕掛けとしての競争は，素朴だがたしかに強い力を発揮する。だが，競争の意義を称揚する議論にはつねに1つの大きな弱点がつきまとう。それは，競争が作り出していく「敗者」をどのように社会へと再統合していくか，という課題である。

たとえば，メリトクラシーのもとで当初の目標を達成できなかったとき，人は「失敗」という現実をどのように受け止め，次にどのような対応をとるであろうか。教育社会学者の竹内洋は，E. ゴフマンらの考え方を援用しながら図 14-6 のような整理を行った（竹内 1995）。

第1に，当初の目標達成が困難になったあとも，目標設定の基礎にあるアスピレーション（達成期待）の水準自体はそのままに保つのか，それとも実現性を考慮してその水準を下げてしまうのか。第2に，当初の目標設定の基礎にあった価値観は保持したうえで別の目標を探すか，それとも目標設定に関わる価値観自体を乗り換えてしまうのか。たとえば，かりに受験で希望の学校へ入れなかったとき，志望校の水準を保持するか，それとも下げてしまうかの選択は前者に関わる。また，受験をいっそやめてしまい，たとえば職業世界のなかで自分の目標を追求

第14章 格差と階層化 467

するかどうか迷う，というのは後者に関わる．

　この2つの軸を組み合わせると，4つの適応類型が導き出される（図14-6参照）．第1に，価値観は変えずアスピレーションの水準も維持したまま，もう一度頑張るという選択がある（再加熱からリターンマッチへ）．これに対して第2に，価値観は変えないものの，目標の水準は下げるという現実策もある（縮小による次善の達成へ）．第3に，かりに価値観を切り替えたとしても，新しい価値のもとでやはり従来どおりの期待水準をめざして頑張り直す，という道がある（代替的加熱から代替的野心へ）．その一方で，第4に，当初もっていた価値評価の序列を大きく変えたうえで，さらに新しい目標を達成しやすいように期待水準も下げてしまうという，もっとも大きな転換もある（冷却を経て代替的価値へ）．

　バブル経済期までをおもに念頭において作成されたこの類型は，新自由主義の時代についても通用する．ただし，競争主義による選別が厳しさを増し，またハイパー・メリトクラシー化によって評価の基準があいまい化したことにより，「失敗」とそれへの対応の意味には変化が生じている．

　第1に，競争主義の広がりは，「失敗」の大量化・日常化という事態を招いている．蓄積される不安や不満に対しては，「癒し」や「自己啓発」のような個人的な解決手段がおもに対応してきており，多くの人びとはストレスをため込みながらも様子見を決め込んでいる．だが，失敗の日常化は，システムの再生産に対して大きな不安定要因を持ち込む．類似の階級状況が大量に存在するようになると，集合的な主体が形成されるチャンスが増大する．はたして，何らかの変化に向けた新しい集合的主体が姿を現すのか，それとも，「自己啓発」本に救いをもとめる人（牧野 2015）が増えるだけなのか．

　第2に，この点とも関連して，「価値転換」という選択肢は従来よりもその意義を増している．たとえば「勝ち組・負け組」といった粗雑な二分法からいかにして脱出することができるか．図14-6の「冷却」という適応類型は，一見すると「負け」にもみえる．だが，「一度頭を冷やしたうえで新たな価値観をゆっくりとめざす」（たとえば，スローな生き方をめざす）と読み替えれば，その様相はガラリと変わる．「競争からの降り方」にもいろいろなタイプがある．完全なオルタナティブをめざす運動的な選択もあれば，「田舎暮らし」のようなライフスタイル的な選択もありうる．また，企業社会や市場競争からは距離をとるが，しかし個人としての競争的な生き方からは降りないという選択肢もある．たとえば，NGO/NPOや社会的企業は，そうした生き方をめざす個人にとって新しい選択

肢となっている。

　そして第3に，大量化する「失敗」への対応や「価値転換」をめざす試みは，しばしば，社会的寛容性の弱体化や排他主義を呼び込みやすい。格差の原因を明確にしないまま，不満や不安のはけ口を，異質な「他者」や自分よりもさらに立場の弱い者にぶつける動き（「抑圧委譲」）は，けっしてまれなことではない。こうした動きが，外国人排斥や人種差別，ナショナリズムの台頭と結びつきやすいことを，私たちは20世紀の歴史を通じて知っている（ナショナリズムについて第10章，ヘイト問題について第13章を参照）。今この時点が，新たな「不幸な歴史」の起点とならないようにしっかりと現実を見据えていく必要と責任が，私たちにはある。

階級・階層論の公共性

　階級・階層は時代遅れの概念なのか。それとも，格差拡大という趨勢の下，私たちは今，新しい階級の生成を目にしているのか。この問いは現在も論争のなかにある。しかしいずれにしても，「階級」概念はこれまで，格差問題の解決を導く「理念」としての役割を果たしてきた。これを盛山和夫は階級の公共性と呼ぶ（盛山2000）。

　「階級」が果たしてきた理念的役割——社会認識と社会的実践の連結——を，どのように継承していくか。階級のリアリティを主張する立場は，むしろ世界的に大きな流れを作りつつある。ただし，その内容はきわめて多様である。たとえばアメリカという同一社会のなかにも，1％の富裕層に対し「われわれは99％である」と主張して富の不平等を訴えた「オキュパイ運動」（2011年）のような市民運動から，トランプ大統領の登場を招いたといわれるラストベルト（脱工業化によって経済的衰退に直面したかつての工業地帯）の白人中間層の動きに至るまで，多様な「階級・階層」像が顔を出す。はたして日本はどうだろうか。

　21世紀も半ばを見通す時期を迎えた今日，資本主義と市場の刻印をより強く受けた社会が再び地球を覆い尽くしつつある。1世紀以上前，ウェーバーは，うなりをあげて地球上を覆い尽くそうとしていた資本主義システムのことを，逃れられない鉄の檻と呼んだ（TEXT IN TEXT 14-1参照）。今，私たちの前には，再びこの鉄の檻が姿を現しているようにもみえる。だが，複雑化・多元化する格差や階層化の問題に対し，もはや社会主義のような「特効薬」的な解決の処方箋は見当たらない。粗雑で単純化された「格差」論は，むしろ社会的な分断や対立を助長してしまうことを私たちは目撃しつつある。さらにその先には，ポピュリズムや反知性主義の台頭，ナショナリズムや不寛容の動きが，世界的に見え隠れし

第14章　格差と階層化　　469

> TEXTinTEXT 14-1 ● ウェーバーと資本主義――1世紀後の『プロ倫』の読み方

「今日の資本主義的経済組織は既成の巨大な秩序界(コスモス)であって、個々人は生まれながらにしてその中に入りこむのだし、個々人(少なくともばらばらな個人としての)にとっては事実上、その中で生きねばならぬ変革しがたい鉄の檻として与えられているものなのだ。誰であれ市場と関連をもつかぎり、この秩序界は彼の経済行為に対して一定の規範を押しつける。」M. ウェーバー『プロテスタンティズムの倫理と資本主義の精神』(Weber 1920=1989: 51)

「ピュウリタンは天職人たらんと欲した――われわれは天職人たらざるをえない。というのは、禁欲は修道士の小部屋から職業生活のただ中に移されて、世俗内的道徳を支配しはじめるとともに、こんどは、非有機的・機械的生産の技術的・経済的条件に結びつけられた近代的経済秩序の、あの強力な秩序界を作り上げるのに力を貸すことになったからだ。そして、この秩序界は現在、圧倒的な力をもって、その機構の中に入りこんでくる一切の諸個人――直接経済的営利にたずさわる人々だけではなく――の生活のスタイルを決定しているし、おそらく将来も、化石化した燃料の最後の一片が燃えつきるまで決定しつづけるだろう。」M. ウェーバー『プロテスタンティズムの倫理と資本主義の精神』(Weber 1920=1989: 364-65)

● 視点と課題 ●

　1905年、ウェーバーは論文『プロテスタンティズムの倫理と資本主義の「精神」』を発表した。当時すでに「鉄の檻」と化しつつあった資本主義が誕生する際の、最初のひと押しは何によってなされたのか。営利活動が「純粋な競争の感情に結びつく傾向があり、その結果、スポーツの性格を帯びることさえ稀ではない」(Weber 1920=1989: 366)とウェーバーに評されたアメリカに端を発する競争主義の動きは、グローバリゼーションを経て今や地球規模の課題となった。今日、私たちの前にはさらに重たい課題が横たわっている。市場を使いこなす知恵をさらに蓄えていくにせよ、また新たなオルタナティブを探すにせよ、それを支える動因はどこにあるのか。
　フランスの社会学者L. ボルタンスキーらは、『資本主義の新たな精神』(Boltanski & Chiapello 1999=2013)のなかで、新自由主義段階における資本主義の新たな「精神」とそれへの批判の可能性について検討をした。分厚い作品だが、こちらもぜひ読み進めてみてほしい。

つつある(第10章コラム10-4参照)。経験的なデータや資料に基づき、複雑な要因連関の回路をあくまでも冷静に見据えたうえで、しかし大胆な議論をも避けて通らないこと。格差・階層化の問題は改めて社会学が取り組む課題の中心に位置づけられている。

BOOK GUIDE ●文献案内

●原典にせまる

① K. マルクス＝F. エンゲルス『共産党宣言』大内兵衛・向坂逸郎訳，岩波文庫，1951（原著1848）。

② M. ヤング『メリトクラシー』窪田鎮夫・山元卯一郎訳，至誠堂，1982（原著1958）。

③ P. ブルデュー『ディスタンクシオン――社会的判断力批判』（Ⅰ・Ⅱ）石井洋二郎訳，藤原書店，1990（原著1979）。

現代における格差や階層化の問題を考えるための原点を探すためにも，①はなお必読といえる。気楽に読める読み物でもある②は，同時にこの問題の核心を教えてくれる（竹内洋『日本のメリトクラシー』も合わせて読もう）。文化が資本に転換する過程を調査で示した③は，日本の場合を想像しながら読んでほしい。

●理解を深める

④ A. ギデンズ『先進社会の階級構造』市川統洋訳，みすず書房，1977（原著1973）。

⑤ 本田由紀『多元化する「能力」と日本社会――ハイパー・メリトクラシー化のなかで』（日本の「現代」）NTT出版，2005。

⑥ 橋本健二『新・日本の階級社会』講談社現代新書，2018。

ウェーバーの多元的な階級論を受け継ぐ④は，問題の広がりと深さを知るうえで今も読むに値する。2000年代に入ってからの格差論ブームは，多くの問題を提起する一方で，格差に関する単純化された見方や「格差論」自体の消費という動向を広めた。世代ごとの「能力」観を実証的に明らかにした⑤，資料に基づき「新しい階級社会」の姿について抑えた筆致で論じた⑥などを，単純なブームにとらわれないための1冊として，読み進めてほしい。本田が編集した『若者の労働と生活世界――彼らはどんな現実を生きているか』大月書店，2007も，フィールドワークに基づく記録として参考になる。

●視野を広げる

⑦ J. ヤング『排除型社会――後期近代における犯罪・雇用・差異』青木秀男ほか訳，洛北出版，2007（原著1999）。

⑧ J. バトラー『アセンブリ――行為遂行性・複数性・政治』佐藤嘉幸・清水知子訳，青土社，2018（原著2015）。

⑨『POSSE』（NPO法人POSSE〔ポッセ〕）堀之内出版。

⑩ ケン・ローチ監督・映画『ブレッド＆ローズ』2000ほかの作品。

⑦は，社会的排除の問題をその理論的背景から説き起こす必読書である。⑧は，"使い捨て可能な生"となることを拒否し，自由と平等をめざす社会のあり方を足元から考えるうえで，多くの示唆を与えてくれる。格差や労働問題に取り組むNPOが刊行する雑誌⑨は，最新の問題を考える手がかりを与えてくれる。格差や階級・階層は，多くの映像作品において隠れた「主題」として存在している。⑩は，イギリスの労働者階級の現代的悲哀を描いてきた監督ケン・ローチが，アメリカの清掃に従事する移民労働者を題材にした快作である。ローチの他の作品もチェックしてみよう。新井潤美『不機嫌なメアリー・ポピンズ――イギリス小説と映画から読む「階級」』（平凡社新書，2005）も合わせて読むと参考になる。あわせてたとえば是枝裕和監督の『そして父になる』（2013），

第14章 格差と階層化

『万引き家族』(2018) などを観ながら,現代日本における「格差」イメージについて考えてみよう。

Chapter 14 ● 考えてみよう

❶ あなたの身のまわりにはどのような格差が存在しているだろうか。その原因は何か。それに対して声を上げる集合的主体が現れるのはどのような条件が揃ったときか。また逆に,声を上げる集合的主体が現れないのはなぜだろうか。

❷ 図14-2で示した戦後日本におけるキャリア移動のパターンについて,図をもとに変化を要約してみよう。では,現在どのように変化しているか。男女の比較を含め,考えてみよう。

❸ 若者の間に広がる格差問題を解決するためには,どのような対策や活動が必要だろうか。本章の内容をふまえたうえで考えてみよう。

第 15 章 文化と再生産

高級文化としての乗馬,大衆文化としてのパチンコ。文化には階層性がともなっているが,その使いこなしや境界線の流動性が日本の特徴の1つとも考えられる（左：アフロ,右：2019年,AFP＝時事提供）

- KEYWORD
- FIGURE
- TABLE
- COLUMN
- TEXTinTEXT
- BOOK GUIDE
- SEMINAR

CHAPTER 15

INTRODUCTION

　文化への関心が高まっている。それには,高度産業化社会での生産から消費へ,物質主義から脱物質主義へという生活関心の移動,意味や記号との戯れなど象徴性を帯びた現象の重要性の上昇,グローバル化による文化の多層化・混合化が進行してきたことがあげられる。同時に,文化の享受が上層階層に限られるものではなく,中流階層を中心に多くの人びとの日常の出来事となった結果,属性と文化の関係があいまいとなってきてもいる。そうであるがゆえに,文化を通じた差異化・卓越化を求める動きもあり,文化が政治・経済・社会とも関連した競争・闘争場面とも化してきているのである。文化への関心を解読していくことが社会の時代診断につながるのが,現代なのである。

> **KEYWORD**
>
> サブカルチュア　青年文化　対抗文化　記号消費　観光開発　文化帝国主義　文化資本　文化的再生産　文化的オムニボア　被害者なき犯罪　ラベリング論　構築主義　カルチュラル・スタディーズ　言説分析　言語論的転回　文化論的転回

SECTION 1　文化の社会学的位置

スポーツのグローバル化にみる文化

2004年、アメリカのプロ野球・大リーグにおいて、日本出身のイチロー選手（本名・鈴木一朗）が年間最多安打262本を達成し、84年振りに大リーグ記録を塗り替えた。走攻守三拍子揃ったイチロー選手は、体格の大きい大型選手が多く、ホームランばかりが称賛されがちな大リーグにおいて、スピード感溢れる1本の安打の魅力を復活させたといわれる。彼はその後も10年連続200安打の大リーグ記録を達成し、さらに過去大リーグでも30選手ほどしかなしとげていない通算3000本安打にも到達、もはや大リーグ史に名を刻む選手となっている。アメリカ野球は投手と打者の力と力の勝負と称されるが、日本野球では緻密な戦略とチームプレイが強調される。2006年と2009年に開催された第1回・第2回WBC（World Baseball Classic）で日本チームが優勝するまでの各国との戦いは、そのような差異を感じさせるシーンに満ちていた。同じスポーツなのに国ごとにプレイ・スタイルの違いがあり、そこに国民性や文化の反映が指摘される。それを象徴するかのように、世界に進出する日本人の男性スポーツ選手たちは、国内外において「サムライ」と称されることが往々にしてある。2018年には日本球界を経て、大谷翔平選手が約100年前のベーブ・ルース以来の投手と打者の二刀流での活躍をめざして、新たなサムライとしてアメリカに渡り、新人王を獲得してもいる。

野球とともに国民性の違いがとくに多く議論されるのが、世界の200以上の国と地域でプレイされているサッカーである。「サムライ・ブルー」と自称する、青いユニフォームのサッカー日本代表は、世界標準と比較して相対的に小さな体格の日本人プレイヤーたちが身体をぶつけることなく、スピード感をもってワン

タッチで華麗にパスを回し、ゴールに迫るという特徴を有している。しかし、中盤の有能な選手たちの能力でゴール前まで迫っても、それをフォワードの選手たちが得点にすることができず、日本は苦戦を強いられる。フォワードの選手たちのゴール決定力が他国に比べ圧倒的に不足しており、それは協調を重視する日本文化において、フォワードに求められる唯我独尊的な強引さが足りないからだと指摘される。これまで、ブラジル・チームのサンバの踊りのようなリズム感とイマジネーション溢れるプレイ、イタリア・チームの鍵のかかったような守備力の強さ、ドイツ・チームの愚直だがゲルマン魂の詰まった力感あふれるプレイ、多くの植民地からの移民によって構成されるフランス・チームの多国籍ぶりが語られてきた。競技規則がシンプルなことも加わって、サッカーは野球以上にその国の文化が身体・意志・感性・組織といった側面から際立った形で対比・象徴されるスポーツとなっている。そのような様相を残しつつ、グローバル化の進展による各国選手の多民族化はその国ごとの印象を徐々に変えつつもある。ハイチ人の父と日本人の母をもつテニスの大坂なおみ選手が2018年全米オープン、2019年全豪オープンの女子シングルスで日本勢として初優勝したことも記憶に新しいところである。

　日本のスポーツ選手が世界に進出したり、国際的に比較されるだけではない。日本の国技ともされる大相撲においても、外国人力士の進出は著しい。ハワイ出身力士が珍しい存在として扱われた時期をはるかに通り過ぎ、モンゴルや中央アジア、さらにはヨーロッパ出身の力士たちが誕生し、今や優勝争いの中核を担っている。モンゴル相撲出身の横綱・白鵬の優勝が歴代を通じての大横綱・大鵬の記録を大きく塗り替え、むしろ日本人力士の不振が、豊かな社会を経た若者たちのハングリー精神の衰退として語られる。スピードや体格、勝負へのこだわりにおいて、今や外国人力士の存在が大相撲の魅力の必要不可欠な要素となってきているのである。そして、外国で育ってきた外国人力士であるにもかかわらず、彼らは失われゆく日本文化の精神を体現する存在として語られる。横綱の品格といった議論はそれである。文化を通じて、精神が作り上げられていくという発想がそこにはある。

　プロ・スポーツ選手がグローバルに移動することを通じて、世界の各国は文化の浸透を実感することもあれば、文化の違いを強く認識することもある。私たちは、舞台の共有と実践の相違が同時に達成されるものとして、文化を経験しているといえるのだろう。スポーツはその典型例である。統合と差異という両義的な

要素を有するものとして，文化をとらえること，私たちはスポーツのグローバル化からそれを学ぶことができる。

文化はどこにあるのか

文化という言葉はあまりに一般的なるがゆえに，通常自覚されないものの，意外なところで，その意味合いの多様性をあらわにする。

1946年11月3日に公布された日本国憲法の第25条には，「健康で文化的な最低限度の生活」を国家が保障することが謳われている。いわゆる「生存権規定」である。ここでの「文化」には"単なる動物的生存ではない，人間らしい"という意味合いが込められている。そして，その11月3日は，明治天皇の誕生日でもあり，現在の日本において「文化の日」とされる国民の祝日である。この日は文化勲章が授与される日ともなっている。同じ11月3日に関連して，最低限度の生活から勲章叙勲まで幅のある現象を包み込んで文化という言葉が使われている。多様で多層な幅をもつ文化をどのようにとらえ，社会学研究にとっての位置をどのようなものとして理解すればよいか。

さまざまな領域を包括する容器のようなものとして，広義の社会を考えたとき，その内部の領域は，政治・経済・(狭義の) 社会・文化という4つの区分がなされると考えてよいだろう。政治・経済はイメージがつかみやすいとして，狭義の社会は人間関係や集団・組織が織り成す現象，広くは市民社会の側面として位置づけられる。そうすると，残った文化はどのようなものと考えればよいのだろうか。

文化の位置づけをめぐって，考え方の参考の1つになるのが，T. パーソンズの AGIL 図式である。彼は，自らの機能要件論を社会に適用するものとして，AGIL 図式を構想した。その各々の構成要素において，A (Adaptation) は「適応」，G (Goal Attainment) は「目標達成」，I (Integration) は「統合」であり，実際的には，上記の政治・経済・社会といった領域に該当するといえよう。残っている L (Latency/Latent Pattern Maintenance) が「潜在性／潜在的パターン維持」と位置づけられるものであるが，それがまさしく文化に該当すると考えられる。私たちの行動や社会関係を潜在的に支えている要素として文化は欠かすことができないのであるが，他方で，文化はどこにでもあるがゆえに，みえにくい遍在性を有しつつ，それなるがゆえに基底的な存在・機能であるとも考えてみる必要がある。パーソンズが L に着目したことは，私たちに文化の潜在性と基底性を印象づける。

文化の性質として潜在性・基底性をあげることができるが，加えて，文化研究

者のS.ホールの解釈を敷衍して試みられた,次のような文化の説明は新たな視点を提供してくれる。「文化は特定の場に現れることによって自らの存続を納得させる何かであるが,その場では必ず何かの制度と,その制度と相互依存する言説と,それらによって支えられつつ,それらを具体的に個別化する主体(行為者)が交錯している。文化はその交錯の中にしか,現れないし,われわれはその交錯を通してしか文化と向かい合うことができない」(富岡 1998: 171)。

ここでは,文化は,人びとの日々の実践のなかでの制度・言説・行為の交錯として自らの姿を現し,そして痕跡を残しつつ,瞬時に消えていくようなものと考えられている。芸術作品などは,文化の確固たる存在として痕跡のほうに比重をかけて理解されることが多いのだが,そのような痕跡も,その背後に日々の具体的な実践を通じて堆積されてきたと理解することが重要になる。「すべてが文化である」という言い方も,「文化とは残余のものである」という言い方も,ともにある面で正しく,ともにある面で的を射ていない。何気ない形で日々実践されつつ,制度・言説・行為の交錯点に発生する亀裂のなかに,潜在的・基底的な文化を垣間見る視点が重要であろう。文化のそのようなあり方は,私たちが,地表下にうごめくマグマの動きを,地上の活火山の噴火活動を通じて知りうることにも似ているのである。

文化の機能とアイデンティティ

それでは,潜在的・基底的であり,制度・言説・行為の交錯のなかに現れる文化にはどのような働きがあるのだろうか。かつて,井上俊は,文化の機能を,〈適応〉-〈超越〉-〈自省〉の3つの働きにまとめた(井上 1992)。〈適応〉とは,日常生活を営み過ごしていくために必要な行動様式・作法などが社会的に用意され,人びとがそれを習得していくことである。文化のもっとも基本的な働きは,人間の環境への適応を助け,人びとの日常生活の欲求充足をはかることにある。そのような現実適応,生活維持という側面からとらえれば,文化とは実用的なものであるといえる。それに対して,〈超越〉とは,そのような日常生活への適応が無自覚的に現状維持となりがちなところを批判し,「これではいけない」と新たに改革していこうとする志向である。現実適応のための効率追求や打算・妥協が求められる世界にとどまることなく,あるべき社会や人間のイメージを構想し,現実を批判していく理想主義的な働きが文化のなかには備えられている。

しかし,〈超越〉の批判性は〈超越〉という自らの存在そのものをも対象とすることができる。そこにおいて成立する〈自省〉は,〈超越〉が実現不可能な理

> **TEXTinTEXT 15-1 ● 読むことがもたらす快楽——思考の身ぶり**
>
> 「[読むという行為において]ひとは，ページをよこぎって漂流し，旅をする目はおもむくままにテキストを変貌させ，ふとしたことばに誘われては，はたとある意味を思いうかべたり，なにか別の意味があるのではと思ってみたり，書かれた空間をところどころまたぎ越えては，つかの間の舞踏を踊る。……読者は，他者のテクストのなかに，快楽の策略，乗っ取りの策略をそっとはりめぐらすのだ。そこでかれは密猟をはたらき，もろともそこに身を移し，身体の発するノイズのように，複数の自分になる。……こうしてバルトはスタンダールのテクストのなかでプルーストを読むのだ。おなじようにテレビを見る者も，時事問題の報道のなかに自分の幼年時代の一コマを読んでしまう。書かれたものの薄い表皮が地層をゆすぶり動かし，いつしか空間のゲームに変わっていく。作者の場所のなかに，別の世界（読者の世界）が入りこんでいくのである。このような変化のおかげでテクストは，借家のような案配にひとが住めるところになってしまう。」
>
> 「日常的実践は，機会なくしては存りえない実践として，波乱の時と結ばれている。したがって日常的実践は，時間の流れのいたるところに散在するもの，思考という行為の状態に在るものといえるだろう。日常的実践は絶えまない思考の身ぶりなのだ。」M. de セルトー『日常的実践のポイエティーク』(Certeau 1980=1987: 29-30, 395, [ ] は引用者)
>
> ● 視点と課題 ●
>
> 　私たちが書かれたものを読むとき，それは書き手が伝えようとした意味を読みとっているだけではない。途中を飛ばしたり，読む順番を変えたり，ふと自分の空想にひたったり，お茶を飲みにいったり……と。読む行為をめぐって，そのなかで，また，その外で，さまざまなことが行われているのである。読む行為に対して，書き手が一方的に規定する力はそれほど大きくない。そのように多方面の力や作用が行き来する力動的な世界のなかに，人びとの日々の営み（日常的実践）は存在する。

想を掲げて現実遊離しがちな側面や〈超越〉の背後にある価値観を照らし出すことを通じて相対化していく。〈自省〉はその洗練によって〈超越〉の働きをより有効にさせる場合もあるし，批判につぐ批判，根拠を掘り崩す無限後退を繰り返して現実には何の変革も起こせない場合もある。〈適応〉-〈超越〉-〈自省〉といった文化の3つの働きは，まるでジャンケンであるかのように，各々の長所と短所を抱え合っており，それらがダイナミックに拮抗・補完し合う関係こそが文化の躍動性となっていくのである。

　〈適応〉-〈超越〉-〈自省〉という文化の3機能は，近代が生み出した自我の性

格類型と関連させてとらえることもできる。浅野智彦は、近代的自我を系譜的に整理する論考において、ピューリタニズム、スノビズム、ダンディズムの3つをその類型として取り上げ、それらが準拠するものに焦点をあてる（浅野 1995）。それらは先にみた文化の3機能と対応させて理解することができる。

　まず第1に、ピューリタニズムは回心告白を教会への加入希望者に求めて、それを選抜していったが、それはたえざる問い返しにより自らの信仰の強さを確認させることにつながっていった。しかし、回心の正しさを真に知りうるのは神だけであり、ピューリタニズム的自我は、神という〈超越〉的価値に向けて自らをたえず動員していくスタイルを示す性格類型としてとらえることができる。

　第2はスノビズムである。成熟し始めた市民社会において上層の人びとを称賛・模倣する一方、下層の人びとを軽蔑・隔離するという上昇志向的な行動パターンを示すのが、スノッブである。そこにあるのは、他者との比較において優越を誇示し、他者の称賛によって作り上げられる自己というものである。スノビズムは現状の支配的価値や商品世界への〈適応〉を何のてらいもなく行い、その没入によって他者からの称賛を得られるという確信に満ちている。

　そして、第3はダンディズムである。ダンディたちのスタイルはスノビズムのゲームの外に出て、それを拒否するという点において成立する。何者かであることを徹底的に拒否するという形で成立するダンディズムは、純粋な空虚を規準に価値づけられるものとさえいえる。あらゆる価値に懐疑の矢を〈自省〉的に向けるダンディズムは、それゆえにあらゆる価値から自由であるものの、何物にも根拠づけられない虚無に耐えていかなければならないのである。

　このように整理される近代的自我の性格類型としてのピューリタニズム、スノビズム、ダンディズムは、浅野によれば各々、神への準拠ゲーム、他者への準拠ゲーム、虚無への準拠ゲームと位置づけられる。そして、それらは、順次、文化の〈超越〉、〈適応〉、〈自省〉の働きを宿していると見なすことができる。近代という大きな時間幅のなかで、文化の機能と人びとのアイデンティティの間に相互反射する側面を読み解くことも可能なのである。

2 文化の享受と戦略

サブカルチュアの離陸

「日本文化」といわれるように，ある社会を1つの文化が覆っているという視点がある。他方で，文化はある社会のなかで複数の下位文化，サブカルチュア（sub culture）に分かれているという視点もある。そこでは，階層・世代・ジェンダー・エスニシティなどの要因ごとに下位文化は形成され，相互に相違する諸現象が現れてくると同時に，文化が社会現象をサブカルチュアのカテゴリーごとに分節化してもいく。サブカルチュア間に相互に差異化する要素があるとともに，それらを取り巻く主流文化たる「支配的文化」（dominant culture）との関係で，下位文化（マイノリティ文化）を序列的に位置づける働きも起こる。文化の序列は，その担い手の社会的評価や威信の序列と対応していくことも多い。そのように，文化は，それを通じて社会全体が1つのものとなる社会統合的な機能という側面と，支配的集団の文化が正統化されることを通じて，差異化・差別化がなされ，分類・排除・序列化がなされる側面も有している。サブカルチュアの概念とその現実の浮上は，機能的な意味での社会の下位体系という位置づけを超えて，社会の支配的価値を相対化する契機を含んだ文化が登場してきたと評価することもできよう。

　支配的文化に抵抗していったサブカルチュアの代表的な例の1つが，1960年代に現れた青年文化（youth culture）である。彼らは，新左翼やヒッピーなどの思想とも関連しつつ，産業社会の合理主義思想や業績主義的価値観を問い直して，異議申し立てを行っていった。具体的には，当時は珍しかったジーンズの着用，男性の長髪，フォークソングの合唱や集会実施などであり，大人たちの既成観念や伝統的な規範に対して抵抗が示されていった。彼らの抵抗は対抗文化（counter culture）と称されるところとなり，支配的文化への批判・反抗・破壊，新たな価値の創造や提起を行う文化活動とみられたりもした。その象徴が，1960年代半ばに先進諸国で同時多発的に起こった大学紛争であった。その動きには，戦後各国でベビーブームのときに生まれた子どもたちが若者に成長してきた，数の大きさということも関係していた。音楽やファッションなどマーケット的要素も有していた青年文化は，同一世代の多くの者が一気に購買・消費することで流行を巻き起こし，支配的文化との差異化を容易に達成していくことができた。

COLUMN 15-1 侘び・寂び・萌えとクールジャパン

　高度消費社会の進展する1980年代半ば以降，若者たちの意識と行動を象徴する2つの類型が登場した。**新人類**と**おたく**である。「新人類」が高度消費社会にふさわしい差異化を旨とする消費行動にいそしんでいたとすると，「おたく」たちはアニメーション・ビデオ・パソコンなどの趣味に没頭して，メディア空間のなかに自分の世界を物理的にも心理的にも築く人たちとされた。90年代に入り，バブル崩壊後，過度な消費文化がデフレ化の前にしぼんでしまい，「新人類」の呼称はあまり使われなくなった。それに対し，「おたく」のほうは「ヲタク」と言い直されたり，東京・秋葉原がオタク系サブカルチュアの発信地となっていったことから「アキバ系」と呼び直されたりして，つねに話題の一端の位置を占めてきた。その意味では，溢れる情報に対し各種メディアを自分の趣向中心に用いることで，極私的世界をシェルターのように築く「おたく」たちのほうこそが，高度消費社会に適応する存在形態であったのではないかともいわれる。

　そのような「おたく」たちを中心にみられる二次元の世界への性的な耽溺をめぐって，1990年代以降，「萌え」という言葉が急速に普及してきた。「萌え」はアニメやゲームのキャラクターなどに強烈な恋愛・性愛感情を抱くこととされる。ロリコン系アニメやゲーム，キャラクター・グッズの遍在化などがそれを支えている。「萌え」の世界には，脱セクシャル的にかわいいものへのフェティッシュな感情移入がみられる場合もあれば，コンプレックスの裏返し的にそのかわいい存在を性的に支配するマッチョイズムが中心となる場合もあり，そこには多様な幅が存在する。「おたく」たちの志向するアニメやゲームが日本のサブカルチュア的文化の代表の1つとして世界に普及しつつあることもあって，「侘び・寂び・萌え」が日本の美意識を示す言葉となってきたとさえ評されている。

　そのような底流が浸透するなか，2000年代に入って，海外で「クール（かっこいい）」ととらえられ，高く評価されている日本の商品やサービス，文化などが総称され，「クールジャパン」とよばれるようになってきた。人気の高いアニメーションやマンガ，ゲームなどのサブカルチュアを指す場合が多いが，食文化やアートなどのハイカルチュアや日本料理・茶道・日本舞踊・武道などの伝統文化を指す場合もある。アメリカのジャーナリスト，D.マグレイが使いはじめ，1997年にイギリスのT.ブレア政権で提唱された「クールブリタニア」をもじったものとされている。

　それに着目した日本政府はクールジャパンを日本の文化産業の積極的発信のスローガンとし，日本ブームを創出する情報発信，現地で稼ぐ海外展開，日本で外国人に消費してもらうインバウンド振興の3本柱により，世界の経済成長を取り込み，日本の経済成長に結びつけるブランド戦略として展開しようとしてきている。自分で自分のことをクールというのはクールなのか，クールでないのか，軍配はどちらにあがるだろうか。

「連帯を求めて，孤立を恐れず」が1つのスローガンであった日本の大学紛争そのものは，若者たちの敗北に終わった。しかし，そこに参加した学生たちが敗北によって全国に散らばることによって，その後の日本各地での社会運動の下地がつくられていったというとらえ方も可能である。青年たちが対抗文化の主要な担い手となることはその後なく，むしろ，女性や高齢者たちが社会の価値観を問い直す存在として発言力を増してきている。加えて，NPOやNGOなどの新たなネットワークによる市民運動，環境問題に対する脱物質主義的なライフスタイルの提唱などが，産業社会に対する新たなオルターナティブを提示する対抗文化の役割を担ってきているといえよう。

高度消費社会と文化

1960年代に抵抗の姿勢をみせていた若者たちが70年代から80年代にかけて向かったのは，対抗文化ではなく，「消費文化」であった。低成長経済を脱し，バブル経済期に日本全体が高度消費社会へといっそう変貌を遂げていく時期とそれは符合することになった。高度消費社会とは，飲まず食わずの「必要消費」の段階を脱し，「豊かな社会」へと突入することにより，消費活動が人並み水準への追いつきを目的とする段階から，他者との差異化に照準を合わせる記号消費の段階へと入り，それが社会レベルで多くの人びとに実践されていくことである。古くは，T. B. ヴェブレンが誇示的消費（conspicuous consumption）として，高額な商品購入によって身分差や経済格差が示されるような消費行動に着目したことがあげられる。それが，大衆的規模で成立するとともに，記号によるたえざる差異化が求められる段階が，高度消費社会である。それは，消費を言語活動との同型性のもとにとらえ，事象の記号的差異を重視する「文化記号論」による説明力が高いものでもあった。生活必需品が各家庭に揃った段階において，今や，消費行動は感性やライフスタイルのセンスの良し悪しを示すものとして機能していくことになった（間々田2000）。

当然ながら，そこには一定程度の経済格差は反映されるものの，さまざまな商品を購入できない者たちも，差異を示す商品群を生活のすべての部門で揃えるのではなく，どこかに1つだけ高価なものを購入する（一点豪華主義），あるいは，1回だけ高価な経験をする（一瞬豪華主義）といった形で，高度消費社会の行動様式の流れに沿うことはできるのであった。太平洋戦争中の「贅沢は敵だ」をもじった「贅沢は素敵だ」という1980年代の有名な広告コピーは，この時期を象徴する一例であるが，他方で，同時期の「ほしいものがほしい」という広告コピー

は，高度消費社会に私たちの欲望が飽和点を迎え，何が欲しいのかわからない時代に突入しつつあったことを如実に示すものでもあった。

このような消費社会を社会構造との関連で理論的に分析したのが，J. ボードリヤールである（Baudrillard 1970=1979）。浪費のようにみえる消費は，じつは生産システムの維持に必要不可欠な機能的要請であり，人びとは「欲望の解放」や「個性の開花」という名のもとに消費を行うように訓練され仕向けられていく。消費は個人によるモノの機能的な使用でもなければ，個人や集団間の権威づけでもなく，たえず派生・再生させられる商品などがもつ記号の言語活動的なものとしてとらえられる。消費社会とは，個人の欲望ではなく，記号の秩序こそがその駆動要因であり，消費社会についての批判や物語をも食い尽くして無効化し，記号自らが唯一の神話となっていくような社会システムなのである。

1980年代後半の高度消費社会の爛熟以降，そのような記号解読行為の浸透の延長上に起こったのは，ブランドの意味が全員の人びとに共有されるのではなく，各個別の集団ごとに判断基準が多様に分化していったことである。そこでは，固定化された意味ではなく，たえず記号を読解する独自性が浮上してきたのである。すなわち，細かく細分化された商品とそれが示す記号的意味が"わかる人だけにわかる"という時代，共通モデルなき時代への突入でもある。それに呼応するかのように，〈自分〉という価値が異様に肥大化する動きが引き起こされるようになってきた。お互いに評価し合える共通モデルなき時代の唯一の支えは，「〈自分〉というブランド」あるいは「〈自分〉のヴァージョン・アップ」となってきた。しかし，〈自分〉という価値を自ら確認するということは，ある意味で根拠のないことである。いうまでもなく，〈自分〉という価値が通用するためには，それを認めてくれる他者たる誰かが必要とされる。結局，他者のまなざしを意識せずにはいられない社会，それが高度消費社会なのだといえる。

そのような高度消費社会という側面も30年が経過し，新たな行動様式をもった世代と価値観が登場してきている。それがシェア消費，あるいはつながり消費という形である。シェアハウスやカー・シェアリング，ファッション・レンタルなどを代表例に，モノやサービス，イベントなどを共有することによって，お金や時間・空間を節約できるだけでなく，新しい人間関係や行動様式のつながりが作り出されようとしている（第8章参照）。脱所有，脱消費，脱貨幣といった思想的背景を有しながら，過剰生産と過剰消費のサイクルから抜け出し，体験や人とのつながりを重視するという価値観がそこにはある（三浦 2012）。所有から共有

へ。それは，「持続可能な（sustainable）」で形容されたり，LOHAS（Lifestyle of Health and Sustainability）と称される環境にやさしい志向と軌を一にするものがあろう。私たちはモノの所有と他者のまなざしを制御する欲望を抑えながら，むしろ今度はつながりへの欲望を開花させつつあるのである。

そして，SNSの進展は人びとに情報共有の欲望を肥大化させてきている。インスタグラムへの食事・景色・交流の写真をアップして，「いいね！」を多数獲得すること。共有欲求は承認欲求・賞賛欲求へと質を変えていく。その先に，動画共有サービスYouTube上に独自に制作した動画を継続的に公開して，広告収入を得るYouTuberたちが登場してきた。彼らの一部は情報発信手段をもった影響力ある消費者として，マーケティングフィーの支払われるインフルエンサーの地位を獲得してきている。今やYouTuberは子どもたちの憧れの職業の1つにもなりつつあるのである。

文化の経済学

先にふれたように，文化は潜在性・基底性に満ちながら，制度・言説・行為といった諸要素の交錯する地点に現れる。しかし，高度消費社会を経て，そのように現れ消えゆき，そこで織りなされる文化の差異化機能に気づいてしまった私たちは，文化をそのような潜在性・基底性のままに放りなげておかず，それをある意図のもとに利用・活用していこうとする。そこに登場するのが文化を戦略行為として位置づけていく視点であり，文化を文化のなかだけで完結させるのではなく，政治・経済といった他の領域へと影響をもたらしていこうとするのである。すなわち，文化がもつ統合性や序列性・差異性を強調したり，あるいは隠蔽したりしながら，文化は戦略的に用いられていく。そこにおいて，「文化の経済学」や「文化の政治学」が成立する土壌が作り出されていく。それらは，文化の政治化・文化の経済化であり，政治の文化化・経済の文化化でもある。

ここでは文化の経済化についてふれてみよう。文化が経済的な意味をともない，戦略的に用いられる例として，行政による文化政策（cultural policy）と企業による文化産業（cultural industry）をあげることができる（川崎 2006）。文化政策的な試みとしては，地域経済・地域社会の活性化や社会的関心の醸成，人びとの交流の増加を行政は考える。近年は，地域間競争のヒエラルキーを這い上がってナンバー・ワンになるのではなく，日本や世界でたった1つのオンリー・ワンをめざす「一村一品運動」のような町おこしや村おこしの試みがあげられる。そのような流れは，熊本県の「くまモン」に代表される，ご当地の「ゆるキャラ」（ゆる

いマスコット・キャラクター）で愛らしさを売ることもあれば，「B級グルメ」として，安価で庶民的な食べ物ながらおいしさを競うことにもなっている。さらには，ふるさとや応援したい自治体に寄付をすることで控除を受けられる「ふるさと納税制度」での名産品の返礼競争の一時の加熱ぶりも地域間競争の一幕といえるであろう。

　他方，創造都市論（creative city）のように，当該都市への文化エリートたちの流入を促進し，彼らエリートの活動を活用して，その地域の文化グレイドや文化発信力を高める政策的誘導が試みられることもある。他方，文化産業としては，各種のマス・メディア，ネット・メディアが巨大産業に成長してきたことがあげられるが，それとも連動して，それらのメディアに載っていくソフトたるエンターテイメント産業（音楽・ゲーム・テーマパーク・スポーツなど）が急速な伸びを示してきている。サッカーＷ杯のTV・ネットの放映権の高騰などが，その例にあたる。メディアとソフトが一体となって，世界各国に流入し，グローバルなポピュラー文化マーケットが形成されるまでになっているのである。

　文化政策と文化産業の接点に位置するのが，行政と企業の協同作業という要素の強い「観光開発」という文化戦略である。観光が政策的にも産業的にも有効な手段となっているのには，先進国や豊かな経済地域の人びとを中心に，所得上昇と耐久消費財飽和後のニーズとして旅行への支出費用が増加してきたこと，交通手段の発達によって各観光地への移動時間が飛躍的に短縮されたことなどが基礎的要因となって，マス・ツーリズムへの関心が生み出されたことが大きく関係している。

　観光の楽しさは，まず異文化体験・非日常体験にある。象徴的には「4S」と称される，太陽（sun）・砂浜（sand）・海（sea）・性行動（sex）が，その魅力として展開される。旅のなかでは，西欧的なレベルでのアメニティ（快適さ）の高い施設が要求されることが多いが，それなるがゆえに，それとの対比で伝統を感じさせる現地施設も別な形での商品となって人びとを魅惑する。観光による人びとの行き来や交流はホスト社会にさまざまな効果をもたらすが，プラスの側面としては，経済的利潤の獲得，伝統文化・工芸の復活（伝統の再創造），価値ある文化遺産への誇りの復権，周辺近隣社会からのまなざしの変化などがあげられる。他方，マイナスの側面としては，地域外の人びとの来訪によってお金が落とされていくことでの消費主義・拝金主義の浸透，居住者間での経済格差の助長，大量な人びとの急速な流入による環境問題などが指摘されている（Cohen & Kennedy

> COLUMN 15-2 文化帝国主義——「麦当労」「星巴克」，そして「全家便利商店」？

　「麦当労」「星巴克」という漢字を見て，あなたは何のことかわかるだろうか。各々，ファストフードとカフェの代表格たるマクドナルド，スターバックスの中国での店名，「マイダンラオ」と「シンバークー」である。特定の国の文化がトランスナショナル化，グローバル化して，世界各国に普及し，進出された国の文化様式・生活様式を潜在的に支配するかのように機能することを，**文化帝国主義** (cultural imperialism) と呼ぶ。古くは大英帝国の世界進出が，そして，20世紀以降の現代社会はアメリカ文化の進出がその代表例といえるだろう。コカコーラやディズニーなど，アメリカの多国籍企業によって果たされる進出は，各国での「アメリカ化」（Americanization）を帰結し，当該国の文化的アイデンティティとの関係において葛藤−共生の間を揺れ動いている。

　スポーツのグローバル化においても，人気スポーツの多くがイギリス発かアメリカ発のものであることは興味深い。その一方で，普及したスポーツを通じて，「奴等のスポーツで奴等を倒す」ことが被支配的な立場にある人びとの反撃の1つともなりえる（西山 2006）。サッカーにおいて，イングランドは"母国"，ブラジルは"王国"というふうに対比して並び称されることも，そういった意味を有している。文化産業の戦略が無条件に相手先の受容の方法を確定するなどということはなく，文化の消費・受容には対抗や妥協・矛盾をはらんだ複数の立場の多様なせめぎあいが存在しているのである。私たち，日本の文化も，カラオケ，TVゲームなど，ハードな産業テクノロジーの領域を中心に世界への進出を果たしている。ハードという文化的には目立ちにくい形ながら，そのうえに各国特有の個性に満ちた文化ソフトを載せることができるという日本独特の進出スタイルは，ある種のしたたかさを備えているといえるのかもしれない。同様に進出する日本のコンビニエンス・ストアの1つは，漢字圏において「全家便利商店」と表記されるが，これはどの企業のことだろうか。

中国・成都（2007年）

中国・北京（2018年，AFP＝時事）

2000=2003)。近年は観光地が耐えられる以上の環境客が訪れ、ごみ問題や交通渋滞、生態系の変化などさまざまな弊害が引きおこされるオーバーツーリズムが指摘され、観光公害という言葉も登場してきている。

観光は、古くは D. J. ブーアスティンによって批判された、観光用にパッケージ化された現地世界のなかでの体験という限界を有しているものの、それでいて、各地のさまざまな人びとが出会うことでの認識の変化や人的・文化的交流の促進という側面を有してもいる。その一方、観光は観光客が来なければ成り立たない産業であり、観光客の利用可能な時間と貨幣を複数の観光地間で奪い合う、目にみえにくい過酷な競争産業なのである。観光資源間の目にみえない競争を経て、選ばれた観光地だけが巨大化し、生き残っていく。人が来なければ何の意味もないという、まなざしへの依存に満ちた観光地の競争のなかにおいて、各地のテーマパークやスキー場などの破産や観光地の栄枯盛衰は、私たちが目にするところである。

1978年から登録が開始されたユネスコの「世界遺産」(world heritage) にリストアップされることは、文化の格づけを示し、観光資源としての有用性を一気に高めていく。人びとは、「世界遺産」という言葉そのものに引きつけられるように観光地を訪れる。特定の文化がグローバルに世界各地に浸透していくことが「文化帝国主義」と評されたりするが、世界の人びとを特定の国の文化資源に競争的に吸引してくる世界遺産の観光化も、その逆の現れということもできよう。貨幣獲得を求めての労働のための人びとの移動、留学という学習目的のための人びとの移動と並び、自然や文化を享受する観光による人びとの移動も、グローバル化時代を象徴する戦略的文化現象なのである。労働・学習・観光という諸形態を取りながら、人びとの欲望とグローバリゼーションはからみあってさらに進んでいこうとしている。

文化による再生産と排除

文化の差異性と再生産　文化には、それになじみ、使い、享受する人びとを共通にまとめていく統合的な力が宿っている。同じ文化を営み、体験することで、人びとは共有感覚・類似感覚を身につけていく。しかし、他方、統合されるということは、視点を変えれば、統合されえない

ブルデュー

外部を同時に作り出すことでもある。統合機能をもつ文化は，同時に差異化・差別化する機能にも転換しうるのである。

文化のもつ差異性について鋭く問題提起を行ったのが，フランスの社会学者P.ブルデューである（Bourdieu 1979=1990）。彼は「趣味は階級を刻印する」という。「ご趣味は？」と聞かれたとき，あなたは何と答えるだろうか。その質問に対して，私たちは頭に浮かんだ趣味や，人に知られず自分が熱心にしていることを即座に答えるのではなく，じつは，状況や相手に応じて，自分の趣味のレパートリーのなかから，この場に適切と思うものを答えていることが多い。就職活動・最終の社長面接でギャンブルを趣味と答えたり，お見合いの初対面で性的フェティシズムを趣味として答えることは，たとえ，それが本当の趣味であったとしても，その場にふさわしくない不適切な回答と判断される可能性が高い（「趣味が悪い」）。

それは，「ご趣味は？」という問いかけが「趣味」を聞いているようでいて，じつはその人の社会的背景や文化的背景を間接的に問うていることを，私たちが知っているからである。そのような趣味と階層の関係について，私たち自身が暗黙に知っているため，「乗馬」を趣味と答えることが，上流階層にとっては本当の趣味を答えることになるのに対して，中流階層の者にとって，そう答えることはむしろ趣味と階層の関係を逆手にとったユーモアとなったりするのである。

文化と階層の関係の解明に取り組んだブルデューは，その関係を駆動させるものとして，文化資本（cultural capital）に着目した。文化資本とは，家庭環境や学校教育などを通じて各個人に蓄積され，さまざまな社会的行動の場面において有利 - 不利を生み出す有形・無形の領有物である。ブルデューは，文化資本を具体的な3つの資本，「客体化された文化資本」（書物・絵画・道具など），「制度化された文化資本」（学歴・資格など），「身体化された文化資本」（教養・趣味・感性・ふるまいなど）に分類している。資本とは一般に経済資本のことをさすわけだが，それを文化現象にも適用する意味は，ある文化的要素をもつことが他の文化的要素の獲得や利用に有利に働くという増殖的側面を有していることと，文化資本の多寡が経済資本の多寡へと連動する要素をもっていることによる。その一方で，それらの資本は各々が意味づけられる特定の「場」（champ），すなわち客観的に配

置される社会的位置づけの場のなかにおいて、各々別個の効果を果たすのである。経済場・宗教場・芸術場・大学場など、各々異なる資本が有効に機能する場として存在する。

そのような文化資本がある一定の時間幅で駆動することを通じて、親から子の世代間において、また当人の一世代内において、階層的地位や職業的地位の再生産が可能になっていく様相を、文化的再生産（cultural reproduction）と呼ぶ。上層階層や中流上層がその幼少期から有形・無形で獲得している文化が、学校教育の習得や職業での就業や成功達成に有利な文化資本として機能していく。それは、お金をもっていることそのものが社会環境の形成に有利に働くという経済資本的なことよりも、言葉の使い方、ものの見方や立ち居ふるまいなど、本人の意識的な統御なしに機能する習慣、ハビトゥス（habitus）が上層や中流上層の社会関係の形成・維持に循環的に有利に働いていくことを示している（宮島1994）。

文化的再生産の日本的あり方

文化的再生産論をめぐっては、日本の社会階層の構造が、ブルデューがとらえるフランスのような参入障壁の明瞭な差異的・差別的なものとはいえないことから、その妥当性をめぐっていくつかの議論がある。しかし、そのことは文化的再生産の議論があてはまらないということではなく、文化的再生産の日本的スタイルが生み出されているととらえることもできる。ここでは、その日本的なスタイルの独特のあり方に関する2つの研究を紹介してみよう。1つはピアノの普及であり、もう1つはホワイトカラー文化である。

ピアノのある家庭、そこには何か上品な香りが漂う。高度経済成長を達成した1960年代以降の日本社会において、中流階層化の進展が多く語られた。「3種の神器」（電気洗濯機・電気冷蔵庫・テレビ）や「3C」（カラーテレビ・車・クーラー）といった耐久消費財が各家庭に普及していくことが、その象徴であった。しかし、そのような簡便な耐久消費財の購入にとどまっては、他の家庭の購買行動と同じことを横並びのもとにしているだけである。高級文化の香りを漂わせ、その一方、電源スイッチを入れるだけではない耐久消費財はないか。そこに登場してきたのが、上品さを連想させるピアノであった。高橋一郎の議論を紹介しよう（高橋2001）。

日本において、ピアノは1960年代前半まで数％の世帯普及率であったが、その後、70年代から80年代にかけて増加して20％台に達し、4世帯に1世帯はピアノを保有することになった。また、ピアノの販売台数においても、高度経済成

> COLUMN　15-3　世界遺産——滅びと継承のはざまで

　エジプト・ナイル川流域でのアスワン・ハイ・ダムの建設にともない，水没が危惧されたアブ・シンベル神殿の移築が世界各国の協力により達成された。それが機運となって，世界的な自然景観・文化財を国際協力のもとに保護しようとする議論が高まり，ユネスコでの 1972 年世界遺産条約の成立，78 年登録開始につながっていった。

　現在，世界遺産は文化遺産と自然遺産，ならびに両者を含む複合遺産に分類されている。世界遺産への登録は観光振興の切り札ともされるわけだが，登録はそれ以後の長い遺産保護活動の始まりの一歩にすぎず，世界レベルでの厳しい保護基準の順守が求められることになる。保護施策の立ち遅れから存亡の危機にさらされる世界遺産は，危機遺産リストに掲載される。環境の変化による歴史遺産の劣化（例：カトマンズ），都市の高層化にともなう遺産建造物の埋没や景観変容（例：ケルン大聖堂），略奪・盗掘・不法侵入など，危機の様相は異なるが，それらの遺産では保護の積極的取り組みにより，危機遺産リストからはずれることが目標となっていく。数少なく貴重であるから世界遺産に登録されるわけであり，逆にいえば世界遺産は紙一重で危機遺産に変貌してしまうのである。カンボジアのアンコール・ワットやインドのタージ・マハルも排気ガスや工場排煙といった環境問題の渦中にある。

　また，多くの遺産はすぐれた景観やある文化の栄華を偲ぶものであるが，他方，負の世界遺産とも別称される，戦争や差別など人類が犯した罪悪を記録する遺産もある。ポーランドのアウシュビッツ強制収容所，広島の原爆ドーム，奴隷貿易のゴアなどがそれである。多様な文化財や自然景観が世界遺産に登録されることによって，世界遺産の登録基準である「人類が共有すべき普遍的な価値」の内実がつねに確認され問い直されているともいえるのである（中村 2006）。

長期以降，その増加傾向は 1980 年の 39 万台でピークに達する。第二次世界大戦以降において，欧米ではピアノの販売台数が増加せず，むしろ減少していることと対比させれば，このような販売台数の増加は日本の中流階層化との関連で考える必要があるだろう。しかし，90 年代に入り，世帯普及率の増加は止まり，また，販売台数もその後は大きく減少して，90 年代後半には 5 万台にまで減ってきている（図 15-1）。販売が大幅に落ち込んでも，世帯普及率はかならずしも減少しない。それは，耐用年数が長く，また廃棄が難しいピアノが，捨てられずに各家庭の部屋の隅に眠っているからであろう。成長した子どもたちが他出してい

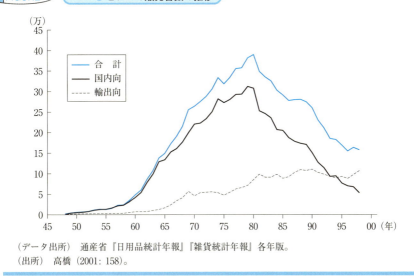

FIGURE 15-1 ピアノの販売台数の推移

（データ出所）通産省『日用品統計年報』『雑貨統計年報』各年版。
（出所）高橋（2001: 158）。

き，老夫婦が残った空の巣家族の片隅で，ピアノはほこりをかぶりながら眠っている。

　ピアノは楽器であり，部屋に飾っておくオブジェではない。すると，ピアノを弾く人が必要になる。従来，西欧においてピアノ演奏は，家庭内において伝達されるものであった。しかし，ピアノが1970年代以降に多くの家庭で普及した日本社会において，親世代のピアノ演奏経験者は少なく，親世代から子どもがピアノ演奏を教えてもらうことはできない。そこに登場したのが，楽器業者による音楽教室あるいは個人のピアノ教室であった。音楽教室は楽器演奏人口を増加させ，結果的に楽器の売り上げへとつながっていく。西欧にはない形で，家庭外の初心者向けピアノ教育機関をもった日本社会は，ピアノの演奏技術という身体化された文化資本の普及に成功し，そのことが楽器という客体化された文化資本の普及を連動させていったのである。西欧では高級文化がその家庭で伝達されるしかないのに対し，日本はもともと西欧でない以上，西欧の高級文化を学ぶ際には，家庭外で学ばざるをえないということが，音楽教室の隆盛に結びついていった。客体化された文化資本のために，身体化された文化資本が求められるという逆転の構図が，ピアノ普及の日本的スタイルであったと理解することができる（高橋

第15章　文化と再生産

2001)。

　続いて，ホワイトカラー文化についてふれよう。ブルデューの議論では，高い地位にある上層の者は正統文化を趣味として享受して卓越化・差異化をはかり，大衆文化にはなじまず，文化的に排他的存在となっていくとされた。文化を通じた階層ごとの排除が存在し，階層集団の文化的境界を維持する象徴闘争が，文化的再生産の駆動力ともなっていく。しかし，日本の文化状況においては，階層文化や象徴闘争が明瞭な形で存在しているとはいいにくい。それは，階層的なエリートと見なされる人たちでも，マンガやスポーツ紙を読み，焼き鳥を食べ，カラオケを熱唱する光景として描くことができる。階層にまたがる多様な文化を享受する，そのような態度を，文化的排他性と対称して，**文化的寛容性**（cultural tolerance）と位置づけることができよう。

　そのような態度の形成には，民主的態度と政治的寛容性が求められる社会において，自分たちと異なる社会集団に排他的にならず，それらの文化を受容することが必要になってくるという社会状況が関係している。威信の高いハイカルチュアから威信の低い大衆文化まで，幅広い文化的趣味を享受するオープンな志向性が求められ，そこに現れる現象を**文化的オムニボア**（cultural ominivoir, 片岡 2000）と呼ぶことができる。日本の高学歴層には，クラシック音楽だけでなく，ポピュラー音楽，ロックやジャズも分け隔てなく聴く者がいる。いくつかの独立した短編作品を並べて1つの作品にしたものをオムニバスというように，そこには，ラテン語での万人向きという意味が含まれている。階層差を正面切って示すことが美徳でも戦略的に有効でもない日本文化においては，文化的排他性ではなく，幅広い趣味をもって文化的寛容性を示す態度こそが，日本社会を生き抜く文化資本となっていく。

　すなわち，日本においては，仕事中心の男性たちが，現在の生活を楽しみ，同僚と時間を共有するための「つきあい文化」「共通文化」が社会生活において機能している。営業上の雑談で話題に困ったら，取引先の相手が中高年男性だったらプロ野球の話をしてみるといったことは，そのような有効性の一端を示している。エリート層の男性たちは，同化を強制するサラリーマン組織のなかで，ホワイトカラーとブルーカラー，ホワイトカラー内の昇進競争など，階層的ルサンチマンのうっ積する状況を回避する必要がある。そのため，男性ホワイトカラーは文化的にオムニボア化することによって，会社文化に適合していったわけである。他方，そのような男性エリート層の配偶者となる女性中流上層は，出身家庭から

の相続文化資本の影響力も強く，文化的向上心をもって，ハイカルチュアの享受を志向していく。

片岡栄美は，日本の大衆文化が，とりわけ男性エリート層も享受する共通文化として存在することによって，文化の象徴的境界の存在を隠蔽する機能を果たしていると指摘する。日本に「階層文化はない」のではなく，男女において文化資本のもつ社会的意味と機能に相違があり，階層文化は巧みに駆使・使い分けされるのである。男性中流上層はハイカルチュアも楽しめば大衆文化も楽しみ，そのような文化的オムニボアであることが，"われわれの"リーダーとして高い地位にあることの社会的信任につながる。他方，女性中流上層はハイカルチュアを志向しつつ，男性配偶者の文化的オムニボアを男の甲斐性として許容する。その結果が，スポーツ新聞を読み，部下と酒を飲んで焼き鳥を食べ，カラオケをする男性エリートの家庭において，妻は絵画の展覧会に出向き，子どもたちはピアノやヴァイオリンの練習をしているという構図になるわけである。高度経済成長期に達成してきた中流階層化の流れが日本社会において衰退し，格差社会が議論される昨今，「セレブ」になること，「セレブリティ」への憧れが，女性たちの間で1つのスタイルとして多く語られている。そのことは，じつは，日本社会の底流として存在していながら，従来は文化資本の働き方としてみえにくかったジェンダー差が，噴出しているということなのかもしれない。

「逸脱」「問題」と文化——ラベルとクレイム

文化的再生産という世代単位の時間幅で機能する排他的性質だけでなく，文化には，当該時点での社会的価値観や認識との齟齬によって，抑圧や排除を引き起こすという側面もある。逸脱や犯罪はそのような例の1つである。

E. シャーに，被害者なき犯罪（crime without victims）という興味深い概念がある（Shur 1965=1981）。私たちは，犯罪には加害者がいて被害者がいると思い込んでいる。しかし，被害者がどこにもいないにもかかわらず，人びとの道徳心や価値観を傷つけるため社会的に非難がなされる事象があることにシャーは着目した。彼は，交換に基づく取引であること，他者に対して明白な害悪がないことを条件に，被害者がいないのに犯罪として非難や処罰の対象になる例として，麻薬・中絶・同性愛を取り上げた。シャーの整理の視点とは異なり，たとえば中絶においては胎児という存在をどのように位置づけるかなど，判断が分かれるものもあろうが，そのこと自身からも，これらの事象の判断にはその行為や存在自体でなく，社会的価値観が関与していることがわかる。

社会的価値観は空中に浮いているものではない。社会的価値観の担い手であり，それを行使する人たちが存在する。逸脱行動の研究において，社会的価値観の行使に着目し，大きな転換点となったのが，ジャズ・ミュージシャンたちのマリファナ使用の生態を描いた H. ベッカーらの提唱したラベリング論（labeling theory）の問題提起であった（Becker 1973=2011）。それまでの逸脱や犯罪の研究においては，逸脱や犯罪行為を行う人自身に焦点があたり，その動機やきっかけ，成育歴，犯罪文化の学習などに関心が注がれてきた。それに対し，ラベリング論の登場は，逸脱や犯罪を統制する側へと研究の視点を転換したのである。ある人の行動やその人自身が，規則に違反していたり，標準から離れていることを注視して，他者や統制機関によって，「逸脱」のラベルが貼られていく。

その人の行動が軽微な逸脱や1度の逸脱にすぎなかったとしても，いったん「逸脱」のラベルが貼られると，そのラベルのみが着目され，周囲の人びとがその人を遠ざけ排除する方向にメカニズムが動き出していく。たとえば，「殺人者」と聞けば，まるでいつも殺人を犯す傾向を有する人であるかのように私たちは錯覚を起こしてしまうのだが，多くの殺人者は何らかの事情をともなって一生に1人の人間しか殺していないであろう。しかし，そのように排除されていく結果，逸脱者は自分を受容してくれる他の逸脱的な人びとと交わるしかなかったり，逸脱者としてのアイデンティティを形成し，逸脱行為がより増幅される方向に作用することがある。規則違反の行動そのものに着目するのではなく，そうした行動に対する統制側の人びとの反応こそが，逸脱行動を再生産していく重要な要素となっていくことに，ラベリング論は着目したのである。

どのようなラベルが貼られていくかは，時代と社会の産物であり，私たちはそのラベルを通じて，行為の動機を読み解いていこうとする。そして，逸脱への対処が，処罰から医療・心理療法・教育へと移ってきているのも現代社会の特徴である。

ラベリング論の重要な点は，社会現象を逸脱側と統制側の相互行為という関係性のなかにとらえようとしたところにある。ラベリング論の流れをくみつつ，本質主義や実在主義の視点を批判的に対象化し，社会問題研究の方法の革新につながっていったものとして，構築主義（constructionism）を取り上げることができる。従来，「社会問題」とは客観的に存在する人びとの生活や生き方を苦悩に陥れる「問題状態」を，人びとが発見・認識することで，社会的に解決すべき対策が提起されると考えられていた。しかし，構築主義の先駆けとなった M. B. スペクタ

COLUMN 15-4 「本質」と「関係」

　私たちは，ある物事や事象には「本質」が備わっていると考えがちである。しかし，社会学では，むしろ，そのことを，「本質」がそこにあるかのように思わせる，認識主体と認識対象の相互関係の逆転現象があると考える。「関係」に着目すること，近年の社会学の重要な問題提起はそれである。しかし，それは，古くは社会学の巨人，É. デュルケムや G. ジンメルにまでさかのぼれる視点転換でもある。

　すでに，第 1 章でも論じたように，デュルケムは犯罪について，次のように言及している。「私たちは，ある行為をそれが犯罪だから非難するのではない。むしろ，私たちがそれを非難するから犯罪なのである」(Durkheim 1893=1971)。神聖な権威を有する集合意識が冒瀆されることで，傷つけられた集合意識の側からの反作用として刑罰が課されていく。そのことが明瞭に示されるのは，平常時に人を 1 人殺せば殺人罪に問われるのに対し，戦争時に多くの敵を殺せばそれは英雄的行為となるような場合である。つまり，犯罪的行為の実質的な有害性や被害の程度と，その行為に対する刑罰の重さとはかならず均衡するとは限らないのである。

　ジンメルは「貧困」と「貧者」という問題を取り上げて，「関係」の重要性を指摘する (Simmel 1908=1994)。ジンメルは，彼の貧者論を，貧困の本質論としてではなく，貧困という考え方の適用対象をめぐる相互関係の一形態として論じていく。すなわち，貧困に確固たる性質があるというより，援助するという行為の相手になる人が，援助されることを通じて「貧者」になっていくのである。貧困だから貧者になるのではなく，貧者と規定された，いわばラベルを貼られた人の状態に貧困が該当するのである。「関係」が形成されることで，「本質」があるかのように私たちには感じられてくるということである。

　2 人の社会学者から，内容によって示される「本質」にではなく，基準が適用 (犯罪・貧困) される「関係」へ着目するというまなざしの転換が提起されている。それをふまえるならば，世界中の〈善人〉が 100 人集められて新しい社会がつくられたとしても，そこではすべての人が〈善人〉でいることはできず，そのなかでのわずかな差によって，「良い〈善人〉」と「悪い〈善人〉」へと区別されていくことになるであろう。

ーと J. I. キツセは「クレイム申し立て活動」に着目し，社会問題とは，ある状態の存在を主張し，それが「問題である」と定義する活動によって，構築されていくものであるととらえた。すなわち，社会問題とは，「状態」ではなく，クレイ

ムを申し立てる「活動」によって，より生起するものなのである（Spector & Kitsuse 1977=1990）。

たとえば，1990年代以降，「児童虐待」「DV（ドメスティック・バイオレンス）」「セクシュアル・ハラスメント」など，従来は親子関係，男女関係などの個別の問題だとして，その存在に着目する視点さえ成立していなかった現象が，一気にあらたに社会的関心を集めるようになった。また，これまで本人の健康の問題とだけされていたタバコの喫煙であるが，「受動喫煙」の健康被害が指摘されたことなどを通じて，一気に禁煙運動が高まり，喫煙場所の屋内外での大幅限定，「健康増進法」の制定・改正を呼び，全面禁煙の流れが進行してきている。

構築主義という理論的視点は，その後，社会問題研究にとどまらず，さまざまな研究領域で社会現象の構築性を指摘する方法論として，その位置づけを得てきている。しかし，そのような方法的認識が普及するなか，問題や現象は「実在」するのか，「クレイム」なのかを問う理論的隘路に入っていたり，他方，一社会現象の構築性を指摘するだけでは理論的意味は薄くなってきている。時間幅を大きくとって，特定社会現象の認識や問題視の栄枯盛衰をとらえたり，同一時点の社会内にある複数のクレイム間での相乗・葛藤あるいは無関係などを把握し，どのクレイムが市民権を得ていくのかという形で，構築主義自身を社会関係のなかで展開していく必要があるだろう（赤川 2006）。

ラベリング論は私たちの社会的価値観や文化が作り出すラベルがひとり歩きをしていくことに着目し，その延長上に登場した構築主義は，社会問題がクレイム申し立てという言語活動によって存立しているという問題に関わることになった。これらの動きは，ラベルやクレイム申し立ての背景として存在する言語や文化が，現実や社会の生成とどのように関わるのかという問題を通じて，次節でふれる言語論的転回という理論的鉱脈につきあたる論点でもあったのである。

文化の政治学

文化はある種の統合を生み出しつつ，同時にその外部を創出してしまう。そのような内部化・外部化の過程に権力が作動し，言説と実践が権力的に交錯しせめぎあうなかで文化が再構成・再編成されていく。文化とは政治性をおびた営みなのでもある。異なった領域のようにみえながら，文化は政治と切り離せるものではなく，かといって政治に単純に従属するものでもない。そこにおいて，文化の政治性に敏感な研究視点，カルチュラル・スタディーズ（cultural studies）が登場してくる基盤が存在した。

産業構造の高度化にともない，消費社会の進展が労働者階級に及ぼした影響，移民の増加にともなう文化葛藤など，1960〜70年代のイギリスが直面する課題のもとで，カルチュラル・スタディーズは立ち上がってきた。文化をその解釈や批評といった範囲にとどめるのではなく，政治・経済的要因との連動のもとに，その生産・伝達・消費過程を総合的にとらえようとする視点がそれである。カルチュラル・スタディーズは，日常の何気ない断片的な文化実践の行動のなかにある政治性と，他方で，抵抗・反乱や社会運動の形をとる文化活動の政治性を連続線上に並ぶものとしてとらえていこうとする（吉見 2000）。文化は統一的・一貫的な原理で構成されるものというより，さまざまな諸要素がぶつかる戦場のようなものであり，矛盾や亀裂が発生し，ねじれや妥協を包含しながら，あたかも結果的に所与であるかのように構成されていく実践的プロセスなのである。たとえば，受動的に「受け手」として位置づけられてきたオーディエンスの読みの多様性への着目，勃興するサブカルチュア間の勢力関係への関心，物事の成り立つ場の変容を注視する歴史研究などを，カルチュラル・スタディーズは得意としてきた（吉見編 2001）。

　それは研究にとどまることなく，文化行動・文化運動という側面も強く有し，毛利嘉孝はそれを「新しい社会運動」から「新しい文化＝政治運動」へと位置づける（毛利 2003）。文化が学問のヒエラルキーの周縁部分に位置づけられていたことが，その位置を逆手にとった反攻を可能にしてもいる。ライフスタイルを自分自身で決定する権利を求めていくのが新しい社会運動の特徴であるが，そこにおいて人びとを動員していくのは，階級的な関心というより，人びとの共有する価値観や文化となってきている。それらが多様化してきた結果，具体的な政治目標の獲得・達成に意味があるというより，価値観や文化が衝突・抗争する過程のなかに自己表現の可能性が存在する。カーニバル化するデモ，自動車社会を解放するためのストリート・パーティなど，政治なのか文化なのか，どちらとも区別しきれない，区別することに意味のない文化運動的な現象に視点が注がれていく。サミット・プロテストなどもそのような様相を含んでいる。

　カルチュラル・スタディーズの浸透を支えるのが，グローバリゼーションの進行や，植民地時代以降の文化葛藤を問うポスト・コロニアルな状況認識の隆盛であり，文化経験と政治・経済の変容が人びとの日常を覆っているということの証左でもある。カルチュラル・スタディーズが，文化の名のもとに権力性・政治性を隠蔽してきた力を暴き出そうとしながらも，「カル・スタ」「CS」（シーエス）

などと呼称されることによって，その議論の普及が，同時に商品化され消費されることにつながっていくというアイロニカルな現象に至ってもいる。すべてを吸収し飲み込んでいく現代社会の抗いがたいタフネスさの前に，私たちは立ち尽くしているともいえる。

4 社会の存立基盤としての文化

〈世界〉を呈示し統合する宗教

ここまでの2節で，戦略的・経済的な文化，再生産・政治的な文化という側面を大きく対比し，例示してきた。しかし，それに加えて，冒頭でふれたように，潜在的・基底的な文化として人間と社会の存立そのものを成り立たせる側面が文化にはある。そのような存立に関わる社会現象として，私たちは宗教と言語をあげることができる。まずは，宗教から考察してみよう。

人間社会の歴史を俯瞰して文化を考察しようとするとき，宗教の問題を避けて通ることはできない。宗教は人間存在の究極的な意味を付与するという文化的機能をもっており，日常生活では社会制度や社会的役割の存在意義を説明し，正当化する機能を果たす。そのことは，日々の生活の苦悩として感じられる経験を，包括的な説明体系においていかに理解できるかが，民衆に受容されるための各宗教の課題であるということを示してもいる。そこでは，人間の経験と行為の究極的な意味への解答の用意が必要である。

P. L. バーガーによれば，宗教の社会的成立とその位置関係の逆転現象とは次のように整理することができる（Berger 1967=1979）。宗教は人間が生み出したものである。しかしながら，やがて，その生成の過程が忘れ去られることで，世界の生成以来の自然性に満ちた存在であるかのように感じられ，私たちの前に対峙する絶対的存在となる。個人や社会全体が自らの位置や存在意義を見いだせるような，人間経験を包括的に説明する体系を宗教は提供してくれ，それによって超越的で普遍的なリアリティが構成される。人間が生み出したものであるにもかかわらず，人間の行為を超えた超人間的な事実に変容することによって，宗教はそもそも不安定である社会秩序に究極的な存在論的根拠を与え，その正当性を付与する働きをする。文化の一部たるにすぎない宗教が超人間的な存在となることによって，世界は人間にとって意味あるものとして存立しうるのである。

バーガーは続けて、宗教を含む意味秩序の働きに関わって、［カオス‐ノモス‐コスモス］という3元構造を提示する。「ノモス」とは、日常的なレベルで共有された共同の規範に基づく意味秩序とされる。常識という意味世界、安定した生活態度などが、その秩序のもとで構成される。しかし、そのような意味秩序は、意味づけ不能な混乱・混沌としての「カオス」によって侵襲されることがある。自然の猛威や災害などが、それに該当しよう。ノモスの世界はそれによって不安定になり、規範喪失の脅威にさらされる。そこで、そのようなノモスとカオスを中和して媒介するような意味世界として、「コスモス」が構成される。コスモスとは、聖なる感覚をとおして、不安定化するノモスを宇宙的な思考の枠組みのなかに再度組み込み、その解体と再生自身を説明しようとする意味世界である。自然の猛威や災害も、秩序を揺るがすカオスの侵襲としてではなく、"神の意思""たたり"というような形式によって、コスモスのなかに位置づけ可能な現象とされていく。ノモスにおける不安定性は、コスモスという「聖なる天蓋」によって覆われることで、安定したものとなっていく。そのようなコスモスとして、位置づけられるものが、神的存在を支柱に構成される宗教や神話なのである（Berger 1967=1979）。

近代化の過程は世界の世俗化を進めていき、宗教もその例外ではなくなっている。その結果、世界を説明づけ、社会全体を覆う唯一の意味体系としての宗教の独占的地位は衰退すると考えられていた。宗教は個人の私的問題の精神的慰撫を行う、消費者向けの商品となっていく。かわって、人びとに世界を意味づける諸情報を提供していくのがメディア文化だといえるだろう。しかし、メディア文化の浸透による意味づけも飽和点に向かいつつある。その構成要素としての誰もが発信可能なネット文化の急激な隆盛は、さまざまな声をひろいあげるとともに、極端な理解・動きへと振り子を大きくゆらすものとなっている。他方、現代社会における超越的・普遍的な価値の不在は、新しい包括的な意味秩序を人びとに再び求めさせていくという傾向にもつながっていく。それは、形をかえさまざまに展開される政治的主張や宗教的教義という場合もあろうが、普遍的な人権という価値への希求、個々人の身体や精神の感受性（スピリチュアリティ）の礼賛という形として現れる場合も多いのである。

言語による〈世界〉の存立

社会が人びとの定義によって構成される要素をもつものであるとして、その定義のおおもとにあるのは言語ということになる。人間の知がもつ複雑性は、人間が作り出した言語が

有する，ものごとを切り分ける分節力におおいに依存している．
　言語を用いることは，そのものごとをさし示す営みである．しかし，翻って考えれば，子どもが言葉を学び用いて，世界に向けて働きかけていくとき，徐々に，そしてある分岐点を経て一気に立ち現れてくる現実というものがある．その過程において，子どもは言葉の所与性や文脈性を意識せずに，言葉の断片を組み合わせ，変形させて，おかしみのある世界を作り出していく．

　マラソン　ふくやま　てつし（5歳）
　　せんせい　きいてみて　しんぞうも　はしってる！
　しんぶん　たかむら　まさあき（2歳）
　　ママ　しんぶん　よんでると　パパになっちゃうよ
　お空にさわる　かりや　ちえこ（4歳）
　　ちえこ　おおきくなったら　いっぺん　お空にさわってみる
　なまえ　のはら　みやこ（5歳）
　　みやこが　うまれたとき　どうして「みやこ」だとわかったの

（亀村編 1983: 41, 59, 163, 192）

　子どもたちが自由に言葉を使うのを見聞きするとき，私たちはいかに自分たちが当該言語に拘束された〈世界〉を生きているのかに気づかされる．
　言語を用いて，ある事象を名づけることは，そのものごとを生成・再生させる営みであり，さらには，あらたに創造する営みともなりうるのである．そのような名づけは人びとの経験や固有の場と緊密に結びつくものであるが，それゆえに，その名づけの変更はものごとや事態の変容をもたらすことになる．他方で，名づけることは，その営みによって，不定形であったものを存在させ，私たちの不安感や恐怖心を和らげる効果ももつ．危険であり有害なのは，名づけえぬもの，隠されたものである．したがって，不吉な状態，心身の不調であっても，それに名称を与えることによって，その恐ろしさの何程かは軽減される（市村 1987）．たとえば，現代社会を生きる私たちは，〈異様〉〈異常〉に感じられる事象が起こったとき，その事態を引き起こした当事者の不可思議な心理や動機を，〈心の闇〉という言葉で呼び，ある種の理解が可能になったかのような気になっている．
　言語が，さし示す対象をありのままに表現・再現・伝達する媒体や道具であるという反映的言語観は薄まり，むしろ対象たりうる現実を作り出していく言語の能動的契機が主張されるようになってきている．また，言語で指摘・説明され現実を確認しているにすぎないように感じられる事柄にも，社会的な権力関係の再

> COLUMN　**15-5　言語検索が作り出す〈世界〉とその先──グーグルゾンから GAFA へ**

　パソコンの画面の検索欄にキーワードを入れる。すると，インターネット空間に無数に存在するウェブサイトから，瞬時に検索結果が現れる。従来であれば，リンクをたどってあれこれ探したりしなければならなかった目的のウェブサイトや情報が，検索サイトの出現によって，適切なキーワードにより一発でたどりつけるようになった。そのような検索サイトのなかで，現在もっとも強力なのが，10 の 100 乗をさす数学用語「googol」から社名がとられた「Google」（グーグル）である。独自のプログラムでコンピュータを連動させ，検索という行為の価値を一気に高めたのが彼らの仕事である。

　しかし，人びとはグーグルの検索結果を 1 つひとつ丹念に見ていくわけではない。すると，検索結果において，上位 5 位くらいに，最低でも検索結果の第 1 ページに載る上位 15 位くらいまでに残らなければ，その事象やウェブサイトはこの世に存在しないも同じだといわれる。それゆえに，その順位に残るために，企業などは自らのウェブサイトに人びとが頭に浮かぶキーワード，誤って入れるかもしれない隣接キーワードを無数に散りばめなければいけないとも指摘される。その一方，インターネット空間にある本屋「Amazon」（アマゾン）などは，検索キーワードを入れることによって，売れ筋の本を紹介することはもちろんだが，従来なら陳列スペースの物理的関係で本屋の書棚に置いてもらえなかった死に筋の本も画面上に登場させ，細々とでも売れていく現象を作り出しているという。恐竜のしっぽのような売れ方をすることから，「ロングテイル現象」とも呼ばれている。

　コンピュータでの言語検索は，私たちに世界中の無数の存在に接近させるようでいて，じつはある強力な判断基準をもって，特定の〈世界〉しか私たちの目の前に存在させない効果を果たしうるのである。他方で，同じ言語検索は，従来なら私たちの目の前に存在しえなかったものを，私たちの前に提供してくれもする。Google と Amazon が作り出すグーグルゾン的電子空間。〈世界〉の拡張と縮小を同時に現象化させるのが，インターネット空間の言語検索なのである。

　そして，電子空間の拡大にともない，世界の政治・経済・社会に大きな影響力をもつ巨大 IT 企業として，Google，Amazon に加え，Facebook，Apple の 2 社があげられることも増え，頭文字をとった GAFA の時代といわれることもある。私たちはプラットフォームとしての 4 社のサービスの利便性にひたっているものの，実は同時に生活の諸側面から大量の個人情報を収集され，ビックデータとして分析の俎上にのせられているのでもある。虎穴に入らずんば虎児を得ず，あるいは，飛んで火に入る夏の虫？

第 **15** 章　文化と再生産

生産が渦巻いているという批判的視点が提起されもする。言語による現実の構成が可能であるとしても，誰にでもどのような事象でも可能なのかというと，そういうことはなく，そのような現実構成を可能にする不均衡な権力関係のなかで遂行されているということに焦点があてられようとしている。

言語による〈世界〉の存立とも関連し，社会学や社会科学においても，言語や知と社会の関係に焦点をあてる議論が蓄積されてきている（橋爪 2006；大澤 1996）。第1に，K. マルクスが提起した問題意識を K. マンハイムが開花させた知識社会学は，意識，すなわち言語化される知は社会的存在に規定されているという命題に象徴されるものである。しかし，意識は社会的に規定されるという命題を自分自身にも適用するならば，真理／虚偽を厳密に区別することは不可能となっていく。マンハイムはそのような相対主義を乗り越えるために，それぞれの知に相関する観点を全体としてまとめあげる相関主義を提唱した。第2に，M. フーコーが唱えた方法である言説分析（discourse analysis）は，発話や書字と，ある時代・ある地域の言語活動の全体との中間にあって，ある秩序をもった言語の集合を言説と呼ぶ。そして，言説の分布や偏り，特有の配列のなかに言説ではないものの作用を認め，それを「権力」と位置づけていく。言説は多数の人びとの具体的な言語活動にまたがったものだから，特定の発話や主張の主体を想定する必要はない。また，現実世界の観念も言説が構成するものであり，真理も言説の内部で構成される効果にすぎないとされる。知識社会学の命題が「存在は意識を規定する」のだとするならば，言説分析の命題は「言説が主体を作り出す」ということになる。さらには，第3に，L. ヴィトゲンシュタインが提唱した言語ゲームという観点では，言語と行為を規則という観点から共通に眺め，言語と行為がともに意味をもち理解可能であるのは，それが規則に従っているからとされた。言語と行為は，人間のふるまいとして統一的に「言語ゲーム」として位置づけることができる。

このように言語は，人間の行為・知識・社会を通底する事象であるとともに，そのように人びとが遂行することで〈世界〉を存立させうる事象として私たちの目の前にあるのである。社会と言語の間には，知を媒介とする循環的な過程が存在する。

文化論的転回という関心とそのゆくえ

2000年代を生きる私たちは，1960年代以降の知の地殻変動を経験し終えてしまった地点にいる（吉見 2003）。それらの地殻変動とは，構造主義や

言語学・記号論，そしてポスト構造主義といったものの登場であった。各々異なる論点や様相を示しつつ，それらの経験が私たちにもたらしたものは，社会や文化が"それを語る行為"から切り離されて存在するとは考えられなくなったことである。

人びとの〈常識〉といったものにとどまらず，〈社会問題〉であるかどうかという認識，科学的な手続きを経て到達された〈真理〉，芸術的に構成された〈美〉への着目など，すべては社会的な語りと解釈のプロセスのなかで構築されているものという理解が成立するようになってきた。したがって，それらの語りの源である言語は社会理解に必要な道具であるにとどまらず，社会の存立そのものが広い意味で言語的な存在なのだと位置づけられる。そのような形で起こってきたパラダイム転換は言語論的転回（linguistic turn）と称せられる。「転回／ターン」とは，現象ひいては世界の見方に関与する媒体（ここでは言語）を根底からとらえ直すことによって，見方の反転が生まれていく様相を示している。この結果，「法則と検証」によって成立していた社会科学的命題が，「事例と解釈」を重視する考察の高まりという形の挑戦を受けつつある。

そのような言語論的転回は，各種の認識や概念装置の設定の問い直しを迫っていった。文化も，その例外ではない。むしろ，人びとの日常の生活様式に入り込んでいる文化は，そうであるがゆえに，認識上の論点に比重のある言語論的転回をさらに進め，行為や実践の構築性という問題も含み込むことになった。そこに起こってきた，文化も行為や実践によって構築されるという新しいまなざしが，文化論的転回（cultural turn）といわれるものである。文化とは変わらない価値として固定化されるものなのではなく，生産され消費され続ける構築的なものとしてとらえ返す必要がある。そこでの文化理解は，文化は記号的に構成・解釈されるものであるとともに，さまざまな不平等や排除を含み込む政治性をともなって構築される表象の戦場であり，異なる次元の権力関係の交錯地点であるというものである（吉見 2003: 13）。文化のなかに，さまざまな諸力のせめぎあいが読み解かれようとしている。

言語論的転回が私たちが言葉を使って認識するということに自省的になり，そこにある現象の性質・生成をめぐる多様な可能性に目を開くことだったとすると，文化論的転回は私たちの意図的・無意図的な行為や実践そのものまで射程を広げ，潜在的・基底的であると考えられる文化そのものが，私たちの日常的行為の常なる構築物であることを自覚しようとする動きであるといえよう。文化記号論や構

築主義の重要な意義は，「中身」と「表層」の一義的対応関係の無根拠性を明確化したということにある。それは，私たちはこれまで根拠の乏しい事象の理解に困ったときに，「文化」と呼んできたのではないかという問いにもつながる。しかし，その無根拠さの指摘にとどまるならば，それは新たな問題提起というほどのことにはならない。なぜなら，「真理」とはもともとフィクションなのだという考え方を採用するならば，「どんな真理もない」ということにはそれほど意味がないからである。文化記号論や構築主義現象が陥るパラドックスは，その認識の不可能性にもかかわらず，それらの説明様式がなぜわれわれにもっともらしく実感されるのか説明できないところにある。無根拠性にもかかわらず，動かしがたい切実なリアリティが発生・消滅するのはなぜかという問いが浮上してくる。それは，各種の文化理論の隆盛自体が，記号的に処理されるパラドキシカルな現状を乗り越えるための方策でもある（内田 2005）。

さまざまな事象に「転回」現象をあてはめていこうとする思考の営み自身，文化が生み出した〈自省〉機能の産物であるともいえる。しかし，そのような「転回」現象が浸透し，どこにでもありふれた事象となりつつある今，私たちは，あらゆる根拠が掘り崩された認識の荒野を目の前にして立ちすくむのか，作り出されたものならば作り変えられるということを信じていくのかという地点に立つことになってしまった。認識において悲観主義，意思において楽観主義たりうることが求められるといえようか。

BOOK GUIDE　●文献案内

●原典にせまる
① P. ブルデュー＝J.-C. パスロン『再生産——教育・社会・文化』宮島喬訳，藤原書店，1991（原著1970）．
② J. ボードリヤール『消費社会の神話と構造』今村仁司・塚原史訳，紀伊國屋書店，1979（原著1970）．
③ H. ベッカー『完訳アウトサイダーズ——ラベリング理論再考』村上直之訳，現代人文社，2011（原著1973）．
④ P. バーガー『聖なる天蓋——神聖世界の社会学』薗田稔訳，新曜社，1979（原著1967）（文庫版：ちくま学芸文庫，2018）．
①は教育の場での文化的再生産を検証しようとした著作。②は消費が記号化し，社会システムの一部となっていくさまを論じた消費社会論の名著。③はマリファナ使用者の世界を描き，ラベリング論の宣言ともなった著作。④は人びとの日常生活を意味づけていくものとしての神聖世界を論じた宗教社会学の著作。

● 理解を深める
　⑤　井上俊『悪夢の選択——文明の社会学』筑摩書房，1992。
　⑥　吉見俊哉『現代文化論——新しい人文知とは何か』有斐閣，2018。
　⑦　土井隆義『友だち地獄』ちくま新書，2008。
　　⑤は日常生活の現実のなかに意味や世界の生成を探り，文化社会学の可能性を示した著作。なお，副題で文化ではなく文明の言葉が選ばれていることは目を引く。⑥は文化とは何かを原理的に問いつつ，ポップカルチュアからネット社会まで現代文化の変容を解読する。⑦は繊細な人間関係とデジタルネットワークのなかにある現代の若者たちのやさしさと生きづらさの連関を問う。

● 視野を広げる
　⑧　佐藤俊樹・友枝敏雄編『言説分析の可能性——社会学的方法の迷宮から』東信堂，2006。
　⑨　遠藤英樹『ツーリズム・モビリティーズ——観光と移動の社会理論』ミネルヴァ書房，2017。
　⑩　岡邊健編『犯罪・非行の社会学——常識をとらえなおす視座』有斐閣，2014。
　⑪　片岡栄美『趣味の社会学——文化・階層・ジェンダー』青弓社，2019。
　⑫　佐藤健二『文化資源学講義』東京大学出版会，2018。
　⑬　ジョージ・キューカー監督・映画『マイ・フェア・レデイ』1964。
　　⑧は言語が社会学・社会科学の重要な対象であるとともに，ある種の隘路に導くものでもあることを論ずる。⑨は観光というモビリティに残された痕跡からグローバルな社会像を再構築する試み。⑩は犯罪・非行の社会学の理論をふまえつつ，犯罪不安，被害者の回復，犯罪からの立ち直りなど現代の具体的課題への対応を論ずる。⑪はブルデューの文化的再生産の問題関心を現代日本にあてはめ，文化的オムニボアやジェンダーによる文化的差異に計量分析から接近し，隠されたメカニズムを解き明かす。⑫は文化・資源・情報の各々を原論的にとらえつつ，錦絵・絵はがき・筆記用具など具体的な素材中にものとことばが溶融する諸相を探索する，社会学を超えた領域横断的な文化論の挑戦。⑬は下町の花売り娘が社交界にデビューするまでの，いわば文化資本獲得の物語を描いたオードリー・ヘップバーン主演の映画。ちなみに，原作はフェビアン協会にも関与したイギリスの劇作家ジョージ・バーナード・ショーの『ピグマリオン』。

Chapter 15 ● 考えてみよう

❶ あるモノや文化事象を取り上げ，30〜50年といった時間幅を大きくとるなかで，それらに量的・質的にどのような変化があり，利用形態や享受方法がどのように変わったかを調べてみよう。

❷ 自分が訪ねたことのある（あるいはこれから行く予定の）観光地や旅行業者のパンフレットやインターネット情報を入手して，映像の切り取られ方，セールス・ポイントの表現などが，実際の現地ではどのようであったかを比較して考えてみよう。

❸ あなたが関心をもった社会的事件や犯罪が，複数の新聞・雑誌・TV・インターネットなどでどのように扱われているか，比較してみよう。その際，キーワードや使われるカテゴリー，文体や表現方法にも着目してみよう。

❹ 身のまわりや，道行く途中，電車やバスのなかにいる幼児の言葉に耳を傾け，それを採取してみよう。彼らの言葉におかしみを感じたとき，翻って私たちが何を無造作に当たり前だと感じているかを逆に考えてみよう。

❺ インターネットで，日にちをおいて同じ言葉の検索をかけてみたり，海外の検索サイトから入って，検索をかけてみたりして，そこに現れる〈世界〉に違いや変化があるかどうか調べてみよう。インターネット空間の流動性と検索との相互関係を肌で感じてみよう。

第 16 章 社会運動と社会構想

スウェーデンの女子高校生から始まった気候変動ストライキ
（左：ストックホルム，2018 年 8 月。右：ベルリン，2019 年 1 月）

CHAPTER 16

　15 歳の女子高校生が 2018 年 8 月スウェーデン国会前で 1 人で始めた気候変動ストライキはたちまち国際的な反響を呼び「未来のための金曜ストライキ」として全世界に広がった。2019 年 3 月 15 日には世界 125 カ国の 2000 以上の都市で，若者を中心に 140 万人以上が参加するまでに拡大した。
　社会運動は，あなたの日々の現実からひどく遠いリアリティの乏しいもののように思えるかもしれない。しかし近・現代社会の大きな特色は，普通の市民が，政府などに対して，さまざまな要求を掲げ，抗議の意思表示を行ってきた点にある。今日，自己限定的なラディカリズムに基づくさまざまの「新しい社会運動」へ，さらには市民セクターによる政策提言と協働的な諸実践へと向かう多様な動きがある。
　この章では，第 1 に，現代の社会運動の流れを追いながら，社会運動論の展開を考察する。第 2 に，市民セクターと公共圏の変遷，新しい公共圏の特質を考察する。第 3 に，公共政策や社会変革，社会構想などの課題に社会学がどのように貢献しうるのかを考えてみよう。

- KEYWORD
- FIGURE
- TABLE
- COLUMN
- TEXTinTEXT
- BOOK GUIDE
- SEMINAR

INTRODUCTION

> **KEYWORD**
>
> 社会学的想像力　対抗文化　資源動員論　新しい社会運動　コラボレーション　文化的フレーミング　政治的機会構造　社会運動の制度化　社会運動社会　政府の失敗　市場の失敗　家族・コミュニティの失敗　公共圏　公共社会学

SECTION 1　革命志向から「新しい社会運動」へ

1.1　20世紀を振り返る

社会学的想像力　「社会学的想像力を所有している者は巨大な歴史的状況が，多様な諸個人の内面的生活や外面的生涯にとって，どんな意味をもっているかを理解することができる。」「社会学的想像力は，歴史と生活史とを，また社会のなかでの両者の関係をも，把握することを可能にする。」(Mills 1959=1965: 6-7)

社会学という営みの最大の魅力の1つは，C. W. ミルズが社会学的想像力についてこのように述べたように，マクロ的な巨大な歴史の流れと，個々人の具体的な生活史との結節点を同時に把握しようとすることにあるだろう。一見私的な問題も，社会学的にみれば，社会構造に規定された構造的問題としてとらえうる。しかも構造的な社会変動を具体的に体験し，大きな歴史の流れに意識的あるいは無意識のうちに影響を受けながら，歴史のひとこまを作り出そうとするのも人びとによる個人や集団としての営みである。

生活史と歴史との結節点を，夏目漱石にみてみよう。

漱石の煩悶　「夜下宿の三階にてつくづく日本の前途を考ふ（改行）日本は真面目ならざるべからず日本人の眼はより大ならざるべからず」。

1901年1月22日，イギリスのヴィクトリア女王が81歳で亡くなった。1837年18歳で即位して以来，その統治は64年に及び，この時点では歴代のイギリス王のなかでもっとも長かった。女王の時代は，産業革命で先行した大英帝国の繁栄の時代でもあった。この文章は，女王死去の5日後に当時34歳の漱石が記し

TEXTinTEXT　16–1 ● ロンドンで漱石が得たもの

「私はこの世に生れた以上何かしなければならん，といって何をして好いか少しも見当が付かない。私はちょうど霧の中に閉じ込められた孤独の人間のように立ち竦（すく）んでしまったのです。……あたかも嚢（ふくろ）の中に詰められて出る事の出来ない人のような気持がするのです。私は私の手にただ一本の錐（きり）さえあればどこか一ヵ所突き破って見せるのだがと，焦燥（あせ）り抜いたのですが，あいにくその錐は人から与えられる事もなく，また自分で発見するわけにも行かず，ただ腹の底ではこの先自分はどうなるだろうと思って，人知れず陰鬱な日を送ったのであります。

　私はこうした不安を抱いて大学を卒業し，同じ不安を連れて松山から熊本へ引越し，また同様の不安を胸の底に畳んでついに外国にまで渡ったのであります。……しかしどんな本を読んでも依然として自分は嚢の中から出るわけには参りません。この嚢を突き破る錐はロンドン中探して歩いても見付りそうになかったのです。……

　この時私は始めて文学とはどんなものであるか，その概念を根本的に自力で作り上げるより外に，私を救う途はないのだと悟ったのです。今までは全く他人本位で，根のない萍（うきぐさ）のように，そこいらをでたらめに漂よっていたから，駄目であったという事にようやく気が付いたのです。……

　私はこの自己本位という言葉を自分の手に握ってから大変強くなりました。……今まで茫然と自失していた私に，ここに立って，この道からこう行かなければならないと指図をしてくれたものは実にこの自我本位の四字なのであります。……　その時私の不安は全く消えました。私は軽快な心をもって陰鬱なロンドンを眺めたのです。比喩で申すと，私は多年の間懊悩（おうのう）した結果ようやく自分の鶴嘴（つるはし）をがちりと鉱脈に掘り当てたような気がしたのです。なお繰り返していうと，今まで霧の中に閉じ込まれたものが，ある角度の方向で，明らかに自分の進んで行くべき道を教えられた事になるのです。」夏目漱石「私の個人主義」『私の個人主義』（夏目［1915］1978: 132-36, 文字使い・ルビなど原文どおり）

● 視点と課題

　　漱石のロンドン体験の本質を語った一節。非西洋世界の若手知識人に共通する煩悶とその克服の途を告白したものといえる。

た日記の一節である（原文のカタカナをひらがなに代えた）。漱石は，1900 年 9 月 8 日に横浜港を出発，パリを経て 10 月 28 日にロンドンに着き，1902 年 12 月 5 日ロンドンを発って帰国した。20 世紀はじめの 2 年 1 カ月を，漱石はイギリスで悶々と過ごしている。現代的に言えば，「自分探し」と「引きこもり」の日々が漱石のロンドン体験の中心だったのかもしれない。だからこそこのイギリス留学は英文学者夏目金之助が，近代日本を代表する文豪夏目漱石に変身を遂げる契機

TABLE 16-1 ●「戦争の世紀」20世紀略年表

年　月	事　項
1904年2月 －05年9月	日露戦争
1910年8月	日韓併合
1914年7月 －18年11月	第一次世界大戦
1917年10月	ロシア10月革命によりレーニン政権を奪取，18年1月ソヴィエト連邦を宣言
1929年9月	世界恐慌始まる
1931年9月	満州事変。中国との「十五年戦争」始まる
1933年1月	ドイツでヒットラー，政権を獲得
1939年9月	ドイツ，ポーランドに侵入。第二次世界大戦始まる
1941年12月	日本，真珠湾を攻撃，太平洋戦争始まる
1945年5月	ドイツ降伏
1945年8月	広島，長崎に原爆が投下される。日本降伏
1949年10月	中華人民共和国建国
1950年6月 －53年7月	朝鮮戦争
1962年10月	米ソ，キューバ危機での軍事衝突を回避
1964年8月	ヴェトナム戦争激化
1968年8月	チェコスロヴァキアでの民主化を求める改革運動「プラハの春」を，ソ連が軍事介入して弾圧
1975年4月	ヴェトナム戦争終結
1989年11月	ドイツ，ベルリンの壁崩壊。東欧民主化革命
1989年12月	米ソ首脳，冷戦終結を宣言
1990年10月	東西ドイツ統一
1991年1月 －2月	湾岸戦争
1991年12月	ソ連邦解体

となったのである。しかし重要なことは，漱石のまなざしは，自分探しの枠内に狭くとどまっていたわけではないということである。この日記の一節のように，彼は，ヴィクトリア女王の死という1つの時代の終焉を目撃して，深く日本の前途を憂えていたのである。「現代日本の開化は皮相上滑りの開化」であり，「我々の遣っている事は内発的でない，外発的である」（夏目［1911］1978），というのが，漱石の時代認識であり社会認識だった。それはまた漱石自身が乗り越えようとした自己認識でもあった。

　西洋人の借り着を着るのではなく「自己の立脚地」を新しく建設したい，囊を

突き破る1本の錐(きり)を手に入れたい，という煩悶のなかで漱石が得たのは，TEXT IN TEXT 16-1 に記したような「自己本位」という内的確信だった。「ようやく自分の鶴嘴(つるはし)をがちりと鉱脈に掘り当てたような気がした」という，このような漱石の立脚点は，阿部次郎や芥川龍之介など，漱石を取り巻く大正期の知識人や学生たちを魅了し，「人格主義」や「教養主義」として彼らに継承されていく。

　もうすこし大きな文脈でとらえると，漱石の煩悶は，巨大な西洋世界と対峙したときの，非西洋世界の若手知識人にほぼ共通する苦衷だったともいえよう。21世紀の現代においても，イスラム世界の若手知識人たちは，アジアやアフリカの若者たちは，自国・自民族の文化的伝統と西洋世界の文化・価値観との間で，このような煩悶に直面している。国や地域レベルでの内発的発展も，社会変動のもっとも基本的な課題であり続けている。

20世紀を振り返る

　ここで，ヴィクトリア女王の死去によって幕を開けた20世紀の歴史を振り返ってみよう。20世紀前半についていえば，漱石が憂慮した日本の「上滑りの開化」は，政治史のうえでは，日露戦争の勝利を経て1910年の日韓併合に始まる本格的な「大陸進出」となって現れ，日中戦争・太平洋戦争の破局へと至る。

　1960年代の日本の高度経済成長とそれ以降の経済的繁栄に対しても，「上滑りの開化」という批判は当を得ているといえるだろう。

　20世紀のおもな出来事をこのように列挙してみると，20世紀がいかに「戦争の世紀」であったかを痛感せずにはおれない（表16-1）。太古から人類の歴史は戦争の歴史だったということもできるが，とくに20世紀の戦争を特徴づけるのは，一般市民や非軍事的な産業も含んで，国力を総動員して戦う全面戦争，「総力戦」体制という性格である。第二次世界大戦による死者および行方不明者は世界全体で約2700万人，負傷者を含めれば約7200万人と推定されている。

　21世紀に入ってからも，2001年9月11日のアメリカのニューヨークと首都ワシントンを襲った同時多発テロ，アフガン戦争，イラク戦争，イスラエルとパレスチナとの間の絶えざる軍事衝突，イスラム系過激派によるテロ行為の頻発など，血なまぐさい戦争や戦闘状態が続いている。ヨーロッパにおける冷戦構造は，1989年11月の「ベルリンの壁」の崩壊を経て，同年12月の米ソ首脳による「冷戦終結」宣言で一旦終焉をみた。他方，東アジアでは中国と台湾，北朝鮮と日本などとの間の緊張関係が続いている。2005年には，日本が，ドイツなどとともに，国連の安全保障理事会の常任理事国入りをめざしたのに対し，隣国の韓国・

中国は強く反対した。韓国との「従軍慰安婦」問題,「徴用工」問題をはじめとして,日本の「戦後処理」は,これら隣国との間で,完全には終わっていない。

20世紀のもっとも大きな対立軸は,「資本主義」と「社会主義」をめぐる対立だったが,社会主義体制の自壊によって,アメリカが超大国として政治的な主導権を握るようになった。しかしそのアメリカも,トランプ政権の下で国際的な威信を大きく低下させている。

共産党による一党独裁体制と計画経済を中心とするソ連型の社会主義体制は,言論や思想・信条の自由などが大きく制限された,共産党官僚による抑圧的な体制であることがあらわになり,闇経済や共産党幹部による汚職がはびこり,消費財供給は慢性的に不足していた。現実の社会主義国家は,K.マルクスが描いたような生産手段の社会化による「平等な社会」の実現という社会主義の理想から大きくかけ離れたものであることがしだいに認識されるようになり,経済的な停滞が深刻化した。東欧の社会主義諸国は1989年秋以降なだれをうって社会主義体制から離脱し,ソ連自身もロシア共和国をはじめとする独立国家共同体に移行し,非社会主義国となった。一党独裁制をとる中国やヴェトナムも,私有財産を大幅に認め,市場原理を取り入れた市場経済体制に移行している。

近年の新たな対立軸は,政治社会学者のS.P.ハンティントンが「文明の衝突」と呼んだような,異なる文明間の衝突,とりわけイスラム圏のなかの原理主義的な勢力と欧米の文化圏との対立である(Huntington 1996=1998)。2001年9月11日の同時多発テロをはじめとして,これを象徴するような事件・紛争が相次いでいる。2014年の「ウクライナ危機」以降は,アメリカ・EU諸国とロシアとの政治的緊張が高まり,ロシアがG8(1998年以降参加していた)の参加資格を停止されるなど新冷戦体制が出現している。

2016年の国民投票によるイギリスのEU脱退決定,2017年のアメリカ・トランプ政権の誕生など「一国中心主義」的な動きがひろがり,貿易摩擦も強まっている。

1.2 「ゆたかな社会」における社会運動の噴出

アメリカの経済学者J.K.ガルブレイスが1958年に発表した『ゆたかな社会』は大きな反響を呼んだ(Galbraith [1958] 1984=1985)。1950年代のアメリカ社会を,生活不安におびえる貧しい社会から高度産業化にともなう豊かな産業社会への移

行期としてとらえた代表的な著作である。同じ頃、D. ベルは「イデオロギーの終焉」を唱え、資本主義の性格の変容とそれにともなう階級対立の終焉、資本主義・社会主義のイデオロギー対立の基盤の喪失を論じた（Bell 1960=1969）。当時のアメリカは、漱石のみた20世紀はじめのイギリスのように、敗戦国日本にとっては、繁栄のシンボルだった。アメリカの豊かさへの憧れは、日本の高度経済成長の原動力ともなった。

けれども「豊かな社会」において、人びとの不満がなくなったわけではない。アメリカが第二次世界大戦で、またその後の冷戦時代に世界にアピールした「自由と民主主義」はアメリカ社会のタテマエにすぎないことがあらわになっていった。白人男性のなかだけでの「自由と民主主義」だったのである。

公民権運動の高揚　アメリカでとくに深刻だったのは黒人差別の問題である。バスの白人優先の分離座席制度に反対してアラバマ州モントゴメリーで始まったバスボイコット運動は、1955年12月から1年以上続き、当時26歳で無名の青年牧師だったM. L. キングを一躍黒人公民権運動の若き指導者にした。1964年の公民権法の改正と65年の選挙法の改正により黒人差別と南部諸州での黒人隔離政策は法律上は解消したが（白人との実質的な格差は今日なお根強い）、それはバスボイコット運動以来の公民権運動の大きな成果だった。1950年代前半は米ソ冷戦を背景に、アメリカでは「共産主義者」とラベリングされた者に対する「赤狩り」が吹き荒れ、コンフォーミズム（同調主義）の時代とされるが、50年代後半以降、社会運動はしだいに高揚期を迎えたのである。その頂点が、奴隷解放宣言から100周年を記念して1963年8月に首都ワシントンで開かれた「ワシントン大行進」であり、全米から黒人を中心に約25万人が参加した。「私には夢がある」は、この集会のクライマックスを飾ったキング牧師の名演説の一節である。

公民権運動は、学生運動、ヴェトナム反戦運動と結びついて、全国に拡大していった。実際、より危険で戦闘の激しい最前線に送られたため、ヴェトナム戦争での米軍の犠牲者の割合は圧倒的に黒人が多かった。それにもかかわらず、南部の黒人たちの多くは、1965年の選挙法改正まで、有権者登録を拒まれ、事実上選挙権をもてなかったのである（アメリカでは、選挙権を得るためには有権者登録が必要である）。しかも73年までアメリカでは徴兵制がしかれていたから、ヴェトナム戦争に従軍するか、徴兵制にどのように対処するかは、当時の男子学生にとって、人生の命運を賭けた大きな選択だった。兵士として戦場に赴くことは、死

> **COLUMN** *16-1 資源動員論*

　1970年代後半に，60年代の公民権運動や学生運動への関与経験をもとに理論化され，主流となった社会運動論の説明枠組みが資源動員論である。資源動員論の提唱以前は，アメリカでは，社会運動は，パニックやマス・ヒステリーなどとともに，集合行動の一種として扱われ，その非合理性や非日常性，情動性，暴力性などが強調されてきた。その代表は，大衆社会論や相対的剝奪論による説明であり，孤立した個人を前提に，相対的剝奪感や怒りなどのミクロレベルの社会心理学的な諸変数に焦点があてられていた。

　これに対して，社会運動組織や運動の戦略・戦術，マス・メディア，専門家の役割を重視し，社会運動を目的達成のための合理的な行為ととらえ，社会運動の形成・発展・衰退を，当該の運動体が動員可能な社会的諸資源の量や戦略の適合性によって説明しようとする考え方が資源動員論である。資源動員論の母体となったのは，C.ティリーらの歴史社会学的な運動研究や，M.N.ゾールドとJ.D.マッカーシーなどによる経営組織論を社会運動に適用した研究である。制度化を志向するようになった社会運動の現実に，より適合的な説明枠組みといえる。

　公民権運動の動員に果たした黒人教会の役割などから，運動組織の母体として，また潜在的に動員可能な成員の貯水池として，コミュニケーションの回路として，既存の社会的ネットワークの役割が重視された。戦略・戦術面におもに着目する政治社会学的な立場と合理性を強調する経済社会学的な立場とがあり，前者はとくに政治的機会構造論と呼ばれる（長谷川1985）。

　日本には1980年代に紹介され，この枠組みに基づいて，裁判闘争をはじめ，公害・環境問題などに組織的に取り組む住民運動の分析がなされた。

　資源動員論に対しては，新しい社会運動論の側から，成員のアイデンティティや価値観，感情などを軽視しているという批判があり，アメリカでも，1990年代半ば以降は，社会運動の文化的側面が注目されるようになった。近年は，D.マックアダムなどを中心に，フレーム分析などを取り入れ，集合的アイデンティティに着目して，文化的変数を取り込み，社会運動の総合的な分析が志向されるようになっている。

と隣り合わせの日々を送ることを意味する。命令に従って罪もないヴェトナムの民衆に銃口を向けざるをえないかもしれない。信仰上の理由などによる良心的徴兵拒否は制度的に可能であり，一定期間，国立公園のレインジャー活動に従事するなどして代替することも可能だった。しかし徴兵に応じないことは，同世代の友人たちがヴェトナムの地で戦死している一方で自分だけがぬくぬくと生きてい

るという罪責感を生み出さずにはおかない。事実上，将来の選択肢を大きく狭めることにもなりかねない。政治家として生きる道が塞がれる可能性もある。幸運にもヴェトナムに召集されずにすんだクリントン元大統領は，選挙のたびごとに徴兵逃れを相手陣営から指弾されてきたが，自伝『マイ・ライフ』（2004年）で，徴兵に応じるか否か，揺れ動いていた当時の心境を率直に語っている（Clinton 2004=2004）。

対抗文化と反乱の時代

1960年代は，10年以内に月面に人間を送り込むというJ. F. ケネディ大統領の61年の演説どおりに，69年7月に月面着陸をなしとげたように，技術文明中心の豊かな社会が進展する一方で，アメリカ史上に例をみないほど，黒人の公民権をめぐって，ヴェトナム戦争をめぐって，国内での亀裂が深まった激動の時代でもあった。その亀裂を象徴するかのように，1963年11月にはケネディ大統領が，68年4月にはキング牧師が，同年6月には兄と同様に国民の人気が高く，大統領選の有力候補だった，弟のR. ケネディ上院議員が暗殺された。既成の権威や価値観，ライフスタイルが根底から疑われ，ヒッピーやコミューンなどの対抗文化が花開き，異議申し立てが相次いだ「反乱の時代」でもあった。

公民権運動，学生運動，ヴェトナム反戦運動に続いて，1960年代末以降は，女性解放運動，環境運動が活発化した。60年代以降の社会運動の噴出という歴史的経験は，自身それらの運動の渦中や周辺にいた若い研究者に，彼らの経験とリアリティに基づく，資源動員論（resource mobilization theory）という新しい説明図式を生み出させることになった（コラム16-1）。

1.3 テクノクラートと「新しい社会運動」

若者反乱の時代——1968年前後

1968年前後は，アメリカだけでなく，世界的に学生を中心とする若者による反乱が吹き荒れ騒然とした時期である。

フランスでも，学生の自治権の承認や大学の民主化を求める学生運動が活発化し，1968年5月にはパリで，1000万人の労働者・学生によるゼネストが行われ，工場はストライキに突入し，それが全国に拡大し，フランス全土の交通システムが麻痺状態に陥ったほどだった。ドイツのボンでも，68年5月5万人の若者たちが抗議行動を行い，イタリアのフィレンツェやローマでも5月に抗議行動が起

> **COLUMN** **16-2 新しい社会運動論**
>
> アメリカで発達した資源動員論がおもに組織レベルに焦点をあてたのに対して，ヨーロッパで発達した新しい社会運動論は，環境運動や女性解放運動，学生運動などの，運動目標や活動のスタイル，価値観などの「新しさ」をマクロ的な視点から説明しようとする現代社会論的な性格を強くもっていた。
>
> 新しい社会運動の特質は，まず，①担い手の多様性にあった。労働者に限らず，農・漁民や地域住民，一般市民や専門職層，高学歴層の人びとなど，多様な担い手が社会運動に参加するようになった。とりわけ重要なのは，学生やエスニック・マイノリティのような周辺的・境界的な立場にいる人びとであり，国際的には，とくに女性が重要な役割を果たす場合が多かった。②イッシューも多様である。労働運動が工場という生産点のイッシューを争点化してきたのに対して，環境運動や女性解放運動に代表されるように，新しい社会運動はおもに生活の場という消費点のイッシューを問題化する。③価値志向の点では，新しい社会運動は，J.ハーバマスが「システム世界による生活世界の植民地化」と呼んだような，典型的には，自然を征服しようとする巨大化した技術文明，経済成長優先主義，大量生産・大量消費・大量廃棄的な文明のあり方を真っ向から批判し，これらを志向するテクノクラートを敵手とする運動だった。めざされたのは，テクノクラートに対する自律性の防衛，女性の解放，生態系の重視，「持続可能な発展」などの諸価値の実現だった。④行為様式としては，自己決定性や表出性，自己限定的なラディカリズムが重視される。テクノクラート側に対して，「人間の鎖」（参加者が手をつないで建物などを取り囲んで抗議の意志を表明する）やダイイン（参加者が地面にあおむけに横たわるなどして「死者」をシンボル化し，武力行使や戦争への抗議の意志を表明する）などによる，その場での意志表示が重視された。
>
> 新しい社会運動のもっとも重要な性格は，A.メルッチ（Melucci 1989=1997）が論じ，J.L.コーエンが「自己限定的なラディカズリム」と規定したように（Cohen 1985），革命運動のような体制変革を志向するのではなく，市場経済と議会制民主主義を基本的に受け入れたうえで，市民社会の自律性の防衛とパブリックな空間，公共圏の拡大をめざす点にある。

こっている。チェコスロヴァキアでも民主化を求める改革運動「プラハの春」が高揚し，8月，ソ連の軍事介入によって鎮圧されている。中国では，毛沢東の後押しを受け，1966年夏から，実権派の打倒をめざす紅衛兵運動が全国に拡大した。

日本でも，ヴェトナム戦争反対や日米安保条約反対，公害問題などを背景に，

日本大学や東京大学をはじめとして，多くの大学でストライキやバリケード封鎖が行われた。1969年1月には，学生たちが占拠していた東京大学の安田講堂が機動隊によって封鎖を解かれ，69年度の入学試験が中止された（小熊 2009a, 2009b; 小杉 2018）。

　国によって具体的な争点や運動スタイルは異なるが，西側の国々での学生反乱は，第二次世界大戦後のベビーブーム期生まれの若者たちが，大学の管理体制や教員に象徴される戦後の民主主義体制と福祉体制のタテマエと偽善性を鋭く告発したという共通点をもっている。

　フランスやイタリア，ドイツで，A. トゥレーヌや A. メルッチらによって，このような学生運動などの動きを受け止める形で提起されたのが，新しい社会運動論である（コラム 16-2）。新しい社会運動（New Social Movements）は，階級闘争型の労働運動，革命をめざすような体制変革志向的な社会主義運動と対比される運動である（Touraine 1978＝1983）。

　日本の学生運動は内ゲバをはじめ暴力事件を頻発させ，1970年以降急速に影響力を失っていくが，大学紛争の世代をおもな担い手として住民運動や市民運動，フェミニズム運動，カウンター・カルチュア運動などが各地で展開されるようになった。それらは日本における新しい社会運動の典型例といえる。長谷川は，チェルノブイリ事故直後の反原発運動を新しい社会運動論の視角から分析している（長谷川［1991］2003: 123-43）。

　このように新しい社会運動は，1960年代後半から80年代を特徴づけていた社会運動のあり方をいう。89年のヨーロッパにおける冷戦構造の解体以降は，トゥレーヌが提起したような，専門知識や科学・技術の担い手としてのテクノクラート 対 これと対峙する新しい社会運動の構図というよりもむしろ，次節で述べるように，政府セクター・営利セクターと，社会運動が制度化した市民セクターとのコラボレーションの時代を迎えたということができよう。市民セクターとのパートナーシップの重要性を説いた92年の地球サミットは，そのメルクマールといえる。

> **社会運動分析の三角形**

1990年代以降，アメリカで発展した資源動員論的アプローチ，ヨーロッパで発達してきた新しい社会運動論的アプローチ，これら社会運動論の代表的な潮流を統合し，より総合的に社会運動を説明しようとする志向性が高まってきた。その際のキーワードが，文化的フレーミング，政治的機会構造，動員構造である。

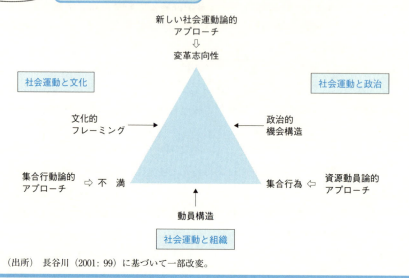

FIGURE 16-1 ● 社会運動分析の三角形

（出所）　長谷川（2001: 99）に基づいて一部改変。

　「私には夢がある」という言葉や「プラハの春」というアピールのように，社会運動を正当化し，参加を動機づけるような，参加者に共有された状況の定義，「世界イメージ」や運動の「自己イメージ」がフレームであり，これを形成するための意識的・戦略的なプロセスが文化的フレーミングの過程である。フレーミングは不満と変革志向性を媒介する動的な過程であり，D. A. スノーらが長年にわたって彫琢してきた（Snow et al. 1986）。E. ゴフマンとシンボリック相互作用論の影響を受けて，スノーらは，資源動員論では参加者の動機づけの説明が不十分であるとして，運動組織と成員の相互作用に着目し，運動に参加する個人の利害・価値観・関心と社会運動組織の目標・活動などを調整し，参加とコミットメントの動機づけを説明する分析枠組みとしてフレーム分析を用いている。
　政治的機会構造論は，ティリーやマックアダム，S. タローなど，アメリカの資源動員論の政治社会学的潮流と，ヨーロッパで，比較国家論的な社会運動の政治分析を行ってきたH. キッチェルトやH. クリージらを統合した説明枠組みである。社会運動の生成・展開・停滞を規定する制度的・非制度的な政治的条件の総体が政治的機会構造である。具体的にどのような条件に着目するのか，論者によっていろいろな立場があるが，マックアダムが整理しているように，基本的には以下

の4項目に整理することができる。①制度的政治システムの相対的開放性・閉鎖性，②政策当局の政策遂行能力，③挑戦者を支援するエリートの同盟の存在・不在，④政策当局の社会統制の能力である。

動員構造は，ゾールドとマッカーシーに代表される資源動員論のなかの経済社会学的潮流が着目してきた資源レベルでの変数群であり，どのような資源がどのような条件のもとで動員可能であるのかに注目したものである。

近年社会運動研究は多様化とともに，総合化しつつある。マックアダムの提起などをふまえて長谷川が「社会運動分析の三角形」として提起したように，「社会運動と組織」「社会運動と政治」「社会運動と文化」という3つの潮流を受け止める形で，政治的機会構造論とフレーム分析・新しい社会運動論，資源動員論が相互補完的に，融合する方向で研究は進展しつつある（長谷川 2001）。

市民社会論の復活や東アジア，第三世界における民主化運動の展開とともに，社会運動研究は，制度論的な政治学とも接点をもち，比較政治学や公共政策研究の主題の1つとなるとともに，いよいよ現代社会論的な相貌を帯びつつある。市民社会論，公共圏論，福祉レジーム論，グローバル化論，フェミニズム，環境社会学，NGO/NPO論，階級・階層論，科学技術論などとも密接な連関をもっている。

独立後長く独裁政権が続いてきた韓国では，1980年の光州事件や民主化運動を経て87年6月民主化宣言が発表され，大統領直接選挙が実現した。2016年秋以降，朴槿恵大統領の退陣を求める「ろうそく革命」と呼ばれる街頭デモが高揚し，朴大統領は弾劾・罷免され，人権派の文在寅政権が誕生した。

戒厳令体制が続いてきた台湾でも，1988年に李登輝が総統に就任して以降，民主化運動を背景に民主化が進み，96年には総統直接選挙が実施され，それ以降，平和的な政権交代が行われるようになった。2014年3月には，学生らが日本の国会議事堂にあたる立法院を24日間にわたって占拠する「ひまわり運動」が起こった。

2010年12月のチュニジアでの「ジャスミン革命」にはじまって，12年にかけて「アラブの春」と呼ばれる抗議行動が高揚し，チュニジア・ヨルダン・エジプト・リビア・イエメンのアラブ諸国に波及，これらの国々ではいずれも長期独裁政権が崩壊した（ただしリビアなどでは，その後内戦状態が続いている）。「アラブの春」はスペインの「怒れるものたち運動」を経由して，11年9月のニューヨーク・マンハッタンでの「ウォールストリート占拠運動」にも大きな影響を与えた。

2011年は世界的に抗議行動の年となった。

福島原発事故が起こった日本でも，2011年から12年にかけて原発再稼働に反対する反原発運動が高揚し（町村・佐藤編2016），15年夏には，安全保障関連法の制定を強行する政府への抗議行動が盛り上がった。

戦争と政治的抑圧が時代を覆った20世紀前半に対して，20世紀後半以降，多くの限界はあるものの，多くの国で，多様性をもった社会運動の展開が可能になってきた。なかでも，市民社会に基礎をおく，NGO/NPOなどを含む広義の市民的な運動の展開が，運動の多様化の中心にある。「社会運動社会」と呼ばれるように，抗議や異議申し立て，社会運動は，日本を含む多くの先進諸国において，制度化され，日常化したといえる。

市民セクターと新しい公共圏

2.1 社会運動の制度化と二極化

社会運動組織が大規模化し，社会のなかで，また政治過程のなかで影響力を増すにつれて，行政当局や政府の側も，社会運動の存在を無視しえなくなる。その代表を関連の委員会のメンバーに加えたり，事実上の交渉相手として，意見聴取や利害調整の相手として，認識し受容するようになる。対応して社会運動の側も，示威行動や直接行動などよりも，議会や審議会などの既存の制度の活用や，ロビー活動などを通じて，法の整備のような新たな制度形成を求めるようになり，制度を前提とした運動スタイルを重視するようになる。この二重のプロセスが社会運動の制度化である。体制側からみれば，体制内部への取り込み（co-optation）ともいえる。

たとえば一般市民の環境NGOへの参加率の高いオランダなどでは，多くの環境NGOは政府の助成金も得て活動している。アメリカの環境運動には，シエラ・クラブなど，「ビッグ10」と呼ばれる，会員数が数十万から200～300万人前後の巨大NGOが存在する。ヨーロッパの駅では，WWF（世界自然保護基金）のポスターをよく見かける。WWFが製造・販売している動物のぬいぐるみも街でよく目にする。国連の気候変動問題の会議のような国際会議で世論をリードしているのは，WWF，地球の友，グリーンピースなどに代表される巨大環境

NGOである。ヨーロッパでは，たとえば，グリーン・ピースの風力発電の推進政策のキャンペーンの担当者が，風力発電業界を束ねる業界団体のリーダーに転身したりすることも珍しいことではない。ヨーロッパ各国の政府や議会，企業，環境NGOの代表者が集まる風力発電の会議では，現グリーン・ピースからの参加者よりも，これら既存の組織の役員などに転身しているグリーン・ピースOBの出席者のほうが多いという。ドイツでは，グリーン・ピースは，自然エネルギーの販売ビジネスも行っている。このように環境NGOの巨大化・専門化・事業体化が目立っている。

社会運動は，専門化し，州政府や国家レベル・国際社会での政策決定過程や企業活動への影響力の拡大を重視する専門的NGOと，コミュニティ・レベルでの一般市民の関与や住民・市民の感覚を重視する草の根的NGOとに二極化しつつある。巨大化した専門的NGOに対しては，草の根的NGOの側から，そのエリート性やエリート主義的な運営に対して，ラディカルな批判が行われることがある。アメリカでの「環境的公正論」の立場からの，黒人側による白人中心主義的な環境NGOに対する批判はその代表である。

D. S. メイヤーとタローは，社会運動の制度化の進展をふまえて，次の3つの仮説に基づく社会運動社会（social movement society）という概念を提案している。「抗議が散発的なものから永続的な要素になること」「抗議の頻度の増大と構成員の多様化，権利要求の範囲の拡大」「専門化と制度化の進展による社会運動の日常政治化」である（Meyer & Tarrow eds. 1998: 4）。社会運動は圧力団体や政党に近づいていくが，そのことによって，抗議や社会運動はいつでもどんな問題に対しても起こりうるという様相を呈することにもなった。

2.2 市民セクターと新しい公共圏

市民セクター

1970年代・80年代の新しい社会運動論にかわって，90年代以降，世界的にNGOやNPOを具体的な担い手とする「市民社会」ブーム，「市民社会論ブーム」が沸き起こっている。その背景を考察してみよう。

第1は，「政府の失敗」「市場の失敗」「家族・コミュニティの失敗」という文脈での市民セクターへの期待である。

政府の失敗と呼ばれるような，「社会主義諸国」の失敗に代表される政府の計

画能力の限界,先例主義・縦割り行政・秘密主義・形式合理性の優位などのような官僚制の逆機能・非効率,インクレメンタリズム（増分主義）に基づいて年々ふくれあがる予算規模,財政の肥大化,財政赤字等々といった一連の現象がある。政府・行政は,公平性の原則に基づいて,法律に従って対応せざるをえない。画一性を免れることは容易ではない。先例のない新しい事態に対して,柔軟に対応することは一般に困難である。

同時に公害・環境問題のような外部不経済,寡占や独占の弊害,公共財の供給の不足,格差拡大などに代表される市場の失敗がある。民営化を強力に推し進めようとする新自由主義のように,市場の機能を再評価する議論が政治の場では,近年優位を占めているが,「市場の失敗」,市場の機能不全は現代資本主義社会の基本的な課題である。

さらに V. A. ペストフのいうような家族・コミュニティの失敗がある（Pestoff 1998=2000）。都市化にともなって流動性が増すにつれ,「家族」――広い意味での親族集団や近隣コミュニティは,従来もってきたような統合力や社会的機能を低下させている。

現代社会においては,政府,市場,家族・コミュニティのそれぞれが,機能不全に陥りつつある。これら3つの機能の低下を代替・補完するものとして,国家（政府セクター）でも,企業（営利セクター）でもない,NGO/NPO を具体的な担い手とする第三セクターとしての市民社会（市民セクター）への関心が高まってきたのである。

NGO/NPO に代表される市民セクターのもっとも重要な特質は,「必要原理」に基づく柔軟性にある。先例がなくても,営利活動として成り立たなくても,必要だと考え,動き出す人びとがいて活動が始まる。問題関心や動機の直接性・切実性,内面化された公共的なミッション,使命感,生活者としての全体的認識などに基づいて,自発的に組織され,自立的・自主的に運営される柔軟性・弾力性が特徴である。そこに市民セクターの社会変革能力の核心があるといえる。

現代的な市民社会論,市民セクター論は,A. de トクヴィル以来のアソシエーション,中間集団の諸機能の再評価の系譜,パットナムに代表される社会関係資本論の系譜,ハーバマスの公共圏論に代表される系譜の3つに整理することができる。これらは順に,「アソシエーションとしての市民社会」「社会関係資本としての市民社会」「公共圏としての市民社会」という市民社会論の代表的な立論を構成している（第4章第2節,第5章参照）。

FIGURE 16-2 ● 政府セクター・営利セクター・市民セクター

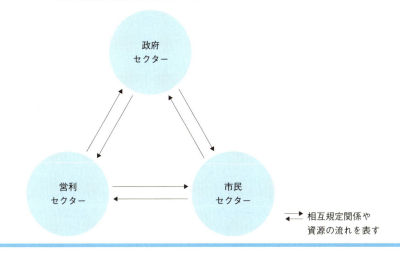

→ 相互規定関係や資源の流れを表す

　第2の文脈は，東欧諸国やソ連の崩壊をふまえた「社会主義批判」の文脈である。1968年のチェコスロヴァキアの「プラハの春」と呼ばれた「民主化運動」に代表されるように，東欧諸国での言論や自由の抑圧，人権の抑圧，権威主義的な共産党支配を告発する動きや理論的考察は1950年代から続いてきた。平田清明は，国際的にも先駆的な業績を発表している（平田 1969）。市民社会の伝統の脆弱性に，権威主義的な体制の歴史的政治的背景を求める見方である。そこでは，批判的・自律的な市民が構成する社会として，民主的な社会の基礎として市民社会が再評価され，市民社会＝ブルジョア社会というマルクス主義的な理解が批判される。

　第3は，途上国・中進国問題の文脈である。東欧だけでなく，中国を含む東アジア，東南アジア，南アジア，中東，ラテンアメリカ，アフリカ諸国など，市民社会の政治的・社会的伝統のない地域において，市民社会としての発展・成熟がどれだけ可能であるかを論じ，今後の民主化，人権問題，政治的安定度のゆくえを読み解こうとする文脈である。

　第4は，グローバル化，リージョナル化，情報化の文脈であり，「世界市民」「EU市民」と呼ばれるような，国民国家を超えたレベルでの市民社会の多様で急速な展開である。

第16章　社会運動と社会構想

> **COLUMN** *16-3* 公共圏――公論形成の場

　公共圏（public sphere）をめぐる問題に，もっとも大きな影響を与えたのは，ハーバマスの『公共性の構造転換』（Habermas [1962] 1990=1994）である。ハーバマスは，「市民的公共性」（bürgerliche Öffentlichkeit）という概念を提起している。公衆たる市民によって公権力＝国家に対抗的に主張される批判的な公共性である。近代国家から市民社会が分離するとともに成立したとされる，政治的世論，公論形成に関わる歴史的概念である。具体的には，市民がサロンやカフェや新聞・雑誌などを通じて公開の場で批判的な論争を行い，他者との共同のなかで社会的合意を形成していくようなあり方をさしている。ハーバマスは，サロンやカフェなどの対面的なコミュニケーションの場における「議論する公衆」が，新聞・雑誌などの活字メディアに媒介されて「読書する公衆」へ，さらにはラジオやテレビなどのマス・メディアの発達のもとで文化を「消費する大衆」へと変容を遂げていった歴史的プロセスを描き出している（第2章第2節参照）。

　ハーバマスの『公共性の構造転換』は，最初に刊行されたのは1962年だが，89年に英訳され，英語圏に本格的に紹介されるようになった。折からの東欧の「民主化革命」などを背景とした前述のような「市民社会論ブーム」のなかで，先駆的で基本的なテキストとして読まれるようになり，公共性は public sphere と英訳され，市民社会の核心部分として，英語圏でも大きな影響力をもつようになった。日本でも，花田達朗の提唱以来（花田 1996），上からの公益の押しつけというニュアンスの強かった「公共性」にかわって，合意形成の場やその動態性を強調する意味で「公共圏」と訳される場合が増えてきた。

　公共圏とは，公共的な関心をもつ人びとが集って，自由で平等な，開かれた対話を通じて「公益」とは何かを討議する場であり，「公論形成の場」「社会的合意形成の場」である。ある実体をさすというよりも，機能的な概念であり，現実の意思決定や政策決定のあり方を批判する規範的概念である。

　放送，新聞，雑誌，インターネットなどが，公共圏の具体的な媒体である。学校，シンポジウムやフォーラム，市民的なネットワークなども一種の公共圏的な役割を果たしうる。アメリカのタウン・ミーティングや日本の寄り合いなども，公共圏の原型といえる。

公 共 圏　　大気や土壌，河川，景観などの良好な環境は，本来，1人の独占物でも，特定の企業の独占物でもなく，現在世代のみならず，将来世代とも分かち合うべき共有の財産である。このような性質を「公共財」や「集合財」という。したがって環境を保全し，防衛

していくためには，多くの人びとの間での共同的な取り組みが不可欠である。多くの社会問題も同様に共同的な取り組みを必要としている。

その意味で，社会問題や公共政策は，共同的な意思決定や社会的合意形成と密接に関わっている。ではどのようにして，潜在的・顕在的利害対立を克服しながら，さまざまな関係者の間で，社会的合意形成を円滑に行っていくことができるだろうか。行きすぎた個人主義を乗り越えて，いかにして市民的連帯を強め，社会参加を促していくことができるだろうか，この問いこそが「公共圏」の問題の核心である。

四大公害裁判をはじめとする公害裁判は，公害問題に関する世論喚起，公害対策や政策の前進に大きな役割を果たしてきたが，法廷は，裁判官の前で，被害住民と加害企業や政府・自治体が，対等に，それぞれの主張を述べ合うことのできる場であり，裁判官を前にした特殊な公共圏とみることができる。

「京都議定書」を生み出した1997年の京都会議（COP3），「パリ協定」を生み出した2015年のパリ会議（COP21）をはじめとする国連の温暖化防止会議も，気候変動問題に関する国際的な公共圏である。そこでは各国代表だけでなく，環境NGOなども実質的に大きな影響力をもっている。

住民投票は，1996年の新潟県巻町の原発建設の是非をめぐる住民投票以来，市町村合併を除いて主要なものだけで十数件が実施された（2019年現在）。そのうち約半数は原子力発電や産廃問題など環境問題を焦点としたものである。住民投票は，地域の世論が大きく二分されているような場合，住民の意思を集約し，社会的に表明する手段であり，それに至るプロセス自体が住民自身による学習機会であり，現代的な公共圏の好例といえる（長谷川 2003）。

政策決定過程や環境アセスメントへの住民参加・市民参加，行政・企業などと，NGOなどとの協働のプロジェクトなども，公共圏的な意義をもっている。

では公共圏に関与すべき主体は，どの範囲の人びととなのだろうか。ドイツでは，あらゆる関係主体（ステイクホルダー）が環境政策上の意思形成過程へ早期に参加する必要性のあることを「協働原則」と呼び，それが環境法の基本原則となっている。国会や地方議会などの代議制民主主義の硬直的なあり方に対して，公共圏は直接民主主義的であり，関心をもつ者は誰でも平等の資格で発言できる。基本的には参加資格を限定しない開放性と対等性，柔軟性に特色がある。

公共圏は重層的で，多様性を担保したものであるべきである。利害を異にする基本的な関係者を網羅し，多様な観点からの自由で対等な意見表明がなされるよ

うなものでなければならない。

近年さまざまの文脈で，ガヴァメント（政府・支配）にかわって，ガヴァナンス（共治という訳語などがあてられることがある）という言葉が使われるようになっている（第3章参照）。主要な利害関係者との協働，利害調整と合意形成を重視するような枠組みや管理のあり方を強調して，ガヴァナンスと呼ばれる。公共圏はガヴァナンスの前提であり，その実践の場であるともいえる。

社会変革と社会構想のために

3.1 社会学と公共政策

近年，従来のような研究者養成の性格の強い大学院だけでなく，「高度専門職業人」の養成を謳い文句とした専門職大学院が増えており，そのなかでも法科大学院とともに公共政策大学院の設立が注目された。ただし公共政策大学院は法学部の政治学などの教員が中心で，社会学の教員がスタッフに含まれているところはほとんどないようである。

世界的にみても，これまで社会学では政策志向的な研究が弱かったといえる。とりわけ日本では，環境政策について舩橋晴俊や長谷川らの研究があり，そのほか福祉政策などの社会政策や都市政策，社会計画などの蓄積があるが，全般的に政策研究を重視する社会学者はきわめて限られてきた。そのことは，かならずしも社会学者が具体的な政策決定過程に関わる機会が限られてきたということを意味するのではない。国レベルではそれほど多くないが，地方自治体レベルでは，自治体の審議会などで，「学識経験者」として，委員や座長役を務めたことのある社会学者は少なくない。問題はそこで，社会学者がその専門性を発揮してきたというよりも，いわば「良識の代表」として調整役的な役割に甘んじてきた点にある。また，そのような場での社会学者への専門的な期待が，せいぜい社会調査データの提供程度の役割にとどまることも少なくない。

では政策研究において，社会学者はどのような役割を政治学者，法学者や経済学者などに対して，果たしうるのだろうか。社会学的な公共政策研究にはどのような可能性と特質があるのだろうか。

経済学や政治学，法律学のような他の社会科学は，それぞれ，「市場」と「貨

幣」,「権力」と「政策決定」,「法」と「権利」のような分析の中心的な焦点をもち,社会学に比べてより制度論的であり,道具的・技術学的である。

それに対して,社会学の第1の特質は包括性・全体論的性格にあるといえる。第2の特質は,自省性（reflexivity）にある。日常的な自明性によりかかることなく,知の根拠をたえず問い続ける姿勢は,とくに1960年代以降の社会学の大きな特質である。第3の特質は,行為,運動,価値,組織,コミュニティなどへの注目である。フィールドワークに基づいて現場性や居住者・生活者など当事者の視点を重視する点も重要な特質である。これらの特質を生かした政策研究は可能であり,政治学,法律学,経済学などに対して,社会学的な政策研究の独自の意義を主張しうるだろう。

3.2 リスク社会と社会構想

A. コントが「社会学」という言葉をつくったのは,1839年に刊行した『実証哲学講義』第4巻においてだった。フランス革命からちょうど50年後のことである。当時のフランス社会は,ナポレオンの帝政,王政復古,1830年の「7月革命」という政治的激動期にあり,しかも産業革命の初期段階にあった。「予見するために見る」という彼のスローガン的な言葉が知られている。発足当初から,社会学は,産業社会の自己認識の学という性格を強く帯びていた。キリスト教の教義によって裏打ちされた中世的な統合が崩壊し,社会秩序の正当性への懐疑が浸透し,急速に社会変動が進む時代に誕生した社会学は,社会変動の動因とその随伴的帰結の分析,社会変革への志向性を当初から課題としてきたのである。その意味で,政策学的志向性は社会学の歴史とともに古く,変動する産業社会が不断に生み出す個別の社会問題の診断と克服が草創期からの社会学の課題だったといえる。

21世紀初頭にかけて大きな反響を呼び起こしたのは,チェルノブイリ事故の起きた1986年に刊行されたU. ベックによるリスク社会論（第8章参照）である（Beck 1986=1998）。富の分配をめぐる争いから,リスクの回避をめぐる争いへ,という彼の主張は,気候変動問題やテロリズム,BSE問題,環境ホルモンなど,みえざるリスクに怯える時代の心理をとらえたものとみることもできる。

世界的にみると,社会構想がもっとも活気を帯びたのは,前近代から近代に移行するときである。伝統的な農業社会から工業社会への移行。農業社会から都市

社会への移行。身分制社会から市民社会への移行。フランス革命やアメリカ独立革命，ロシア革命など，大きな政治変動を教導したのは，このような新しい社会の到来を予告する社会構想だった。フランス革命においてJ.-J.ルソーらが果たした役割やアメリカ独立革命においてT.ペインなどが果たした役割，ロシア革命においてV.I.レーニンが果たした役割は，基本的にこのように理解することができよう。

　しかし工業社会から脱工業社会への移行期としての現代において，社会構想はむしろ語りにくくなっている。ベルやトゥレーヌなどの脱工業社会論はいずれも1970年代に発表されたものである。80年代以降の情報化・サービス経済化・グローバル化の急進展にもかかわらず，現代社会がどういう方向をめざしているのかについて，議論は深まりをみせてはいない。J.-F.リオタールがいうように，私たちは「社会主義」のような大きな物語を喪失したままである。工業社会の限界は，地球環境問題に代表されるようにさまざまに露呈しているが，工業社会にかわる展望を私たちは描き出せないままでいる。キング牧師は，人種間の平等の到来を「夢見た」が，私たちは夢や希望の喪失に直面しつつある。夢や希望にかわって，リスクをいかに回避するかを語らざるをえないのが現代である。

　第2章でSNS，第8章で自動車について詳しく検討したように，私たちはもはや技術について楽観視することはできない。新しい技術は，つねに何らかの負の要素を随伴せずにはおかないからである。成長や発展がけっしてバラ色ではないことを私たちは公害問題や環境問題の経験から知っている。地球の人口はすでに74億人を越えており，資源的制約や環境的制約という面からも，『成長の限界』が予告したような飽和状態に近づきつつある（Meadows et al. 1972=1972）。

　メイン・ストリーム的な価値観の喪失も，社会の統合を困難にしている。「文明の衝突」のように，宗教間・民族間・南北間・世代間・男女間など，さまざまなクラスターの間で，多様で複雑な利害対立がある。私たちはもはや「女性」や「男性」をひとくくりに語ることはできない（第12章参照）。国際化の進展のなかで，「日本人」も自明のあり方ではない。既存のいろいろな観念が，複数性・多様性の波に洗われようとしている。

　社会構想の困難さこそ，リスク社会としての現代の時代精神かもしれない。そのような時代に，社会学の立場から，私たちはどのように社会構想を論じることができるのだろうか。

3.3　公共社会学の提唱とその意義

　2003年から04年にかけてアメリカ社会学会の会長を務めたM.ブラウォイは，社会学は狭い意味でのアカデミックな社会学にとどまらず，公共社会学（パブリック・ソシオロジー：public sociologies）をめざすべきことを説いた（Burawoy 2005）。彼は，クライアントの注文に応じて仕事をする，従来の道具的な「政策的な社会学」のあり方を批判し，社会学が前提とする価値を「市民社会の防衛」と明示し，公共社会学を「市民社会と対話する社会学」と定義している。既成の「専門的な社会学」の自己閉塞性と，クライアント追従的な「政策的な社会学」の道具性を批判し，既存の「批判社会学」の限界を乗り越える，社会学の新しいあり方が「公共社会学」である。彼は，教条主義化を懸念して，また公共社会学の多様性・多元性を重視して，public sociologiesと複数形であることを強調している。

　アメリカ社会学会は，この提起を受けて，2003年から05年にかけて学会をあげて組織的に公共社会学運動を展開した。アメリカ国内にとどまらず，*British Journal of Sociology* やオランダで刊行されている *Critical Sociology* でも特集号が組まれるなど国際的反響も大きかった。ブラウォイの提起する公共社会学の骨子は，表16-2，16-3に要約されている。

　公共社会学の提唱の背景にあるのは，次のようなアメリカの社会学の現状に対する危機感である。

　第1は，社会学の過度の専門分化・細分化と，アメリカの社会学の専門誌掲載論文にみられるような操作主義的で計量分析中心となった社会学者の関心の閉塞化・研究の技術化への危機感である。

　第2は，経済学・政治学・社会工学などとの対抗性である。これらの道具的な政策科学と異なる社会学の独自の存在理由，新しい学問的アイデンティティが公共社会学に求められている。既存の道具的・技術学的な政策科学の隆盛に対する，社会科学の世界での社会学の防衛という側面がある。

　第3は，アメリカの近年の政治的保守化傾向への危機感である。

　第4は，近年のCommunity Service Learning運動からのインパクトである。Community Service Learningは，1990年代以降，ミシガン大学などを中心に，市民活動などへの参与観察をとおして，学生が教壇やキャンパス以外の場での，実体験から学ぶ学習法として，アメリカの大学，とくに社会学に組織的に浸透してきた。

TABLE 16-2 ● 社会学の4類型

知識の性格＼聴衆の範囲	研究者内部	研究者外部
手段的知識	専門的社会学	政策社会学
反省的知識	批判社会学	公共社会学

（出所）Burawoy（2005: 11）。

TABLE 16-3 ● 社会学的知識の4類型

知識の性格＼聴衆の範囲	研究者内部	研究者外部
手段的知識	専門的社会学	政策社会学
知識の性格	理論的／経験的	具体的
真理の性格	文書による	実践的
正当性の基準	科学的規範	有効性
説明責任の相手	研究者仲間	依頼主
政治の理解	専門家の自己利益	政策的介入
病理形態	自己閉塞性	追従
反省的知識	批判社会学	公共社会学
知識の性格	基礎的	コミュニケーション的
真理の性格	規範的	コンセンサス
正当性の基準	道徳的評価	有意性（relevance）
説明責任の相手	批判的知識人	特定の公衆
政治の理解	内部的論争	公共的対話
病理形態	ドグマティズム	知的前衛主義

（出所）Burawoy（2005: 16）に基づいて一部改変。

　第5は，1960年代の大学紛争世代による，ミルズやA. W. グールドナーらのラディカル・ソシオロジーの批判乗り越えという側面である。公共社会学運動を牽引しているのは，ブラウォイらのようにアメリカにおけるヴェトナム反戦運動世代，ベビーブーマーたちである。この世代の研究者は，引退目前の時期にさしかかっており，後続の世代および後続の学問のあり方への危機意識から，このような置きみやげを残そうとしているとみることもできる。

　public sociologyというとき，ブラウォイらが念頭においているのは，基本的にはaudienceとしてのpublic（公衆）であり，市民社会の主人公であるactorとしてのpublicでもあろう。日本の社会学や社会科学のこれまでの蓄積，遺産も，「市民社会との対話」という観点から再評価・再構成することができる。公共性

や公共圏について，市民社会について，とくに日本で論じられてきたのは，agenda（議題）としての public であり，公共性問題だった。public はこのように，audience, actor, agenda として三重に規定することができる。

　ブラウォイらは，社会学と経済学・政治学・社会工学などとの対抗性を重視しているが，専門分化し閉塞化した既存の社会学・社会科学を横断的に媒介する営みとしての公共社会学の意義があろう。とくにグローバル化とともに，多様性・多元性を急速に拡大していく現代社会において，相互の「対話」可能性をひらく媒介役を果たしうる学問の意義は，いよいよ重大である。社会科学のなかでも，社会学は，このような対話可能性の拡大と媒介性を特質とし，武器とすることができるのではないだろうか。

　公共社会学の提唱が，国際的に反響を得ている大きな背景として，グローバル化・情報化にともなう公共圏の変容，とりわけ公共圏の脆弱化に対する危機意識が存在しよう。

　政治学や経済学，法律学が基本的には国家対個人という枠組みのもとで議論するのに対して，社会学の特質は，É. デュルケムに代表されるように，さまざまな中間集団，連帯的な集団の役割を重視する点にある。公共圏の脆弱化は，社会学的には，中間集団，連帯的集団の脆弱化，私化の進展として把握できる。

3.4　社会構想と価値

現代社会の基本的価値　現代社会において，社会学に対する実践的要請はいよいよ高まりつつある。さまざまの社会問題に対して，また社会構想にあたって，社会学の名において，何をどこまでなしうるのか，ブラウォイのように，市民社会との関係で「公共社会学」を考えようとするとき，私たちは前提とする，自己の立脚しようとする価値の問題を考えずにはいられない。私たちはどのような価値前提に立脚することができるだろうか。まず近代社会の価値前提について考えてみたい。

　現代社会には普遍性の高い基本的な 4 つの価値があるのではないだろうか。

　フランス革命の直後に制定されたフランス国旗は，ポールの側から順に，青・白・赤の三色旗である。青は自由，白は平等，赤は博愛を示している。自由・平等・博愛は，啓蒙思想とその影響を受けたフランス革命のスローガンであり，近代の市民社会の基本的な価値といえる。これを社会学的にとらえ直せば，自己決

定・正義および社会的公正・連帯ということになろう。しかしこの3つだけでは，現世代中心的・人間中心的であるという限界をもっている。これに将来世代との関係，自然との共生を重視する持続可能性（サステイナビリティ）を加えた4つを，普遍性の高い現代的な価値として検討していきたい。

正義・平等・公正

正義（justice）は，人間の行為や社会制度の妥当性を判断する評価基準の1つとしてとらえることができる。何が正義であるかは，人類の歴史とともに，もっとも論争的なテーマであり続けてきた。正義をどのように根拠づけることができるかは，西洋においても東洋においても，法哲学や政治哲学，社会哲学などのもっとも重要な争点だったといえる。大きくは，何が正義であるかを確定できるとする価値絶対主義の立場（たとえばキリスト教などの一神教の世界観）と，確定できないとする不可知論的な価値相対主義の立場がある。「最大多数の最大幸福」で知られるJ. ベンサム的な功利主義も，正義論の代表的な立場である。相互の対話による社会的合意を正義の根拠と考える，ハーバマスの討議的正義論は，現代的な正義論である。社会的・経済的不平等はもっとも恵まれない人びとの利益を最大化するのに必要な限りでのみ正当化されうるとする「格差原理」を中心とするJ. ロールズの正義論も，現代の社会科学に大きな影響を与えた。

平等（equality）は一般に正義の下位概念と理解することができ，典型的には，アリストテレス以来，いろいろな価値が平等に分配されていることが分配的公正とされてきた。

社会学や社会心理学では，社会的公正（social justice）が現代的な研究テーマとなっている。社会的公正には，分配的公正と手続き的公正という2つの側面がある。分配的公正は，どのような人びとに，どのような社会的資源を，どのような原理で分配するのが適切か，という問題であり，手続き的公正は，そもそも，適切な分配方法をどのようにして決定すべきかという問題である。

分配的公正に関する代表的な考え方には，①普通選挙権のように，成員間に均等に分配するという「均等原理」（equality principle），②機会の平等を前提に貢献度に応じて分配する「応能原理」（equity principle），③必要度に応じて分配する「必要原理」（need principle）がある。能力主義的な給与体系は，応能原理的な考え方に基づくものであり，年功的な給与体系は，教育費負担の増大など家計の必要に対応する必要原理的な考え方に沿ったものとみることができる。「すべて国民は，健康で文化的な最低限度の生活を営む権利を有する」という日本国憲法第

25条に規定された生存権は，一般に自由権に対して「社会権」と呼ばれる基本的人権だが，必要原理に基づく権利である。

自由と自己決定性

自由もまたきわめて論争的な概念であるが，基本的には「拘束を受けないこと」である。他人による干渉や拘束，束縛の不在を意味する。「……からの自由」と呼ばれるような「消極的自由」が，このような自由の第1の側面である。言論の自由，思想・信条の自由などに代表される，「自由権」と呼ばれる基本的人権である。政治哲学など，社会科学においては，とくに国家権力との関係で「権力からの自由」が重視されてきた。他方に，I.バーリンが「積極的自由」と呼んだような「……への自由」，特定の価値実現に向けての行為の自由，選択の自由という，もう1つの側面がある（Berlin 1969=1971）。

今日，社会学では，自由は，おもに自己決定の問題として論じられている（第9章第5節参照）。問題は，自由や自己決定の範囲がどのように社会的に制限されうるかである。

第1に，他者の自由と自己の自由との衝突という問題がある。人びとの自己決定の自由は，原則的には，他者に危害を加えないなど，他者の自己決定の自由を損ねてはならない。暴力や殺人が許されないのは，それが，他者の自由を物理的に損なおうとする行為だからである。しかし第1章で論じられたような車内での「化粧」や「携帯電話の使用」のような「迷惑行為」の場合にはそれをどのように実効的に制限できるか，という論争的な問題がある。受動喫煙の影響が重視されるにつれ，今日では，公的な場所での喫煙は，世界的に大きく制限されつつある。「表現の自由」がどこまで認められるべきか，という問題は「猥褻性」や「暴力的なシーン」「他者のプライバシー」などとも関わっている。

第2に，社会的利益と自由との衝突という問題がある。建築物を建てるにあたって高さ規制や土地利用の制限事項などを守らなければならないのは，日照権などの隣人の自由を損なわないこととともに，景観などの社会的利益を損なわないためである。麻薬の所持や吸引が認められないのも，麻薬使用の広がりによる社会的損害を怖れてのことであろう。

社会的利益と自由との衝突で，今日深刻なのは，フリーライダー問題（第3章参照）である。日本をはじめ先進国では軒並み投票率が低下している。ほとんどの国で投票は権利であり，義務ではない（オーストラリアのように「義務」としている国家もある）。棄権する自由が認められている。その結果，投票に行くことをコ

TEXTinTEXT 16-2 ● グスコーブドリ──宮沢賢治の自画像

　「ブドリは技師心得になつて，一年の大部分は火山から火山と廻つてあるいたり，危くなつた火山を工作したりしてゐました。
　次の年の春，イーハートーブの火山局では，次のやうなポスターを村や町へ張りました。『窒素肥料を降らせます。
　今年の夏，雨といつしよに，硝酸アムモニアをみなさんの沼ばたけや蔬菜ばたけに降らせますから，肥料を使ふ方は，その分を入れて計算してください。分量は百メートル四方につき百二十キログラムです。
　雨も少しは降らせます。
　旱魃の際には，とにかく作物の枯れないぐらゐの雨は降らせることができますから，いままで水が来なくなつて作付しなかつた沼ばたけも，今年は心配せずに植ゑ付けてください。』
　……
　ブドリはぼたんを押しました。見る見るさつきのけむりの網は，美しい桃いろや青や紫に，パツパツと眼もさめるやうにかがやきながら，点いたり消えたりしました。ブドリはまるでうつとりとしてそれに見とれました。そのうちにだんだん日は暮れて，雲の海もあかりが消えたときは，灰いろか鼠いろかわからないやうになりました。
　……
　ブドリはもううれしくなつてはね上りたいくらゐでした。この雲の下で昔の赤鬚の主人もとなりの石油がこやしになるかと云つた人も，みんなよろこんで雨の音を聞いてゐる。そしてあすの朝は，見違へるやうに緑いろになつたオリザの株を手で撫でたりするだらう，まるで夢のやうだと思ひながら雲のまつくらになつたり，また美しく輝いたりするのを眺めて居りました。……
　その年の農作物の収穫は，気候のせゐもありましたが，十年の間にもなかつたほど，よく出来ましたので，火山局にはあつちからもこつちからも感謝状や激励の手紙が届きました。ブドリははじめてほんたうに生きた甲斐があるやうに思ひました。」宮沢賢治「グスコーブドリの伝記」（宮沢 [1932] 1986: 262-65，文字使い・ルビなど原文どおり）

●視点と課題●

　　「グスコーブドリの伝記」は農民詩人で農民科学者であった宮沢賢治の寓話的自画像であり，理想像とされる。文中のオリザは稲を意味するラテン語。

ストととらえ，コスト負担を避けようとするフリーライダーが増えることになる。投票率が低下するほど，「組織政党」が有利になり，極端な場合には少数者支配になり，民主主義の基盤が掘り崩されかねない。
　第3は，子どもや高齢者，障害者などの社会的弱者にとっての自己決定の限界

と彼らの意思を誰がどのような原理で代弁すべきか,という問題である。自己決定可能なのは「強者」であり,社会的弱者は自己決定するだけの十分な判断力をもたない場合がある。他方では,典型的には延命治療や安楽死などの問題に関連して,彼らの意思をどのように尊重できるか,尊重すべきか,という問題がある。

博愛と社会的連帯

フランス革命時の三色旗の赤色が象徴した「博愛」(fraternity) は,本来的には,特定の仲間集団内部での連帯感の表明であり,かならずしも直接的な結びつきを超えた人間愛や人類愛につながるものではなかった。しかし今日的にとらえれば,博愛は共感や連帯ということができる。

連帯への着目は,すぐれて社会学的な視点である。家族や集団の凝集性が自殺を抑止するとするデュルケムの「自己本位的自殺」の議論をはじめとして,社会学は中間集団の役割を重視してきた。孤立した個人よりも,既存の連帯的な集団のほうが動員しやすいとする資源動員論も,中間集団の役割を再評価したといえる。基本的には国家(政府)対個人という枠組みで考える法学や個人主義的な枠組みで考える経済学などとの大きな相違点である。市民社会に定位することとともに,中間集団を注視することは,社会科学のなかで,社会学の大きな特質である。

持続可能性

1972 年に出版されたローマクラブの『成長の限界』は,大きな反響を引き起こした (Meadows et al. 1972=1972)。長い間,人類は無限の成長が可能であるかのような幻想を抱いてきたからである。第 8 章でも述べたように,私たちが現在直面している気候変動問題,放射性廃棄物問題,産業廃棄物問題,ごみ問題,大気や土壌,河川・海水の汚染問題などは,いずれも,温室効果ガスを含む,廃棄物に関わる問題である。

私たちは今,地球の容量の限界,自然界の処理能力・吸収能力の限界を超えて,現代社会がこれらの廃棄物を生み出し続けているという問題に直面している。気候変動問題には,自然からの復讐という側面がある。

自然からの復讐で思い出されるのは,宮沢賢治の詩的世界である(見田 1984)。宮沢賢治の「注文の多い料理店」は,食べる側と食べられる側,注文する側と注文を受ける側との転倒というスリリングな関係を巧みに童話化したものである。コントロールしようとする側がじつはコントロールされているのだ,という世界観は,宮沢の世界の独特の魅力を形作っている(宮沢 [1924] 1986)。コントロールすることの原理的困難さとそれでもコントロールしようとする努力を,宮沢は

第 **16** 章　社会運動と社会構想　　535

「グスコーブドリの伝記」などで，詩的に，イメージ豊かに描き出している（TEXT IN TEXT 16-2）。

言説の公共空間へ

フランス革命から50年後に生まれた社会学は，発足当初から，近代市民社会・産業社会の自己認識の学という性格を強く帯びていた。社会学の約180年の歴史は，刻々変動する現代社会が不断に生み出す社会問題の診断と克服，社会変動との格闘の歴史だったともいえる。

漱石が19世紀末から20世紀への移行をロンドンで目撃したように，私たちは今21世紀前半の現代を生きている。ミルズが社会学的想像力という言葉で提起したように，1人ひとりの無名の個人の歴史も，大きな社会変動，構造的変動との接点をもっている。

ユートピア的な社会構想の時代は過ぎ，眼前のリスク回避に汲々とせざるをえない時代であるがゆえに，原理的でねばり強い反省的な思考の意義は大きい。

社会学的なまなざしを武器に，現実社会との対話をとおして，活き活きとした言説の公共空間を作り上げていこうとする努力こそが社会学の大きな課題と任務であり，魅力であろう。社会構想は，社会的現実がもちうるさまざまな意味の絶えざる再発見を通じて，漸進的に育まれ営まれていくものである。

BOOK GUIDE　文献案内

● 原典にせまる

① W. ミルズ『社会学的想像力』鈴木広訳，紀伊國屋書店，1965（原著1959）。
② A. トゥレーヌ『声とまなざし——社会運動の社会学』梶田孝道訳，新泉社，1983（原著1978）。
③ A. メルッチ『現在に生きる遊牧民——新しい公共空間の創出に向けて』山之内靖ほか訳，岩波書店，1997（原著1989）。
④ S. タロー『社会運動の力——集合行為の比較社会学』大畑裕嗣監訳，彩流社，2006（原著1994）。

①は，社会学のあり方，社会学的に歴史をとらえるとはどういうことか，を考えるのによい。②と③は，新しい社会運動論を代表する文献。②には，文化的創造と社会紛争をとおして，人間が歴史を創るという強いメッセージがある。③は，集合的アイデンティティを探求する現代の社会運動を「遊牧民」（ノマド）ととらえたもの。④は，政治的機会構造論の立場からの社会運動論で，分析的・総合的である。

● 理解を深める

⑤ 上田紀行『覚醒のネットワーク』河出文庫，2016年（初版1989年）。
自己変革と社会変革，身体論的覚醒と協働的な社会実践は，社会運動の2つの動因であ

る。初版出版当時弱冠 31 歳の文化人類学者は，この 2 つの課題の統合を，卓抜に「闘士が瞑想し，聖者が山から降りてくる」と形容する。

⑥ 伊藤守ほか『デモクラシー・リフレクション——巻町住民投票の社会学』リベルタ出版，2005。
1996 年 8 月に新潟県巻町で実施された原発建設の是非をめぐる住民投票は，日本初の正式な住民投票であり，原発建設を断念させた。保守的な町で，運動が短期間に高揚した理由は何か。人びとの意識はどのように変化したのか。メディアはどう報じたのか。質的データと量的データの両面から多角的に分析している。

● 視野を広げる
⑦ A. ギデンズ『近代とはいかなる時代か？——モダニティの帰結』松尾精文・小幡正敏訳，而立書房，1993（原著 1990）。
近代の光と影をどのようにとらえるか，それは，社会学と社会科学の永遠の問いである。ギデンズは，目配りの行き届いたセンスのいい材料を提供して，私たちを刺激し，挑発してくれる。たとえば社会運動に関する一節では，「社会運動は，起こりうる未来を見せてくれ，ある面ではそうした未来を実現させるための媒介手段でもある」。

⑧ 小熊英二『〈民主〉と〈愛国〉——戦後日本のナショナリズムと公共性』新曜社，2002。
日本の社会学と社会科学にとっての最大の問いは，戦後社会の意味をどのようにとらえるかである。⑧は，戦争体験が，1960 年代までの日本の言説空間をどのように規定していたのか，〈民主〉と〈愛国〉をキーワードに多角的に丹念にあとづけたもの。

⑨ 黒澤明監督・映画『七人の侍』1954。
黒澤明の最高傑作『七人の侍』は，社会運動論にとっても示唆に富む。どのような仲間をどのように募るのか，住民をどのように導き，鍛え上げるのか，等々。課題を達成し去っていく七人の侍と農民の緊張をはらんだダイナミックな関係は，弁護団と原告住民，「よそもの」の活動家と「土着」の地域住民との関係などに置き換えることができる。

Chapter 16 ● 考えてみよう

❶ 1945年8月15日以降の出来事のなかで,もっとも重要だと考える出来事は何か。重要だと思うものから順に3つあげ,選んだ理由も述べなさい。

❷ 親や祖父母などから1人を選び,そのライフヒストリーを聴き取って,個人の歴史と大きな社会変動の接点を,身近な人の人生のなかに具体的に体感してみよう。

❸ あなたの身のまわりには,公論形成の場としての「公共圏」がどのように存在しているだろうか。たとえばサークル活動,クラス討論,市民活動,視聴者参加番組,インターネット上の掲示板やブログなどをとおして具体的に観察し,考察してみよう。

❹ 社会運動の誕生・発展から衰退に至るダイナミズムは,どのように説明できるだろうか。具体的な社会運動を例に考えてみよう。

❺ 社会学はどのような学問か。経済学,政治学,法律学,心理学,人類学などと関係づけて,その特質を考えてみよう。

引用・参照文献

◆第1章

Durkheim, É., [1893] 1960, *De la division du travail social*, Presses Universitaires de France.（＝1971, 田原音和訳『社会分業論』青木書店）

Durkheim, É., [1895] 1960, *Les règles de la méthode sociologique*, Presses Universitaires de France.（＝1978, 宮島喬訳『社会学的方法の規準』岩波文庫）

江原由美子, 1987, 「座席取りの社会学」山岸健編『日常生活と社会理論――社会学の視点』慶應通信.

Garfinkel, H., [1964] 1967, "Studies of the Routine Grounds of Everyday Activities," *Studies in Ethnomethodology*, Prentice-Hall.（＝1989, 「日常活動の基盤」北澤裕・西阪仰訳『日常性の解剖学』マルジュ社）

Goffman, E., 1963, *Behavior in Public Places: Notes on the Social Organization of Gatherings*, Free Press.（＝1980, 丸木恵祐・本名信行訳『集まりの構造――新しい日常行動論を求めて』誠信書房）

Hall, E. T., 1966, *The Hidden Dimension*, Doubleday.（＝1970, 日高敏隆・佐藤信行訳『かくれた次元』みすず書房）

橋元良明編, 2016, 『日本人の情報行動2015』東京大学出版会.

居安正, 2000, 『ゲオルク・ジンメル――現代分化社会における個人と社会』東信堂.

小林よしのり, 1998, 『戦争論』幻冬舎.

今和次郎, [1926] 1987, 「郊外風俗雑景」『考現学入門』ちくま文庫.

永嶺重敏, 1997, 『雑誌と読者の近代』日本エディタースクール出版部.

中川清, 1985, 『日本の都市下層』勁草書房.

小川伸彦, 2005, 「欲望・儀礼・認識」『高野山カンファレンス2004 デュルケーム＝ジンメル合同研究会報告書』ジンメル研究会・デュルケーム／デュルケーム学派研究会.

齋藤純一, 2000, 『公共性』岩波書店.

Schivelbusch, W., 1977, *Geschichte der Eisenbahnreise: Zur Industrialisierung von Raum und Zeit im 19. Jahrhundert*, Hanser.（＝1982, 加藤二郎訳『鉄道旅行の歴史――19世紀における空間と時間の工業化』法政大学出版局）

渋谷昌三, 1990, 『人と人との快適距離』日本放送出版協会.

Simmel, G., [1903] 1957, "Die Großstädte und das Geistesleben," *Brücke und Tür: Essays des Philosophen zur Geschichte, Religion, Kunst und Gesellschaft*, K. F. Koehler.（＝1998, 「大都市と精神生活」居安正訳『新編改訳社会分化論・宗教社会学』青木書店）

Simmel, G., 1908, *Soziologie: Untersuchungen über die Formen der Vergesellschaftung*, Duncker & Humblot.（＝1994, 居安正訳『社会学』〔上・下〕白水社）

総務省, 2017, 『平成29年版 情報通信白書』日経印刷.

総務省, 2018, 『平成30年版 情報通信白書』日経印刷.

寺出浩司, 1994, 『生活文化論への招待』弘文堂.

Tönnies, F., [1887] 1935, *Gemeinschaft und Gesellschaft: Grundbegriffe der reinen Soziologie*, Buske.（＝1957, 『ゲマインシャフトとゲゼルシャフト』〔上・下〕岩波文庫）

Urry, J., 2000, *Sociology beyond Societies: Mobilities for the Twenty-first Century*, Routledge.（＝2006, 吉原直樹監訳『社会を越える社会学――移動・環境・シチズンシップ』法政大学出版局）

Urry, J., 2007, *Mobilities*, Polity Press.（＝2015, 吉原直樹・伊藤嘉高訳『モビリティーズ――移動の社会学』作品社）

Weber, M., [1904] 1922, "Die » Objektivität « sozialwissenschaftlicher und sozialpolitischer Erkenntnis," *Gesammelte Aufsätze zur Wissenschaftslehre*, J. C. B. Mohr.（＝1998, 富永祐治・立野保男訳, 折原浩補訳『社会科学と社会政策にかかわる認識の「客観性」』岩波書店）

◆第2章

朝井リョウ,2015,『何者』新潮文庫.
浅野智彦,2001,『自己への物語論的接近——家族療法から社会学へ』勁草書房.
Beck, U., 1986, *Risikogesellschaft: Auf dem Weg in eine andere Moderne*, Suhrkamp.(=1998,東廉・伊藤美登里訳『危険社会——新しい近代への道』法政大学出版局)
Berger, P. L., 1963, *Invitation to Sociology*, Doubleday.(=1989,水野節夫・村山研一訳『社会学への招待』〔改訂新装版〕思索社)
Foucault, M., 1975, *Surveiller et Punir: Naissance de la prison*, Gallimard.(=1977,田村俶訳『監獄の誕生——監視と処罰』新潮社)
Garfinkel, H., [1964] 1967, "Studies of the Routine Grounds of Everyday Activities," *Studies in Ethnomethodology*, Prentice-Hall.(=1989,「日常活動の基盤」北澤裕・西阪仰訳『日常性の解剖学』マルジュ社)
Giddens, A., 1991, *Modernity and Self-identity: Self and Society in the Late Modern Age*, Polity Press.(=2005,秋吉美都・安藤太郎・筒井淳也訳『モダニティと自己アイデンティティ——後期近代における自己と社会』ハーベスト社)
Goffman, E., 1959, *The Presentation of Self in Everyday Life*, Doubleday.(=1974,石黒毅訳『行為と演技——日常生活における自己呈示』誠信書房)
Goffman, E., 1961, *Encounters: Two Studies in the Sociology of Interaction*, Bobbs-Merrill.(=1985,佐藤毅・折橋徹彦訳『出会い——相互行為の社会学』誠信書房)
Goffman, E., 1963, *Behavior in Public Places: Notes on the Social Organization of Gatherings*, Free Press.(=1980,丸木恵祐・本名信行訳『集まりの構造——新しい日常行動論を求めて』誠信書房)
菅野仁,2003,『ジンメル・つながりの哲学』日本放送出版協会.
片桐雅隆,2000,『自己と「語り」の社会学——構築主義的展開』世界思想社.
片桐雅隆,2006,「過去を担う自己と社会」富永健一編『理論社会学の可能性——客観主義から主観主義まで』新曜社.
Mead, G. H., 1934, *Mind, Self, and Society: From the Standpoint of a Social Behaviorist*, University of Chicago Press.(=1973,稲葉三千男・滝沢正樹・中野収訳『精神・自我・社会』青木書店)
夏目漱石,[1911] 1990,『吾輩は猫である』岩波文庫.
野口裕二,2002,『物語としてのケア——ナラティヴ・アプローチの世界へ』医学書院.
Parsons, T., 1951, *The Social System*, Free Press.(=1974,佐藤勉訳『社会体系論』青木書店)
Sartre, J.-P., 1943, *L'être et le néant: Essai d'ontologie phénoménologique*, Gallimard.(=1956,松浪信三郎訳『存在と無——現象学的存在論の試み』〔第1分冊〕人文書院)
沢木耕太郎,[1977] 1980,『人の砂漠』新潮文庫.
Sen, A. K., 1982, *Choice, Welfare and Measurement*, Basil Blackwell.(=1989,大庭健・川本隆史訳『合理的な愚か者——経済学=倫理学的探究』勁草書房)
Simmel, G., 1900, *Philosophie des Geldes*, Duncker & Humblot.(=1999,居安正訳『貨幣の哲学』〔新訳版〕白水社)
Simmel, G., 1908, *Soziologie: Untersuchungen über die Formen der Vergesellschaftung*, Duncker & Humblot.(=1994,居安正訳『社会学』〔上・下〕白水社)
Simmel, G., 1917, *Grundfragen der Soziologie*, Walter de Gruyter.(=1979,清水幾太郎訳『社会学の根本問題』岩波文庫)
手塚芳晴・手塚美和子,2011,『実践就活マニュアル——幸せな未来に向けて就活を勝ち抜こう』ヴィーナスアソシエイション.
Weber, M., [1913] 1922, "Über einige Kategorien der verstehenden Soziologie," *Gesammelte Aufsätze zur Wissenschaftslehre*, J. C. B. Mohr.(=1968,林道義訳『理解社会学のカテゴリー』岩波文庫)
Wrong, D. H., 1961, "The Oversocialized Conception of Man in Modern Sociology," *American Sociological Review*, 26-2.

◆第3章

Bellah, R. N. et al., 1985, *Habits of the Heart: Individualism and Commitment in American Life*, University of California Press.（＝1991, 島薗進・中村圭志訳『心の習慣――アメリカ個人主義のゆくえ』みすず書房）

Blau, P. M., 1964, *Exchange and Power in Social Life*, J. Wiley.（＝1974, 間場寿一ほか訳『交換と権力――社会過程の弁証法社会学』新曜社）

Bourdieu, P., 1987, *Choses dites*, Éditions de Minuit.（＝1988, 石崎晴己訳『構造と実践――ブルデュー自身によるブルデュー』新評論）

Dahl, R. A., 1961, *Who Governs?: Democracy and Power in an American City*, Yale University Press.（＝1988, 河村望・高橋和宏監訳『統治するのはだれか――アメリカの一都市における民主主義と権力』行人社）

Dahrendorf, R., 1968, *Essays in the Theory of Society*, Routledge & Kegan Paul.（＝1976, 橋本和幸ほか訳『価値と社会科学』ミネルヴァ書房）

Foucault, M., 1975, *Surveiller et punir: Naissance de la prison*, Gallimard.（＝1977, 田村俶訳『監獄の誕生――監視と処罰』新潮社）

Garfinkel, H., 1967, *Studies in Ethnomethodology*, Prentice-Hall.（＝1987, 山田富秋・好井裕明・山崎敬一編訳『エスノメソドロジー――社会学的思考の解体』せりか書房）

Gerhardt, U., 2002, *Talcott Parsons: An Intellectual Biography*, Cambridge University Press.

Giddens, A., 1979, *Central Problems in Social Theory: Action, Structure, and Contradiction in Social Analysis*, University of California Press.（＝1989, 友枝敏雄・今田高俊・森重雄訳『社会理論の最前線』ハーベスト社）

Gouldner, A. W., 1970, *The Coming Crisis of Western Sociology*, Basic Books.（＝1974-75, 岡田直之ほか訳『社会学の再生を求めて』新曜社）

Habermas, J., [1962] 1990, *Strukturwandel der Öffentlichkeit: Untersuchungen zu einer Kategorie der bürgerlichen Gesellschaft*, Suhrkamp.（＝1994, 細谷貞雄・山田正行訳『公共性の構造転換――市民社会の一カテゴリーについての探究〔第2版〕』未來社）

Hobbes, T., [1651] 1991, *Leviathan*, Cambridge University Press.（＝2009, 永井道雄・上田邦義訳『リヴァイアサン』〔Ⅰ・Ⅱ〕中央公論新社）

鎌田慧, 1991, 『六ヶ所村の記録』（上・下）岩波書店.

川島武宜, 1967, 『日本人の法意識』岩波新書.

川島武宜, 1982, 『川島武宜著作集第3巻法社会学3』岩波書店.

Luhmann, N., 1972, *Rechtssoziologie*, Rowohlt.（＝1977, 村上淳一・六本佳平訳『法社会学』岩波書店）

Machiavelli, N., 1532, *Il principe*, (13ed. Giulio Einaudi editore, 1984)（＝2018, 池田廉訳『君主論〔新版〕』中公文庫）

丸山眞男, 1998, 『丸山眞男講義録〔第三冊〕政治学1960』東京大学出版会.

松本泰子, 2001, 「国際環境NGOと国際環境協定」長谷川公一編『講座環境社会学4 環境運動と政策のダイナミズム』有斐閣.

御厨貴・渡邉昭夫インタヴュー・構成, 2002, 『首相官邸の決断――内閣官房副長官石原信雄の2600日』中公文庫.

Mills, C. W., 1956, *The Power Elite*, Oxford University Press.（＝1969, 鵜飼信成・綿貫譲治訳『パワー・エリート』〔上・下〕東京大学出版会）

Olson, M., 1965, *The Logic of Collective Action: Public Goods and the Theory of Groups*, Harvard University Press.（＝1983, 依田博・森脇俊雅訳『集合行為論――公共財と集団理論』ミネルヴァ書房）

Parsons, T., 1937, *The Structure of Social Action: A Study in Social Theory with Special Reference to a Group of Recent European Writers*, McGraw-Hill.（＝1976-89, 稲上毅・厚東洋輔訳『社会的行為の構造』〔5分冊〕木鐸社）

Parsons, T., 1951, *The Social System*, Free Press.（＝1974, 佐藤勉訳『社会体系論』青木書店）

Putnam, R. D., 2000, *Bowling Alone: The Collapse and Revival of American Community*, Simon &

Schuster. (＝2006, 柴内康文訳『孤独なボウリング——米国コミュニティの崩壊と再生』柏書房)
盛山和夫，2000，『権力』東京大学出版会。
盛山和夫・海野道郎編，1991，『秩序問題と社会的ジレンマ』ハーベスト社。
Sen, A. K., 1982, *Choice, Welfare and Measurement*, Basil Blackwell. (＝1989，大庭健・川本隆史訳『合理的な愚か者——経済学＝倫理学的探究』勁草書房)
高城和義，1986，『パーソンズの理論体系』日本評論社。
高城和義，1992，『パーソンズとアメリカ知識社会』岩波書店。
富永健一，［1986］1993，『現代の社会科学者——現代社会科学における実証主義と理念主義』講談社学術文庫。
Weber, M., 1922, *Wirtschaft und Gesellschaft*, J. C. B. Mohr. (＝1970，世良晃志郎訳『支配の諸類型』創文社)
吉原直樹，2002，『都市とモダニティの理論』東京大学出版会。

◆第4章
Aldrich, D. P., 2012, *Building Resilience: Social Capital in Post-disaster Recovery*, University of Chicago Press. (＝2015，石田祐・藤澤由和訳『災害復興におけるソーシャル・キャピタルの役割とは何か——地域再建とレジリエンスの構築』ミネルヴァ書房)
有賀妙子・吉田智子，2005，『新インターネット講座——ネットワークリテラシーを身につける』北大路書房。
Barnard, C. I., 1938, *The Functions of the Executive*, Harvard University Press. (＝1968，山本安次郎・田杉競・飯野春樹訳『新訳経営者の役割』ダイヤモンド社)
Blau, P. M., 1955, *The Dynamics of Bureaucracy: A Study of Interpersonal Relations in Two Government Agencies*, University of Chicago Press.
Burns, T. & G. M. Stoker, 1961, *The Management of Innovation*, Tavistock.
Castells, M., 2001, *The Internet Galaxy: Reflections on the Internet, Business, and Society*, Oxford University Press.
舩橋晴俊，2006，「行政組織の再編成と社会変動——環境制御システム形成を事例として」舩橋晴俊編『官僚制化とネットワーク社会』ミネルヴァ書房。
古瀬幸広・廣瀬克哉，1996，『インターネットが変える世界』岩波新書。
Galbraith, J. K., 1952, *American Capitalism: The Concept of Countervailing Power*, Houghton Mifflin. (＝1980，新川健三郎訳「アメリカの資本主義」『アメリカの資本主義・大恐慌1929』〔ガルブレイス著作集1〕TBSブリタニカ，1-236)
Gerlach, L. P., 1971, "Movements of Revolutionary Change: Some Structural Characteristics," *American Behavioral Scientist*, 14-6.
Giddens, A., 2001, *Sociology*, 4th ed., Polity Press. (＝2004，松尾精文ほか訳『社会学〔第4版〕』而立書房)
Gouldner, A. W., 1954, *Patterns of Industrial Bureaucracy*, Free Press. (＝1963，岡本秀昭・塩原勉訳『産業における官僚制——組織過程と緊張の研究』ダイヤモンド社)
Hannan, M. T. & J. Freeman, 1977, *Organizational Ecology*, Harvard University Press.
長谷川公一，2003，『環境運動と新しい公共圏——環境社会学のパースペクティブ』有斐閣。
林香里，2017，『メディア不信——何が問われているのか』岩波新書。
インターネット協会監修，2006，『インターネット白書2006』インプレスR＆D。
Lawrence, P. R. & J. W. Lorsch, 1967, *Organization and Environment: Managing Differentiation and Integration*, Harvard University Press. (＝1977，吉田博訳『組織の条件適応理論——コンティンジェンシー・セオリー』産業能率短期大学出版部)
March, J. G. & H. A. Simon, 1958, *Organizations*, Wiley. (＝1977，土屋守章訳『オーガニゼーションズ』ダイヤモンド社)
Merton, R. K., 1940, "Bureaucratic Structure and Personality," *Social Theory and Social Structure*, Free Press, revised and enlarged ed., 1957. (＝1961，森好夫訳「ビューロクラシーの構造とパー

ソナリティ」森東吾ほか訳『社会理論と社会構造』みすず書房）

Michels, R., 1911, *Zur Soziologie des Parteiwesens in der modernen Demokratie: Untersuchungen über die oligarchischen Tendenzen des Gruppenlebens*, A. Kröner. (＝1973-74，森博・樋口晟子訳『現代民主主義における政党の社会学――集団活動の寡頭制的傾向についての研究』木鐸社）

森岡清志編，2000，『都市社会のパーソナルネットワーク』東京大学出版会．

村田沙耶香，［2016］2018，『コンビニ人間』文春文庫．

野口悠紀雄，2005，『ゴールドラッシュの「超」ビジネスモデル』新潮社．

大滝精一，［1998］2008，「いかに競争するか――マクドナルドとモスバーガー」東北大学経営学グループ，1998．

Pugh, D. S., D. J. Hickson, C. R. Hinings & C. Turner, 1968, "Dimensions of Organaization Structure," *Administrative Science Quarterly*, 13-1.

Putnam, R. D., 2000, *Bowling Alone: The Collapse and Revival of American Community*, Simon & Schuster. (＝2006，柴内康文訳『孤独なボウリング――米国コミュニティの崩壊と再生』柏書房）

Ritzer, G., 1993, *The McDonalidization of Society*, Pine Forge Press. (＝1999，正岡寛司監訳『マクドナルド化する社会』早稲田大学出版部）

Roethlisberger, F. J. & W. J. Dikson, 1939, *Management and the Worker: An Account of a Research Program Conducted by the Western Electric Company, Hawthorne Works, Chicago*, Harvard University Press.

Salamon, L. M., 1992, *America's Nonprofit Sector: A Primer*, Foundation Center. (＝1994，入山映訳『米国の「非営利セクター」入門』ダイヤモンド社）

Salamon, L. M., 1995, *Partners in Public Service: Government-nonprofit Relations in the Modern Welfare State*, Johns Hopkins University Press.

Salamon, L. M., 2012, *America's Nonprofit Sector: A Primer 3rd Edition*, Foundation Center.

Sandberg, S., 2013, *Lean In: Women, Work, and the Will to Lead*, Knopf. (＝2013，村井章子訳『リーンイン――女性・仕事・リーダーへの意欲』日本経済新聞出版社）

佐藤郁哉・山田真茂留，2004，『制度と文化――組織を動かす見えない力』日本経済新聞社．

Schultz, H. & D. J. Young, 1997, *Pour Your Heart into It: How Starbucks Built a Company One Cup at a Time*, Hyperion. (＝1998，小幡照雄・大川修二訳『スターバックス成功物語』日経BP社）

島村菜津，2000，『スローフードな人生!?――イタリアの食卓から始まる』新潮社．

塩原勉，1976，『組織と運動の理論――矛盾媒介過程の社会学』新曜社．

Sunstein C. R., 2017, *#Republic: Divided Democracy in the Age of Social Media*, Princeton University Press. (＝2018，伊達尚美訳『＃リパブリック――インターネットは民主主義になにをもたらすのか』勁草書房）

田中弥生，2005，『NPOと社会をつなぐ――NPOを変える評価とインターメディアリ』東京大学出版会．

寺田良一，1998，「環境NPO（民間非営利組織）の制度化と環境運動の変容」『環境社会学研究』4．

寺本義也，1991，「ネットワーク組織論の新たな課題――企業グループの再構築とパワーの役割」『組織科学』23-4．

戸部良一ほか，［1984］1991，『失敗の本質――日本軍の組織論的研究』中公文庫．

Tocqueville, A. de, 1835-40, *De la démocratie en Amérique*, Michel Levy. (＝1987，井伊玄太郎訳『アメリカの民主政治』〔上・中・下〕講談社学術文庫）

東北大学経営学グループ，［1998］2008，『ケースに学ぶ経営学〔新版〕』有斐閣．

Urry, J., 2000, *Sociology beyond Societies: Mobilities for the Twenty-first Century*, Routledge. (＝2006，吉原直樹監訳『社会を越える社会学――移動・環境・シチズンシップ』法政大学出版局）

若林直樹，2006，『日本企業のネットワークと信頼――企業間関係の新しい経済社会学的分析』有斐閣．

Weber, M., [1918] 1971, "Parlament und Regierung im neugeordneten Deutschland," *Gesammelte Politische Schriften*, 3. Aufl., J. C. B. Mohr. (＝1982，中村貞二・山田高生訳「新秩序ドイツの議会と政府」『政治論集2』みすず書房）

Weber, M., [1922] 1956, *Wirtschaft und Gesellschaft*, 4 Aufl., J. C. B. Mohr. (＝1960-62，世良晃志郎訳

『支配の社会学』〔2 分冊〕創文社）

◆第 5 章

Anderson, B., [1983] 1991, *Imagined Communities: Reflections on the Origin and Spread of Nationalism*, 2nd ed., Verso.（=1997, 白石さや・白石隆訳『増補想像の共同体――ナショナリズムの起源と流行』NTT 出版）

Anderson, B., 1998, *The Spectre of Comparisons: Nationalism, Southeast Asia, and the World*, Verso.（=2005, 糟谷啓介・高地薫ほか訳『比較の亡霊――ナショナリズム・東南アジア・世界』作品社）

Bernstein, B., 1971, *Class, Codes and Control*, vol. 1, Routledge & Kegan Paul.（=1981, 萩原元昭編訳『言語社会化論』明治図書出版）

Bourdieu, P. et J. -C. Passeron, 1970, *La reproduction: Éléments pour une théorie du système d'enseignement*, Éditions de Minuit.（=1991, 宮島喬訳『再生産――教育・社会・文化』藤原書店）

Dayan, D. & E. Katz, 1992, *Media Events: The Live Broadcasting of History*, Harvard University Press.（=1996, 浅見克彦訳『メディア・イベント――歴史をつくるメディア・セレモニー』青弓社）

Giddens, A., 1990, *The Consequences of Modernity*, Polity Press.（=1993, 松尾精文・小幡正敏訳『近代とはいかなる時代か？――モダニティの帰結』而立書房）

Habermas, J., [1962] 1990, *Strukturwandel der Öffentlichkeit: Untersuchungen zu einer Kategorie der bürgerlichen Gesellschaft*, Suhrkamp.（=1994, 細谷貞雄・山田正行訳『公共性の構造転換――市民社会の一カテゴリーについての探求〔第 2 版〕』未来社）

橋本毅彦・栗山茂久編，2001,『遅刻の誕生――近代日本における時間意識の形成』三元社．

橋元良明・吉井博明編，2005,『ネットワーク社会』ミネルヴァ書房．

橋元良明編，2016,『日本人の情報行動 2015』東京大学出版会．

Innis, H. A., 1951, *The Bias of Communication*, University of Toronto Press.（=1987, 久保秀幹訳『メディアの文明史――コミュニケーションの傾向性とその循環』新曜社）

小林章夫，2000,『コーヒー・ハウス――18 世紀ロンドン，都市の生活史』講談社学術文庫．

小林よしのり，1998,『戦争論』幻冬舎．

厚東洋輔，2006,『モダニティの社会学――ポストモダンからグローバリゼーションへ』ミネルヴァ書房．

Marchand, P., 1989, *Marshall McLuhan: The Medium and the Messenger*, Ticknor & Fields.

McLuhan, M., 1962, *The Gutenberg Galaxy: The Making of Typographic Man*, University of Toronto Press.（=1986, 森常治訳『グーテンベルクの銀河系――活字人間の形成』みすず書房）

McLuhan, M., 1964, *Understanding Media: The Extentions of Man*, McGraw-Hill.（=1987, 栗原裕・河本仲聖訳『メディア論――人間の拡張の諸相』みすず書房）

森下徹，2001,「近世の地域社会における時間」橋本・栗山編，2001．

師岡康子，2013,『ヘイト・スピーチとは何か』岩波新書．

中村尚史，2001,「近代日本における鉄道と時間意識」橋本・栗山編，2001．

大石裕・山本信人編，2006,『メディア・ナショナリズムのゆくえ――「日中摩擦」を検証する』朝日新聞社．

Ong, W. J., 1982, *Orality and Literacy: The Technologizing of the Word*, Methuen.（=1991, 桜井直文・林正寛・糟谷啓介訳『声の文化と文字の文化』藤原書店）

Pariser, E., 2011, *The Filter Bubble: What the Internet is Hiding from You*, Penguin Press.（=2016, 井口耕二訳『フィルターバブル――インターネットが隠していること』ハヤカワ文庫）

佐藤卓己，1998,『現代メディア史』岩波書店．

Simmel, G., [1903] 1957, "Die Großstädte und das Geistesleben," *Brücke und Tür: Essays des Philosophen zur Geschichte, Religion, Kunst und Gesellschaft*, K. F. Koehler.（=1998,「大都市と精神生活」居安正訳『新編改訳社会分化論・宗教社会学』青木書店）

Simmel, G., 1908, *Soziologie: Untersuchungen über die Formen der Vergesellschaftung*, Duncker & Humblot.（=1994, 居安正訳『社会学』〔上・下〕白水社）

Sunstein, C. R., 2017, *#Republic: Divided Democracy in the Age of Social Media*, Princeton University Press.（＝2018, 伊達尚美訳『#リパブリック――インターネットは民主主義になにをもたらすのか』勁草書房）
辻大介, 2018,「インターネット利用は人びとの排外意識を高めるか――操作変数法を用いた因果効果の推定」『ソシオロジ』63(1).
角山栄, 1984,『時計の社会史』中公新書.
Urry, J., 2000, *Sociology beyond Societies: Mobilities for the Twenty-first Century*, Routledge.（＝2006, 吉原直樹監訳『社会を越える社会学――移動・環境・シチズンシップ』法政大学出版局）
Weber, M., 1922, *Wirtschaft und Gesellschaft*, J. C. B. Mohr.（＝1970, 世良晃志郎訳『支配の諸類型』創文社）
柳田國男,［1931］1993,『明治大正史世相篇』(新装版) 講談社学術文庫.

◆第6章
阿部安成・小関隆・見市雅俊・光永雅明・森村敏己編, 1999,『記憶のかたち――コメモレイションの文化史』柏書房.
安彦一恵・魚住洋一・中岡成文編, 1999,『戦争責任と「われわれ」――「「歴史主体」論争」をめぐって』ナカニシヤ出版.
Bellah, R. N. et al., 1985, *Habits of the Heart: Individualism and Commitment in American Life*, University of California Press.（＝1991, 島薗進・中村圭志訳『心の習慣――アメリカ個人主義のゆくえ』みすず書房）
Benjamin, W., 1974, "Über den Begriff der Geschichte," *Gesammelte Schriften*, I-2, Suhrkamp.（＝1995,「歴史の概念について」浅井健二郎編訳『ベンヤミン・コレクション1 近代の意味』ちくま学芸文庫）
Buruma, I., 1994, *The Wages of Guilt: Memories of War in Germany and Japan*, Farrar, Straus, and Giroux.（＝1994, 石井信平訳『戦争の記憶――日本人とドイツ人』TBSブリタニカ）
Coser, L. A., 1992, "Introduction: Maurice Halbwachs 1877-1945," Halbwachs, 1992.
Halbwachs, M., 1925, *Les cadres sociaux de la mémoire*, F. Alcan.（＝1992, L. A. Coser tr., "The Social Frameworks of Memory," Halbwachs, 1992）
Halbwachs, M., 1941, *La topographie légendaire des évangiles en terre sainte: Etude de mémoire collective*, Presses Universitaires de France.（＝1992, L. A. Coser, tr., The Legendary Topography of the Gospels in the Holy Land, Halbwachs, 1992）
Halbwachs, M., 1950, *La mémoire collective*, Presses Universitaires de France.（＝1989, 小関藤一郎訳『集合的記憶』行路社）
Halbwachs, M., 1992, *On Collective Memory*, edited, translated, and with an introduction by L. A. Coser, University of Chicago Press.
浜日出夫, 2005,「ヒロシマからヒロシマたちへ」有末賢・関根政美編『戦後日本の社会と市民意識』慶應義塾大学出版会.
浜日出夫, 2017,「止まった時計」『法学研究』90(1).
Harwit, M., 1996, *An Exhibit Denied: Lobbying the History of Enola Gay*, Copernicus.（＝1997, 山岡清二監訳『拒絶された原爆展――歴史のなかの「エノラ・ゲイ」』みすず書房）
広島市・長崎市原爆災害誌編集委員会編, 1979,『広島・長崎の原爆災害』岩波書店.
細谷千博・入江昭・大芝亮編, 2004,『記憶としてのパールハーバー』ミネルヴァ書房.
伊藤守, 2005,『記憶・暴力・システム――メディア文化の政治学』法政大学出版局.
加藤典洋, 1997,『敗戦後論』講談社.
小森陽一・高橋哲哉編, 1998,『ナショナル・ヒストリーを超えて』東京大学出版会.
Lifton, R. J. & G. Mitchell, 1995, *Hiroshima in America: Fifty Years of Denial*, Putnam's Sons.（＝1995, 大塚隆訳『アメリカの中のヒロシマ』〔上・下〕岩波書店）
Linenthal, E. T. & T. Engelhardt eds., 1996, *History Wars: The Enola Gay and Other Battles for the American Past*, Henry Holt.（＝1998, 島田三蔵訳『戦争と正義』朝日新聞社）

松尾浩一郎・根本雅也・小倉康嗣編，2018，『原爆をまなざす人びと——広島平和記念公園八月六日のビジュアル・エスノグラフィ』新曜社．
Morris-Suzuki, T., 2005, *The Past within Us: Media/Memory/History*, Verso.（＝2004，田代泰子訳『過去は死なない——メディア・記憶・歴史』岩波書店）
無藤隆・森敏昭・遠藤由美・玉瀬耕治，2018，『心理学（新版）』有斐閣．
直野章子，1997，『ヒロシマ・アメリカ——原爆展をめぐって』溪水社．
日本の戦争責任資料センター編，1998，『ナショナリズムと「慰安婦」問題』青木書店．
野家啓一，2005，『物語の哲学』岩波現代文庫．
Nora, P., 1984, "Entre mémoire et histoire," *Les Lieux de mémoire*, Gallimard.（＝2002，「記憶と歴史のはざまに」谷川稔監訳『記憶の場——フランス国民意識の文化＝社会史』〔1〕岩波書店）
Nora, P., 1996, "From *Lieux de mémoire* to Realms of Memory," *Realms of Memory: Rethinking the French Past*, vol. 1, Columbia University Press.（＝2002，「『記憶の場』から『記憶の領域』へ」谷川稔監訳『記憶の場——フランス国民意識の文化＝社会史』〔1〕岩波書店）
小倉康嗣，2018，「非被爆者にとっての〈原爆という経験〉——広島市立基町高校『原爆の絵』の取り組みから」『日本オーラル・ヒストリー研究』14．
大石裕，2005，『ジャーナリズムとメディア言説』勁草書房．
Proust, M.,［1913］1954, *A la recherche du temps perdu*, I, Gallimard.（＝1992，井上究一郎訳『失われた時を求めて』〔1〕ちくま文庫）
佐々木正人編，1996，『想起のフィールド——現在のなかの過去』新曜社．
Skocpol, T. ed., 1984, "Sociology's Historical Imagination," *Vision and Method in Historical Sociology*, Cambridge University Press.（＝1995，「社会学の歴史的想像力」小田中直樹訳『歴史社会学の構想と戦略』木鐸社）
高木光太郎，2006，『証言の心理学——記憶を信じる，記憶を疑う』中公新書．
高橋哲哉，1999，『戦後責任論』講談社．
高橋哲哉，2001，『歴史／修正主義』岩波書店．
上野千鶴子，1998，『ナショナリズムとジェンダー』青土社．
Weber, M., 1920a, "Vorbemerkung," *Gesammelte Aufsätze zur Religionssoziologie*, Bd. 1, J. C. B. Mohr.（＝1972，「宗教社会学論集序言」大塚久雄・生松敬三訳『宗教社会学論選』みすず書房）
Weber, M., 1920b, "Die protestantische Ethik und der » Geist « des Kapitalismus," *Gesammelte Aufsätze zur Religionssoziologie*, Bd. 1, J. C. B. Mohr.（＝1989，大塚久雄訳『プロテスタンティズムの倫理と資本主義の精神』岩波文庫）
山之内靖，1997，『マックス・ヴェーバー入門』岩波新書．
Yates, F. A., 1966, *The Art of Memory*, Routledge & Kegan Paul.（＝1993，玉泉八州男監訳，青木信義ほか訳『記憶術』水声社）
Yoneyama, L., 1999, *Hiroshima Traces: Time, Space, and the Dialectics of Memory*, University of California Press.（＝2005，小沢弘明・小澤祥子・小田島勝浩訳『広島——記憶のポリティクス』岩波書店）
吉見義明，1995，『従軍慰安婦』岩波新書．
油井大三郎，2007，『なぜ戦争観は衝突するか——日本とアメリカ』岩波現代文庫．

◆第 7 章
安藤英治，2003，『マックス・ウェーバー』講談社学術文庫．
青木俊也，2001，『再現・昭和 30 年代団地 2DK の暮らし』河出書房新社．
青木康容・田村雅夫編，2010，『闘う地域社会——平成の大合併と小規模自治体』ナカニシヤ出版．
Appadurai, A., 1996, *Modernity at Large: Cultural Dimensions of Globalization*, University of Minnesota Press.（＝2004，門田健一訳『さまよえる近代——グローバル化の文化研究』平凡社）
浅川達人，2006，「東京圏の構造変容——変化の方向とその論理」『日本都市社会学会年報』24．
Bendix, R., 1959, *Max Weber: An Intellectual Portrait*, Doubleday.（＝1966，折原浩訳『マックス・ウェーバー——その学問の全体像』中央公論社）

Brenner, N. & R. Keil eds., 2006, *The Global Cities Reader*, Routledge.
Brenner, N. & N. Theodore eds., 2002, *Spaces of Neoliberalism: Urban Restructuring in North America and Western Europe*, Blackwell.
Castells, M., 1972, *La Question Urbaine*, F. Maspero.（＝1984，山田操訳，『都市問題──科学的理論と分析』恒星社厚生閣）
Castells, M., 1997, *The Power of Identity, The Information Age: Economy, Society and Culture*, Volume II, Blackwell.
Coleman, J. S., 1990, *Foundations of Social Theory*, Belknap Press of Harvard University Press.（＝2004，久慈利武監訳『社会理論の基礎』〔上〕〔社会学の思想 4〕青木書店）
Delanty, G., 2003, *Community*, Routledge.（＝2006，山之内靖・伊藤茂訳『コミュニティ──グローバル化と社会理論の変容』NTT 出版）
Engels, F., 1845, *Die Lage der arbeitenden Klasse in England*, O. Wigand.（＝1990，一條和生・杉山忠平訳『イギリスにおける労働者階級の状態──19 世紀のロンドンとマンチェスター』〔上・下〕岩波文庫）
Farbstein, J. & M. Kantrowitz, 1978, *People in Places: Experiencing, Using, and Changing the Built Environment*, Prentice-Hall.（＝1991，高橋鷹志訳『場所との対話──人間の空間を理解するための 42 章』TOTO 出版）
Fischer, C. S., 1984, *The Urban Experience*, 2nd ed., Harcourt Brace Jovanovich.（＝1996，松本康・前田尚子訳『都市的体験──都市生活の社会心理学』未來社）
Fishman, R., 1987, *Bourgeois Utopias: The Rise and Fall of Suburbia*, Basic Books.（＝1990，小池和子訳『ブルジョワ・ユートピア──郊外住宅地の盛衰』勁草書房）
Florida, R., 2002, *The Rise of the Creative Class: And How It's Transforming Work, Leisure, Community and Everyday Life*, Basic Book.
Friedmann, J., 1986, "The World City Hypothesis," *Development and Change*, 17-1.（＝2012，町村敬志訳「世界都市仮説」町村敬志編『都市社会学コレクション III 都市の政治経済学』日本評論社）
Gans, H., 1962, *The Urban Villagers: Group and Class in the Life of Italian-Americans*, Free Press.（＝2006，松本康訳『都市の村人たち──イタリア系アメリカ人の階級文化と都市再開発』ハーベスト社）
月刊『イオ』編集部編，2006，『日本の中の外国人学校』明石書店．
原発災害・避難年表編集委員会編，2018，『原発災害・避難年表──図表と年表で知る福島原発災害からの道』すいれん舎．
Gould, P. R. & R. White, 1974, *Mental Maps*, Penguin.（＝1981，山本正三・奥野隆史訳『頭の中の地図──メンタルマップ』朝倉書店）
Granovetter, M., 1973, "The Strength of Weak Ties," *American Journal of Sociology*, 78.（＝2006，大岡栄美訳「弱い紐帯の強さ」野沢慎司・監訳，2006）
Harvey, D., 1973, *Social Justice and the City*, Edward Arnold.（＝1980，竹内啓一・松本正美訳『都市と社会的不平等』日本ブリタニカ）
Harvey, D., 1989, *The Condition of Postmodernity: An Enquiry into the Origins of Cultural Change*, Blackwell.（＝1999，吉原直樹監訳『ポストモダニティの条件』〔社会学の思想 3〕青木書店）
橋本健二，2011，『階級都市──格差が街を侵食する』ちくま新書．
Hayden, D., 1995, *The Power of Place: Urban Landscapes as Public History*, MIT Press.（＝2002，後藤春彦・篠田裕見・佐藤俊郎訳『場所の力──パブリック・ヒストリーとしての都市景観』学芸出版社）
石田光規編，2018，『郊外社会の分断と再編──つくられたまち・多摩ニュータウンのその後』晃洋書房．
神山育美，2006，「現代中国における歴史的環境の開発利用──上海『新天地』を事例に」『現代中国』80．
菅野仁，2008，『友だち幻想──人と人の〈つながり〉を考える』ちくまプリマー新書．
狩谷あゆみ編，2006，『不埒な希望──ホームレス／寄せ場をめぐる社会学』松籟社．

倉沢進・浅川達人編, 2004, 『新編東京圏の社会地図——1975-90』東京大学出版会.
Lefebvre, H., 1974, *La Production de l'espace*, Anthropos. (＝2000, 齋藤日出治訳『空間の生産』〔社会学の思想 5〕青木書店)
Lynch, K., 1960, *The Image of the City*, MIT Press. (＝1968, 丹下健三・富田玲子訳『都市のイメージ』岩波書店)
町村敬志, 1994,「「世界都市」東京の構造転換——都市リストラクチュアリングの社会学」東京大学出版会.
町村敬志, 1999a,『越境者たちのロスアンジェルス』平凡社.
町村敬志, 1999b,「グローバル化と都市——なぜイラン人は『たまり場』を作ったのか」奥田道大編『講座社会学 4 都市』東京大学出版会.
町村敬志編, 2016,『パブリックスペースの現在——危機とブームの狭間で』一橋大学大学院社会学研究科社会学共同研究室.
Marcuse, P. & R. van Kempen eds., 2000, *Globalizing Cities*, Blackwell.
松原治郎・似田貝香門編, 1976,『住民運動の論理——運動の展開過程・課題と展望』学陽房.
松本康編, 1995,『増殖するネットワーク』(21 世紀の都市社会学 1), 勁草書房.
Mitchell, J. C., 1969, *Social Networks in Urban Situations*, Manchester University Press. (＝1983, 三雲正博・福島清紀・進本真文訳『社会的ネットワーク——アフリカにおける都市の人類学』国文社)
森千香子, 2016,『排除と抵抗の郊外——フランス〈移民〉集住地域の形成と変容』東京大学出版会.
日刊自動車新聞社・日本自動車会議所編, 2018,『自動車年鑑 2018-2019 年版』日刊自動車新聞社.
西山夘三記念すまい・まちづくり文庫編, 2007,『昭和の日本のすまい——西山夘三写真アーカイブズから』創元社.
西澤晃彦, 2000,「郊外という迷宮」町村敬志・西澤晃彦『都市の社会学——社会がかたちをあらわすとき』有斐閣.
野沢慎司編・監訳, 2006,『リーディングスネットワーク論——家族・コミュニティ・社会関係資本』勁草書房.
奥田道大, 1983,『都市コミュニティの論理』東京大学出版会.
大野晃, 1998,「現代山村の諸相と再生への展望」日本村落社会研究学会編『年報村落社会研究第 34 集 山村再生 21 世紀への課題と展望』農山漁村文化協会.
大野晃, 2005,『山村環境社会学序説——現代山村の限界集落化と流域共同管理』農山漁村文化協会.
Park, R. E. & W. E. Burgess, 1925, *The City*, University of Chicago Press. (＝1972, 大道安次郎・倉田和四生訳『都市』鹿島出版会)
Park, R. E., 町村敬志・好井裕明編訳, 1986,『実験室としての都市——パーク社会学論文選』御茶の水書房.
Putnam, R. D., 2000, *Bowling Alone: The Collapse and Revival of American Community*, Simon & Schuster. (＝2006, 柴内康文訳『孤独なボウリング——米国コミュニティの崩壊と再生』柏書房)
Sassen, S., 1988, *The Mobility of Labor and Capital: A Study in International Investment and Labor Flow*, Cambridge University Press. (＝1992, 森田桐郎ほか訳『労働と資本の国際移動——世界都市と移民労働者』岩波書店)
Sassen, S., [1991] 2001, *The Global City: New York, London, Tokyo*, 2nd ed., Princeton University Press. (＝2008, 伊豫谷登士翁・大井由紀・高橋華生子訳『グローバル・シティ——ニューヨーク・ロンドン・東京から世界を読む』筑摩書房, ちくま学芸文庫版 2018)
佐藤慶幸編, 1988,『女性たちの生活ネットワーク——生活クラブに集う人々』文眞堂.
Simmel, G., 1908, *Soziologie: Untersuchungen über die Formen der Vergesellschaftung*, Duncker & Humblot. (＝1999, 北川東子編・鈴木直部分訳『ジンメル・コレクション』ちくま学芸文庫)
Soja, E. W., 1996, *Thirdspace: Journeys to Los Angeles and Other Real-and-imagined Places*, Blackwell. (＝2005, 加藤政洋訳『第三空間——ポストモダンの空間論的転回』青土社)
薗部雅久, 2001,『現代大都市社会論——分極化する都市？』東信堂.
鈴木榮太郎, [1957] 1969,『都市社会学原理』(鈴木榮太郎著作集第 6 巻) 未來社.
田嶋淳子, 1998,『世界都市・東京のアジア系移住者』学文社.

玉野和志, 2006, 『東京のローカル・コミュニティ――ある町の物語 1900-80』東京大学出版会.
徳野貞雄・柏尾珠紀, 2014, 『T型集落点検とライフヒストリーでみえる家族・集落・女性の底力――限界集落論を超えて』(シリーズ地域の再生 11) 農山村文化協会.
統計情報研究開発センター・日本統計協会編, 2005, 『市区町村人口の長期系列――平成の大合併後の市区町村境域における遡及人口系列』日本統計協会.
東洋経済新報社編, 2018, 『全国大型小売店総覧 2019 年版』東洋経済新報社.
月尾嘉男・北原理雄, 1980, 『実現されたユートピア』鹿島出版会.
Tuan, Yi-Fu, 1977, *Space and Place: The Perspective of Experience*, Edward Arnold. (=1988, 山本浩訳『空間の経験――身体から都市へ』筑摩書房).
Urry, J., 1990, *The Tourist Gaze: Leisure and Travel in Contemporary Societies*, Sage. (=1995, 加太宏邦訳『観光のまなざし――現代社会におけるレジャーと旅行』法政大学出版局).
Urry, J., 1995, *Consuming Places*, Routledge. (=2003, 武田篤志ほか訳『場所を消費する』法政大学出版局).
Urry, J., 2007, *Mobilities*, Polity Press. (=2015, 吉原直樹・伊藤嘉高訳『モビリティーズ――移動の社会学』作品社).
若林幹夫, 2007, 『郊外の社会学――現代を生きる形』ちくま新書.
Watts, D. J., 2003, *Six Degrees: The Science of a Connected Age*, W. W. Norton. (=2016, 辻竜平・友知政樹訳『スモールワールド・ネットワーク――世界をつなぐ「6次」の科学〔増補改訂版〕』ちくま学芸文庫).
Weber, M., [1922] 1956, *Wirtschaft und Gesellschaft*, 4 Aufl., J. C. B. Mohr. (=1964, 世良晃志郎訳『都市の類型学』創文社).
Wellman, B., 1979, "The Community Question: The Intimate Networks of East Yorkers," *American Journal of Sociology*, 84-5. (=2006, 野沢慎司・立山徳子訳「コミュニティ問題――イースト・ヨーク住民の親密なネットワーク」野沢慎司編・監訳, 2006).
Wirth, L., 1938, "Urbanism as a Way of Life," *American Journal of Sociology*, 44 (July). (=1978, 高橋勇悦訳「生活様式としてのアーバニズム」奥田道大・鈴木広編『都市化の社会学〔増補版〕』誠信書房).
山下祐介, 2012, 『限界集落の真実――過疎の村は消えるか?』ちくま新書.
山本努, 2017, 『人口還流 (Uターン) と過疎農山村の社会学 (増補版)』学文社.
吉見俊哉, 1997, 「アメリカナイゼーションと文化の政治学」井上俊ほか編『現代社会の社会学』(岩波講座現代社会学 1) 岩波書店.

◆第 8 章

Beck, U., 1986, *Risikogesellschaft: Auf dem Weg in eine andere Moderne*, Suhrkamp. (=1998, 東廉・伊藤美登里訳『危険社会――新しい近代への道』法政大学出版局).
Bell, D., 1976, *The Cultural Contradictions of Capitalism*, Basic Books. (=1976, 林雄二郎訳『資本主義の文化的矛盾』〔上・中・下〕講談社学術文庫).
Carson, R., 1962, *Silent Spring*, Houghton Mifflin. (=1974, 青樹簗一訳『沈黙の春』新潮文庫).
Dunlap, R., 2002, "Environmental Sociology: A Personal Perspective on It's First Quarter Century," *Organization and Environment*, 15.
Eder, K., 2000, "Taming Risks through Dialogues: The Rationality and Functionality of Discursive Institutions in Risk Society," M. J. Cohen ed., *Risk in the Modern Age: Social Theory, Science and Environmental Decision-making*, Macmillan.
舩橋晴俊・長谷川公一・畠中宗一・梶田孝道, 1988, 『高速文明の地域問題――東北新幹線の建設・紛争と社会的影響』有斐閣.
舩橋晴俊・長谷川公一・畠中宗一・勝田晴美, 1985, 『新幹線公害――高速文明の社会問題』有斐閣.
舩橋晴俊・長谷川公一・飯島伸子, 2012, 『核燃料サイクル施設の社会学――青森県六ヶ所村』有斐閣.
Gore, A., 2006, *An Inconvenient Truth*, Bloomsbury. (=2007, 枝廣淳子訳『不都合な真実』講談社).
Hardin, G., 1968, "The Tragedy of the Commons," *Science*, 162.

長谷川公一，1989，「『現代型訴訟』の社会運動論的考察——資源動員過程としての裁判過程」『法律時報』61-12。
長谷川公一，2003，『環境運動と新しい公共圏——環境社会学のパースペクティブ』有斐閣。
長谷川公一，2011，『脱原子力社会へ——電力をグリーン化する』岩波新書。
長谷川公一・品田知美編，2016，『気候変動政策の社会学——日本は変われるのか』昭和堂。
長谷川公一・山本薫子編，2017，『原発震災と避難——原子力政策の転換は可能か』有斐閣。
畑明郎，2001，『土壌・地下水汚染——広がる重金属汚染』有斐閣。
Humphrey, C. R. & F. H. Buttel, 1982, *Environment, Energy and Society*, Wadsworth.（＝1991, 満田久義・寺田良一・三浦耕吉郎・安立清史訳『環境・エネルギー・社会——環境社会学を求めて』ミネルヴァ書房）
飯島伸子，1993，『環境問題と被害者運動（改訂版）』学文社。
今泉みね子，2001，『フライブルク環境レポート』中央法規出版。
井上真，2004，『コモンズの思想を求めて——カリマンタンの森で考える』岩波書店。
Jänicke, M. & H. Weidner eds., 1995, *Successful Environmental Policy: A Critical Evaluation of 24 Cases*, Edition Sigma.（＝1998, 長尾伸一・長岡延孝監訳『成功した環境政策——エコロジー的成長の条件』有斐閣）
小林傳治，2004，『誰が科学技術について考えるのか——コンセンサス会議という実験』名古屋大学出版会。
小松丈晃，2003，『リスク論のルーマン』勁草書房。
Lovins, A. B., 1977, *Soft Energy Paths: Toward a Durable Peace*, The Friends of Earth International.（＝1979, 室田泰弘・槌屋治紀訳『ソフト・エネルギー・パス——永続的平和への道』時事通信社）
Luhmann, N., 1993, *Risk: A Sociological Theory*, Walter de Gruyter.（＝2014, 小松丈晃訳『リスクの社会学』新泉社）
Meadows, D. H., D. L. Meadows, J. Randers & W. W. Behrens III, 1972, *The Limits to Growth*, Universe Books.（＝1972, 大来佐武郎監訳『成長の限界——ローマ・クラブ「人類の危機」レポート』ダイヤモンド社）
宮島喬編，2003，『岩波小辞典社会学』岩波書店。
宮内泰介・井上真編，2001，『コモンズの社会学——森・川・海の資源共同管理を考える』新曜社。
Mol, A. P. J. & G. Spaargaren, 2000, "Ecological Modernization Theory in Debate: A Review," *Environmental Politics*, 9-1.
森岡清美・塩原勉・本間康平編，1993，『新社会学辞典』有斐閣。
元島邦夫・庄司興吉編，1980，『地域開発と社会構造——苫小牧東部大規模工業開発をめぐって』東京大学出版会。
永井進・寺西俊一・除本理史編，2002，『環境再生——川崎から公害地域の再生を考える』有斐閣。
日本環境会議「アジア環境白書」編集委員会編，2003，『アジア環境白書2003/2004』東洋経済新報社。
大貫恵美子，2003，『ねじ曲げられた桜——美意識と軍国主義』岩波書店。
Redclift, M. & G. Woodgate eds., 1997, *The International Handbook of Environmental Sociology*, Edward Elgar.
Schumacher, E. F., 1973, *Small is Beautiful: A Study of Economics as if People Mattered*, Blond and Briggs.（＝1986, 小島慶三・酒井懋訳『スモール・イズ・ビューティフル——人間中心の経済学』講談社学術文庫）
盛山和夫・海野道郎編，1991，『秩序問題と社会的ジレンマ』ハーベスト社。
篠原一，2004，『市民の政治学——討議デモクラシーとは何か』岩波新書。
篠原一編，2012，『討議デモクラシーの挑戦——ミニパブリックスが拓く新しい政治』岩波書店。
戸田清，1994，『環境的公正を求めて——環境破壊の構造とエリート主義』新曜社。
鳥越皓之，1997，『環境社会学の理論と実践——生活環境主義の立場から』有斐閣。
鳥越皓之・嘉田由紀子編，1984，『水と人の環境史——琵琶湖報告書』御茶の水書房。
宇沢弘文，1974，『自動車の社会的費用』岩波新書。
Weber, M., 1920, "Die protestantische Ethik und der » Geist « des Kapitalismus," *Gesammelte*

Aufsätze zur Religionssoziologie, Bd. 1, J. C. B. Mohr.（＝1989，大塚久雄訳『プロテスタンティズムの倫理と資本主義の精神』岩波文庫）
米本昌平，1994，『地球環境問題とは何か』岩波新書．
吉田文和，1989，『ハイテク汚染』岩波新書．
吉見俊哉，1995，『「声」の資本主義——電話・ラジオ・蓄音機の社会史』講談社．

◆第9章
天田城介，2004，「感情を社会学する——看護・福祉の現場における感情労働」早坂裕子・広井良典編『みらいを拓く社会学——看護・福祉を学ぶ人のために』ミネルヴァ書房．
江原由美子訳，2002，『自己決定権とジェンダー』岩波書店．
柄本三代子，2003，「現代社会と健康の科学」野村一夫ほか『健康ブームを読み解く』青弓社．
Esping-Andersen, G., 1990, *The Three Worlds of Welfare Capitalism*, Polity Press.（＝2001，岡沢憲芙・宮本太郎訳『福祉資本主義の三つの世界——比較福祉国家の理論と動態』ミネルヴァ書房）
Freidson, E., 1970, *Professional Dominance: The Social Structure of Medical Care*, Atherton Press.（＝1992，進藤雄三・宝月誠訳『医療と専門家支配』恒星社厚生閣）
藤村正之，1999，『福祉国家の再編成——「分権化」と「民営化」をめぐる日本的動態』東京大学出版会．
藤村正之，2004，「福祉の価値空間の社会学」『福祉社会学研究』創刊号，東信堂．
藤村正之編，2006，『福祉化と成熟社会』ミネルヴァ書房．
「不滅の弔辞」編集委員会，1998，『不滅の弔辞』集英社．
Goldthorpe, J. H., 1984, *Order and Conflict in Contemporary Capitalism: Studies in the Political Economy of Western European Nations*, Oxford University Press.（＝1987，稲上毅・下平好博・武川正吾・平岡公一訳『収斂の終焉——現代西欧社会のコーポラティズムとデュアリズム』有信堂高文社）
Gorer, G., 1965, *Death, Grief and Mourning in Contemporary Britain*, Cresset Press.（＝1986，宇都宮輝夫訳『死と悲しみの社会学』ヨルダン社）
Hochschild, A. R., 1983, *The Managed Heart: Commercialization of Human Feeling*, University of California Press.（＝2000，石川准・室伏亜希訳『管理される心——感情が商品になるとき』世界思想社）
石川准，2000，「感情管理社会の感情言説——作為的でも自然でもないもの」『思想』907．
岩田正美，2000，『ホームレス／現代社会／福祉国家——「生きていく場所」をめぐって』明石書店．
春日キスヨ，2003，「高齢者介護倫理のパラダイム転換とケア労働」『思想』955．
Kaufmann, A., 1972, "Rechtsfreier Raum und eigenverantwortliche Entscheidung: Dargestellt am Problem des Schwangerschaft-Sabbruchs," *Festschrift für Reinhad Maurach*, (hrsg.) von Friedrich-Christion Schroeder u. a., S. 327ff., auch in: *Kaufmann, Strafrecht.*, (Fn. 2) ., S. 147ff.（＝1999，山中敬一訳「法的に自由な領域と自己答責的判断——妊娠中絶の問題に即して」上田健二監訳『転換期の刑法哲学〔第2版〕』成文堂）
国立社会保障・人口問題研究所編，2007，『人口の動向——日本と世界』厚生統計協会．
Lipsky, M., 1980, *Street-level Bureaucracy: Dilemmas of the Individual in Public Services*, Russell Sage.（＝1986，田尾雅夫訳『行政サービスのディレンマ——ストリート・レベルの官僚制』木鐸社）
町村敬志，2000，「都市生活の基盤」町村敬志・西澤晃彦『都市の社会学——社会がかたちをあらわすとき』有斐閣．
三重野卓編，2001，『福祉国家の社会学——21世紀における可能性をさぐる』東信堂．
Mill, J. S., 1859, *On Liberty*, John W. Parker.（＝1971，塩尻公明・木村健康訳『自由論』岩波文庫）
三井さよ，2004，『ケアの社会学——臨床現場との対話』勁草書房．
水野肇・青山英康編，1998，『PPKのすすめ——元気に生き抜き，病まずに死ぬ』紀伊國屋書店．
仲正昌樹，2003，『「不自由」論——「何でも自己決定」の限界』ちくま新書．
中西正司・上野千鶴子，2003，『当事者主権』岩波新書．

野口裕二，2002，『物語としてのケア──ナラティヴ・アプローチの世界へ』医学書院．
小倉康嗣，2006，『高齢化社会と日本人の生き方──岐路に立つ現代中年のライフストーリー』慶應義塾大学出版会．
副田義也，2003，『死者に語る──弔辞の社会学』ちくま新書．
杉野昭博，2007，『障害学──理論形成と射程』東京大学出版会．
武井麻子，2001，『感情と看護──人とのかかわりを職業とすることの意味』医学書院．
立岩真也，2000，『弱くある自由へ──自己決定・介護・生死の技術』青土社．
Wilensky, H., 1975, *The Welfare State and Equality: Structural and Ideological Roots of Public Expenditures*, University of California Press.（=1984, 下平好博訳『福祉国家と平等──公共支出の構造的・イデオロギー的起源』木鐸社）
山田卓生，1987，『私事と自己決定』日本評論社．
山根純佳，2006，「〈自己決定／ケア〉の論理──中絶の自由と公私の区分」土場学・盛山和夫編『正義の論理──公共的価値の規範的社会理論』勁草書房．

◆第10章

Althusser, L., 1995, *Sur la reproduction: Ideologie et appareils ideologiques d'Etat*, Presses Universitaires de France.（=2005, 西川長夫ほか訳『再生産について──イデオロギーと国家のイデオロギー諸装置』平凡社）
網野善彦，2000，『『日本』とは何か』（日本の歴史 00）講談社学術文庫．
Anderson, B., [1983] 1991, *Imagined Communities: Reflections on the Origin and Spread of Nationalism*, 2nd ed., Verso.（=1997, 白石さや・白石隆訳『増補想像の共同体──ナショナリズムの起源と流行』NTT出版）
Appadurai, A., 1996, *Modernity at Large: Cultural Dimensions of Globalization*, University of Minnesota Press.（=2004, 門田健一訳『さまよえる近代──グローバル化の文化研究』平凡社）
Arendt, H., 1958, *The Human Condition*, University of Chicago Press.（=1994, 志水速雄訳『人間の条件』ちくま学芸文庫）
Clifford, J., 1994, "Diasporas," *Cultural Anthropology*, 9-3.（=1998, 有元健訳「ディアスポラ」『現代思想』1998年6月号）
遠藤正敬，2017，『戸籍と無戸籍──「日本人」の輪郭』人文書院．
Fujitani, T., 1994,『天皇のページェント──近代日本の歴史民族誌から』米山リサ訳, 日本放送出版協会．
福沢諭吉，[1874] 1978,『学問のすゝめ』岩波文庫．
福沢諭吉，[1899] 1978,『新訂福翁自伝』岩波文庫．
Gellner, E., 1983, *Nations and Nationalism*, Blackwell.（=2000, 加藤節監訳『民族とナショナリズム』岩波書店）
Giddens, A., 1985, *The Nation-state and Violence*, Polity Press.（=1999, 松尾精文・小幡正敏訳『国民国家と暴力』而立書房）
Giddens, A., 1990, *The Consequences of Modernity*, Polity Press.（=1993, 松尾精文・小幡正敏訳『近代とはいかなる時代か？──モダニティの帰結』而立書房）
Habermas, J., 1973, *Legitimationsprobleme im Spätkapitalismus*, Suhrkamp.（=1979, 細谷貞雄訳『晩期資本主義における正統化の諸問題』岩波書店）
Hall, S., 1995, "New Cultures for Old," D. Massey & P. Jess eds., *A Place in the World?: Places, Cultures and Globalization*, Oxford University Press.
Harvey, D., 1989, *The Condition of Postmodernity: An Enquiry into the Origins of Cultural Change*, Blackwell.（=1999, 吉原直樹監訳『ポストモダニティの条件』青木書店）
Harvey, D., 2005, *A Brief History of Neoliberalism*, Oxford University Press.（=2007, 渡辺治監訳『新自由主義──その歴史的展開と現在』作品社）
Huntington, S. P., 1996, *The Clash of Civilizations and the Remaking of World Order*, Simon & Schuster.（=1998, 鈴木主税訳『文明の衝突』集英社）

Jessop, B., 1990, *State Theory: Putting Capitalist States in Their Place*, Polity Press.（＝1994，中谷義和訳『国家理論——資本主義国家を中心に』御茶の水書房）

Jessop, B., 2002, *The Future of the Capitalist State*, Polity Press.（＝2005，中谷義和監訳『資本主義国家の未来』御茶の水書房）

加藤迪男編，2006，『記念日・祝日の事典』東京堂出版．

町村敬志，2000a，「グローバリゼーションのローカルな基礎——『単一化された想像上の空間』形成をめぐる政治」『社会学評論』200．

町村敬志，2000b，「再加熱イデオロギーとしてのグローバリゼーション——『世界都市』東京の動機づけ危機」『現代思想』2000年10月号．

町村敬志，2007，「メガ・イベントと都市空間——第二ラウンドの『東京オリンピック』の歴史的意味を考える」『スポーツ社会学研究』15．

Miliband, R., 1969, *The State in Capitalist Society*, Basic Books.（＝1970，田口富久治訳『現代資本主義国家論——西欧権力体系の一分析』未来社）

Morris-Suzuki, T., 1997, *Re-inventing Japan: Nation, Culture, Identity*, Routledge.（＝2014，伊藤茂訳『日本を再発明する——時間，空間，ネーション』以文社）

Morris-Suzuki, T., 大川正彦訳，2000，『辺境から眺める——アイヌが経験する近代』みすず書房．

Morris-Suzuki, T., 2002,『批判的想像力のために——グローバル化時代の日本』平凡社．

Neave, G., 1998, "The Evaluative State Reconsidered," *European Journal of Education*, 33-3.

Negri, A. & M. Hardt, 2000, *Empire*, Harvard University Press.（＝2003，水嶋一憲・酒井隆史・浜邦彦・吉田俊実訳『帝国——グローバル化の世界秩序とマルチチュードの可能性』以文社）

Negri, A. & M. Hardt, 2004, *Multitude: War and Democracy in the Age of Empire*, Penguin.（＝2005，幾島幸子ほか訳『マルチチュード——「帝国」時代の戦争と民主主義』日本放送出版協会）

野宮大志郎・西城戸誠編，2016，『サミット・プロテスト——グローバル化時代の社会運動』新泉社．

小熊英二，1998，『「日本人」の境界——沖縄・アイヌ・台湾・朝鮮植民地支配から復帰運動まで』新曜社．

小熊英二，2002，『〈民主〉と〈愛国〉——戦後日本のナショナリズムと公共性』新曜社．

大澤真幸，2002a，『文明の内なる衝突——テロ後の世界を考える』日本放送出版協会．

大澤真幸，2002b，「A. D. スミス『ネーションのエスニックな諸起源』」大澤編，2002c．

大澤真幸編，2002c，『ナショナリズム論の名著50』平凡社．

Portes, A., 2003, "Conclusion: Theoretical Convergencies and Empirical Evidence in the Study of Immigrant Transnationalism," *International Migration Review*, 37-3.

Poulantzas, N. A., 1968, *Pouvoir politique et classes sociales de l'etat capitaliste*, F. Maspero.（＝1978・1981，田口富久治・山岸紘一訳『資本主義国家の構造——政治権力と社会階級』〔1・2〕未来社）

Power, M., 1997, *The Audit Society: Rituals of Verification*, Oxford University Press.（＝2003，國部克彦・堀口真司訳『監査社会——検証の儀式化』東洋経済新報社）

歴史学研究会編，1995，『講座世界史4 資本主義は人をどう変えてきたか』東京大学出版会．

Said, E. W., 1978, *Orientalism*, Georges Borchandt Inc.（＝1993，板垣雄三・杉田英明監修，今沢紀子訳『オリエンタリズム』〔上・下〕平凡社ライブラリー）

Sassen, S., 1996, *Losing Control?: Sovereignty in an Age of Globalization*, Columbia University Press.（＝1999，伊豫谷登士翁訳『グローバリゼーションの時代——国家主権のゆくえ』平凡社）

Sassen, S., 2006, *Territory, Authority, Rights: From Medieval to Global Assemblages*, Princeton University Press.（＝2011，伊藤茂訳『領土・権威・諸権利——グローバリゼーション・スタディーズの現在』明石書店）

清水雅彦，2007，『治安政策としての「安全・安心まちづくり」——監視と管理の招牌』社会評論社．

Sklair, L., 2001, *The Transnational Capitalist Class*, Blackwell.

Smith, A. D., 1986, *The Ethnic Origins of Nations*, Blackwell.（＝1999，巣山靖司・高城和義訳『ネイションとエスニシティ——歴史社会学的考察』名古屋大学出版会）

Smith, A. D., 1991, *National Identity*, Penguin Books.（＝1998，高柳先男訳『ナショナリズムの生命力』晶文社）

高原基彰, 2006, 『不安型ナショナリズムの時代——日韓中のネット世代が憎みあう本当の理由』洋泉社新書.
多木浩二, 1988, 『天皇の肖像』岩波新書.
Tilly, C., 1992, *Coercion, Capital, and European States, AD 990-1992*, revised paperback ed., Blackwell.
富永京子, 2016, 『社会運動のサブカルチャー化——G8サミット抗議行動の経験分析』せりか書房.
Tomlinson, J., 1991, *Cultural Imperialism: A Critical Introduction*, Pinter.（＝1997, 片岡信訳『文化帝国主義〔新装版〕』青土社）
上野千鶴子, 1998, 『ナショナリズムとジェンダー』青土社.
Urry, J., 2000, *Sociology beyond Societies: Mobilities for the Twenty-first Century*, Routledge.（＝2006, 吉原直樹監訳『社会を越える社会学——移動・環境・シチズンシップ』法政大学出版局）
Wallerstein, I., 1974, *The Modern World-system: Capitalist Agriculture and the Origins of the European World-economy in the Sixteenth Century*, Academic Press.（＝1981, 川北稔訳『近代世界システム——農業資本主義と「ヨーロッパ世界経済」の成立』〔Ⅰ・Ⅱ〕岩波書店）
Wallerstein, I., 1983, *Historical Capitalism*, Verso.（＝1985, 川北稔訳『史的システムとしての資本主義』岩波書店）
Weber, M., 1922, *Wirtschaft und Gesellschaft*, J. C. B. Mohr.（＝1972, 清水幾太郎訳『社会学の根本概念』岩波文庫）
山之内靖・酒井直樹編, 2003, 『総力戦体制からグローバリゼーションへ』平凡社.
安丸良夫, 1992, 『近代天皇像の形成』岩波書店.
吉野耕作, 1997, 『文化ナショナリズムの社会学——現代日本のアイデンティティの行方』名古屋大学出版会.

◆第11章
赤川学, 2004, 『子どもが減って何が悪いか！』ちくま新書.
Elias, N., 1982, *Über Die Einsamkeit der Sterbenden* in unseren Tagen, Suhrkamp.（＝1990, 中居実訳『死にゆく者の孤独』法政大学出版局）
菅野仁, 2003, 『ジンメル・つながりの哲学』日本放送出版協会.
国立社会保障・人口問題研究所編, 2007, 『人口の動向——日本と世界』厚生統計協会.
小谷敏, 1998, 『若者たちの変貌——世代をめぐる社会学的物語』世界思想社.
目黒依子, 1987, 『個人化する家族』勁草書房.
森岡清美, 1993, 『決死の世代と遺書——太平洋戦争末期の若者の生と死（補訂版）』吉川弘文館.
森岡清美・望月嵩, 1997, 『新しい家族社会学（四訂版）』培風館.
Murdock, G. P., 1949, *Social Structure*, Macmillan.（＝1978, 内藤莞爾監訳『社会構造——核家族の社会人類学』新泉社）
牟田和恵, 1996, 『戦略としての家族——近代日本の国民国家形成と女性』新曜社.
永田夏来, 2017, 『生涯未婚時代』イースト新書.
中野収, 1992, 『「家族する」家族——父親不在の時代というが』有斐閣.
NHK放送文化研究所, 2016, 『データブック国民生活時間調査2015』日本放送出版協会.
日本家政学会, 1999, 『変動する家族——子ども・ジェンダー・高齢者』建帛社.
落合恵美子, 2019, 『21世紀家族へ——家族の戦後体制の見かた・超えかた（第4版）』有斐閣.
岡田朋之・松田美佐編, 2002, 『ケータイ学入門——メディア・コミュニケーションから読み解く現代社会』有斐閣.
沖藤典子ほか, 1990, 『同室同床・異室異床——寝室からみた夫婦のライフスタイル』フォー・ユー.
Plath, D., 1980, *Long Engagements, Maturity in Modern Japan*, Stanford University Press.（＝1985, 井上俊・杉野目康子訳『日本人の生き方——現代における成熟のドラマ』岩波書店）
Rowntree, B. S., 1901, *Poverty: A Study of Town Life*, Macmillan.（＝1975, 長沼弘毅訳『貧乏研究』千城）
島田裕巳, 1997, 『個室——引きこもりの時代』日本評論社.

嶋根克己，2003，「高齢社会における葬儀のあり方」佐々木交賢・P. アンサール編『高齢社会と生活の質——フランスと日本の比較から』専修大学出版局。
Simmel, G., 1908, *Soziologie: Untersuchungen über die Formen der Vergesellschaftung*, Duncker & Humblot.（＝1994，居安正訳『社会学』〔上・下〕白水社）
副田義也，2000，「現代家族論の基本的視角」副田義也・樽川典子編『現代家族と家族政策』ミネルヴァ書房。
鍾家新，1999，『中国民衆の欲望のゆくえ——消費の動態と家族の変動』新曜社。
田渕六郎，1999，「『家族戦略』研究の可能性」『人文学報』300，東京都立大学人文学部。
上野千鶴子，1990，『家父長制と資本制——マルクス主義フェミニズムの地平』岩波書店。
上野千鶴子，1994，『近代家族の成立と終焉』岩波書店。
上野千鶴子，2002，『家族を容れるハコ家族を超えるハコ』平凡社。
山田昌弘，1996，『結婚の社会学——未婚化・晩婚化はつづくのか』丸善ライブラリー。
山田昌弘，2004，『家族ペット——やすらぐ相手は，あなただけ』サンマーク出版。
吉見俊哉・若林幹夫・水越伸，1992，『メディアとしての電話』弘文堂。

◆第12章
浅田千恵，1996，『女はなぜやせようとするのか——摂取障害とジェンダー』勁草書房。
Beauvoir, S. de, 1949, *Le deuxième sexe*, I II, Gallimard.（＝1953-55，生島遼一訳『第二の性』新潮社）
Butler, J., 1990, *Gender Trouble: Feminism and the Subversion of Identity*, Routledge.（＝1999，竹村和子訳『ジェンダー・トラブル——フェミニズムとアイデンティティの攪乱』青土社）
江原由美子，2002，『自己決定権とジェンダー』岩波書店。
藤村正之，2006，「若者世代の『男らしさ』とその未来」阿部恒久・大日方純夫・天野正子編『男性史3 男らしさの現代史』日本経済評論社。
橋爪大三郎，1995，『性愛論』岩波書店。
Hochschild, A. R., 1989, *The Second Shift: Working Parents and the Revolution at Home*, Viking Penguin.（＝1990，田中和子訳『セカンド・シフト：第二の勤務——アメリカ共働き革命のいま』朝日新聞社）
井上俊，1973，「恋愛結婚の誕生」『死にがいの喪失』筑摩書房。
伊藤公雄，2003，「『男女共同参画』が問いかけるもの——現代日本社会とジェンダー・ポリティクス』インパクト出版会。
伊藤整，1983，『変容』岩波文庫。
春日キスヨ，1989，『父子家庭を生きる——男と親の間』勁草書房。
加藤秀一，2006，『知らないと恥ずかしいジェンダー入門』朝日新聞社。
加藤秀一・石田仁・海老原暁子，2005，『図解雑学ジェンダー』ナツメ社。
河口和也，2003a，「セックス／ジェンダー」中根光敏・野村浩也・河口和也・狩谷あゆみ『社会学に正解はない』松籟社。
河口和也，2003b，『クイア・スタディーズ』岩波書店。
小林照幸，2000，『熟年性革命報告』文春新書。
国際労働事務局，2007，『国際労働経済統計年鑑（2005年版・第64版）』日本ILO協会。
雇用問題研究会，2005，『「介護における男性介護職の諸問題に関する実態調査」調査報告書（最終年度）』。
前田信彦，2000，『仕事と家庭生活の調和——日本・オランダ・アメリカの国際比較』日本労働研究機構。
中西祐子，1998，『ジェンダー・トラック——青年期女性の進路形成と教育組織の社会学』東洋館出版社。
大沢真理，2007，『現代日本の生活保障システム——座標とゆくえ』岩波書店。
「夫（恋人）からの暴力」調査研究会，2002，『ドメスティック・バイオレンス（新版）』有斐閣。
佐倉智美，2006，『性同一性障害の社会学』現代書館。
佐藤文香，2006，「軍事化とジェンダー」江原由美子・山崎敬一編『ジェンダーと社会理論』有斐閣。

Sedgwick, E. K., 1990, *Epistemology of the Closet*, University of California Press.（＝1999，外岡尚美訳『クローゼットの認識論——セクシュアリティの20世紀』青土社）
下夷美幸，2006，「ジェンダー・エクイティ」武川正吾・大曾根寛編『福祉政策Ⅱ——福祉国家と福祉社会』放送大学教育振興会。
須永史生，1999，『ハゲを生きる——外見と男らしさの社会学』勁草書房。
多賀太，2006，『男らしさの社会学——揺らぐ男のライフコース』世界思想社。
上野千鶴子，2002，『差異の政治学』岩波書店。
上野千鶴子，2003，「市民権とジェンダー」『思想』955。
若桑みどり・加藤秀一・皆川満寿美・赤石千衣子編，2006，『「ジェンダー」の危機を超える！——徹底討論！ バックラッシュ』青弓社．
山口道宏編，2006，『男性ヘルパーという仕事——高齢・在宅・介護を支える』現代書館。

◆第13章
蘭信三，2008，「序——日本帝国をめぐる人口移動の国際社会学をめざして」同編『日本帝国をめぐる人口移動の国際社会学』不二出版。
有賀貞，1995，「アメリカのエスニック状況」有賀貞編『エスニック状況の現在』（現代アメリカ4）日本国際問題研究所。
朝倉敏夫，1994，『日本の焼肉韓国の刺身——食文化が"ナイズ"されるとき』農山漁村文化協会。
Barth, F., 1969, "Introduction," F. Barth ed., *Ethnic Groups and Boundaries: The Social Organization of Culture Difference*, Little Brown and Company.（＝1996，内藤暁子・行木敬訳「エスニック集団の境界——論文集『エスニック集団と境界』のための序文」青柳まちこ編・監訳『「エスニック」とは何か——エスニシティ基本論文選』新泉社）
Bauman, Z., 2000, *Liquid Modernity*, Polity Press.（＝2001，森田典正訳『リキッド・モダニティ——液状化する社会』大月書店）
月刊『イオ』編集部編，2006，『日本の中の外国人学校』明石書店。
Glazer, N. & D. P. Moynihan eds., 1975, *Ethnicity: Theory and Experience*, Harvard University Press.（＝1984，内山秀夫部分訳『民族とアイデンティティ』三嶺書房）
Goffman, E., 1959, *The Presentation of Self in Everyday Life*, Doubleday.（＝1974，石黒毅訳『行為と演技——日常生活における自己呈示』誠信書房）
Hammar, T., 1990, *Democracy and the Nation State: Aliens, Denizens and Citizens in a World of International Migration*, Avebury.（＝1999，近藤敦監訳『永住市民（デニズン）と国民国家——定住外国人の政治参加』明石書店）
Heater, D., 1999, *What is Citizenship?*, Polity Press.（＝2002，田中俊郎・関根政美訳『市民権とは何か』岩波書店）
樋口直人編，2012，『日本のエスニック・ビジネス』世界思想社。
樋口直人，2014，『日本型排外主義——在特会・外国人参政権・東アジア地政学』名古屋大学出版会。
広田康生，2003，『エスニシティと都市（新版）』有信堂。
広田康生・藤原法子，2016，『トランスナショナル・コミュニティ——場所形成とアイデンティティの都市社会学』ハーベスト社。
星野修美，2005，『自治体の変革と在日コリアン——共生の施策づくりとその苦悩』明石書店。
移民政策学会設立10周年記念論集刊行委員会ほか編，2018，『移民政策のフロンティア——日本の歩みと課題を問い直す』明石書店。
磯部涼，2017，『ルポ川崎』CYZO。
伊藤るり・小ヶ谷千穂・B. テネグラ・稲葉奈々子，2005，「いかにして〈ケア上手なフィリピン人〉はつくられるのか？ ——ケアギバーと再生産労働の『国際商品』化」『F-GENS ジャーナル』3（お茶の水女子大学21世紀COEプログラム「ジェンダー研究のフロンティア」）。
鄭暎恵，2003，『〈民が代〉斉唱——アイデンティティ・国民国家・ジェンダー』岩波書店。
梶田孝道，1988，『エスニシティと社会変動』有信堂。
梶田孝道・丹野清人・樋口直人，2005，『顔の見えない定住化——日系ブラジル人と国家・市場・移民

ネットワーク』名古屋大学出版会.
金明秀, 2015,「日本における排外主義の規定要因――社会意識論のフレームを用いて」『フォーラム現代社会学』14.
小井土彰宏, 2003,「移民受け入れ国の政策比較」小井土彰宏編『移民政策の国際比較』(講座グローバル化する日本と移民問題第I期第3巻) 明石書店.
小井土彰宏編, 2017,『移民受入の国際社会学――選別メカニズムの比較分析』名古屋大学出版会.
江東・在日朝鮮人の歴史を記録する会, 2004,『東京のコリアン・タウン――枝川物語 (増補新版)』樹花舎.
Lie, J., 2001, *Multi-ethnic Japan*, Harvard University Press.
町村敬志, 1999,『越境者たちのロスアンジェルス』平凡社.
町村敬志, 2002,「戦前期における在日朝鮮人メディアの形成と展開――内務省警保局資料を中心に」『一橋大学研究年報社会学研究』40.
町村敬志, 2008,「コンタクト・ゾーンとしてのコリアン食レストラン――即興と流用の現場から」森岡清志編『都市化とパートナーシップ』(講座社会変動3) ミネルヴァ書房.
見田宗介, 1979,『現代社会の社会意識』弘文堂.
宮塚利雄, 1999,『日本焼肉物語』太田出版.
宗景正, 2005,『夜間中学の在日外国人』高文研.
丹辺宣彦・山口博史・岡村徹也編, 2014,『豊田とトヨタ――産業グローバル化先進地域の現在』東信堂.
野村進, 1996,『コリアン世界の旅』講談社.
小ヶ谷千穂, 2001,「「移住労働者の女性化」のもう一つの現実――フィリピン農村部送り出し世帯の事例から」伊豫谷登士翁編『経済のグローバリゼーションとジェンダー』(叢書現代の経済・社会とジェンダー第5巻) 明石書店.
小ヶ谷千穂, 2016,『移動を生きる――フィリピン移住女性と複数のモビリティ』有信堂高文社.
小熊英二, 1995,『単一民族神話の起源――〈日本人〉の自画像の系譜』新曜社.
奥田道大, 2003,「「越境する知」としての都市コミュニティ――ストリート・ワイズの復活」渡戸一郎・広田康生・田嶋淳子編『都市的世界/コミュニティ/エスニシティ――ポストメトロポリス期の都市エスノグラフィ集成』明石書店.
奥田道大・鈴木久美子編, 2001,『エスノポリス・新宿/池袋――来日10年目のアジア系外国人調査記録』ハーベスト社.
小内透, 2001,「日系ブラジル人の定住化と地域社会の変化」小内・酒井編, 2001.
小内透・酒井恵真編, 2001,『日系ブラジル人の定住化と地域社会――群馬県太田・大泉地区を事例として』御茶の水書房.
小内透編, 2018,『現代アイヌの生活と地域住民――札幌市・むかわ町・新ひだか町・伊達市・白糠町を対象にして』(先住民族の社会学 第2巻) 東信堂.
朴慶植編, 1975a,『在日朝鮮人関係資料集成 第1巻』三一書房.
朴慶植編, 1975b,『在日朝鮮人関係資料集成 第3巻』三一書房.
Portes, A. & J. Borocz, 1989, "Contemporary Immigration: Theoretical Perspectives on Its Determinants and Mode of Incorporation," *International Migration Review*, 23-3.
Portes, A. & R. G. Rumbaut, 1996, *Immigrant America: A Portrait*, 2nd ed., University of California Press.
Portes, A. & R. G. Rumbaut, 2001, *Legacies: The Story of the Immigrant Second Generation*, University of California Press and Sage. (=2014, 村井忠政ほか訳『現代アメリカ移民第二世代の研究――移民排斥と同化主義に代わる「第三の道」』明石書店)
Pratt, M. L., 1992, *Imperial Eyes: Travel Writing and Transculturation*, Routledge.
Rumbaut, R. G. & A. Portes eds., 2001, *Ethnicities: Children of Immigrants in America*, University of California Press and Sage.
坂本悠一, 1998,「福岡県における朝鮮人移民社会の成立――戦間期の北九州工業地帯を中心として」『青丘学術論集』13, 財団法人韓国文化研究振興財団.
佐久間孝正, 2006,『外国人の子どもの不就学――異文化に開かれた教育とは』勁草書房.
佐々木てる監修, 在日コリアンの日本国籍取得権確立協議会編, 2006,『在日コリアンに権利としての

日本国籍を』明石書店.
関根政美, 1994,『エスニシティの政治社会学――民族紛争の制度化のために』名古屋大学出版会.
Sennett, R., 1970, *The Uses of Disorder: Personal Identity and City Life*, Knopf.(＝1975, 今田高俊訳『無秩序の活用――都市コミュニティの理論』中央公論社)
田嶋淳子, 2003,「トランスナショナル・ソーシャル・スペースの思想――中国系移住者の移動と定住のプロセスを中心に」渡戸一郎・広田康生・田嶋淳子編『都市的世界／コミュニティ／エスニシティ――ポストメトロポリス期の都市エスノグラフィ集成』明石書店.
高畑幸, 2003,「国際結婚と家族――在日フィリピン人による出産と子育ての相互扶助」石井由香編『移民の居住と生活』(講座グローバル化する日本と移民問題第Ⅱ期第4巻) 明石書店.
高谷幸, 2017,『追放と抵抗のポリティクス――戦後日本の境界と非正規移民』ナカニシヤ出版.
竹沢泰子, 2005,「人種概念の包括的理解に向けて」竹沢泰子編『人種概念の普遍性を問う――西洋的パラダイムを超えて』人文書院.
田中宏, 1991,『在日外国人――法の壁, 心の溝』岩波新書.
谷富夫編, 2002,『民族関係における結合と分離――社会的メカニズムを解明する』ミネルヴァ書房.
谷富夫, 2015,『民族関係の都市社会学――大阪猪飼野のフィールドワーク』ミネルヴァ書房.
都築くるみ, 2003,「日系ブラジル人集住地域における生活世界と人間関係」石井由香編『移民の居住と生活』(講座グローバル化する日本と移民問題第Ⅱ期第4巻) 明石書店.
Warner, W. L. & L. Srole, 1945, *The Social Systems of American Ethnic Groups*, Yankee City Series, vol. 3, Yale University Press.
渡戸一郎, 2006,「地域社会の構造と空間」似田貝香門監修『地域社会学の視座と方法』(地域社会学講座1) 東信堂.
Waters, M. C., 1990, *Ethnic Options: Choosing Identities in America*, University of California Press.
吉野耕作, 1997,『文化ナショナリズムの社会学――現代日本のアイデンティティの行方』名古屋大学出版会.

◆第14章
青木秀男, 2000,『現代日本の都市下層――寄せ場と野宿者と外国人労働者』明石書店.
Berle, A. A., Jr. & G. C. Means, 1932, *The Modern Corporation and Private Property*, Macmillan.(＝1958, 北島忠男訳『近代株式会社と私有財産』文雅堂書店)
Bhalla, A. S. & F. Lapeyre, 2004, *Poverty and Exclusion in a Global World*, Palgrave Macmillan.(＝2005, 福原宏幸・中村健吾監訳『グローバル化と社会的排除――貧困と社会問題への新しいアプローチ』昭和堂)
Blau, P. M. & O. D. Duncan, 1967, *The American Occupational Structure*, Wiley.
Boltanski, L., and Chiapello, E., 1999, *Le nouvel esprit du capitalisme*, Gallimard.(＝2013, 三浦直希・海老塚明・川野英二・白鳥義彦・須田文明・立見淳哉訳『資本主義の新たな精神』(上・下), ナカニシヤ出版)
Bourdieu, P., 1979, *La distinction: Critique sociale du jugement*, Éditions de Minuit.(＝1990, 石井洋二郎訳『ディスタンクシオン――社会的判断力批判』〔1・2〕藤原書店)
Bourdieu, P., 1980, *Le sens pratique*, Éditions de Minuit.(＝1988・1990, 今村仁司・港道隆ほか訳『実践感覚』〔1・2〕みすず書房)
Bourdieu, P. et J. -C. Passeron, 1970, *La reproduction: Éléments pour une théorie du système d'enseignement*, Éditions de Minuit.(＝1991, 宮島喬訳『再生産――教育・社会・文化』藤原書店)
Butler, J., 2015, *Notes Toward a Performative Theory of Assembly*, Harvard University Press.(＝2018, 佐藤嘉幸・清水知子訳『アセンブリ――行為遂行性・複数性・政治』青土社)
Castel, R., 2009, *La montée des incertitudes: Travail, protections, statut de l'individu*, Seuil.(＝2015, 北垣徹訳『社会喪失の時代――プレカリテの社会学』明石書店)
Dahrendorf, R., 1959, *Class and Class Conflict in Industrial Society*, Stanford University Press.(＝1964, 富永健一訳『産業社会における階級および階級闘争』ダイヤモンド社)
『現代日本の階層構造』全4巻, 1990, 東京大学出版会.

Giddens, A., 1973, *The Class Structure of the Advanced Societies*, Hutchinson.（＝1977, 市川統洋訳『先進社会の階級構造』みすず書房）

原純輔, 1986,「職業移動のネットワーク」直井優・原純輔・小林甫編『リーディングス日本の社会学 8 社会階層・社会移動』東京大学出版会.

原純輔・盛山和夫, 1999,『社会階層——豊かさの中の不平等』東京大学出版会.

橋本健二, 1999,『現代日本の階級構造——理論・方法・計量分析』東信堂.

橋本健二, 2018,『新・日本の階級社会』講談社現代新書.

Hochschild, A. R., 1983, *The Managed Heart: Commercialization of Human Feeling*, University of California Press.（＝2000, 石川准・室伏亜希訳『管理される心——感情が商品になるとき』世界思想社）

本田由紀, 2005,『多元化する「能力」と日本社会——ハイパー・メリトクラシー化のなかで』（日本の「現代」13）NTT 出版.

石田浩・三輪哲, 2011,「社会移動の趨勢と比較」石田浩・近藤博之・中尾啓子編『階層と移動の構造（現代の階層社会 2)』東京大学出版会.

香川めい, 2018,「若年期のライフコースのコーホート間比較——系列分析から見る脱標準化, 差異化, 多様化の様相」保田時男編『2015 年 SSM 調査報告書 1　調査方法・概要』2015 年 SSM 調査委員会（www.l.u-tokyo.ac.jp/2015sss-PJ/report1.html）．

苅谷剛彦, 2001,『階層化日本と教育危機——不平等再生産から意欲格差社会へ』有信堂.

木本喜美子, 1995,『家族・ジェンダー・企業社会——ジェンダー・アプローチの模索』ミネルヴァ書房.

李春玲, 園田茂人・呉冬梅訳, 2005,「現代中国における社会移動——改革・開放前後の移動モデルの比較」園田茂人編『東アジアの階層比較』（中央大学社会科学研究所研究叢書 15).

Lipset, S. M. & R. Bendix, 1959, *Social Mobility in Industrial Society*, University of California Press.（＝1969, 鈴木広訳『産業社会の構造——社会的移動の比較分析』サイマル出版会）

牧野智和, 2015,『日常に侵入する自己啓発——生き方・手帳術・片づけ』勁草書房.

Marx, K. & F. Engels, 1848, *Manifest der Kommunistischen Partei*.（＝1951, 大内兵衛・向坂逸郎訳『共産党宣言』岩波文庫）

宮島喬, 1999,『文化と不平等——社会学的アプローチ』有斐閣.

「21 世紀日本の構想」懇談会, 河合隼雄監修, 2000,『日本のフロンティアは日本の中にある——自立と協治で築く新世紀』講談社.

『日本の階層システム』全 6 巻, 2000, 東京大学出版会.

野村正實, 1994,『終身雇用』岩波書店.

大竹文雄, 2005,『日本の不平等——格差社会の幻想と未来』日本経済新聞社.

Piketty, T., 2013, *Le Capital au XXIe siècle*, Seuil.（＝2014, 山形浩生・守岡桜・森本正史訳『21 世紀の資本』みすず書房）

Piore, M. J. & C. F. Sabel, 1984, *The Second Industrial Divide: Possibilities for Prosperity*, Basic Books.（＝1993, 山之内靖・永易浩一・石田あつみ訳『第二の産業分水嶺』筑摩書房）

Poulantzas, N., 1968, *Pouvoir politique et classes sociales de l'état capitaliste*, F. Maspero.（＝1978・1981, 田口富久治・山岸紘一訳『資本主義国家の構造——政治権力と社会階級』未來社）

佐野嘉秀, 2004,「非典型雇用——多様化する働き方」佐藤博樹・佐藤厚編『仕事の社会学——変貌する働き方』有斐閣.

佐藤俊樹, 2000,『不平等社会日本——さよなら総中流』中公新書.

盛山和夫, 2000,「階層システムの公共哲学に向けて」高坂健次編『階層社会から新しい市民社会へ』（日本の階層システム 6) 東京大学出版会.

渋谷望, 2003,『魂の労働——ネオリベラリズムの権力論』青土社.

Sklair, L., 2001, *The Transnational Capitalist Class*, Blackwell.

園田茂人, 2008,『不平等国家 中国——自己否定した社会主義のゆくえ』中公新書.

Sorokin, P. A., 1927, *Social Mobility*, Harper.

橘木俊詔, 1998,『日本の経済格差——所得と資産から考える』岩波新書.

竹内洋, 1995, 『日本のメリトクラシー――構造と心性』東京大学出版会.
田中研之輔, 2015, 『丼家の経営――24時間営業の組織エスノグラフィー』法律文化社.
Thompson, E. P., 1963, *The Making of English Working Class*, Victor Gollancz. (＝2003, 市橋秀夫・芳賀健一訳『イングランド労働者階級の形成』青弓社)
東京グラムシ会『獄中ノート』研究会編訳, 2006, 『ノート22 アメリカニズムとフォーディズム』(アントニオ・グラムシ獄中ノート対訳セリエ1) 同時代社.
富永健一編, 1979, 『日本の階層構造』東京大学出版会.
上野千鶴子, 1990, 『家父長制と資本制――マルクス主義フェミニズムの地平』岩波書店.
Weber, M., 1920, "Die protestantische Ethik und der » Geist « des Kapitalismus," *Gesammelte Aufsätze zur Religionssoziologie*, Bd. 1, J. C. B. Mohr. (＝1989, 大塚久雄訳『プロテスタンティズムの倫理と資本主義の精神』岩波文庫)
Weber, M., 1922, *Wirtschaft und Gesellschaft*, J. C. B. Mohr. (＝1970, 世良晃志郎訳『支配の諸類型』創文社)
Werlhof, C. v., 1991, *Was Haben die Hühner mit dem Dollar zu tun?*, Verlag Frauenoffensive. (＝2004, 伊藤明子訳, 近藤和子協力『女性と経済――主婦化・農民化する世界』日本経済評論社)
Willis, P. E., 1977, *Learning to Labour: How Working Class Kids Get Working Class Jobs*, Saxon House. (＝1985, 熊沢誠・山田潤訳『ハマータウンの野郎ども――学校への抵抗・労働への順応』筑摩書房)
Wilson, W. J., 1987, *The Truly Disadvantaged: The Inner City, the Underclass, and Public Policy*, University of Chicago Press. (＝1999, 平川茂・牛草英晴訳『アメリカのアンダークラス――本当に不利な立場に置かれた人々』明石書店)
Wright, E. O., 1985, *Classes*, Verso.
山田昌弘, 2004, 『希望格差社会――「負け組」の絶望感が日本を引き裂く』筑摩書房.
安田三郎, 1971, 『社会移動の研究』東京大学出版会.
Young, M., 1958, *The Rise of the Meritocracy*, Thames & Hudson. (＝1982, 窪田鎮夫・山元卯一郎訳『メリトクラシー』至誠堂)

◆第15章

赤川学, 2006, 『構築主義を再構築する』勁草書房.
浅野智彦, 1995, 「近代的自我の系譜学1 ピューリタニズム・スノビズム・ダンディズム」井上俊ほか編『自我・主体・アイデンティティ』(岩波講座現代社会学2) 岩波書店.
Baudrillard, J., 1970, *La société de consommation: Ses mythes, ses structures*, Éditions Planete. (＝1979, 今村仁司・塚原史訳『消費社会の神話と構造』紀伊國屋書店)
Becker, H. S., 1973, *Outsiders: Studies in the Sociology of Deviance*, Free Press. (＝2011, 村上直之訳『完訳アウトサイダーズ――ラベリング理論再考』現代人文社)
Berger, P. L., 1967, *The Sacred Canopy: Elements of a Sociological Theory of Religion*, Doubleday. (＝1979, 薗田稔訳『聖なる天蓋――神聖世界の社会学』新曜社)
Bourdieu, P., 1979, *La distinction: Critique sociale du jugement*, Éditions de Minuit. (＝1990, 石井洋二郎訳『ディスタンクシオン――社会的判断力批判』〔Ⅰ〕藤原書店)
Certeau, M. de, 1980, *Art de faire*, Union Generale d'Éditions. (＝1987, 山田登世子訳『日常的実践のポイエティーク』国文社)
Cohen, R. & P. Kennedy, 2000, *Global Sociology*, New York University Press. (＝2003, 山之内靖監訳・伊藤茂訳『グローバル・ソシオロジー』〔Ⅱ〕平凡社)
Durkheim, É., 1893, *De la division du travail social*, Felix Alcan. (＝1971, 田原音和訳『社会分業論』青木書店)
橋爪大三郎, 2006, 「知識社会学と言説分析」佐藤俊樹・友枝敏雄編『言説分析の可能性――社会学的方法の迷宮から』東信堂.
市村弘正, 1987, 『「名づけ」の精神史』みすず書房.
井上俊, 1992, 『悪夢の選択――文明の社会学』筑摩書房.

亀村五郎編，1983，『こどものひろば』福音館書店．
片岡栄美，2000，「文化的寛容性と象徴的境界」今田高俊編『社会階層のポストモダン』(日本の社会階層 5) 東京大学出版会．
川崎賢一，2006，『トランスフォーマティブ・カルチャー――新しいグローバルな文化システムの可能性』勁草書房．
間々田孝夫，2000，『消費社会論』有斐閣．
三浦展，2012，『第四の消費』朝日新書．
宮島喬，1994，『文化的再生産の社会学――ブルデュー理論からの展開』藤原書店．
毛利嘉孝，2003，『文化＝政治』月曜社．
中村俊介，2006，『世界遺産が消えてゆく』千倉書房．
西山哲郎，2006，『近代スポーツ文化とはなにか』世界思想社．
大澤真幸，1996，「overview 知／言語の社会学」井上俊ほか編『知の社会学／言語の社会学』(岩波講座現代社会学 5) 岩波書店．
Shur, E. M., 1965, *Crimes without Victims*, Prentice-Hall.（＝1981，畠中宗一・畠中郁子訳『被害者なき犯罪――堕胎・同性愛・麻薬の社会学』新泉社）．
Simmel, G., 1908, *Soziologie: Untersuchungen über die Formen der Vergesellschaftung*, Duncker & Humblot.（＝1994，居安正『社会学』〔上・下〕白水社）．
Spector, M. & J. I. Kitsuse, 1977, *Constructing Social Problems*, Cummings.（＝1990，村上直之・中河伸俊・鮎川潤・森俊太訳『社会問題の構築――ラベリング理論をこえて』マルジュ社）．
高橋一郎，2001，「家庭と階級文化――『中流文化』としてのピアノをめぐって」柴野昌山編『文化伝達の社会学』世界思想社．
富岡太佳夫，1998，「突出するホール」『現代思想』1998 年 3 月臨時増刊号．
内田隆三，2005，『社会学を学ぶ』ちくま新書．
吉見俊哉，2000，『カルチュラル・スタディーズ』岩波書店．
吉見俊哉，2003，『カルチュラル・ターン，文化の政治学へ』人文書院．
吉見俊哉編，2001，『知の教科書カルチュラル・スタディーズ』講談社．

◆第 16 章

Beck, U., 1986, *Risikogesellschaft: Auf dem Weg in eine andere Mother*, Suhrkamp.（＝1998，東廉・伊藤美登里訳『危険社会――新しい近代への道』法政大学出版局）．
Bell, D., 1960, *The End of Ideology: On the Exhaustion of Political Ideas in the Fifties*, Collier.（＝1969，岡田直之訳『イデオロギーの終焉――1950 年代における政治思想の涸渇について』東京創元新社）．
Berlin, I., 1969, *Four Essays on Liberty*, Oxford University Press.（＝1971，小川晃一ほか訳『自由論』〔1・2〕みすず書房）．
Burawoy, M., 2005, "For Public Sociology," *American Sociological Review*, 70.
Clinton, B., 2004, *My Life*, Alfred & Knopf.（＝2004，楡井浩一訳『マイライフ――クリントンの回想』〔上・下〕朝日新聞社）．
Cohen, J. L., 1985, "Strategy or Identity: New Theoretical Paradigms and Contemporary Social Movements," *Social Research*, 52-4.
Galbraith, J. K., [1958] 1984, *The Affluent Society*, 4th ed., Houghton Mifflin.（＝1985，鈴木哲太郎訳『ゆたかな社会〔第 4 版〕』岩波書店）．
Giddens, A., 1990, *The Consequences of Modernity*, Polity Press.（＝1993，松尾精文・小幡正敏訳『近代とはいかなる時代か？――モダニティの帰結』而立書房）．
Habermas, J., [1962] 1990, *Strukturwandel der Öffentlichkeit: Untersuchungen zu einer Kategorie der bürgerlichen Gesellschaft*, Suhrkamp.（＝1994，細谷貞雄・山田正行訳『公共性の構造転換――市民社会の一カテゴリーについての探求〔第 2 版〕』未来社）．
花田達朗，1996，『公共圏という名の社会空間――公共圏，メディア，市民社会』木鐸社．
長谷川公一，1985，「社会運動の政治社会学――資源動員論の意義と課題」『思想』737 (特集・新しい社会運動)．

長谷川公一，1991，「反原子力運動における女性の位置――ポスト・チェルノブイリの『新しい社会運動』」『レヴァイアサン』8.

長谷川公一，2001，「環境運動と環境研究の展開」飯島伸子・鳥越皓之・長谷川公一・舩橋晴俊編『講座環境社会学1 環境社会学の視点』有斐閣.

長谷川公一，2003，『環境運動と新しい公共圏――環境社会学のパースペクティブ』有斐閣.

平田清明，1969，『市民社会と社会主義』岩波書店.

Huntington, S. P., 1996, *The Clash of Civilizations and the Remaking of World Order*, Simon & Schuster.（＝1998，鈴木主税訳『文明の衝突』集英社）

伊藤守・渡辺登・松井克浩・杉原名穂子，2005，『デモクラシー・リフレクション――巻町住民投票の社会学』リベルタ出版.

小杉亮子，2018，『東大闘争の語り――社会運動の予示と戦略』新曜社.

町村敬志・佐藤圭一編，2016，『脱原発をめざす市民活動――3.11 社会運動の社会学』新曜社.

McAdam, D., 1996, "Conceptual Origins, Current Problems, Future Directions," D. McAdam, J. D. McCarthy & M. N. Zald eds., *Comparative Perspectives on Social Movements: Political Opportunities, Mobilizing Structures, and Cultural Framings*, Cambridge University Press.

Meadows, D. H., D. L. Meadows, J. Randers & W. W. Behrens III, 1972, *The Limits to Growth*, Universe Books.（＝1972，大来佐武郎監訳『成長の限界――ローマ・クラブ「人類の危機」レポート』ダイヤモンド社）

Melucci, A., 1989, *Nomads of the Present: Social Movements and Individual Needs in Contemporary Society*, Temple University Press.（＝1997，山之内靖・貴堂嘉之・宮崎かすみ訳『現在に生きる遊牧民――新しい公共空間の創出に向けて』岩波書店）

Meyer, D. S. & S. Tarrow eds., 1998, *The Social Movement Society: Contentious Politics for a New Century*, Rowman & Littlefield.

Mills, C. W., 1959, *The Sociological Imagination*, Free Press.（＝1965，鈴木広訳『社会学的想像力』紀伊國屋書店）

見田宗介，1984，『宮沢賢治――存在の祭りの中へ』岩波書店.

宮沢賢治，[1924] 1986,「注文の多い料理店」『宮沢賢治全集8』ちくま文庫.

宮沢賢治，[1932] 1986,「グスコーブドリの伝記」『宮沢賢治全集8』ちくま文庫.

夏目漱石，[1911] 1978,「現代日本の開化」『私の個人主義』講談社学術文庫.

夏目漱石，[1915] 1978,「私の個人主義」『私の個人主義』講談社学術文庫.

小熊英二，2002，『〈民主〉と〈愛国〉――戦後日本のナショナリズムと公共性』新曜社.

小熊英二，2009a，『1968 上――若者たちの叛乱とその背景』新曜社.

小熊英二，2009b，『1968 下――叛乱の終焉とその遺産』新曜社.

Pestoff, V. A., 1998, *Beyond the Market and State: Social Enterprises and Civil Democracy in a Welfare Society*, Ashgate.（＝2000，藤田暁男ほか訳『福祉社会と市民民主主義――協同組合と社会的企業の役割』日本経済評論社）

Putnam, R. D., 1993, *Making Democracy Work: Civic Traditions in Modern Italy*, Princeton University Press.（＝2001，河田潤一訳『哲学する民主主義――伝統と改革の市民的構造』NTT 出版）

Putnam, R. D., 2000, *Bowling Alone: The Collapse and Revival of American Community*, Simon & Schuster.（＝2006，柴内康文訳『孤独なボウリング――米国コミュニティの崩壊と再生』柏書房）

Snow, D. A., E. B. Rochford, Jr., S. K. Worden & R. D. Benford, 1986, "Frame Alignment Processes, Micromobilization, and Movement Participation," *American Sociological Review*, 51.

Tarrow, S., [1994] 1998, *Power in Movement 2nd.: Social Movements and Contentious Politics*, Cambridge University Press.（＝2006，大畑裕嗣監訳『社会運動の力――集合行為の比較社会学』彩流社）

Touraine, A., 1978, *La voix et le regard*, Seuil.（＝1983，梶田孝道訳『声とまなざし――社会運動の社会学』新泉社）

上田紀行，[1989] 2016,『覚醒のネットワーク』河出文庫.

事項索引   SOCIOLOGY

◆ アルファベット

AGIL 図式　　476
APC 効果　　356
Community Service Learning　　529
CSR(企業の社会的責任)　　127
DINKS　　344, 362, 365
FtM　　396
GAFA　　501
LGBT　　392
LOHAS　　484
M 字型曲線　　381
#Me Too　　403
MtF　　396
NGO　　98, 99, 122, 123, 125, 126, 270, 325, 330, 335, 468, 482, 519-22, 525
NPO　　5, 103, 111, 118, 122-26, 133, 290, 330, 429, 468, 482, 519-22
QOL　　→生活の質／生命の質
SNS(ソーシャルメディア)　　42, 161, 163, 165, 403, 484
SSM 調査(社会成層と社会移動調査)　　446-50
WTO　　327, 466
WWF(世界自然保護基金)　　520
YouTube　　484

◆ あ 行

ア　イ　　55, 56, 67
アイデンティティ　　63, 64, 395, 416, 419, 430, 433, 434, 437, 494, 514
アウトソーシング　　133
アカデミック・ハラスメント　　91
アスクリプション　　417
アストン・グループ　　116
アスピレーション　　468
アソシエーション　　522
新しい社会運動　　89, 267, 497, 507, 514-517, 519, 536
アドヴォカシー　　123, 303
アマチュア主義　　126
アメリカ化　　326, 486
アラブの春　　519
アンダークラス　　212, 466
アンペイド・ワーク　　285, 383, 462
安楽死　　89, 305, 535

家制度　　346, 347
いきなり結婚族　　359
異議申し立て　　9, 480, 520
育児休業制度　　366, 385
医師‐患者関係　　294
異質な他者　　198, 200, 212, 321
いじめ　　91
移住者　　224, 420, 423, 424, 429-32, 434, 438
―― の編入様式　　424
異性愛　　374, 391, 393
一望監視装置　　→パノプティコン
一国中心主義　　512
逸　脱　　60, 61, 494
一般化された他者　　55
一般互酬　　290
一般職　　385
イデオロギー　　326
―― の終焉　　513
移　動　　8, 200, 203, 206, 225, 228, 407, 414-16, 420, 421, 430, 432, 438, 448, 487
―― の社会学　　43
―― の日常化　　228
―― のプッシュ要因　　420
―― のプル要因　　420
国境を越える ――　　322, 326
移動的転回　　44
イノベーション　　132, 133
違背実験　　31
違背の予期　　95
意　味　　82, 83, 473
意味学派　　82-84
意味秩序　　499
移　民　　205, 206, 214, 333, 334, 336, 416, 420, 430, 497
移民国家　　414, 424
移民政策　　420
移民労働者　　214, 426, 463, 471
イメージ　　326
医療保険　　284
医療モデル　　295, 303, 304
印刷技術　　147, 148
印刷文化　　146, 161, 165
印象操作　　63, 65, 295
インセストタブー　　360
姻　族　　346

インターネット　　5, 128-31, 133, 137, 139, 154, 157, 160-65, 207, 213, 237, 324, 326, 501, 524
インターネット文化　131
インターメディアリ　127
インナーシティ(問題)　213, 424
インバウンド　430, 481
インフォーマル・グループ　114
インフォームド・コンセント　300, 303
ウィメンズ・リブ運動　91, 378
ヴェトナム反戦運動　513, 515, 516
ウォールストリート占拠運動　519
請負労働者　426, 454
失われた10年　358, 381, 447
エイジング　305
映像の世紀　237
営利セクター　522, 523
エコロジー　204
エコロジー運動　131
エコロジカル・フェミニズム　379
エコロジー的近代化　256
エスニシティ　8, 407, 411, 416-19, 425, 427, 431, 438, 443, 462, 463
エスニック　408, 410, 416, 418
エスニック・エンクレイブ　427
エスニック企業家　427
エスニック共同体　320
エスニック・コミュニティ　206, 423, 424, 432
エスニック集団　313, 411, 416, 418, 427, 432
エスニック・ビジネス　214, 416
エスニック・マイノリティ　516
エスニック・メディア　432
エスノグラフィー　204
越境者　437
越境的な移動レジーム　421
越境的な空間　336
エッジ都市　212
エートス　175
エトニ　313, 317
エリート　100
演　技　27, 34, 62, 65
遠距離ナショナリスト　419
遠距離ナショナリズム　160
エンクレイブ(飛び地)経済　427
援助者療法　298
エンターテイメント産業　485
エンパワーメント　303, 466
延命ケア(治療)　276, 535
オイルショック　→石油危機
王権神授説　84

応能原理　532
応能者負担　243
掟　97
汚染問題　535
おたく　481
オーディエンス　63, 497
男らしさ　401
オプション　417
オープンスペース　199
オランダ・モデル　382
オールタナティブ・ファクト　270

◆ か 行

階級　444, 445, 464, 469
　──の公共性　469
階級意識　463
階級構造　464
階級状況　461, 468
階級闘争　444, 445, 517
　──の制度化　445
階級論　444-46, 451, 461-64, 471
介　護　384
外国為替市場　132
外国人市民代表者会議　435
外国人集住地域　421, 422
　　オールドタイマー型──　421, 422
　　ニューカマー中心型──　421, 422
外国人排斥　469
外国人労働者　324, 413, 426, 441, 443
介護労働　453
外婚制　360
会社文化　492
階　層　441, 469, 488
　──の開放性　448
階層化　206, 325, 441, 442
階層間格差　456
階層再生産　157
階層文化　493
階層分極化　214
階層別棲み分け　206
介入主義　207, 328
介入主義国家　329
開発幻想　100
開発主義　207, 216
外部不経済　522
下位文化　→サブカルチュア
ガヴァナンス(共治)　75, 98, 99, 329, 330, 526
カウンター・パワー　124
カオス　499

顔の見えない定住化　424
加害-被害関係　260
科学革命　9
科学技術　367, 368
　　──による家族介入　8, 367
科学的管理法　109, 114, 240, 453
核家族　345, 349, 350, 353
核家族化　279
格　差　3, 91, 206, 425, 441, 442
　　──の構造化　461
格差・階層化(問題)　9, 442-45, 451, 456-58, 463-65, 469, 470
　　──の原因　462
格差原理　532
学生運動　124, 513-15, 517
学　歴　447, 456, 458
学歴社会　458
隠れたカリキュラム　386
カー・シェアリング　243, 245, 484
過剰同調　115
家事労働　382, 383, 385, 462
寡占化　117
過疎化　217
家　族　2, 8, 31, 33, 50, 71, 78, 81, 159, 285, 289, 291, 302, 304, 325, 339, 341, 343-47, 350-56, 362-64, 368, 389, 403, 431, 432, 522
　　──の再生産機能　364
家族イベント　351
家族介入　364, 367
家族機能の弱まり　284
家族計画　390
家族公法　365
家族・コミュニティの失敗　521, 522
家族私法　365
家族周期論　354
家族政策　364, 366
家族戦略　365
家族的責任　381
家族内の勢力構造　341
価　値　69, 75, 81, 82, 158, 411, 412, 479, 499, 503, 531
価値観　2, 21, 239, 349, 386, 411, 467, 478, 482, 494, 496, 497, 511, 514-16, 518
価値基準　60
価値合理的行為　295
価値自由　21
価値判断　21, 83
学校教育　155, 339, 386, 489
学校文化　386

活字人間　147, 152
活字メディア　151
家庭内暴力　363, 395, 429
寡頭制の鉄則　126
家父長制　345, 379, 398, 462
貨　幣　143, 290
過密・過疎問題　257
カミング・アウト　393
カリスマの日常化　100
カルチュラル・スタディーズ　324, 496
環　境　5, 6, 116, 117, 132, 250
環境運動　271, 515, 516, 520
環境社会学　254, 256, 271, 519
環境定期券　243
環境的公正　254, 256, 521
環境破壊　235, 239, 244, 322
環境保護(保全)　217, 283, 524
環境問題　99, 235, 250, 251, 254, 256-58, 271, 379, 482, 485, 514, 522, 525, 528
　　──の社会学　255
環境リスク　264
関　係　495
関係人口　217
関係性の4つの機能　292
観　光　430, 487, 505
　　──のまなざし　219, 485
観光開発　485
監　視　3, 330
監視カメラ　230
慣　習　97
慣習的行動(プラティーク)　79
感　情　362, 364, 453, 514
感情社会学　295, 307
感情的行為　295
感情労働　273, 296
寛容性　226, 469
官僚制　103, 108, 109, 112-16, 131, 133, 134, 149, 293
　　──の逆機能　114, 115, 522
官僚制化　112, 117, 126, 134
官僚制組織　50, 114, 134, 135
記　憶　2, 5, 6, 154, 167, 177-84, 189-91, 194, 227
　　──の共同体　192
　　──の公共圏　192
　　──の場　185, 188, 189
　　──の枠組み　183, 184, 190, 192
機械的管理システム　116
企　業　5, 71, 91, 133, 325, 326, 330, 394, 425,

事項索引　565

463, 522
危険　267
記号消費　482
気候変動問題　99, 239, 261, 525, 535
記号論　503
規則　20, 23, 24, 31, 33, 55, 115, 502
　──に支配された創造性　79
機能主義　444, 446
規範　56, 81, 82, 86, 87, 95, 96, 290, 365, 368, 401, 411, 499
規範的秩序　86
規範理論　301
義務　97
虐待　363
キュア　279, 294
教育　312, 321, 327, 456, 505
　──の階層平準化作用　456
教育機会　432, 456
教育達成　456
境界　8, 321, 407, 411, 434
境界形成　411, 412, 417
境界主義　417
共感　87, 535
『共産党宣言』　444
共生　424
強制異性愛社会　374
強制連行　409, 412
業績原理　446
業績主義　457, 458, 480
競争主義　457, 463, 468, 470
共治　→ガヴァナンス
共通世界　336
共通文化　493
共通利益　88, 89
協働原則　525
京都議定書　525
共有財　244, 245
共有地　→コモンズ
共有の価値　81-83, 89
協力行動　88, 99, 241
義理　97
儀礼的無関心　26, 27, 30, 34, 35, 39, 62, 105
近親相姦　390
近代化　217, 223, 499
近代家族　295, 345, 347, 353, 363, 368, 378, 383, 391, 402, 462
近代官僚制　113, 116
近代技術主義　254
近代(的な)空間(編成)　34, 203

近代市民社会　87
近代社会　34, 37, 50, 51, 70, 71, 95, 100, 112, 152, 351, 407, 531
近代主義　312, 314, 417
近代的自我　479
近代都市　202, 203, 206, 213, 223, 233
均等原理　532
クィア・スタディーズ　392
空間　5, 6, 25, 181-87, 192, 197, 200, 202, 203, 206, 207, 213, 216, 218, 224, 227, 228, 230, 232, 233, 411, 412
　──の生産　230
　──の表象　230
　──の編成　34
　新自由主義の──　207
　単一化された想像上の──　324
　表象の──　232
空間的実践　230
空間認知　218
空間論　206, 233
空間論的転回　200
グーグルゾン　501
グリーフ・ワーク　276
グリーンピース　124, 126, 520
クールジャパン　481
クレイム申し立て　496
クレオール　437
グローカル　333
グローバリゼーション(グローバル化)　6, 213, 214, 233, 264, 265, 283, 309-311, 324-27, 331, 333, 335-37, 403, 425, 434, 437, 454, 458, 466, 470, 473, 486, 487, 497, 519, 523, 528, 531
　スポーツの──　476, 486
グローバル・ヴィレッジ　153, 157, 160
グローバル・ガヴァナンス　99
グローバル・スタンダード　327
グローバルな空間編成　207
グローバルな正義を求める運動　327
ケア　279, 295, 296, 302, 304
ケアワーカー　429
ケアワーク　453
経営組織論　514
計算可能性　106, 113
形式合理性　113, 134, 522
携帯電話　23, 39-43, 138, 237, 343
ゲイテッドコミュニティ　164, 199
ケイパビリティ　301
系列単婚　360
ゲゼルシャフト　38

血縁　203, 223, 290, 350
結婚　358-60, 381
決死の世代　356
血族　346
血統主義　435
ゲマインシャフト　38, 39
ゲーム理論　81, 82
権威　84, 92, 97, 158, 345, 349, 495, 515
権威主義　115, 523
限界集落　217
言語　500, 502, 505
　──の能動的契機　500
健康　280
言語ゲーム　502
言語資本　157
言語論的転回　496, 503
現在主義　179, 182
原初主義　313, 417
原子力発電　268
言説　496, 536
言説空間　537
言説分析　502
限定互酬　290
限定コード　156
権利　97
権力　5, 75, 79, 82-84, 90, 92, 100, 496, 500
合意　75, 80, 82, 87, 92, 98, 99, 114
合意形成　5, 98, 99, 260, 270, 524, 526
公益　524
郊外　35-37, 45, 50, 208
　混住の──　212
　ホワイトカラーの──　212
郊外化　212
公害裁判　259, 525
郊外社会　210, 212
公害問題　205, 244, 255, 262, 269, 514, 516, 522, 525, 528
高学歴化　355, 359
交換理論　81, 82
後期モダニティ　70
工業化　200, 312, 420
公共空間　4, 23, 26, 27, 29, 30, 32, 33, 37, 88, 150, 151, 200, 230, 536
公共圏　5, 9, 32, 83, 151, 161, 162, 335, 507, 516, 519, 522, 524, 525, 531
　──の変容　151, 161
公共交通　239, 241-43, 246
公共財　88, 123, 209, 522, 524
公共社会学　529-31

公共性　32, 33, 44, 259, 271, 292, 524, 530
公共政策　525, 526
『公共性の構造転換』　524
公共哲学　90
合計特殊出生率　280, 366
公式組織　114
公衆(パブリック)　148, 149, 161, 162, 524, 530
公衆距離　25
公正　532
　社会的──　532
　手続き的──　532
　分配的──　532
構造　7, 79
　──の二重性　79
構造化　8, 79, 442, 461
構造-機能分析　82
構造効果　448
構造主義　91, 502
構造主義的マルクス主義　464
構造調整　327, 454
高速交通公害　256-60
高速鉄道　249
構築主義　494, 503
交通政策　246
公的扶助　281
高度経済成長　257, 259, 279, 283, 284, 288, 322, 340, 342, 349, 353, 357, 359, 413, 414, 441, 442, 447, 489, 493, 511, 513
高度産業化　512
高度産業社会　278, 348
高度(大衆)消費社会　260, 481, 482, 483
公民権運動　123, 416, 513-15
合理化　103, 106, 108, 112, 295
功利主義　81, 86, 87, 89, 90, 446, 532
合理主義　175, 480
合理的選択理論　81, 82, 87, 225
合理的な愚か者　59, 87
高齢　208, 212, 279, 288, 356, 366, 367, 429, 453
高齢化社会　274, 279, 281, 365, 380
高齢社会　359, 362, 366, 402
声の文化　152, 154, 156
国語　148, 149
国際結婚　429
国際人権規範　421
国際的活動　335
国際的労働力移動　283, 413, 421
黒人差別　513
国勢調査　207, 351

事項索引　567

国　民　　148, 149, 151, 317
国民化　　321
国民形成　　320
国民国家　　149, 160, 265, 283, 315-17, 322, 333, 336, 387, 432, 435, 523
国民性　　474
国連温暖化防止会議　　525
誇示的消費　　482
互酬(性)　　120, 290, 291
個人化(個人形成)　　49-51, 58, 71, 443
個人化(集団からの解放)　　71, 72
個人化仮説　　267
個人主義　　90, 147
　　——の技術　　147
コスモス　　499
個性記述　　83
個体距離　　25, 26
個体群生態学モデル　　117
国　家　　6, 149, 207, 309, 311, 312, 320, 323, 327-30, 335, 337, 425, 522
　　——のイデオロギー装置　　321
　　調整者としての——　　327, 330
国家権力　　80, 85, 533
国旗・国歌の法制化　　331
事なかれ主義　　115
コーヒー・ハウス　　32, 150, 151, 162
コーホート　　356, 357
コミットメント　　87
ごみ問題　　99, 535
コミュニケーション　　54, 55, 67, 81-83, 105, 137, 277, 278, 306, 322, 324, 343, 514
コミュニケーション行為　　84
コミュニケーション・メディア　　139, 145
コミュニタリアニズム　　90, 301
コミュニティ　　210, 223-25, 416, 418, 522
　　——の解体　　225
　　——の再生　　223
コミュニティ解放論　　224
コモンズ(共有地)　　218, 244, 371
　　——の悲劇　　241, 244
　　幸福な——　　244
雇用期間の短期化　　452
雇用の不安定化　　451, 452, 454
雇用のフレキシブル化　　452, 454
コラボレーション　　517
コリアン・タウン　　423, 427
コリアン・ディアスポラ　　413
婚　姻　　363, 392
混住化　　212

コンセンサス会議　　270
コンタクト言語　　437
コンタクト・ゾーン　　437
コンティンジェンシー理論　　116
コンパクトシティ　　212
コンビニ化　　106
コンビニ人間　　107
コンフリクト理論　　80, 82

◆ さ　行

差　異　　8, 460
　　垂直的——　　443
　　水平的——　　443
再加熱　　468
差異化の戦略　　222
再帰性　　7
再帰的プロジェクト　　70
最小限国家　　301
再生産　　465
在日コリアン　　409, 410, 422, 427, 433, 435, 438
裁　判　　92, 96, 97
再分配　　290
再領域化　　334
錯綜体　　424
サステイナブル・シティ　　247
サービス産業　　453
サービス労働　　453
サブカルチュア(下位文化)　　480, 497
サブ政治　　267
差　別　　91, 419, 425
産業化　　37, 207, 278, 281, 284, 288, 290, 291, 312, 315, 348, 443, 444, 446, 448
産業化仮説　　446, 447
産業革命　　200, 444, 508, 527
産業クラスター　　452
産業公害　　256-59
産業構造　　349, 359
産業社会　　264, 271, 276, 312, 348, 446, 480, 482, 512, 527
サンクション　　60
3C　　489
3C時代　　340
3種の神器　　340, 489
参与観察　　350
シェア消費　　484
シェアハウス　　484
シェアリング・エコノミー　　246
自営業(者)層　　37, 217
シエラ・クラブ　　520

568

ジェンダー　　8, 210, 285, 371, 373, 374, 376-78, 381-84, 386, 388, 393, 394, 396, 397, 399, 401, 402, 404, 428, 429, 462, 463, 493
　──の主流化　　402
ジェンダー影響評価　　402
ジェンダー・トラック　　386
ジェンダー・フリー　　403
ジェンダー・フリー・バッシング　　403
ジェントリフィケーション　　215
私　化　　531
シカゴ学派　　204, 205, 223, 229
時間-空間の圧縮　　322
時間と空間の分離　　140, 143, 165
直　葬　　362
資源動員論　　88, 124, 514, 515, 516, 535
資源配分様式　　289, 291
自　己　　53, 55-60, 65, 67, 70
自己意識　　54
自己決定　　6, 87, 89, 300, 302, 303, 306, 398, 416, 516, 532, 534
自己決定至上主義　　306
自己責任　　302
自己呈示　　63, 69
自己物語　　69-71
自　殺　　110, 277, 443
　自己本位的──　　535
私事化　　349, 351, 353
事実婚　　361
事実的秩序　　86
事実判断　　83
死者観　　277
自　助　　289, 291
市　場　　381, 383, 469, 522
　──の失敗　　291, 522
市場経済　　207, 458, 512, 516
市場交換　　291, 292
市場(経済)中心主義　　3, 325, 329
市場媒介型移住システム　　420
システム世界　　83
システム統合　　82
自省性　　527
自　然　　251, 252
自然エネルギー　　248
自然科学　　251, 252
自然環境主義　　254
自然権　　84
自然状態　　84
自然発生的地域　　206
持続可能性(サステイナビリティ)　　532

持続可能な社会　　6
持続可能な発展　　268, 516
自治的都市　　202
実在主義　　494
実質合理性　　113, 134
実証主義　　82, 83
「失敗」という現実　　467
失敗の日常化　　468
失敗への適応類型　　467
疾病構造　　278, 279
質問紙調査　　351
シティズンシップ　　336, 433, 437
　階層型──　　436
　多重化する──　　436
　並列型──　　436
自動運転車　　248
児童虐待　　364, 389, 495
自動車　　6, 237-43, 248
　──の社会的費用　　239
ジニ係数　　460
死の自己決定　　304
死のポルノグラフィー化　　276
支　配　　100, 112
　カリスマ的──　　113
　官僚制的──　　113
　合法的──　　113
　伝統的──　　84, 113
支配的文化　　480
自発的結社　　119
資本家階級　　444, 445
　トランスナショナルな──　　466
資本主義　　175, 176, 201, 240, 312, 325, 383, 444, 462, 463, 470, 513
資本主義世界システム　　315, 323
市　民　　317, 387
市民運動　　125, 482, 517
市民革命　　317, 378
市民活動　　118, 124, 210
市民社会　　88, 97, 119, 201, 329, 330, 389, 516, 521-24, 528-30, 535
市民社会論　　519, 521, 522, 524
市民セクター　　507, 517, 521-23
市民的公共性　　83, 524
社　会　　2
　──の空間的構成　　228
社会移動　　446, 458
社会運動　　9, 123, 132, 270, 507, 513, 514, 518-20
　──の制度化　　517, 520, 521
社会運動社会　　520, 521

事項索引　　569

社会運動分析の三角形　518, 519
社会運動論　507, 536, 537
社会化(学習)　61, 69, 79, 156
社会化(社会形成)　48-51, 58, 61
社会科学　251, 252
社会学　2-4, 7-10, 18, 21, 22, 34, 87, 179, 181, 184, 200, 252, 292, 301, 322, 333, 337, 437, 443, 446, 460, 470, 508, 526, 528, 530, 535, 536
社会学的想像力　508, 536
社会学的父　347
社会関係資本　90, 120, 121, 133, 135, 225, 522
　架橋型——　227
　紐帯強化型——　227
社会距離　25
社会形態学　207
社会契約(説)　85, 87, 329
社会権　533
社会構想　9, 507, 527, 528, 531, 536
社会構造　96, 325, 327, 356, 359, 383, 508
社会史研究　295
社会システム論　82, 83
社会主義　207, 325, 445, 458, 469, 512, 517, 521, 523, 528
社会主義国家　282, 329
社会成層と社会移動調査　→SSM 調査
社会秩序　→秩序
社会調査　201, 448
社会的凝集性　87
社会的公正　243, 255, 532
社会的事実　110
社会的実験室　204
社会的弱者　535
社会的ジレンマ　59, 241, 242, 260
社会的地位　446, 456, 461
社会的ネットワーク　90, 133
社会的排除　330, 460, 466, 471
社会統合　82, 210, 321, 480
社会統制　61, 409, 518
社会福祉制度　294
社会変動　508, 511, 527, 536
社会保険　284
社会保障政策(制度)　281, 287, 288, 384
社会問題　494, 503, 525, 527, 531
ジャストインタイム方式　242, 452
ジャスミン革命　519
シャッター通り化　216
シャドウ・ワーク　383
写本文化　146
自　由　531, 533

　消極的——　533
　積極的——　533
宗　教　498, 499
従軍慰安婦　170, 171, 188
自由権　533
集合意識　495
集合行動(論)　514, 518
集合財　524
集合的アイデンティティ　464, 466, 514, 536
集合的記憶　178, 179, 180, 184, 185, 192, 194, 207
集合的記憶論　194
集合的主体　464-66, 468
集合的消費(財)　209, 123
集合的表象　207
就職差別　427
終身雇用　71, 451
囚人のジレンマ　59, 87, 241
従属理論　323
周　辺　312, 315, 336, 337
住民運動　124, 205, 209, 210, 249, 257, 260, 271, 517
住民投票　525, 537
重要な他者　54
収斂の終焉　283
受益圏・受苦圏　255, 260, 271
受益者負担　243, 246
祝　日　318, 319
縮　小　468
熟年離婚　355
熟練労働の解体　109
呪術からの解放　112
手段主義　417
出生コーホート　356
出生前診断　276, 367, 397
出生地主義　434
出入国管理及び難民認定法(入管法)　408, 413, 420, 421
出版資本主義　149, 312
趣　味　488
瞬間的時間　164
準市場　291
準自然　251
障害学　286
障害者　286
障害者差別　397
小家族化　279
少子(高齢)化　217, 280, 362, 366
常　識　499, 503

少子（高齢）社会　281, 366, 402
象徴人類学　252
象徴的通標　143
象徴闘争　492
消費社会　240, 482, 483, 497, 505
消費主義　485
消費のスタンダード・パッケージ　340
消費文化　326, 482
情報化　264, 265, 523, 528, 531
情報ネットワーク　103, 230
職　業　349, 356, 382, 446-48
職業威信尺度　447
職　場　37, 360, 362, 394
植民地支配　206, 314, 323, 412, 417
女性解放運動　378, 515, 516
女性学　403
女性の高学歴化　52
女性の自己決定（妊娠・出産・中絶に関する）→
　　リプロダクティブ・ヘルス＆ライツ
女性の職業進出　286
女性の兵士化　387
所得再分配　284
書　物　147, 148, 151, 157, 184, 320
所有と経営の分離　445
自力救済　92
事例と解釈　503
人　格　48, 49, 67, 96
シングル　348, 354, 402
人口移動　37, 207, 412, 413
人工環境　251
人口減少（社会）　208, 217, 281, 366, 402
　人口構造の変動　278, 279
人工授精　390
人口政策　397
人工妊娠中絶　397, 493
新国際分業　453
人　種　416, 418, 419, 425, 443, 462, 463, 528
新自由主義（ネオリベラリズム）　207, 282, 327-
　　329, 337, 457, 522
　　──の空間　207
人種差別　205, 255, 469
人種的マイノリティ　212
寝食分離　352
人新世　3, 323
新人類　356, 481
新全国総合開発計画　257
親族共同体　348, 364
親族ネットワーク　346, 347, 353, 368, 420, 422
身　体　5, 388, 453

──の自己決定　398, 405
新中間層　445
新都市社会学　205
新　聞　35, 138, 139, 148-51, 154, 157, 159, 161,
　　162, 312, 456
人文科学　251, 252
新保守主義　283
親密空間　4, 31, 32, 34, 37
親密圏　334
親密性　292, 353, 363
親密な関係　24, 362, 363
信　頼　51-53, 96, 120, 225
真　理　502, 504
神　話　499
ステイクホルダー　98, 99, 525
ステイタス・シンボル　239
ストリートレベル官僚　293
スノビズム　479
スピリチュアリティ　499
スプロール化　209
スマートフォン　27, 39-41, 165, 236, 343
スモールワールド理論　224
スローフード運動　111
性　愛　8, 362, 363, 391, 392
　高齢期の──　398-400
生活環境主義　254, 271
生活公害　256, 258, 260
生活史　508
生活習慣病　280
生活世界　84
生活の質（QOL）　277, 284, 302
生活保護　287
生活モデル　295, 303, 304
生活様式としてのアーバニズム　223
正　義　532
　公正としての──　301
正義論　301, 532
生権力　280
性行為　353, 389-392, 398
政策決定過程　98, 100, 521, 525, 526
性差別　285
生産関係　445
政治権力　91, 98
政治社会学　518
政治的機会構造（論）　514, 518, 519, 536
性自認　374, 395, 396, 404
生殖家族　344, 347
生殖（医療）技術　276, 367, 368, 405
精神なき専門家, 心情なき享楽人　112

事項索引　571

成層(論)　444-47, 451, 462, 464
生存権　281, 476
『成長の限界』　528, 535
性的マイノリティ　392
性転換手術　396
制度　57
性同一性障害　8, 276, 374, 395, 396
正当性　97, 112, 113, 498
正統性　84, 202
　　──の増大　117
正統文化　492
制度化　60, 65, 96, 97, 270, 290, 514
制度家族　351
制度的統合　61
聖なる天蓋　499
成年後見制度　303
青年文化　480
性の解放　389, 391
性の商品化　89
政府セクター　522, 523
セイフティ・ネット　330
政府の失敗　291, 521
性別適合手術　396
性別役割分業　285, 349, 353, 358, 378, 381, 383, 384, 403, 462
精密コード　156, 157
生命の質(QOL)　277, 284, 302
生命倫理　276, 300
世界遺産　487, 490
世界経済フォーラム　466
世界システム(論)　207, 312, 315, 323, 337
世界市民　523
世界社会論　323, 324
世界都市(論)　205, 213, 214
世界リスク社会　265
セカンド・シフト　383
石油危機(オイルショック)　242, 329, 452
石油コンビナート建設反対運動　257
セキュリティ　330
セクシュアリティ　8, 371, 374, 389, 391-94, 402
セクシュアル・ハラスメント　91, 394, 403, 495
　　環境型──　394
　　代償型──　394
世俗化　499
世俗内的禁欲　176
世代間階層移動　446-48
世代内(階層)移動　447

世代の再生産　382, 389
セックス　373-77, 396
接合部門　412
折衷　410
説明責任　303
セルフヘルプ・グループ　298
ゼロエミッション車　248
専業主婦　380, 382, 404
全国総合開発計画　257
戦争の世紀　237, 511
選択的夫婦別姓制度　361
選択的誘因　88
先端医療技術　276
専門家システム　143
専門家支配　294
専門経営者　445
専門職　293, 294, 297, 303, 304, 307
専門分化　116
戦略　326
相関主義　502
想起　178, 180-82, 184, 190
葬儀　358, 360, 362
臓器移植　276
総合職　385
相互行為　4, 5, 47, 48, 50-52, 58-65, 67, 138-48, 152, 153, 157, 161, 277, 293, 388, 494
相互作用　18, 19, 23, 30, 31, 33, 38, 48, 55, 139, 146, 152, 203, 411
相互扶助型移住システム　420
想像された共同体(想像の共同体)　148, 149, 151, 159, 312, 324
創造都市論　203, 485
相対的剝奪論　514
創発的自己　58
創発的特性　83
相補性　61
総力戦(総動員)体制　250, 329, 511
属性原理　446
組織　2, 5, 7, 51, 92, 110, 112
　　──と環境　116
　　──と人間　115
　　──の動態化　133
組織間ネットワーク　133
組織研究　111
組織構造　108, 116
組織された資本主義　111
組織社会学　133, 134
組織生態学　117
組織生態学モデル　117

組織論　135
ソーシャルメディア　→SNS
村落共同体　360

◆ た　行

第一次的関係　203, 223
大学紛争　482
大気汚染　239, 257, 535
大気汚染防止法　242
大規模開発プロジェクト　257
対抗文化　132, 465, 480, 482, 515
滞在戦略　432
大　衆　162, 203
大衆社会　514
大衆文化　492
大衆民主主義　113, 281
代替的加熱　468
大都市　38, 207
大都市インナーエリア　423
第二次世界大戦　357, 511, 513
第二次的関係　203
第二のモダニティ　71, 265
対面的相互行為　48, 146, 295
代理出産（母）　276, 367
タウン・ミーティング　524
多エスニック・システム　411
多型性倒錯　393
多国籍企業　207, 326, 335
多国籍的活動　335
他　者　321
他者意識　321
他者性の解体　265
多人種紛争　227
脱埋め込み　140, 143, 144, 165, 324
脱埋め込みメカニズム　140, 143
脱官僚制化　103, 134
脱工業化　213, 465
脱工業社会　257, 528
脱炭素社会　262
脱領域化　334
縦割り行政　115, 246, 522
ダブル・コンティンジェンシー　58-61
多文化教育　432
ターミナル・ケア　300
単一化された想像上の空間　324
単一民族社会　412
団塊の世代　356
単　婚　360
単純なモダニティ　264

男女共同参画（社会）　98, 402, 403
男女共同参画社会基本法　402
男女雇用機会均等法　385
男女賃金格差　383
男女平等（思想）　387, 402, 403
男性学　401
男性稼ぎ主モデル　285, 381
男性性　401
団　地　209, 210, 212
ダンディズム　479
地域アイデンティティ　228
地域環境再生　257
地域共同体　347, 360, 362, 364
地域社会　2, 50, 51, 197, 225, 228, 279, 423, 424
　——の解体　225
地域住民組織　125
地域主義運動　416
地位達成モデル　447, 456
地位の一貫性・非一貫性　446, 447
チェルノブイリ原発事故　264
地　縁　203, 223, 290
地球環境（問題）　255, 256, 258, 261, 262, 334, 528, 535
地球の友　520
知識社会学　502
秩　序　5, 20, 22, 58, 75, 79, 80-83, 85-87, 89, 98, 205, 403, 527
秩序問題　5, 75, 79, 80, 85
地方圏　207, 208, 210, 216, 217
地方参政権　435
中間支援組織　127
中間集団　348, 522, 531, 535
中心・半周辺・周辺　323
調査票　350, 351
弔　辞　277
長時間労働　385
調整メカニズム　451
町内会　125
直系家族制　345
通　勤　37, 50
通信の世紀　237
つきあい文化　492
つながり　5
つながり消費　484
ディアスポラ　336
定位家族　344
帝国主義（論）　206, 315, 323, 329
定時法　141, 143
定住化　423

事項索引　573

定住外国人　435
定住地主義　287
ディスアビリティ　286
低成長　283, 284
定年離婚　355
適　応　117, 132, 477
テクノクラート　516, 517
テクノロジー　6, 139, 145, 197
手続き的公正　532
鉄の檻　176, 469
デニズン　435
テーラー・システム　453
テレビ　5, 138, 152, 153, 157-62, 236, 320, 327, 340-43
　　──のパーソナル・メディア化　160
　　──の分化・個人化　160
テロリズム（テロリスト）　198, 265, 310, 334, 527
田園都市　201
伝　統　97
　　──の再創造　485
伝統的共同体　312
伝統的社会　70
天　皇　318-20
電　話　342
動員構造　517, 518
動員の手段　327
同化（政策）　321, 409, 424
討　議　270
討議的正義論　532
当事者性　298, 300
当事者-専門職関係　302, 304
同時性の体験　320
同時多発テロ　264, 511, 512
同心円モデル　206
統　制　114, 494
同性愛　374, 391, 393, 493
同性カップル　361
同性婚　361, 392
同性パートナーシップ制度　361, 392
同　調　60, 80
道徳的距離　205
党　派　461
特定非営利活動促進法　118
都　市　200, 202, 203, 205
都市化　209, 223, 290
　　惑星規模の──　205
都市化社会　207
都市下層　466

都市型社会　207
都市間競争　215
「都市環境緑書」　245
都市共同体　202
都市空間　203, 222
都市研究　205, 206, 233
都市構造モデル　204, 206
都市社会　527
都市社会運動　209
都市社会学　133
都市的世界　223
都市のメンタル・マップ　218
都市問題　205, 209, 257
土壌汚染　257
都心回帰　215
都心社会　214, 223
都心問題　213
ドメスティック・バイオレンス　363, 389, 394, 495
友達家族　352
トヨティズム　242
ドラマトゥルギー　62, 63, 65
トランス・ジェンダー　392, 395
トランス・セクシュアル　396
トランスナショナル・コミュニティ　424
トランスナショナルな活動　335
ドローン　139
トロント・コミュニケーション学派　145

◆ な　行

内婚制　360
内発的発展　511
内面化　55-57, 61, 65, 69, 81, 86, 89
ナショナリズム　5, 148, 157-61, 188, 191, 252, 310-312, 321, 322, 331, 338, 469
　　──に対する近代主義的見方　312
　　──に対する原初主義的見解　313
　　──に対する歴史主義的見解　313
ナラティブ・アプローチ　297
難　民　336, 416, 423, 429
二次的自然　251
二重構造　451
二　世　430
日常生活世界　325
日常の実践　478
日系人　413, 420, 421, 423, 424, 426, 427, 429, 438
ニート　442
日本人論　322

日本的経営　134
入管法　→出入国管理及び難民認定法
ニュー・エコロジカル・パラダイム　255
ニューカマー　420, 433, 435
ニュータウン　209, 210, 212
人間生態学　204
人間特例主義　255
人間の鎖　516
ネオ・コーポラティズム　283
ネオリベラリズム　→新自由主義
ネーション　148, 311-15, 321, 418, 419
　――の創出　320
ネット・メディア　485
ネットワーク　2, 5, 103, 111, 124, 128-32, 200, 224-27, 335, 416, 420, 482, 514
ネットワーク化　134
ネットワーク型の文化　131
ネットワーク社会　103, 133
ネットワーク論　224
年功序列　71, 451
燃料電池　248, 261
ノモス　499

◆ は 行

廃棄物問題　535
配偶者選択　359, 360
排他主義　469
ハイテク汚染　257
パイの拡大　288
パイの配分　288
売買春　89
ハイパー・メリトクラシー　458
ハイ・モダニティ　70
博　愛　531, 535
パケット交換方式　129
覇　権　323, 337
派遣労働者　426, 454
場　所　6, 200, 218, 219, 227, 228, 232, 233
　――の力　227
　――のマーケティング　228
　――の両義性　227
場所性　219, 222, 227
　――の創出　219, 223
パーソナリティ　61, 69
パーソナル・ネットワーク　133, 224
パーソナル・ユース　349, 350
パターナリズム　126, 294, 297, 303-06
破綻主義　361
バックラッシュ　403

発展途上国　324, 329, 452, 463, 523
話し言葉　5, 146, 147, 151, 155, 156, 162, 320
パノプティコン（一望監視装置）　68, 91
ハビトゥス　79, 320, 456, 464, 489
パブリック　→公衆
パラサイト・シングル　355, 442
ハラスメント（嫌がらせ）行為　91
バリア・フリー　286
パリ協定　525
ハルハウス　204
バーンアウト　296, 297
汎エスニシティ　418
反グローバリゼーション　327
反原発運動　517, 520
晩婚化　52, 358, 359, 362
犯　罪　19, 20, 23, 33, 232, 494, 495
半自然　251
阪神淡路大震災　193
反都市主義　201
繁文縟礼　115
美　503
ピア・カウンセリング　298
ピアノ　489, 493
非異性愛　374, 392
非営利性　122
被害構造論　254
被害者なき犯罪　493
日傘男子　388
東日本大震災　193, 266, 358
非協力行動　88
非婚（化）　348, 358
ピジン　437
非正規雇用　324, 358, 385, 426, 454
必要原理　522, 532
非典型雇用　454
ひとりカラオケ　348
一人っ子政策　366
批判社会学　529, 530
批判理論　80, 82, 83
ひまわり運動　519
秘　密　51
ピューリタニズム　479
評価国家　330
表現の自由　89, 533
表出主義　417
平等（思想）　317, 531
琵琶湖博物館　254
ぴんころ地蔵　274
貧困（問題）　284, 288, 443, 464, 466, 495

事項索引　575

貧困研究　206
貧困線　354
貧　者　495
ファブレス・メーカー　134
ファミリー・アイデンティティ　350
不安定雇用　443
フィルターバブル　164
風　景　327
夫婦家族制　345
フェティシズム　391
フェミニズム　89, 283, 285, 345, 378, 379, 401, 517, 519
　第1波──　378, 379
　第2波──　378, 379, 404
フォーディズム　209, 240, 329, 451-53
フォード・システム　240
不均等発展　216
複合性　95
複　婚　360
複雑性　95
　──の縮減　95, 96
福祉国家　6, 207, 273, 281-85, 287, 291, 292, 329
　──の危機　282
　──の潜在機能　283, 285
　──の有効性　283
　ケインズ=ベヴァリッジ型──　281
福祉国家化　288
福祉国家収斂論(説)　280, 281
福祉社会　288, 291, 292
福祉多元主義　291
福島原発事故　265, 266, 269, 520
福祉(国家)レジーム論　283, 307, 519
父子家庭　379, 383
婦人参政権運動　378
ぷちナショナリズム　331
不定時法　140-43
不平等　456, 503
ブラックパワー　131
プラティーク　→慣習的行動
フランチャイズ(方式)　105, 106, 109, 134
フリーター　442
フリーライダー(問題)　81, 87, 88, 241, 261, 534
フレキシブルな特化　452
フレーミング　→文化的フレーミング
フロー　327
プロクセミクス　25
プロテスタンティズム　202, 277

『プロテスタンティズムの倫理と資本主義の精神』　175, 204, 240, 470
文　化　5, 9, 411, 412, 464, 471, 473-77, 479, 488, 496, 503, 511
　──の機能　479
　──の経済化　484
　──の差異化機能　484
　──の差異性　487
　──の政治化　484
　──の潜在性・基底性　9, 476, 484, 503
文化遺産　485
文化運動　497
文化葛藤　497
文化記号論　482, 504
文化産業　484-86
文化資本　456, 488, 493, 505
　客体化された──　488, 491
　身体化された──　488, 491
　制度化された──　488
文化政策　484, 485
文化創造　410
分割し, 統治せよ　463
文化帝国主義　326, 486, 487
文化的オムニボア　492
文化的寛容性　492
文化的再生産　157, 321, 489, 492, 493, 505
文化的フレーミング　518
文化的マイノリティ　392
文化統合　432
文化ナショナリズム　322
　再構築型──　322
　創造型──　322
文化摩擦　324, 432
文化論的転回　503
分　業　109
文書主義　149
紛　争　75, 92, 94, 96
紛争理論　445
分配的公正　532
文明の衝突　323, 512, 528
兵　役　387
平成の大合併　217
ヘイトスピーチ　163, 435
ヘイト問題　435
ベビーブーマー(ベビーブーム)　517, 530
ベビーブーム　517
ヘルス・リテラシー　280
法　75, 92, 95-97
法則と検証　503

方法論的個人主義　81-83, 110
方法論的集合主義　82, 83
亡命者　336
暴力装置　330
補完性原理　247
母　語　432, 437
母子家庭　379, 383
ポストガソリン車　248
ポスト構造主義　503
ポスト真実　270
ポスト・フォーディズム　242, 452
ホスピス・ケア　276
母　性　389
母性愛　295
ホーソン工場の実験　114
ホッブズ的秩序問題　85-87, 89
ホテル家族　352
ポピュラー文化マーケット　485
ポピュリズム　332, 333
ホームレス　287
ボランタリー　290
ボランティア　118, 124
　——の失敗　125
ホワイトカラー　445, 463
ホワイトカラー上層　456
ホワイトカラー文化　489, 492
本　質　495
本質主義　494

◆ ま　行

マイノリティ　227, 379, 386, 393, 416, 418, 422, 427, 433, 434, 437, 463
マクドナルド化　5, 103, 106, 109, 326
マスターベーション　391
マス・ツーリズム　485
マス・メディア　124, 138, 139, 158, 270, 485, 514, 524
マルクス主義　80, 82, 446, 460
マルクス主義フェミニズム　379
マルチ・ステイクホルダー　270
ミー　55-57, 67
未婚化　52, 362
密接距離　25, 26, 34
身　分　461, 462
民族教育　432
無意志的記憶　182
無縁社会　279
迷惑(行為)　24, 27, 29, 30, 41, 533
メガ・イベント　331

メガ・シティ　205, 213
メガ・プロジェクト　215, 331
メディア　5, 91, 137, 138, 140, 143-48, 153, 157, 160-62, 185, 190, 321, 325, 327
　——のなかの社会　139, 140
　社会のなかの——　140, 154
メディア・イベント　158, 159
メディア環境　353
メディア文化　499
メリトクラシー　457, 467
メンズ・リブ　401
メンタル・マップ　218
萌え　481
目的合理性　83
目的合理的行為　295
目的的誘因　89
目的のランダム性　86, 87
目標の転倒　115
文　字　146, 147, 149, 152, 154-57
モビリティ　44
もやい直し　262

◆ や　行

役　割　50, 57, 65, 110, 345, 378
役割期待　60, 61, 65
　——の相補性　60
役割距離　65
役割取得　54
役割遂行　62-64, 356
夜警国家　329
友愛家族　351, 362
誘　因　112, 241, 288
有機的管理システム　116
有責主義　361, 400
『ゆたかな社会』　512
豊かな社会　482, 513
ユニバーサル・デザイン　286
抑圧委譲　469
よそ者　203
読み書き能力　155, 312
寄り合い　524
弱い紐帯　224
四大公害問題(裁判)　257, 259, 525

◆ ら・わ　行

ライフコース　8, 343, 355, 357-59, 362, 367, 368
ライフサイクル　354
ライフスタイル　8, 209, 239, 358, 402, 412, 455,

464, 468, 482, 497, 515
　大量消費型の——　209
ライフヒストリー　357
ラディカル・エイジング　305
ラディカル・ソシオロジー　530
ラディカル・フェミニズム　379
ラベリング(論)　418, 494, 496, 505
リヴァイアサン　85, 87
利益誘導型政治　281
利害の一致　80
リケジョ　386
離婚　52, 348, 360, 361, 363, 400
リスク　3, 6, 198, 231, 235, 264, 265, 267, 325, 330, 527, 528, 536
　——の個人化　267
リスク社会(論)　225, 257, 264, 265, 269, 527, 528
リスケーリング　334
離脱　29, 41
　電子的——　41
理念主義　82, 83
リバタリアニズム　299, 301
リフレクティング・チーム　297
リプロダクティブ・ヘルス&ライツ(女性の自己決定権)　304, 397, 398
リベラリズム　207, 301
リベラル・フェミニズム　379
流用　410
両性愛　374
両性具有性　393

冷却　468
冷戦　327, 511, 513, 517
歴史　6, 168, 170, 184
　——の社会学　6, 167, 177, 184, 194
　——の正面図　169, 177, 184
　——の側面図　168, 169, 177
　——の天使　169
歴史教科書　170, 171
歴史社会学　175, 514
歴史主義　313, 417
恋愛結婚　390
連帯　87, 158, 464, 532, 535
　——の失敗　291
連帯的誘因　89
ろうそく革命　519
労働　451
　——のための福祉　288
労働運動　516, 517
労働者階級　444, 460, 463, 465, 471, 497
労働力移動　413, 421
労働力再生産　462
ローカルエリアネットワーク(LAN)　131
ローカル・ガヴァナンス　98
ローカルな空間　207
ロサンゼルス学派　205
ロスジェネ　358
ワーキングプア　329, 441
ワークフェア　288, 329
ワーク・ライフ・バランス　385, 398
「われわれ」意識(感情)　417, 437

人名索引

◆ あ 行

芥川龍之介　511
浅野智彦　69, 479
アダムズ（Adams, J.）　204
アパデュライ（Appadurai, A.）　327
阿部次郎　511
網野善彦　314
アミン（Amin, S.）　323
アーリ（Urry, J.）　43, 44, 110, 164, 219, 229, 325
アリエス（Ariès, P.）　353
アルヴァックス（Halbwachs, M.）　178-80, 184, 186, 192
アルチュセール（Althusser, L.）　321, 464
アレント（Arendt, H.）　336
アンダーソン（Anderson, B.）　148, 159, 160, 187, 312, 314
飯島伸子　254, 255, 269
イェニッケ（Jänicke, M.）　256
イニス（Innis, H. A.）　145
井上俊　477
ヴィトゲンシュタイン（Wittgenstein, L. J. J.）　502
ウィリス（Willis, P. E.）　465
ウィレンスキー（Wilensky, H. L.）　280, 281
ウェーバー（Weber, M.）　21, 22, 55, 79, 81, 84, 90, 103, 108, 112, 115, 116, 134, 149, 175-77, 201, 202, 204, 240, 277, 295, 330, 461, 464, 470
ヴェブレン（Veblen, T. B.）　482
ヴェールホフ（Werlhof, C. v.）　463
ウェルマン（Wellman, B.）　224
ウォーラーステイン（Wallerstein, I.）　312, 315, 323
海野道郎　260
エスピン-アンデルセン（Esping-Andersen, G.）　283
エーダー（Eder, K.）　270
エチオーニ（Etzioni, A. W.）　90, 301
エリアス（Elias, N.）　346
エンゲルス（Engels, F.）　201, 444
大澤真幸　310, 313
大貫恵美子　252
小川伸彦　22
奥田道大　424
オバマ（Obama, B.）　192
オルソン（Olson, M.）　81, 87, 88, 241
オング（Ong, W. J.）　154

◆ か 行

カウフマン（Kaufmann, A.）　306
カーケンダール（Kirkendall, L. A.）　374
梶田孝道　420, 424
春日キスヨ　383
カステル（Castells, M.）　131, 205, 229
嘉田由紀子　254
片岡栄美　493
香月泰男　169
カッツ（Katz, E.）　158
ガーフィンケル（Garfinkel, H.）　31, 78
カルデローン（Calderone, M. S.）　374
ガルブレイス（Galbraith, J. K.）　124, 512
川島武宜　92, 94, 97
キツセ（Kitsuse, J. I.）　495
キッチェルト（Kitschelt, H.）　518
ギデンズ（Giddens, A.）　70, 79, 134, 140, 143, 324, 330, 461, 537
キング（King, M. L. Jr.）　513, 528
グラムシ（Gramsci, A.）　329, 451
クリージ（Kriesi, H.）　518
グールドナー（Gouldner, A. W.）　86, 115, 530
クロック（Kroc, R.）　108, 109
ケインズ（Keynes, J. M.）　281, 329
ゲルナー（Gellner, E.）　312
厚東洋輔　149
コーエン（Cohen, J. L.）　516
コーザー（Coser, L. A.）　179
ゴフマン（Goffman, E.）　26-29, 39, 58, 62-65, 69, 411, 467, 518
ゴーラー（Gorer, G.）　276
コールマン（Coleman, J. S.）　225
今和次郎　34-37
コント（Comte, A.）　527

◆ さ 行

サイモン（Simon, H. A.）　114
サッセン（Sassen, S.）　205, 214, 229, 333, 336
佐藤卓己　138
サラモン（Salamon, L. M.）　122, 123, 125
サルトル（Sartre, J.-P.）　62
塩原勉　114

島﨑稔　229
嶋根克己　359
シャー（Shur, E. M.）　493
ジャーラック（Gerlach, L. P.）　131
シューマッハー（Schumacher, E. F.）　240
シュルツ（Schultz, H.）　108
シュンペーター（Schumpeter, A. J.）　329
鍾家新　366
ショーター（Shorter, E.）　353
ジンメル（Simmel, G.）　18, 19, 21, 22, 39, 48-52, 67, 143, 202, 203, 205, 229, 363, 366, 495
鈴木榮太郎　229
ストーカー（Stoker, G. M.）　116
スノー（Snow, D. A.）　518
スペクター（Spector, M. B.）　494
スミス（Smith, A. D.）　313, 317
盛山和夫　469
関根政美　419
セジウィック（Sedgwick, E. K.）　393
セネット（Sennett, R.）　437
セルトー（Certeau, M. de）　478
セン（Sen, A. K.）　59, 87, 301
ソジャ（Soja, E. W.）　205, 229, 230
ゾールド（Zald, M. N.）　514, 519
ソローキン（Sorokin, P. A.）　445

◆ た　行

高城和義　87
高橋一郎　489
竹内洋　467
竹沢泰子　419
ダヤーン（Dayan, D.）　158
ダール（Dahl, R. A.）　90
ダーレンドルフ（Dahrendorf, R.）　80
タロー（Tarrow, S.）　518, 521
ダンカン（Duncan, O. D.）　447
ダンラップ（Dunlap, R.）　255
辻大介　164
ディクソン（Dickson, W. J.）　114
デイビス（Davis, M.）　205
ティリー（Tilly, C.）　514
デカルト（Descartes, R.）　85
デュルケム（Durkheim, É.）　18-22, 33, 81, 110, 207, 277, 495, 531, 535
テーラー（Taylor, F. W.）　114, 240
テンニース（Tönnies, F.）　38, 39
土居健郎　322
トゥアン（Tuan, Yi-Fu）　218
トゥレーヌ（Touraine, A.）　517, 528

トクヴィル（Tocqueville, A. de）　80, 119, 120, 522
トムスン（Thompson, E. P.）　460
ドラッカー（Drucker, P. F.）　123
鳥越晧之　254

◆ な　行

中里恒子　399
中根千枝　322
夏目漱石　52, 508, 509, 536
似田貝香門　205
ネグリ（Negri, A.）　323
野家啓一　168, 169
ノージック（Nozick, R.）　301
ノラ（Nora, P.）　185, 193

◆ は　行

ハイデガー（Heidegger, M.）　219
ハーヴェイ（Harvey, D.）　205, 229
バーガー（Berger, P. L.）　69, 498
パーク（Park, R. E.）　204
バージェス（Burgess, E. W.）　204, 351
バシュラール（Bachelard, G.）　219
パスロン（Passeron, J.-C.）　157
長谷川公一　517, 519, 526
パーソンズ（Parsons, T.）　58, 60, 61, 65, 69, 81, 82, 85-87, 90, 476
パットナム（Putnam, R. D.）　90, 119, 121, 227, 348, 522
ハーディン（Hardin, G.）　244, 271
ハート（Hardt, M.）　323
バトラー（Butler, J.）　376
バトル（Buttel, F. H.）　255
花田達朗　524
バーナード（Barnard, C. I.）　112, 114
ハナン（Hannan, M. T.）　117
ハーバマス（Habermas, J.）　82, 150, 161, 229, 270, 516, 522, 524, 532
バラン（Baran, P. A.）　129
バーリン（Berlin, I.）　533
バルト（Barth, F.）　411
ハワード（Howard, E.）　201
バーンズ（Burns, T.）　116
バーンスティン（Bernstein, B. B.）　156
ハンティントン（Huntington, S. P.）　323, 512
ピュー（Pugh, D. S.）　116
平田清明　523
ブーアスティン（Boorstin, D. J.）　487
フォード（Ford, H.）　239, 451

福沢諭吉　317, 320
福武直　229
フーコー（Foucault, M.）　68, 91, 280, 502
ブース（Booth, C.）　201, 204
布施鉄治　229
舩橋晴俊　114, 255, 526
ブラウ（Blau, P. M.）　91, 115, 447
ブラウォイ（Burawoy, M.）　529-31
プラース（Plath, D.）　357
フランク（Frank, A. G.）　323
フリードソン（Freidson, E.）　294
フリードマン（Friedmann, J.）　205, 213, 214
プルースト（Proust, M.）　182
ブルデュー（Bourdieu, P.）　79, 157, 365, 386, 456, 488, 489, 492
ブレナー（Brenner, N.）　229
フロイト（Freud, S.）　56, 393
フロリダ（Florida, R.）　203, 205, 229
ペイン（Paine, T.）　528
ベヴァリッジ（Beveridge, W. H.）　281
ペストフ（Pestoff, V. A.）　522
ベッカー（Becker, H.）　494
ベック（Beck, U.）　71, 198, 264, 265, 527
ペトリーニ（Petrini, C.）　111
ベネディクト（Benedict, R.）　322
ベラー（Bellah, R. N.）　90, 301
ベル（Bell, D.）　513, 528
ベンサム（Bentham, J.）　68, 532
ベンヤミン（Benjamin, W.）　168
ボーヴォワール（Beauvoir, S. de）　373, 376
ホックシールド（Hochschild, A. R.）　295, 383
ホッブズ（Hobbes, T.）　80, 84-87, 92, 329, 337
ボードリヤール（Baudrillard, J.）　483
ポランニー（Polanyi, K.）　289
ホール（Hall, E. T.）　25
ホール（Hall, S.）　324, 477
ボルノー（Bollnow, O. F.）　219

◆ ま 行

前田信彦　381
マキアヴェリ（Machiavelli, N.）　80, 92, 94
マクルーハン（McLuhan, H. M.）　139, 144-47, 149, 152, 157, 160
マーチ（March, J. G.）　114
マッカーシー（McCarthy, J. D.）　514, 519
マックアダム（McAdam, D.）　514, 519
松原岩五郎　201
松本泰子　99
マードック（Murdock. G. P.）　347

マートン（Merton, R. K.）　115
マルクス（Marx, K. H.）　229, 245, 323, 444, 445, 461, 463, 502, 512
丸山眞男　322
マンハイム（Mannheim, K.）　502
ミシュラ（Mishra, R.）　282
ミード（Mead, G. H.）　53-58, 67
ミヘルス（Michels, R.）　126
宮沢賢治　534, 535
宮本憲一　229
ミル（Mill, J. S.）　299, 300, 337
ミルズ（Mills, C. W.）　508, 530, 536
メイヒュー（Mayhew, H.）　201
メイヤー（Meyer, D. S.）　521
メルッチ（Melucci, A.）　516, 517
毛利嘉孝　497
桃谷方子　399
森岡清志　133
モリス（Morris, W.）　201
モリス-スズキ（Morris-Suzuki, T.）　194
モル（Mol, A. P. J.）　256

◆ や 行

柳田國男　147
山田昌弘　358
山根純佳　306
ヤング（Young, M.）　458
ユング（Jung, C. G.）　393
横山源之介　201
吉野耕作　322, 416
吉見義明　171

◆ ら・わ 行

リオタール（Lyotard, J. -F.）　528
リース（Riis, J.）　201
リッツァ（Ritzer, G.）　106, 108, 109
リプスキー（Lipsky, M.）　293
リンチ（Lynch, K.）　218, 219
ルソー（Rousseau, J. -J.）　85, 329, 337, 528
ルフェーブル（Lefebvre, H.）　229, 230
ルーマン（Luhmann, N.）　92, 95, 96, 267
レスリスバーガー（Roethlisberger, F. J.）　114
レーニン（Lenin, V. I.）　323, 337, 528
レンスキ（Lenski, G. E.）　447
ロウントリー（Rowntree, B. S.）　354
ロック（Locke, H. J.）　351
ロック（Locke, J.）　81, 85, 329
ロビンズ（Lovins, A. B.）　240
ロルシュ（Lorsch, L. J.）　116

ロールズ (Rawls, J.) 301, 532
ローレンス (Lawrence, P. R.) 116

ワース (Wirth, L.) 223

| しゃかいがく
社会学（新版） | New Liberal Arts Selection |

Sociology: Modernity, Self and Reflexivity, 2nd ed.

2007年11月25日　初版第1刷発行
2019年12月15日　新版第1刷発行
2024年12月25日　新版第9刷発行

著　者　長谷川　公一
　　　　浜　　日出夫
　　　　藤村　　正之
　　　　町村　　敬志

発行者　江草　貞治

発行所　株式会社　有斐閣

郵便番号 101-0051 東京都千代田区神田神保町2-17
https://www.yuhikaku.co.jp/
印刷・製本　大日本法令印刷株式会社

© 2019, Koichi Hasegawa, Hideo Hama, Masayuki Fujimura, Takashi Machimura. Printed in Japan

落丁・乱丁本はお取替えいたします。

★定価はカバーに表示してあります。

ISBN 978-4-641-05389-2

|JCOPY| 本書の無断複写（コピー）は，著作権法上での例外を除き，禁じられています。複写される場合は，そのつど事前に（一社）出版者著作権管理機構（電話03-5244-5088, FAX03-5244-5089, e-mail: info@jcopy.or.jp）の許諾を得てください。

本書のコピー, スキャン, デジタル化等の無断複製は著作権法上での例外を除き禁じられています。本書を代行業者等の第三者に依頼してスキャンやデジタル化することは, たとえ個人や家庭内での利用でも著作権法違反です。